Klaus-Peter Wiedmann

Rekonstruktion des Marketingansatzes und Grundlagen einer erweiterten Marketingkonzeption

D1697269

VERLAG FÜR WISSENSCHAFT
UND FORSCHUNG

Die Deutsche Bibliothek — CIP-Einheitsaufnahme

Wiedmann, Klaus-Peter:
Rekonstruktion des Marketingansatzes und Grundlagen einer
erweiterten Marketingkonzeption / Klaus-Peter Wiedmann. —
Stuttgart : M-und-P,-Verl. für Wiss. und Forschung, 1993
  M-und-P-Schriftenreihe für Wissenschaft und Forschung)
  Zugl.: Mannheim, Univ., Diss., 1992
  ISBN 3-476-46021-5

ISBN 3-476-46021-5

M & P Verlag für Wissenschaft und Forschung
         ein Verlag der J. B.Metzlerschen Verlagsbuchhandlung und
         Carl Ernst Poeschel Verlag GmbH in Stuttgart

© 1993 J. B. Metzlersche Verlagsbuchhandlung
und Carl Ernst Poeschel Verlag GmbH in Stuttgart

Druck und Bindung: Pocket Edition Printing GmbH, Darmstadt
Printed in Germany

Vorwort

Die Bemühungen in der Marketingwissenschaft sind vor allem darauf ausgerichtet, der Unternehmenspraxis möglichst konkrete Gestaltungsvorschläge zu unterbreiten. In diesem Sinne sind gerade auch von meiner Seite in den vergangenen Jahren zahlreiche Arbeiten entstanden, die zu verdeutlichen versuchen, wie das unternehmerische Marketing im Hinblick auf eine adäquate Bewältigung aktueller Herausforderungen ausgestaltet werden sollte. Im Kontext dieser praktischen Problemlösungssuche war zu erkennen, daß eine Intensivierung der Grundlagenforschung unumgänglich ist. Im Rahmen einer solchen Grundlagenforschung muß nicht nur der vorherrschende Denkrahmen marketingorientierter Unternehmensführung einer kritischen Überprüfung unterzogen werden. Sondern es bedarf zuvor auch einer konstruktiven Weiterentwicklung des gesamten Marketing-Forschungsprogramms, um eine fruchtbare Basis für die Entwicklung konkreter Gestaltungsempfehlungen für die Praxis zu schaffen.

Der Versuch, einen konstruktiven Beitrag zur Weiterentwicklung des Marketing-Forschungsprogramms zu leisten, erweist sich allerdings bei näherer Betrachtung insofern als ein recht schwieriges Unterfangen, als hierzu bereits die notwendige Grundlage in Gestalt eines entsprechenden Bezugsrahmens fehlt. Zwar liegen schon seit geraumer Zeit verschiedene Vorschläge zur Erfassung und Beurteilung betriebswirtschaftlicher Forschungsprogramme vor. Diese vermögen aber nicht alle Problemfelder abzudecken, auf die man stößt, wenn es um die Entfaltung eines erweiterten Marketingansatzes im Sinne einer betriebswirtschaftlichen Grundkonzeption geht. Vor diesem Hintergrund sieht man sich letztlich vor die Aufgabe gestellt, zunächst einen geeigneten Bezugsrahmen zu entwerfen, um die verschiedenen Problemfelder einer Weiterentwicklung der Marketing-Forschungskonzeption thematisieren zu können. Ausgehend von der Absicht, eine fruchtbare Basis für die Entwicklung praxisrelevanter Gestaltungsempfehlungen zu schaffen, gerät man also auf eine Argumentationsebene, in deren Zentrum die Erarbeitung eines Denkgebäudes als Basis für eine Grundlagendiskussion steht.

Insgesamt kristallisieren sich also drei Argumentationsebenen heraus, die im Zusammenhang mit der Formulierung konkreter Gestaltungsvorschläge zur Beantwortung aktueller Herausforderungen im Kontext des unternehmerischen Marketing von Bedeutung sind: a) Ebene des Entwurfs eines umfassenden Bezugsrahmens einer marketingorientierten Unternehmensführung, b) Ebene der Überprüfung und des Ausbaus des Marketing-Forschungsprogramms und c) Ebene der Entwicklung eines Bezugsrahmens für die Thematisierung und Weiterentwicklung des Marketing-Forschungsprogramms. Um die vorliegende Arbeit in einem vertretbaren Umfang zu halten, war es erforderlich, sich im wesentlichen auf eine Argumentationsebene zu konzentrieren. Die vorliegende Arbeit ist primär auf der dritten Argumentationsebene angesiedelt. Diese Entscheidung lag deshalb nahe, weil auf dieser Ebene letztlich der Grundstein für die weitere Forschung auf den anderen beiden Ebenen gelegt wird. Allerdings führt diese Schwerpunktsetzung zunächt zu einer Entfernung von dem akzentuierten praktisch-normativen Ausgangspunkt.

Die vorliegende Arbeit wurde im Wintersemester 1991/92 von der Fakultät für Betriebswirtschaftslehre als Dissertation angenommen. An dieser Stelle möchte ich vor allem meinem akademischen Lehrer, Herrn Professor Dr. Hans Raffée, sehr herzlich für die Betreuung meiner Arbeit und die Übernahme des Erstreferats danken. Ihm kommt darüber hinaus u.a. im hohen Maße das Verdienst zu, meinen Blick für die Bedeutung wissenschaftstheoretischer Fragestellungen im allgemeinen und für die Notwendigkeit einer ständigen kritischen Weiterentwicklung des Marketing-Forschungsprogramms im besonderen geschärft zu haben. Besonderer Dank gebührt ferner Herrn Professor Dr. Alfred Kieser, und zwar nicht nur für die Übernahme des Zweitgutachtens, sondern auch für die akademische Prägung, die ich von seiner Seite in den unterschiedlichen Themenfeldern der Organisationstheorie erfahren habe.

Ein besonders herzliches Dankeschön gebührt den Mitgliedern der Jury der Stiftung Promarketing an der Universität Mannheim und hier vor allem Herrn Dr. Hans-Joachim Treutler, die meine Arbeit im November 1992 mit einem Preis ausgezeichnet haben.

Zu Dank verpflichtet bin ich auch meinen Kollegen am Lehrstuhl für Allgemeine Betriebswirtschaftslehre und Marketing II der Universität Mannheim. Vor allem die Herren Jürgen Eisele, Michael Gremminger und Klaus Ries haben sich der Mühe unterzogen, das Manuskript zu lesen und Korrekturen anzumerken. Im Zusammenhang mit der technischen Erstellung des Manuskripts erfuhr ich ferner wertvolle Unterstützung durch Frau Babette Dorner und Frau Martina Schwarz, für die ich mich an dieser Stelle ebenfalls noch einmal sehr herzlich bedanken möchte.

Mein größter Dank gebührt allerdings meiner Frau Christa, die zum einen angesichts meines recht intensiven Engagement für Marketingwissenschaft und Marketingpraxis im allgemeinen und für diese Arbeit im besonderen trotz ihrer eigenen beruflichen Belastung immer noch Zugeständnisse im Sektor gemeinsamer Freizeit machen mußte, zum anderen aber nie aufgegeben hat, mich gelegentlich doch von meiner Arbeit abzuhalten und mir zu verdeutlichen, daß es auch andere wichtige Facetten der Lebensqualität gibt.

Klaus-Peter Wiedmann   Mannheim 1992

Inhaltsübersicht

1. **Einführung** 1

1.1. Die Zielsetzung der Arbeit im Überblick 1

1.2. Problemhintergründe und Problemstellung 2

1.3. Gang der Untersuchung 8

2. **Grundlegung** 14

2.1. Menschheitskrise als Herausforderung für die Managementpraxis und Veränderungen im Managementverständnis 14

2.2. Skizze einiger zentraler Entwicklungslinien des Marketing 30

2.3. Entwicklungslinien der Managementlehre und Positionierung des zu entwerfenden gesellschaftsorientierten Marketingkonzepts 54

3. **Rekonstruktion des Marketingansatzes und Verdeutlichung zentraler Bausteine einer gesellschaftsorientierten Marketing-Forschungskonzeption** 69

3.1. Hintergründe und Bezugsrahmen des Rekonstruktionsversuchs 69

3.1.1. Zur Notwendigkeit einer Intensivierung der Grundlagendiskussion im Marketing und zur Problemsituation einer Rekonstruktion 69

3.1.2. Ein vereinfachter Bezugsrahmen zur gedanklichen Erfassung betriebswirtschaftlicher Forschungsprogramme und speziell des Marketingansatzes 76

3.1.3. Anmerkungen zur "Methodologie" betriebswirtschaftlicher und speziell marketingwissenschaftlicher Forschungsprogramme 103

3.2. Rekonstruktion des Marketingansatzes 113

3.2.1. Zur Auswahl der in die Betrachtung einbezogenen Elemente des Marketing-Konzepts 113

3.2.2. Die Konzentration auf Austauschbeziehungen als forschungsprogrammatische Leitidee des Marketingansatzes 115

3.2.3. Zentrale meta-theoretische Leitideen des Marketingansatzes 147

3.2.4. Theoretische und technologische Leitideen 169

3.2.5 Meta-technologische Leitideen und die Ausgestaltung der Meta-Technologie vor dem Hintergrund der Forschungsphilosophie 201

4. Ausgewählte Grundorientierungen einer erweiterten Marketingkonzeption   245

    4.1. Vorbemerkung   245

    4.2. Überblick über zentrale paradigmatische Leitideen einer gesellschafts-orientierten Marketingkonzeption   247

    4.3. Orientierungen im Spannungsfeld von situativer Relativierung und Relativierung der Situation als Beispiele eines neuen Rationalitätsverständnisses im Marketing   250

5. Resümee   284

Anhang   286

Anmerkungen   290

Literaturverzeichnis   306

Inhaltsverzeichnis

1. **Einführung** 1

1.1. Die Zielsetzung der Arbeit im Überblick 1

1.2. Problemhintergründe und Problemstellung 2

1.3. Gang der Untersuchung 8

2. **Grundlegung** 14

2.1. Menschheitskrise als Herausforderung für die Managementpraxis und
Veränderungen im Managementverständnis 14

- Die Notwendigkeit einer grundlegenden Um- und Neuorientierung 14
- Tendenzen eines Sinnwandels in der Unternehmenspraxis? 16
- Mißverhältnis zwischen signalisierten Umdenkungsprozessen und der Realität
betrieblichen Handelns - Ausdruck von Management-Defiziten? 18
- Empirische Studien zu unternehmerischen Grundhaltungen und Zielen 21

2.2. Skizze einiger zentraler Entwicklungslinien des Marketing 30

2.2.1. Marketing als Führungskonzept von Unternehmen und als Grundkonzept der Betriebswirtschaftslehre - eine Erfolgsgeschichte? 30

2.2.2. Zentrale Einwände gegenüber dem Marketingkonzept 32

2.2.3. Ansatzpunkte zur Erweiterung des Marketingkonzepts im Spiegel der
Literatur und die Klammer- sowie Ergänzungsfunktion einer
gesellschaftsorientierten Marketingkonzeption 43

- "Deepening" des Marketing im Lichte der Evolution des gesellschaftlichen
Problems 43
- Strategisches Marketing als Antwort auf die Evolution des strategischen
Problems 45
- Defizite hinsichtlich der Entwicklung eines umfassenden Führungskonzepts
und die Zersplitterung der Marketingforschung 46
- Klammer- und Ergänzungsfunktion des gesellschaftsorientierten Marketing-
konzepts 48
- Erste Ansätze eines gesellschaftsorientierten Marketing in der Literatur 50
- Weitere Gründe der schwerpunktmäßig konzeptionellen Zielsetzung der Arbeit 51

2.3. Entwicklungslinien der Managementlehre und Positionierung des zu entwerfenden gesellschaftsorientierten Marketingkonzepts 54

- Schnittstellen zwischen Wirtschaft und Gesellschaft bzw. Gesellschaft und Unterneh
mensführung in der betriebswirtschaftlichen Diskussion 54
- Gesellschaftsorientierte Führungskonzepte innerhalb der Managementlehre 61
- Zur Einordnung der vorliegenden Arbeit 66

3. Rekonstruktion des Marketingansatzes und Verdeutlichung zentraler Bausteine einer gesellschaftsorientierten Marketing-Forschungskonzeption   69

3.1. Hintergründe und Bezugsrahmen des Rekonstruktionsversuchs   69

     3.1.1. Zur Notwendigkeit einer Intensivierung der Grundlagendiskussion im Marketing und zur Problemsituation einer Rekonstruktion   69

     3.1.2. Ein vereinfachter Bezugsrahmen zur gedanklichen Erfassung betriebswirtschaftlicher Forschungsprogramme und speziell des Marketingansatzes   76

         3.1.2.1. Zur Auseinandersetzung mit Forschungsprogrammen in der Literatur - Grundbegriffe, Hintergründe und Probleme   76

            • Unterschiedliche Interpretationen von Forschungsprogrammen in der wissenschaftstheoretischen Grundlagendiskussion   76
            • Ausgewählte Ansätze zur Kennzeichnung betriebswirtschaftlicher Forschungsprogramme   78

         3.1.2.2. Bausteine zur Erfassung von Forschungsprogrammen   84

            3.1.2.2.1. Unterschiedliche Ebenen wissenschaftlicher Forschungssysteme als Grundlage für die Erfassung von Forschungsprogrammen   84

                • Die Ebene wissenschaftlicher Aussagensysteme   84
                • Die Ebene der Forschungsphilosophie   85
                • Die Ebene der wissenschaftspsychologischen, -soziologischen und institutionellen Rahmenbedingungen   87

            3.1.2.2.2. Strukturierung der Aussagenebene wissenschaftlicher Forschungssysteme als Grundlage einer differenzierten Kennzeichnung von Forschungsprogrammen   89

                • Das Programmfeld der meta-theoretischen Aussagen   91
                • Die Programmfelder "Theorie" und "Technologie"   96
                • Das Programmfeld der Meta-Technologie   99
                • Zur forschungsprogrammatischen Bedeutung der Leitideen aus den einzelnen Programmfeldern   102

     3.1.3. Anmerkungen zur "Methodologie" betriebswirtschaftlicher und speziell marketingwissenschaftlicher Forschungsprogramme   103

        • Die Anpassung an neue Entwicklungen als grundlegende Herausforderung an die Methodologie wissenschaftlicher Forschungsprogramme   103
        • Die Relevanz der kritischen und der utopischen Wissenschaftsfunktion   105
        • Öffnung gegenüber anderen Disziplinen und Überwindung des Dilettantismusrisikos durch kooperative Forschung   106
        • Modus einer kritischen Überprüfung von Forschungskonzepten   108
        • Pulsierende Kerne im Zentrum von Forschungsprogrammen und ein erweitertes Verständnis der Pluralismusidee   110

3.2.   Rekonstruktion des Marketingansatzes   113

3.2.1.   Zur Auswahl der in die Betrachtung einbezogenen Elemente des
         Marketing-Konzepts   113

3.2.2.   Die Konzentration auf Austauschbeziehungen als forschungs-
         programmatische Leitidee des Marketingansatzes   115

3.2.2.1.   Unterschiedliche Gewichtungen der Austauschperspektive
           in der englisch- und deutschsprachigen Marketinglehre   115

         • Erste Anzeichen einer Konzentration auf Austauschbeziehungen
           in der anglo-amerikanischen Marketinglehre   116
         • Die Interpretation des Marketingansatzes als eine spezielle
           Variante bzw. Modifikation des Entscheidungsansatzes im
           deutschsprachigen Raum   117

3.2.2.2.   Kontrastierung der Entscheidungs-, Führungs- und
           Marketingperspektive zur Verdeutlichung der Relevanz
           einer Konzentration auf Austauschbeziehungen als
           forschungsprogrammatischer Ausgangsidee   119

         3.2.2.2.1. Zur Eignung der Entscheidungsperspektive als
                    forschungsprogrammatischer Ausgangsidee   119

         3.2.2.2.2. Substitution der Entscheidungs- durch die
                    Führungsperspektive - eine zweckmäßige
                    Alternative?   125

         3.2.2.2.3. Zur Notwendigkeit einer weiten Austausch-
                    perspektive   129

3.2.2.3.   Die Konzentration auf Austauschbeziehungen als konsti-
           tutive Leitidee des Marketingansatzes - Möglichkeiten
           und Probleme einer Identitätsbestimmung   135

         3.2.2.3.1. Die Austauschperspektive als Element unter-
                    schiedlicher wirtschafts- und generell sozial-
                    wissenschaftlicher Forschungsraditionen -
                    ein Identitätsproblem?   135

         3.2.2.3.2. Zum (Selbst-)Verständnis der Marketing-
                    wissenschaft - Der Marketingansatz als Unter-
                    programm eines katallaktischen Grundkonzepts
                    der Betriebswirtschaftslehre   144

3.2.3.   Zentrale meta-theoretische Leitideen des Marketingansatzes   147

3.2.3.1.   Leitideen im Blick auf das Forschungsobjekt und
           die Forschungsziele   147

         • Die Konzentration auf Austauschbeziehungen - eine geeignete
           Perspektive?   148
         • Jeglicher sozialer Austausch als Gegenstand wissenschaftlicher
           Marketingforschung?   150
         • Dimensionen zur Bestimmung des Objektbereichs der Marketing-

wissenschaft 151
- Zur Notwendigkeit einer Ausweitung des institutionellen Gegen-
  standsbereiches auf nicht-kommerzielle Organisationen 154
- Die Einführung unterschiedlicher Analyseperspektiven: Mikro-,
  Meso- und Makro-Perspektive 155
- Die Leitidee einer gesellschaftspraktischen Betriebswirtschaftslehre 159

3.2.3.2. Methodologische Leitideen - einige Bemerkungen aus der
Sicht des gesellschaftsorientierten Marketing-Konzepts 162

3.2.4. Theoretische und technologische Leitideen 169

3.2.4.1. Das Gratifikations- und das Kapazitätsprinzip als Grundlage und Ansatzpunkte zur weiteren Präzisierung theoretischer Leitideen 169

3.2.4.1.1. Die individualistische Position und das Law
of Exchange als Ausgangspunkte 169

- Verhaltenswissenschaftliche Öffnung im Kontext
  der Position des methodologischen Individualismus 169
- Das "Law of Exchange" als Ausgangspunkt 170

3.2.4.1.2. Das Gratifikationsprinzip und Ansätze zu
seiner Präzisierung 171

- Das Gratifikationsprinzip als zentrale theoretische
  Leitidee 171
- Deutungen und Präzisierungen des Gratifikations-
  prinzips im Lichte der feldtheoretischen
  Betrachtungsweise 172
- Präzisierung und Deutung des Gratifikations-
  prinzips im Lichte der Knappheitsidee 175

3.2.4.1.3. Das Kapazitätsprinzip und dessen Beziehungen zum Gratifikationsprinzip 176

- Allgemeine Kennzeichnung des Kapazitätsprinzips 176
- Zusammenhang zwischen Gratifikations-
  und Kapazitätsprinzip 177

3.2.4.1.4. Deutung des allgemeinen Rationalitätsprinzips und weitere Leitideen 177

3.2.4.1.5. Würdigung der theoretischen Leitideen 180

3.2.4.2. Technologische Leitideen und deren Ableitung aus
allgemeinen theoretischen Leitideen 181

3.2.4.2.1. Zur Notwendigkeit einer Formulierung
technologischer Leitideen vor dem
Hintergrund theoretischer Leitideen 182

3.2.4.2.2. Zentrale technologische Leitideen 184

- Das Zusammenspiel von Innen- und Außenorientierung als Ausdruck einer adäquaten

Umweltorientierung im Lichte der Aus-
tauschidee und des Kapazitätsprinzips   184
• Die Leitidee der Potentialorientierung als
Ausdruck einer konsequenten Umsetzung
des Kapazitätsprinzips   187
• Die Notwendigkeit einer relativierten Potential
-betrachtung und Interpretationen zur Leitidee
der Wettbewerbsorientierung   189
• Gratifikationsorientierung als zentrale Leitidee
des Marketing   189
• Rekonstruktion der Idee der Kundenorientierung
vor dem Hintergrund allgemeinerer Leitideen -
Die Maxime der Engpaßorientierung   192
• Zusammenfassende Darstellung der theoretischen
und technologischen Leitideen   194

3.2.4.2.3. Beispiele zur Nutzung verhaltenstheoretischer
            Erkenntnisse im Lichte der Gratifikations-
            orientierung   196

            • Die Bedeutung selektiver Anreize   196
            • Zur Unzulänglichkeit finanzieller Sanktionen -
            Zur Notwendigkeit eines Einsatzes mehrdimen-
            sionaler Gratifikationskonzepte   197
            • Die Zuschreibung von Verantwortlichkeiten und
            das Phänomen der gelernten Hilflosigkeit   198
            • Abrücken vom Bild des rationalen Bürgers -
            Öko-Marketing muß aktivieren   199
            • Die Gefahr von Reaktanz- und Bumerang-Effekten   199

3.2.5 Meta-technologische Leitideen und die Ausgestaltung der
       Meta-Technologie vor dem Hintergrund der Forschungs-
       philosophie   201

3.2.5.1 Vorbemerkung: Differenziertere Erfassung des
        Aussagenfeldes der Meta-Technologie und
        Abgrenzung der zu behandelnden meta-technologi-
        schen Problembereiche   201

        • Bezugspunkte und Problembereiche der Meta-Technologie   201
        • Zur Auswahl der zu behandelnden Sektoren der Meta-Technologie 205

3.2.5.2. Programmatische meta-technologische Leitideen und
         grundlegende Gestaltungsperspektiven für
         Evaluierungskonzepte   208

         • Die Entwicklung von Evaluierungskonzepten als Herausforderung 211
         • Konzepte zur Evaluierung des unternehmerischen Marketing 213

3.2.5.3. Reflexion der hinter Sinnmodellen und Gestaltungs-
         ansätzen stehenden Ideologien und Paradigmen als
         zentrale Aufgabe im Feld der Meta-Technologie   225

         • Paradigmatischer bzw. ideologischer Pluralismus als basale
         meta-theoretische Hintergrundidee   226
         • Einige Bemerkungen zum Stand der Ideologie-Diskussion
         in der Marketingwissenschaft   227
         • Bezugsrahmen zur Erfassung und Beurteilung paradig-

matischer Modelle - Das Zusammenspiel von Paradigmen,
Wissen, Werten und Ideologien als Hintergrund einer
Auseinandersetzung mit der Realität   232
• Konzeptionelle Erfassung komplexer Paradigmen bzw.
umfassender Weltbildsysteme   235
• Entwicklung und Einsatz eines "Weltbild-Polaritätenprofils"
und die Durchführung von Sensitivitätsanalysen als Grundlage
einer zukunftsgerichteten gesellschaftsorientierten Marketing-
Forschung   243

**4. Ausgewählte Grundorientierungen einer erweiterten Marketing-
-konzeption**   245

4.1. Vorbemerkung   245

4.2. Überblick über zentrale paradigmatische Leitideen einer gesellschaftsorientierten Marketingkonzeption   247

4.3. Orientierungen im Spannungsfeld von situativer Relativierung und Relativierung der Situation als Beispiele eines neuen Rationalitätsverständnisses im Marketing   250

4.3.1. Die Leitidee der situativen Relativierung als Ausgangspunkt   250

4.3.2. Die Leitidee der zeitlichen Relativierung   253

4.3.2.1. Zur Notwendigkeit einer zeitlichen Relativierung   253

4.3.2.2. Voraussetzungen und Problemstellungen einer zeitlichen Relativierung   255

4.3.3. Relativierung der Situation als Leitidee   264

4.3.3.1. Grundlegendes zu den Beziehungen zwischen der
Forderung nach situativer Relativierung und der
nach einer Relativierung der Situation   264

4.3.3.2. Das Zusammenspiel von situativer Relativierung und
Relativierung der Situation als Rationalitätsproblem   265

• Prinzipielle versus okkasionelle Rationalität als Problemfeld der
Gratwanderung oder des Hin-und-Her zwischen situativer Relativierung und Relativierung der Situation sowie zwischen operationaler Geschlossenheit und Offenheit   270

• Das Konzept evolutionärer Mehrfachvernunft als Ansatz zur Verknüpfung der beiden Basisleitmaximen Relativierung der Situation
und situative Relativierung   278

5. Resümee   284

Anhang   286

Anmerkungen   290

Literaturverzeichnis   306

Abbildungsverzeichnis

Abb. 1: Neugestaltung des Marketingansatzes im Kontext der Evolution des gesellschaftlichen und des strategischen Problems 6

Abb. 2: Unterschiedliche Felder der programmatisch motivierten Kritik am Marketingansatz 33

Abb. 3: Darstellung der sich abzeichnenden Variante des gesellschaftsorientierten Marketingkonzepts bei Krulis-Randa 51

Abb. 4: Orientierungsrahmen zur Analyse des betriebswirtschaftlichen Forschungsstandes im Hinblick auf die Reflexion der Beziehungen zwischen Gesellschaft und Unternehmensführung 59

Abb. 5: Hauptaufgaben der Unternehmensführung nach Ansoff 63

Abb. 6: Entwicklung des Marketing im Paradigmawechsel der Betriebswirtschaftslehre 73

Abb. 7: Leitideen des Programms einer verhaltenstheoretischen Betriebswirtschaftslehre nach Schanz 81

Abb. 8: Aussagensysteme einer Führungslehre 83

Abb. 9: Bezugsrahmen zur Erfassung wissenschaftlicher Forschungssysteme 88

Abb. 10: Bezugsrahmen zur Strukturierung der Aussagenebenen von Forschungskonzepten 90

Abb. 11: Forschungsprogrammatische Ausgangsideen ausgewählter betriebswirtschaftlicher Ansätze 93

Abb. 12: Dimensionen der Definition des Gegenstandsbereiches betriebswirtschaftlicher Forschung 95

Abb. 13: Bausteine der Marketingtechnologie 98

Abb. 14: Bezugsrahmen zur Rekonstruktion des Marketingansatzes 114

Abb. 15: Relativierung der Entscheidungs- und Führungsperspektive zugunsten der Austauschperspektive auf der Ebene forschungsprogrammatischer Ausgangsideen in einer stark vereinfachten Betrachtung 128

Abb. 16: "Modellraum" – Bezugsrahmen zur Positionierung unterschiedlicher Sinnmodelle 143

Abb. 17: Orientierungsrahmen zur Systematisierung des Forschungsgegenstandes der Marketingwissenschaft nach Hunt 148

Abb. 18: Dimensionen zur Bestimmung des Objektbereichs nach Hunt 151

Abb. 19: Forschungsfragen im Sektor des kommerziellen Marketing 152

Abb. 20: Forschungsfragen im Sektor des nicht-kommerziellen Marketing 153

Abb. 21: Forschungstraditionen auf der Makro-Ebene 157

Abb. 22: Vereinfachter Orientierungsrahmen zur Einordnung verschiedener Marketing-Approaches 158

Abb. 23: Überblick über die methodologischen Leitideen 163

Abb. 24: Sichtweisen im Zusammenhang mit der Auslegung der Marketing-Philosophie nach Thorelli 186

Abb. 25: Überblick über die zentralen theoretischen und technologischen Leitideen 195

Abb. 26: Struktur des Aussagensystems der Meta-Technologie 202

Abb. 27: Der Einfluß von Paradigmen auf meta-technologische Aussagensysteme 208

Abb. 28: Strukturierung relevanter Evaluierungsfelder 211

Abb. 29: Morphologischer Kasten zur Erfassung von Marketingwirkungen 216

Abb. 30: Zur Anwendung von Brückenprinzipien 219

Abb. 31: Evaluierungskonzept programmatischer und meta-technologischer Leitideen 221

Abb. 32: Vergleichende Darstellung unterschiedlicher Modellkonzeptionen A 230

Abb. 33: Vergleichende Darstellung unterschiedlicher Modellkonzeptionen B 231

Abb. 34: Das Zusammenspiel von Paradigmen, Werten und Ideologien als Basis einer Auseinadnersetzung mit der Realität 233

Abb. 35: Bezugsrahmenskizze zur Erfassung von Ideologien 242

Abb. 36: Dimensionen des Weltzugangs 237

Abb. 37: Bezugsrahmen zur Erfassung disziplinärer Weltbildsysteme und deren Integration 242

Abb. 38: Akzentuierung einiger grundlegender Leitmaximen als paradigmatischer Ausgangspunkt der Entwicklung eines Konzepts des gesellschaftsorientierten Marketing 246

Abb. 39: Skizze eines vernetzten Orientierungssystems im Blick auf die Ausdifferenzierung des Postulats zeitlicher Relativierung und im Scheinwerfer des dynamischen Prozeßdenkens 259

Abb. 40: Das postulat der Relativierung der Situation – gedankliche Hintergründe und Mechanismen 267

Abb. 41: Einordnung prinzipieller und okkasionaler Rationalität in das Zusammenspiel zwischen situativer Relativierung und Relativierung der Situation 270

Abb. 42: Kriterien zur Doppelvernunft nach Spinner 272

Abb. 43: Spinnersche Doppelvernunft und evolutionäre Rationalität à la
Kirsch – ein Vergleich   277

Abb. 44: Das Konzept der evolutionären Mehrfachvernunft – eine erste, noch
unvollständige Skizze   279

Tabellenverzeichnis

Tab. 1:   Ergebnisse zu den Grundhaltungen bundesdeutscher Unternehmen   22

Tab. 2:   Stellenwert von Unternehmenszielen   23

1. Einführung

1.1. Die Zielsetzung der Arbeit im Überblick

Im Zentrum der vorliegenden Arbeit steht der Versuch, einen Beitrag zur Rekonstruktion des Marketingansatzes im Sinne eines betriebswirtschaftlichen Forschungsprogramms zu leisten. Unter Rekonstruktion sei dabei zunächst ganz allgemein das Zerlegen eines bestimmten Forschungsansatzes in seine einzelnen Bestandteile und das Zusammenfügen dieser Bestandteile auf einem höheren Niveau bzw. das Einbringen dieser Bestandteile in einen erweiterten gedanklichen Bezugsrahmen verstanden. Der tiefere Sinn einer solchen Rekonstruktion liegt darin, "den Grundstein zu einem Neuanfang" zu legen, der ein höheres Maß an Erkenntnisfortschritt ermöglicht als dies bei einer Fortsetzung der Forschungsarbeit im bestehenden Denkrahmen gewährleistet wäre. In gewisser Hinsicht läßt sich hier eine Parallele zum Konzept des "Zero-base Budgeting" ziehen: Die für die nächste Geschäftsperiode benötigten Mittel werden nicht einfach im Wege einer Planfortschreibung bestimmt; man fängt vielmehr noch einmal bei Null an, überlegt sehr genau, welche Mittel bereitzustellen sind, und steckt dann den Budgetrahmen neu ab.

Im Vergleich zu einer umfassenden Rekonstruktion des Marketingansatzes ist der Beitrag dieser Arbeit als sehr bescheiden einzustufen. Es geht vor allem darum, in einem ersten Schritt einen **Bezugsrahmen** zu entwerfen, der die **Basis für eine** solche **Rekonstruktion** bildet. In Verbindung damit sollen allerdings schon einige **Gedanken zur Weiterentwicklung des Marketingansatzes** entfaltet werden, die in die Richtung einer gesellschaftsorientierten Marketingkonzeption weisen. Im Mittelpunkt stehen hierbei Vorschläge und Forderungen hinsichtlich einer **gesellschaftsorientierten Marketing-Forschungkonzeption** und weniger Gestaltungsperspektiven einer gesellschaftsorientierten Marketing-Management-konzeption.

Die hier nur grob abgesteckte Zielsetzung sowie die Hintergründe dieser Zielsetzung sollen im folgenden ausführlicher darstellt werden. Da eine gesellschaftsorientierte Marketing-Forschungskonzeption u.E. den Problemen der Praxis gerecht zu werden hat, knüpfen wir dabei zunächst an den sich in diesem Zusammenhang stellenden Herausforderungen an, um die Problemstellung der Arbeit zu verdeutlichen.

1.2. Problemhintergründe und Problemstellung

Der Hinweis auf zahlreiche und z.t. neuartige Herausforderungen, die eine prinzipielle Reorientierung im unternehmerischen Denken und Handeln dringend erforderlich erscheinen lassen, hat inzwischen schon Tradition. In der wissenschaftlichen Diskussion werden die unterschiedlichen Herausforderungen zumeist entweder stärker unter dem Aspekt der "Evolution des strategischen Problems" oder unter dem der "Evolution des gesellschaftlichen Problems" thematisiert und mit entsprechenden Vorschlägen hinsichtlich einer Neuausrichtung der Unternehmensführung verknüpft:

- Die **Evolution des strategischen Problems** wird dabei abstrakt durch Schlagworte wie Komplexitäts-, Dynamik- und Turbulenzsteigerungen, Diskontinuitäten o.ä. gekennzeichnet oder konkret an einzelnen Entwicklungen wie z.b. stagnierenden und schrumpfenden Märkten, zunehmender Internationalisierung der Märkte, gestiegenem Wettbewerbsdruck auf nationaler und internationaler Ebene, tiefgreifenden technologischen Neuerungen, veränderten Größen-, Produktions- und Kostenstrukturen bei Unternehmen festgemacht (1).

- Als Ausgangspunkt einer **Evolution des gesellschaftlichen Problems** gelten zum einen der deutliche **Machtzuwachs** von Unternehmen, der sich u.a. in zunehmenden Reichweiten und Eingriffstiefen wirtschaftlicher Tätigkeit konkretisiert; zum anderen die **vielfältigen gesellschaftlichen Krisenerscheinungen** (ökologische, politische sowie sozio-kulturelle Krisen), die in der Öffentlichkeit nicht zuletzt auch als Ausdruck einer einseitig techno-ökonomischen Modernisierung und als Konsequenz ungezügelter unternehmerischer Handlungsspielräume gewertet werden. Vor diesem Hintergrund sind Unternehmen im Zuge eines Wertewandels immer mehr in eine **Legitimationskrise** geraten (2). Den Unternehmen wird hierbei nicht nur die Schuld an zahlreichen Erscheinungsformen der gegenwärtigen Krisensituation angelastet (**Unternehmen als Problemverursacher**). Darüber hinaus werden von ihnen – auch durchaus unabhängig von einem konkreten Verschulden – umfassendere Beiträge zur Bewältigung aktueller gesellschaftlicher Probleme erwartet als nur die Sicherstellung eines hohen materiellen Lebensstandards (**Unternehmen als Problemlöser**) (3).

Selbstverständlich lassen sich die beiden Problemfelder kaum sinnvoll voneinander trennen. Es ist vielmehr davon auszugehen, daß bspw. sowohl die Bewältigung aktueller gesellschaftlicher Probleme als auch die konsequente Auseinandersetzung mit den sich hierauf beziehenden Erwartungen und Forderungen seitens der Öffentlichkeit, der Kunden, Mitarbeiter etc. zu den zentralen strategischen Herausforderungen zählen und letztlich alle anderen Herausforderungen überformen. Letzteres u.a. insofern, als die im Zusammenhang mit der Evolution des strategischen Problems zumeist besonders hervorgehobenen techno-ökonomischen Veränderungen einerseits nicht unabhängig von allgemeinen Prozessen des gesellschaftlichen Wandels gesehen werden können, andererseits bei der Beantwortung einzelner techno-ökonomischer Herausforderungen gesellschaftliche Erwartungen und Bedingungen Beachtung finden müssen. Umgekehrt dürfen bei dem Versuch, einen Beitrag zur Bewältigung aktueller gesellschaftlicher Probleme zu leisten und mithin einen sozial verantwortlichen Unternehmenskurs einzuschlagen, techno-ökonomische Bedingungen und die sich hieraus rekrutierenden marktlichen Herausforderungen nicht vernachlässigt werden.

Zwar wird in der betriebswirtschaftlichen Diskussion der **enge Zusammenhang zwischen der Evolution des strategischen und der des gesellschaftlichen Problems** mehr und mehr erkannt; teilweise wurde dieser Zusammenhang sogar schon bei der Entwicklung erster Konzepte eines Strategischen Management akzentuiert (4). Aufs Ganze gesehen dominieren jedoch bei den verschiedenen managementbezogenen Gestaltungsvorschlägen noch immer entweder Konzepte zur Unterstützung einer strategischen Unternehmensführung, die gesellschaftliche Zusammenhänge negieren, bestenfalls am Rande thematisieren, oder Konzepte für eine sozial verantwortliche Unternehmensführung, die weitgehend unabhängig von der Handhabung techno-ökonomischer Herausforderungen ausgestaltet sind. Eine gewisse Annäherung zwischen den beiden Polen läßt sich jüngst im Zusammenhang mit der Entwicklung ökologieorientierter Konzeptionen der Unternehmensführung beobachten, indem etwa wettbewerbsstrategische Überlegungen in die Betrachtung einbezogen werden (5). Ein zentrales Manko besteht allerdings wiederum darin, daß man zu einseitig auf die Bewältigung der ökologischen Herausforderung fixiert ist und insofern andere gesellschaftliche Probleme vernachlässigt.

Sehr viel konsequenter, als es bislang in der Managementlehre - zumindest a potiori - üblich ist, hat insgesamt also die Tatsache Aufmerksamkeit zu finden, daß eine strategisch ausgerichtete Unternehmensführung immer zugleich gesellschaftsorientiert sein muß, wie auch umgekehrt eine gesellschaftsorientierte Unternehmensführung immer zugleich strategisch ausgerichtet sein sollte. Die **strategische Ausrichtung** läßt sich dabei als eine formale Dimension effizienter Unternehmensführung begreifen, die den Aufbau, die ebenso konsequente wie weitsichtige Nutzung und vor allem die Pflege bzw. langfristige Sicherung unternehmerischer Erfolgspotentiale in den Mittelpunkt stellt (6). Die Forderung nach **Gesellschaftsorientierung** zielt demgegenüber auf eine spezifisch inhaltliche Ausrichtung der Unternehmensführung ab, die sich u.E. vorrangig in der Forderung manifestieren sollte, nicht nur in marktlichen, sondern in gesellschaftlichen Zusammenhängen zu denken. Hierbei wird von einem **weiten Gesellschaftsbegriff** ausgegangen, der sich nicht auf jenes "Residuum" bezieht, "das übrigbleibt, wenn wir vom gesamten Umfeld Staat und Wirtschaft abziehen" (7). Die (Welt-) Gesellschaft wird demgegenüber zunächst ganz allgemein als weitest denkbarer Rahmen verstanden, innerhalb dessen sich unternehmerisches Handeln vollzieht.

Will die Marketingwissenschaft ihrem immer wieder aufgestellten Anspruch gerecht werden, ein besonders effizientes Konzept der Unternehmensführung anzubieten (8), so kommt insgesamt also der **Entwicklung eines gesellschaftsorientierten Konzepts strategisch ausgerichteter Unternehmensführung** eine erhebliche Bedeutung zu. Angesichts des gegenwärtigen, später noch näher zu charakterisierenden Forschungsstandes der Marketinglehre, aber auch generell des Forschungsstandes der Managementlehre, hat es hierbei vor allem um den **Entwurf eines konzeptionellen Bezugsrahmens** für ein gesellschaftsorientiertes Marketing (GOM) zu gehen und weniger um die Auseinandersetzung mit konkreten Planungsmethoden, Strategien oder Handlungsprogrammen. Wird Unternehmensführung in einem umfassenden Sinne als "Gestalten, Lenken und Entwickeln" spezifischer "gesellschaftlicher Institutionen" verstanden (9) (Führen *von* Organisationen) und nicht etwa allein auf Probleme der Personal- bzw. Mitarbeiterführung reduziert (Führen *in* Organisationen) (10), dann sind innerhalb eines solchen konzeptionellen Bezugsrahmens unter dem Blickwinkel der Gesellschaftsorientierung insbesondere

1. eine tragfähige Sichtweise der gesellschaftlichen Institution "Unternehmung", der zu beachtenden Unternehmens-/Umweltbeziehungen sowie grundlegender Zielbereiche und Aufgabenfelder der Unternehmenstätigkeit auszuarbeiten und u.a. einhergehend damit

2. erfolgsstimulierende Weltbilder, Grundorientierungen, Denk- und Werthaltungen herauszukristallisieren und als Basis einer zukunftsgerichteten Unternehmens-philosophie zu einem System von Leitideen für unternehmerisches Fühlen, Denken sowie Handeln zu verdichten und vor diesem Hintergrund dann

3. Gesamtarchitekturen (11) der Unternehmensführung zu entwerfen, in denen alle wichtigen Führungs- bzw. Managementaufgaben systematisch herausgestellt, inhaltlich ausdifferenziert und insbesondere unter strukturellen sowie prozessualen Gesichtspunkten in einen zweckmäßigen Gesamtzusammenhang gestellt werden (integrierte Struktur- und Phasenmodelle der Unternehmensführung).

Hinter dem Plädoyer für die Entwicklung eines umfassenden konzeptionellen

Bezugsrahmens, dessen Konturen und Inhalte hier nur unscharf und unvollständig aufgezeichnet wurden, verbirgt sich die Überzeugung, daß es wesentlich darauf ankommt, die Unternehmensphilosophie und das gesamte Unternehmenskonzept zu ändern, um neue Herausforderungen erkennen und adäquat beantworten zu können: Neue Informations- und Planungsinstrumente, Strategieprogramme oder Organisationsmodelle allein nützen wenig, wenn die für ihre effiziente Nutzung erforderliche Neuorientierung sowie eine entsprechende Erweiterung des gesamten Denk- und Arbeitsgebäudes der Unternehmensführung nicht vorliegen.

Im Gegensatz zu dem Versuch, einen umfassenden Bezugsrahmen für die inhaltliche Ausgestaltung einer strategisch ausgerichteten gesellschaftsorientierten Unternehmensführung zu entwickeln und hierin die vorliegenden Erkenntnisse systematisch zu integrieren, hat die Marketingwissenschaft schon seit einiger Zeit einen anderen Weg eingeschlagen. Vor dem Hintergrund aktueller Herausforderungen an die Unternehmenspraxis wurden und werden vor allem einzelne Teilansätze konzipiert, die jeweils nur auf einzelne Problemaspekte abstellen (vgl. hierzu die beispielhafte Auflistung in Abb. 1). Eine Integration solcher Teilansätze sowie eine Einbeziehung von Erkenntnissen aus anderen Managementkonzepten - wie sie in Abbildung 1 angedeutet anzudeuten versucht wurde - ist bis heute nicht in Sicht.

Versucht man nun, ein umfassendes Konzept gesellschaftsorientierter Unternehmensführung aus dem Blickwinkel des Marketingansatzes heraus zu entwickeln und hierbei zugleich andere Managementkonzepte zu integrieren oder zumindest deren Integration konzeptionell vorzubereiten, so wird freilich **unterstellt, daß es sich beim Marketingansatz um eine hierfür fruchtbare Basis handelt.** Eben diese Annahme wird jedoch seit einiger Zeit – und jüngst gelegentlich besonders vehement – in **Zweifel** gezogen. Exemplarisch hinzuweisen ist etwa auf Schneider (1983), der aus theoretischer Sicht Marketing als eine "betriebswirtschaftliche Tragödie", als "Viper am Busen der Betriebswirtschaftslehre" stigmatisiert, oder auf die stärker in praktischen Erwägungen wurzelnden Attacken von Gerken (1990), der wortreich den "Abschied vom Marketing" zelebriert und dazu auffordert, **statt** auf **Marketing** auf **Interfusion** zu setzen. Selbst einzelne Marketingwissenschaftler(innen) warteten schon mit der Forderung auf, Marketing müsse seinen "Führungsanspruch" zurücknehmen (Hansen/ Stauss, 1983).

Vor diesem Hintergrund erscheint es dringend erforderlich, sich **mit der vielfältigen Kritik am Marketingansatz auseinanderzusetzen** und den Nachweis zu führen, daß es sich beim Marketingansatz nach wie vor – trotz aller Notwendigkeit zahlreicher und z.T. grundlegender Reparatur- und Erweiterungsarbeiten am bestehenden Denk- und

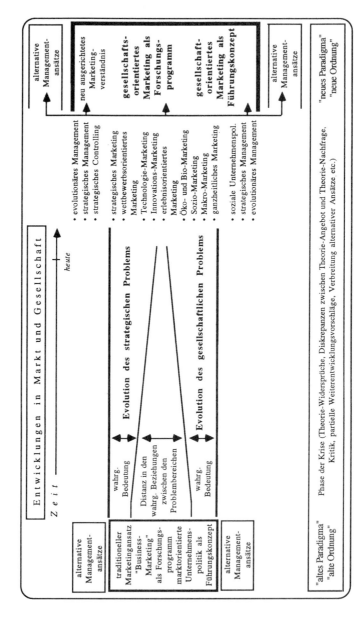

Abb. 1: Neugestaltung des Marketingansatzes im Kontext der Evolution des strategischen und gesellschaftlichen Problems

Arbeitsgebäude der Marketingwissenschaft – um eine **tragfähige Basis** handelt, von der aus Konzepte strategisch ausgerichteter Unternehmensführung entwickelt werden können.

Darüber hinaus stellt sich grundsätzlich die Frage, ob und ggf. inwieweit nicht angesichts der gravierenden gesellschaftlichen Veränderungen, mit denen sich die Praxis heute konfrontiert sieht, die wissenschaftliche **Grundlagendiskussion** eine deutliche Aufwertung erfahren müßte. Hier ergeben sich durchaus Parallelen zu der von wissenschaftlicher Seite in jüngerer Zeit gerne an die Adresse der Unternehmenspraxis gerichteten Forderung, im Zeichen einer immer dynamischeren und komplexeren Umwelt zuerst die Philosophie und Kultur des Unternehmens einer kritischen Prüfung und ggf. Revision zu unterziehen, um relevante Herausforderungen adäquat erkennen und handhaben zu können. Ist es nicht Zeit, daß auch die Management-Wissenschaft mit Verve ihre "Philosophie" und "Kultur" einer kritischen Überprüfung unterzieht und u.U. konsequent neue Wege beschreitet? Wie sieht es bspw. mit dem Selbstverständnis einer praktisch-normativen Wissenschaft aus, die sich zunehmend darauf konzentriert, "der Unternehmenspraxis mundgerecht einzelne Fische zu servieren, anstatt Netze anzubieten, die die Unternehmenspraxis selbst zum Fischfang befähigt"? Sollte die Wissenschaft hier nicht auch Erkenntnisse hinsichtlich der Notwendigkeit zur Initiierung und Unterstützung von Prozessen der Selbstorganisation stärker berücksichtigen? (12). Oder: Ist der Unternehmenspraxis – einmal ganz abgesehen von den Interessen anderer Gesellschaftsgruppen – wirklich mit einer Wissenschaft gedient, die sich allein als eine Managementlehre bzw. als eine "Lehre *für* die Führung auf der Grundlage einer Lehre *von* der Führung" (Kirsch, 1990) versteht?

In der Tat sind u.E. diese und andere **Fragen einer wissenschaftlichen Grundlagenreflexion** – entgegen ihres gegenwärtigen Stellenwertes – vorrangig zu behandeln. Von ihrer Beantwortung hängt es nämlich wesentlich ab, ob und ggf. inwieweit sich wissenschaftliche Forschung im allgemeinen, die Forschung innerhalb der Marketingwissenschaft im besonderen in die richtige Richtung bewegt und tatsächlich tragfähige Beiträge zur menschlichen Daseinsbewältigung zu erbringen vermag. So muß bspw. die Marketingwissenschaft, will sie wirklich tragfähige Konzepte einer gesellschaftsorientierten Unternehmensführung hervorbringen, selbst ein höheres Maß an Gesellschaftsorientierung entfalten bzw. eine gesellschaftsorientierte Forschungstradition etablieren.

Nicht zuletzt an der Notwendigkeit einer Ausformung eines gesellschaftsorientierten Marketing-Forschungsprogramms setzt unser **Ziel** an, im Rahmen dieser Arbeit den **Marketingansatz** zu **rekonstruieren** oder wenigstens geeignete **Grundlagen** hierfürzu schaffen. Im Zuge einer solchen Rekonstruktion gilt es vor allem, die **Grundgedanken** und **zentralen Leitideen** des **Marketingansatzes** herauszukristallisieren, deren Tragfähigkeit kritisch zu überprüfen, vorhandene Leitideen ggf. neu zu deuten und/oder durch neue Leitideen zu ergänzen. Als spezifische Problemsituation ist hierbei zu beachten, daß

- es den Marketingansatz auf den ersten Blick gar nicht zu geben scheint, da sich die Marketingwissenschaft durch eine Vielzahl sehr unterschiedlicher Ansätze bzw. Forschungskonzepte auszeichnet, die mehr oder weniger isoliert nebeneinander stehen;
- die Beziehungen zwischen Marketing und Allgemeiner Betriebswirtschaftslehre bislang weitgehend ungeklärt sind;
- es weder in der Marketingliteratur noch in der allgemeinen Grundlagendiskussion der Betriebswirtschaftslehre ausreichend elaborierte Bezugsrahmenkonzepte gibt, auf die man bei der Rekonstruktion des Marketingansatzes unmittelbar zurückgreifen könnte.

Letzteres führt dazu, daß in dieser Arbeit der Versuch eine nicht unerhebliche Rolle spielt, einen geeigneten Bezugsrahmen zur Rekonstruktion des Marketingansatzes zu entwickeln. Im Vergleich zur Darstellung vorhandener Teilansätze des Marketing und deren Einordnung in ein übergeordnetes Marketing-Forschungskonzept nimmt die Entwicklung eines solchen Bezugsrahmens sogar einen höheren Stellenwert ein. Dies hängt u.a. damit zusammen, daß wir in der differenzierteren **Ausarbeitung eines allgemeinen Bezugsrahmens** eine geeignete **Grundlage** sehen, um zu einem **erweiteren Marketingverständnis** zu gelangen, das inhaltlich durch die Vorstellung einer gesellschaftsorientierten Marketingkonzeption geprägt ist. Eine konkrete Ausarbeitung eines gesellschaftsorientierten Marketingverständnisses erfolgt indessen aber lediglich exemplarisch und auf der noch recht allgemeinen Ebene von Leitideen.

Abgesehen von der bereits in der Zielsetzung angelegten Eingrenzung der Arbeit unterliegen unsere Darlegungen zahlreichen weiteren Beschränkungen, auf die wir jedoch erst im jeweiligen Argumentationszusammenhang eingehen wollen.

1.3. Gang der Untersuchung

Um die Ausgangspunkte sowie die gedanklichen Hintergründe der Arbeit weiter zu verdeutlichen, zugleich aber auch um allgemeine sowie begriffliche Grundlagen für die weitere Themenbearbeitung zu schaffen, soll im Anschluß an diese Einleitung aus drei unterschiedlichen Perspektiven der Frage nach dem Entwicklungsstand einer gesellschaftsorientierten Konzeption der Unternehmensführung bzw. des Marketing nachgegangen werden. Die zugrunde gelegten Perspektiven sind:

1. die Perspektive der Unternehmenspraxis, die sich auf vielfältige neue Herausforderungen einzustellen hat und hierbei durch wissenschaftliche Gestaltungsvorschläge unterstützt werden soll (2.1.),

2. die Perspektive der Marketingwissenschaft, deren Forschungsprogramm rekonstruiert werden soll (2.2.), und

3. die Perspektive der Betriebswirtschaftslehre bzw. allgemeinen Managementlehre, in die es das Marketing-Forschungskonzept einzubinden gilt (2.3.).

Den Schwerpunkt bildet die Auseinandersetzung mit dem Entwicklungsstand der Marketingwissenschaft. Die Betrachtung aus den beiden anderen Perspektiven dient im wesentlichen der Abrundung und Einordnung.

Der erste Abschnitt des zweiten Kapitels (2.1.) beginnt mit einer plakativen Hinführung aus der Sicht der Unternehmenspraxis, bei der u.a. ein Mangel an geeigneten Managementkonzepten konstatiert wird. Danach erfahren verschiedene Untersuchungen zu den Themen "Sinneswandel in der Unternehmenspraxis" und "Gesellschaftsorientierung und Unternehmenserfolg" eine kritische Würdigung. Dabei zeigt sich etwa, daß die Durchführung empirischer Studien zum gegenwärtigen Zeitpunkt kaum sinnvoll möglich ist, weil es als Voraussetzung hierfür zunächst der Schaffung geeigneter konzeptioneller Grundlagen bedarf.

In Verbindung mit der Darstellung zentraler Entwicklungslinien der Marketingwissenschaft in Abschnitt 2.2. werden die wichtigsten Einwände gegenüber dem Marketingansatz herausgearbeitet. Hierzu zählt u.a. auch die Tendenz zu einer zunehmenden „Zersplitterung" der Marketingwissenschaft, die sich darin konkretisiert, daß immer weitere Teilansätze vorgestellt werden, die für sich genommen wenig zweckdienlich sind. Der Entwicklung einer Konzeption des gesellschaftsorientierten Marketing wird vor diesem Hintergrund eine Klammer- und Ergänzungsfunktion zugesprochen, deren Berücksichtigung einen Fortschritt in der Weiterentwicklung des Marketingansatzes darstellt. Im Kontext einer kurzen Kommentierung erster Ansätze eines Konzepts des gesellschaftsorientierten Marketing in der Literatur zeigt sich schließlich, daß es wenig zweckmäßig ist, ohne eine Verstärkung der Grundlagendiskussion an die Weiterentwicklung dieses Konzepts heranzugehen. Hierdurch erfahren gleichzeitig die nachfolgende forschungsprogrammatische Diskussion und speziell die Rekonstruktion des Marketingansatzes ihre Rechtfertigung.

Im letzten Abschnitt des zweiten Kapitels (2.3.) werden verschiedene Entwicklungslinien innerhalb der Managementlehre lediglich grob angedeutet, um auf dieser Basis den Entwurf eines gesellschaftsorientierten Marketingkonzepts im Gesamtkonzert unterschiedlicher Managementansätze würdigen zu können.

Das **dritte Kapitel** widmet sich der Rekonstruktion des Marketing-Forschungsprogramms und bildet den Schwerpunkt der Arbeit. Im ersten Abschnitt (3.1.) wird dabei die Problemsituation einer Rekonstruktion des Marketingansatzes verdeutlicht und ein Bezugsrahmen zur Erfassung betriebswirtschaftlicher Forschungskonzepte entwickelt. Als Grundlage für den Entwurf eines eigenen Bezugsrahmens finden in diesem Abschnitt auch ausgewählte Konzepte zur Erfassung betriebswirtschaftlicher Forschungsprogramme eine kritische Würdigung.

Der in Abschnitt 3.1.2.2. vorgestellte Bezugsrahmen zur Analyse betriebswirtschaftlicher Forschungsprogramme geht im Anschluß an Kuhn von der Überlegung aus, daß es jeweils einer Erfassung der gesamten "Forschungskultur" bzw. des gesamten Systems wissenschaftlicher Forschung bedarf, um die einzelnen Programme adäquat verstehen, beurteilen und Impulse zu ihrer Weiterentwicklung geben zu können. Vor diesem Hintergrund erscheint es zweckmäßig, drei unterschiedliche Ebenen solcher umfassenden Forschungssysteme zu berücksichtigen: die Ebene der Forschungsphilosophie, die Ebene wissenschaftlicher Aussagensysteme und die Ebene wissenschaftspsychologischer, -soziologischer und institutioneller Rahmenbedingungen (3.1.2.2.1). Zwischen den verschiedenen Ebenen bestehen zahlreiche Beziehungen, die zunächst nur knapp andeutet, dann aber im weiteren Verlauf der Arbeit bei der Rekonstruktion des Marketingansatzes und vor allem bei den verschiedenen Vorschlägen zur Weiterentwicklung dieses Ansatzes immer wieder aufgegriffen und weiter verdeutlicht werden..

Bei der Vorstellung unseres Bezugsrahmens findet die Strukturierung wissenschaftlicher Aussagensysteme besondere Aufmerksamkeit (3.1.2.2.2). Dies nicht zuletzt deshalb, weil die Rekonstruktion des Marketingansatzes später vor allem auf dieser Ebene erfolgen soll. Unterschieden werden hierbei vier Felder wissenschaftlicher Aussagensysteme. Im einzelnen sind dies die Felder Meta-Theorie, Theorie, Technologie und Meta-Technologie. Innerhalb der verschiedenen Felder werden dann die jeweils wichtigen Aussagenkategorien systematisiert und ins Zentrum Leitideen gestellt, die innerhalb der einzelnen Felder die Funktion zentraler Forschungheuristiken oder -direktiven übernehmen.

Ein weiteres Element des entwickelten Bezugsrahmens bilden schließlich Überlegungen zu einer Methodologie betriebswirtschaftlicher und speziell marketingwissenschaftlicher

Forschungsprogramme (3.1.3), die sich von jenen Vorstellungen abheben, die insbesondere von Lakatos und Stegmüller in die wissenschafttheoretische Diskussion eingebracht wurden.

Im zweiten Abschnitt des dritten Kapitels (3.2) erfolgt dann die Rekonstruktion des traditionellen Marketingansatzes, wobei gleichzeitig Vorschläge zur Weiterentwicklung dieses Ansatzes eingeblendet und Grundlagen für eine erweiterte Marketingkonzeption geschaffen werden.

Den Ausgangspunkt bildet zunächst die Akzentuierung einer Konzentration auf Austauschbeziehungen als forschungsprogrammatischer Leitidee des Marketingansatzes (3.2.2). Auf diese Leitidee können in der Tat alle innerhalb der Marketingwissenschaft bislang kultivierten Forschungstraditionen zurückgeführt werden und lassen sich somit jeweils als spezifische Ausformungen eines übergeordneten Forschungsprogramms begreifen. Dies wird hier exemplarisch verdeutlicht.

Um die Relevanz der Leitidee einer Konzentration auf Austauschbeziehungen als grundlegender Erkenntnisperspektive zu exemplifizieren, wird im folgenden zunächst die "Austauschperspektive" mit der Entscheidungs- und der heute gelegentlich als deren Weiterführung betrachteten Führungsperspektive kontrastiert (3.2.2.2). Dabei zeigt sich u.a., daß die Konzentration auf Austauschbeziehungen eine geeignetere übergeordnete Erkenntnisperspektive darstellt. Dies allerdings nur dann, wenn von einem weiten Austauschverständnis ausgegangen wird, bei dem z.B. langfristige und komplexe Beziehungsmuster Aufmerksamkeit finden. Zentrale Merkmale einer solchen weiten Austauschperspektive werden in einem der Unterabschnitte präsentiert (3.2.2.2.3.).

Entgegen der Darstellung einiger Vertreter der anglo-amerikanischen Marketinglehre, die Marketing im Sinne einer "Science of Transactions" als ein völlig eigenständiges Forschungsprogramm begreifen, zeigt sich in Abschnitt 3.2.2.3., daß die Austauschperspektive letztlich in allen betriebswirtschaftlichen Ansätzen eine entscheidende Rolle spielt. Nach unserer Auffassung bietet das Austauschparadigma die Chance, die unterschiedlichsten betriebswirtschaftlichen oder generell wirtschaftswissen-schaftlichen Forschungstraditionen auf einen gemeinsamen Nenner zurüchzuführen und mithin die Basis für eine integrative Perspektive zu schaffen. Der Marketingansatz läßt sich vor diesem Hintergrund dann als eine spezielle Variante eines Interaktionsansatzes bzw. katallaktischen Grundkonzepts der Betriebswirtschaftslehre akzentuieren.

Nach den grundlegenden Überlegungen zu einer neuen Identität des Marketing wird der Marketingansatz entlang der vier Felder wissenschaftlicher Aussagensysteme rekonstruiert (3.2.3). Den Ausgangspunkt bildet dabei zunächst die Frage nach meta-theoretischen Leitideen und speziell nach Leitideen im Blick auf das Forschungsobjekt und die Forschungsziele sowie nach den methodologischen Leitideen. Unter dem Gesichtspunkt einer Weiterentwicklung des Marketingansatzes verdienen hier etwa die Vorstellung dreier Analyseebenen als Basis einer erweiterten Problem-explikation (Mikro-, Meso- und Makro-Ebene) sowie die Ausarbeitung der Idee einer gesellschaftspraktischen Marketinglehre Hervorhebung.

Im nächsten Unterabschnitt (3.2.4) werden die Verbindungslinien zwischen theoretischen und technologischen Leitideen des Marketingansatzes aufgezeigt, die zentralen theoretischen und technologischen Leitideen rekonstruiert und dann vor allem präzisiert sowie um zahlreiche weitere ergänzt. Durch die Ergänzung neuer Leitideen ergeben sich dabei jeweils interessante Hinweise auf neue Interpretationen der schon bekannten Leitideen. Lediglich exemplarisch seien hier etwa die Präzisierungen und neuen Deutungen des Gratifikationsprinzips im Lichte der feldtheoretischen Betrachtungsweise erwähnt. Die forschungsprogrammatischen Erörterungen erfahren im vorliegenden Unterabschnitt eine Ergänzung um die Darstellung einiger Beispiele zur Nutzung verhaltenswissenschaftlicher Erkenntnisse im Lichte der Gratifikations-orientierung (3.2.4.2.3).

Schließlich wenden wir uns dem Aussagenfeld der Meta-Technologie zu (3.2.5). Dieses Aussagenfeld wird zunächst stark ausdifferenziert, indem die unterschiedlichsten Bezugspunkte und Problemfelder einer Meta-Technologie herausgearbeitet und Verbindungslinien zur Forschungsphilosophie gezogen werden (3.2.5.1). Im Anschluß daran findet eine eingehendere Auseinandersetzung mit zwei Problemaspekten im Kontext der Entwicklung einer Meta-Technologie statt, und zwar

1. mit der Entwicklung von Evaluierungsmodellen als Grundlage der Beurteilung des unternehmerischen Marketing sowie der Entwicklung gesellschaftsorientierter Gestaltungsvorschläge seitens der Marketingwissenschaft (3.2.5.2),
2. mit der kritischen Reflexion der hinter Sinnmodellen und Gestaltungs ansätzen stehenden Paradigmen sowie Ideologien (3.2.5.3).

Im zuletzt genannten Bereich wird u.a. ein sehr weit greifender Bezugsrahmen zur gedanklichen Erfassung sowie zur Beurteilung von Ideologien und Paradigmen ent-worfen und die Forderung nach einer Überwindung des paradigmatischen Provinzia-lismus an die Adresse der Marketingwissenschaft gerichtet.

Im **vierten Kapitel** wird überblicksartig ein System paradigmatischer Leitideen vorgestellt, das u.a. etwa folgende Leitideen enthält: ganzheitliches Denken und Komplexitätsbejahung, langfristiges und antizipatives Denken, organisches Denken und dynamisches Prozeßdenken etc. Aus diesem Leitideensystem werden dann zwei grundlegende Leitideen herausgegriffen und dann vertiefend behandelt, um zwei Aspekte zu verdeutlichen:

1. die Notwendigkeit, einzelne Leitideen jeweils nicht isoliert herauszustellen, wie es in der bisherigen Diskussion üblich ist, sondern diese jeweils in ein umfassendes vernetztes Leitideensystem einzubinden und entsprechende Voraussetzungen zu schaffen;

2. die Fruchtbarkeit, sich prima facie widersprechende Leitideen einander gegenüber zu stellen, um auf diese Weise jenes Spannungsverhältnis zu erzeugen, das Vereinseitigungen in die eine oder andere Richtung vermeiden hilft und ein Sowohl-als-auch-Denken fördert.

Die Arbeit endet mit einem kurzen **Resümee**.

2. Grundlegung

2.1. Menschheitskrise als Herausforderung für die Managementpraxis und Veränderungen im Managementverständnis

An der Schwelle zur Jahrtausendwende befinden wir uns inmitten einer tiefgreifenden, weltweiten **Krise**. Vieles spricht dafür, daß der Mensch im Begriff ist, seinen Lebensraum oder generell seine Lebensmöglichkeiten zu zerstören bzw. zumindest empfindlich zu beeinträchtigen. Ein beredtes Zeugnis für diese "Selbstzerstörung unserer Welt" legen zahlreiche krisenhafte Erscheinungen in allen zentralen Bereichen menschlichen Daseins ab. Waldsterben, Giftmüllskandale, Emissionskatastrophen, internationale Konflikte, Bombenattentate, Bestechungsskandale, ökonomische Instabilitäten, Sinn- und Orientierungskrisen, Drogenabhängigkeit, Zunahme psychischer und physischer Pathologien stellen dabei lediglich einzelne Spitzen eines Eisberges dar, der den Blick auf die Fahrt unseres Planeten in die Zukunft mitunter zur apokalyptischen Vision werden läßt (1).

Angesichts des globalen Krisensyndroms der Weltentwicklung werden gerne entweder die im chinesischen Terminus für Krise (wei-ji) angelegte Doppeldeutigkeit als Schriftzeichen für "Gefahr" sowie für "gute Gelegenheit" (Capra, 1983, S. 21; vgl. ergänzend Dahrendorf, 1983) oder z.T. auch Beispiele aus der Vergangenheit als "Mutmacher" bemüht, in denen sich Stagnations-, Katastrophen- oder gar Weltuntergangsprophezeiungen regelmäßig als falsch erwiesen hatten (vgl. Seitz, 1984, S. 3 - 6). Derartige "Mutmacher" degenerieren nicht selten zu Beschwichtigungsideologien, die das Vertrauen auf die Selbstheilungskräfte einzelner Gesellschaftssysteme nähren und mithin die Entwicklung eines entsprechenden **Krisenbewußtseins** sowie die nachhaltige Suche nach den Ursachen des Krisensyndroms behindern. Aufs Ganze gesehen wird noch häufig so gelebt, "als ob wir noch eine zweite Welt im Keller hätten". Auch Kupfers Endszene in der Götterdämmerung vermag die Bewußtseinslage der letzten Jahrzehnte treffend zu karikieren: Man schaut sich bei einem Glas Champagner den Untergang an und merkt nicht, daß es der eigene ist!

• Die Notwendigkeit einer grundlegenden Um- und Neuorientierung

Selbst dann, wenn man sich apokalyptischen Zukunftsvisionen nicht anschließen will, so muß dennoch erkannt werden, daß wir heute in einer **Risikogesellschaft** (Beck, 1986) leben, die von allen Mitgliedern der Gesellschaft erhebliche Anstrengungen verlangt, um jene Lügen zu strafen, die in teils düsteren, teils grellen Farben nicht nur eine Stagnation des Projekts der Modernisierung (2), sondern das Ende der Menschheit ausmalen (3). Erforderlich erscheint hierzu eine aktive und **grundlegende Um- und Neuorientierung** in allen Gesellschaftsbereichen: Je positiver einzelne Zukunfts-szenarien ausfallen, um so mehr sind sie implizit oder explizit mit der Annahme verknüpft, daß Individuen und Gesellschaften zu solchen Um- und Neuorientierungen in der Lage sind (Kahn et al.). Hierbei ist allerdings ein **"Wettlauf mit der Zeit"** zu gewinnen. – Bereits heute läßt sich in einzelnen Bereichen absehen, daß selbst bei einer umgehenden Neueinstellung der Weichen für die Zukunft bestenfalls noch eine Schadensbegrenzung möglich ist. In besonderer Weise gilt dies für die zahlreichen Beeinträchtigungen der natürlichen Umwelt.

Eine Um- oder Neuorientierung ist inzwischen nicht nur die Hoffnung einzelner Futurologen, Weltverbesserer oder Intellektueller geblieben. Wenn auch in sehr unterschiedlichem Ausmaße und z.T. noch eher zart keimend, so ist doch gerade auch in breiten Teilen der Bevölkerung einzelner Länder ein **Bewußtseins- oder Wertewandel** zu registrieren, der das "Prinzip Hoffnung" nicht nur als bläßliche Illusion erscheinen läßt. Nicht zuletzt in der Bundesrepublik Deutschland scheinen – schenkt man aktuellen Meinungsumfragen Glauben (4) – die Bürger in hohem Maße für die aktuellen Probleme unserer Zeit sensibilisiert und teilweise auch bereit zu sein, sich in ihrer Rolle als Wähler, Mitarbeiter, Konsumenten etc. für die Verwirklichung zentraler gesellschaftlicher Ziele (Abbau der Arbeitslosigkeit, Schutz der natürlichen Umwelt, Sicherung des Weltfriedens, Unterstützung sozial Benachteiligter etc.) zu engagieren.

Mit dem bei breiten Teilen der Bundesbürger zu verzeichnenden Bewußtseins- bzw. Wertewandel verbinden sich jedoch in erster Linie **neue Ansprüche an alle Institutionen**. Neben dem Staat sind hiervon in besonderer Weise die verschiedenen **Institutionen der Wirtschaft** betroffen. Galten privatwirtschaftliche Unternehmen früher noch als Garanten eines beträchtlichen materiellen Wohlstandes und damit als von anderen Aufgaben weitgehend freigestellt, so begegnet man ihrer einseitig ökonomischen Ausrichtung, der kurzfristigen Konzentration auf eine gewinnbringende Versorgung der Bevölkerung mit Gütern, heute mit Skepsis und z.T. mit Unmut. Parallel dazu sind allerdings die Erwartungen hinsichtlich einer effizienten Güterversorgung und der Sicherung internationaler Wettbewerbsfähigkeit nicht in durchschlagendem Maße zurückgegangen. Im Gegenteil: Es handelt sich hierbei nach wie vor um zentrale Elemente im Erwartungsspektrum der Öffentlichkeit (5).

Wo die prima vista zum Teil durchaus konfliktären Forderungen nach effizienter Güterversorgung, Sicherung der internationalen Wettbewerbsfähigkeit, Beiträgen zum Abbau der Arbeitslosigkeit, zum Schutz der natürlichen Umwelt, zur weiteren Humanisierung der Wirtschaft u.ä.m. unerfüllt bleiben und wo es zugleich nicht gelingt klarzumachen, warum sie nicht erfüllt werden (können), geraten Unternehmen unmittelbar ins **Schußfeld öffentlicher Kritik**. Bemerkenswert ist dabei, daß solche Kritik immer weniger allein aus dem Lager vermeintlich "linker Chaoten" oder zwar breiter, letztlich aber von wirtschaftlichen Dingen nichts verstehender Bevölkerungsteile, sondern mit zunehmender Tendenz gerade auch von eher konservativen Wirtschaftsfachleuten kommt, die sich bspw. als Unternehmensberater, Wirtschaftsjournalisten o.ä. betätigen. Dabei sind mitunter Forderungen zu vernehmen, die für betriebswirtschaftlich geschulte Ohren etwas befremdlich klingen mögen: "Die Unternehmenszwecke müssen spirituell" (Gerken), "die Unternehmen selbst zu Kirchen werden" (Engels) (zit. nach Priewe, 1986, S. 27).

Im Lager der Erwartungsträger und Kritiker dürfen schließlich die Politiker nicht übersehen werden: Auch im Bewußtsein eher konservativer Politiker scheint sich mehr und mehr z.b. die Forderung nach einem ökologischen Umbau unserer Wirtschafts- und Gesellschaftsordnung einzunisten, und sei es auch nur als Ausdruck einer hohen Sensibilität gegenüber den Erwartungen breiter Wählerkreise. Zumindest aber hat die Umweltschutzgesetzgebung als Steuerungsinstrument eine nachhaltige Aufwertung erfahren. Darüber hinaus werden von politischer Seite schon seit langem Appelle an die Adresse der Wirtschaft gerichtet, die die Aufforderung zur Mitwirkung an der Bewältigung drängender gesellschaftlicher Probleme beinhalten; jüngst etwa insbesondere im Blick auf eine noch intensivere Mitwirkung am wirtschaftlichen Aufbau der ehemaligen DDR und anderer osteuropäischer Länder.

• **Tendenzen eines Sinnwandels in der Unternehmenspraxis?**

Die verstärkte öffentliche Kritik und die zahlreichen Aufforderungen, neue Wege einzuschlagen, sind an den **Unternehmen** nicht spurlos vorübergegangen. Abgesehen davon, daß sich bei den auf unteren und mittleren Hierarchieebenen anzusiedelnden Unternehmensmitgliedern gewisse Selbstzweifel, **Sinn- und Orientierungskrisen** eingeschlichen und zu neuartigen Forderungen gegenüber der Politik ihres Unternehmens geführt haben, zeichnet sich ganz offensichtlich auch bei Top-Managern sowie wichtigen Funktionären von Unternehmensverbänden ein **Sinneswandel** ab. Dieser Sinneswandel ist teilweise an neuartigen Unternehmensstrategien und Angebotsprogrammen festzumachen (vgl. etwa die verschiedenen Ausformungen der "Öko- und Bio-Welle"); er findet seinen Niederschlag jedoch vor allem in Äußerungen einzelner "Industriekapitäne" sowie Verbandsfunktionäre, in denen sich neue **Weichenstellungen in Richtung einer stärker gesellschaftsorientierten und ethisch fundierten Unternehmensführung** ankündigen. Lediglich exemplarisch hervorzuheben sind etwa folgende Aussagen einiger Vertreter der Wirtschaft:

"Allenthalben werden in der Öffentlichkeit Ansprüche der Gesellschaft an das Tun und Handeln von Unternehmen formuliert und diskutiert. Was sagt und tut ein Unternehmer bezüglich der Arbeitslosigkeit? Gilt das Unternehmen als mitarbeiterfreundlich eingestellt? Fördert es kulturelle und soziale Zwecke? All diese Fragen, die oft weit im politischen Raum angesiedelt sind, werden heute gestellt und müssen vom Unternehmen aufgegriffen und beantwortet werden. Dabei ist der bekannte Markenartikler stärker gefordert als andere... Die Markenartikelindustrie stellt sich dieser Forderung nach sozialverantwortlicher Unternehmens- und Produktpolitik ... Auch die Forderung nach aktivem Umweltschutz darf heute von keinem Markenartikler ungeachtet gelassen werden ... Umweltpolitische Ansatzpunkte gibt es auf allen Stufen des Unternehmensprozesses von der Lieferung der Rohware bis zur Entsorgung" (Oetker, 1988, S. B1).

"Verantwortung für die Zukunft ist zuallererst Verantwortung für die nachfolgenden Generationen. Für sie müssen wir Chancen und Optionen offenhalten, ihr Leben selbst zu gestalten. Wir dürfen ihnen keine unangemessenen Vorbelastungen hinterlassen. Dieser Aufgabe werden wir am ehesten gerecht, wenn wir die Konsequenzen unseres Handelns für spätere Jahre und künftige Generationen schon heute in Rechnung stellen und unsere Probleme selbst anpacken und lösen und sie nicht auf die Zukunft verlagern......" (Necker, 1988; zit. nach Rosenberger, 1988, S. 167; vgl. ergänzend BDI, 1988, S. 9 - 32).

"Wirtschaftsunternehmen sind mehr als Instrumente einer partikularen Verstandesleistung von Technokraten. Der Zweck ihres Handelns muß moralisch verstanden und darf moralisch, nicht nur wirtschaftsstatistisch, bewertet werden. Deshalb dürfen - wie ich meine - Unternehmungen nur durch diejenigen geführt werden, die in der Lage sind, sie als Instrumente aufklärerischer Vernunft zu verstehen" (Reuter, 1986, S. 212).

Auf der Suche nach Indizien, die einen Sinneswandel in der Wirtschaft belegen helfen, stößt man zwangsläufig auch auf Äußerungen namhafter Wirtschaftsvertreter, die einige Jahre, ja fast schon Jahrzehnte zurückliegen. So kam bspw. H.M. Schleyer als Präsident der Bundesvereinigung Deutscher Arbeitgeberverbände (BDA) bereits im Jahre 1974 zu der ermahnenden Feststellung, daß der Nachweis ökomischer Leistungsfähigkeit nicht mehr genügt und der Prozeß der Industrialisierung dem modernen Unternehmer neben den herkömmlichen Funktionen noch die Verantwortung für die Gesellschaft übergeben hat (Schleyer, 1974, S. 13). In ähnlicher Weise stellte K.H. Bund als Vorstandsvorsitzender der Ruhrkohle AG z.B. fest, daß die gesellschaftliche Verantwortung ein Faktor unternehmerischer Kalkulation geworden sei, woraus folge, daß der Gewinn nicht mehr der einzige unternehmerische Maßstab sei (Bund, 1973, S. 64).

Hinzuweisen ist im vorliegenden Zusammenhang ferner auf die zahlreichen gesellschaftsorientierten **Verhaltenskodizes**, die von Seiten der Wirtschaft entwickelt wurden. Besondere Aufmerksamkeit gebührt dem sog. **Davoser Manifest**, das bereits im Jahre 1973 auf einem europäischen Management-Symposium verabschiedet wurde (6). An die Stelle des Prinzips der Gewinn- und Rentabilitätsmaximierung soll hier das Prinzip der gesellschaftlichen Verantwortung im Sinne einer dienenden und interessenausgleichenden Rolle der Unternehmensführung gegenüber allen Bezugsgruppen des Unternehmens rücken: "Die sozialen Zielsetzungen werden dabei nicht nur als Restriktionen unternehmerischer Tätigkeit, sondern vielmehr als primäre Ziele verstanden" (Weitzig, 1979, S. 77).

Über einzelne Meinungsäußerungen und Verhaltenskodizes hinaus lassen sich auch schon in der Vergangenheit zahlreiche Beispiele für ein konkretes unternehmerisches Engagement im Sinne einer gesellschaftsorientierten Unternehmenspolitik finden, das auf ein deutlich erweitertes Unternehmensverständnis hindeutet. Neben dem insgesamt beispielhaften Verhalten einzelner Unternehmen (z.B.Migros) sei an dieser Stelle auf eine besonders interessante Anzeigenkampagne der Fa. Henkel hingewiesen, die im Jahre 1972 geschaltet wurde und u.a. unter folgendem Motto stand: "Unternehmen, die nur in Gewinnen denken, werden bald viel zu verlieren haben".

- **Mißverhältnis zwischen signalisierten Umdenkungsprozessen und der Realität betrieblichen Handelns - Ausdruck von Management-Defiziten?**

Angesichts der sich heute immer weiter verschärfenden gesellschaftlichen Probleme - eine Tatsache, die nicht zuletzt mit auf unternehmerisches Fehlverhalten zurückgeführt und durch nahezu täglich gemeldete Skandale unterstrichen wird - drängt sich dem neutralen Beobachter der Verdacht auf, daß es sich bei einem konkreten gesellschaftsfreundlichen Handeln von Unternehmen um letztlich vernachlässigbare Einzelfälle handelt und die vielfältigen Bekundungen sowie an das eigene Lager gerichteten Ermahnungen insgesamt nicht viel mehr als "heiße Luft" geblieben sind.

Gerade auch bei einem Unternehmen wie z.B. der Daimler Benz AG, deren Kommunikationspolitik insgesamt (also nicht nur in Form entsprechender Verlautbarungen seitens des Top-Management) einen verantwortlichen Kurs signalisiert, drängen sich mitunter entsprechende Verdachtsmomente auf. Während uns die Position dieses Unternehmens im Kontext einer Unterstützung des irakischen Machthabers durch die Lieferung von Kriegsgerät (incl. LKW's) zu wenig geklärt erscheint, um explizit als Beispiel herangezogen zu werden, darf doch im Blick auf die Einführung der neuen S-Klasse die Frage aufgeworfen werden, worin sich hier die "Nutzung des Unternehmens als Instrument aufklärerischer Vernunft" (vgl. die zuvor zitierten Ausführungen von Reuter) äußert. Ist es die freiwillige Geschwindigkeitsbegrenzung bei Tempo 250? Überlegungen zur Kraftstoffeinsparung können es wohl kaum sein; diese dürften bei der Konzeption der neuen S-Klasse nämlich keine gewichtige Rolle gespielt haben.

Sucht man nach Gründen für das zunächst ganz offensichtlich bestehende **Mißverhältnis zwischen signalisierten Umdenkungsprozessen und der Realität betrieblichen Handelns,** so bieten sich etwa folgende Erklärungen an:

1. Bei der Bekundung eines gesellschaftsfreundlichen Unternehmenskurses handelte es sich zunächst im wesentlichen um PR-Kosmetik: Eine grundlegende Um- und

Neuorientierung hat bislang in der Wirtschaft noch nicht stattgefunden. Erst in jüngerer Zeit zeichnet sich ein gewisser Bewußtseinswandel ab, der etwa zur Aufwertung ökologischer Ziele in unternehmerischen Zielsystemen und zur Verfolgung eines entsprechenden Unternehmenskurses beiträgt (7). Noch bestehende Defizite z.B. bei der Umsetzung eines umfassenden Konzepts ökologieorientierten Unternehmensverhaltens lassen sich dabei u.a. dadurch erklären, "daß ... in der kurzfristigen Perspektive Handlungsalternativen bevorzugt werden, die höhere Erfolgschancen aufweisen als z.b. die Entwicklung umweltgerechter Produkte" (Meffert/Kirchgeorg, 1989, S. 196).

2. Unternehmen tun bereits sehr viel, die erbrachten Leistungen gehen jedoch in einem wirtschaftsfeindlichen Katastrophen-Journalismus unter, der die gegenwärtige Krisensituation dramatisiert und das Fehlverhalten ansonsten sehr verantwortlicher Unternehmen oder einzelner "schwarzer Schafe" in der Wirtschaft hochstilisiert.

3. Informationsdefizite und die Unsicherheit über die Wirkungen gesellschaftsbezogener Unternehmensaktivitäten stehen einer breiten Diffusion und Akzeptanz eines Konzepts der offensiven gesellschaftsbezogenen Unternehmensführung bislang entgegen (vgl. Dierkes, 1974; speziell mit Blick auf eine offensive umweltschutzbezogene Unternehmenspolitik Senn, 1986, S. 17; Meffert, 1989, S. 350; Meffert/Kirchgeorg, 1989, S. 196).

4. Die Wirtschaft ist weitgehend sensibilisiert und informiert. Die gesellschaftliche Dynamik hat jedoch dazu geführt, daß der Ausbau unternehmerischer Problemlösungskapazitäten mit den sich schnell entwickelnden gesellschaftlichen Erwartungen nicht Schritt halten kann: "... the changes in both business and society have increased the >gap< between business´s economic way of life and society´s social needs, because society´s expectations have increased faster" (Davis, 1976, S. 15).

5. Die gesellschaftliche Dynamik hat nicht nur ein zeitlichens Anpassungsproblem hervorgerufen, sondern hat zu einer grundlegenden "dissynchronization of loads und capabilities" (Lindberg, 1976, S. 251) bzw. zur Öffnung der Schere zwischen wahrgenommenem Anspruchsniveau (Problemdruck) und tatsächlicher Steuerungsbzw. Problemlösungskapazität (vgl. Brantl, 1985, S. 28) geführt. Vor allem das System der Marktsteuerung und die gegenwärtig vorherrschenden Markt- und Wettbewerbsbedingungen (insbesondere unter Berücksichtigung des sich ständig verschärfenden internationalen Wettbewerbs) begrenzen den unternehmerischen Spielraum für ein umfassendes gesellschaftliches Engagement.

6. Nicht allein Unternehmen und eine vermeintlich ungeeignete Wirtschaftsordnung sind für die fortschreitende Selbstzerstörung unserer Welt verantwortlich. Das zu registrierende Krisensyndrom beruht vielmehr auf einer Vielzahl von Ursachen, die sich zum Teil wechselseitig verstärken und verfestigen. Den harten Kern bildet dabei die Ausformung einer Industriekultur, in deren Mittelpunkt noch immer - trotz des vielzitierten Wertewandels - ein individualistisch-materialistisches, durch eine quantitative Wachstumsorientierung charakterisiertes Wertsystem steht (vgl. Hillmann, 1986; Raffée/Wiedmann, 1985a).

Da auf die Ergebnisse einer umfassenden, empirisch fundierten Ursachenergründung nicht zurückgegriffen werden kann, läßt sich trefflich darüber streiten, worin die maßgeblichen Gründe des zuvor perzipierten Mißverhältnisses liegen (und z.T. auch in welchem Umfang tatsächlich auf breiter Front ein Mißverhältnis zwischen signalisierten Umdenkungsprozessen und der Realität betrieblichen Handelns gegeben ist).

In der vorliegenden Arbeit soll nun von der These ausgegangen werden, daß - gleichgültig, zu welcher Begründung man eher tendiert - *eine* wesentliche Ursache letztlich immer im **Fehlen geeigneter Managementkonzepte** zu suchen ist, die eine Bewältigung der vielfältigen neuen Herausforderungen ermöglichen. Ungeeignete Managementkonzepte spielen sowohl dann eine zentrale Rolle, wenn es nicht gelingt, die guten Absichten auch in die Tat umzusetzen und dabei kreativ und innovativ die aus den vorherrschenden Wettbewerbsbedingungen sowie Wertstrukturen u.U. resultierenden Begrenzungen zu überwinden, als auch dann, wenn Umdenkungsprozesse bislang nicht oder doch nur halbherzig vollzogen worden sind, weil man adäquate Strategiealternativen nicht erkannt hat und/oder generelle Defizite auf der Ebene eines Orientierungs- bzw. "normativen Management" vorliegen. Sollte die von Seiten zahlreicher Wirtschaftsvertreter aufgestellte These zutreffen, daß Umdenkungsprozesse bei Unternehmen und die in ihrem Gefolge erbrachten Leistungen für die Gesellschaft in der Öffentlichkeit nicht erkannt und insbesondere nicht anerkannt werden, so würden sich schließlich auch hier kompakte Managementdefizite offenbaren.

Für die These, daß die - auch im Rahmen verschiedener empirischer Studien registrierten - **Tendenzen zur Umorientierung** in den unternehmerischen Grundhaltungen sowie zur Relativierung ökonomischer Ziele (speziell des Gewinnziels) und zur Aufwertung gesellschaftlicher Ziele (speziell ökologiebezogener Ziele) (8) in der Öffentlichkeit **nicht (an-)erkannt** werden, sprechen die Ergebnisse einer Allensbach-Umfrage: "Während 1980 noch 41 Prozent der Bevölkerung glaubten, Unternehmen seien auch sozial eingestellt, und nur 38 Prozent meinten, sie dächten vornehmlich an ihren persönlichen

Gewinn, hatte sich dieses Verhältnis sechs Jahre später umgekehrt. Nur noch 27 Prozent glaubten an die soziale Einstellung; 48 Prozent sahen das Gewinnstreben als vorherrschend an" (Jeske, 1988; zit. nach Rosenberger, 1988, S. 168). In einem vergleichbaren Zeitraum läßt sich demgegenüber auf der Basis einer vergleichenden Auswertung unterschiedlicher Studien der empirischen Zielforschung zeigen, daß das Gewinnziel nicht nur keinesfalls das dominante Unternehmensziel darstellt, sondern sogar in seiner Bedeutung dauerhaft rückläufig ist. (vgl. Fritz et al., 1988; Fritz/Förster/ Wiedmann, 1987; ergänzend Raffée/Fritz, 1990, S. 16 - 19).

• **Empirische Studien zu unternehmerischen Grundhaltungen und Zielen**

Hinsichtlich einer deutlichen Aufwertung gesellschafts- und speziell ökologiebezogener Grundhaltungen und Unternehmensziele, wie sie in einigen empirischen Studien zum Ausdruck kommt (9), ergibt sich allerdings bei näherer Betrachtung ein etwas anderes Bild. In einer von Raffée/Fritz (1990) vorgestellten Studie, der eine weitgehend repräsentative Stichprobe des gesamten Verarbeitenden Gewerbes in der Bundesrepublik Deutschland (excl. neue Bundesländer) zugrundelag, zeigt sich nämlich, daß **gesellschaftsbezogene Grundhaltungen und Unternehmensziele** jeweils **untere Rangplätze** einnehmen. Die umweltschutzorientierte Grundhaltung rangiert etwa auf dem neunten Rangplatz einer insgesamt vierzehn Items umfassenden Liste unternehmerischer Grundhaltungen; die beiden von den Verfassern als "öffentlichkeits- und gesellschaftsorientiert" bezeichneten Grundhaltungen belegen hier sogar lediglich die untersten Rangplätze (vgl. Tab. 1). Ein ähnliches Bild ergibt sich im Blick auf die Stellung entsprechender Ziele im System der Unternehmensziele: Umweltschutz, soziale Verantwortung und Ansehen in der Öffentlichkeit nehmen als Unternehmensziele jeweils nur untere Rangplätze ein - allerdings stehen sie etwas höher im Kurs als die kurzfristige Gewinnzielung, deren Dominanz immer wieder - gerade auch von Wirtschaftswissen-schaftlern - akzentuiert wird (vgl. im einzelnen Tab. 2).

Zumindest auf breiter Front scheint sich – so der Tenor bei Raffée und Fritz – in der Industrie ein gesellschaftsbezogener Kurs auf der Ebene der Grundhaltungen und Unternehmensziele noch nicht in hohem Maße durchgesetzt zu haben.

Selbstverständnis bundesdeutscher Unternehmen

Die meisten Unternehmen verfügen über ein bestimmtes, oft unausgesprochenes Selbstverständis (oder über eine bestimmte "Unternehmensphilosophie"). Bitte geben Sie an, in welchem Maße in den folgenden Aussagen das Selbstverständnis (oder die "Philosophie") Ihres Unternehmens zum Ausdruck kommt.

	Rang	$\bar{x}$	SD	Bezug zum Unternehmenserfolg X / E	X / WE
• Wir sind ein Unternehmen, für das eine maximale Kundennähe, d.h. das dauerhafte Erkennen und Erfüllen aller Wünsche unserer Kunden, die oberste Leitmaxime darstellt	1	5, 82	0, 95	6, 09	5, 34
• Wir legen größten Wert auf technisch perfekte Produkte	2	5, 69	1, 07	5, 97	5, 24
• Wir sind ein Unternehmen, das alle betrieblichen Vorgänge konsequent auf den Absatzmarkt und insb. auf den Kunden hin ausrichtet	3	5, 43	1, 08	5, 91	4, 92
• Wir verstehen uns als ein besonders verkaufsorientiertes Unternehmen	4	5, 28	1, 20	5, 67	4, 87
• Die Optimierung aller Betriebsabläufe und vor allem die Perfektion unserer Produktionsverfahren sind für unser Unternehmen oberste Leitprinzipien	5	5, 19	1, 12	5, 59	4, 68
• Wir sind ein besonders kostenbewußtes Unternehmen	6	5, 00	1, 06	5, 23	4, 68
• Wir verstehen uns als ein Unternehmen, das besonderen Wert auf ein möglichst hohes finanzielles Ergebnis legt	7	4, 99	0, 93	5, 30	4, 60
• Wir sind ein besonders innovationsfreudiges Unternehmen (z.B. durch die Einführung neuer Produkte)	8	4, 78	1, 32	5, 15	4, 19
A • Wir sehen uns als ein Unternehmen, das eine besondere Verantwortung für den Schutz der natürlichen Umwelt trägt	9	4, 51	1, 44	4, 79	4, 17
• Für unser Unternehmen sind Wohlfahrt und Selbsverwirklichung unserer Mitarbeiter oberstes Gebot	10	4, 43	1, 17	4, 71	3, 98
• Wir legen besonderen Wert darauf, uns umfassend am Verhalten unserer wichtigsten Konkurrenten zu orientieren	11	4, 14	1, 46	4, 12	4, 17
• Wir sind in erster Linie ein technologieorientiertes Unternehmen	12	4, 09	1, 66	4, 34	3, 61
B• Wir sind ein Unternehmen, das auf die öffentliche Meinung großen Wert legt	13	3, 71	1, 57	4, 27	3, 06
C• Wir verstehen uns als ein Unternehmen, das einen Beitrag zur Lösung gesellschaftlicher Probleme zu leisten hat	14	2, 89	1, 50	3, 11	2, 58

Legende: x = arithmetisches Mittel; SD = Standardabweichung; Skala: 1 = gar nicht;...;7 = in extrem hohen Maße; X / E = Mittelwert bei erfolgreichen und X / WE = Mittelwert bei weniger erfolgreichen Unternehmen (zur Unterscheidung erfolg- u. weniger erfolgreicher Unternehmen, zu t-Werten u. Signifikanz vgl. Raffée/Fritz, S. 7-9/26).
Basis: n = 144 Industrieunternehmen (aller Branchen); für BRD eine weitgehend repräsentative Stichprobe

Die verschiedenen Aussagen A, B und C zum unternehmerischen Selbstverständnis wurden von den Verfassern als umweltschutzorientierte Grundhaltung (A), öffentlichkeitsorientierte Grundhaltung (B) und als gesellschaftsorientierte Grundhaltung (C) interpretiert. Die Verwendung des Begriffes "Gesellschaftsorientierung" entspricht nicht unserer Nomenklatur, da nur ein Teilaspekt der von uns anvisierten Gesellschaftsorientierung abdeckt wird.

Tab. 1: Ergebnisse zu den Grundhaltungen bundesdeutscher Unternehmen (excl. neue Bundesländer) (Quelle: Raffée/Fritz, 1990, S. 13 und 26)

Der Stellenwert von Unternehmenszielen

Unternehmenspolitische Entscheidungen werden auf der obersten Führungsebene getroffen und steuern den langfristigen Kurs des gesamten Unternehmens. Solche unternehmenspolitischen Entscheidungen richten meist nach bestimmten Unternehmenszielen. Bitte geben Sie ... an, welche Bedeutung die folgenden Ziele für die unternehmenspolitischen Entscheidungen in Ihrem Unternehmen in der Regel haben.

	Rangplatz	x	SD
• Kundenzufriedenheit	1	6, 12	0, 70
• Sicherung des Unternehmensbestandes	2	6, 08	0, 70
• Wettbewerbsfähigkeit	3	6, 00	0, 73
• Qualität des Angebots	4	5, 89	0, 71
• Langfristige Gewinnerzielung	5	5, 80	0, 76
• Gewinnerzielung insgesamt	6	5, 74	0, 75
• Kosteneinsparungen	7	5, 73	0, 79
• Gesundes Liquiditätspolster	8	5, 64	0, 91
• Kundenloyalität	8	5, 64	1, 03
• Kapazitätsauslastung	9	5, 57	0, 91
• Rentabilität des Gesamtkapitals	10	5, 56	0, 85
• Produktivitätssteigerungen	11	5, 54	0, 84
• Finanzielle Unabhängigkeit	11	5, 54	1, 22
• Mitarbeiterzufriedenheit	12	5, 42	0, 84
• Umsatz	13	5, 24	0, 97
• Erhaltung und Schaffung von Arbeitsplätzen	14	5, 20	1, 09
• Wachstum des Unternehmens	15	5, 05	1, 03
• Marktanteil	16	4, 92	1, 38
• Umweltschutz	17	4, 87	1, 26
• Soziale Verantwortung	18	4, 86	1, 02
• Ansehen in der Öffentlichkeit	19	4, 61	1, 27
• Kurzfristige Gewinnerzielung	20	4, 48	1, 36
• Macht und Einfluß auf den Markt	21	4, 46	1, 43
• Verbraucherversorgung	22	4, 14	1, 71

Legende: x = arithmetisches Mittel; SD = Standardabweichung; Skala: 1 = gar keine;...; 7 = überragende Bedeutung; n = 144 - eine für das gesamte Verarbeitende Gewerbe der BRD (excl. neue Bundesländer) weitgehend repräsentative Stichprobe

Tab. 2: Stellenwert von Unternehmenszielen (Quelle: Raffée/Fritz, 1990, S. 15)

Worin liegt nun die geringe Gewichtung gesellschaftsorientierter Grundhaltungen und Unternehmensziele begründet? Ist es die **mangelnde Erfolgsträchtigkeit** solcher Grundhaltungen und Ziele bzw. anders formuliert: wirkt sich - faktisch oder auch nur in der Wahrnehmung der Manager - eine gesellschaftsorientierte Unternehmenspolitik negativ auf den Unternehmenserfolg aus oder wird sie zumindest durch entsprechende Hürden in einer Weise beeinträchtigt, daß sich gerade in erfolgreichen Unternehmen entsprechende Grundhaltungen und Ziele nicht sehr viel stärker ausgeformt haben?

Konzentrieren wir uns zunächst lediglich auf **eine Dimension** gesellschaftsorientierter Unternehmensführung, und zwar auf die **Berücksichtigung ökologischer Herausforderungen**, die gegenwärtig einen besonders hohen Stellenwert in der Arena öffentlicher Diskussion einnimmt, dann lassen sich wenigstens im Blick auf diese Dimension kaum eine negative Einschätzung des Erfolgsbeitrages oder gravierende Hürden der Verwirklichung einer ökologieorientierten Unternehmenspolitik in der Perzeption der Manager ausmachen. Im Gegenteil: Die Ökologie wird regelmäßig als Wachstumsmarkt herausgestellt und insofern wohl auch tatsächlich als solcher betrachtet, als die Ausrichtung an einer ökologieorientierten Marketingpolitik (Produkt-, insbesondere aber Kommunikationspolitik) sprunghaft zugenommen hat. Selbst die in der öffentlichen Diskussion immer wieder als besondere Barrieren hochstilisierten Themen wie Beeinträchtigung der internationalen Wettbewerbsfähigkeit, erhöhter Kostendruck, Behinderung durch unklare Gesetzgebung sowie die mangelnde Preisflexibilität der Konsumenten wurden in einer empirischen Studie von Meffert et al. (1986, S. 27) von den befragten Managern nicht als gravierende Hürden einer ökologieorientierten Unternehmenspolitik herausgestellt (vgl. ergänzend Meffert/ Kirchgeorg, 1989; Kirchgeorg, 1990).

Sicher kann man nun die Repräsentativität und Validität der angeführten Meinungs-berichte und Studien in Frage stellen. Ferner handelt es sich bei der Ökologieorientierung nur um einen Aspekt eines gesellschaftsbezogenen Engagements von Unternehmen. Wie sieht es also auf breiter Front aus, und zwar sowohl was die unterschiedlichsten Industrien als auch die verschiedenen Dimensionen einer gesellschaftsorientierten Unternehmenspolitik anbelangt?

Aufmerksamkeit verdienen hier noch einmal die von Raffée und Fritz (1990) vorgestellten Ergebnisse einer weitgehend repräsentativen Studie. Dabei zeigt sich nämlich, daß in der mit Hilfe eines Index des Gesamterfolges abgegrenzten Gruppe der erfolgreichen Unternehmen (Raffée/Fritz, 1990, S. 7 - 9) die uns interessierenden unternehmerischen Grundhaltungen signifikant stärker ausgeprägt sind als in der Gruppe der weniger erfolgreichen Unternehmen (vgl. Tab. 1). Allerdings haben sich hierbei die

Rangplätze der umweltschutz-, öffentlichkeits- und "gesellschaftsorientierten" Grundhaltungen nur unwesentlich verschoben, da nahezu alle Grundhaltungen signifikant höher eingestuft werden und mithin die uns interessierenden Grundhaltungen ihren untergeordneten Stellenwert beibehalten haben. Mit Raffée und Fritz (1990) läßt sich zunächst folgendes vermuten:

- In den niedrigen Rangplätzen der fokussierten Grundhaltungen "kommt offensichtlich zum Ausdruck, daß die Erfolgsrelevanz dieser Grundhaltungen von den Unternehmen eher unterschätzt wird" (S. 27).

- Insgesamt "scheint es auf eine bestimmte inhaltliche Ausrichtung des unternehmerischen Selbstverständnisses weniger anzukommen als auf die Intensität, mit der dieses Selbstverständnis vertreten wird; denn annähernd alle der erhobenen Grundhaltungen werden von erfolgreichen Unternehmen signifikant stärker repräsentiert als von weniger erfolgreichen Unternehmen" (S. 28). Für erfolgreiche Unternehmen gilt vor allem, "daß sie ihre Grundwerte ... in einem vergleichsweise höheren Maße kennen und betonen" (S. 28, mit Hinweis auf ein vergleichbares Resultat bei Posner et al., 1986, S. 293).

Letzteres unterstreicht zugleich noch einmal unsere eingangs aufgestellte These von der hohen Relevanz eines konsequenten Orientierungsmanagement. Darüber hinaus ist aber grundsätzlich vor allem zuerst noch einmal festzuhalten, daß zwischen den erfaßten Dimensionen einer Gesellschaftsorientierung und dem Unternehmenserfolg ganz offensichtlich kein negativer Zusammenhang besteht. Was diesen Tatbestand und einige der Schlußfolgerungen von Raffée und Fritz im Blick auf den Stellenwert inhaltlicher Ausrichtungen des Selbstverständnisses anbelangt, ist u.E. jedoch zu berücksichtigen,

1. daß die Kausalitätsbeziehung zwischen Gesellschaftsorientierung und Unternehmenserfolg genauer ausgeleuchtet werden muß: Sind Unternehmen deshalb erfolgreich, weil sie sich durch eine umweltschutz-, öffentlichkeits- und "gesellschaftsorientierte" Grundhaltung auszeichnen, oder sind solche Grundhaltungen deshalb stärker ausgeprägt, weil es sich um erfolgreiche Unternehmen handelt, die sich um entsprechende Belange kümmern, sich eine Gesellschaftsorientierung "leisten" können und mithin gesellschaftsbezogene Grundhaltungen etwa in Unternehmensgrundsätzen repräsentieren?

Raffée und Fritz (1990, S. 27) stellen in diesem Kontext fest, daß es sich insofern um eine Rückkopplungsbeziehung handelt, als zum einen sicherlich Umweltschutz und hohes öffentliches bzw. gesellschaftliches Ansehen vielfach Voraussetzungen des Unternehmenserfolges darstellen, es zum anderen aber erfolgreichen Unternehmen leichter fällt als weniger erfolgreichen Unternehmen, diese Erfolgsvoraussetzungen auf Dauer zu schaffen. Zwar teilen wir diese Auffassung uneingeschränkt, die aufgeworfene Frage nach der Kausalitätsbeziehung ist damit jedoch deshalb noch nicht befriedigend beantwortet, weil die Erfolgsträchtigkeit der Gesellschaftsorientierung nicht empirisch nachgewiesen, sondern lediglich per se unterstellt wird.

2. daß es auf die inhaltliche Ausrichtung des Selbstverständnisses u.U. allein deshalb weniger ankommt, weil sich innerhalb der Industrie - nicht zuletzt durch "Modeeinflüsse" - eine Art "dominantes Design" hinsichtlich unternehmerischer Grundorientierungen herauskristallisiert hat und somit in der Tat die empirisch nachweisbare erfolgsstimulierende Wirkung in erster Linie davon ausgeht, wie konsequent die verschiedenen Grundhaltungen vertreten und dann natürlich auch "gelebt" werden; wir wissen demgegenüber nicht, wie sich inhaltliche Neu-orientierungen, etwa gerade im Sinne einer gesellschaftsorientierten Unternehmens-philosophie, auf den Unternehmenserfolg auswirken würden.

3. daß die Frage aufgrund eines fehlenden empirischen Nachweises der Erfolgs-trächtigkeit einer Gesellschaftsorientierung noch ungeklärt ist, ob und ggf. inwieweit der vergleichsweise niedrige Stellenwert gesellschaftsbezogener Grundhaltungen nicht vielleicht doch (wenigstens unter ökonomischen Erfolgsgesichtspunkten) angebracht ist - immerhin werden gesellschaftsbezogene Orientierungen zumeist als wichtig, so gut wie nie als unwichtig herausgestellt, und wer sagt denn, daß es positiv zu beurteilen wäre, wenn die erfaßten gesellschaftsbezogenen Orientierungen vor allen anderen rangieren würden?

In allen Punkten zeigt sich, daß die Erfolgswirkung einer Gesellschaftsorientierung noch sehr viel differenzierter untersucht werden muß, als dies bei Raffée und Fritz zum Ausdruck kommt. Allerdings handelt es sich hierbei auch lediglich um die Präsentation erster Ergebnisse einer umfassenden Studie von Fritz (i.V.), die einen ganz anderen Schwerpunkt hat und in der Aspekte einer gesellschaftsorientierten Unternehmens-führung insofern lediglich am Rande zu Validierungszwecken erfaßt wurden. Wie sieht es nun aber mit den Ergebnissen anderer Studien aus, die den Zusammenhang zwischen Gesellschaftsorientierung und Unternehmenserfolg oder wenigstens zwischen sozialer Verantwortung und wirtschaftlichem Unternehmenserfolg unmittelbar ins Zentrum stellen?

Zunächst wird man feststellen müssen, daß derartige Zusammenhänge im deutsch-sprachigen Raum bislang nicht systematisch empirisch zu erforschen versucht wurden. Es existieren lediglich - und dies begründet unseren Rekurs auf die empirischen Ergebnisse von Raffée und Fritz - theoretische Erörterungen (10). Anders hingegen im anglo-amerikanischen Raum. Dort liegt eine Fülle von Studien vor, die speziell den

Zusammenhang zwischen sozialer Verantwortung und wirtschaftlichem Erfolg empirisch auszuleuchten versuchen (11).

Die erzielten Ergebnisse ergeben allerdings kein klares Bild. Von den insgesamt zwanzig Studien, die Ullmann (1988) ausgewertet und miteinander verglichen hat, "erbrachten 7 keinerlei Zusammenhänge, 7 ermittelten positive und 3 negative Korrelationen; 2 weitere Analysen erbrachten teilweise positive und negative Zusammenhänge, und eine weitere Untersuchung entdeckte eine nichtlineare Beziehung in Form eines Maximums in der Mitte und absinkenden Extremwerten" (S. 918). Ergänzt man noch einzelne Studien, die nicht in die Ullmann´sche Auswertung eingeflossen sind, so konstatieren zwei einen positiven (Heinz, 1976; McGuire/Sundgren/Schneeweis, 1988) und zwei eher keinen unmittelbaren Zusammenhang (Abbott/Monsen, 1979; Aupperle/Carroll/Hatfield, 1985).

Geht man nach der Regel der "qualifizierten Mehrheit" vor, so würde man zu akzeptieren haben, daß zwischen Corporate Social Responsibility und Profitability kein unmittelbarer Zusammenhang besteht. Zu diesem Ergebnis gelangen zumindest Aupperle et al. (1985, S. 460 f.) im Anschluß an die vergleichende Auswertung und Bewertung von zehn einschlägigen Studien: "Although many studies concluded that a relationship existed, those studies that appeared to be most methodologically sound did not reach that conclusion" (S. 460 f.). Ullmann (1988) kommt zu einem ähnlichen Ergebnis: "Eindeutig scheint bisher die Tatsache, daß der Grad der sozialen Verantwortung einen schlechten Indikator des wirtschaftlichen Erfolgs bildet und umgekehrt, wobei Validität der Indikatoren hinsichtlich der sozialen Verantwortung vorausgesetzt und von Extremfällen unethischen Verhaltens abgesehen wird" (S. 922). Allerdings beurteilt er - was sich mit unserer Einschätzung völlig deckt die methodische und theoretische Qualität aller Studien als sehr negativ, so daß u.E. insgesamt doch sehr fraglich ist, ob man hier mit Ullmann tatsächlich von einem "gesicherten Ergebnis" sprechen kann.

Fraglich bleibt überdies, ob die bestehenden Schwachstellen in der Operationalisierung der Verantwortungs- und Erfolgsgrößen und vor allem jene hinsichtlich der methodischen Anlage zur Untersuchung möglicher Zusamenhänge zwischen Corporate Social Responsibility und Profitability künftig überwunden werden. Die Vorschläge zur weiteren Ausrichtung der Forschung geben hier wenig Anlaß zur Hoffnung. Dies u.a. deshalb, weil sich der Methodeneinsatz vor allem auf konventionelle statistische Verfahren (zumeist einfache Korrelations- oder Regressionsanalysen) beschränkt, während die methodisch deutlich leistungsfähigeren Ansätze der modernen Kausalanalyse (LISREL, EQS, CALIS, LINCS etc.) noch nicht in den Gesichtskreis der Forschung getreten sind. Darüber hinaus ist insbesondere die ungenügende Reflexion der zuvor angesprochenen Kausalitätsproblematik anzumahnen.

Aus unserer spezifischen Sicht kommt freilich noch hinzu, daß allein das Abstellen auf einzelne Spielarten sozialer Verantwortlichkeiten wenig zweckdienlich ist, um der - gerade auch wirtschaftlichen - Erfolgsrelevanz einer gesellschaftsorientierten Unternehmensführung systematisch nachzugehen. Es müssen vielmehr weitere Dimensionen einer unternehmerischen Gesellschaftsorientierung und insbesondere deren spezifisches Zusammenspiel untereinander sowie mit anderen Orientierungsdimensionen der Unternehmensführung Beachtung finden. Gehen bspw. Gesellschafts- und Wettbewerbsorientierungen nicht Hand in Hand oder - dies entspricht dem hier zu entwickelnden Konzept eines gesellschaftsorientierten Marketing in noch höheren Maße - führt die Gesellschaftsorien- tierung nicht zu einer spezifischen Ausrichtung der Wettbewerbsstrategien, wird sich der Unternehmenserfolg kaum einstellen. Derartiges kann letztlich nur mit Hilfe komplexer Ansätze der modernen Kausalanalyse untersucht werden, bei denen unter Einbeziehung mehrerer Betrachtungsebenen (z.b. Grundhaltungen, Strategien, Maßnahmen) direkte und insbesondere indirekte sowie reziproke Effekte erfaßt werden können.

Im vorliegenden Zusammenhang drängt sich sicher die Frage auf, warum im Rahmen dieser Arbeit nicht versucht wird, ein entsprechendes Untersuchungsdesign zu entwickeln und dann selbst empirisch zu überprüfen, wie erfolgsversprechend ein denkbares Konzept einer gesellschaftsorientierten Unternehmensführung ist. Abgesehen davon, daß die Entwicklung eines solchen Konzepts (als Voraussetzung für die Operationalisierung untersuchungsrelevanter Größen und die Entwicklung tragfähiger Kausalhypothesen) angesichts des gegenwärtigen Forschungsstandes zuerst konzeptionell vorangetrieben werden muß und dies bereits eine kaum, bestenfalls in ersten Schritten zu bewältigende Aufgabe darstellt, sind wir der Auffassung, daß ein umfassendes Konzept gesellschaftsorientierter Unternehmensführung bislang innerhalb der Praxis noch nicht realisiert wurde und damit auch nicht empirisch überprüft werden kann. Zu betonen ist dabei noch einmal, daß natürlich einzelne Aspekte der uns vorschwebenden gesellschaftsorientierten Unternehmensführung in der Praxis schon verwirklicht sind, nicht jedoch im Sinne eines integrierten Gesamtkonzepts, von dessen Umsetzung u.E. letztlich aber dessen Erfolg abhängt. Zugleich darf aber auch nicht übersehen werden, daß - dies zeigten Expertenbefragungen des Verfassers sowie Erfahrungen im Rahmen eigener Beratungsprojekte - die Praxis hinsichtlich einiger Aspekte der von uns anvisierten gesellschaftsorientierten Unternehmensführung teilweise auch schon deutlich weiter ist als die Theorie. Die Vermutung erscheint jedoch gerechtfertigt, daß es sich hierbei eher um die Ausnahme denn die Regel handelt.

Daß wir allein ausgehend von empirisch erhobenen Grundhaltungen und speziell etwa dem untergeordneten Stellenwert gesellschaftsorientierter Grundhaltungen, wie er in den von Raffée und Fritz präsentierten Ergebnissen zum Ausdruck kam, nicht eo ipso auf ein, im Sinne einer einzufordernden Gesellschaftsorientierung unterentwickeltes unternehmerisches Selbstverständnis schließen können, wurde zuvor schon betont. Zwar können wir vermuten, daß gesellschaftsorientierte Grundhaltungen noch als sehr viel wichtiger eingestuft werden und einen höheren Stellenwert in der Hierarchie unternehmerischer Grundorientierungen einnehmen sollten, eine gesicherte Urteilsbasis gibt es (bislang) jedoch nicht. Dieses Problem wird uns im Rahmen dieser Arbeit noch mehrfach beschäftigen und hat bspw. bereits schon dazu geführt, daß wir unsere Vorstellung hinsichtlich einer gesellschaftsorientierten Unternehmensführung nicht allein, oder wenigstens nicht im Kern, am Aspekt der sozialen Verantwortung festgemacht haben. Überdies haben wir eine spezifische Vorstellung von sozialer Verantwortung, die nichts mit jenem **"ethischen und sozialen Gesäusel"** zu tun hat, das jüngst Maucher in seiner Rolle als Nestlé-Chef in einem Interview des Manager Magazins (vgl. Gatermann, 1990, S. 36) aufs Korn genommen hat:

"... Heute vergeht doch kein Tag, an dem nicht an einer Universität ein Lehrstuhl für Businessethik eingerichtet wird. Jeden Tag werden Konzerte gesponsert und eröffnen Manager Museen. Jeder zweite Vortrag, zu dem ich eingeladen werde, heißt: "Die gesellschaftliche Verantwortung des Unternehmens" oder "Geschäft und Ethik". Ich habe ja selbst schon oft genug zu diesen Themen gesprochen und mich natürlich damit auseinandergesetzt, aber jetzt wird mir das etwas viel. Inzwischen ist ja nur ein guter Mensch, wer die Vokabeln flüssig herbetet, Sozialbilanzen aufstellt und bußfertig diskutiert. Wer dagegen für die Gewinne sorgt, ist gleich ein schlechter Mensch.

Natürlich ... (bin ich nicht gegen Kultur und Ethik), aber davon können wir doch nicht leben. Priorität muß doch der "fighting spirit" haben, nicht dieses ethische und soziale Gesäusel. ......"

Zwar stufen wir diese Aussage in mehrerer Hinsicht als äußerst problematisch ein und werden diesbezüglich später noch verschiedentlich auf sie zurückkommen, ein "Fünkchen Wahrheit" steckt jedoch trotzdem in ihr: Allein mit dem an die Adresse von Unternehmen gerichteten Vorschlag, auf den Pfaden von Humanitas und Caritas zu wandeln, ist weder den Unternehmen noch in letzter Konsequenz der Gesellschaft geholfen. Eine gesellschaftsorientierte Unternehmensführung muß vielmehr konsequent eigenerfolgsbezogene und gesellschaftsfreundliche Anteile miteinander kombinieren. Dies nicht unter dem trügerischen Schein des durch eine "rosa Brille" immer wieder gern beschworenen Harmoniegedankens, sondern in einem für Konflikte offenen Diskurs.

2.2. Skizze einiger zentraler Entwicklungslinien des Marketing

2.2.1. Marketing als Führungskonzept von Unternehmen und als Grundkonzept der Betriebswirtschaftslehre - eine Erfolgsgeschichte?

In seinem inzwischen zu den Klassikern zählenden Aufsatz "**Marketing Myopia**" wies Levitt (1960) am Beispiel amerikanischer Eisenbahngesellschaften vor etwas mehr als drei Jahrzehnten eindrucksvoll nach: Ein Denken in eng produktbezogen formulierten Sachzielen und eine nur an der Bewältigung technischer bzw. produktionstechnischer Probleme ausgerichtete Unternehmensführung können zur Kurzsichtigkeit (Myopia) gegenüber Bedarfs- und Marktentwicklungen führen, die den Unternehmenserfolg oder sogar den Unternehmensbestand wesentlich beeinträchtigt. - Eine solche Analyse unternehmerischen Mißmanagements hatte wesentlichen Einfluß auf die Entwicklung des Marketingverständnisses vom Konzept effizienter Absatzpolitik hin zu einem Konzept marktorientierter Unternehmensführung und auf dessen Verbreitung in der Unternehmenspraxis, wobei häufig von einem "**Siegeszug**" **des Marketing als Führungskonzeption** die Rede war (12). Ins Zentrum dieser umfassenden Führungskonzeption wurden in aller Regel die **Leitidee einer konsequenten Kunden- bzw. Bedürfnisorientierung** und die **Forderung** gerückt, **das gesamte Unternehmen von den (Absatz-)Märken her und auf diese hin zu führen** (13).

Daß **Marketing** - verstanden als Konzept marktorientierter Unternehmensführung - **bis heute eine der wesentlichen Säulen des Erfolges von Unternehmen** bildet, läßt sich aus verschiedenen Studien zumindest herauslesen, die sich mit den Hintergründen des Erfolges/Mißerfolges von Unternehmen auseinandersetzen: In ihnen werden z.B. die "Nähe zum Kunden", die Ausrichtung des Leistungsangebots an aktuellen Kundenwünschen oder generell die marktorientierte Führung des gesamten Unternehmens nach wie vor als zentrale strategische Erfolgsfaktoren identifiziert (14). Wohl nicht zuletzt auch im Lichte solcher Untersuchungen und insbesondere durch ihre marketingprononcierende Vermarktung wird zur Zeit noch bei vielen Unternehmen eine nicht ausreichend stark ausgeprägte Marktorientierung als entscheidender Mangel empfunden, der künftig überwunden werden soll. Unabhängig davon nehmen - dies zeigten die zuvor referierten Ergebnisse der Studie von Raffée und Fritz (vgl. Tab. 1 u. 2) - marketingbezogene Grundhaltungen und Unternehmensziele bei Unternehmen schon heute einen sehr hohen Stellenwert ein.

Angesichts der zentralen Bedeutung für die Praxis wurde Marketing nicht nur als Führungskonzept von Unternehmen oder generell von Organisationen (15) propagiert, sondern auch - gewissermaßen im Sinne eines sich vor dem Hintergrund einer praktisch-normativen Wissenschaftsauffassung geradezu logisch zwingend ergebenden Pendants hierzu - als **Grundkonzept der Betriebswirtschaftslehre** (Raffée, 1974, 1984a u. 1984b; Müller-Merbach, 1984). Eine Markt- oder Marketingorientierung der Betriebswirtschaftslehre soll im Sinne einer forschungsprogrammatischen Alternative zu anderen Ansätzen (Entscheidungsansatz, Systemansatz etc.) oder zumindest als deren Weiterführung und Modifikation mit dazu beitragen, daß im Kontext der betriebswirtschaftlichen Forschung ein Fortschritt hinsichtlich der Bereitstellung problemadäquater Gestaltungshilfen für die Praxis erzielt wird. Zwar kann Marketing als Grundkonzept der Betriebswirtschaftslehre nicht auf einen mit der Akzeptanz als Führungskonzept in der Praxis auch nur annähernd vergleichbaren "Siegeszug" zurückblicken (16). Immerhin läßt sich jedoch zeigen, daß in anderen Teildisziplinen der Betriebswirtschaftslehre eine Öffnung gegenüber Marktproblemen stattgefunden hat - obwohl dabei nicht immer explizit auf den Marketingansatz rekurriert wird. Raffée (1984b) weist im vorliegenden Zusammenhang u.a. auf die Einbeziehung absatzwirtschaftlicher Entscheidungstatbestände im betrieblichen Rechnungswesen, die wechselseitige Durchdringung von betrieblicher Materialwirtschaft und Beschaffungs-marketing und die Entwicklung marktorientierter Organisationsstrukturen hin (17).

Die von den Anhängern des Marketingkonzepts immer wieder ins Feld geführte **"Effizienz-These"** - die Behauptung also, daß die Orientierung am Marketingkonzept bei Unternehmen oder auch bei anderen Betrieben (z.B. bei nicht-kommerziellen Organisationen) eine deutliche Effizienzsteigerung bewirke - **steht bislang** hinsichtlich eines umfassenden empirischen Nachweises allerdings noch eher **auf "wackligen Beinen"**. Freilich tauchen Variablen des Marketingkonzepts im Rahmen unterschiedlicher Studien der empirischen Erfolgsfaktorenforschung immer wieder an prominenter Stelle auf, bei näherer Betrachtung läßt sich jedoch mit Fritz (1990, S. 102 - 105) vor dem Hintergrund einer Auswertung und kritischen Evaluation vierzig neuerer Studien feststellen, daß die empirische Erfolgsfaktorenforschung

1. sich noch in einem wenig ausgereiften Entwicklungsstadium befindet und erhebliche Mängel und Defizite aufweist,
2. "von einer systematischen Analyse der Wirkungen des Marketing als einer umfassenden Führungskonzeption auf den Unternehmenserfolg noch weit entfernt ist" (S. 104),
3. trotz ihrer Unzulänglichkeiten immerhin doch bereits zu der Vermutung Anlaß gibt, daß neben den Variablen des Marketing auch andere Variablen (z.B. Qualität der Human Ressourcen, Merkmale des Invesstitions- und Finanzierungsverhaltens) Schlüsselfaktoren des Unternehmenserfolges darstellen und mithin Marketing lediglich einen komplexen Teilaspekt der Erfolgsursachen eines Unternehmen repräsentiert (S. 105).

Aufs Ganze gesehen ist die Marketingwissenschaft also bis heute einen eindeutigen empirischen Nachweis der von ihr aufgestellten Effizienz-These noch schuldig geblieben (vgl. auch Rühli, 1986, S. 11; ausführlicher, sowie zum Versuch, der Effizienz-These in differenzierterer Weise nachzugehen, vgl. Fritz, i.V.).

Aber auch **unabhängig von einem** in jeglicher Hinsicht "wasserdichten" **empirischen Nachweis der Effizienz-These** wäre es sicherlich falsch, allein in einer Orientierung am klassischen Marketingkonzept ein beständiges, zeitloses Erfolgsrezept erkennen zu wollen (18): Das in Wissenschaft und Praxis noch weithin vorherrschende Marketingverständnis einer Konzentration auf (Absatz-)Märkte oder speziell auf aktuelle Kundenbedürfnisse hat sich angesichts spezifischer **situativer Bedingungen** entwickelt (19); ändern sich diese Bedingungen oder werden künftige Bedingungskonstellationen antizipiert, liegt es auf der Hand, über ggf. erforderliche Modifikationen oder Weiterentwicklungen nachzudenken.

Anstöße hierzu ergeben sich nicht zuletzt aus der vielfältigen **Kritik**, die mit zunehmender Tendenz von verschiedenen Seiten und mit den unterschiedlichsten Argumenten gegenüber dem Marketingkonzept vorgebracht wird. Für viele ist das Marketingkonzept schon seit geraumer Zeit in eine mehr oder weniger **kompakte Krise** geraten. Einige Autoren sahen hier schon die "**Gotterdammering for Marketing**" (Carson, 1978) heraufziehen, andere machten es wiederum von der Art der **Krisenbewältigung** abhängig, ob das Marketingkonzept überhaupt noch eine Zukunft hat: "Marketing practitioners and academicians alike must become involved in *resolving* this crisis - because the way it is resolved will determine the future of marketing; indeed whether it is to *have* a future" (Dawson, 1979, S. 77; vgl. auch Hansen/Stauss, 1983, S. 81; Stauss, 1986, S. 87).

2.2.2. Zentrale Einwände gegenüber dem Marketingkonzept

Versucht man, die wichtigsten **Stoßrichtungen der Kritik** am Marketingkonzept wenigstens holzschnittartig herauszuarbeiten, so sind zum einen **generelle, eher theoretisch und/oder ideologisch motivierte Einwände** gegenüber dem Dominanzanspruch des Marketing bzw. dem sog. "Marketing-Imperialismus" (20), der verhaltenswissenschaftlichen Ausrichtung sowie dem "dompteursprachlichen Imponiergehabe" der Marketingwissenschaft (Schneider, 1983), der Verhaftung in der "Marktideologie" (Fischer-Winkelmann/Rock, 1975 u. 1982; Freimann, 1984), der unzureichenden Ausformulierung eines wissenschaftlichen Forschungsprogramms (Arndt, 1985) u.ä.m. zu registrieren. Zum anderen müssen **situativ bedingte** und **stärker pragmatisch motivierte Einwände** Beachtung finden, die das traditionelle **Marketingkonzept** angesichts veränderter Rahmenbedingungen als **nicht oder zumindest kaum noch geeigneten**, teilweise sogar als gefährlichen **Problem-**

lösungsansatz stigmatisieren und zwar aus dem Blickwinkel einzelner Unternehmen und/oder aus dem der Gesellschaft betrachtet.

Die pragmatisch motivierte und unmittelbar auf veränderte Rahmenbedingungen abstellende Kritik am Marketingkonzept läßt sich inhaltlich entlang der beiden eingangs erwähnten Problemaspekte der **Evolution des strategischen und der des gesellschaftlichen Problems** strukturieren (vgl. Abb. 2). Zwar verwischen sich gelegentlich die Grenzen bzw. lassen sich einzelne Kritikpunkte nicht eindeutig zuordnen, aufs Ganze gesehen stellt die Kritik aber jeweils doch stark verkürzt entweder auf strategische oder gesellschaftliche Problemfelder ab. Eine umfassende, alle Facetten abdeckende Kritik am Marketingkonzept wurde bislang nicht vorgelegt. (Um die verkürzte, von unserer Nomenklatur abweichende Auslegung des strategischen und gesellschaftlichen Problems zu signalisieren, werden die entsprechenden Termini jeweils in Anführungszeichen gesetzt.)

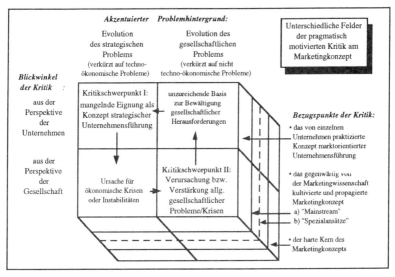

Abb. 2: Unterschiedliche Felder der pragmatisch motivierten Kritik am Marketingansatz

Die zahlreichen Einwände gegenüber der praktischen Eignung des Marketingkonzepts sollen an dieser Stelle nicht akribisch aufgelistet, detailliert nachgezeichnet und innerhalb der in Abbildung 2 visualisierten Matrix verortet werden. Nur beispielhaft seien einige zentrale Kritikpunkte hervorgehoben:

- Vor dem Hintergrund der **Evolution des "strategischen Problems"** hebt die Kritik am Marketingansatz zumeist darauf ab, daß Marketing **aus dem Blickwinkel einzelner Unternehmen** betrachtet nur noch bedingt geeignete Beiträge zur Bewältigung der sich aus den verschiedenen Entwicklungen ergebenden Herausforderungen zu liefern vermag. Dies in einem generellen Sinne bereits etwa schon deshalb, weil langfristige bzw. strategische Entscheidungen zu kurz kommen, betriebliche Marketingforschung häufig allein um die Ausgestaltung des Marketing-Mix zentriert ist und zentrale strategische Erfolgsfaktoren - etwa in Gestalt der Unternehmenskultur, von Human Ressourcen oder technologischen Dimensionen im Kontext von Produkt- und insbesondere auch Prozeßinnovationen - nicht beachtet werden (21).

Teilweise wird im vorliegenden Zusammenhang auch grundsätzlich die Frage aufgeworfen, ob nicht die vom Marketingkonzept eingeforderte Orientierung an aktuellen Kundenbedürfnissen eine langfristige Ausrichtung der Geschäftspolitik be- oder verhindert bzw. umgekehrt weder möglich noch sinnvoll ist. Letzteres vor allem deshalb, weil sich zum einen durchschlagende Unternehmenserfolge in erster Linie nur mit sog. "technology push"-Innovationen und nicht mit "demand pull"-Innovationen erzielen lassen (22), es zum anderen ein Trugschluß wäre, "wenn man glaubte, jenen Typ von "technology push"-Innovationen grundsätzlich auch aus geäußerten Marktbedürfnissen ablesen zu können" (Brockhoff, 1986, S. 137). Teils vor diesem Hintergrund, teils nur unter Hinweis auf die nicht näher begründete Tatsache, daß sich in hart umkämpften Märkten Marktanteile und Wettbewerbsvorteile nicht mehr allein mit Marketingmaßnahmen erringen lassen, stellen verschiedene Autoren eine produktions- und technologieorientierte Unternehmensführung als wesentlich geeigneter heraus, um den aktuellen Herausforderungen wirksam zu begegnen (23): "Nur Aktionen im Technologie-Bereich ... (können) ... Potentiale schaffen, die langfristig zu einer Unternehmensüberlegenheit führen" (24).

Ferner findet sich etwa der Hinweis, daß Marketing deshalb mehr und mehr versagen muß, weil die dem Marketingkonzept inhärente "Marktausdehnungs- bzw. Wachstumsideologie" angesichts allgemeiner wirtschaftlicher Stagnation oder Phäno-menen wie "Marktflucht" oder "Konsumverweigerung" nicht mehr zeitgemäß ist (vgl. Freimann, 1984; zusammenfassend Hinder, 1986, S 262 - 264). Hinder plädiert in diesem Kontext - rekurrierend auf die zunehmende Wettbewerbsdynamik - dafür, das auf sozialdarwinistischen Wettbewerb angelegte Marketingkonzept zugunsten eines "collective action view" (25) bzw. einer an umfassender Kooperation mit Umwelt-partnern ausgerichteten Unternehmensführung (kurz: einer "korporativen Führungs-konzeption") zu überwinden. Die zunehmende Wettbewerbsdynamik spielt hierbei insofern eine zentrale Rolle, als - so auch Ansoff (1984, S. 471 ff.) - viele Unternehmen nicht mehr die "kritische Masse" für einen effektiven Wettbewerb besitzen (Hinder, 1986, S. 264). Um die hohe Relevanz einer korporativen Führungskonzeption, die es seiner Meinung nach von einer Marketingphilosophie zu kontrastieren gilt, zu belegen, führt Hinder (1986, S. 265) ferner spiel- und organisationstheoretische Erkenntnisse an.

Die Forderung nach einer intensiveren Zusammenarbeit zwischen Unternehmen und ihren Umweltpartnern taucht bei der Kritik am Marketing immer wieder und in den unterschiedlichsten Varianten auf; und zwar teils unter dem Aspekt der Evolution des strategischen Problems, teils unter dem der Evolution des gesellschaftlichen Problems - nicht selten ergeben sich gerade hier jene zuvor schon angekündigten Unschärfen im Hinblick auf eine eindeutige Einordnung in das von uns entwickelte Strukturierungs-raster. Neben Hinder akzentuieren jedoch bspw. Kirsch (26), der zusammen mit jeweils unterschiedlichen Mitarbeitern inzwischen schon fast seit zwei Jahrzehnten die Formel "Partizipation statt Marketing" vertritt, und Gerken (1990), dessen Forderung nach "Interfusion statt Marketing" wir eingangs schon erwähnt hatten, in erster Linie "strategische Probleme" aus Unternehmenssicht. Die verschiedenen Konzepte (Kooperation, Partizipation, Interfusion) lassen sich dabei u.E. auf einem Kontinuum einer postulierten, immer engeren Beziehungen zwischen Unternehmen und ihren Markt- bzw. Umweltpartnern anordnen: Kooperation stellt die vergleichsweise schwächste Form der Beziehung dar, etwas enger sind die geforderten Beziehungen bereits bei der Partizipation, und schließlich handelt es sich bei dem von Gerken vertretenen Interfusionsgedanken um die denkbar engste Beziehung - Unternehmens-mitglieder sollen hier mit den verschiedenen Umweltpartnern gewissermaßen eins werden oder - wenn man so will - mimetisch verschmelzen. Auf dieses "Beziehungs-kontinuum" sowie auf die Gründe, warum Kirsch et al. unter Hinweis auf die Umweltkomplexität "Partizipation statt Marketing" und Gerken, rekurrierend auf die zunehmende Umweltdynamik, "Interfusion statt Marketing" fordern, werden wir erst später ausführlicher eingehen.

- Abstellend auf die mangelnde Eignung als unternehmerisches Führungskonzept gerät Marketing im Zusammenhang mit der Evolution des "strategischen Problems" mitunter auch **aus gesellschaftlicher Perspektive** ins Schußfeld der Kritik, indem es für die Entstehung ökonomischer Krisen verantwortlich gemacht wird. In diesem Sinne werfen Hayes/Abernathy (1980) dem Marketingkonzept bspw. vor, den Untergang amerikanischer Firmen auf den Weltmärkten verursacht zu haben, weil diese infolge ihrer Marktorientierung zu einem wenig risikofreudigen, kurzfristig orientierten Investitionsverhalten tendieren und damit technologisch an internationaler

Wettbewerbsfähigkeit verlieren (Hansen/Stauss, 1983, S. 82; vgl. auch Brockhoff, 1986, S. 136). Bennett/Cooper (1981) betrachten die Marketingbetonung in den USA sogar als eine "amerikanische Tragödie", weil damit das amerikanische Management immer mehr zu einer Gesellschaft von "Kesselflickern" und "Kosmetikern" degeneriert (Hinder, 1986, S. 263): "Twenty years of adherence to the marketing concept may have taken its toll on American enterprise. The marketing concept has diverted our attention from the product and its manufacture; instead, we have focussed on responses to market wants and have become preoccupied with advertising, selling, and promotion. And in the process, product value has suffered" (Bennett/Cooper, 1981, S. 52; vgl. auch Bennett/Cooper, 1979; ergänzend Bell/Emory, 1971; Kaldor, 1971; Kerby, 1972; Tauber, 1974 u. 1979).

Die **Evolution des "gesellschaftlichen Problems"** wird - wie erwähnt - an der zunehmenden Unternehmensmacht (speziell etwa den Machtungleichgewichten zwischen Produzenten und Konsumenten) sowie an der Entstehung und zunehmenden Verschärfung allgemeiner gesellschaftlicher Probleme oder Krisen festgemacht und hat vor allem **aus verbraucher- und gesellschaftspolitischer Sicht** zu einer außerordentlich massiven Marketingkritik geführt. Marketing bzw. die in das marktwirtschaftliche Ordnungssystem eingebundene unternehmerische Marktpolitik gilt dabei als wichtige Ursache gegenwärtiger Probleme und Krisenerscheinungen, zumindest aber als ein zentraler Krisenverstärker oder als kaum geeigneter Ansatz, um den circulus vitiosus der Selbstzerstörung unserer Welt zu durchbrechen. Das "Sündenregister des Marketing", das Ende der 60er Jahre von zahlreichen Kritikern mit großem Enthusiasmus anzulegen begonnen wurde und das heute noch gelegentlich vervollständigt, zumindest aber aktualisiert wird, ist außerordentlich breit und bunt. - Kaum ein Problem, das nicht in irgendeiner Weise mit unternehmerischem Marketing in Verbindung gebracht wird. Ohne Anspruch auf Vollständigkeit seien folgende Kritikpunkte erwähnt (vgl. ergänzend das von Hansen (1990, S. 587) speziell bezogen auf Handelsunternehmen zusammengestellte Sündenregister in Abb. 3):

- Als klassisch hat inzwischen schon zu gelten: die Kritik hinsichtlich überhöhter Preise (aufgrund aufwendiger Werbung, hoher Distributionskosten etc.), der Manipulation und Irreführung der Verbraucher durch Preistaktiken, irreführende Werbung, Verkaufsförderungspolitik oder Verpackung, "harter Methoden" beim Tür-zu-Tür-Verkauf, des Vertriebs von Leib und Leben gefährdenden Produkten (z.B. Sicherheitsrisiken bei Elektrogeräten, Kinderspielzeugen), der Ressourcenverschwendung durch Werbung und andere absatzpolitische Instrumente sowie insbesondere durch Obsoleszenzstrategien, der Verdrängung kleiner Einzelhandelsgeschäfte durch Konzentrationsprozes-

	Kritik in verbraucherpol. Funktionen	Kritik der Verbrauchergutachten in Hannover und Offenburg	Ergänzung aus sonstiger Literatur und eigener Anschauung
Handelsstruktur	• Bedrohung der Artenvielfalt • Zersiedlung		• machtbedingte Differenzen in Einstandspreisen und Konditionen
Standortpolitik	• Versorgungslücken für immobile Konsumenten • höhere Wegekosten der Konsumenten • zu wenig Mehrwegpackungen		
Sortiments- und Produktpolitik	• schädliche Produkte • zu wenig Qualitätsverantwortung • Mängel in der Nutzung von PI-Etiketten • Irreführung bei Verpackungen	• überflüssige Verpackungen • schädliche Produkte • beschädigte Produkte (z.B. Textilien) • geringe Auswahlmöglichkeit (Sortimentstiefe)	• Intransparenz über Beschaffungsquellen durch zunehmende Sortimentsüberschneidungen • Ökonomisierungsgefahr der Sortimentspolitik durch Scanning
Verkaufsgestaltung	• Ladenöffnungszeiten • schlechte Beratungsqualität • verführerische Verkaufspraktiken wie Hintergrundmusik	• Ladenöffnungszeiten • schlechte Beratungsqualität • verführerische Verkaufspraktiken und manipulative Warenpräsentation • keine Präsentationsstücke zur Information • Wartezeiten an der Kasse	• Emotionalisierung des Einkaufs durch Erlebnishandel • Diskriminierung von Konsumentengruppen durch Erlebnishandel • Materialisierung der Freizeit • Information als öffentliches Gut
Kundenservice und Beschwerdepolitik	• Mängel in der Verantwortung für Altlasten (Beispiel: Apotheken)	• unverständliche Kaufverträge • intransparente Abrechnungsmethoden bei Reparaturen • unangemessene Reparaturpreise • Mängel in der Ersatzteilhaltung • Mängel in Bedienungsanleitungen • Mängel in der Errichtung und Information über Entsorgungsmöglichkeiten	• zu wenig Dialog mit Konsumenten • zu wenig Anhören in Beschwerdefällen • zu wenig Nachkaufbetreuung

Preispolitik	• Mängel in der Preisauszeichnung
	• Ablehnung der Verbote
	  – Preisgegenüberstellungen
	  – Untereinstandspreisverkäufe
	  – Mengenbegrenzung bei Sonderangeboten
	• Aufforderung der Konsumenten zu mehr Rabattverhandlungen
	• unentschiedene Diskussion von Zahlkarten
		• täuschende Preisauszeichnung
		• mangelnde Kontrollmöglichkeiten an Kassen
		• ungünstige Preisetikettierung
		• Intransparenz bei Preis-Mengen-Vergleichen
		• überhöhte Preise
			• Markttransparenz durch fluktuierende Kompensationskalkulation
			• Verkopplung von Preisen für Produkte und Handelsleistungen

Absatzfinanzierung	• Vermischung von Waren- und Finanzierungskost.		
Absatzwerbung	• Kritik am Rücktrittsrecht bei unwahrer Werbung • Verankerung des Schadensersatzanspruches bei irreführender und unlauterer Werbung • Erweiterung der vergleichenden Werbung	• täuschende Werbung	
Marktforschung	• Kritik an den gläsernen Konsumenten durch Scanning und Zahlkarten		
Beschaffung			• Selektions- und Vermittlungsleistungen als "purchase agent" nicht genügend am Verbraucherinteresse orientiert

Abb. 2b: Synoptischer Überblick der Verbraucherpolitik im Hardel (Quelle: Hansen (1990, S. 587)

se, der Förderung der Produktinflationierung und damit der Güter- sowie Marktintransparenz, der Beschneidung der Souveränität oder Mündigkeit der Konsumenten oder gar der Heranzüchtung von "Konsumäffchen" bzw. "Konsumidioten" (27).

- Angeprangert werden ferner schon seit langem die unmittelbar negativen Konsequenzen des unternehmerischen Marketing im Sektor der ökologischen Umwelt und der Gesundheit durch ökologisch bedenkliche Produktions-, Distributions- und Entsorgungsprozesse sowie durch den Vertrieb umwelt- und gesundheitsgefährdender Produkte. Daneben besteht der Vorwurf mittelbarer bzw. indirekter Ökologie- und Gesundheitsschädigung, und zwar deshalb, weil die Anbieter aufgrund eines mangelnden Güterangebots, unzureichender Beratung und Aufklärung den Verbraucher in seinen ökologie- und gesundheitsbewußten Verhaltensoptionen beschneiden oder weil sie mit Hilfe von Marketingtechniken problematische Konsummuster fördern (etwa übermäßiger Konsum von Zigaretten, Alkohol, Arzneimitteln etc., falsche Ernährung, Überdosierung von Waschmitteln, ungehemmtes Ausleben eines Geschwindigkeitswahns).

- Besonders weitreichend sind darüber hinaus Konsequenzen im sozio-kulturellen Bereich, die dem unternehmerischen Marketing angelastet werden: Einfluß auf gesellschaftliche Wert- und Normensysteme im Sinne einer Verwirtschaftlichung des Lebens und mithin der Dominanz ökonomischer Kategorien wie Konsum, Besitz, Leistung, Konkurrenz oder - um mit Fromm (1976) zu sprechen - des Haben-Modus. Von hier ergeben sich Ausstrahlungseffekte in Gestalt einer Verarmung zwischenmenschlicher Beziehungen, der Förderung von Kriminalität, einer negativen Haltung gegenüber Kindern ("Kind oder Konsum") u.ä.m. (28).

- Schließlich sind noch die vielfältigen Vorwürfe im Kontext eines internationalen Marketing zu beachten: angefangen bei Waffenexporten, den Exporten veralteter, besonders ökologieschädlicher oder nicht landesadäquater Produkte bis hin zum Export problematischer Konsum- und Lebensstile und einer damit einhergehenden Anspruchsinflationierung einerseits, sozialen Deprivierung andererseits, was potentiell etwa den Nord-Süd-Konflikt verschärft und in letzter Konsequenz eine Bedrohung des Weltfriedens schürt (29).

Sicher richten sich die verschiedenen Vorwürfe zunächst an die Adresse der Unternehmenspraxis. In zweiter Instanz aber auch insofern unmittelbar an die Adresse der Marketingwissenschaft, als das von ihr propagierte und mit Verve in die Unternehmenspraxis hineingetragene Managementkonzept unsoziale, markt-ideologisch verbrämte Denkmuster von Managern verstärkt, eventuell sogar indoktriniert und entsprechende Mittel zu ihrer effizienten Verwirklichung bereithält, was zugleich zu einer weiteren Erosion des von Marketingwissenschaftlern als wirksam unterstellten Marktmechanismus führt (30). Damit verbindet sich zugleich der Vorwurf, daß sich die Marketingwissenschaft zu wenig an einer kritisch aufklärerischen sowie konstruktiven Wissenschaftsfunktion orientiert, die bis zur kritischen Reflexion der bestehenden Wirtschafts- und Gesellschaftsordnung vorstößt, und zu einseitig unternehmens- bzw. kapitalorientiert ist, mithin andere gesellschaftliche Gruppen der Wirtschaftspraxis (speziell die Konsumenten) nicht aktiv unterstützt (Vorwurf der Parteilichkeit) (31).

Aber auch **aus Unternehmenssicht** gerät das Marketingkonzept im vorliegenden Zusammenhang unter Beschuß. Abstellend auf die prognostizierte Entstehung von Gegenmacht (32) oder auf bereits konkret zu beobachtende Tendenzen zu einer wertgewandelten, aktiven und kritischen, teilweise wirtschaftsfeindlichen Gesellschaft, in der bspw. die Konsumenten mit Abwanderung und/oder mit Widerspruch auf entsprechende unternehmerische Verhaltensmuster reagieren und durch gesetzliche Maßnahmen der unternehmerische Handlungsspielraum immer weiter eingeengt wird, erweist sich - so die Kritiker - Marketing kaum als ein tragfähiges Führungskonzept (33). Anstelle des Marketingkonzepts sollen vor diesem Hintergrund etwa Führungskonzepte unternehmerisches Denken und Handeln prägen, die unter dem Gesichtspunkt gesellschaftlicher Legitimation auf die Partizipation aller Betroffenen abzielen bzw. aus ethischen Erwägungen den Dialog mit der gesamten Öffentlichkeit zur primären Leitlinie erheben (legitimationsorientierte bzw. dialogethische Führungskonzepte). Die besondere Hervorhebung der Frage der Legitimation oder der Ethik markiert hierbei zugleich den Unterschied zu den zuvor erwähnten, in erster Linie auf zunehmende Umweltdynamik oder -komplexität und auf Wettbewerbsentwicklungen abstellenden Konzepte einer "korporativen Führung".

Bei den verschiedenen Einwänden im Kontext der Evolution des "strategischen" oder der des "gesellschaftlichen Problems" ist nicht immer ausreichend klar, ob die vorgetragene Kritik jeweils mit Blick auf das von Unternehmen praktizierte Marketingkonzept, das von Seiten der Marketingwissenschaft im "mainstream" oder in Gestalt spezieller Ansätze kultivierte und propagierte Marketingkonzept oder gar hinsichtlich des sich aus verschiedenen Leitideen rekrutierenden harten Kerns des Marketingkonzepts Geltung beanspruchen soll und/oder kann (vgl. nochmals Abb. 2). Nicht selten werden Mängel in der Umsetzung bzw. Befolgung des Marketingkonzepts in der Praxis dem von wissenschaftlicher Seite vorgelegten Konzept angelastet oder bestehende Mängel im Forschungsprogramm der Marketingwissenschaft (Mainstream- oder Spezialansätze) dem harten Kern des Marketingansatzes. Hinzu kommen jeweils kaum stringent begründete Argumente, Fehlschlüsse und oftmals auch kompakte Mißverständnisse hinsichtlich dessen, was Marketing eigentlich ist. Hierzu einige Beispiele:

Unklare Bezüge liegen selbst schon bei der gesellschaftsbezogenen Kritik vor, wo wir entsprechende

Bezugspunkte z.T. bereits kurz angedeutet hatten. Selbst dann, wenn man einmal unterstellt, daß das von wissenschaftlicher Seite propagierte Marketingkonzept die erwähnten Fehlverhaltensweisen provoziert - was hinsichtlich des "mainstream" durchaus bestritten werden kann, nicht jedoch etwa bezüglich einzelner "Spezialansätze", die gesellschaftliche Ignoranz und Fehlleitungspotentiale bereits in der Bezeichnung des propagierten Ansatzes zum Ausdruck bringen (z.B. Guerilla Marketing) (34) - , so bleibt zu fragen, ob und ggf. inwieweit der harte Kern des Marketingansatzes nicht doch durchaus geeignet ist, neu ausgestaltete Führungskonzepte hervorzubringen, die entsprechende Risiken nicht aufweisen. Hierbei ist dann gerade auch die Frage kritisch zu behandeln, warum Marketing und Dialog bzw. Marketing und Partizipation Gegensätze darstellen sollen - freilich zunächst unabhängig davon, ob eine dialogethische, im starken Maße auf die Partizipation aller Betroffenen setzende Führungskonzeption tatsächlich überall und immer den richtigen Weg weist.

Wir werden im Rahmen der vorliegenden Arbeit noch zeigen, daß es sich bei Marketing und Partizipation bzw. Dialog nicht um sich gegensätzlich ausschließende Konzepte handelt. An dieser Stelle mag der Hinweis genügen, daß innerhalb der Marketingwissenschaft auf Partizipation und Dialog abstellende Gestaltungsansätze schon sehr früh, immerhin bevor die "Dialog-Welle" innerhalb der Managementlehre bemerkenswerte Bewegungen ausgelöst hat, andiskutiert wurden bzw. die mangelnde "Partizipations- oder Dialogorientierung" im "mainstream" der Marketingwissenschaft und -praxis kritisch beleuchtet wurde; und zwar nicht nur bezogen auf die legitimationszentrierte Variante der Partizipation bzw. des Dialogs, sondern auch unter Rekurs auf unternehmensstrategische Erwägungen (35).

Unklarheiten hinsichtlich des Bezugspunktes der Kritik bestehen gerade auch im Bereich der auf die Evolution des "strategischen Problems" abstellenden Einwände. Nicht selten kommt es hier zu Fehlschlüssen, indem bspw. negative Auswirkungen einer unzureichenden Umsetzung des Marketingkonzepts in der Praxis als Begründung für die mangelnde Eignung des von wissenschaflicher Seite propagierten Marketingkonzepts herangezogen werden. Hierauf weist etwa Houston (1986, S. 86) angesichts der von Bennett und Cooper gegenüber *dem* Marketingkonzept vorgebrachten Kritik hin (vgl. ergänzend z.B. Gaski, 1983):

> "Bennett and Cooper (1981) illustrate how the meaning of the marketing concept can be confused with its weak implementation ... What is ironic about this statement (vgl. oben, A.d.V.) is that it follows a discussion of the success foreign competitors have had by addressing the needs and wants of buyers. The authors do a good job of addressing a number of serious issues in today´s business community, but the management practices criticized are not inherent in the marketing concept." Hinzuzufügen wäre den Ausführungen von Houston noch, daß die von Bennett und Cooper angeprangerte Vernachlässigung produktpolitischer Aspekte insofern wohl kaum dem wissenschaftlichen Marketingkonzept angelastet werden kann, als die Produktpolitik von Marketingwissenschaftlern in der Regel sogar geradezu als das "Herzstück des Marketing" herausgestellt wird.

Ein Fehlschluß wird ferner dann begangen, wenn bspw. die vermeintlich unzureichende Eignung der Leitmaxime der Bedürfnis- oder Kundenorientierung als Basis einer innovativen Produktpolitik z.B. damit begründet wird, daß in praxi wirklich wichtige Produktinnovationen bis heute selten oder nie auf ein hohes Maß an Markt- bzw. Kundenorientierung zurückführen sind (36). Jedoch ganz abgesehen davon, daß grundsätzlich nicht von dem, was ist, auf das, was sein soll, geschlossen werden darf, offenbaren sich in jenen Plausibilitätsüberlegungen, die im Lichte der "demand pull"-/"technology push"-Kontroverse zur Begründung der Kritik am Marketingkonzept herangezogen werden, zumeist kompakte Mißverständnisse hinsichtlich dessen, was Marketing als unternehmerische Führungskonzeption ausweist bzw. ausweisen sollte. Gleiches gilt dann, wenn behauptet wird, die Kunden- bzw. Bedürfnisorientierung stehe einer langfristig ausgerichteten Unternehmenspolitik im Wege oder ist in diesem Kontext wenig hilfreich bzw. überhaupt nicht realisierbar.

Die Liste der Beispiele einer **unzureichenden Begründung der Kritik** am Marketingkonzept oder einer auf Mißverständnissen, teils Unkenntnis beruhenden Kritik ließe sich problemlos weiter fortsetzen. Eine solche Auseinandersetzung mit Marketingkritikern erscheint indessen wenig ergiebig. Nach dem Motto: "Auch aus giftigen Blüten kann man Honig saugen" sollten vielmehr auch nicht immer ausreichend stichhaltige und sauber begründete Einwände zum Anlaß genommen werden, über die Tragfähigkeit von Marketing als Führungskonzept sowie als Grundkonzept der Betriebswirtschaftslehre nachzudenken - und sei es auch nur hinsichtlich möglicher Defizite in der Vermittlung des Marketingverständnisses, wie sie auch von Simon (1986) herausgestellt wurden:

Simon - selbst ein Marketingwissenschaftler - hebt mahnend die besondere Bedeutung des Werkes von Peters/Waterman (1982) als Wegweiser zur Beantwortung strategischer Herausforderungen hervor und gelangt zu der Feststellung: » "In Search of Excellence" hat wie kaum ein anderes Managementbuch die Diskussion in Praxis und Wissenschaft angeregt. Das sechste Kapitel dieses Buches vermittelt ... den Kern des Marketingkonzepts in überzeugenderer Weise als typische Marketinglehrbücher. « (Simon, 1986, S. 206)

Vielleicht vermag diese hinsichtlich ihres provokativen Gehalts von uns zwar begrüßte, inhaltlich jedoch als außerordentlich fragwürdig eingestufte Aussage (37) doch noch entsprechende Reflexionsprozesse innerhalb der Marketingwissenschaft auszulösen; zumindest aber mag sie uns als Begründung dafür dienen, daß wir eine umfassende Rekonstruktion des Marketingansatzes als dringlich ansehen und diese in ersten Schritten in Angriff nehmen. Wie wichtig es ist, eine Rekonstruktion des Marketingansatzes vorzunehmen, entsprechend zu kommunizieren und somit die erforderliche Grundlagenreflexion nicht anderen zu überlassen, zeigt auch folgende Aussage von Kirsch (1988a, S. 243):

"Für die Kennzeichnung des Marketing als Philosophie der Komplexitätshandhabung und für ihre Konfrontation mit der Partizipationsphilosophie finden sich freilich in der Marketingwissenschaft keine expliziten Hinweise. Unsere Konzeption kann sich insofern also nicht auf die Marketingwissenschaft berufen, wenngleich wir der Meinung sind, mit der Rekonstruktion der Marketingphilosophie auch einen Beitrag zur Grundlagendiskussion dieser Disziplin zu leisten".

Trotz unzureichender Auslegungen des Marketingverständnisses, wenig stichhaltig begründeter Einwände und verschiedene Bezugsebenen konfundierender Schlußfolgerungen darf nicht übersehen werden, daß einige Einwände voll ins Schwarze treffen. So war (und ist vielleicht noch immer) das um das sog. Marketing-Mix zentrierte Marketing-Managementkonzept zu wenig an der Bewältigung strategischer sowie gesellschaftlicher Herausforderungen ausgerichtet, und die weitgehende Vernachlässigung der sozialen Kosten des Marketing sowie die einseitig und sehr positivistisch an Unternehmensinteressen orientierte Marketingforschung stell(t)en zweifellos deutliche Defizite dar. Daß dies gerade auch von Marketingwissenschaftlern erkannt wurde, belegt die innerhalb dieser Disziplin seit Ende der 60er Jahre immer wieder aufflackernde Diskussion um eine Neuausrichtung des Marketingkonzepts, und zwar sowohl im Sinne eines unternehmerischen Führungskonzepts als auch eines wissenschaftlichen Forschungsprogramms.

Im folgenden wollen wir einige zentrale Entwicklungslinien dieser Diskussion nachzeichnen. Wir konzentrieren uns hierbei allerdings zunächst auf Entwicklungsvorschläge hinsichtlich einer marketingorientierten Unternehmensführung, die "neuen" Herausforderungen Rechnung tragen sollen. Vorschläge, die auf eine Übertragung des Marketingansatzes auf nicht-kommerzielle Institutionen abzielen (Broadening-Diskussion), um gegenüber dem kommerziellen Marketing die Wahrnehmung einer Ergänzungs- und Korrekturfunktion zu gewährleisten und die einseitige Unterstützung der Unternehmenspraxis zu überwinden oder darüber hinaus das Marketingphänomen aus einer gesamtgesellschaftlichen Perspektive umfassend auszuleuchten versuchen, sollen demgegenüber erst im Zusammenhang mit der Rekonstruktion eines gesellschaftsorientierten Marketing-Forschungsprogramms Beachtung finden (vgl. Kapitel 3.).

2.2.3. **Ansatzpunkte zur Erweiterung des Marketingkonzepts im Spiegel der Literatur und die Klammer- sowie Ergänzungsfunktion einer gesellschaftsorientierten Marketingkonzeption**

In ihrem Bemühen um Problemlösungsbeiträge für die Praxis hat seit einiger Zeit gerade auch die **Marketingwissenschaft** verschiedene Herausforderungen akzentuiert und mit Vorschlägen hinsichtlich einer **Erweiterung und teilweise auch Revision des klassischen Marketingkonzepts** verknüpft. Wie eingangs schon angedeutet wurde, orientiert sich diese Diskussion - was im Lichte der eben skizzierten Kritikschwerpunkte nun sicher nicht mehr sonderlich überrascht - sehr eng jeweils entweder an der Evolution eines "strategischen Problems" oder an der eines "gesellschaftlichen Problems".

• **"Deepening" des Marketing im Lichte der Evolution des "gesellschaftlichen Problems"**

Hinzuweisen ist zunächst auf die Diskussion um ein **"Deepening" des Marketing**, die bereits Ende der 60er/Anfang der 70er Jahre im anglo-amerikanischen Sprachraum mit Verve geführt wurde und im Kontext der **Evolution des "gesellschaftlichen Problems"** zu sehen ist. Diese Diskussion hat eine Reihe konzeptioneller Vorschläge hervorgebracht, die eine Aufwertung der Dimension sozialer Verantwortung und mithin die Überwindung der bislang vornehmlich gewinn- und rentabilitätsdominierten Marketingkonzeption nahelegen und z.T. vorstrukturieren. Die einzelnen Ansätze rubrizieren jeweils unter sehr unterschiedlichen Bezeichnungen (z.B. Human Concept of Marketing, Social bzw. Societal Marketing, Humanistic Marketing, Macro Marketing, Value Oriented Marketing, Ethical Marketing) (38) - sie sollen hier jedoch unter dem Begriff **Societal Marketing** zusammengefaßt werden. Als eine spezifische Ausformung dieses Societal Marketing sind ferner jene Ansätze zu werten, die im Lichte der "Consumerism"-Bewegung in den USA oder der verbraucherpolitischen Bewegung in der Bundesrepublik Deutschland entstanden sind und Vorschläge hinsichtlich eines den vielfältigen verbraucherpolitischen Forderungen aktiv begegnenden Marketing Management (kurz: **verbraucherorientiertes Marketing**) unterbreiten (39).

Die "Deepening-Diskussion" fristet(e) im deutschsprachigen Raum aufs Ganze gesehen eher ein Schattendasein - Societal Marketing oder speziell das Human Concept of Marketing werden gelegentlich noch heute von Fachvertretern als "Marketing der schönen Worte" bezeichnet (Hansen, 1987, S. 48;,mit Bezug auf Meffert/Bruhn, 1978, S. 381) oder in den Bereich einer "Nirwana-Ökonomie" verwiesen (Tietz, 1984, S. 299). Umfassendere Rekonstruktionen der Deepening-Diskussion findet man eher noch in soziologischen Schriften als in der Marketingliteratur (40). Während das aufs Ganze gesehen mangelnde Bemühen um ein Deepening des Marketing angesichts der Evolution des "gesellschaftlichen Problems" völlig unverständlich ist, erscheint die ablehnende Haltung gegenüber den vornehmlich in den USA entwickelten Varianten eines Societal Marketing zumindest insofern erklärlich, als

- ein begriffliches und konzeptionelles Durcheinander vorherrscht, vor dessen Hintergrund mitunter auch schon eine kompakte Konfusion konstatiert wurde (41),

- die verschiedenen Vorschläge im einzelnen entweder sehr allgemein und abstrakt gehalten bzw. im Sinne echter Problemlösungshilfen zu wenig elaboriert sind oder lediglich Teilaspekte (etwa mit Bezug auf einzelne Instrumente des Marketing-Mix) aufgreifen,

- generell jene Herausforderungen infolge eines eng ethisch-normativ angelegten Forschungsprogramms (vgl. Fässler, 1989, S. 299 - 302) zu wenig reflektiert werden, die aus der Evolution des "strategischen Problems" resultieren,

- insgesamt also ein umfassendes, integriertes und ausreichend praktikables Konzept gesellschaftsorientierter Unternehmensführung fehlt.

Mehr Beachtung fand demgegenüber die spezielle Variante des verbraucherorientierten Marketing. Dies allerdings nur vorübergehend und keinesfalls in einer Weise, daß auf ein voll elaboriertes Konzept "verbraucherorientierter Unternehmensführung" verwiesen werden könnte (42). Zwar hat sich eine kleine Gruppe von Marketingfachleuten etabliert, die immer wieder **Gestaltungsperspektiven eines verbraucherorientierten Marketing** thematisieren (43), gemessen am "Mainstream" handelt es sich hierbei jedoch lediglich um eine Randerscheinung.

Auch bei der gegenwärtig wieder etwas verstärkt aufflackernden Diskussion um "**Marketing und Ethik**" (44), die bereits in den ersten Ansätzen zu einem Societal Marketing anklang und nunmehr im allgemeinen Aufwind der Auseinandersetzung mit Fragen der Unternehmens- und Wirtschaftsethik (45) liegt, handelt es sich aufs Ganze gesehen um eine Randerscheinung. Überdies hat diese Diskussion bislang noch nicht dazu geführt, daß auf ein ethisch ausgerichtetes Marketingkonzept zurückgegriffen werden könnte.

• **Strategisches Marketing als Antwort auf die Evolution des "strategischen Problems"**

Sehr viel mehr Aufmerksamkeit fand demgegenüber das Plädoyer für das **Konzept des
strategischen Marketing** als Antwort auf die Evolution des "strategischen Problems"
und nicht zuletzt auch auf die Verbreitung anderer Managementkonzepte (Strategische
Planung und Strategisches Management), im Lichte derer Marketing seine Rolle als
umfassende Managementkonzeption oder - wenn man so will - Managementphilosophie
mehr und mehr eingebüßt hat (46). Im Zuge der Hinwendung zum Konzept des
strategischen Marketing ging es u.a. darum (47) :

- die bislang in der Tat dominierende Kurzfristorientierung und Marketing
  Mix-Zentrierung des Marketingdenkens in Theorie und Praxis zu überwinden,

- das Denken in strategischen Wettbewerbsvorteilen sehr viel stärker zu kultivieren und
  hierbei gerade auch der Internationalisierung der Märkte vermehrt Rechnung zu tragen,

- nicht nur Strategien auf der Funktionsbereichsebene (Absatz, z.T. Beschaffung) oder
  auf der Ebene einzelner Geschäftseinheiten (Produkt-Markt-Strategien) zu diskutieren,
  sondern auch auf der Ebene des Gesamtunternehmens,

- Synergien zwischen unterschiedlichen Strategien und Maßnahmenprogrammen
  konsequent zu berücksichtigen.

Vor diesem Hintergrund wurden dann insbesondere strategische Planungskonzepte bzw.
-instrumente sowie allgemeine strategische Handlungsprogramme und teilweise auch
Probleme der Implementierung einer strategisch ausgerichteten, marketingorientierten
Unternehmensführung innerhalb der Unternehmensstruktur und darüber hinaus
insgesamt innerhalb der Unternehmenskultur behandelt (48).

Sieht man von einzelnen Schwachstellen zunächst ab, die den Entwicklungsstand der
Marketingkonzeption im vorliegenden Zusammenhang kennzeichnen (49), so ist
grundsätzlich festzustellen, daß die verschiedenen Vorschläge zur Ausgestaltung eines
strategischen Marketing wiederum in aller Regel den Herausforderungen der Evolution
des "gesellschaftlichen Problems" zu wenig Rechnung tragen bzw. diese sogar
weitestgehend vernachlässigen und von einer engen Marktperspektive geprägt sind (50).
Letzteres obwohl im Blick auf die Entwicklung eines Konzepts des strategischen
Marketing verschiedentlich ein Perspektivenwechsel von der engen Marktbetrachtung hin
zu einer "Constituency Based Theory of the Firm" und mithin die Berücksichtigung nicht

nur der Kunden, Wettbewerber und vielleicht noch der Absatzmittler, sondern aller relevanten Umweltpartner bzw. "Stakeholder" eingefordert wurden (vgl. u.a. Day/ Wensley, 1983; Zeithamel/Zeithamel, 1984; Aaby/McGann, 1989). Abgesehen davon werden gesellschaftliche Konsequenzen des Marketing und die soziale Verantwortung der Unternehmen kaum thematisiert, geschweige denn in konkrete Gestaltungsvorschläge einbezogen.

Darüber hinaus sind die verschiedenen Ansätze im Hinblick auf die **Analyse und Gestaltung unternehmensinterner Prozesse** viel zu wenig elaboriert. Sicher finden sich Hinweise zur Ausgestaltung der Prozesse strategischer und operativer Planung, zu Fragen marketingorientierter Unternehmensstruktur und z.T. auch -kultur. Zum einen sind diese Hinweise jedoch kaum als ausgereift zu bezeichnen (51), zum anderen greifen sie hinsichtlich einer umfassenden Unternehmenssteuerung viel zu kurz. Die Ausweitung des Marketingansatzes auf die systematisch zielorientierte Gestaltung von unternehmensinternen Austauschbeziehungen ist bis heute trotz erster Ansätze im Lichte der Corporate Identity-Diskussion und einigen Vorschlägen zur Ausgestaltung eines "**Marketing nach Innen**" (internes Marketing), noch weitgehend Programm geblieben. Diesem von Kotler (1972) vorgestellten Programm, wurde zudem lange Zeit und wird z.T. auch heute noch mit Skepsis begegnet, da einerseits eine Überdehnung des Objektbereichs der Marketingwissenschaft, andererseits eine weitere Stimulierung der äußerst kontroversen Diskussion um den vorgeblichen "Allzuständigkeits- bzw. Dominanzanspruch" des Marketing befürchtet wurden (vgl. hierzu sowie zum Stand der Diskussion im Themenfeld des internen Marketing Stauss/Schulze, 1990). Die mangelnde Auseinandersetzung mit der Gestaltung interner Austauschbeziehungen betrifft als Vorwurf nicht nur die verschiedenen Ansätze eines strategischen Marketing, sondern auch all jene Ansätze, die im Zusammenhang mit einem "Deepening" des Marketing stehen.

• Defizite hinsichtlich der Entwicklung eines umfassenden Führungskonzepts und die Zersplitterung der Marketingforschung

Insgesamt läßt sich festhalten: Obwohl Marketing immer wieder als umfassende Führungskonzeption postuliert wurde und wird, konzentriert(e) sich die Forschung bis heute nicht auf die Entwicklung eines solchen umfassenden Führungskonzepts, das geeignete Antworten auf sowohl marktliche als auch gesellschaftliche Herausforderungen vorzustrukturieren hilft. Zumindest gegenwärtig ist diesbezüglich auch noch keine Änderung in Sicht: Zwar werden die engen Beziehungen zwischen der Evolution des strategischen und der des gesellschaftlichen Problems zunehmend erkannt; die Forschungsbemühungen sind jedoch im wesentlichen auf mehr oder weniger konkrete Problemlösungsvorschläge fixiert, die sich einerseits jeweils auf einzelne Herausforderungs- und Gestaltungsbereiche beziehen, sich andererseits aber zugleich - teils explizit, teils implizit - mit dem Anspruch verbinden, den eigentlichen Schlüssel zur Erweiterung bzw. Revision der Marketingkonzeption gefunden zu haben (52). Dies hat inzwischen zu einer kaum noch überschaubaren **Fülle unterschiedlicher Marketingansätze** oder -varianten geführt, die in aller Regel weitgehend isoliert voneinander entwickelt und vorgestellt werden:

- **wettbewerbsorientiertes Marketing** als Antwort auf die zunehmende Verschärfung des Wettbewerbs im Zeichen stagnierender und schrumpfender Märkte,

- **Öko- und Bio-Marketing** als Antwort auf den sich angesichts einer zunehmenden Beeinträchtigung der menschlichen Gesundheit und der natürlichen Lebensgrundlagen vollziehenden Wertewandels innerhalb der Öffentlichkeit,

- **erlebnisorientiertes Marketing** als Antwort auf die zunehmende Homogenisierung der Produkte, die im Zuge der Entfaltung einer Informationsgesellschaft zu registrierende Informationsüberlastung sowie als Antwort auf den Trend zur Aufwertung von Selbstentfaltungs- und Erlebniswerten,

- **differenziertes Marketing oder Individual-Marketing** als Antwort auf die Pluralisierung der Lebensstile und die zunehmende Individualisierung des Konsums sowie im Lichte der sich aus neuen Technologien (CIM, Informations- und Kommunikationstechnologien) ergebenden Möglichkeiten (**Database-Marketing**),

- **technologieorientiertes Marketing** als Antwort auf die Verbreitung neuer Schlüsseltechnologien oder generell auf die zunehmende technologische Dynamik in einer High-Tech-Gesellschaft,

- **internationales Marketing bzw. Global Marketing** als Antwort auf die fortschreitende internationale Verflechtung in allen Bereichen (Wirtschaft, Politik, Kultur) oder - wenn man so will - auf den Trend zur Weltgesellschaft,

- **Turbo-Marketing** als Antwort auf die extrem gestiegene Umweltdynamik, die die Dimension Zeit zum zentralen Wettbewerbsfaktor werden läßt.

Zwar akzentuieren die hier lediglich exemplarisch aufgelisteten Marketingansätze jeweils zentrale Anforderungen an die Neuausrichtung einer marketingorientierten Unternehmensführung, die eigentliche Herausforderung resultiert in praxi jedoch zum einen aus dem **Zusammentreffen** und vor allem dem **Zusammenwirken der verschiedensten Entwicklungstrends** innerhalb der Gesellschaft. Zum anderen müssen Unternehmen erkennen, daß - gleichgültig, ob nun im Kontext des Öko- und Bio-Marketing, des wettbewerbsorientierten Marketing, des technologieorientierten Marketing oder des internationalen Marketing - **strategisch relevante Austauschprozesse immer weniger allein auf Märkten** stattfinden, sondern zunehmend auch auf einer gesellschaftlichen Ebene und speziell etwa in den Arenen öffentlicher Diskussionen.

- **Klammer- und Ergänzungsfunktion des gesellschaftsorientierten Marketingkonzepts**

Vor diesem Hintergrund sollte eine strategisch ausgerichtete Unternehmensführung **inhaltlich** durch das **Konzept des gesellschaftsorientierten Marketing** geprägt sein, das einerseits im Hinblick auf die im Rahmen der zuvor erwähnten Ansätze geforderten **Verbesserungen im Detail** eine **Klammerfunktion** übernehmen könnte (vgl. hierzu nochmals Abb. 1), andererseits zugleich einige **Verbesserungen im Prinzip** vorsieht. Letzteres konkretisiert sich nicht allein in einer höheren Gewichtung der **Dimension sozialer Verantwortung**, wie sie etwa bereits im Human Concept of Marketing oder in anderen Varianten eines Societal Marketing gefordert wurde. Parallel dazu - und teilweise auch durchaus unabhängig von der Verantwortungsproblematik - gilt es vielmehr ebenso zu beachten, daß

- **gesellschaftliche Entwicklungen frühzeitig** - d.h. etwa bevor sie sich in konkreten Marktentwicklungen niederschlagen - **in die Marketingplanung einzubeziehen** sind,

- die **aktive** (besser noch: **proaktive**) **Gestaltung der Beziehungen zum "nicht-marktlichen Umfeld"** konsequent verfolgt wird, also die Öffentlichkeitsarbeit eine deutliche Aufwertung erfahren muß und einhergehend damit die **Schnittstellen zwischen PR und Marketing neu** zu **definieren** sind,

- die **Austauschbeziehungen** mit Kunden, Lieferanten usw. nicht nur im Sinne von Marktbeziehungen gesehen und gestaltet werden dürfen, sondern **in einem** erheblich breiteren, eben **gesellschaftlichen Rahmen** stattfinden und mithin entsprechend **neu** zu **gestalten** sind.

Sowohl in dieser Akzentsetzung als auch bereits in der Hervorhebung einer Klammerfunktion deutet sich an, daß gesellschaftsorientiertes Marketing **(GOM)** nicht

allein ein **"Marketing in sozialer Verantwortung"** meint, so wichtig dieser Aspekt angesichts der zunehmenden öffentlichen Exponiertheit der Unternehmen, der Tendenz zur Risikogesellschaft einerseits, zur aktiven und kritischen Gesellschaft andererseits auch ist. Mindestens ebenso charakteristisch für das GOM-Konzept ist bspw. die **Forderung nach einem langfristigen und insbesondere ganzheitlichen Denken** (53).

Wird in ganzheitlicher Sicht die (Welt-)Gesellschaft als weitest denkbarer Rahmen verstanden, innerhalb dessen sich unternehmerisches Handeln vollzieht, so ist im Lichte des GOM-Konzepts - in Abwandlung der klassischen Marketingformel, nach der das gesamte Unternehmen von den (Absatz-)Märkten her und auf diese hin geführt werden soll - für eine **"Führung des gesamten Unternehmens von der Gesellschaft her und auf diese hin"** zu plädieren. **Statt** von **Marketing** (dieser Begriff leitet sich aus dem englischen Verb "to market" ab, was laut Oxford Dictionary soviel bedeutet wie "to buy or sell on markets") könnte man insofern folgerichtig auch von einem **"Societing"** sprechen. Dies hätte prima facie den Vorteil, daß die weit über Vermarktungsprozesse hinausgehende Gestaltungsaufgabe bereits begrifflich pointiert wird.

Gegen eine solche Wortschöpfung sprechen indessen nicht nur wissenschaftssoziologische Gründe und speziell das Risiko einer weiteren Verwirrung des wissenschaftlichen Sprachspiels, sondern vor allem pragmatisch-sachliche Gründe: **Letztlich bleiben Märkte (i.w.S.) zentraler Bezugspunkt** unternehmerischen Handelns, das institutionell auf Fremdbedarfsdeckung angelegt ist. So müssen sich bspw. selbst Verhandlungen mit Politikern, Mitgliedern von Bürgerinitiativen oder auch mit Kirchenvertretern positiv auf die Marktprozesse des Unternehmens auswirken bzw. dazu beitragen, einen geeigneten Rahmen für diese zu schaffen. Ferner dürfen gerade auch im Kontext eines "Marketing in Verantwortung" - wie schon verschiedentlich erwähnt - die Herausforderungen des Wettbewerbs keinesfalls vernachlässigt werden. Die klassische Forderung nach Markt- und speziell Kunden- sowie Wettbewerbsorientierung hat insofern einen zentralen Stellenwert zu behalten - allerdings in einem erweiterten Sinne und vor allem eingebettet in ein umfassenderes Verständnis von Unternehmensführung, als es dem Marketingansatz bislang a potiori zugrunde lag (54). Diese erweiterte Sichtweise soll durch den Terminus **"gesellschaftsorientiertes Marketing"** (GOM) eingefangen werden.

Obwohl - wie erwähnt - letztlich Märkte zentraler Bezugspunkt der Unternehmensführung bleiben, verliert die Forderung nach einer Führung des gesamten Unternehmens von der Gesellschaft her und auf diese hin keinesfalls an Bedeutung. Zum einen gilt es, einer verengten Perspektive vorzubeugen; zum anderen dürfen einzelne Entwicklungen nicht erst dann Beachtung finden, wenn sie sich bereits in veränderter Marktstrukturen und Prozessen niedergeschlagen haben.

• **Erste Ansätze eines gesellschaftsorientierten Marketing in der Literatur**

Abgesehen davon, daß wir zur Ausgestaltung des hier anvisierten GOM-Konzepts entsprechend der akzentuierten Klammerfunktion auf Erkenntnisse der klassischen Marketingforschung zurückgreifen können, finden sich teilweise auch bereits Vorschläge hinsichtlich einer Neuausrichtung des Marketing, die in eine ähnliche Richtung zielen, zumindest aber entsprechend eingeordnet werden können. So spricht bspw. Fässler (1989) von dem "**sich formierenden Konzept des gesellschaftsorientierten Marketing**" und nennt hierbei drei konzeptionelle Vorschläge: den Ansatz des Megamarketing von Kotler (1986), das sich hieran stark anlehnende Konzept von Krulis-Randa (1986a) und schließlich das von Raffée und dem Verfasser in einzelnen Schritten bereits angedachte Konzept eines gesellschaftsorientierten Marketing (55). Sicher ließe sich diese Liste um einige weitere Vorschläge ergänzen (56), und die Überlegungen Kotlers zu einem Konzept des gesellschaftsorientierten Marketing erschöpfen sich freilich nicht allein in dem von ihm zur Diskussion gestellten Megamarketing, das nach Fässler (1989, S. 299 - 303) die forschungsprogrammatisch enge, ethisch- normative Anlage des Societal Marketing überwindet und in stärker praktisch-normativer Ausrichtung zudem die gesamte Bandbreite aller denk- und beobachtbaren Unternehmens-/Umweltbeziehungen ausleuchtet.

Naheliegenderweise greifen wir im folgenden auf die von uns bereits entwickelten Bausteine zurück, versuchen diese zu ergänzen und in einen umfassenderen Bezugsrahmen zu stellen. Ferner lassen sich freilich auch aus den anderen Ansätzen zahlreiche Anregungen gewinnen, um einen Beitrag zur (Weiter-)Entwicklung eines GOM-Konzepts zu leisten. Hierbei kann allerdings nicht auf einen umfassenden Bezugsrahmen rekurriert werden, von dem aus man einen sehr viel stärkeren Akzent auf die Diskussion konkreter Gestaltungsperspektiven eines gesellschaftsorientierten Marketing legen könnte. Bei näherer Betrachtung erweisen sich nämlich die vorgelegten Bezugsrahmenvorschläge als unzureichend ausgearbeitet, teilweise auch als zu eng und nicht immer ausreichend zweckmäßig (zur Beurteilung des gegenwärtigen Standes der Diskussion vgl. im einzelnen auch Fässler, 1989, S. 306 - 313). Unzweckmäßig ist u.E. etwa, daß die Interdependenzen zwischen der zielorientierten Gestaltung marktlicher und nicht-marktlicher Austauschbeziehungen konzeptionell nicht konsequent herausgestellt und Probleme der strategischen Unternehmenssteuerung sowie vor allem eines Orientierungsmanagement nicht systematisch ausgeleuchtet und repräsentiert werden

- 51 -

(vgl. hierzu etwa den von Krulis-Randa, 1986a, vorgestellten Bezugsrahmen in Abb. 3).

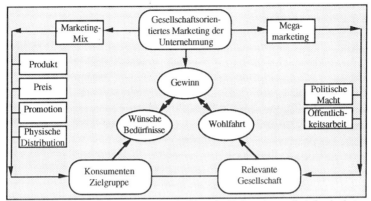

Abb. 3: Darstellung der Elemente der sich abzeichnenden Variante des gesellschaftsorientierten
Marketingkonzepts nach Krulis-Randa (1986a, S. 15; hier dargestellt nach Fässler,
1989, S. 305)

Die eingangs skizzierte, insgesamt stärker **konzeptionelle Ausrichtung** der
vorliegenden Arbeit erscheint also nach wie vor gerechtfertigt.

• **Weitere Gründe der schwerpunktmäßig konzeptionellen Zielsetzung der
Arbeit**

Allerdings rechtfertigt sich die im Kern konzeptionelle Zielsetzung der Arbeit nicht nur
aus den konstatierten **Defiziten** hinsichtlich der Entwicklung einer umfassenden
Führungskonzeption, die sowohl "strategischen" als auch "gesellschaftlichen"
Herausforderungen Rechnung trägt, bzw. der dominierenden Auseinandersetzung mit
einzelnen Strategie- und Maßnahmenprogrammen im Lichte weitgehend isoliert
betrachteter Herausforderungen an die Unternehmenspraxis. Hinzu kommt vor allem,
daß es sich bei dem Entwurf eines solchen integrativen Konzepts keinesfalls um einen
wissenschaftlichen Selbstzweck handelt, sondern dies - soweit ein tragfähiger Entwurf
gelingt - unmittelbar **praktische Konsequenzen** hat. Indem in einem geeigneten
Bezugsrahmen neue und bereits bekannte Leitideen, Ziel- und Aufgabenfelder,
Strategiekonzepte, Instrumentalbereiche u.ä.m. herausgestellt und zu einem in sich
schlüssigen Denk- und Arbeitsgebäude verdichtet werden, mag es bspw. gelingen

- den Blick für die bei näherer Betrachtung nach wie vor bestehenden Defizite und
Schwachstellen im Feld konkreter Strategie- und Maßnahmenprogramme zu schärfen
(Kritikfunktion),

- einen kreativitätsfördernden Rahmen für die Entwicklung neuer Strategie- und Maßnahmenprogramme vorzugeben (**Kreativitätsfunktion**).

Beides erscheint insofern dringend erforderlich, als der zuvor angedeutete "immer rasanter werdende Eklektizismus", in dessen Rahmen die Marketingwissenschaft - "wie Versandhäuser ihre Produkte" - in bunter Auflistung einzelne Gestaltungsansätze als Problemlösungshilfen offeriert, ohne sie explizit in einen theoretischen Zusammenhang zu stellen (Rock/Rosenthal, 1986, S. 10), das Risiko erhöht, daß einzelne Gestaltungs- vorschläge zu eng und einseitig angelegt sind. So vermag bspw. das Plädoyer für ein erlebnisorientiertes Marketing unternehmerisches Handeln nur dann in vernünftige Bahnen zu lenken, wenn es in Überlegungen hinsichtlich einer gesellschaftsorientierten Unternehmensführung eingebunden ist. Ferner wird im Lichte eines umfassenden Bezugsrahmens gesellschaftsorientierter Unternehmensführung etwa unmittelbar ein- sichtig, daß Sponsoring-Aktivitäten nicht lediglich im Sinne einer neuartigen Marken- artikelwerbung begriffen werden sollten (57). Dies etwa deshalb, weil ein allein in dieser Weise angelegtes Sponsorship zum einen mittel- oder langfristig mit dem Risiko von Imageverlusten behaftet ist, zum anderen die Möglichkeiten, die sich aus einem gezielten Sponsoring für Unternehmen ergeben, nur unzureichend ausschöpft.

Schließlich ist nicht zu übersehen, daß in jüngerer Zeit selbst von Seiten der **Praxis** eine konzeptionelle Reorientierung des Marketingansatzes eingefordert wird. In diesem Sinne weist z.B. von Briskorn (1987; 1988) als Mitglied des Direktoriums der Henkel KGaA darauf hin, daß das seines Erachtens nach wie vor um das Marketing-Mix zentrierte Denk- und Arbeitsgebäude des Marketingansatzes angesichts der gravierenden gesellschaftlichen Veränderungen zu eng geworden sei, um den Unternehmen einen geeigneten und insbesondere kreativitätsfördernden Rahmen vorzugeben.

Zweifellos übersieht von Briskorn hier einige neuere Entwicklungen des Marketingansatzes, die etwa zur intensiveren Auseinandersetzung mit strategischen Handlungsprogrammen und damit zur Überwindung der engen Marketing Mix-Perspektive geführt haben. Die von ihm - wie im übrigen auch von zahlreichen anderen Praktikern und z.T. auch Wissenschaftlern (58) - aufgeworfene **Frage nach einer neuen Identität des Marketing** und die damit einhergehend angemahnte Weiterentwicklung der Marketingphilosophie sowie eines umfassenden, den aktuellen Herausforderungen gerecht werdenden Führungskonzepts haben aufs Ganze gesehen aber dennoch Bestand. Sie dürfen nicht in der üblichen Verteidigungsmanier ("wurde alles schon irgendwann und irgendwo einmal berücksichtigt") und/oder mit dem Hinweis auf einzelne thematische Lücken abgetan werden, die auf der Basis des vorliegenden Marketingansatzes problemlos geschlossen werden können (vgl. hierzu etwa die in einem ASW-Bericht (ASW, 1989) wiedergegebene Auseinandersetzung zwischen von Briskorn und den beiden Münsteraner Marketingprofessoren Backhaus und Meffert).

Was das "problemlose Schließen noch bestehender Lücken" anbelangt, so darf natürlich die theoretisch motivierte Kritik am Marketingkonzept nicht übersehen werden, die hier nicht nur auf Defizite und Schwachstellen aufmerksam macht, sondern Marketing etwa - wie eingangs erwähnt - als "betriebswirtschaftliche Tragödie" oder "als Viper am Busen der Betriebswirtschaftslehre" ausweist (Schneider, 1983) und mithin die Tragfähigkeit des Marketingansatzes grundsätzlich in Frage stellt. Im Zusammenhang mit der Rekonstruktion des Marketingansatzes wird insofern noch - wenigstens ansatzweise - zu zeigen sein, daß es sich um ein tragfähiges Forschungsprogramm handelt, das lediglich eine "Viper am Busen einer traditionellen Betriebswirtschaftslehre" darstellt, die sich eng auf ökonomische Belange des Wirtschaftens konzentrieren zu können glaubt und nicht konsequent gesellschaftliche Zusammenhänge reflektiert.

Zu verdeutlichen wird auch sein, daß die Aussage von Dawson (1980, S. 73): "The marketing profession *could* be endowed with an incredibly rich future; but only if the traditional paradigms of marketing are replaced by a radically new framework of thought concerning the nature and role of marketing in society" zumindest in einem Punkt falsch ist. - Es bedarf nämlich keines radikal neuen gedanklichen Bezugsrahmens; das Marketingkonzept bietet genügend Ansatzpunkte, auf denen aufgebaut werden kann, wenn es darum geht, ein Konzept des gesellschaftsorientierten Marketing zu entwerfen und mithin bestehende Lücken zu schließen.

2.3. Entwicklungslinien der Managementlehre und Positionierung des zu entwerfenden gesellschaftsorientierten Marketingkonzepts

Wenn angesichts der Evolution des "strategischen" und "gesellschaftlichen" Problems mit Blick auf die Marketingwissenschaft Diskrepanzen zwischen dem Theorie-Angebot und der Theorie-Nachfrage zu konstatieren sind, so schließt dies freilich nicht aus, daß diese Lücke durch andere Managementansätze geschlossen werden kann, die sich ebenfalls um eine inhaltliche Ausgestaltung strategischer Unternehmensführung bemühen und/oder sich mit dem Beziehungsfeld "Wirtschaft und Gesellschaft" bzw. Gesellschaft und Unternehmensführung" auseinandersetzen. Wir wollen im folgenden nicht die eingangs aufgestellte These detailliert begründen, daß auch innerhalb der sich zunehmend als Managementlehre verstehenden Betriebswirtschaftslehre a potiori entweder nur "strategische" oder "gesellschaftliche" Probleme thematisiert werden. Es interessiert demgegenüber vielmehr die Frage, in welcher Weise der Zusammenhang zwischen "Wirtschaft und Gesellschaft" bzw. "Gesellschaft und Unternehmensführung" bislang schon Beachtung gefunden hat und wie neuere Beiträge zu einer sowohl "strategischen" als auch "gesellschaftsorientierten" Unternehmensführung im Hinblick auf die Zielsetzung der vorliegenden Arbeit zu beurteilen sind.

• **Schnittstellen zwischen Wirtschaft und Gesellschaft bzw. Gesellschaft und Unternehmensführung in der betriebswirtschaftlichen Diskussion**

Die Auseinandersetzung mit den Schnittstellen zwischen Wirtschaft und Gesellschaft, Gesellschaft und Unternehmensführung hat in der wirtschaftswissenschaftlichen bzw. ökonomischen Diskussion eine lange Tradition. So hob bspw. Schmoller schon im Jahre 1890 den öffentlichen Charakter insbesondere von Großunternehmen hervor (Schmoller, 1890, S. 390 ff.; vgl. hierzu auch Frese, 1987, S. 28) - ein Aspekt, der gerade in jüngerer Zeit im Kontext einer Neubestimmung der gesellschaftlichen Position von Unternehmen immer wieder betont wird (vgl. z.B. P. Ulrich, 1977; Dyllick, 1989). Die sich im Anschluß an eine solche Kennzeichnung von Unternehmen als "quasi öffentliche Institutionen" aufdrängende Frage nach einer interessenpluralistischen Ausrichtung ökonomischen Handelns und speziell nach der gesellschaftlichen Verantwortung der Unternehmer, Kaufleute - oder wie auch immer man den zur Debatte stehenden Berufsstand in einzelnen geschichtlichen Phasen bezeichnete - ist jedoch sicher schon sehr viel älter (59).

Es ist hier nicht der Ort, um im einzelnen den historischen Thematisierungszyklen nachzuspüren, in deren Rahmen das Beziehungsfeld "Wirtschaft und Gesellschaft, Gesellschaft und Unternehmensführung" unterschiedlich interpretiert wurde und einmal mehr, einmal weniger Beachtung fand. Anzusetzen ist vielmehr an jenen Ausformungen einer sich als modern ausgebenden Betriebswirtschaftslehre, die sich in unterschiedlichen forschungsprogrammatischen Grundkonzeptionen (Entscheidungsansatz, Systemansatz etc.), und Modellvorstellungen hinsichtlich der Beziehungen zwischen Unternehmen und Gesellschaft (Marktmodell, Treuhändermodell) und ausgehend davon in einzelnen Management- bzw. Führungskonzepten (60) konkretisiert.

In jüngerer Zeit haben im vorliegenden Zusammenhang vor allem Brauchlin (1985) und Dyllick (1986) den Stand betriebswirtschaftlicher Forschung zu kommentieren versucht. Beide gelangen in weitgehender Übereinstimmung zu folgendem Ergebnis:

• Die Auseinandersetzung mit dem Beziehungsfeld "Unternehmen und Gesellschaft" bzw. "Gesellschaft und Unternehmensführung" ist bis heute im deutschsprachigen Raum unterentwickelt (Brauchlin, 1985, S. 420; Dyllick, 1986, S. 374). Sieht man einmal von älteren Arbeiten ab, die im Gegensatz zur dominierenden kapitalorientierten Betriebswirtschaftslehre für eine Hinwendung zu einer arbeitsorientierten Betriebswirtschaftslehre plädierten (61), konzentrierte sich das Interesse in den siebziger Jahren auf zwei unterschiedliche Bereiche (Dyllick, 1986, S. 374 - 375):

1. Die Frage nach der gesellschaftlichen Verantwortung der Unternehmen, die zunächst im wesentlichen auf einer ordnungspolitischen bzw. philosophisch-politischen Ebene diskutiert wurde, dann aber ihren konkreten Niederschlag in unterschiedlichen Vorschlägen zur Mitbestimmungsregelung und - damit zusammenhängend - zur Ausgestaltung der Unternehmensverfassung gefunden hat.

2. Die Entwicklung von Konzeptionen einer erweiterten Rechenschaftslegung der Unternehmung (Konzepte gesellschaftsbezogener Rechnungslegung oder Sozialbilanzkonzepte), die nach Brauchlin (1985, S. 420) als allein "technik-orientiert" einzustufen sind, in der Sicht Dyllick's (1986, S. 375) aber immerhin im Sinne eines umfassenden, sozio-ökonomischen Informationssystems gedeutet werden können, "das nach Außen, als Ausdruck erweiterter Rechenschaftslegung, dann aber auch nach Innen, als sozio-politisches Führungsinstrument dienen sollte".

• "Nach dem Abklingen des Interesses an der Diskussion einer gesellschaftlichen Verantwortung oder einer Sozialbilanzierung stellen Fragen der Beziehungen zwischen Unternehmung und Gesellschaft im Rahmen der deutschsprachigen BWL heute eine Randerscheinung dar. Ihre Behandlung ist einerseits auf Handbuch- und Festschriftsbeiträge beschränkt, andererseits werden solche Themen im Rahmen anderer Funktionsbereiche wie strategische Planung, Marketing oder Personalwesen gelegentlich aufgegriffen. Sie stellen aber keine eigenständige Forschungsrichtung dar", und eine "Neuformulierung des Problems als Managementproblem" ist "bis heute ausgeblieben". (Dyllick, 1986, S. 376)

• Im Gegensatz dazu hat sich in den USA eine eigenständige Forschungsrichtung etabliert, die die pragmatischen Probleme einer managementbezogenen Bewältigung gesellschaftspolitischer Anliegen in den Vordergrund ihrer Forschungsbemühungen stellt. "An die Stelle der philosophisch-politischen Fragestellung nach den Gründen und Motiven einer unternehmerischen Verantwortung und der engen technischen Fragestellung nach einer adäquaten Repräsentation gesellschaftlich relevanter Tatbestände im Rahmen einer Sozialbilanz trat die Frage: Wie kann das Management gesellschaftspolitische Anliegen in die marktbezogenen Managementprozesse integrieren" (Dyllick, 1986, S. 375). Im Fokus des Interesses steht also nicht mehr die Frage nach der "social responsibility", sondern das Problem der "social responsiveness". Vor diesem Hintergrund wird die vorliegende Forschungsrichtung mitunter auch als "social responsiveness-movement" bezeichnet; sie rubriziert aber auch unter zahlreichen anderen Bezeichnungen.

Obwohl es sich bei den von Brauchlin und Dyllick angesprochenen Forschungsansätzen zweifellos um die markantesten Ausformungen einer Auseinandersetzung mit dem Beziehungsfeld Unternehmung und Gesellschaft handelt, greift die Darstellung und Beurteilung des Forschungsstandes bei beiden Autoren u.E. zu kurz. Dies weniger deshalb, weil etwa

- die Fülle der Literatur innerhalb der von ihnen angesprochenen Forschungsbereiche nicht auch nur annähernd gewürdigt wurde,

- insbesondere die von Seiten der Marketingwissenschaft beigesteuerten Beiträge völlig unzureichend berücksichtigt werden,

- seit Mitte der 80er Jahre dem Problem unternehmerischer Verantwortung, eingebunden in die allgemeinere Fragestellung der Wirtschafts- und Unternehmens- ethik, gerade auch im deutschsprachigen Raum immer mehr Aufmerksamkeit geschenkt und somit eine wichtige Fortsetzung auf einem der herausgestellten Diskussionsstränge negiert wird.

Zu bemängeln ist vielmehr in einem grundsätzlicheren Sinne, daß der Gesichtskreis mit Blick auf beurteilungsrelevante Ansätze viel zu eng gezogen wird und sich letztlich - obwohl beide Autoren ansonsten weitgehend unserer Auslegung des Begriffes Gesellschaftsorientierung folgen - in einer verkürzten Sichtweise der Evolution des gesellschaftlichen Problems manifestiert.

Gehen wir von einem Gesellschaftsbegriff aus, mit dem - wie erwähnt - nicht allein jene "Restgröße" gekennzeichnet werden soll, die übrigbleibt, wenn man vom gesamten Umfeld "Staat und Wirtschaft" abzieht, sondern der letztlich auf das gesamte Umfeld abstellt, so müssen all jene Forschungsansätze Beachtung finden, die zur Öffnung der betriebswirtschaftlichen Umweltperspektive über rein ökonomische Tatbestände hinaus bzw. zur Überwindung der von der klassischen Nationalökonomie übernommenen engen Marktperspektive beigetragen haben. Aus diesem Blickwinkel betrachtet, gibt es seit der Verbreitung des sog. Open Systems View (offene Systemauffassung) kaum eine forschungsprogrammatische Grundkonzeption innerhalb der Betriebswirtschaftslehre bzw. Organisations- oder Managementlehre, in der die zur Berücksichtigung anempfohlenen Unternehmens-/Umweltbeziehungen nicht in irgendeiner Weise über eng ökonomisch definierte Marktbeziehungen hinausgehen und gesellschaftliche Bezüge herstellen. Hierzu einige Beispiele (62):

- Unmittelbar nachweisen lassen sich gesellschaftliche Bezüge etwa am Beispiel unterschiedlicher Ausformungen des **Systemansatzes** sowie des (verhaltenswissenschaftlich orientierten) **Entscheidungsansatzes**, die beide sowohl im anglo-amerikanischen als auch im deutschen Sprachraum starke Verbreitung gefunden haben. Greifen wir exemplarisch den auf Heinen zurückgehenden Entscheidungsansatz heraus, so wird hier bspw. explizit die Einbeziehung gesellschaftlicher Bestimmungsgrößen durch ein "Grundmodell der Gesellschaft" gefordert (63). Ebenso zeigt bereits ein flüchtiger Blick in das Gesamtwerk von Hans Ulrich, der als einer der Begründer und Hauptvertreter eines deutschsprachigen Systemansatzes zu betrachten ist, daß die Eingliederung der Unternehmung in Gesellschaft und staatliche Organisation gerade aus einer managementorientierten Perspektive von Anbeginn immer wieder als eines der Kernprobleme herausgestellt wurde (64).

- Zwar läßt sich der sog. **Kontingenzansatz oder situative Ansatz** nicht als eigenständige betriebswirtschaftliche Grundkonzeption begreifen, da hier in Gestalt des Prinzips der situativen Bedingtheit lediglich eine formale bzw. methodische Leitidee akzentuiert und inhaltlich an anderen Konzeptionen - namentlich am System- oder am Entscheidungsansatz - angeknüpft wird. Immerhin sind aber unter diesem Rubrum innerhalb der Organisations- und Managementlehre zahlreiche Arbeiten entstanden, die über den Markt hinausgehende Umwelteinflüsse auf Strategien, Strukturen, Verhaltensprogramme sowie die Effizienz von Unternehmen explizit als Forschungsgegenstand definiert haben. Als Beispiele sind etwa die Ansätze von Seiler (1967), Gross (1968), Luthans (1976), Carlisle (1976), Khandwalla (1977) sowie Mintzberg (1973 u. 1979) zu nennen (vgl. auch den Überblick bei Staehle, 1980, S. 75 - 90; ergänzend zu einzelnen Ausformungen des situativen Ansatzes innerhalb der Organisationslehre Kieser/Kubicek, 1983 u. 1978a).

- Aufmerksamkeit verdient überdies die Tatsache, daß sich seit einiger Zeit im Lichte der Auseinandersetzung mit aktuellen Tendenzen des gesellschaftlichen Wandels neue betriebswirtschaftliche Grundkonzeptionen herauskristallisieren, die insbesondere angesichts zahlreicher krisenhafter Entwicklungen (z.B. Umwelt- und Gesundheitskrise) auf eine grundlegende Umorientierung in der Managementpraxis und -lehre hinwirken wollen. Anzuführen sind u.a. einzelne Ausformungen des **Evolutionsansatzes** (vgl. Sprüngli, 1981), der u.a. von Peter Ulrich (1986, 1988) propagierte **Ansatz einer "praktischen Sozialökonomie"** sowie der sich abzeichnende

Ansatz einer sozial-ökologischen (Hopfenbeck, 1989, S. 55) **bzw. ökologieorientierten Betriebswirtschaftslehre** (65). Der zuletzt genannte Ansatz kennzeichnet dabei weniger den neuerlich verstärkt zu beobachtenden Versuch, aus Unternehmenssicht Problemlösungsbeiträge im Kontext ökologischer Herausforderungen zur Verfügung zu stellen - hierzu bedarf es zumindest im Prinzip keiner neuen betriebswirtschaftlichen Grundkonzeption. Im Zentrum steht vielmehr das Plädoyer zur Überwindung der innerhalb der Betriebswirtschaftslehre noch weithin dominierenden kapitalorientierten Interessensausrichtung. Ähnlich wie schon einzelne Varianten einer arbeitsorientierten Betriebswirtschaftslehre (vgl. als neueren Ansatz etwa das Konzept der AOEWL) wird der ökologieorientierte bzw. sozial-ökologische Ansatz mithin als bewußtes Alternativprogramm zur bestehenden Betriebswirtschaftslehre verstanden (vgl. z.B. Freimann, 1987; Hopfenbeck, 1989, S. 55 - 60), in dessen Rahmen es im Kern um die Generierung realisierbarer Utopien zur Harmonisierung von Ökonomie und Ökologie und einhergehend damit zur Verwirklichung alternativer Verhaltensstile bei Produzenten und Konsumenten geht (vgl. Raffée, 1984, S. 41).

Legt man vor dem Hintergrund dieser sehr knapp gehaltenen Hinweise die Frage nach dem gegenwärtigen Forschungsstand etwas breiter an und geht von dem in Abbildung 4 angedeuteten Orientierungsrahmen aus, so wäre im einzelnen etwa zu untersuchen:

- inwieweit das innerhalb verschiedener Ansätze etwa in Gestalt unterschiedlicher Leitideen seinen Ausdruck findende **Forschungs- oder** generell **Wissenschaftsverständnis** (Interessensausrichtung, etwa die inhaltliche Leitidee einer Konzentration auf Entscheidungen, ein praktisch-normatives Forschungsverständnis etc.) eine zweckmäßige Grundlage bildet, um im Zeichen des gesellschaftlichen Wandels adäquate "Beiträge zur Daseinsbewältigung" zu generieren,

- welche **Grundvorstellungen oder -modelle** hinsichtlich der **Unternehmens-/ Umweltbeziehungen** sich innerhalb einzelner Ansätze der Betriebswirtschaftslehre herauskristallisiert haben und wie tragfähig diese prinzipiell im Hinblick auf die Erarbeitung wissenschaftlicher Problemlösungsbeiträge sind (z.B. klassisches Marktmodell, Koevolutionsmodell) (66),

- ob und ggf. in welcher Weise einzelne Grundmodelle in Form konkreter **Beschreibungs- und Erklärungsmodelle** ausgearbeitet und durch weitere theoretische Aussagensysteme ergänzt wurden (Theorien mittlerer Reichweite) sowie wie diese rekurrierend auf verschiedene Anforderungskriterien (z.B. logische, empirische und normative) zu beurteilen sind,

- inwieweit ausgehend von allgemeinen Grundmodellen und Theorien mittlerer Reichweite geeignete **technologische Aussagensysteme** oder speziell tragfähige

Gestaltungskonzepte im Sinne umfassender, die gesellschaftlichen Bezüge unternehmerischen Handelns berücksichtigender Führungskonzepte vorgelegt wurden.

Eine sich umfassend an diesen Fragestellungen ausrichtende Rekonstruktion und Beurteilung betriebswirtschaftlicher Forschung steht bislang noch aus.

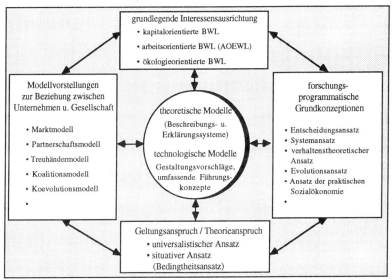

grundlegende Interessensausrichtung
• kapitalorientierte BWL
• arbeitsorientierte BWL (AOEWL)
• ökologieorientierte BWL

Modellvorstellungen
zur Beziehung zwischen
Unternehmen u. Gesellschaft

• Marktmodell
• Partnerschaftsmodell
• Treuhändermodell
• Koalitionsmodell
• Koevolutionsmodell
•

theoretische Modelle
(Beschreibungs- u.
Erklärungssysteme)

technologische Modelle
Gestaltungsvorschläge,
umfassende Führungs-
konzepte

forschungs-
programmatische
Grundkonzeptionen

• Entscheidungsansatz
• Systemansatz
• verhaltenstheoretischer
Ansatz
• Evolutionsansatz
• Ansatz der praktischen
Sozialökonomie
•

Geltungsanspruch / Theorieanspruch
• universalistischer Ansatz
• situativer Ansatz
(Bedingtheitsansatz)

Abb. 4: Orientierungsrahmen zur Analyse des betriebswirtschaftlichen Forschungsstandes im Hinblick auf die Reflexion der Beziehungen zwischen Gesellschaft und Unternehmensführung

Lediglich hinsichtlich einzelner betriebswirtschaftlicher Ansätze und Teilaspekte der Beziehungen zwischen Wirtschaft und Gesellschaft, Unternehmensführung und Gesellschaft liegen entsprechende Rekonstruktions- und Evaluationsbemühungen vor:

- So setzt sich z.B. Marr (1989) mit der Öffnung der Umweltperspektive durch die entscheidungs- und systemorientierte Betriebswirtschaftslehre auseinander und gelangt zu dem Ergebnis, daß zwar "beide Ansätze ... die verstärkte Berücksichtigung gesellschaftlicher Faktoren innerhalb betriebswirt-schaftlicher Aussagensysteme" fordern, ... jedoch "auf der Ebene der betriebswirtschaftlichen Verfahren, Methoden, Instrumente ... die beiden Ansätzen zuzurechnenden Publikationen bisher ganz überwiegend dem traditionellen, engeren ökonomischen Aspekt verhaftet geblieben" sind (S. 62).

- Weitzig (1979) hat demgegenüber bspw. die verschiedenen Modellvorstellungen zur Beziehung zwischen Unternehmung und Gesellschaft (U/G-Modelle), die den unterschiedlichsten betriebswirt-schaftlichen Ansätzen jeweils explizit oder implizit zugrundeliegen, herauszuarbeiten und zu evaluieren versucht. Sein Ergebnis, daß sich letzltich alle Modelle durch eine Reihe von Stärken und Schwächen auszeichnen und insofern entsprechende Mischformen anzudenken sind, deckt sich mit unserer Einschätzung. (Die in Abbildung 6 exemplarisch aufgelisteten U/G-Modelle orientieren sich z.T. an dem Strukturierungsvorschlag von Weitzig (67). Eine andere Einteilung, die zugleich etwas andere Akzente setzt und unter der Bezeichnung "organisationale Sinnmodelle" rubriziert wird, geht auf Kirsch et al. (68) zurück: Zielmodell, Koalitionsmodell, Überlebensmodell, Institutionenmodell und Fortschrittsmodell.)

- Schließlich findet sich gelegentlich noch der Hinweis, daß jene Ansätze der Betriebswirtschaftslehre, die für eine arbeits- oder ökologieorientierte Betriebswirtschaftslehre plädieren, die einseitige Interessensausrichtung der vormals dominierenden kapitalorientierten Betriebswirtschaftslehre lediglich durch eine neue Einseitigkeit bzw. Parteilichkeit ersetzen und insofern wenig zweckdienlich sind (vgl. z.B. Brauchlin, 1985). Teils hierauf abstellend, teils aber auch unabhängig davon plädieren inzwischen bereits einige Autoren für eine gesellschaftsorientierte Betriebswirtschaftslehre (vgl. z.B. Peter Ulrich, 1988; Dyllick, 1989). In diese Richtung zielt auch unsere Überlegung, wenn wir gesellschaftsorientiertes Marketing im Sinne einer betriebswirtschaftlichen Grundkonzeption rekonstruieren wollen. Im Vergleich zu Peter Ulrich und Dyllick setzen wir hierbei allerdings z.T. andere Akzente und versuchen die Idee einer gesellschaftsorientierten Betriebswirtschaftslehre etwas konkreter zu fassen.

An dieser Stelle ist es weder möglich noch beabsichtigt, eine umfassende Analyse der betriebswirtschaftlichen Forschung im Kontext des in Abbildung 4 angedeuteten Orientierungsrahmens zu leisten und den Stand der Diskussion um die Beziehungen zwischen Wirtschaft und Gesellschaft, Unternehmensführung und Gesellschaft ausführlich zu dokumentieren. Der andiskutierte Orientierungsrahmen dient lediglich als gedanklicher Hintergrund, um später unsere Überlegungen zur Rekonstruktion des Marketingansatzes und insbesondere zur Entfaltung eines gesellschaftsorientierten Marketingansatzes besser einordnen zu können. In diesem Zusammenhang werden dann auch einzelne der hier lediglich grob angerissenen Aspekte noch einmal aufgegriffen und näher beleuchtet. Im vorliegenden Argumentationszusammenhang interessieren uns demgegenüber sehr viel mehr die aus der betriebswirtschaftlichen Diskussion hervorgegangenen konkreten Gestaltungsvorschläge und speziell Managementkonzepte, die aktuellen marktlichen und gesellschaftlichen Herausforderungen Rechnung zu tragen versuchen. Diese sind - gerade auch zurückgehend auf den Entscheidungs- und Systemansatz - erheblich umfangreicher als es Marr (1989; vgl. oben) einzugestehen bereit war und können lediglich in groben Zügen nachgezeichnet und einer Beurteilung unterzogen werden.

• **Gesellschaftsorientierte Führungskonzepte innerhalb der Managementlehre**

Daß sich Beiträge zu einer gesellschaftsorientierten Unternehmensführung nicht allein
auf jene Ansätze erstrecken, die etwa von Dyllick und Brauchlin angeführt wurden,
dürfte angesichts unserer Darlegungen bereits deutlich geworden sein. Darüber hinaus
wird etwa die sog. "Sozialbilanzbewegung" insofern unzureichend beurteilt, als z.b.
Dierkes - einer der profiliertesten Vertreter dieser Richtung - immer wieder auf die
Notwendigkeit hingewiesen hat, die Überlegungen hinsichtlich einer gesellschaftsbezogenen Rechnungslegung in ein umfassendes Managementkonzept einzubinden und
dies in einzelnen Teilschritten (z.b. Hinweise zur gesellschaftsorientierten Planung und
Organisation) auch verwirklicht hat (69). Zwar mögen einzelne der hierbei unterbreiteten
Vorschläge zu Themen wie Social Forecasting, Technology Assessment oder zur
organisationalen Implementierung eines gesellschaftsorientierten Management im hohen
Maße kritik-, mindestens aber ergänzungsbedürftig sein, sie können jedoch nicht einfach
in großer Geste vom Tisch gewischt werden (eine differenziertere Auseinandersetzung
mit diesem Konzept findet sich bspw. bei Weitzig, 1979).

Unabhängig davon gilt es aber vor allem, die vielfältigen Gestaltungsvorschläge zu
würdigen, die u.a. gerade in entscheidungs- und/oder systemtheoretischer Tradition zum
Themenfeld strategische Planung und strategisches Management vorgelegt wurden und
hierbei gesellschaftliche Zusammenhänge reflektieren. Zwar handelt es sich hierbei
gemessen am Mainstream der Betriebswirtschafts- bzw. Managementlehre um eine
Randerscheinung, absolut betrachtet haben wir es aber mit einer kaum überschaubaren
Fülle an Beiträgen zu tun (70). Vernachlässigen wir einmal jene Arbeiten, die sich
lediglich auf die Darstellung einzelner Verfahren, Methoden, Instrumente und vielleicht
noch Strategien beschränken, und konzentrieren uns allein auf Beiträge, die in die
Richtung einer Entwicklung umfassender Managementkonzepte, wenigstens aber
Managementsysteme (z.B. Organisations- und Planungssysteme) zielen, so sind im
Blick auf den anglo-amerikanischen Sprachraum ohne Anspruch auf Vollständigkeit die
Arbeiten von Aaker et al., Ackoff und Emory, Aldrich, Ansoff et al., Barry, Beer,
Cherns, Cyert, March und Simon, Drucker, Evans, Forrester, Freeman, Mintzberg,
Mitroff et al. zu nennen. Im Blick auf den deutschsprachigen Raum sind u.a.
anzuführen: Dlugos et al., Fürstenberg, Kieser, Schreyögg und Steinmann et al. sowie
vor allem das auf Hans Ulrich zurückgehende St. Galler Managementmodell, das seine
theoretische Basis zunächst im Systemansatz hatte, sich heute jedoch insbesondere dem
Evolutionsansatz verschrieben hat, und die von Kirsch und Mitarbeitern anfangs in
system- und entscheidungstheoretischer Tradition entwickelte, inzwischen aber ebenfalls
stärker evolutionstheoretisch angelegte und fundierte Managementlehre (71).

Greifen wir exemplarisch das Konzept eines Strategischen Management von Ansoff et al. heraus, so läßt sich feststellen, daß das Denken in gesellschaftlichen Zusammenhängen hier von Anbeginn an als Grundbedingung und zentraler Ausdruck eines strategischen Management begriffen und das Konzept dementsprechend ausgearbeitet wurde (72). Ähnliches gilt bspw. für das St. Galler Managementmodell in seinen verschiedenen Ausformungen sowie für das Konzept eines strategischen, inzwischen evolutionären Management von Kirsch et al., die wir als markanteste Ausprägungen der deutschsprachigen Managementlehre einstufen.

Wagt man eine summarische Beurteilung der vorliegenden Ansätze und orientiert sich hierbei zunächst vor allem am St. Galler Managementmodell sowie an dem Konzept des evolutionären Management von Kirsch et al. (73), so ist insbesondere festzustellen, daß

- die entwickelten Konzepte im Blick auf ein gesellschaftsorientiertes Management zumeist noch sehr abstrakt gehalten und insofern aus praxeologischer Sicht nicht ausreichend elaboriert sind,

- sie sich konkreter vorwiegend nur entweder mit allgemeinen Fragen eines Orientierungsmanagement oder mit Fragen der strategischen und operativen Planung beschäftigen, wobei im Kontext der Gestaltungsperspektiven zur Unternehmensplanung das Denken in gesellschaftlichen Zusammenhängen zumeist nicht durchgängig und genügend konsequent umgesetzt wird (74),

- konkrete Vorschläge zur Implementierung eines gesellschaftsorientierten Management innerhalb der Unternehmensstruktur und -kultur weitgehend fehlen (75),

- Probleme des Management externer Austauschbeziehungen wenn überhaupt, dann nur am Rande und auf einem sehr abstrakten Niveau behandelt und damit konkrete Strategie- und Maßnahmenprogramme kaum diskutiert werden.

Zwar läßt sich im Kontext des St. Galler Managementmodell seit kurzem eine gewisse Öffnung gegenüber einer konkreteren Auseinandersetzung mit den Problemen eines gesellschaftsbezogenen Management von Umweltbeziehungen registrieren; die hier z.B. von Dyllick (1989, 1990) vorgelegten Arbeiten greifen dabei allerdings nur Teilaspekte auf und verzahnen diese zu wenig mit der Gestaltung des Absatz- und Beschaffungsmarketing. Etwas breiter ist demgegenüber etwa die Arbeit von Achleitner (1985) angelegt; auch in ihr wird u.E. jedoch kein umfassender, für unsere Zwecke unmittelbar verwertbarer Bezugsrahmen eines gesellschaftsorientierten Management von Umweltbeziehungen vorgelegt und differenziert ausgefüllt.

Auf das ebenfalls nur exemplarisch hervorzuhebende Konzept des Strategischen Management von Ansoff et al. läßt sich die vorstehende Kritik mutatis mutandis übertragen.

Allerdings finden sich bei Ansoff z.T. schon konkretere Hinweise auf Strategien- und Maßnahmenprogramme im Feld des Management externer Austauschbeziehungen. Überdies ist dieses Konzept insgesamt weniger allgemein und abstrakt angelegt als das von Kirsch et al. sowie das St.Galler Managementmodell. Indessen fehlt aber bei Ansoff wiederum eine tiefergehende Grundlagenreflexion, wie sie insbesondere in den Arbeiten von und um Kirsch zu verzeichnen ist. Ferner wird etwa die Gestaltung der Austauschbeziehungen zur "nicht-kommerziellen Umwelt", die Ansoff (1981) als Ausdruck eines "soziopolitischen Management" zur Absicherung der Legitimität und Lebensfähigkeit sieht, zu isoliert von jenen zur "kommerziellen Umwelt" gesehen, die Ansoff zumindest in diesem Kontext nicht explizit thematisiert und offensichtlich nicht als Basis einer Absicherung der Legitimität und Lebensfähigkeit begreift (vgl. Abb. 5).

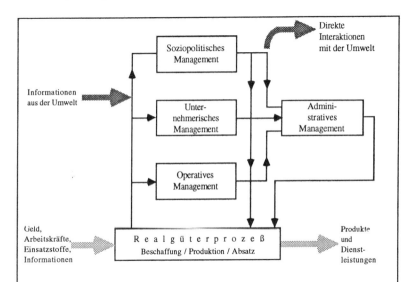

- Soziopolitisches Management: Über Beziehungen zur nichtkommerziellen Umwelt des Unternehmens (Gesetzgeber, Gewerkschaften, Bürgerinitiativen) bestimmt das soziopolitische Management die Legitimität und Lebensfähigkeit des Unternehmens in der Gesellschaft.
- Unternehmerisches Management: Erschließung von Gewinnpotentialen für das Unternehmen. Dazu gehört es, Marktchancen zu erkennen, Produkte zur Nutzung dieser Chancen zu entwickeln und in den Markt einzuführen.
- Operatives Management: Umsetzung des Gewinnpotentials in reale Gewinne; dies umfaßt die Funktionen Einkauf, Produktion, Distribution, Verkauf, Werbung und Verkaufsförderung.
- Administratives Management: Hat die Aufgabe, Normen, Kenntnisse, Fähigkeiten, Strukturen und Systeme für die Ausführung der drei übrigen Managementfunktionen zur Verfügung zu stellen.

Abb. 5: Hauptaufgaben der Unternehmensführung nach Ansoff (1981, S. 61 f.)

Trotz dieser Einwände wurden im Rahmen der erwähnten Konzepte bereits zahlreiche Bausteine entworfen, die beim Aufbau eines Denk- und Arbeitsgebäudes des gesellschaftsorientierten Marketing nach kritischer Prüfung entweder direkt oder nach entsprechender Abwandlung verwertet werden können. Dies bezieht sich insbesondere auf Überlegungen und Vorschläge im Sektor des Orientierungsmanagement und des Management interner Austauschbeziehungen sowie speziell hinsichtlich des Aufbaus geeigneter Planungs- und Früherkennungssysteme. - Bereiche, in denen der Marketingansatz vergleichsweise unterentwickelt ist.

Die in den angesprochenen Führungskonzepten (noch?) bestehenden Defizite hinsichtlich konkreter und ausgereifter Gestaltungsvorschläge zum Management von Umweltbeziehungen, praktischer Strategie- sowie Maßnahmenprogramme und zur Implementierung eines integrierten gesellschaftsorientierten Managementkonzepts werden teilweise durch andere Ansätze ausgeglichen. Hervorhebung verdienen hier vor allem die verschiedenen Konzepte, die aus der schon erwähnten, von Brauchlin (1985) sowie Dyllick (1986) besonders gewürdigten "Corporate Social Responsiveness"- oder "Business and Society"-Bewegung hervorgegangen sind, aber auch jene, die innerhalb der anglo-amerikanischen, teils auch deutschsprachigen PR-Diskussion vorgestellt wurden (z.B. das Konzept der Public Affairs oder das heute auch in anderen Ansätzen mehr und mehr beachtete, selten jedoch entsprechend zitierte Konzept des Issue-Management) (76).

Während das Konzept des Issue-Management, das sich als Baustein etwa auch im Ansoff´schen Konzept des Strategischen Management (vgl. z.B. Ansoff, 1984) wiederfindet und von Gerken (1990) neuerlich angepriesen wird, lediglich ein Modul eines gesellschaftsorientierten Management darstellt und zumeist auch nur in diesem Sinne zur Diskussion gestellt wird, erheben andere PR-Ansätze (77) sowie verschiedene Ansätze der "Business and Society"-Bewegung (78) den Anspruch, umfassende Führungskonzepte vorgelegt zu haben. Dieser Anspruch wird indessen kaum eingelöst:

Den PR-Konzepten mangelt es durchgehend an einem ausreichend engen Bezug zum strategischen und operativen Kerngeschäft der Unternehmen. Dieser Vorwurf trifft oftmals auch die verschiedenen Konzepte im Feld der "Business and Society"-Bewegung. Einzuwenden ist hier vor allem aber, daß zumeist nur Teilaspekte Beachtung finden (strategische oder organisationale Verhaltensmuster sowie Fragen der Personalführung). Dyllick (1986, S. 376) spricht von einer strategischen und organisatorischen Führungsperspektive, wobei letztere lediglich auf die Rolle der obersten Führung in der Interaktion zwischen Unternehmung und Gesellschaft abhebt. Zu diesem Ergebnis gelangt auch Preston (1983, S. 173) im Anschluß an die Besprechung vielbeachteter Werke der "Business and Society"-Bewegung: "The missing or at least relatively weak, aspect of nearly all of these books is a central integrating conception that relates the parts to each other and draws them together into a larger whole". Auch neuere Veröffentlichungen auf diesem Gebiet vermochten die in diesem Sinne bestehenden Defizite noch nicht auszugleichen (vgl. Dyllick, 1986 u. 1989; Miles, 1986 u. 1987). Lediglich Miles (1983/1986) - so zumindest die Einschätzung von Dyllick (1986) - hat innerhalb der "Business and Society"-Bewegung versucht, einen integrierten Ansatz vorzulegen. Bei näherer Betrachtung zeigen sich jedoch auch hier deutliche Defizite hinsichtlich eines integrierten gesellschaftsorientierten Managementkonzepts. Allein schon die, auch von Dyllick (1986, S. 387) bemängelte Tatsache, daß Miles die "explizite Integration gesellschaftspolitischer Strategien mit den Wettbewerbsstrategien" unterläßt, ist Grund genug, den Anspruch eines integrierten Gesamtkonzepts als nicht eingelöst zu betrachten.

Wenn auch insgesamt die verschiedenen PR-Ansätze sowie Ansätze der "Business and Society"-Bewegung bislang kein umfassendes Konzept gesellschaftsorientierter Unternehmensführung hervorzubringen vermochten, so enthalten sie jedoch wiederum eine Fülle konkreter Gestaltungsvorschläge, die im Kontext der Entwicklung eines GOM-Konzepts Beachtung finden müssen.

Schließlich dürfen die inzwischen doch schon zahlreichen Arbeiten zu einem ökologieorientierten Management nicht übersehen werden, in denen z.T. nicht nur einzelne Gestaltungsprobleme Aufmerksamkeit finden, sondern gelegentlich bereits umfassendere Konzepte einer ökologieorientierten Unternehmensführung angedeutet werden (79).

Da es sich bei der ökologischen Krise um eines der zentralen gesellschaftlichen und inzwischen auch schon marktlichen Probleme handelt, stellen diese Arbeiten zweifellos einen wichtigen Beitrag zur Ausgestaltung einer gesellschaftsorientierten Unternehmensführung dar. Allerdings - dies hatten wir eingangs und bei der knappen Skizze der Entwicklungslinien des Marketing schon anzudeuten versucht - greifen hierbei die verschiedenen Arbeiten zum ökologieorientierten Management u.a. insofern etwas zu kurz, als sie sich allein auf die Ökologieproblematik konzentrieren und im Blick auf Gestaltungsvorschläge zum Management der externen Austauschbeziehungen nicht voll ausgereift sind. Letzteres deshalb, weil einerseits nur die Gestaltung der Austauschbeziehungen zu Marktpartnern oder nur die zur "nicht-kommerziellen Umwelt" (externe Anspruchsgruppen wie Bürgerinitiativen, umweltpolitische Verbände etc.) behandelt wird; andererseits werden - soweit marktliche und nicht-marktliche Umweltpartner Beachtung finden - die Beziehungen zwischen den verschiedenen Umweltpartnern nicht ausreichend systematisch analysiert und bei entsprechenden Gestaltungsvorschlägen konsequent genutzt.

• **Zur Einordnung der vorliegenden Arbeit**

Wie ist nun aber mit den vielfältigen Ansätzen zu verfahren, die innerhalb verschiedener Managementansätze vorgelegt wurden? Soll man etwa versuchen, die einzelnen Bausteine näher zu beschreiben, miteinander zu vergleichen und dann - freilich erst nach kritischer Prüfung - mosaikartig zu einem Gedankengebäude zusammenzusetzen? Eine solche Vorgehensweise erscheint uns aus folgenden Gründen wenig zweckmäßig:

1. Grundsätzlich besteht zunächst die Gefahr, daß man - sehr pragmatisch betrachtet - ein mehrbändiges Werk füllt und am Ende dann doch nicht mehr zur Erstellung eines integrierten Gesamtkonzepts vorstößt, weil man dann "den Wald vor lauter Bäumen nicht mehr sieht" oder eventuell auch die verschiedenen Mosaikbausteinchen nicht so recht zusammenpassen wollen.

2. Angesichts der aufgezeigten Defizite bedarf es u.E. zunächst eines geeigneten Bezugsrahmens, um vorhandene Bausteine als relevant und tragfähig einstufen zu können.

3. Schließlich soll ja aus dem Blickwinkel des Marketingansatzes heraus ein integriertes Konzept gesellschaftsorientierter Unternehmensführung entwickelt werden.

Vor diesem Hintergrund erscheint es uns zweckmäßig, in Kenntnis verschiedener Ansätze, aber doch weitgehend unabhängig von diesen, ein Konzept des gesellschaftsorientierten Marketing anzudenken, das später durchaus geeignet sein könnte, verschiedene Gestaltungsansätze aus anderen Managementkonzepten zu integrieren. Dabei werden einzelne Integrationsmöglichkeiten wenigstens knapp angedeutet.

Was die Integration anderer Managementkonzepte (oder einzelner Bausteine aus diesen) in den Marketingansatz anbelangt, besteht natürlich die Gefahr, daß Ursurpationsängste aufflammen und erneut der Vorwurf der Anmaßung artikuliert wird, der im anderen Zusammenhang schon mehrfach an die Adresse der Marketingvertreter oder -anhänger gerichtet wurde (80). Entsprechende Integrationsversuche lassen sich u.E. jedoch vor dem Hintergrund einer erweiterten Position des theoretischen Pluralismus bzw. eines konzeptionellen Pluralismus (81) legitimieren: Es geht allein darum, aus einer bestimmten theoretischen Perspektive eine konzeptionelle Alternative zu entwerfen, die dann in den Wettbewerb mit anderen Konzepten treten soll. Daß man beim Entwurf einer solchen Alternative - und hierin liegt eine Erweiterungsbedürftigkeit der zumeist propagierten Position des theoretischen Pluralismus - von anderen Konzepten zu lernen und tragfähige Elemente ggf. zu übernehmen versucht, erscheint nicht nur außerordentlich zweckmäßig, sondern insofern nötig, als

- hierbei unnötige "Doppelarbeit" vermieden wird, die später zumeist doch lediglich durch neue "terminologische Kleider" zu verbergen versucht wird, was dann wiederum das wissenschaftliche Sprachspiel noch weiter verwirrt, bzw.

- der Wettbewerb konsequent auf jene Felder beschränkt wird, in denen tatsächlich unterschiedliche Vorstellungen vorhanden und auch nötig sind, um einen wissenschaftlichen Fortschritt zu gewährleisten.

Abschließend ist noch darauf hinzuweisen, daß sich unsere Auffassung hinsichtlich einer Ausrichtung der Forschung im Gebiet "gesellschaftsorientierte Unternehmensführung" **nicht** mit jener deckt, die Dyllick (1986) im Anschluß an seine Darstellung des gegenwärtigen Forschungsstandes formuliert hat. Zum einen - dies kommt bei Dyllick allerdings auch nur implizit zum Ausdruck (vgl. oben) - halten wir es nicht für zweckmäßig, wenn sich im vorliegenden Zusammenhang nach anglo-amerikanischem Vorbild eine "eigenständige Forschungsrichtung" etablieren würde. Die Ausrichtung an der Unterstützung der Praxis auf dem Weg zu einer **gesellschaftsorientierten Unternehmensführung muß als Leitidee** vielmehr **alle betriebswirtschaftlichen Teildisziplinen durchdringen** und zur Entwicklung entsprechender Erklärungs- und Gestaltungsbeiträge führen. Zum anderen erscheint uns der von Dyllick propagierte Weg zur weiteren Erforschung des fokussierten Problemfeldes nicht in allen Punkten zweckmäßig.

Nach Dyllick muß nämlich am Anfang "... eine explorative Phase der möglichst konkreten, empirischen Erfassung tatsächlicher Fälle stehen, um ein grundlegendes Verständnis der Eigenart und der Dynamik solcher Auseinandersetzungen sowohl im gesellschaftlichen Raum als auch im Inneren der Unternehmung zu gewinnen. Für schnelle Generalisierungen dürfte sich dieses Gebiet als zu komplex erweisen." (Dyllick, 1986, S. 390)

Zwar teilen wir mit Dyllick die Auffassung, daß schnelle Generalisierungen im zur Debatte stehenden Gebiet kaum möglich sind; der Vorschlag einer zunächst fallstudienorientierten Forschung stößt bei uns angesichts des gegenwärtigen Forschungsstandes jedoch auf Widerspruch. Dies insofern, als einerseits bereits zahlreiche Fallstudien vorliegen. Denn gerade die managementorientierte "Business and Society"-Bewegung manifestiert sich literarisch zu einem sehr beträchtlichen Teil im Aufzeigen einzelner Fallstudien (82). Andererseits bedarf es u.E. zunächst eines tragfähigen Bezugsrahmens, um relevante Aspekte in Praxisfällen erkennen und entsprechend würdigen zu können - eine Auffassung, die sich durchaus auch wahrnehmungspsychologisch stützen läßt: "We can see only what we know how to look for" (Neisser, 1976; vgl. auch Dachler, 1988, S. 78). (Daß zwischen der Position Dyllicks und unserer kein unüberbrückbarer Widerspruch besteht, zeigt sich etwa daran, daß Dyllick in seiner dann 1989 erschienen stark fallstudienbezogenen Habilitationschrift zunächst selbst einen umfänglichen, bezogen auf die ausgewählte Teilfragestellung (Management der Umweltbeziehungen) zweckmäßigen, für unsere Zwecke jedoch nicht unmittelbar verwertbaren konzeptionellen Bezugsrahmen entwickelt hat und schon im Rahmen einer 1982 publizierten Arbeit eine konzeptionelle Auseinandersetzung im fokussierten Themenfeld versucht hat.)

3. **Rekonstruktion des Marketingansatzes und Verdeutlichung zentraler Bausteine einer Konzeption des gesellschaftsorientierten Marketing**

3.1. **Hintergründe und Bezugsrahmen des Rekonstruktionsversuchs**

3.1.1. **Zur Notwendigkeit einer Intensivierung der Grundlagendiskussion im Marketing und zur Problemsituation einer Rekonstruktion**

Auf die Notwendigkeit einer differenzierteren **Klärung des Marketingverständnisses** mit Bezug auf die Kennzeichnung als ein umfassendes Management- bzw. betriebliches **Führungskonzept** einerseits, als ein wissenschaftliches **Forschungsprogramm** bzw. Grundkonzept der Betriebswirtschaftslehre andererseits wurde im Rahmen der einleitenden Bemerkungen bereits hingewiesen. Entsprechende Rekonstruktionsbemühungen sollten hierbei weniger unter dem Gesichtspunkt gesehen werden, ungerechtfertigte Angriffe zurückzuweisen und durch eine bessere Darstellung des Marketingkonzepts die Anhängerschaft sowohl in der Wissenschaft als auch in der Praxis (wieder) zu erhöhen. Im Gegensatz zu einer solchen **Verteidigungsorientierung** hat es vielmehr darum zu gehen, sich durch eine Offenlegung von Selbstverständnis und Programm des Marketingansatzes gegenüber konstruktiver Kritik zu öffnen bzw. diese überhaupt erst zu ermöglichen, um auf diese Weise eine Anpassung an neue Situationskonstellationen und generell einen Fortschritt in der Problemlösungsmächtigkeit des Ansatzes sicherzustellen.

Ausdruck der hier eingeforderten **"Fortschrittsorientierung"** hat es zu sein, daß eine bis zu dem vermeintlich harten Kern an Grundideen des Marketingansatzes vorstoßende Kritik nicht nur zugelassen und berücksichtigt, sondern von den Marketingvertretern selbst vorangetrieben und zu einer Dauereinrichtung erhoben wird. Angesichts der gravierenden und z.T. neuartigen Herausforderungen, vor die sich die Praxis heute gestellt sieht, reicht es nicht aus, wenn sich die zur Unterstützung der Praxis angetretene Marketingwissenschaft auf die Diskussion neuer Handlungskonzepte, Strategieprogramme oder Marketinginstrumente beschränkt oder vielleicht gerade noch oberflächliche Reparatur- und Erweiterungsarbeiten an einzelnen tragenden Säulen des entworfenen Denk- und Arbeitsgebäudes einer Führungskonzeption vornimmt und diese lediglich in Gestalt plakativer Formeln kommuniziert (vgl. z.B. die Formel: "von der Kunden- zur 3-K-Orientierung - Kunden, Konkurrenten, Kosten"). Darüber hinaus - und konkreteren Reparatur- und Ergänzungsarbeiten im Bereich der angebotenen Managementkonzeption vorgelagert bzw. übergeordnet - hat es vielmehr darum zu gehen, im Zuge einer deutlich intensivierten **Grundlagendiskussion** das gesamte Forschungskonzept ständig einer kritischen Überprüfung und ggf. Anpassung zu unterziehen.

Das hier anklingende Plädoyer für eine Intensivierung der Grundlagendiskussion innerhalb der Marketingwissenschaft ist durchaus vergleichbar mit der heute - auch von Marketingwissenschaftlern - vermehrt an die Adresse von Unternehmen gerichteten Forderung, im Zeichen grundlegender gesellschaftlicher und marktlicher Veränderungen nicht auf der Ebene oberflächlicher Verhaltensanpassungen stehen zu bleiben, sondern zunächst die Unternehmensphilosophie und insgesamt die Unternehmenskultur einer kritischen Überprüfung und ggf. Revision zu unterziehen, um auf diese Weise jeweils tragfähige Grundsteine für den Entwurf und die Realisierung erfolgversprechender Handlungsprogramme zu legen. - Wenn man so will, geht es im vorliegenden Zusammenhang um nichts anderes, als um die Durchleuchtung und zukunftsgerichtete **Anpassung von Philosophie und Kultur des "Unternehmens" Marketing-wissenschaft.**

Diese eingangs schon kurz bemühte Analogie zur Unternehmensphilosophie- und -kulturdiskussion läßt zugleich die Vermutung gerechtfertigt erscheinen, daß über kurz oder lang von einer Intensivierung der Grundlagenforschung nicht nur die faktische, sondern gerade auch die in der Praxis perzipierte Problemlösungsfähigkeit und mithin die **Glaubwürdigkeit der Marketingwissenschaft** abhängt: Man kann auf mittlere Sicht von der Praxis im Kontext der "Philosophie- und Kulturwelle" nur schwerlich ein höheres Maß an Grundlagenreflexion erwarten, wenn man nicht selbst mit gutem Beispiel vorangeht. Überdies spricht vieles dafür, daß die im Rahmen wissenschaftlicher Grundlagenforschung gesammelten Erfahrungen und Erkenntnisse zugleich eine Bereicherung für das bis heute meist sehr oberflächlich bearbeitete Themenfeld Unternehmensphilosophie und -kultur darstellen (1). Umgekehrt können die in diesem Themenfeld gewonnenen Erkenntnisse wiederum Anregungen für die Auseinander-setzung mit dem "Unternehmen" Betriebswirtschaftslehre im allgemeinen, der Marketingwissenschaft im besonderen geben (2).

Der Versuch, den Marketingansatz als ein wissenschaftliches Erkenntnisprogramm bzw. Forschungsprogramm oder -konzept zu skizzieren, stellt insofern ein außerordentlich schwieriges Problem dar, als es prima facie *das* Marketing-Forschungsprogramm nicht zu geben scheint. Bereits ein flüchtiger Blick in die Literatur genügt, um zu erkennen, daß die Marketingwissenschaft durch eine **Vielzahl sehr unterschiedlicher Ansätze bzw. Forschungskonzepte** geprägt ist, die mehr oder weniger **isoliert** nebeneinander stehen oder zumindest so **perzipiert** werden. Obwohl die verschiedenen Ansätze **gelegentlich** zum Gegenstand der Diskussion erhoben werden, liegt bis heute nicht einmal ein klares Bild darüber vor, welche Forschungsprogramme innerhalb der

Marketingwissenschaft kultiviert wurden. Folgende Klassifikationsbeispiele mögen dies verdeutlichen:

Nach Carman (1980, S. 3) sind es bspw. sechs "Paradigmen" (3) auf die innerhalb der Marketingwissenschaft häufig zurückgegriffen wird (vgl. auch Stauss, 1986, S. 64): der mikroökonomische Ansatz, der Beeinflussungs-/Einstellungswandel-Ansatz, der Konfliktlösungs-Ansatz, der allgemeine System-Ansatz, der funktionalistische Ansatz und der soziale Austausch-Ansatz. Arndt (1985) unterscheidet lediglich vier Paradigmen: logical empiricist paradigm, subjective world paradigm, sociopolitical paradigm und liberating paradigm. Im Gegensatz dazu werden etwa von Meffert (1989, S. 340 f.) folgende Ansätze angeführt: institutionenorientierter Ansatz, warenorientierter Ansatz, funktionenorientierter Ansatz, systemorientierter Ansatz, verhaltenswissenschaftlicher Ansatz, entscheidungsorientierter Ansatz und situativer Ansatz. Dieser im deutschsprachigen Raum gelegentlich anzutreffenden Einteilung werden z.T. weitere Ansätze zugeordnet, etwa legal approach, consumer approach, political economy approach, constituency approach, ganzheitlicher Marketingansatz, transaktionsanalytischer Ansatz, aktionsanalytischer Ansatz (4). Hinzu kommt schließlich noch die Unterscheidung in verschiedene Konzeptionen, wie z.B. Business Marketing, Non-Business Marketing, Social Marketing, Macro Marketing, Generic Concept of Marketing.

Weitgehend unklar bleibt freilich auch, in welcher **Beziehung** die verschiedenen Konzeptionen, Ansätze oder Approaches (die Begriffe werden teils synonym, teils mit differierendem Bedeutungsinhalt verwandt) **zueinander** stehen und welche **Beziehungen** schließlich **zur** Allgemeinen **Betriebswirtschaftslehre** bzw. **zu** verschiedenen **betriebswirtschaftlichen Grundkonzeptionen** bestehen. Letzteres insofern, als Marketing einerseits als betriebswirtschaftliche Teildisziplin (Absatzlehre), andererseits wiederum - hierauf hatten wir schon kurz hingewiesen - als Grundkonzept der Betriebswirtschaftslehre betrachtet wird, wobei Marketing entweder als eine spezielle Variante oder Modifikation des Entscheidungs- und/oder des Systemansatzes (5) oder auch als eigenständiges Grundkonzept (6) interpretiert wird. Gelegentlich fehlt der Bezug zur Betriebswirtschaftslehre völlig, was im anglo-amerikanischen Sprachraum nicht nur etwas mit der dort vorherrschenden Wissenschaftsstrukturierung zu tun hat, sondern gerade auch mit dem Versuch, Marketing als eine generelle menschliche und gesellschaftliche Kategorie herauszustellen (7). Im deutschsprachigen Raum sind es demgegenüber hauptsächlich einzelne Kritiker, die Marketing nicht mehr als der Betriebswirtschaftslehre zugehörig begreifen (vgl. Schneider, 1983). Lediglich Meffert (1989) stellt Marketing und Betriebswirtschaftslehre als zwei Disziplinen einander gegenüber (z.B. S. 339); allerdings wird Marketing hier gleichzeitig wiederum auch als eine betriebswirtschaftliche Teildisziplin bezeichnet (z.B. S. 344 f.).

Meffert gehört zugleich zu jenen Marketingvertretern, die unterschiedliche Ansätze des Marketing nicht als parallele Ausformungen eines Forschungsprogramms begreifen, sondern sehr viel mehr als einzelne Entwicklungsstufen, die einander weitgehend ablösen. Den "vorläufigen Schlußpunkt in der Entwicklung der Marketingdisziplin" sieht er dabei in der Hinwendung zu einem situativen Marketingansatz, der "die verschiedenen Theorieansätze zu kombinieren und kontextbezogen Ansatzpunkte für effiziente Marketing-Konzeptionen abzuleiten" versucht (Meffert, 1989, S. 341). Der Begriff "Marketing-Konzeptionen" steht hier nicht für marketingwissenschaftliche Forschungskonzepte, sondern für praxisbezogene Gestaltungsvorschläge, die ihren Höhepunkt in Konzepten eines strategischen Marketing gefunden haben und zugleich im Zentrum wissenschaftlicher Marketingforschung stehen. Marketing wird hier als ein managementorientierter Ansatz begriffen, der enge Bezüge zu der vorwiegend aus dem anglo-amerikanischen Raum stammenden allgemeinen Managementlehre aufweist. Die von Meffert konstatierte "Entwicklung des Marketing im Paradigmawechsel der Betriebswirtschaftslehre" ist in Abbildung 6 dargestellt. Auf einzelne der hier abgebildeten Sachverhalte werden wir später noch einmal zurückkommen.

Anmerkung zur Nomenklatur: Um Begriffsverwirrungen vorzubeugen, schlagen wir vor, im folgenden immer dann, wenn das oder ein spezifisches Forschungskonzept der Marketingwissenschaft angesprochen werden soll, nicht mehr den Begriff Marketingkonzeption oder -konzept zu verwenden, sondern von Marketing-Forschungkonzeptionen oder -konzepten zu sprechen.

Lediglich global sei an dieser Stelle darauf hingewiesen, daß wir den von Meffert vorgelegten Strukturierungsvorschlag nur zum Teil für zweckmäßig halten. Zum einen werden wichtige Marketing-Forschungskonzeptionen nicht berücksichtigt, und die Auslegung des Marketing als allein managementorientierter Ansatz greift u.E. viel zu kurz. Zum anderen stellen einzelne, in die "Frühphase des Marketing" eingeordnete Ansätze (z.B. der institutionenorientierte und der funktionenorientierte Ansatz) u.E. durchaus alternative Ausrichtungen wissenschaftlicher Marketingforschung dar, die mutatis mutandis nach wie vor Beachtung finden sollten.

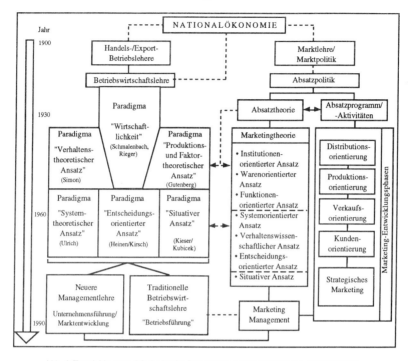

Abb. 6: Entwicklung des Marketing im Paradigmawechsel der Betriebswirtschaftslehre
(Quelle: Meffert, 1989, S. 340)

Daß die skizzierten Unklarheiten und Unzulänglichkeiten in naher Zukunft überwunden werden, steht kaum zu erwarten. Vor allem im deutschsprachigen Raum zeichnet sich gegenwärtig noch kein Trend hin zu einer entsprechenden Grundlagendiskussion ab. Im Gegenteil: Oftmals wird sogar eine noch erheblich stärkere Praxisorientierung wissenschaftlicher Marketing-Forschung angemahnt, die - im Sinne der eingangs bemühten Methapher des "Fischhändlers" - im wesentlichen allein auf die Generierung unmittelbar verwertbarer Gestaltungsvorschläge wertlegen und sich hierbei am empirisch-induktiven Forschungsansatz etwa der Harvard Business School orientieren soll (so Simon, 1986, S. 208). Interessant ist dabei, daß zumindest die anglo-amerikanische Marketinglehre - weniger jedoch die von Simon als Vorbild bemühte Harvard Business School - sich im deutlich stärkeren Maße mit Grundlagenfragen auseinandergesetzt hat als die deutschsprachige Marketinglehre. Immerhin wurden in den USA so etwa verschiedentlich Konferenzen von der American Marketing Association gesponsert, die sich speziell mit in diesem Feld anzusiedelnden Themen befaßt und zu einer ganzen Reihe wichtiger Veröffentlichungen geführt haben

(8). Lediglich in den letzten Jahren ist es etwas ruhiger um dieses Themenfeld geworden.

Sicher kann auf einige der gerade im anglo-amerikanischen Sprachraum entwickelten Vorschläge zur Rekonstruktion des Marketing-Forschungsprogramms zurückgegriffen werden (9). Allerdings wurde bislang auch dort noch kein Bezugsrahmen vorgelegt, innerhalb dessen Struktur und Inhalte der Marketingforschung ausreichend differenziert und umfassend herausgestellt werden und auf den insofern unmittelbar rekurriert werden könnte, um unsere Vorstellung einer gesellschaftsorientierten Marketing-Konzeption zu skizzieren. Selbst umfassend angelegte Arbeiten, wie z.B. jene von Arndt (1985), Carman (1980), Hunt et al. (10) und Leong (1985), decken jeweils nur Teilaspekte ab und eignen sich insofern eben nur zum Teil als Basis eines Rekonstruktionsversuchs.

Orientiert man sich angesichts des gegenwärtigen Standes der Grundlagenforschung im Marketing an anderen Beiträgen, die in einem grundlegenderen Sinne versuchen, unterschiedliche Forschungsprogramme der Betriebswirtschaftslehre herauszustellen, näher zu beschreiben und einer Bewertung zu unterziehen, so wird die Hoffnung, dort auf einen geeigneten Bezugsrahmen oder wenigstens auf ein tragfähiges Begriffssystem zu stoßen, ebenfalls enttäuscht. Selbst Schanz, der innerhalb seiner zahlreichen Arbeiten zur Analyse betriebswirtschaftlicher Ansätze (11) jeweils explizit auf allgemeine wissenschaftstheoretische Reflexionen zur Methodologie von Forschungsprogrammen rekurriert (12), vermag keine in jeglicher Hinsicht geeignete Rekonstruktionsgrundlage anzubieten. Dies keinesfalls deshalb, weil bei ihm das Marketing-Konzept als ein möglicher betriebswirtschaftlicher Forschungsansatz überhaupt nicht auftaucht (13). Vielmehr ist demgegenüber zu bemängeln, daß die sich allein auf einzelne Leitideen beziehende Rekonstruktion relevante Forschungskonzeptionen nur unvollständig und rudimentär abzugreifen und zu strukturieren vermag.

Insgesamt liegt also - und dies nicht nur innerhalb der Marketingwissenschaft - ein deutliches Defizit hinsichtlich der gedanklichen Erfassung betriebswirtschaftlicher Forschungskonzeptionen vor. Es käme nun freilich einer völligen Selbstüberschätzung gleich, die hier bestehenden Defizite im Rahmen dieser Arbeit ausgleichen zu wollen. Als Grundlage unseres **Rekonstruktionsversuchs** können wir lediglich von einem **einfachen Bezugsrahmen** ausgehen, der sich weitgehend an den vorhandenen, eben z.T. schon erwähnten Arbeiten anlehnt, allerdings hinsichtlich einiger Teilaspekte relevante Erweiterungen vorzusehen sucht.

Vor dem Hintergrund dieses Bezugsrahmens soll dann Marketing im Sinne eines wissenschaftlichen Forschungsprogramms rekonstruiert werden. Auch hierbei können wir nicht dem Anspruch hinsichtlich einer umfassenden Rekonstruktion gerecht werden. Es soll lediglich darum gehen, **einige zentrale Grundlinien des Marketing-ansatzes** nachzuzeichnen und deutlicher hervorzuheben, die diesen Ansatz als eine tragfähige und zudem bereits **in Richtung einer gesellschaftsorientierten Betriebswirtschaftslehre** weisende Alternative auszeichnen.

Inhaltlich orientiert sich unser Rekonstruktionsvorschlag insbesondere an den Vorstellungen zur Ausgestaltung des Marketing-Forschungskonzepts, wie sie von Raffée und seinen Schülern entwickelt wurden (14). Das hier kultivierte Marketingverständnis diente jüngst - wiewohl dies an einigen Stellen noch deutlicher hätte signalisiert werden können - etwa auch Fässler (1989) als Grundlage eines Rekonstruktionsversuchs. Das dort vorgelegte Konzept greift jedoch hinsichtlich einzelner Aspekte noch zu kurz und ermöglicht es insofern nicht, es bei unseren Bemühungen um eine Verdeutlichung des Marketing-Forschungskonzepts allein mit dem Hinweis auf dieses Werk bewenden zu lassen. Immerhin wurden aber von Fässler einige zentrale Bausteine des Marketingansatzes ausgearbeitet. Dies sowie die verschiedenen Arbeiten von Raffée et al. ermöglichen es, daß wir uns an einigen Stellen sehr knapp fassen und z.T. lediglich auf die einschlägige Literatur verweisen können.

3.1.2. Ein vereinfachter Bezugsrahmen zur gedanklichen Erfassung betriebswirtschaftlicher Forschungsprogramme und speziell des Marketingansatzes

3.1.2.1. Zur Auseinandersetzung mit Forschungsprogrammen in der Literatur - Grundbegriffe, Hintergründe und Probleme

Im Zentrum wissenschaftstheoretischer Reflexionen stehen nicht mehr allein einzelne Theorien oder Aussagenkategorien bzw. deren isolierte Beurteilung und Ausrichtung anhand entwickelter Anforderungskriterien. Schon seit einiger Zeit finden demgegenüber vielmehr umfassende **Wissenschafts-, Forschungs- oder Erkenntnisprogramme bzw. -konzepte oder -traditionen** als übergeordnete Beurteilungseinheiten Beachtung. In den unterschiedlichen Begriffen, die teils identische, teils aber auch differierende Sachverhalte kennzeichnen und von uns **vorläufig** noch als Synonyma verwendet werden, deutet sich bereits an, daß keinesfalls Einigkeit hinsichtlich der Erfassung des zur Diskussion stehenden Sachverhalts besteht. - Je nach wissenschaftstheoretischer "Schule" werden jeweils unterschiedliche Akzente gesetzt.

• **Unterschiedliche Interpretationen von Forschungsprogrammen in der wissenschaftstheoretischen Grundlagendiskussion**

Zwar gingen bereits von Popper (1979b) und insbesondere von Albert (1965, 1968), der die ökonomische Denktradition zu rekonstruieren versucht hat, wesentliche Impulse zur Auseinandersetzung mit wissenschaftlichen Forschungsprogrammen aus, den eigentlichen Anstoß gaben jedoch vor allem Kuhn (1962, 19??, 19??) und Lakatos (1970/1974). Kuhn und Lakatos können u.E. zugleich als profilierteste Vertreter zweier sehr unterschiedlicher Schulen in der Erfassung von Forschungsprogrammen betrachtet werden: Steht Kuhn für eine Schule, in der Forschungsprogramme sehr **weit** ausgelegt werden und durch die gewissermaßen die **gesamte Forschungs-"Kultur"** erfaßt werden soll, so kann Lakatos als Vertreter einer Richtung betrachtet werden, in der Forschungsprogramme sehr **eng** im Sinne von **Theoriesystemen oder -reihen** interpretiert werden. Hierzu einige Erläuterungen:

Kuhn legt bei seiner Betrachtung besonderen Wert darauf, daß im Zusammenhang mit der Erfassung und Beurteilung wissenschaftlicher Forschung jene zahlreichen psychologischen und soziologischen Aspekte Aufmerksamkeit finden, die wissenschaftliche Forschung prägen und nicht allein als einen Akt der Vernunft ausweisen (z.B. die Suche nach Theorien, deren Anwendung und gegebenenfalls Eliminierung): Nicht nur die "Logik der Forschung", sondern auch die "Psychologie des wissenschaftlichen Arbeitens" ist zur Diskussion zu stellen (Kuhn, 1974) (15). Entsprechend breit sind demnach auch die Vorstellungen hinsichtlich wissenschaftlicher Forschungsprogramme, die zunächst in dem etwas schillernden **Paradigma**-Begriff, später in dem präzisierten und erweiterten Begriff der **"disziplinären Matrix"** ihren Ausdruck fanden und letztlich darauf abzielen, die **gesamte Forschungskultur** zum Gegenstand der Reflexion zu erheben (16). Vor diesem Hintergrund wurde dann von Kuhn die Ablösung eines bestehenden Forschungsprogramms durch ein anderes als ein komplexer wissenschaftspsychologischer und -soziologischer Prozeß begriffen und entsprechend zu beschreiben versucht (17).

Das Konzept von Kuhn stieß im wissenschaftstheoretischen Lager auf erhebliche Kritik (vgl. Shapere, 1964 u. 1967; Lakatos/Musgrave, 1970/1974; Feyerabend, 1970; Suppe, 1974; Laudan, 1977; sowie den Überblick bei Anderson, 1983, S. 21 f.): Zum einen wurde bspw. das von ihm entwickelte Modell zur Beschreibung der Prozeßstruktur "wissenschaftlicher Revolutionen" in mehrfacher Hinsicht in Zweifel gezogen (Feyerabend, 1970; Bronfenbrenner, 1971; Kunin/Weaver, 1971; Laudan, 1977; Leahy, 1980); zum anderen stieß aber vor allem die Kennzeichnung wissenschaftlicher Forschung als ein von Subjektivismen, Irrationalitäten etc. durchdrungener Prozeß auf erheblichen Widerspruch (Shapere, 1964 u. 1967; Lakatos, 1970/1974). Letzteres bewog insbesondere Lakatos (1970/1974) dazu, ein differenzierteres Konzept des auf Popper zurückgehenden Falsifikationismus und anknüpfend daran eine umfassende Methodologie wissenschaftlicher Forschungsprogramme zu entwerfen.- War es doch gerade diese einfache, das unmittelbare Scheitern von Theorien an der Realität akzentuierende Popper-Variante des Falsifikationismus, die durch das Kuhn'sche, auf Subjektivismen, Irrationalitäten etc. abstellende Konzept in Zweifel gezogen wurde.

Lakatos betrachtet Forschungsprogramme als **Theoriensysteme oder "ganze Theorienreihen"** (vgl. auch Petri, 1977; Schanz, 1982, S. 38), die sich aus wesentlichen und weniger wesentlichen Bestandteilen zusammensetzen. "Die wesentlichen Bestandteile bezeichnet Lakatos als "harten Kern" bzw. als "positive" und "negative Heuristik". Gäbe man diese Bestandteile auf, so würde man das Forschungsprogramm selbst aufgeben. Weniger wesentliche, weil veränderbare oder ersetzbare Bestandteile eines Forschungsprogramms gehören zu dem, was Lakatos "Schutzgürtel" nennt. ... Der harte Kern enthält im allgemeinen eine umfassende erfahrungswissenschaftliche Theorie. Es ist aber auch möglich, daß der harte Kern ... "metaphysische" Theorien oder metatheoretische bzw. methodologische Prinzipien enthält, die als regulative Prinzipien fungieren und damit den Spielraum zulässiger Theoriebildung einschränken. Ihnen kommt eine heuristische Funktion zu, da sie einen ... Rahmen für die Entwicklung realwissenschaftlicher Theorien darstellen." (Fritz, 1984, S. 38 - 39; Fußnoten weggelassen, Hervorhebungen im Original). In einem, den von Lakatos herausgestellten harten Kernen durchaus vergleichbaren Sinne spricht Stegmüller in seinem "strukturalistischen Theoriekonzept" etwa vom **"logischen Strukturkern"** (18).

Während nun die von einem "harten Kern" bzw. "logischen Strukturkern" aus entwickelten "Netze" an Hypothesen, Theorien mittlerer Reichweite oder Spezialgesetzen (19) empirischer Kritik auszusetzen sind und an dieser unmittelbar scheitern können, läßt sich der harte Kern eines Forschungsprogramms selbst empirisch prinzipiell nicht widerlegen. Auf die Argumentation von Stegmüller (1979a u. b, 1980) abstellend, läßt sich dies mit Fritz (1984, S. 44) wie folgt begründen: "Es gibt unendlich viele Möglichkeiten, den logischen Strukturkern anzuwenden und zu einem Netz auszubauen, aber es können nur endlich viele Anwendungen und Ausbauversuche praktisch durchgeführt werden. Daher kann es nur endlich viele gescheiterte praktische Versuche geben, den logischen Strukturkern zu einem Netz zu erweitern. Da aber trotz dieser Fehlschläge prinzipiell immer noch ein mögliches Netz existieren könnte, das bisher nur unentdeckt geblieben ist, reicht keine noch so große Anzahl gescheiterter Anwendungsversuche aus, den logischen Strukturkern und mithin das Theoriensystem bzw. Forschungsprogramm insgesamt zu Fall zu bringen."

Damit sind einerseits vor allem junge Forschungsprogramme bzw. Theoriensysteme, die zur vollen Entfaltung ihrer Erklärungskraft noch einer gewisse "Schonzeit" bedürfen, vor einer voreiligen Widerlegung oder - wenn man so will - einem rigorosen Falsifikationismus geschützt (20). Andererseits besteht jedoch die Gefahr, daß einzelne Forschungsprogramme bzw. die in ihnen wirksamen Leitideen sowie besonders herausgestellte Basistheorien zu **Dogmen** erstarren, was den Erkenntnisfortschritt empfindlich zu beeinträchtigen vermag (21). Von hier läßt sich dann unmittelbar eine Brücke zur **Position des theoretischen Pluralismus** schlagen, bei der - u.a. gerade auch um solchen Dogmatisierungen vorzubeugen - für die Förderung einer aktiven Ideenkonkurrenz durch alternative Theorienkonzepte eingetreten wird. Auf diese Position werden wir noch verschiedentlich und dann etwas genauer eingehen.

Insbesondere im Blick auf das Konzept von Lakatos stellt Schanz (1982) völlig zu Recht fest, daß dieses angesichts der gegenwärtigen Situation der Betriebswirtschaftslehre (und vielleicht der Sozialwissenschaft insgesamt) **kaum wortgetreu anwendbar** ist: "Hier sind gewisse **Abwandlungen erforderlich**" (S. 38). Vor diesem Hintergrund kennzeichnet Schanz **Forschungsprogramme** zunächst ganz allgemein als "relativ **umfassende Problemkomplexe,** die neben einzelnen Hypothesen und Theorien auch methodologische Vorstellungen oder praktisch verwertbare Wissensbestandteile umfassen" (1990, S. 229) oder an anderen Stellen: als Akzentsetzungen hinsichtlich der zu beleuchtenden Problemkomplexe sowie der hierauf in spezifischer Weise abstellenden Entwicklung ganzer Theoriesysteme (vgl. 1977, 1982, 1988a, 1988b).

• **Ausgewählte Ansätze zur Kennzeichnung betriebswirtschaftlicher Forschungsprogramme**

Ins Zentrum sozialwissenschaftlicher und speziell betriebswirtschaftlicher Forschungsprogramme rückt Schanz (im Anschluß an Albert, 1978, S. 45; Bohnen, 1975, S. 4 ff.) jeweils spezifische **Leitideen,** die im Sinne von Forschungsheuristiken oder -direktiven eine Wegweiserfunktion übernehmen und in dieser Funktion als Ausformungen des von Lakatos in die Diskussion gebrachten **"harten Kerns"** von Forschungsprogrammen zu begreifen sind, bei dem es sich keineswegs immer um ausgefeilte, gut bewährte erfahrungswissenschaftliche Theorien handeln muß (22). Nach Schanz bilden die verschiedenen Leitideen **systemkonstituierende Grundgedanken**, die etwa konkret in Gestalt metaphysischer, theoretischer oder methodologischer bzw. metatheoretischer **Forschungsdirektiven** die Entwicklung neuer Theorien und Hypothesen anzuregen und zu steuern vermögen (Schanz, 1982, S. 38; vgl. auch Fritz, 1984, S. 37).

Da es uns an dieser Stelle nicht um die Methodologie, sondern allein um die Erfassung der Struktur betriebswirtschaftlicher Forschungsprogramme geht, wollen wir vorläufig die Frage noch offen lassen, inwieweit und in welcher Weise die in der wissenschaftstheoretischen Grundlagendiskussion heftig kritisierte Annahme eines nicht-falsifizierbaren "harten Kerns" in Lakatos' Methodologie für verschiedene Leitideen gelten soll (vgl. hierzu unsere Überlegungen zur Methodologie betriebswirtschaftlicher Forschungsprogramme in Abschnitt 3.1.3; einen knappen Überblick über die Kritik der Annahme eines nicht-falsifizierbaren "harten Kerns" bietet z.B. Fritz, 1984, S. 44 f.).

Während Schanz verschiedene Leitideen lediglich ins Zentrum wissenschaftlicher Forschungsprogramme stellt, werden Forschungsprogramme teilweise auch allein unter Rekurs auf solche Leitideen definiert - etwa als "grundlegende, rationale Heuristiken oder **Konzeptionen** wissenschaftlicher Problemlösungsaktivitäten" oder noch deutlicher: als "zu Leitideen verdichtete **Orientierungsrahmen** wissenschaftlichen Handelns" (Fritz, 1984, S. 37; mit Bezug auf Popper, 1979, S. 244; Albert, 1978, S. 45 ff.; Abel, 1983, S. 1) (vgl. ergänzend auch Ritzer, 1975, S. 157, der zwar nicht explizit auf den Begriff Leitideen rekurriert, aber Forschungsprogramme wie folgt kennzeichnet: "... fundamental image of the subject matter within a science. It serves to define what should be studied, what questions should be asked, and what rules should be followed in interpreting the answer obtained").

Obwohl Forschungsprogramme in der Tat **um einzelne Leitideen zentriert** sind bzw. sich solche Leitideen besonders gut eignen, um einzelne Forschungsprogramme zu charakterisieren und insofern auch bei unseren späteren Rekonstruktionsversuchen eine zentrale Rolle spielen, erscheint uns die erwähnte Sichtweise von Fritz und Ritzer dennoch etwas zu eng. Als **Bestandteile eines Forschungsprogramms** haben demgegenüber vielmehr auch bspw. die situations- bzw. problembezogenen Interpretationen und Konkretisierungen dieser Leitideen, die zur Erklärung einzelner Sachverhalte herangezogenen oder heranzuziehenden Basistheorien (allgemeine Gesetzmäßigkeiten), die im Kontext von Leitideen und Basistheorien entwickelten empirischen Annahmen sowie Theorien mittlerer Reichweite und nicht zuletzt die Menge intendierter Anwendungen bzw. die als wichtig erachteten Forschungsvorhaben zu gelten.

Freilich ist es letztlich eine Frage von Zweckmäßigkeitserwägungen, ob man die Begriffe Forschungskonzeption oder -programm lediglich auf den sich etwa aus verschiedenen Leitideen rekrutierenden "harten Kern" bezieht oder zugleich das gesamte, um diesen Kern gesponnene "Netz" einbezieht. Die **erweiterte Sicht** kommt u.e. allerdings deshalb eher der Entwicklung einer "Methodologie wissenschaftlicher Forschungsprogramme" entgegen, weil es dabei ja gerade auch um die Beziehungen zwischen dem "harten Kern" und dem diesen umgebenden "Netz" zu gehen hat.

Unabhängig von der Frage, ob sich der Begriff Forschungsprogramm allein auf den "harten Kern" an Leitideen beziehen oder zugleich auch das diesen Kern umgebende Netz einbeziehen soll, stellt die **Strukturierung des Netzes wissenschaftlicher Problemlösungsbemühungen** eine zentrale Aufgabe dar, will man Forschungsprogramme bzw. -konzeptionen adäquat erfassen und Anregungen zur inhaltlichen Ausgestaltung tragfähiger Leitideen-Systeme geben.

Bei Schanz und anderen Forschern liegen hierbei oftmals insofern deutliche Defizite vor, als zu einseitig auf die Entwicklung von Theorien abgestellt und damit nur hierauf ausgerichtete Leitideen (theoretische und metatheoretische bzw. methodologische Leitideen) diskutiert werden bzw. wurden. Damit wird nicht nur der besonderen Problematik der Theorienentwicklung innerhalb der Sozialwissenschaft im allgemeinen, der Betriebswirtschaftslehre im besonderen zu wenig Rechnung getragen. Es wird vielmehr insbesondere auch übersehen, daß es innerhalb der Betriebswirtschaftslehre einzelne Forschungskonzepte gibt, die die Konzentration auf wissenschaftliche Erklärungen aus verschiedenen Gründen zurückweisen und demgegenüber - das pragmatische Wissenschaftsziel besonders hervorhebend - für eine allein gestaltungsorientierte Ausrichtung der Betriebswirtschaftslehre plädieren (etwa Ulrich, 1984, S. 7). Will man solche Konzepte adäquat rekonstruieren, müssen Überlegungen zur Erfassung und Beurteilung unterschiedlicher Forschungskonzeptionen in der Tat breiter angelegt werden, als dies häufig der Fall ist und auch bei Schanz u.E. lange Zeit der Fall war.

Bei Schanz ist hier in jüngerer Zeit insofern ein gewisser Wandel festzustellen, als er in den einschlägigen Veröffentlichungen seit 1988 die praxisbezogene Gestaltungsrelevanz von Leitideen sehr viel stärker thematisiert und seine Vorstellung von einem verhaltenstheoretischen Programm der Betriebswirtschaftslehre explizit um gestaltungsbezogene Leitideen ergänzt hat (z.B. um die Idee der individuellen Verhaltenssteuerung und die Idee der individuellen Freiheitssicherung) (vgl. Schanz, 1988a, S. 79 ff.). Die nach unserem Kenntnisstand aktuellste Variante seines Leitideensystems einer verhaltenstheoretischen Betriebswirtschaftslehre ist in Abbildung

7 dargestellt. Einzelne der in Abbildung 7 aufgelisteten Leitideen werden im Rahmen unserer Argumentation noch eine Rolle spielen. Vorläufig dient diese Auflistung jedoch in erster Linie dazu, die allgemeine und noch sehr abstrakte Rede über Leitideen mit etwas Fleisch zu füllen.

Leitideen des verhaltenstheoretischen Programms der BWL nach Schanz

• **Die metaphysische Leitidee: Vom Glauben an Gesetzmäßigkeiten**
Überzeugung, daß sich hinter konkreten Erscheinungen bzw. deren Variabilität und Vielfältigkeit konstante Muster verbergen können. Trotz der bestehenden Unsicherheit wird diese Annahme im Blick auf den wissenschaftlichen Erkenntnisfortschritt als fruchtbar angenommen. Seinen Niederschlag findet dies in der Suche nach Gesetzesaussagen bzw. nomologischen Hypothesen, wobei vor allem auf allgemeine sozialwissenschaftliche Erkenntnisse zurückzugreifen ist, denn in der Betriebswirtschaftslehre geht es nicht um die Entdeckung oder -erfindung von Gesetzesaussagen, sondern um deren Anwendung zum Zweck von Erklärung und Gestaltung (kritisch dazu vgl. z.B. Fritz, 1984, S. 23).

• **Die methodische Leitidee: Individualismus als Analysemethode**
Der methodologische Individualismus gibt Auskunft darüber, wo wir innerhalb des sozialen (und damit auch des ökonomischen) Bereichs mit einiger Berechtigung Gesetzmäßigkeiten vermuten dürfen - beim individuellen Verhalten. Nicht kollektiven Verhaltensweisen oder gar dem "Verhalten" sozialer Systeme, sondern dem Verhalten von Einzelpersonen liegen, so die Annahme, abstrakte Prinzipien im Sinne der eben skizzierten Gesetzesidee zugrunde.

• **Die theoretische Leitidee: Vom Nutzenstreben der Menschen**
Bei der Nutzenidee wird angenommen, daß Individuen - nicht nur in der Welt der Arbeit und Konsums - ihren Nutzen zu mehren bzw. ihre Bedürfnisse zu befriedigen suchen, eine Orientierung, die in erkennbar enger Beziehung zur ökonomischen Tradition und deren Menschenbild steht. Es ist allerdings zu beachten, daß bei der inhaltlichen Präzisierung des Nutzenstrebens nicht auf die Ökonomie, sondern auf (sozial-)psychologische Bedürfnis- und Motivationstheorien zurückgegriffen wird.

• **Die praktische Leitidee: Verhaltenssteuerung durch institutionelle Arrangements**
Diese Idee verlangt im Sinne einer praktischen Leitidee, daß das Verhalten der Wirtschaftssubjekte (etwa Produzenten bzw. Organisationsteilnehmer und Konsumenten bzw. Marktteilnehmer) durch die verschiedensten institutionellen Arrangements (struktureller Art: Anreizsysteme, Verordnungen etc.) kanalisiert oder zumindest zu kanalisieren versucht wird. Die verhaltenssteuernde Wirkung derartiger Arrangements ergibt sich dabei aus dem Umstand, daß es sich um Gratifikationen positiver oder negativer Art handelt.

• **Die sozialphilosophische Leitidee: Spielräume für selbstbestimmte Entscheidungen**
  (Idee der Freiheitsicherung)
Bei dieser Idee kann es selbstverständlich nicht um totale Freiheit von jedweden institutionellen Zwängen gehen, sondern um die Implementierung von institutionellen Regelungen, die Spielräume für selbstbestimmte Entscheidungen eröffnen - eine Leitidee, die (gegenwärtig) weniger für Märkte, als vielmehr für Wirtschaftsorganisationen unmittelbar praktische Bedeutung hat.

Abb. 7: Leitideen des Programms einer verhaltenstheoretischen Betriebswirtschaftslehre nach Schanz
(1988a, 1988b und 1990) (Die Formulierungen wurden weitgehend wörtlich übernommen von Schanz, 1990, S. 230 f.)

Trotz der Erweiterung um eine "praktische" und eine "sozialphilosophische" Leitidee, greift u.E. der Ansatz von Schanz noch immer zu kurz. Dies u.a. deshalb, weil er u.a. die unterschiedlichsten Felder wissenschaftlicher Problemlösungsbemühungen zu wenig strukturiert und ausleuchtet, innerhalb derer es einerseits bereits forschungsbestimmende Leitideen zu rekonstruieren und für die es ggf. andererseits "neue" Leitideen zu entwerfen gilt. Überdies werden die Bezüge zwischen den verschiedenen Klassen von Leitideen nicht systematisch herausgearbeitet und berücksichtigt. Feldern und Ebenen Die Auflistung einzelner Leitideen entfaltet nur sehr bedingt eine heuristische Kraft in Richtung einer weiteren Ausdifferenzierung eines Leitideensystems

Etwas systematischer und differenzierter geht im zur Diskussion stehenden Zusammenhang demgegenüber Kirsch vor, der in einem ersten Schritt auf verschiedene Aussagensysteme bzw. Klassen wissenschaftlicher Systematisierungsversuche rekurriert, um die Grundstruktur betriebswirtschaftlicher Forschungskonzeptionen zu erhellen. Nach Kirsch (1984a, S. 17 f. u. S. 233) richten sich betriebswirtschaftliche "Forschungsbemühungen ...

(1) auf die Entdeckung und vor allem Explikation von Problemen;

(2) auf die Entwicklung und kritische Überprüfung von Theorien bzw. theoretischen Bezugsrahmen;

(3) auf die Entwicklung und Beurteilung von Technologien;

(4) auf die Interpretation und zum Teil auch Neuformulierung von Normensystemen (Gesetzen, Regelungen), d.h. auf die Entwicklung von (Rechts-)Dogmatiken; sowie

(5) auf die kritische Rekonstruktion und bisweilen auch auf die Neukonstruktion von Philosophien bzw. Ideologien."

Zwischen den verschiedenen Systematisierungen oder Aussagensystemen bestehen enge wechselseitige Beziehungen. Im Zentrum stehen dabei zunächst Problemexplikationen bzw. - anders formuliert - die Akzentsetzungen hinsichtlich der zu beleuchtenden Problemkomplexe, die im Kontext der theoretischen, technologischen und/oder dogmatischen Systematisierungen erfolgen. Die kritische Rekonstruktion oder ggf. auch Neukonstruktion von Philosophien bzw. Ideologien, die den gesamten Forschungsprozeß durchdringen und in einem, den zuvor erwähnten Leitideen durchaus vergleichbarem Sinne ausrichten, wird z.B. relevant, wenn man den Kontext einer wissenschaftlichen Systematisierung bzw. deren konstituierende Festsetzungen philosophischer Art ("stipulations" nach Israel, 1972) zu erweitern oder im Lichte von Alternativen zu verbessern versucht (vgl. Kirsch, 1984a, S. 233).

Sieht man einmal von den (Rechts-)Dogmatiken ab, die Kirsch (1984a, S. 216 - 225) aus rechtswissenschaftlichen Reflexionen übernommen und für die betriebswirtschaftliche Diskussion fruchtbar zu machen versucht hat, so ist die in Abbildung 8 noch einmal verdeutlichte Einteilung relevanter Aussagensysteme freilich nicht neu. Bemerkenswert ist indessen aber, daß die verschiedenen Aussagensysteme konsequent zum Gegenstand wissenschaftstheoretischer Betrachtungen erhoben werden und hierbei neben Kuhn und Lakatos auf zahlreiche weitere wissenschaftstheoretische Konzeptionen (etwa das Konzept der trilateralen Wissenschaft von Galtung) rekurriert wird, um eine im Vergleich zu anderen

Beiträgen betriebswirtschaftlicher Grundlagendiskussion deutlich ausgefeiltere - wenn man so will - "Methodologie betriebswirtschaftlicher Forschungsprogramme" anzudenken. Ein gewisser Nachteil besteht u.E. lediglich darin, daß die von Kirsch (1984a u. b) in seinem zweibändigen, mehr als 1100 Seiten umfassenden Werk entfalteten Überlegungen weit verstreut sind und nicht systematisch zu einem stringenten Konzept verdichtet werden. Hierin liegt allerdings nicht der Grund, warum wir im folgenden nicht unmittelbar auf die Konzeption von Kirsch zurückgreifen. Seinen Ursprung findet dies vielmehr darin, daß wir uns zum einen für unsere Zwecke mit einem einfacheren Bezugsrahmen zufrieden geben und zum anderen etwas andere Akzente als Kirsch setzen wollen. Allerdings tauchen die in Abbildung 8 skizzierten Aussagensysteme auch in unseren Überlegungen - wenn auch in einer etwas anderen Form - auf.

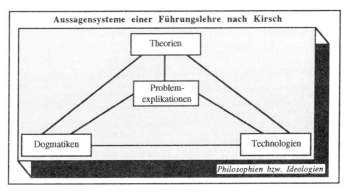

Abb. 8: Aussagensysteme einer Führungslehre (in Anlehnung an Kirsch, 1984a, S. 234)

3.1.2.2. Bausteine zur Erfassung von Forschungsprogrammen

Bei unserem Versuch, ausgehend von den erwähnten Konzepten einen Bezugsrahmen zur Kennzeichnung betriebswirtschaftlicher und speziell marketingwissenschaftlicher Forschungsprogramme zu entwerfen, legen wir zunächst besonderen Wert darauf, daß eine weite Sichtweise Beachtung findet, wie sie etwa gerade von Kuhn in die Diskussion eingebracht wurde. Zielt man vor diesem Hintergrund auf die Erfassung der gesamten **"Forschungskultur"** ab, so erscheint es zweckmäßig, in einem ersten Schritt **drei Ebenen wissenschaftlicher "Forschungssysteme"** zu unterscheiden und solche Forschungssysteme jeweils in einen allgemeinen gesellschaftlichen Kontext zu stellen. Die drei Ebenen wissenschaftlicher Forschungssysteme sind:

1. **die Ebene der "Forschungsphilosophie",**
2. **die Ebene wissenschaftlicher Aussagensysteme,**
3. **die Ebene der wissenschaftspsychologischen, -soziologischen und institutionellen Rahmenbedingungen.**

Die verschiedenen Ebenen sowie die zwischen ihnen bestehenden Beziehungen werden im folgenden zunächst knapp skizziert. In diesem Kontext ist auch im Blick auf die Verwendung der Begriffe Forschungssystem sowie Forschungskonzepte, -programme und -traditionen eine geeignete Sprachregelung zu treffen. Der eben erst eingeführte Begriff "Forschungs<u>system</u>" wird dabei als Oberbegriff herausgestellt, der den weitest möglichen Rahmen einer gedanklichen Erfassung wissenschaftlicher Forschung absteckt. Im Anschluß an die Darstellung der drei Ebenen eines Forschungssystems soll dann auf der Ebene wissenschaftlicher Aussagensysteme ein Strukturierungsvorschlag unterbreitet werden, der den Grundstein für eine differenzierte Erfassung von Forschungspogrammen und speziell von relevanten Leitideen legt.

3.1.2.2.1. Unterschiedliche Ebenen wissenschaftlicher Forschungssysteme als Grundlage für die Erfassung von Forschungsprogrammen

• **Die Ebene wissenschaftlicher Aussagensysteme**

Auch bei einer weiten Sichtweise stellt freilich die Ebene wissenschaftlicher Aussagensysteme das zentrale Element des gesamten Forschungssystems dar. In den Mittelpunkt dieser Ebene stellen wir in dem zuvor skizzierten Sinne unterschiedliche **Leitideen,** die

- einerseits als zentrale Orientierungsrichtung den gesamten Forschungsprozeß steuern, inhaltlich oder methodisch ausrichten,

- andererseits aber auch umgekehrt die im Rahmen des gesamten Forschungsprozesses gewonnenen Erkenntnisse, Erfahrungen etc. in komprimierter Form wiedergeben bzw. im Sinne einer Rekonstruktion jeweils auf eine plastische Formel bringen.

Leitideen haben mithin sowohl eine **Steuerungs- oder Wegweiserfunktion** als auch - dies wird zumeist übersehen - eine **Rekonstruktionsfunktion** (23) bzw. eine "**Sammel- und Komprimierungsfunktion**". Damit stehen der harte Kern und das ihn umgebende Netz in einer engen Wechselbeziehung. Dies allerdings nicht oder zumindest nicht allein im Sinne einer rationalen Steuerung einerseits, einer rationalen Rekonstruktion andererseits. Von entscheidender Bedeutung sind hier vielmehr jene Prozesse, die auf einer anderen Ebene ablaufen, die wir vorläufig - in Ermangelung eines vielleicht treffenderen Begriffes - als "Ebene der Forschungsphilosophie" bezeichnen wollen.

• **Die Ebene der Forschungsphilosophie**

Die **Forschungsphilosophie** ist wesentlich geprägt durch den allgemeinen gesellschaftlichen Kontext und die in diesem Kontext definierten wissenschaftlichen Problemlösungsaufgaben, die Erfahrungen der Forscher, und zwar sowohl im persönlichen als auch fachlichen Bereich. Die Forschungsphilosophie bildet zum einen die gedankliche Basis der Formulierung von Leitideen; zum anderen ist sie jeweils als **intervenierende Variable** zwischen der Formulierung von Leitideen und deren Anwendung im konkreten Forschungsprozeß et vice versa zu begreifen. Ein intervenierender Einfluß wäre lediglich dann nicht gegeben, wenn
- die gesamte Forschungsphilosophie vollständig und eindeutig in Gestalt von Leitideen formuliert ist und konsequent beachtet oder - wenn so will - "gelebt" wird,
- alle im konkreten Forschungsprozeß gesammelten Erfahrungen und Erkenntnisse jeweils unmittelbar und vollständig in die Weiterentwicklung des Leitideensystems einfließen.

Dieser Fall erscheint indessen in mehrerer Hinsicht unwahrscheinlich. Allein schon die Tatsache, daß die Forschungsphilosophie im hohen Maße gerade auch **nicht formulierbares Wissen** enthält (24), gelegentlich vielleicht gar nicht ausreichend reflektiert wird, steht dem entgegen.

Im vorliegenden Zusammenhang erweist sich u.E. der zuvor schon erwähnte Brückenschlag zur Unternehmensphilosophie- und -kulturdiskussion durchaus als fruchtbar: Leitideen stellen formulierte Grundsätze des jeweiligen Wissenschaftsunternehmens dar, die die gesamte "Unternehmensphilosphie" nur unzureichend einfangen, eventuell sogar von der Realität forscherischen Handelns überholt wurden und mithin hinterherhinken. Letzteres läßt sich teilweise innerhalb der Marketingwissenschaft insofern beobachten, als einerseits noch häufig ein - wenn auch im Vergleich zu der klassischen Variante vielleicht erweitertes - Marktparadigma beschworen, diesem andererseits aber beim Entwurf konkreter Aussagensysteme überhaupt nicht mehr gefolgt wird bzw. umgekehrt: das Marktparadigma einerseits verworfen, andererseits ihm aber nach wie vor gefolgt wird. Nicht zu vernachlässigen ist schließlich der nicht selten auftretende Fall, daß eine Orientierung an den Forschungsdirektiven des Kritischen Rationalismus herausgestellt wird, die konkrete Forschungsarbeit hiervon aber - ob nun zu Recht oder zu Unrecht - weit entfernt ist.

Auf der Ebene der Forschungsphilosophie - dies deutete sich eben schon an - sind als ein zentrales Element die von Kuhn in die Diskussion gebrachten Paradigmen anzusiedeln. Freilich ist der Kuhn´sche **Paradigma**begriff außerordentlich schillernd (Masterman (1970) konnte so etwa nicht weniger als 21 verschiedene Bedeutungen dieses Begriffes bei Kuhn nachweisen) und hat nicht zuletzt auch deshalb hitzige Debatten ausgelöst (25). Im wirtschaftswissenschaftlichen Lager war es insbesondere Schneider (1983b), der sich kritisch mit der Konzeption von Kuhn auseinandergesetzt und die Verwendung des Paradigmabegriffes im Zusammenhang mit der Erfassung betriebswirtschaftlicher Forschungkonzeptionen abgelehnt hat. Dennoch - und obwohl einige der von Schneider (1983b) vorgetragenen Einwände u.E. durchaus einleuchten - wollen wir in unseren Bezugsrahmen den Paradigmabegriff einführen. Paradigma soll dabei zunächst allerdings nur ganz allgemein für grundlegende Weltbilder oder -sichten stehen, die das Fühlen, Denken und Handeln prägen. Solche Weltbilder können sich auf unterschiedliche Sachverhalte (Sicht der Gesellschaft, Sicht der Institution Markt etc.) und nicht zuletzt auch auf eine bestimmte Sichtweise des Menschen (Menschenbilder) beziehen.

Ob und ggf. inwieweit Paradigmen im Kuhn´schen Sinne bspw. eine bestimmte Forschungsgemeinschaft konstituieren, ist eine nachgelagerte Frage. Unstrittig sollte jedenfalls sein, daß es auch in "Wissenschaftsunternehmen" so etwas wie "geteilte Selbstverständlichkeiten" gibt, die sich gerade auf Weltbilder oder -sichten beziehen. In diesem Zusammenhang wird dann auch die dritte Ebene des von uns angedachten Forschungssystems relevant, die wir als Ebene der wissenschaftspsychologischen, -soziologischen und institutionellen Rahmenbedingungen bezeichnen wollen.

- **Die Ebene der wissenschaftspsychologischen, -soziologischen und institutionellen Rahmenbedingungen**

Von der Art und Weise, wie wissenschaftspsychologische, -soziologische und institutionelle Rahmenbedingungen konkret ausgestaltet sind, ergeben sich erhebliche Einflüsse auf die Aussagenebene sowie gerade auch auf die Ebene der Forschungsphilosophie (vgl. z.B. Arndt, 1985, S. 19, der im Blick auf die amerikanische Marketingwissenschaft den Konformitätsdruck in Richtung einer Orientierung am "logical empiricist paradigm" beschreibt und u.a. Dissertations- sowie Veröffentlichungsriten als relevante Konformitätsmechanismen herausstellt). Umgekehrt können z.B. sich im Lichte des gesellschaftlichen Wandels herausbildende neue Forschungsphilosophien aber auch zur Veränderung bestehender Rahmenbedingungen führen.

Wird etwa - um nur letzteres kurz zu verdeutlichen - im Kontext gesellschaftlicher Krisen erkannt, daß die einseitige, gesellschaftliche Belange vernachlässigende wissenschaftliche Unterstützung der unternehmerischen Praxis überwunden werden muß, so bietet es sich u.a. an,

- entsprechende wissenschaftliche Anreizsysteme zu implementieren (z.B. Veranstaltung von wissenschaftlichen Tagungen oder Schaffung neuer Publikationsorgane, die übergeordnete Themen in den Mittelpunkt rücken, Gründung von Stiftungen und Vergabe von Forschungspreisen, die die Auseinandersetzung mit den gesellschaftlichen Folgen unternehmerischen Handelns oder mit Managementproblemen der nicht-kommerziellen Praxis fördern),
- parallel zur bestehenden Struktur der Lehrstuhlorganisation neue Lehrstühle einzurichten, die sich per definitionem etwa mit Fragen der Wirtschaftsethik, des Marketing von umwelt- und verbraucherpolitischen Institutionen oder mit speziellen Themen im Schnittfeld von Gesellschafts-theorie, Volks- und Betriebswirtschaftslehre auseinanderzusetzen haben.

Daß sich im zuletzt genannten Fall nicht nur innerhalb der neu geschaffenen Forschungsorganisationen neue Forschungsphilosophien herauskristallisieren werden, sondern dies auch Auswirkungen auf die Forschungsphilsophie in anderen Bereichen hat, kann wiederum durch unterschiedliche Maßnahmen gefördert werden. Zu denken ist bspw. daran, Forschungsförderung allein für Projekte zu gewähren, bei denen entsprechende Themen durch "gemischte Teams" bearbeitet werden.

Selbstverständlich müssen auf der Ebene wissenschaftspsychologischer, -soziologischer und institutioneller Rahmenbedingungen - wie auch auf den beiden anderen Ebenen eines Forschungssystems - zahlreiche weitere Aspekte Beachtung finden. Für unsere Zwecke reichen jedoch die knapp gehaltenen Hinweise aus, um eine erste Vorstellung hinsichtlich einer umfassend angelegten Erfassung wissenschaftlicher Forschungs-programme bzw. deren Einbindung in ein komplexes Forschungssystem zu vermitteln.

Zwar wollen wir im folgenden den Marketingansatz nicht auf allen drei Ebenen im Sinne einer gesellschaftsorientierten Betriebswirtschaftslehre rekonstruieren, wir beschränken uns hierbei im wesentlichen auf die Aussagenebene. Der in Abbildung 9 noch einmal angedeutete **Bezugsrahmen zur Erfassung von Forschungssystemen** bildet jedoch für uns insofern einen wichtigen gedanklichen Hintergrund, als er es ermöglicht, im Zuge einer Rekonstruktion des Marketingansatzes auf der Aussagenebene immer wieder entsprechende Querverweise auf relevante Sachverhalte auf den beiden anderen Ebenen einzublenden. Überdies ist dieser Bezugsrahmen gelegentlich für das Verständnis einzelner Kategorien auf der Aussagenebene zweckdienlich.

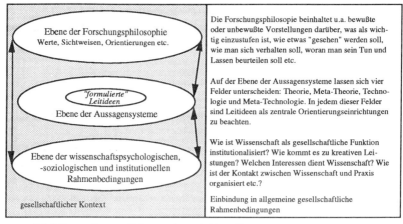

Ebene der Forschungsphilosophie
Werte, Sichtweisen, Orientierungen etc.

"formulierte" *Leitideen*
Ebene der Aussagensysteme

Ebene der wissenschaftspsychologischen, -soziologischen und institutionellen Rahmenbedingungen

gesellschaftlicher Kontext

Die Forschungsphilosopie beinhaltet u.a. bewußte oder unbewußte Vorstellungen darüber, was als wichtig einzustufen ist, wie etwas "gesehen" werden soll, wie man sich verhalten soll, woran man sein Tun und Lassen beurteilen soll etc.

Auf der Ebene der Aussagensysteme lassen sich vier Felder unterscheiden: Theorie, Meta-Theorie, Technologie und Meta-Technologie. In jedem dieser Felder sind Leitideen als zentrale Orientierungseinrichtungen zu beachten.

Wie ist Wissenschaft als gesellschaftliche Funktion institutionalisiert? Wie kommt es zu kreativen Leistungen? Welchen Interessen dient Wissenschaft? Wie ist der Kontakt zwischen Wissenschaft und Praxis organisiert etc.?

Einbindung in allgemeine gesellschaftliche Rahmenbedingungen

Abb. 9: Bezugsrahmen zur Erfassung wissenschaftlicher Forschungssysteme

Bevor wir uns nun der Strukturierung wissenschaftlicher Aussagensysteme zuwenden, erscheint es zweckmäßig, für die Verwendung der Begriffe Forschungssysteme sowie Wissenschafts-, Erkenntnis- oder Forschungsprogramme bzw. -konzepte oder -traditionen eine geeignete Sprachregelung zu treffen. Wir orientieren uns im weiteren Verlauf der Arbeit an folgender **Sprachregelung**:

Der Terminus "Forschungs<u>system</u>" steht für den gesamten Betrieb wissenschaftlicher Forschung und alle dabei relevanten Strukturen und Prozesse. Die Begriffe Forschungskonzept und -programm kennzeichnen die jeweils spezifische Ausgestaltung eines Forschungssystems, wie es in Abbildung 9 in seiner Grundstruktur skizziert wurde. Zu unterscheiden wäre hierbei sicherlich die konkrete und die beabsichtigte Ausgestaltung des gesamten Forschungssystems. Dem könnte etwa dadurch Rechnung getragen werden, daß man z.B. den Terminus Forschungskonzept für die bereits konkret realisierte, den des Forschungsprogramms für die künftig beabsichtigte bzw. bislang lediglich eingeforderte Ausgestaltung verwendet. Um uns nicht zu sehr von der gegenwärtig dominierenden Sprachregelung zu entfernen, verzichten wir aber auf diese Differenzierung. Immerhin bietet es sich allerdings an, den Terminus Forschungstradition zur Kennzeichnung jeweils schon realisierter Ausgestaltungen von Forschungssystemen heranzuziehen.

Im Blick auf Forschungskonzepte oder -programme unterscheiden wir jeweils eine enge und eine weite Fassung. Während die weite Fassung alle drei Ebenen des skizzierten Forschungssystems umfaßt, bezieht sich die enge Fassung allein auf die Aussagenebene. Forschungsprogramme im engeren Sinne können sich dabei u.a. auch dadurch voneinander unterscheiden, inwieweit auf der Aussagenebene mehr oder weniger konkrete Vorstellungen hinsichtlich des gesamten Forschungssystems oder lediglich zu einzelnen Teilbereichen gemacht werden. Voll elaboriert wären solche Forschungsprogramme etwa dann, wenn im Sektor meta-theoretischer Aussagen nicht nur Leitideen zur Ausrichtung des Forschungsprozesses an z.B. den üblichen wissenschaftstheoretischen Kriterien festgelegt werden, sondern auch solche, die bspw. auf eine zweckmäßige Gestaltung der wissenschaftspsychologischen, -soziologischen sowie institutionellen Rahmenbedingungen hinwirken. Angesichts unserer Zielsetzung stellen wir im folgenden vor allem auf die engere Fassung ab. Sollte demgegenüber die weite Begriffsfassung relevant sein, wird dies entsprechend kenntlich gemacht (Forschungsprogramme i.w.S.).

Aus Gründen der Vereinfachung werden die Begriffe Forschungs- und Erkenntnisprogramm synonym verwendet. Lediglich der Begriff Wissenschaftskonzept oder -programm, soll davon abgehoben werden, indem er für übergreifende Forschungssysteme reserviert wird. Nach dieser Terminologie würde man von dem Wissenschaftsprogramm oder -konzept der Betriebswirtschaftslehre sprechen, das durch unterschiedliche Forschungskonzepte oder -programme charakterisiert ist, die dann etwa als "Grundkonzepte" bezeichnet werden, wenn sie den Anspruch erheben, im Wettbewerb mit anderen Konzeptionen eine zweckmäßige Alternative zur Ausrichtung des Forschungssystems der Betriebswirtschaftslehre anzubieten.

3.1.2.2.2. Strukturierung der Aussagenebene wissenschaftlicher Forschungssysteme als Grundlage einer differenzierten Kennzeichnung von Forschungsprogrammen

Versucht man nun, auf der Aussagenebene betriebswirtschaftliche Forschungsprogramme zu strukturieren und bezieht sich hierbei zunächst allein auf solche Konzepte, die die Betriebswirtschaftslehre trotz unterschiedlicher Akzentsetzungen in erster Linie im Sinne einer Managementlehre ausgestaltet wissen wollen (26), so bietet es sich u.E. an, **vier Forschungs- bzw. Programmfelder** zu unterscheiden: **Theorie und Meta-Theorie, Technologie und Meta-Technologie.**

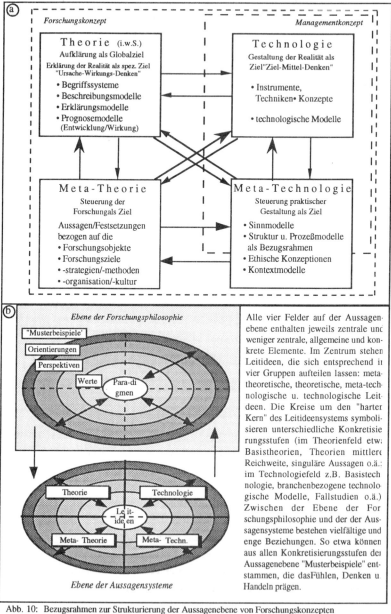

(a)

Forschungskonzept | Managementkonzept

Theorie (i.w.S.)
Aufklärung als Globalziel
Erklärung der Realität als spez. Ziel
"Ursache-Wirkungs-Denken"
• Begriffssysteme
• Beschreibungsmodelle
• Erklärungsmodelle
• Prognosemodelle
(Entwicklung/Wirkung)

Technologie
Gestaltung der Realität als
Ziel"Ziel-Mittel-Denken"
• Instrumente,
Techniken• Konzepte
• technologische Modelle

Meta-Theorie
Steuerung der
Forschungals Ziel
Aussagen/Festsetzungen
bezogen auf die
• Forschungsobjekte
• Forschungsziele
• -strategien/-methoden
• -organisation/-kultur

Meta-Technologie
Steuerung praktischer
Gestaltung als Ziel
• Sinnmodelle
• Struktur u. Prozeßmodelle
als Bezugsrahmen
• Ethische Konzeptionen
• Kontextmodelle

(b)

Ebene der Forschungsphilosophie

"Musterbeispiele'
Orientierungen
Perspektiven
Werte Para-di
gmen

Theorie Technologie
Leit-
ide en
Meta- Theorie Meta- Techn.

Ebene der Aussagensysteme

Alle vier Felder auf der Aussagenebene enthalten jeweils zentrale und
weniger zentrale, allgemeine und konkrete Elemente. Im Zentrum stehen
Leitideen, die sich entsprechend in
vier Gruppen aufteilen lassen: meta-
theoretische, theoretische, meta-technologische u. technologische Leitdeen. Die Kreise um den "harten
Kern" des Leitideensystems symboli-
sieren unterschiedliche Konkretisierungsstufen (im Theorienfeld etwa
Basistheorien, Theorien mittlerer
Reichweite, singuläre Aussagen o.ä.;
im Technologiefeld z.B. Basistech-
nologie, branchenbezogene technologische Modelle, Fallstudien o.ä.)
Zwischen der Ebene der Forschungsphilosophie und der der Aussagensysteme bestehen vielfältige und
enge Beziehungen. So etwa können
aus allen Konkretisierungsstufen der
Aussagenebene "Musterbeispiele" ent-
stammen, die dasFühlen, Denken u.
Handeln prägen.

Abb. 10: Bezugsrahmen zur Strukturierung der Aussagenebene von Forschungskonzepten
(Anmerkung: Die Ebene der Forschungsphilosophie wurde lediglich zur Veranschaulichung
eines speziellen Aspekts in die Darstellung aufgenommen, sie ist deshalb dunkel unterlegt.)

Während die Unterscheidung in meta-theoretische, theoretische und technologische Aussagensysteme keinesfalls neu ist, wird der Begriff "Meta-Technologie" neu eingeführt und muß insofern später noch etwas ausführlicher erläutert bzw. mit Inhalt gefüllt werden. Unser Vorschlag zur Strukturierung wissenschaftlicher Aussagensysteme wird insgesamt in Abbildung 10 vorgestellt und soll nunmehr in einzelnen Schritten kurz verdeutlicht werden.

• **Das Programmfeld der meta-theoretischen Aussagen**

Von zentraler Bedeutung ist zunächst das **Programmfeld der meta-theoretischen Aussagen**, in dem es um die Formulierung von Vorstellungen zur Ausrichtung und Steuerung des gesamten Forschungsprozesses sowie der gesamten Forschungsstruktur geht. Im einzelnen sind es vor allem Festlegungen mit Bezug auf (27)

- die Ein- oder Abgrenzung des **Forschungsobjekts** sowie Akzentsetzungen hinsichtlich der zu beleuchtenden Problemkomplexe bzw. der **Problemexplikation**,

- die **Forschungsziele**: z.B. Erklärung und/oder Gestaltung, Grundlagen- und/oder unmittelbar praxisorientierte "Echtzeitforschung" als grundlegende Problembereiche der Zielsetzung,

- die **Forschungsstrategien sowie -methoden** im Entdeckungs- und Begründungszusammenhang und vor dem Hintergrund spezifischer Verwertungsinteressen (28): etwa Orientierung an den methodologischen Vorstellungen unterschiedlicher wissenschaftstheoretischer Positionen im Kontext der Beschreibung, Erklärung, Prognose sowie Gestaltung der Realität (in welcher Weise in solche Positionen gerade auch unterschiedliche Paradigmen einfließen, geht aus Abb. A1 im Anhang hervor),

- die **Forschungsorganisation oder generell -kultur**: z.B. Art und Ausmaß einer Kooperation mit Vertretern anderer Disziplinen sowie unterschiedlicher Sektoren der Praxis, Art und Weise der Publikation von Erkenntnissen (29).

Die verschiedenen Festlegungen finden ihre Ausprägung jeweils auf unterschiedlichen **Konkretisierungs- und Verbindlichkeitsstufen**. Auf der einen Seite mag es sich bspw. lediglich um Diskussionen und Absprachen handeln, in denen sehr global und vorläufig einzelne Forschungsheuristiken formuliert werden; auf der anderen Seite liegen u.U. bewährte, ggf. wissenschaftstheoretisch fundierte Leitideen vor, die ausgehend von globalen Kernprinzipien (z.B. Idee der deduktiv-nomologischen Erklärung) stringent bis hin zu einzelnen Forschungsaktivitäten (etwa im Sektor der Datenerhebung, der Präsentation und Interpretation empirischer Untersuchungsergebnisse) in sehr konkrete Direktiven umgesetzt werden.

Im Blick auf die verschiedenen **meta-theoretischen** Festsetzungen oder - in ihrer grundlegenden Ausformung - **Leitideen** muß innerhalb eines bestimmten Forschungsprogramms keinesfalls Einigkeit bestehen. Greifen wir exemplarisch das Marketing-Konzept heraus, so ist nicht nur auf eine ganze Reihe meta-theoretischer Diskurse hinzuweisen (vgl. etwa bezüglich der Abgrenzung des Objektbereiches die schon kurz erwähnte Broadening-Diskussion oder mit Bezug auf die Orientierung an methodologischen Leitvorstellungen die zusammenfassende Darstellung bei Leong, 1985). Darüber hinaus ist es vielmehr geradezu als ein zentrales **Kennzeichen des Marketing-Konzepts** zu werten, daß - wie in den einleitenden Bemerkungen zu diesem Kapitel schon illustriert wurde - eine **Vielzahl sehr unterschiedlicher Konzepte**, Ansätze, Approaches etc. kultiviert werden und mithin innerhalb des Programms selbst ein meta-theoretischer Pluralismus praktiziert wird.

Dieser **"intrakonzeptionelle meta-theoretische Pluralismus"** unterscheidet das Marketing-Konzept von zahlreichen anderen Grundkonzepten, die z.B. im Blick auf die Problemexplikation und die Forschungsziele eher monistisch angelegt sind (vgl. etwa das verhaltenstheoretische Programm von Schanz). Da **meta-theoretische Leitideen** zumeist zugleich **konstitutiv für betriebswirtschaftliche Grundkonzepte** sind, wird das Marketing durch eben diesen "intrakonzeptionellen meta-theoretischen Pluralismus" so schwer faßbar. Wir werden der Frage nach den **"konstitutiven Leitideen"** oder anders formuliert: **"forschungsprogrammatischen Ausgangsideen"** des Marketing-Konzepts später ebenso noch im einzelnen nachzugehen haben, wie der Frage einer Einordnung der verschiedenen "Varianten des Marketing-Konzepts" unter ein gemeinsames Dach (zu den verschiedenen Varianten des Marketing-Konzepts vgl. Abschnitt 3.1.1.). An dieser Stelle sind lediglich zwei Aspekte festzuhalten:

1. Innerhalb einzelner Forschungsprogramme können mehrere "Unterprogramme" oder Forschungsprogramme zweiter oder noch tieferliegender Ordnung kultiviert sein (z.B. Business-Marketing, Nonbusiness-Marketing als Forschungsprogramme zweiter Ordnung und institutional approach, functional approach als Forschungsprogramme dritter Ordnung des Marketing-Forschungskonzepts).

2. Meta-theoretische Leitideen sind zumeist konstitutiv für unterschiedliche betriebswirtschaftliche Forschungsprogramme und nehmen mithin die Position forschungsprogrammatischer Ausgangsideen ein.

Welche Gruppe von meta-theoretischen Leitideen im Einzelfall die **Position forschungsprogrammatischer Ausgangsideen** einnehmen, variiert mitunter je nach Ansatz. Herrman (1976, 1979a, 1979b) unterscheidet in diesem Kontext im Blick auf die Psychologie zwei Arten von Forschungsprogrammen: Zum einen "Domain-Programme", die von spezifischen Problemexplikationen ausgehen und dann hinsichtlich möglicher Problemlösungen bzw. Problemlösungsmittel (Theorien, Methoden) offen sind; zum anderen "quasi-paradigmatische Forschungsprogramme", die demgegenüber von spezifischen Problemlösungsmitteln ausgehen und diese dann auf die unterschiedlichsten Problemsituationen anwenden bzw. nach entsprechenden Anwendungsbereichen suchen. Abgesehen davon, daß die Verwendung des Paradigmabegriffes nicht mit unserer korrespondiert und zudem nicht zweckmäßig ist (30), eignet sich diese Unterscheidung deshalb nur bedingt zur Kennzeichnung betriebswirtschaftlicher Konzepte, weil hier zumeist keine eindeutige Zuordnung in die beiden Klassen erfolgen kann (so auch Herrmann, 1976, S. 37). Ein zweckmäßigerer Ansatz ergibt sich u.E., wenn man explizit auf die verschiedenen **Gruppen meta-theoretischer Leitideen** abstellt und konkret untersucht, welchen Leitideen jeweils eine konstitutive Bedeutung beigemessen wird. So betrachtet ist es bei dem von Heinen eingeführten Entscheidungsansatz vor allem die eine spezifische Problemexplikation ins Zentrum stellende Idee der "Konzentration auf Entscheidungen", beim situativen Ansatz (31) insbesondere die methodologisch ausgerichtete Idee der situativen Relativierung, die u.E. in erster Linie konstitutiv für den betreffenden Ansatz ist (vgl. hierzu sowie ergänzend Abb. 11).

Forschungsprogrammatische Ausgangsideen ausgewählter Ansätze				
ausgewählter Ansatz / *Bezugspunkt*	Entscheidungsansatz nach Heinen	Systemansatz nach H. Ulrich	situativer Ansatz	Ansatz der ökologischen BWL
Forschungsobjekt Problemexplikation	Konzentration auf Entscheidungen	Systemdenken und Konzentration auf Steuerungs- bzw. Führungsprobleme		ökologie-orientiertes Wirtschaften
Forschungsziele	Praxisrelevanz/ Erklärung und Gestaltung	Praxisrelevanz/ nur Gestaltung	Praxisrelevanz/ Erklärung und z.T. Gestaltung	Verbesserung der ökologischen Situation
Forschungsstrategie und -methode	u.a.: verhaltens-wissenschaftliche Fundierung	u.a.: Fundierung durch naturwiss. Erkenntnisse	Postulat der situativen Relativierung	
Forschungsorganisation oder generell -kultur				

☐ zentrale forschungsprogrammatische Ausgangsidee	▨ weniger wichtig bzw. keine Aussage
▨ ebenfalls zentral, aber nicht unmittelbar konstitutiv	☞ Einstufung nach eigener Einschätzung!

Abb. 11: Forschungsprogrammatische Ausgangsideen ausgewählter betriebswirtschaftlicher Ansätze

Bereits die vereinfachte Unterscheidung verschiedener Aussagenbereiche innerhalb der Meta-Theorie läßt deutlich werden, daß etwa die auf Albert (1968, 1974) zurückgehende Einteilung in methodologische und theoretische Leitprinzipien zu undifferenziert ist. Neben den methodologischen Leitideen, die grundlegende Heuristiken oder Direktiven im Hinblick auf die Forschungsstrategie und -methode darstellen, dürfen etwa im Feld der Meta-Theorie andere Leitideen keinesfalls übersehen werden. Selbstverständlich berücksichtigen Albert und andere Anhänger kritisch rationaler Rekonstruktion (z.b. Bohnen, 1975) jeweils unterschiedliche Forschungsziele, diese werden aber in der Regel nicht als **regulative Leitideen** akzentuiert. Immerhin rekurriert allerdings z.b. Schanz (1982) bei seiner Rekonstruktion betriebswirtschaftlicher Forschungsprogramme explizit auf die z.t. sehr unterschiedlichen Akzente hinsichtlich der wissenschaftlichen Zielsetzung, aus denen zugleich erhebliche Konsequenzen für die Ausrichtung der Aussagensysteme in den anderen Feldern eines Forschungsprogramms resultieren.

Von zentraler Bedeutung sind zunächst jene Konsequenzen, die sich aus den jeweils herausgestellten **Forschungszielen** - allerdings nicht unabhängig von den zugleich verfolgten methodologischen Leitlinien, sondern im Konzert mit diesen - für die **Wechselbeziehung zwischen den Feldern Theorie und Technologie** ergeben. Verfolgt man etwa allein das Ziel der Entwicklung praxisrelevanter Gestaltungs-empfehlungen (kurz: Gestaltungsziel) und lehnt z.b. die methodologischen Ideale des Kritischen Rationalismus ab (32), so erschöpft sich das **Programmfeld der Theorie** im wesentlichen in Begriffssystemen und Beschreibungsmodellen. Werden dem-gegenüber bei gleicher Zielsetzung die methodologischen Ideale des Kritischen Rationalismus nicht abgelehnt, so führt dies bspw. dazu, daß die Entwicklung theoretischer Modelle allein instrumentell angelegt ist oder konkret nur solche theoretischen Modelle zu entwickeln versucht werden, die sich im Sinne einer technologischen Transformation unmittelbar zur Verwirklichung des anvisierten Gestaltungsziels eignen. Kennzeichnend ist dies etwa gerade für den klassischen Ansatz des Marketing-Management, in dem aufgrund einseitig auf die Unterstützung von Unternehmen ausgerichteter Verwertungsinteressen im nennenswerten Umfang zwar Theorien zur Erklärung des Nachfrager-, nicht aber des Anbieterverhaltens entwickelt wurden.

Neben dem **regulativen Einfluß**, der von unterschiedlichen Akzentsetzungen bei den Forschungszielen ausgeht, muß vor allem jener besondere Aufmerksamkeit finden, der auf spezifische Leitvorstellungen hinsichtlich der **Betrachtung und Abgrenzung des Forschungsobjekts** und sich daraus ergebender Muster der Problemexplikation zurückgeht. Vereinfacht betrachtet handelt es sich insbesondere um drei unterschiedliche

Dimensionen, die im vorliegenden Zusammenhang zu beachten sind:

1. die Frage nach der **institutionellen Bestimmung des Gegenstandsbereiches** betriebswirtschaftlicher Forschung (soll sich bspw. eine betriebswirtschaftliche Managementlehre allein auf Unternehmen oder auch auf private Haushalte beziehen?) (vgl. hierzu im einzelnen Schweitzer, 1982; knapp Raffée, 1984, S. 5 f.);

2. die Frage nach der **analytischen Einengung des Gegenstandsbereichs** oder deren Ablehnung (Erkenntnis- vs. Erfahrungsobjektorientierung), wie sie traditionell im Rahmen der betriebswirtschaftlichen Grundlagendiskussion eine zentrale Rolle spielt (33),

3. die Frage nach der **inhaltlichen Perspektive**, unter der jeweils der definierte Gegenstandsbereich ausgeleuchtet werden soll.

Die verschiedenen Dimensionen einer Definition des Gegenstandsbereichs betriebswirtschaftlicher Forschung sind in Abbildung 12 noch einmal dargestellt.

Dimensionen der Definition des Gegenstandsbereichs betriebswirtschaftlicher Forschung

Perspektive / Erkenntnis- oder Erfahrungsobjektorientierung	Inhaltliche Perspektive, unter der der Gegenstandsbereich ausgeleuchtet werden soll (= paradigmatische Sichtweise des Forschungsobjekts)				
	Belohungsperspektive	Tauschperspektive	Entscheidungsperspekt.	Systemperspektive	---
Abgrenzung eines spezifisch ökonomischen Erkenntnisobjekts (= ökonomisches Basiskonzept)	Einkommensorientierung (Schneider 1981)				---
Definition eines interdisziplinär offenen Objektbereichs im Sinne einer Erfahrungsobjektorientierung (=sozialwissenschaftliches Basiskonzept)	Gratifikationsorientierung Schanz (1977)				

Institutionelle Bestimmung des Gegenstandsbereichs (z.B. Unternehmen, private Haushalte etc.)

Abb. 12: Dimensionen der Definition des Gegenstandsbereiches betriebswirtschaftlicher Forschung

In der Wahl einer bestimmten inhaltlichen Perspektive, unter der der Gegenstandsbereich ausgeleuchtet werden soll, kommt zugleich eine spezifische "Weltsicht" zum Ausdruck. Vor diesem Hintergrund wäre es - entgegen der zuvor erwähnten Nomenklatur von Herrmann und anknüpfend an unsere Auslegung des Paradigmabegriffs - eher dann gerechtfertigt, von "quasi-paradigmatischen" Forschungsprogrammen zu sprechen, wenn solche Perspektiven oder "Weltsichten" bzw. die durch sie geprägten Problemexplikationen in besonderer Weise konstitutiv für ein Forschungsprogramm sind. Dies ist u.E. etwa im Blick auf den Entscheidungs- oder Systemansatz der Fall, da sich die Konzentration auf Entscheidungen oder das Systemdenken und die hiermit verknüpfte Konzentration auf Steuerungsprobleme jeweils als **"paradigmatische Sichtweisen"** der auszuleuchtenden Realität wirtschaftlichen oder generell sozialen Handelns interpretieren lassen, die mehr oder weniger deutlich als meta-theoretische Leitideen formuliert sind. Aber auch der Evolutionsansatz oder - wie noch im einzelnen zu verdeutlichen ist - der Marketingansatz wären in diesem Sinne als paradigmatische oder - der Terminologie von Herrmann folgend - als "quasi-paradigmatische" Forschungsprogramme einzugruppieren.

• **Die Programmfelder "Theorie" und "Technologie"**

Die beiden Programmfelder "Theorie" und "Technologie" wurden zuvor bereits kurz angesprochen und sollen hier nicht so ausführlich beschrieben und erläutert werden, wie das Feld der Meta-Theorie. Im Blick auf das **Programmfeld "Theorie"** ist zunächst vor allem festzuhalten, daß wir von einem weiten Theoriebegriff ausgehen (zur engen und weiten Auslegung des Theoriebegriffs vgl. etwa Schanz, 1975, S. 41 f.).Weit insofern, als wir uns eben nicht allein auf deduktiv-nomologische Aussagensysteme konzentrieren, sondern auch Begriffssysteme, Beschreibungs- und Prognosemodelle einbeziehen. Überdies wird der Begriff "Erklärungsmodelle" zumindest an dieser Stelle **noch nicht** in dem von Abel (1979a) im Anschluß an Bunge (1967, 1969, 1973) definierten Sinne verwendet, wonach es sich bei einem Erklärungsmodell um ein System aus nomologischen Hypothesen und situative Faktoren erfassenden Beschreibungs-modellen handelt. Dabei wird nämlich bereits von einer spezifischen methodologischen Grundvorstellung ausgegangen, die nicht in allen betriebswirtschaftlichen Forschungs-programmen kultiviert ist. Zunächst sollen deshalb mit diesem Begriff des Erklärungs-modells alle denkbaren Versuche eingefangen werden, reale Sachverhalte zu erklären, also etwa auch solche nach dem Deutungsschema der Erklärung.

Während die verschiedenen Erklärungsversuche (aber auch Beschreibungs- und Prognoseversuche) **formal** durch jeweils unterschiedliche meta-theoretische und speziell methodologische Leitideen gesteuert werden, finden sie ihre **inhaltliche** Ausrichtung durch die schon kurz erwähnten **theoretischen Leitideen** (34). Solche theoretischen

Leitideen stellen ebenfalls zentrale **Elemente des harten Kerns** eines Forschungsprogramms dar. Dies u.a. deshalb, weil sie die Suche nach erklärungsrelevanten Faktoren und/oder die Auswahl jener Theorien (i.e.S.) steuern, die im Rahmen von Erklärungsversuchen herangezogen werden. Ausgehend von der zuvor im Kontext des verhaltenstheoretischen Programms von Schanz angeführten theoretischen Leitidee, die das Nutzenstreben des Menschen besonders auszeichnet (Nutzenidee), liegt es bei einer entsprechenden sozialwissenschaftlichen Öffnung der Betriebswirtschaftslehre z.B. nahe, insbesondere auf (sozial-)psychologische Bedürfnis- und Motivationstheorien zu rekurrieren (vgl. nochmals Abb. 8).

Leitideen stehen auch im **Programmfeld "Technologie"** im Zentrum (35). Sie bringen entweder jene Erfahrungen zum Ausdruck, die in der Praxis im Rahmen konkreter Gestaltungsprozesse gesammelt, dort als erfolgsstimulierende Grundsätze formuliert und/oder etwa im Rahmen empirischer Erfolgsfaktorenforschung identifiziert wurden oder gehen auf eine technologische Transformation allgemeiner theoretischer Erkenntnisse zurück (letzteres ist später am Beispiel des Marketingansatzes zu verdeutlichen). In beiden Fällen wollen wir von **technologischen Leitideen** sprechen, wobei Leitideen der ersten Gruppe gelegentlich auch als praktische Leitideen, jene der zweiten Gruppe als technologische Leitideen im engeren Sinne bezeichnet werden sollen. Zur Illustration sei an dieser Stelle schon kurz darauf hingewiesen, daß die im Marketingansatz besonders herausgestellte Leitidee der Kunden- oder allgemein Bedürfnisorientierung zunächst im wesentlichen eine von Praktikern formulierte Management-Philosophie darstellte, die erst später theoretisch rekonstruiert wurde (vgl. im einzelnen Abschnitt 3.2.4.2.2.).

Technologische Leitideen sollen zum einen den gesamten Forschungsprozeß der Entwicklung von Gestaltungsvorschlägen zum Einsatz von Instrumenten, Techniken, Konzepten der Unternehmensführung oder - unmittelbar problemorientiert - zur Bewältigung relevanter Herausforderungen inhaltlich ausrichten. Sie stellen zum anderen aber auch zentrale Elemente jener **Managementtechnologie** dar, die der Praxis als Mittel eigenständiger Problemlösungen an die Hand gegeben wird. Am Beispiel der Marketingtechnologie werden in Abbildung 13 zentrale Bausteine einer solchen Managementtechnologie skizziert.

Abb. 13: Bausteine der Marketingtechnologie

Als **technologische Modelle** seien im vorliegenden Zusammenhang jeweils Versuche gekennzeichnet, einzelne Bausteine einer solchen Managementtechnologie mit mehr oder weniger konkreten und unmittelbar auf spezifische Problemsituationen der Praxis abstellenden Gestaltungsvorschlägen auszufüllen. Zu denken ist etwa an globale, branchen- oder unternehmenspezifische Vorschläge zur Ausgestaltung betrieblicher Planungskonzepte, effizienter Organisationsstrukturen, einzelner Strategieprogramme (z.B. Internationalisierung, Diversifikation, Marktsegmentierung) etc.

Selbst in jenen Forschungskonzepten, in denen der Erklärung, eventuell sogar einer deduktiv-nomologischer Erklärung ein hoher Stellenwert beigemessen wird, handelt es sich bei technologischen Modellen doch nur relativ selten um konsequente technologische Transformationen theoretischer Modelle. Gelegentlich erschöpfen sie sich auch nur in mehr oder weniger anschaulichen Beschreibungen dessen, was vermeintlich erfolgreiche Unternehmen in spezifischen Problemsituationen zur Bewältigung von Herausforderungen unternommen haben. Zwar erscheint dies durchaus zweckmäßig, um einerseits der Praxis in Ermangelung entsprechend theoretisch fundierter Erkenntnisse wenigstens erste Gestaltungsvorschläge vermitteln zu können und parallel dazu andererseits Zeit zu gewinnen, um stufenweise zu tragfähigen Verallgemeinerungen und Fundierungen zu gelangen. Mitunter drängt sich jedoch der Verdacht auf, daß es sich weniger um das Vorgehen innerhalb einer bestimmten Entwicklungsstufe der Forschung handelt, sondern die Position eines "unkritischen Wissenschaftsjournalismus" zum harten Kern methodologischer Leitideen avanciert ist und mithin die Forschung grundsätzlich auf der Stufe einer Aufarbeitung von Fallstudien stehen bleibt (vgl. z.B. Dyllick 1989).

• **Das Programmfeld der Meta-Technologie**

Zentralen Bestandteil unterschiedlicher managementzentrierter Forschungsprogramme bilden mehr oder weniger umfassende, elaborierte oder integrierte Bezugsrahmenkonzepte oder Struktur- und/oder Prozeßmodelle der Unternehmensführung in toto oder mit Bezug auf einzelne Teilbereiche bzw. Aufgabenfelder derselben. Derartige Bezugsrahmenkonzepte oder Modelle, auf die wir uns bereits im zweiten Kapitel der Arbeit immer wieder bezogen haben (vgl. z.B. Abb. 3und 5) und die insofern an dieser Stelle nicht weiter erläutert werden müssen, dienen zum einen als gedanklicher Hintergrund zur Entwicklung von Gestaltungsvorschlägen zum Einsatz der Managementtechnologie oder einzelner Elemente dieser Technologie. Zum anderen sind sie aber auch unmittelbar als praxisrelevante Problemlösungshilfen zu begreifen: Enthält die Managementtechnologie lediglich einzelne Bausteine, so geht es hier gewissermaßen um Baupläne, die aufzeigen, wie die verschiedenen Bausteine aufeinanderzusetzen und miteinander zu einem tragfähigen Denk- und Arbeitsgebäude zu verbinden sind. Wir halten daher den Begriff **"Meta-Technologie"** für zweckmäßig.

Die erwähnten Bezugsrahmenkonzepte, Struktur- und/oder Prozeßmodelle der Unternehmensführung sind allerdings lediglich in den "äußeren Kreisen" des Netzes der Meta-Technologie anzusiedeln (vgl. hierzu nochmals die Darstellung unseres Bezugsrahmens zur Strukturierung der Aussagenebene von Forschungskonzepten in Abb. 10). Am äußersten Rand haben wir es mit branchen- oder sogar unternehmensspezifischen Konzepten oder Modellen zu tun. In der nächsten Stufe sind es dann etwa "Standardversionen" der Unternehmensführung, die entweder bereits tragfähige Verallgemeinerungen unternehmens- oder branchenspezischer Konzepte oder zunächst lediglich erste Entwürfe darstellen, die es branchen- oder unternehmensspezifisch zu präzisieren gilt, um erst dann zu tragfähigen Verallgemeinerungen vorstoßen zu können.

Ins Zentrum der Meta-Technologie sind wiederum grundlegende Leitideen zu rücken, die den Entwurf allgemeiner Bezugsrahmenkonzepte sowie konkreterer Struktur- und Prozeßmodelle der Unternehmensführung im Rahmen der wissenschaftlichen Forschung inhaltlich ausrichten, zugleich aber auch der Praxis unmittelbar als Elemente einer tragfähigen Unternehmensphilosophie anzuempfehlen sind. Bei solchen **"meta-technologischen Leitideen"** spielen allgemeine **Sinnprinzipien** sowie **ethische Prinzipien** eine zentrale Rolle. So bilden etwa grundlegende Leitvorstellungen der Diskurs-Ethik den gedanklichen Ausgangspunkt und Hintergrund des Entwurfs "dialogethischer Führungskonzepte", wie wir sie zuvor im Kontext der zusammenfassenden Darstellung der Kritik am Marketingansatz schon kurz erwähnt hatten (vgl. Abschnitt 2.2.3.).

In dem von Kirsch (1990a) propagierten Sinnmodell der "fortschrittsfähigen Organisation" taucht - um ein weiteres Beispiel anzuführen - als zentrales Prinzip die **Idee der Bedürfnisorientierung** auf: **Sinn und Zweck** einer Organisation werden hier darin gesehen, "einen Fortschritt in der Befriedigung von Bedürfnissen und Interessen der von der Organisation und ihrem Handeln Betroffenen zu erreichen" (Kirsch/Trux, 1981, S. 381). Von der Interpretation als "**Sinnprinzip**" ist die zuvor schon kurz erwähnte rein **instrumentelle Auslegung** der Idee der Bedürfnisorientierung zu unterscheiden. - Gerade im Marketing-Managementkonzept wurde und wird die Idee der Bedürfnisbefriedigung bislang in erster Linie allein als **technologische Leitidee** interpretiert, die schlicht dazu aufruft, die Bedürfnisse der Marktpartner konsequent zu analysieren, um z.b. das eigene Angebot so zu gestalten, daß es akzeptiert wird und im Sinne der unternehmerischen Zielsetzung erfolgreich ist. Bedürfnisorientierung ist hier nicht oberster Sinn und Zweck, sondern ein Mittel, um jeweils anderen übergeordneten Zwecken gerecht zu werden. Als Sinnmodell fungiert dabei im traditionellen Marketingsansatz hauptsächlich das "Zielmodell", bei dem die Organisation in allererster Linie als Instrument zur Verwirklichung der Unternehmensziele und speziell etwa des Gewinnziels betrachtet wird (vgl. im einzelnen zu den verschiedenen Sinnmodellen z.B. Kirsch/Trux, 1981, S. 381; Hinder, 1986, S. 167 - 171).

Als ein spezielles **Sinnprinzip**, das sich als eine mögliche Konkretisierung der Idee der Bedürfnisorientierung begreifen läßt, können wir bspw. die von Schanz (1990, S. 231) erst jüngst in sein Leitideensystem einer verhaltenstheoretischen Betriebswirtschaftslehre aufgenommene "sozialphilosophische Leitidee" der **Freiheitssicherung** betrachten (vgl. nochmals Abb. 7). Diese meta-technologische Leitidee geht - wenn wir es richtig sehen - im Sinne einer forschungsprogrammatischen Ausrichtung der Betriebs-wirtschaftslehre auf den ethisch-normativen Ansatz von Nicklisch (1920) zurück bzw. läßt sich als Ausdruck eines dort akzentuierten Paradigmas identifizieren. Nicklisch (1920, S. 34 ff.) hat nämlich als Ausgangspunkt seines Programms ein spezifisches **Menschenbild** entworfen, wonach das Individuum als geistiges Wesen mit den Grundbedürfnissen nach Erhaltung, Gestaltung und Freiheit gesehen wird. Im Anschluß daran wurden von Nicklisch - gewissermaßen als technologische Leitideen - "Organisationsgesetze" entwickelt, die den Gesetzen entsprechen sollen, "nach denen die menschlichen Organismen leben" (1920, S. 66).

Sinnprinzipien und ethische Leitlinien bilden eine wesentliche **Grundlage für** die konkrete Ausarbeitung unterschiedlicher **Modellvorstellungen hinsichtlich der Beziehungen zwischen Unternehmung und Gesellschaft** oder lassen sich zumindest als zentrale Elemente solcher Modellvorstellungen hervorheben. Auf einzelne der hier im Rahmen betriebswirtschaftlicher Forschungsprogramme diskutierten oder auch nur implizit zugrundegelegten Modelle (Marktmodell, Treuhändermodell etc.) hatten wir schon in Abschnitt 1.2.3. hingewiesen. Bei diesen z.B. von Weitzig (1979) ausführlich herausgearbeiteten Modellen handelt es sich um **normative Modelle**, die nicht nur einen ganz entscheidenden Einfluß auf den Entwurf allgemeiner Bezugsrahmenkonzepte der Unternehmensführung und vor diesem Hintergrund dann entwickelter Gestaltungsvorschläge ausüben. Darüber hinaus werden vielmehr auch die forschungsleitenden Problemexplikationen und als Folge davon dann letzlich die Art und Weise, wie an die Erklärung wirtschaftlicher Zusammenhänge herangegangen wird, in erheblichem Maße beeinflußt. Oftmals werden solche normativen Modelle nicht nur unzureichend oder überhaupt nicht expliziert, sondern sind einzelnen Forschern vielleicht nicht einmal bewußt. Sie stellen dann aber dennoch als spezifische **Paradigmen** immerhin wichtige Elemente der Forschungsphilosophie dar, die den gesamten Forschungsprozeß prägen und inhaltlich ausrichten.

Sinnprinzipien, ethische Leitlinien und umfassendere Sinnmodelle sowie spezielle Modelle zu den Beziehungen zwischen Unternehmung und Gesellschaft sollten nicht nur dem Forscher als gedanklicher Hintergrund dienen, um Bezugsrahmenkonzepte, Struktur- und Prozeßmodelle der Unternehmensführung zu entwickeln, die dann zusammen mit einer spezifischen Managementtechnologie der Praxis als Problemlösungshilfe angeboten werden. Sie stellen vielmehr wichtige Elemente einer voll elaborierten **Management- bzw. Führungskonzeption** dar, die es - gerade nach dem Motto: "nicht einzelne Fische verkaufen, sondern Netze anbieten, die die Praxis selbst zum Fischfang befähigen" - in die Praxis zu transferieren gilt, etwa als Basis für die Formulierung gesellschaftsorientierter Unternehmensphilosophien.

Darüber hinaus gibt es aber auch Elemente der Meta-Technologie, die nicht unmittelbar praxisbezogenen Managementkonzepten zuzuordnen sind. Hierzu zählen etwa grundlegende Reflexionen zum Entwurf einer umfassenden **Wirtschaftsethik**, die nicht unmittelbar in Vorschläge hinsichtlich einer Unternehmensethik einmünden, sondern zur **Entwicklung allgemeiner Gestaltungsvorschläge** bezüglich einer neuen **Wirtschafts- und Gesellschaftsordnung** und geeigneten **rechtlichen Rahmenbedingungen** etc. führen. Wir fassen derartige Gestaltungsvorschläge allgemein unter dem Begriff **"Kontextmodelle"** zusammen. Sicher mag man sich nun darüber streiten, ob und ggf. inwieweit es sich bei solchen Kontextmodellen noch um Bestandteile betriebswirtschaftlicher Forschungsprogramme handelt bzw. handeln sollte. Allerdings spricht bereits das Engagement einiger Betriebswirte im Rahmen betriebswirtschaftlich relevanter Gesetzgebungsfragen dafür, dieses Feld nicht von

vornherein auszublenden. Überdies liegen gerade im Marketingbereich zahlreiche Unter-
bzw. Teil-Forschungsprogramme vor, die sich mit der Erarbeitung von Kontextmodellen
beschäftigen. Hierzu später mehr (vgl. Abschnitt 3.2.5.).

• **Zur forschungsprogrammatischen Bedeutung der Leitideen aus den
einzelnen Programmfeldern**

Vor dem Hintergrund der nunmehr grob skizzierten Felder des Aussagensystems
wissenschaftlicher Forschungsprogramme bleibt noch darauf hinzuweisen, daß jeweils
**Leitideen aus allen Programmfeldern konstitutiv für ein betriebs-
wirtschaftliches Forschungskonzept sein können.** Es ist also weitgehend
subjektiven Basiswerturteilen überlassen, welche Leitideen jeweils als **konstitutive
Leitideen** bzw. als **forschungsprogrammatische Ausgangsideen** herausgestellt
werden und mithin den tatsächlich **harten** Kern des Forschungsprogramms bilden, der -
würde er aufgegeben - unmittelbar zur Aufgabe des gesamten Forschungsprogramms
führen würde.

Gerade bei noch relativ jungen Forschungsprogrammen muß dabei noch keinesfalls
immer Einigkeit darüber bestehen, welche Leitideen dem harten Kern und welche eher
dem Netz zuzuordnen sind bzw. als weiche Elemente der Forschungskerns zu betrachten
sind. Dies ist in besonderer Weise charakteristisch für den Marketingansatz. Zumindest
die deutschsprachige Marketing-**Forschungsgemeinschaft** konstituiert sich noch
wesentlich allein dadurch, daß die Unterstützung der Praxis im Sinne einer
Managementlehre als Ziel verfolgt und insbesondere die Idee der Kundenorientierung als
zentrale technologische Leitidee herausgestellt wird. Hinsichtlich aller anderen Aspekte -
und selbst hinsichtlich der Auslegung dessen, was unter Kundenorientierung letztlich
konkret zu verstehen ist - handelt es sich eher um eine **lose gekoppelte
Forschungsgemeinschaft**, in der ohnehin zumeist nur Teilfragen beleuchtet und
hierbei recht unterschiedliche Forschungsprogramme entwickelt werden. Diese
unterschiedlichen Forschungsprogramme unter ein gemeinsames Dach zu stellen, also
lediglich als Teil- oder Unterprogramme zu begreifen und einen spezifischen harten Kern
als konstitutiv herauszustellen, stellt einen Rekonstruktionsversuch dar, der einerseits
zwar ein subjektives Basiswerturteil verkörpert, andererseits aber doch auch durch
verschiedene Forschungsarbeiten gestützt wird, auf die wir bei diesem Versuch
zurückgreifen können. Bevor wir uns nun einer Rekonstruktion des Marketingansatzes
zuwenden, noch einige Bemerkungen zur "Methodologie" wissenschaftlicher
Forschungsprogramme.

3.1.3. Anmerkungen zur "Methodologie" betriebswirtschaftlicher und speziell marketingwissenschaftlicher Forschungsprogramme

Im Zentrum wissenschaftstheoretischer Auseinandersetzungen steht freilich nicht der Versuch, Forschungsprogramme detailliert zu beschreiben. Es sind demgegenüber vielmehr Fragen nach deren Beurteilung und Entwicklung über die Zeit. Letzteres steht im Mittelpunkt der Kuhn´schen evolutionsgeschichtlichen Überlegungen zur Erfassung der "Struktur wissenschaftlicher Revolutionen", bei der alte Forschungsprogramme durch neue ersetzt werden oder jeweils - wenn man so will - ein Paradigmawechsel stattfindet. Die Ablösung alter Forschungsprogramme durch neue steht auch im Zentrum kritisch rational inspirierter Arbeiten zur Methodologie wissenschaftlicher Forschungsprogramme, obwohl es hier gelegentlich sehr viel mehr darum geht, voreilige Ablösungen (im Sinne eines rigorosen Falsifikationismus) zu vermeiden und/oder zu begründen, warum häufig mehrere Forschungsprogramme nebeneinander bestehen bzw. warum dies als außerordentlich zweckmäßig einzustufen ist (vgl. Abschnitt 3.1.2.1.).

Im folgenden soll nun allerdings nicht der Stand wissenschaftstheoretischer Diskussionen zur Beantwortung dieser Fragen oder dessen Spiegelung in der betriebswirtschaftlichen Grundlagenreflexion aufgearbeitet und für unsere Problemstellung fruchtbar zu machen versucht werden. Es geht vielmehr allein darum, einige Überlegungen einzublenden, die sich auf die **Frage nach der Anpassung von Forschungsprogrammen** im Lichte aktueller Herausforderungen beziehen und gleichzeitig die **Frage nach dem Verhältnis zwischen unterschiedlichen Forschungsprogrammen** berühren. In diesem Zusammenhang sollen zugleich einige kritische Bemerkungen zur Forschungskultur der Marketingwissenschaft gemacht werden.

- **Die Anpassung an neue Entwicklungen als grundlegende Herausforderung an die Methodologie wissenschaftlicher Forschungsprogramme**

Trotz der in unterschiedlichen Varianten ausgearbeiteten Auffassung, daß es Forschungsprogramme vor übereilten Falsifikationen zu schützen gilt bzw. eine Falsifikation ganzer Forschungsprogramme schwerlich möglich ist (vgl. hierzu insbesondere die Konzeption von Lakatos, 1970/1974, sowie die zuvor im Anschluß an Fritz, 1984, skizzierte strukturalistische Theoriekonzeption von Stegmüller, 1979a, 1979b, 1980)), steht die **Notwendigkeit einer ständigen Anpassung wissenschaftlicher Forschungsprogramme an neue Problemsituationen** wohl außer Frage. Sicher können auch Forschungsprogramme, die nicht allein als "Theoriereihen", sondern indem von uns definierten weiten Sinne ausgelegt werden, in gewisser Weise einer Obsoleszenz unterliegen, in dem die in ihnen kultivierten Leitideen in ihrer Problemlösungsmächtigkeit grundsätzlich erschlaffen. Dennoch geht es u.E. etwa mit Blick auf den Marketingansatz doch in erster Linie um Anpassungen, die allerdings bis zum vermeintlich harten Kern dieser Forschungskonzeption vorzustoßen haben.

Daß der Marketingansatz einer grundsätzlichen Revision bedarf, wurde im ersten Kapitel dieser Arbeit bereits herausgearbeitet und muß insofern an dieser Stelle nicht noch einmal verdeutlicht werden. Uns interessieren hier vielmehr nur die verschiedenen Arten von Änderungsimpulsen und speziell die Frage, wie mit diesen umgegangen wird bzw. künftig umgegangen werden sollte.

Impulse zur kritischen Überprüfung und ggf. Rekonstruktion oder Erweiterung des Marketingansatzes ergeben sich zunächst ganz allgemein immer dann,

- wenn die **Praxis vor neuen Problemen** steht bzw. sich diese im Lichte aktueller Umfeldentwicklungen abzeichnen,

- wenn mit dem in praxi verwirklichten Marketinghandeln **problematische Konsequenzen** verbunden sind (z.B. Umweltverschmutzung, Beeinträchtigung des Wettbewerbs durch Konzentrationsprozesse) bzw. sich solche Konsequenzen abzeichnen oder auch nur prognostiziert oder im Wege eines Marketing-Assessment abgeschätzt werden können,

- wenn in der Marketingwissenschaft oder in anderen Forschungsprogrammen der Betriebswirtschaftslehre sowie in anderen Wissenschaftsdisziplinen **neue Ideen oder Erkenntnisse** vorliegen (z.B. auch Methodenkenntnisse im Sektor der Kausalanalyse, die der Forschung neue Wege eröffnen),

- wenn - gleichgültig von welcher Seite - **Kritik** am Marketingansatz geübt wird.

Welche der genannten Änderungsimpulse den **"Wahrnehmungsfilter der Marketingwissenschaftler"** jeweils durchdringen oder aktiv gesucht werden, ist wesentlich ein wissenschaftspsychologisches und -soziologisches Problem und hängt zudem nicht zuletzt von der Akzentuierung unterschiedlicher Wissenschaftsfunktionen in der "Community of Marketingscience" ab (etwa von der Art und Weise einer Auslegung des praktisch-normativen Wissenschaftsverständnisses oder einer Gewichtung der fundierenden, kritischen und utopischen Wissenschaftsfunktion) (36). Bislang sind es in aller Regel allein die unmittelbar nachvollziehbaren Probleme der Unternehmenspraxis, die vor allem Aufmerksamkeit finden. Bereits entsprechende Prognosen künftiger Herausforderungen an die Unternehmenspraxis kommen ganz offensichtlich zu kurz, stellt doch z.b. Simon (1985) fest, daß wirklich entscheidende Impulse zur Bewältigung strategischer Aufgaben der Unternehmensführung in den letzten zwei Jahrzehnten nicht von Seiten der Marketingwissenschaft gekommen sind (vgl. ergänzend Engelhardt, 1985).

Ohne über die Aussage von Simon im einzelnen verhandeln zu wollen und zu müssen, läßt sich immerhin grundsätzlich feststellen, daß man sich künftig - will man den Entwicklungen in der Praxis nicht "hinterherhinken" - sehr viel mehr um die Prognose relevanter Herausforderungen an die Unternehmenspraxis bemühen sollte. Da bspw. Marktentwicklungen nicht zuletzt gerade durch allgemeine Prozesse des gesellschaftlichen Wandels wesentlich verursacht werden, ergibt sich dann unmittelbar die Notwendigkeit zur einer **stärkeren Gesellschaftsorientierung** innerhalb des Forschungsprogramms oder zunächst konkret dazu, über den Tellerrand von Markt und Wirtschaft hinauszusehen. Aufs Ganze gesehen ist letzteres deutlich notleidend.

• **Die Relevanz der kritischen und der utopischen Wissenschaftfunktion**

Im vorliegenden Zusammenhang läßt sich zugleich eine Brücke zur **Relevanz der kritischen sowie der utopischen Wissenschaftsfunktion** schlagen, denen innerhalb der Marketingwissenschaft - zumindest im "Mainstream" - kaum größere Beachtung geschenkt wurde und wird. Sicher wurde der **kritischen Funktion** in einzelnen Phasen der Entwicklung des Marketing-Forschungs- und -Management-konzepts gelegentlich ein gewisser Stellenwert beigemessen (vgl. etwa die eingangs referierte Kritik am Marketingansatz im Lichte der Evolution des gesellschaftlichen und strategischen Problems). - Zum einen handelte es sich dabei jedoch aufs Ganze gesehen jeweils um eine **vorübergehende Randerscheinung**; zum anderen ist vor allem aber festzustellen, daß Kritik an z.B. problematischen Verhaltenweisen der Marketingpraxis zumeist erst dann geübt wurde, als die Praxis bereits im Schußfeld öffentlicher Kritik stand und mit den Gegenreaktionen seitens der direkt oder indirekt Betroffenen zu kämpfen hatte. Letzteres verweist insbesondere auf **Defizite hinsichtlich einer gesellschaftliche und marktliche Entwicklungen antizipierenden Kritik** und läßt sich etwa am Beispiel der umwelt- und verbraucherpolitischen Problematisierung des unternehmerischen Marketing sowie der von wissenschaftlicher Seite vorgelegten Marketing-Managementkonzepte unmittelbar nachvollziehen.

Die Wahrnehmung einer kritischen Wissenschaftsfunktion hat grundsätzlich insofern mit der Orientierung an einer **utopischen Wissenschaftsfunktion** Hand in Hand zu gehen, als

- sich problematische Verhaltensmuster der Praxis im Lichte alternativer Zukunfts-
  entwürfe sehr viel besser erkennen und insbesondere evaluieren lassen als im Kontext
  des Verharrens im Status quo oder bestenfalls noch in dessen Extrapolation,

- sich der wissenschaftliche Problemlösungsbeitrag letztlich ja nicht allein in der Kritik
  erschöpfen darf, sondern **konstruktive Gestaltungsvorschläge** verlangt, die
  teilweise konkreter Utopien bedürfen (vgl. hierzu etwa auch Petri, 1976).

Konkrete oder sog. **realisierbare Utopien** sind insbesondere dann gefragt, wenn
problematische Verhaltensweisen der Marketingpraxis ihren Ursprung etwa in
gesellschafts- und wirtschaftsstrukturellen Problemen haben. Vor diesem Hintergrund
gilt es, im Sinne von **Kontextmodellen** Vorstellungen hinsichtlich einer tragfähigen
Wirtschafts- und Gesellschaftsordnung zu entwickeln oder zumindest an der
Entwicklung solcher Modelle aktiv mitzuwirken, die neue Rahmenbedingungen
aufzeigen, unter denen positive Verhaltensänderungen in der Marketingpraxis möglich
werden bzw. sogar besonders attraktiv erscheinen. Nicht zuletzt gerade auch im
Interesse der Unternehmenspraxis darf das Feld hier nicht allein anderen überlassen
bleiben, die die spezifischen Probleme der Steuerung von Wirtschaftsunternehmen
weniger kennen und internalisiert haben: Es bedarf hier einer konzertierten Aktion, an
der u.a. die unterschiedlichsten Wissenschaftsdisziplinen teilhaben. Hinzu kommt, daß
zukunftsweisende Gestaltungsvorschläge kaum denkbar sind, wenn sie nicht mögliche
Änderungen jenes Kontextes reflektieren, innerhalb dessen sie dann später realisiert
werden müssen oder innerhalb dessen heute realisierte Maßnahmen morgen beurteilt
werden. - Denken wir z.B. an den Entwurf realisierbarer Utopien einer öko-sozialen
Marktwirtschaft, so hält sich der Beitrag der Marketingwissenschaft noch in recht
bescheidenen Grenzen oder fehlt - näher besehen - gänzlich. Hier **bedarf** es **eines**
anderen - eben **gesellschaftsorientierten** - **Selbstverständnisses** der Marketingwissenschaft und darüber hinaus der gesamten Betriebswirtschaftslehre.

• **Öffnung gegenüber anderen Disziplinen und Überwindung des
Dilettantismusrisikos durch kooperative Forschung**

Ein gesellschaftsorientiertes Selbstverständnis hat natürlich auch dazu zu führen, daß
man gegenüber den Ideen und Erkenntnissen aus anderen Wissenschaftsdisziplinen
deutlich offener ist, als dies bislang a potiori der Fall ist. Trotz aller sozialwissenschaftlichen **Öffnung der Marketingforschung** ist die **Berücksichtigung**
etwa **soziologischer und politologischer Erkenntnisse und Ideen** völlig unter-

entwickelt: Entsprechende Erkenntnisse der Soziologie treten bspw. zumeist nur dann ins Blickfeld der Marketingforscher, wenn sie der Erklärung aktueller Käuferverhaltenstendenzen dienen und im Anschluß daran unmittelbar technologisch genutzt werden können. Politologische Erkenntnisse werden demgegenüber so gut wie überhaupt nicht fruchtbar zu machen versucht, obwohl de facto doch die Politik in allen Branchen in die Binnensphäre des Marktes hineinregiert. All dies ist zugleich Ausdruck einer **kurzsichtigen Praxisorientierung, die** - abgesehen von allen anderen Gründen - gerade **im Interesse der Praxis dringend zu überwinden ist.**

Sicher muß im Blick auf die Öffnung gegenüber weiteren sozialwissenschaftlichen Disziplinen (eventuell auch naturwissenschaftlichen Disziplinen) das **Dilettantismusrisiko** sehr ernst genommen werden (und überdies sind die Einwände seitens verschiedener Kritiker einer sozialwissenschaftlichen Öffnung gegenüber der bisherigen Verwendung von Theorien aus anderen Disziplinen nicht immer von der Hand zu weisen) (37). Wir haben es aber stets mit zwei unterschiedlichen Dilettantismusrisiken zu tun: Zum einen jenes, das aus der unzureichenden Kenntnis und Verwendung sozialwissenschaftlicher Erkenntnisse resultiert; zum anderen jenes, das sich mit unsinnigen, weil realitätsfremden analytischen Abgrenzungen verbindet und etwa dazu führt, daß man zwar in sich schlüssige Theorien anzubieten vermag, diese aber praktisch völlig unbrauchbar sind. Die Konsequenzen, die mit dem Dilettantismusrisiko der zweiten Art einhergehen, schätzen wir als deutlich problematischer ein als jene im Feld des Dilettantismusrisikos der ersten Art. Dies nicht zuletzt deshalb, weil sich das Dilettantismusrisiko erster Art zumindest mittelfristig durch Maßnahmen im Sektor der Forschungsorganisation bewältigen läßt - wer sagt denn, daß die bestehende Struktur der Disziplinenaufteilung so bestehen muß und neue Alternativen nicht denkbar sind, die hier eine Risikominimierung ermöglichen? Ganz abgesehen davon tragen etwa bereits interdisziplinäre Forschungskooperationen dazu bei, das Dilettantismusrisiko erster Art zu begrenzen. Hingegen vermögen wir keine Lösungsmöglichkeiten für das Dilettantismusrisiko der zweiten Art zu erkennen.

Um tatsächlich als vorziehenswürdige Alternative Bestand zu haben, müssen im Blick auf die Begrenzung des Dilettantismusrisikos erster Art auch tatsächlich entsprechende Organisationsmaßnahmen eingeleitet werden. Allein mit dem von Kirsch (1988a u. 1990b) - wohl im Anschluß am Popper (1973) - entwickelten "Scheinwerfer-Modell", nach dem die Managementlehre unterschiedliche Wissenschaftsdisziplinen lediglich problemorientiert "anstrahlen" soll, ist es u.E. nicht getan. Gefordert ist eine **aktive problemorientierte Zusammenarbeit** der unterschiedlichsten Disziplinen, die durch Reorganisationen des gesamten Forschungsbetriebs nicht nur flankiert, sondern nachhaltig zu implementieren ist. Im Blick auf die Rolle, die hierbei die Management- oder speziell die Marketinglehre einnehmen könnte, bietet das von Dichtl (1983a) angedachte "Modell des Produktmanagers" eine durchaus geeignete Perspektive. Aufgabe eines solchen "Produktmanagers" hätte es nämlich u.a. zu sein, **aktiv in andere Disziplinen hineinzuwirken,** um die Produktion marketingrelevanten Wissens konsequent anzumahnen und ggf. auch zu unterstützen.

• **Modus einer kritischen Überprüfung von Forschungskonzepten**

Über die skizzierten Sachverhalte hinaus muß aber auch ein anderer Modus mit Bezug auf die jeweils als Dauereinrichtung zu betrachtende kritische Überprüfung betriebswirtschaftlicher Forschungskonzeptionen im allgemeinen, des Marketing-Konzepts im besonderen gefunden werden, als er bisher noch weitgehend üblich ist. Folgender Modus erscheint uns hierbei zweckmäßig:

1. Prinzipielle **Offenheit** gegenüber allen Änderungsimpulsen oder - noch weiter greifend - **aktive Suche nach sowie systematische Antizipation von Änderungsimpulsen.**

2. **Überprüfung des harten Kerns** oder - anders formuliert - des Strukturkerns (38) **als erster Schritt.**

3. **Überprüfung des** "um den harten Kern gesponnen **Netzes**" auf den unterschiedlichsten Ebenen sowie in den verschiedenen Aussagenfeldern des Forschungssystems **als zweiter Schritt.**

Dieser Modus hebt sich deutlich von den Vorschlägen zur Ausrichtung von Forschungsprogrammen bei Lakatos und Stegmüller ab, die - in ihrer Wirkung, nicht unbedingt aber vielleicht in ihrer Absicht - eher auf den Pfad einer Immunisierung des harten Kerns hinlenken (vgl. hierzu auch Fritz, 1984, S. 44 f., und die dort angegebene Literatur). Er steht ferner im krassen Widerspruch zur Forschungspraxis der Marketingwissenschaft, die - soweit Änderungsimpulse überhaupt aktiv gesucht oder wenigstens registriert werden (von der auf das Jahr 1974 zurückgehenden Kontrastierung zwischen der Marketing- und der Partizipationsphilosophie durch Kirsch et al. wurde bspw. bis heute nicht einmal Notiz genommen) - lediglich "einzelne Löcher im Netz stopft" (z.B. Aufnahme neuer Planungsinstrumente in die Marketingtechnologie im Lichte der Evolution des "strategischen" Problems). Überlegungen hinsichtlich einer Umgestaltung oder Erweiterung des harten Kerns und speziell meta-technologischer Modelle werden demgegenüber zumeist auf dem Altar kurzsichtiger Verwertungsinteresssen geopfert.

Einzelne Änderungsimpulse jeweils bis zum harten Kern vordringen zu lassen, erscheint demgegenüber gerade deshalb von besonderer Bedeutung, weil von ihm letztlich ja Orientierungen und kreative Impulse für die konkrete Forschungsarbeit ausgehen sollen. Da die Praxis, zu deren Unterstützung die Marketingwissenschaft u.a.

angetreten ist, sich als ein außerordentlich dynamisches System darstellt, darf man nicht apodiktisch auf einem bestimmten Strukturkern beharren. Im Lichte von Änderungsimpulsen ist vielmehr immer zu prüfen, ob bspw.

- die zentralen Leitideen des Ansatzes nicht einer neuen Deutung bedürfen: z.B. Deutung des Prinzips der Bedürfnisorientierung vor dem Hintergrund komplexer Austauschprozesse oder im Kontext erweiterter Sinnmodelle,

- im System der vorhandenen Leitideen neue Schwerpunkte gesetzt werden müssen: z.B. stärkere Beachtung des Kapazitätsprinzips im Kontext zunehmender Komplexität der Umwelt,

- neue Leitideen integriert werden müssen: z.B. die Evolutionsidee oder neue Rationalitätskonzepte, Sinnprinzipien,

- die vorhandenen Begriffssysteme und meta-technologischen Bezugsrahmenkonzepte noch einen zweckmäßigen Denkrahmen vorzugeben vermögen: z.B. Überwindung des engen "Marketing Mix-Denkens".

Daß solche Überprüfungen nicht oder zumindest sehr selten stattfinden, zeigte sich etwa vor dem Hintergrund des Aufkommens neuer Konzepte oder Instrumente strategischer Unternehmensführung. Zwar wurden hier einzelne Instrumente, Techniken oder Konzepte eifrig in das Netz der Marketingtechnologie aufgenommen; ignoriert wurde hingegen, daß in diesen Konzepten z.T. neue "paradigmatische Züge" aufschienen, die eine Herausforderung bezüglich der Überprüfung des Leitideen-Systems im harten Kern des Marketingansatzes darstellten. Zu verdeutlichen ist dies etwa am Beispiel der Auseinandersetzung mit dem Konzept der Portfolio-Analyse:

Die verschiedenen Programme der Portfolio-Analyse lösten - nicht nur innerhalb der Marketingwissenschaft - eine Welle des "kritizistischen Wissenschaftsjournalismus" aus, in der man sich - über die Wahrnehmung einer Informationsfunktion gegenüber der Praxis hinaus - vor allem noch der Methodenkritik verpflichtet fühlte. Kaum systematisch Beachtung gefunden haben demgegenüber die Gründe, die hinter der Entwicklung des Portfolio-Analysekonzepts gestanden und dessen rasche Verbreitung in der Praxis gefördert haben. Hierzu zählen nicht zuletzt der im Kontext des verschärften Wettbewerbs gestiegene Zwang zu einem integrierten strategischen Management vielfältiger Einzelaktivitäten auf der einen Seite und auf der anderen Seite das Gefühl der Top Manager, die Übersicht im Dickicht der Ressortegoismen einzelner Geschäftsbereiche verloren zu haben und mithin zur Führung "ganzer" Unternehmen nicht mehr ausreichend in der Lage zu sein. Freilich wurden derartige Aspekte am Rande mitunter jeweils thematisiert, bei der Würdigung der Portfolio-Analyse fanden sie jedoch kaum in entsprechender Weise Beachtung. Hier entfaltete sich eine gewisse Eigendynamik des Methodenkritizismus, wobei allein die klassischen Beurteilungsmaßstäbe zur Anwendung gelangten. Im Gegensatz dazu wäre zunächst etwa zu prüfen gewesen, ob nicht - infolge des deutlich erkennbaren Problemdrucks in Richtung eines integrierten Management - die Idee des ganzheitlichen Denkens in das Leitideensystem hätte sehr viel konsequenter aufgenommen und/oder entsprechend hätte gewichtet werden müssen. Ausgehend davon hätten dann auch die Beurteilungsmaßstäbe, mit deren Hilfe man die Portfolio-Analyse auf einen wissenschaftlichen Prüfstand zu stellen hat, eine progressive Problemverschiebung erfahren. Die Portfolio-Analyse läßt sich so etwa als ein Programm der Mustererkennung rekonstruieren und auf dieser Basis beurteilen und weiterentwickeln.

Die Zweckmäßigkeit einer priorisierten Überprüfung des harten Kerns und speziell des darin als Abaton eingeschlossenen Leitideensystems ist allerdings nicht nur - wie hier am Beispiel der Portfolio-Analyse illustriert - vor dem Hintergrund des jeweiligen Einzelfalles zu sehen. Vielmehr hat die am Einzelfall entzündete Grundlagendiskussion generelle Ausstrahlungseffekte auf möglicherweise erforderliche Umbau- und Erweiterungsarbeiten im gesamten Denk- und Arbeitsgebäude, indem sie u.U. generell das vorhandene Netz in einem neuen Licht erscheinen läßt und damit Schwachstellen, neue Probleme etc. aufzeigt oder zumindest für diese sensibilisiert. Gerade deshalb ist es so wichtig, daß eine lebendige Grundlagendiskussion geführt und etwa der Strukturkern des Forschungsprogramms weniger als harter, sondern vielmehr als "**pulsierender Kern**" begriffen wird.

- **Pulsierende Kerne im Zentrum von Forschungsprogrammen und ein erweitertes Verständnis der Pluralismusidee**

Mit der Vorstellung des pulsierenden Kerns hat sich zugleich eine neue Perspektive im Blick auf die Auseinandersetzung mit wissenschaftlichen Forschungsprogrammen im allgemeinen, mit betriebswirtschaftlichen Ansätzen und daraus entwickelten Führungskonzepten im besonderen zu verbinden. Die Diskussion wurde hier bislang wohl doch zu einseitig vor dem Hintergrund der Falsifikationsidee und den Problemen einer übereilten Falsifikation von Theoriekonzepten geführt; sie weist insofern - wie z.T. schon kurz erwähnt - Tendenzen zur Immunisierung und vor allem zur Abschottung einzelner Forschungsprogramme auf. Im betriebswirtschaftlichen Bereich findet dies seinen Niederschlag etwa darin, daß bei der Diskussion verschiedener Ansätze und/oder darauf aufbauender Managementkonzeptionen in erster Linie das mehr oder weniger friedliche Nebeneinander, selten jedoch ein Miteinander betont wird und hierfür dann entsprechende Wege der Kooperation und Kooptation aufgezeigt werden.

Eine nicht unwesentliche Rolle spielen hier ferner einzelne unzweckmäßige Spielarten oder Deutungen der **Idee des theoretischen Pluralismus** (39), auf die z.B. auch Schanz (1982, S. 41) hinweist: "Wenn mehrere Programme friedlich und unverbindlich nebeneinander dahinexistieren", kommt es letztlich nur zu *Dogmen en miniature*, die den wissenschaftlichen Erkenntnisprozeß nicht voranzutreiben vermögen. Dem Prinzip der Bewahrung ist im Kontext der Idee des theoretischen Pluralismus insofern das Prinzip der Proliferation zur Seite zu stellen, das die Konfrontation mit alternativen Konzepten verlangt und somit letztlich - gewissermaßen als Motor des wissenschaftlichen

Erkenntnisfortschritts - zu einer **aktiven Ideenkonkurrenz** bzw. zu einem <u>aktiven</u> Theorien- oder Programmwettbewerb auffordert.

Dieses "Konkurrenzpostulat", mit dem u.a. verhindert werden soll, daß Wissenschaft zu einem "Altersheim von Theorien" degeneriert (Spinner, 1971, S. 26; Fritz, 1984, S. 118), hat zum einen seinen gedanklichen Ursprung (weltbildlichen Hintergrund) sicherlich in einem - wie auch immer gearteten - **"Marktparadigma"**. Zum anderen ist es aber vor allem die Einsicht in die **prinzipielle Fehlbarkeit der Vernunft**, die zunächst Popper (1979b) zum Plädoyer für eine aktive Theorienkonkurrenz veranlaßte und dann insbesondere bei Feyerabend (1980a u. 1986) zur Ausarbeitung der methodologischen Leitidee des theoretischen Pluralismus geführt hat. Feyerabend geht aber noch ein Stück weiter, indem er

- einerseits eine Verbindungslinie zu ethischen Grundpositionen herstellt: "Für die objektive Erkenntnis brauchen wir viele verschiedene Ideen. Und eine Methode, die die Vielfalt fördert, ist auch als einzige mit einer humanistischen Auffassung vereinbar" (Feyerabend, 1976, S. 68),

- andererseits das aus der Einsicht in die prinzipielle Fehlbarkeit der Vernunft geborene **fallibilistische Weltbild** nicht wie im Kritischen Rationalismus in die Idee einer spezifisch methodischen Rationalität umsetzt (40), sondern konsequent zu einer Position des rigorosen Relativismus ausbaut und die Überlegenheit einer bestimmten wissenschaftlichen Methodik prinzipiell in Frage stellt, was dann in der Vorstellung des "Anything Goes" ("Mach was du willst") gipfelt.

Die Vorstellung des "Anything Goes" führt dazu, daß von **Feyerabend** letztlich **nicht nur** ein *theoretischer* **Pluralismus, sondern auch** ein *methodologischer* **Pluralismus** geführt wird.

Obwohl wir gerade der Position Feyerabends weitgehend folgen, diese später teilweise noch bei der Erarbeitung einer gesellschaftsorientierten Unternehmensphilosophie fruchtbar zu machen versuchen und vor allem die aktive Ideen-, Methoden- und Theorienkonkurrenz als eine in der Tat wesentliche Triebfeder des wissenschaftlichen Fortschritts ansehen, stellt sich u.E. dennoch die Frage, ob dem "Konkurrenzpostulat" nicht ein **"Kooperations- oder Integrationspostulat"** zur Seite gestellt werden sollte und erst das dialektische Zusammenspiel einer Orientierung an beiden Postulaten wissenschaftlichen Fortschritt sicherzustellen vermag.

Pluralismus jedweder Art setzt u.E. zunächst eine gemeinsame Basis voraus, von der aus die Unterschiede verstanden und fruchtbar gemacht werden können. Gerade innerhalb der Betriebswirtschaftslehre erstreckt sich der aktive Wettbewerb unter verschiedenen Forschungsprogrammen häufig weniger auf eine stark abweichende "Produktpolitik", sondern erschöpft sich - dies wird sich im nächsten Abschnitt noch im einzelnen zeigen - vielmehr in "Design- und kommunikationspolitischen Maßnahmen", indem ähnliche oder gleiche Sachverhalte lediglich in neue "terminologische Kleider" gesteckt werden. Dies trägt dann allein zu einer weiteren Verschärfung des ohnehin

schon gravierenden "babylonischen Sprachspielgewirrs" bei, was den wissenschaftlichen Fortschritt nun wahrlich nicht zu fördern vermag. Im Gegenteil: Die von
Wittgenstein und im Anschluß daran auch von Kuhn und Feyerabend herausgestellte
Inkommensurabilität wissenschaftlicher Sprach- und Lebensformen wird mehr und mehr
zu einem kaum überbrückbaren Problem. Damit lassen sich Erkenntnisse aus anderen
Forschungsprogrammen kaum für die Weiterentwicklung des eigenen Forschungsprogramms nutzen.

Abgesehen von jenen Barrieren, die aus der zunehmenden Inkommensurabilität unter
den Forschungstraditionen resultieren, ist aber gerade auch die unsinnige Auffassung zu
überwinden, unterschiedliche Forschungsprogramme als etwas Unvereinbares begreifen
bzw. die Unvereinbarkeit zwischen Forschungsprogrammen geradezu als ein
Charakteristikum herausstellen zu müssen.

Allein schon ein flüchtiger Blick auf die Erkenntnisse der Kreativitätsforschung zeigt,
wie wichtig Ideenadaptionen sind. Überhaupt stellt sich die Frage, ob **Wissenschaft**
nicht sehr viel konsequenter **als ein kreativer Prozeß** verstanden werden sollte und
damit zugleich auch die Erkenntnisse der Kreativitätsforschung sehr viel stärker für die
Entwicklung methodologischer Konzeptionen herangezogen werden sollten. Dies könnte
zu einer höheren Forschungseffizienz im Dienste der Gesellschaft führen, was
angesichts der gegenwärtigen und künftig noch zu erwartenden Probleme dringend
erforderlich erscheint.

3.2. Rekonstruktion des Marketingansatzes

3.2.1. Zur Auswahl der in die Betrachtung einbezogenen Elemente des Marketing-Konzepts

Es versteht sich von selbst, daß wir im Rahmen unseres Rekonstruktionsversuches des Marketing-Konzepts nicht alle Ebenen und Bereiche dieses Forschungssystems ausleuchten und bis hin zu konkreten Aussagensystemen (etwa einzelnen theoretischen oder technologischen Modellen) beschreiben können. Wir müssen uns demgegenüber vielmehr darauf beschränken, einige zentrale Leitideen herauszustellen und deren Konkretisierung nur teilweise anzudeuten. Im Zentrum steht hierbei zunächst die Frage, welche der verschiedenen meta-theoretischen, theoretischen, technologischen und meta-technologischen Leitideen **konstitutiv für das Marketing-Forschungsprogramm** sind, also als **konstitutive Leitideen** bzw. als **forschungsprogrammatische Ausgangsideen des Marketing-Konzepts** einzustufen sind. Erschlaffen diese konstitutiven Leitideen in ihrer Problemlösungsmächtigkeit oder heuristischen Kraft, müßte das gesamte Marketing-Konzept aufgegeben werden. Während konstitutive Leitideen mithin "harte Elemente" des Strukturkerns des Forschungsprogramms bilden, handelt es sich bei allen anderen Leitideen lediglich um "weiche Elemente" dieses Strukturkerns, die der Veränderung unterworfen werden können und z.T. auch nur situationsspezifische Deutungen grundlegender Leitideen darstellen, die bislang in ihrer allgemeinen Ausformung vielleicht noch gar nicht rekonstruiert oder erkannt wurden.

Die immer wieder als besonders zentral herausgestellte technologische **Leitidee der Kundenorientierung** ist im Sinne einer solchen situationsspezifischen, überdies zwischen verschiedenen Marketingvertretern deutlich variierenden Deutung zu begreifen, die sich auf einem allgemeineren Niveau rekonstruieren und dann tatsächlich als zentral, wenn auch vielleicht nicht unmittelbar als konstitutiv herausstellen läßt. Hinsichtlich ihrer traditionellen Interpretation hat sich hingegen die Idee der Kundenorientierung weitgehend überlebt und ist als Relikt aus vergangener Zeit zu verstehen, von dem sich einige Marketingwissenschaftler zwar nur schwerlich trennen können, das aber heute tragfähige praxisrelevante Gestaltungsvorschläge nur noch im Blick auf einige wenige Unternehmenssituationen vorzustrukturieren vermag. Dies sowie eine geeignete Rekonstruktion der Idee der Kundenorientierung wird nachfolgend herauszuarbeiten sein. Einen ersten Überblick über die insgesamt zu diskutierenden Leitideen vermittelt Abbildung 14.

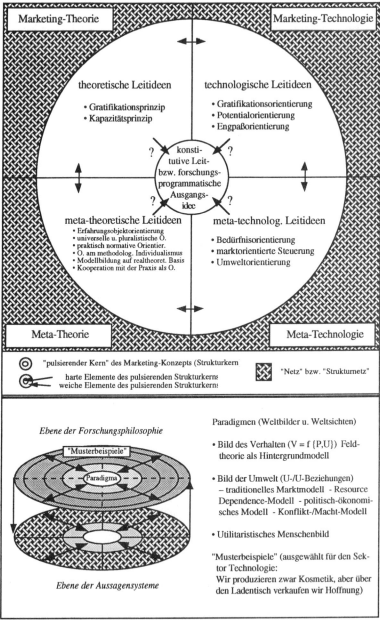

Abb. 14: Bezugsrahmen zur Rekonstruktion des Marketingansatzes
(Anmerkung: Die dritte Ebene des Forschungssystems (wissenschaftspsychologische-, sozio-logische und institutionelle Rahmenbedingungen) wurde in dieser Abbildung aus Gründen vereinfachter Darstellung nicht eingezeichnet; vgl. hierzu indessen nochmals Abb. 10)

Nicht alle der in Abbildung 14 skizzierten Leitideen werden im folgenden detailliert behandelt, da wir teilweise auf eine ausführlichere Diskussion verschiedener Leitideen in unserem unmittelbaren Umfeld verweisen können. Dies betrifft insbesondere den gesamten Bereich meta-theoretischer Leitideen und z.t. auch den der theoretischen Leitideen. Hierzu finden sich in den Arbeiten von Abel, Fritz, Petri, Raffée, Silberer und Wiedmann (41) bereits zahlreiche Hinweise. Was eine detailliertere Aufarbeitung der vor allem aus dem anglo-amerikanischen Raum stammenden Literatur zur Entwicklung und Ausgestaltung des Marketingansatzes anbelangt, so können wir einerseits mitunter ebenfalls auf die erwähnten Arbeiten verweisen. Andererseits hat aber auch jüngst gerade Fässler (1989) versucht, den Stand der Diskussion in diesem Bereich wiederzugeben. Damit können wir uns hier auf eine gestraffte Skizze unseres eigenen Bezugsrahmens konzentrieren und uns dabei auf die gelegentliche Zuordnung wichtiger Literaturquellen beschränken.

Den Ausgangspunkt bildet zunächst die Auseinandersetzung mit der Konzentration auf Austauschprozesse, die wir als forschungsprogrammatische Ausgangsidee und zudem als die einzige wirklich konstitutive Leitidee des Marketingansatzes verstanden wissen wollen. In diesem Zusammenhang werden gleichzeitig die Abgrenzung des Marketingansatzes von anderen Grundkonzepten der Betriebswirtschaftslehre bzw. deren Integration in ein auf die Auseindersetzung mit Austauschprozessen konzentriertes Forschungsprogramm diskutiert.

3.2.2. Die Konzentration auf Austauschbeziehungen als forschungsprogrammatische Leitidee des Marketingansatzes

3.2.2.1. Unterschiedliche Gewichtungen der Austauschperspektive in der englisch- und deutschsprachigen Marketinglehre

Versucht man im Zuge einer Rekonstruktion des Marketingansatzes, vor dem Hintergrund der unterschiedlichsten marketingwissenschaftlichen Forschungstraditionen einen gemeinsamen Nenner zu finden, auf den die verschiedenen Ansätze, Interpretationen etc. zurückgeführt bzw. vor dessen Hintergrund diese in ein umfassendes Forschungskonzept integriert werden können, so läßt sich die "Konzentration auf Austauschbeziehungen" als forschungsprogrammatische Ausgangsidee herausstellen.

- **Erste Anzeichen einer Konzentration auf Austauschbeziehungen in der anglo-amerikanischen Marketinglehre**

Die Konzentration auf **Austauschbeziehungen** wird in der **anglo-amerikanischen Marketinglehre** bereits seit einiger Zeit immer wieder als "**the core concept of marketing**" akzentuiert (vgl. z.B. den Überblick bei Houston/Gassenheimer, 1987). Seinen Niederschlag findet dies nicht nur in dem gelegentlich **explizit** propagierten Selbstverständnis als "**concept of exchange transactions**" (42). Darüber hinaus ist vielmehr auch auf zahllose Definitionen des Marketingbegriffs hinzuweisen, die trotz aller Unterschiede hinsichtlich der anvisierten Forschungsobjekte und -ziele letztlich in praktischer Sicht Marketing irgendwie mit Austauschbeziehungen bzw. deren zielorientierter Gestaltung assoziieren oder in theoretischer Sicht - wenn auch mit unterschiedlichen Akzenten - die Beschreibung, Erklärung, Beurteilung und Gestaltung von Austauschbeziehungen ins Zentrum der Marketingforschung rücken. Einige wenige Beispiele mögen dies verdeutlichen; auf die dabei z.T. anklingenden Unterschiede in der Abgrenzung des Forschungsobjekts sowie der Festsetzung von Forschungszielen wird weiter unten noch näher einzugehen sein (die Begriffe Austausch, Tausch, Interaktion, Transaktion bzw. deren englische Übersetzungen werden vorläufig synonym verwendet):

- Marketing is a process in society wich exists to facilitate adjustment between aggregate production and aggregate desired consumption (Rosenbloom, 1979, S. 649).

- Marketing is the exchange wich takes place between consuming groups and supplying groups (Alderson, 1957, S. 15)

- Marketing ...... is the discpline of exchange behavior, and it deals with problems related to this behavior (Bagozzi, 1975, S. 39)

- Marketing is the generation, effectuation and evaluation of transactions (Thorelli, 1983, S. 2).

- The core concept of marketing is the transaction. A transaction is the exchange of values between two parties. The things-of-values need not to be limited to goods, services, and money; they include other resources, such as time, energy, and feelings. ...
  ... Marketing is specifically concerned with how transactions are created, stimulated and valued (Kotler, 1972, S. 48 -49).

- Marketing is a social process by wich individuals and groups obtain what they need and want through creating and exchanging products and values with others (Kotler, 1984, S. 4)

Trotz der weithin akzeptierten Hervorhebung des Austausches als Kern- oder Basiskonzept der Marketingwissenschaft liegen auch im anglo-amerikanischen Sprachraum **keine** elaborierten Vorschläge zur Rekonstruktion unterschiedlicher Forschungstraditionen im Lichte dieses Basiskonzepts und insbesondere zu deren **Integration in einen umfassenden, auf die Beschreibung, Erklärung, Beurteilung und Gestaltung von Austauschbeziehungen konzentrierten Forschungsansatz** vor. Lediglich Hunt (1983a, 1983b) hat einen entsprechenden Orientierungsrahmen vorgelegt, ohne allerdings auf dieser Basis die unterschiedlichsten

Forschungstraditionen des Marketingansatzes systematisch und umfassend zu rekonstruieren. Dies gilt auch für andere Autoren, die den Orientierungsrahmen von Hunt aufgegriffen, nicht aber wesentlich über Hunt hinausgehend konkret inhaltlich ausgefüllt haben (43). Auf diese Ansätze wird später noch etwas näher einzugehen sein.

Immerhin sind aber einige Versuche zu registrieren, im Scheinwerfer des "**Austauschparadigmas**" und zumeist unter Rekurs auf die allgemeinere sozialwissenschaftliche Austauschtheorie (44) zu einer "General Theory", "Grand Theory" bzw. **Basistheorie des Marketing** zu gelangen. Zwar vermögen die bislang vorgelegten Fragmente einer solchen Basistheorie noch nicht in jeglicher Hinsicht zu überzeugen, die Bemühungen weisen aber u.E. in die richtige Richtung. Allerdings kann folgender Feststellung von Houston und Gassenheimer (1987, S. 17) kaum zugestimmt werden: "... attention to theory construction seems to be increasing ... and if we extrapolate that trend into the future, marketing soon will have a well-developed central theory".

Die Skepsis gegenüber Trendextrapolationen scheint hier einmal mehr eine Bestätigung zu finden: Eine tragfähige und voll ausgearbeitete Basistheorie des Marketing liegt bis heute nicht vor! Nun ist sicherlich ein Zeitraum von ca. vier Jahren, der seit der hoffnungsstiftenden Feststellung von Houston und Gassenheimer verstrichen ist, kein Maßstab für eine solche Aufgabe. Nicht nur die immensen Schwierigkeiten, auf die man zwangsläufig stößt, will man innerhalb der Sozialwissenschaften eine tragfähige "Grand Theory" entwickeln, sondern auch das inzwischen nur noch gelegentlich aufflackernde und sich zudem nicht auf diese Aufgabe konzentrierende Interesse an theoretischer Grundlagenforschung lassen die Vermutung gerechtfertigt erscheinen, daß auch in naher Zukunft nicht mit einer Basistheorie des Marketing zu rechnen ist.

• **Die Interpretation des Marketingansatzes als eine spezielle Variante bzw. Modifikation des Entscheidungsansatzes im deutschsprachigen Raum**

Im Gegensatz zur anglo-amerikanischen Marketinglehre finden sich im **deutschsprachigen Raum** kaum oder wenigstens sehr selten Hinweise darauf, daß die Konzentration auf Austauschbeziehungen entsprechend konsequent als forschungsprogrammatische Ausgangsidee begriffen wird (45). Zwar werden die zuvor erwähnten Forschungsarbeiten gelegentlich zitiert sowie - dies allerdings schon sehr viel seltener - aufgearbeitet; und zweifellos läßt sich auch die deutschsprachige Marketinglehre im Lichte der Austauschidee rekonstruieren. Soweit Marketing überhaupt im Gesamtkonzert betriebswirtschaftlicher Grundkonzeptionen thematisiert wird, überwiegt jedoch die

Vorstellung, daß es sich beim Marketingansatz um eine **spezielle Variante insbesondere des Entscheidungsansatzes** handelt. Besonders deutlich findet dies etwa in der jüngst von Specht vorgelegten Kennzeichnung des Marketingansatzes seinen Ausdruck:

> "Der Marketing-Ansatz ist eine spezielle Variante des entscheidungsorientierten Ansatzes. Es handelt sich dabei um einen praktisch-normativen Ansatz für Unternehmen in Märkten mit Wettbewerb. Die Leitidee dieses Ansatzes ist es, über ein Marketing-Management-Konzept Marketing als Führungskonzeption für die gesamte Unternehmung zu etablieren. Dieser Dominanzanspruch des Marketing hätte dann z.b. eine verstärkte Kundenorientierung in allen Funktionsbereichen und speziell z.b. eine an Marktforderungen ausgerichtete Forschung und Entwicklung zur Folge." (Specht, 1990, S. 23)

Daß eine solche Kennzeichnung von Specht vorgenommen wird, überrascht insofern etwas, als er selbst mit zu den wenigen Autoren zählte, die schon sehr früh im deutschsprachigen Raum für ein erheblich breiteres und tiefergehendes Selbstverständnis der Marketingwissenschaft plädierten (vgl. Raffée/Specht, 1974, 1976). Dies betrifft nicht nur die Subsumierung des Marketingansatzes unter den Entscheidungsansatz, sondern zahlreiche weitere Aspekte, auf die wir im Verlauf unserer Darlegungen noch einzugehen haben werden - z.B. die Charakterisierung als einen allein praktisch-normativen Ansatz oder das alleinige Abstellen auf Unternehmen in Märkten mit Wettbewerb. Vielleicht - hierfür finden sich bei Specht allerdings keine unmittelbaren Hinweise - ging es ihm lediglich darum, das **mehrheitlich artikulierte Selbst-verständnis** auf den Punkt zu bringen.

Daß das innerhalb einer Disziplin **artikulierte** Selbstverständnis nicht immer und zwangsläufig mit der konkreten Forschungsarbeit oder - wenn man so will - mit dem **praktizierten bzw. formierten Selbstverständnis** korrespondieren muß, zeigt sich gerade mit Blick auf die Marketingwissenschaft sehr deutlich. Denn: Der **entscheidungstheoretische Bezugsrahmen** erweist sich bei näherer Betrachtung - wie im übrigen auch der ebenfalls häufig besonders hervorgehobene systemtheoretische Ansatz - als **zu eng**, um die innerhalb der (deutschsprachigen) Marketingwissenschaft kultivierten Forschungstraditionen adäquat rekonstruieren zu können. Die Marketing-wissenschaft greift so etwa zur Beantwortung der innerhalb ihres Programms aufgeworfenen Forschungsfragen neben dem Entscheidungs- und auch Systemansatz nachweislich auf eine ganze Reihe weiterer Bezugsrahmenkonzepte zurück, was bereits aus der zuvor angeführten Darstellung der Entwicklungslinien des Marketingansatzes von Meffert (1989) hervorgeht (vgl. nochmals Abb. 6). Allein schon vor diesem Hintergrund erscheint die Charakterisierung des Marketingansatzes als eine Variante oder Modifikation des Entscheidungsansatzes und/oder des Systemansatzes **kaum stringent.**

Überdies lassen sich nun gerade bei einer Gegenüberstellung von **Marketing- und Entscheidungsansatz** - zumindest auf der Ebene forschungsprogrammatischer Ausgangsideen bzw. der priorisierten Erkenntnisperspektiven - noch am ehesten deutliche **Grenzlinien** ziehen. Da die Kontrastierung beider Ansätze u.E. besonders gut geeignet ist, ein künftig sehr viel konsequenter anzustrebendes Grundverständnis des Marketingansatzes in ersten robusten Schritten zu erhellen, wollen wir hierauf etwas ausführlicher eingehen. In die vergleichende Betrachtung soll ferner die Führungsperspektive einbezogen werden.

3.2.2.2. Kontrastierung der Entscheidungs-, Führungs- und Marketingperspektive zur Verdeutlichung der Relevanz einer Konzentration auf Austauschbeziehungen als forschungsprogrammatischer Ausgangsidee

3.2.2.2.1. Zur Eignung der Entscheidungsperspektive als forschungsprogrammatische Ausgangsidee

Während im Marketingansatz die **Konzentration auf Austauschbeziehungen** als grundlegende Analyse- bzw. **Erkenntnisperspektive der Betriebswirtschaftslehre** eingefordert wird bzw. künftig nachhaltig eingefordert werden sollte, ist es insbesondere in dem von Heinen propagierten Entscheidungsansatz die **Konzentration auf Entscheidungen** (46). Im Vergleich zur Austauschperspektive stellt die Konzentration auf Entscheidungen einen sehr viel **engeren Einstieg in die betriebswirtschaftliche Problemexplikation** dar, der in seiner Begrenztheit u.E. generell und speziell im Blick auf eine gesellschaftsorientierte Betriebswirtschaftslehre unzweckmäßig ist. Wir wollen dies anhand ausgewählter Argumente verdeutlichen und dabei zugleich einige wichtige Merkmale der Austauschperspektive herausarbeiten.

(1) Zunächst läßt sich mit Wild (1974a, S. 148 - 150) und Schanz (1979, S. 23) feststellen, daß das gesamte, üblicherweise von der Betriebswirtschaftslehre betrachtete **Verhaltensrepertoire** in der Welt des Konsums und der Arbeit, **nicht allein mit Entscheidungen assoziiert bzw. auf diese zurückgeführt** werden kann. Damit besteht die Gefahr, daß unter der Entscheidungsperspektive u.U. - entgegen der Feststellung von Heinen (1972, S. 19) - doch wichtige Verhaltenskategorien "übersehen" oder zumindest nicht adäquat bzw. ohne Inkaufnahme programmatischer Inkonsistenzen thematisiert werden können.

Hervorhebung verdient dabei nicht zuletzt der – angesichts unserer aktuellen gesellschaftlichen Problemlage ganz besonders wichtige – Bereich sog. **nicht**

intendierter Handlungskonsequenzen: Zu erkennen und im Rahmen der Forschungsarbeit konsequent zu berücksichtigen, daß gesellschaftliche und damit bspw. auch ökonomische Entwicklungen und Phänomene zwar das Resultat menschlichen Verhaltens, nicht aber zwangsläufig und allein menschlicher Willensakte und mithin Entscheidungen darstellen (v. Hayek), dürfte im Lichte des entscheidungsorientierten Bezugsrahmens deutlich schwerer fallen als unter der Austauschperspektive. Dies gilt etwa gerade auch mit Bezug auf die gegenwärtig innerhalb der Betriebswirtschaftslehre (und z.T. selbst von Heinen) so intensiv diskutierten Phänomene wie z.b. Unternehmenskultur, Corporate Identity oder "formierte" Unternehmensziele, -strategien und -grundsätze, die eben nicht allein das Resultat mehr oder weniger rationalen Disponierens bilden (47).

(2) Freilich darf der **Entscheidungsbegriff** - jedenfalls des verhaltenswissenschaftlichen Entscheidungsprogramms - nicht zu eng ausgelegt werden. Daß das "modellhafte Bild von der Entscheidung als einem einzigen, alle Problemaspekte simultan lösenden Willensakt" (Witte, 1988, S. 25) innerhalb eines der realwissenschaftlichen Erkenntnisperspektive verpflichteten Forschungsprogramms kaum in sinnvoller Weise eine heuristische Kraft zu entfalten vermag, wurde auch von den Verfechtern des verhaltenswissenschaftlichen Entscheidungsansatzes erkannt. Im Mittelpunkt stehen hier insofern auch in aller Regel komplexe, mehrphasige und insofern durch zahlreiche Vor- und Teilentscheidungen geprägte **Entscheidungsprozesse**, die - in bewußter Abkehr von dem organisationslosen Modell der mikroökonomischen Betriebswirtschaftslehre - explizit in einen realistischen Organisationskontext gestellt werden (sollen). So hat bereits Heinen (z.B. 1977, S. 48 ff.) das Problem des rationalen Wirtschaftens in Unternehmungen aus dem "sozialen Vakuum" (Albert, 1976, S. 120) der reinen Ökonomik in die realen sozialen Interaktionsbeziehungen einer komplex arbeitsteiligen Institution zurückgeholt (Peter Ulrich, 1989, S. 139) und den Homo oeconomicus der neo-klassischen Mikroökonomie in das "Reich der Fabel" entlassen (Heinen, 1972, S. 36).

Allerdings zeigt sich bei näherer Betrachtung, daß die Vertreter des (verhaltenswissenschaftlichen) Entscheidungsansatzes

- entweder doch einem "**Alternativen-Auswahl-Kalkül**", dem **kalkulatorischen Rationalitätsverständnis** und **Optimierungskonzept** mikroökonomischer Prägung bzw. einer "**Wahlrationalität**" verbunden bleiben und insofern den Homo oeconomicus nicht entlassen, sondern lediglich "verhaltenswissenschaftlich umgeschult" (Kappler, 1980, S. 194) und hierbei dessen in

- 121 -

vielerlei Hinsicht "begrenzte Rationalität" zu berücksichtigen versucht haben (42).

- oder - sofern sie das Sprachspiel des heuristischen Problemlösens akzentuieren und/oder mit der **Einbindung von Entscheidungen in soziale, speziell organisationale Kontexte** ernst machen - letztlich die **Entscheidungszugunsten** anderer Erkenntnisperspektiven und hier namentlich gerade **der Austauschperspektive** mehr oder weniger deutlich **relativieren**.

Letzteres läßt sich etwa bereits am Beispiel jener Autoren illustrieren, die als frühe Vertreter eines verhaltenswissenschaftlichen Entscheidungsansatzes gelten: Greifen wir exemplarisch das auf Bernard (1938, 1970) zurückgehende **Konzept des Anreiz-Beitrags-Gleichgewichts** oder das von Cyert und March (1963) propagierte **Koalitionskonzept** heraus, so ist unschwer zu erkennen, daß hier austauschbezogene Überlegungen eine zentrale Rolle spielen (49).

Überhaupt stellt sich die Frage, ob nicht mit einer gewissen Zwangsläufigkeit immer dann die Austauschperspektive eine forschungsprogrammatische Aufwertung erfahren muß, wenn (wirtschaftliches) Handeln nicht im "sozialen Vakuum" betrachtet, sondern in einen realistischen sozialen - und sei es auch nur organisationalen - Zusammenhang gestellt wird: Organisationen stellen letztlich nichts anderes als soziale, sozio-technische sowie sozio-ökologische **Interaktion**sgefüge bzw. spezifische Varianten der Regulierung und Steuerung von Austauschbeziehungen dar, die mit anderen Austauschmustern kontrastiert werden können (vgl. hierzu etwa die Diskussion Markt vs. Organisation z.B. bei Vanberg).

Die **Austauschperspektive bleibt jedoch** bei der Ausarbeitung des Anreiz-Beitragskonzepts sowie des Koalitionskonzepts durch die Vertreter des Entscheidungsansatzes immer **der Entscheidungsperspektive untergeordnet**; d.h.: Austauschbeziehungen interessieren hier nur insoweit, als sie bspw. zur Erklärung von Entscheidungsprozessen im Rahmen organisationaler oder individueller Zielbildung und -realisation bzw. Willensbildung und -durchsetzung beitragen. - Die Konzentration auf Entscheidungen behält also ihren Stellenwert einer forschungsprogrammatischen Ausgangsidee. Vor diesem Hintergrund sollte es - entgegen der Feststellung von Wunderer (1988, S. 37) - nun gerade nicht verwundern, "daß die Entscheidungstheorie das Koalitionskonzept nicht zur Beschreibung von Führungsbeziehungen, sondern v.a. als konfliktorientierten Erklärungsansatz für das Gruppenverhalten bei Durchsetzung von Gruppeninteressen im Zielbildungsprozeß verwendet".

(3) Mit der Entscheidungsperspektive wird u.E. grundsätzlich eine unzweckmäßig enge Interpretation der betriebswirtschaftlichen Schlüsselbegriffe "**Wirtschaften**" und "**Wirtschaftlichkeit**" verstärkt bzw. **im Sinne einer einseitigen Rekonstruktion ins Zentrum des betriebswirtschaftlichen Selbstverständnisses gerückt.** Seinen Ausdruck findet dies etwa in der folgenden Aussage von Heinen (1971, S. 21): "Wenn Wirtschaften **Wählen** heißt und wenn Wählen in enger Beziehung zu Entscheiden gesehen werden kann, dann hat sich die Betriebswirtschaftslehre schon immer mit Entscheidungen von Menschen in Unternehmungen befaßt".

Prima facie mag man dieser Feststellung vielleicht zustimmen: In der Tat stoßen wir auf die Charakterisierung von **Wirtschaften als Entscheiden über knappe Güter in Betrieben** nicht nur im Entscheidungsansatz, sondern generell im Zusammenhang mit der seit den ersten "Verselbständigungsversuchen" der Betriebswirtschaftslehre immer wieder aufgeworfenen Frage nach deren Identität der (50). Die auf Wahlakte fokussierte Sicht des Wirtschaftens ist u.e. jedoch insofern nicht unproblematisch, als in ihr eine Überwindung der innerhalb der Betriebswirtschaftslehre dominierenden Beschränkung auf eine im Kern allein **formale Rationalität** bzw. auf eine **subjektivistisch angelegte Zweckrationalität** (51) weniger konsequent angelegt ist als in der Austauschperspektive bzw. als dies jedenfalls in der Austauschperspektive möglich ist (52). Wir übersehen im vorliegenden Zusammenhang nicht, daß

- durch die Hervorhebung eines "**allgemeinen Ergiebigkeitsprinzips**" als Leitlinie wirtschaftlichen Handelns - das bspw. **neben** der "wirtschaftlichen Ergiebigkeit oder Rationalität" (**Wirtschaftlichkeitsprinzip**) eine "soziale Ergiebigkeit" (**Sozialprinzip**) sowie eine "materiale Ergiebigkeit" (**Bedarfsdeckungsprinzip**) umschließen soll (von Schweitzer, 1982, S. 24) - gelegentlich selbst unter der klassischen Entscheidungsperspektive der Versuch unternommen wurde, zu einem erweiterten Verständnis betriebswirtschaftlicher Rationalität und damit betrieblicher Effizienz bzw. Effektivität zu gelangen (vgl. ergänzend Küpper, 1979);

- bei der verhaltenswissenschaftlichen Variante des Entscheidungsansatzes an **realen Zielsystemen** angesetzt werden soll, die neben den traditionellen ökonomischen Zielen zahlreiche weitere Ziele und damit Effizienzkriterien beinhalten (53) und - im Blick auf Unternehmen - als "koalitionsabhängiger Ausfluß individueller Ziele für die Organisation" zu werten sind (54).

Das Rationalitätsverständnis bleibt aber zumeist dennoch einer **subjektivistischen Wahl- bzw. Zweckrationalität** verhaftet, die betriebswirtschaftliche Rationalität am Grad des Erreichens der von einem fokussierten Aktor (Individuum, Gruppe, Organisation) gesteckten Ziele festmacht: "Handle stets so, daß Du mit Deinen knappen Mitteln (Gütern) optimale Ausprägungen Deiner wirtschaftlichen, sozialen und materialen Ziele erreichst!" (v. Schweitzer, 1982, S. 24).

Auf diese Maxime bezieht man sich mutatis mutandis auch bei **Zielentscheidungen**, indem hier jeweils von übergeordneten Zielen ausgegangen und in der letzten Instanz - sofern man überhaupt zum Ausgangspunkt der unterstellten Ziel-Mittel-Ketten vorstößt - zumeist ein Überlebensziel als Sinnmodell postuliert wird. Dies gilt im übrigen auch für den Fall, daß im Lichte des Koalitionskonzepts komplexe, institutionell eingerahmte Zielentstehungsprozesse thematisiert werden (ausführlicher dazu vgl. z.B. Hinder, 1986, S. 167 - 169).

Nach Maßgabe der Austauschperspektive wäre **Wirtschaften** demgegenüber **zunächst** ganz generell als "**Gestalten von Austauschbeziehungen im Kontext des menschlichen Strebens nach Bedürfnisbefriedigung**" zu verstehen. Indem man Wirtschaften hier wieder **ausdrücklich** in einen umfassenden sozialen (einschließlich sozio-technischen sowie sozio-ökologischen) und nicht allein organisationalen **Interaktionszusammenhang** stellt, wird als erstes bereits - jedenfalls **auf der Ebene forschungsprogrammatischer Ausgangsideen** - die **isolierte Betrachtung einzelner Wirtschafts-subjekte** oder - wenn man so will - die uneingeschränkte Priorität der "**Idee des fokussierten Aktors**" (Idee der fokalen Organisation, single actor perspective, Arndt, 1983, S. 46) **aufgegeben**, die u.E. etwa im Entscheidungsansatz nicht nur de facto zu registrieren, sondern in der Konzentration auf Entscheidungen prinzipiell angelegt ist und auch im Lichte des Koalitionskonzepts zumeist nicht konsequent genug überwunden wird oder nur dann überwunden werden kann, wenn die Entscheidungsperspektive zugunsten der Austauschperspektive in den Hintergrund gedrängt wird.

Mit einer Relativierung der Idee des fokussierten Aktors verbindet sich zugleich ein **anderes Verständnis betriebswirtschaftlicher Forschung**, die nunmehr **in erster Linie** der Erklärung dieser Austauschbeziehungen sowie deren Gestaltung unter dem allgemeinen, nicht an kurzsichtigen Individualinteressen festgemachten Primat menschlicher Bedürfnisbefriedigung verpflichtet ist und mithin etwa die **herkömmliche** und gerade im Entscheidungsansatz fest verankerte Auslegung einer praktisch-normativen Forschungsausrichtung überwindet. Parallel dazu hat sich generell eine erweiterte Sicht von Wirtschaftlichkeit und speziell betrieblicher Effizienz zu entfalten, indem das innerhalb der Betriebswirtschaftslehre im wesentlichen allein aus dem Blickwinkel formaler Rationalität bzw. subjektivistischer Zweckrationalität ausformulierte Wirtschaftlichkeits- oder auch das etwas allgemeinere Ergiebigkeitsprinzip **explizit** in einen **Sinnzusammenhang** gestellt und in Gestalt menschlicher Bedürfnisbefriedigung einer **Dimension materialer Rationalität untergeordnet** wird (vgl. ergänzend Peter Ulrich, 1989, S. 145).

Natürlich wird eine **Rationalisierung von Austauschbeziehungen** im Kern über eine Rationalisierung des **Verhaltens der in diese Austauschprozesse involvierten sowie involvierbaren Aktoren** (Anbieter, Nachfrager, staatliche Instanzen etc.) erreicht. Insofern muß als **nachgelagertes Ziel u.a.** die Erklärung und Gestaltung betrieblichen Handelns bzw. die Ausarbeitung einer **Führungslehre** in Angriff genommen werden. Eingebunden in die **übergeordnete** Austauschperspektive würde dabei jedoch die im Entscheidungsansatz besonders akzentuierte und bspw. von Schaffitzel (1982) ausführlich kritisierte **"Wahlrationalität"** zugunsten einer **"Austauschrationalität" relativiert.**

Über das z.B. von Alderson schon sehr früh als Basistheorie des Marketing proklamierte **Law of Exchange eröffnet** diese "Austauschrationalität" in einem ersten Schritt bereits die **Chance** zu einer - auch aus dem Blickwinkel einzelner Wirtschaftssubjekte und unter realistischer Würdigung utilitaristischer Verhaltenstendenzen der Individuen - gedanklich konsequent eingeführten **Bedürfnisorientierung im Ego-/Alter-Verhältnis.** Dies insofern, als - diesem Law of Exchange folgend - ein Austausch zwischen zwei Parteien eben nur dann stattfindet, wenn er wechselseitig von Vorteil ist. Die Bedürfnisse des anderen zu beachten, macht vor diesem Hintergrund also selbst aus einer egoistischen Perspektive Sinn. Freilich bedarf das hier vorgestellte Law of Exchange noch der weiteren Differenzierung und Präzisierung (vgl. hierzu etwa Bagozzi, 1982). Trotz solcher Differenzierungen und Präzisierungen bleibt jedoch immer die Notwendigkeit einer Orientierung an den Bedürfnissen des anderen bestehen.

Ihren Niederschlag findet die Austauschrationalität etwa schon in der erwähnten Leitidee der Kundenorientierung. Kontrastieren wir unterdessen die in der Austauschperspektive angelegten Potentiale mit der seitens der Marketingwissenschaft entfalteten Gedankenwelt, so müssen wir zweifellos feststellen, daß

- das in der Austauschperspektive steckende Potential eines erweiterten Verständnisses von Wirtschaften und Wirtschaftlichkeit nur in Ansätzen fruchtbar gemacht wurde und speziell etwa ein entsprechendes Rationalitätskonzept noch nicht konkret ausformuliert sowie in einen interaktionsorientierten Bezugsrahmen betrieblicher Effizienz operational umgesetzt wurde (55),

- parallel dazu die Leitidee der Bedürfnisorientierung a potiori zu einer allein instrumentellen (also zweck- und nicht in erster Linie **sinn**-rationalen) Maxime im Dienste vor allem unternehmerischer Umsatz- und Gewinnerhöhungen verflachen konnte (56).

Die genannten Defizite sind u.e. wesentlich **mit** darauf zurückzuführen, daß die Fesseln des Entscheidungsansatzes von Seiten der Marketingwissenschaft noch nicht mit Verve abgestreift wurden.

Wenn hier die Entscheidungsperspektive anhand ausgewählter Argumente **proble-matisiert** wurde, so betrifft dies **nicht die Entscheidungsperspektive per se**, sondern lediglich - dies hatten wir zwar immer wieder anzudeuten versucht, ist aber noch einmal nachdrücklich zu betonen - ihre **Stellung als forschungs-programmatische Ausgangsidee**. Daß im Kontext von Austauschprozessen jeweils Entscheidungen getroffen werden (müssen) und insofern insbesondere die verhaltens-wissenschaftlich geöffnete Entscheidungsperspektive ein wichtiges Teilprogamm etwa des Marketingansatzes konstituiert, steht außer Frage.

3.2.2.2.2. Substitution der Entscheidungs- durch die Führungsperspektive - eine zweckmäßige Alternative?

Bemerkenswert ist, daß bspw. bei Kirsch, der sich zunächst als ein Vertreter des verhaltenswissenschaftlichen Entscheidungsansatzes verstanden hatte, schon seit einiger Zeit eine nachhaltige Abkehr von der Entscheidungsperspektive als einer forschungs-programmatischen Ausgangsidee zu registrieren ist. Er plädiert für eine "**Führungs-perspektive**" und möchte dabei die **Betriebswirtschaftslehre als Führungs-bzw. Managementlehre** konzipiert bzw. - da er völlig zu Recht einen solchen Trend seit längerem beobachten zu können glaubt (vgl. Kirsch, 1983 u. 1988b) - rekonstruiert wissen. Er befindet sich damit u.a. etwa in der Tradition von Wild (1974), der schon sehr früh die Führungsperspektive als Basis betriebswirtschaftlicher Problemexplikation eingefordert hatte.

Anders als etwa in dem von Heinen (1978 u. 1984) vorgelegten Werk zu einer "betriebs-wirtschaftlichen Führungslehre" soll dabei "der Begriff Führung" nicht mehr "dem der Entscheidung untergeordnet" werden (Kirsch, 1989, S. 121). - Die von Kirsch ange-strebte **angewandte Führungslehre** wird demgegenüber als eine "**an Problemen** der **Führungspraxis** orientierte und auf die Rationalisierung dieser **Führungspraxis** gerichtete Lehre *für* die Führung auf der Grundlage einer **Lehre** *von* der Führung" betrachtet (vgl. auch Kirsch, 1990b).

Im Vergleich zur Entscheidungsperspektive ist die Führungsperspektive einerseits zweifellos weiter, andererseits aber auch wiederum enger:

- Weiter insofern, als sie zumindest die **Chance** eröffnet, daß der Blickwinkel betriebswirtschaftlicher Forschung schon im ersten Zugriff konsequent auf die **Erklärung und Gestaltung relevanter Austauschbeziehungen** bezogen und nicht mehr allein auf die Entwicklung von Entscheidungsmodellen fokussiert bzw. verkürzt wird. Parallel dazu läßt sich die Führungsperspektive gerade auch für nicht intendierte Handlungskonsequenzen oder generell für die **Position des gemäßigten Voluntarismus** öffnen, bei der die **Grenzen der Machbarkeit** und mithin auch der "**Entscheidbarkeit**" in Rechnung zu stellen versucht werden.

Voraussetzung hierfür bildet allerdings ein Führungsverständnis, daß nicht nur irgendwie auf die zielorientierte Gestaltung von Austauschbeziehungen abstellt - auf diese Sichtweise sind im Kern alle Interpretationen des Führungsphänomens zurückführbar (57). Darüber hinaus gilt es vielmehr, **Führung** - etwa in dem von Kirsch et al. oder z.T. im St. Galler Managementmodell propagierten Sinne - als eine die jeweiligen Objektprozesse (bei Unternehmen: Realgüterprozesse wie z.B. Beschaffung, Fertigung, Absatz) **überlagernde Handlungsstruktur (controlling overlayer)** (vgl. z.B. Kirsch, 1990a) zu begreifen, die erstens theorienstrategisch **zunächst** als unabhängig von der hierarchischen Unternehmensleitung gesehen wird und zweitens - einer "organischen Leitidee" folgend - als nicht vollständig "durchkonstruierbar", sondern vielmehr als offen für Prozesse der Selbstorganisation betrachtet wird (58).

Während wir auf dieses Führungsverständnis noch näher einzugehen haben werden, zeigt bereits ein flüchtiger Blick in die Literatur, daß dieses Verständnis keineswegs charakteristisch für die unter einer "Führungslehre" rubrizierbaren Forschungsarbeiten ist. Sieht man einmal von der noch immer anzutreffenden Verkürzung auf die Probleme der Personal- bzw. Mitarbeiterführung ab, so läßt sich oftmals vor allem ein einseitig akzentuiertes Abstellen auf Planungsprobleme feststellen, das - dies haben Steinmann und Hasselberg überzeugend dargelegt - zu einer, insbesondere im Lichte aktueller Herausforderungen unzweckmäßig engen Auslegung des Management- bzw. Führungsprozesses führt (vgl. im einzelnen Steinmann/Hasselberg, 1988 u. 1989; knapp auch Steinmann/Walter, 1990). Unabhängig davon ist zu konstatieren, daß im "**Primat der Planung**" (Koontz/O'Donnel/Weihrich, 1984, S. 103) wieder die Entscheidungsperspektive Oberhand gewinnt und sich die betriebs-wirtschaftliche Führungslehre insofern a potiori noch nicht aus den Fesseln des Entscheidungsansatzes befreien konnte, ja diese zugunsten eines "Planungsansatzes" teilweise sogar noch enger geschnürt hat

(59).

- Enger ist die Führungsperspektive im Vergleich zur Entscheidungsperspektive - weniger faktisch als prinzipiell - vor allem deshalb, weil das **Interessengebiet von vornherein auf Probleme beschränkt** werden soll, **die mit der Führung betriebswirtschaftlicher Organisationen** verbunden sind (so auch Kirsch, 1989, S. 128). Hierbei drängt sich u.U. der **Vorwurf der Parteilichkeit** bzw. einseitiger Interessenausrichtung im Verwertungszusammenhang auf, weil die Geführten lediglich als Objekte in die Betrachtung einbezogen werden. Hierauf weist z.B. Stoll (1983) speziell mit Bezug auf die Führungslehre von Kirsch hin und stellt provokativ die Forderung nach einer "Geführten-Lehre" auf (vgl. ergänzend Hundt/Liebau, 1972; Hundt, 1981; Neuberger, 1990).

In der Beschränkung auf Führungsprobleme liegt letztlich auch unsere ablehnende Haltung gegenüber der Führungsperspektive **als forschungsprogrammatischer Ausgangsidee** begründet. Zwar teilen wir mit Kirsch (1984b, S. 914 - 950) die Auffassung, daß der Vorwurf der Parteilichkeit (Ideologieverdacht) durch eine entsprechende Ausrichtung und Anlage einer Führungslehre weitgehend entkräftet werden kann (60), glauben aber dennoch, daß

1. die Vermeidung einer einseitigen Interessenausrichtung (nicht zuletzt im Verwertungszusammenhang) noch **besser** im Rahmen eines erweiterten Forschungs-konzepts gelingt, bei dem die Führungsperspektive der Austauschperspektive untergeordnet und von einer breiteren Zielsetzung betriebswirtschaftlicher Forschung ausgegangen wird,

2. eine **nicht allein** auf die Handhabung von Führungsproblemen und insbesondere unternehmerischen Führungsproblemen fokussierte Betriebswirtschaftslehre letztlich auch der Führungspraxis insofern weit mehr nützt, als sie eine **einseitige Interessenausrichtung im Entdeckungszusammenhang** vermeidet und parallel dazu eine **bessere Grundlage für die Wahrnehmung einer kritischen und utopischen Funktion** bietet.

Die genannten Aspekte werden in Abschnitt 3.2.3.1. noch eingehender behandelt. Die knapp gehaltenen Hinweise mögen an dieser Stelle indessen genügen, um anzudeuten, daß der Marketingansatz - obwohl die managementorientierte Sicht des Marketing zur Zeit eine zentrale Rolle spielt und auch nach unserem Verständnis weiterhin spielen sollte - keinesfalls auf eine reine Führungslehre reduziert werden darf. - Eine "marketing-orientierte Führungslehre" (Marketing-Management Approach) hat - anders als dies bei

Specht (siehe oben) und z.B. auch Meffert (vgl. oben Abb. 6) anklingt - lediglich ein Teilprogramm des gesamten Forschungskonzepts zu bilden.

Die von uns angestrebte Aufwertung der Austauschperspektive im Sinne einer umfassenden forschungsprogrammatischen Ausgangsidee und die damit zugleich eingeforderte Relativierung der Führungs- und zunächst vor allem der Entscheidungsperspektive wird in Abbildung 15 veranschaulicht und soll später durch die Darstellung zentraler meta-theoretischer Leitideen des Marketing-Konzepts noch im einzelnen illustriert werden. Besondere Hervorhebung verdient hier noch einmal die Tatsache, daß der "Führungsansatz", insbesondere aber der Entscheidungsansatz **ohne Einbindung in eine übergeordnete Forschungsperspektive** kaum eine geeignete Grundlage für die Entfaltung einer gesellschaftsorientierten Betriebswirt- schaftslehre bietet. So sollte es denn auch nicht überraschen, daß die von Heinen (1976) im Entscheidungsansatz geforderte Entwicklung eines "Gesellschaftsmodells" bis heute nicht entsprechende Früchte getragen hat (vgl. hierzu Marr, 1989) - ohne dies allerdings eo ipso als Indiz für die mangelnde Eignung des Entscheidungsansatzes als Basis einer gesellschaftsorientierten Betriebswirtschaftslehre zu werten, die ihren Ursprung im Kern in den zuvor erwähnten Aspekten hat.

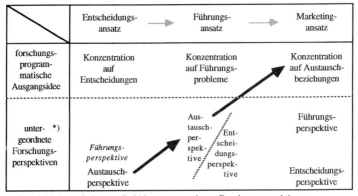

*) Berücksichtigung finden nur die bislang angesprochenen Forschungsperspektiven

Abb. 15: Relativierung der Entscheidungs- und Führungsperspektive zugunsten der Austauschperspektive auf der Ebene forschungsprogrammatischer Ausgangsideen in einer stark vereinfachten Betrachtung

3.2.2.2.3. Zur Notwendigkeit einer weiten Austauschperspektive

Nicht übersehen dürfen wir freilich, daß auch in der Austauschperspektive einige "**Fallen**" angelegt sind, die bspw. dann "zuschnappen", wenn von einem zu engen, etwa allein dyadisch ausgelegten Tauschbegriff ausgegangen und eine kurzfristige Zeitperspektive unterstellt wird. Insofern wird - soll sich die Austauschperspektive im Vergleich zur Entscheidungs- und Führungsperspektive als überlegenere Alternative beweisen - ein weites Verständnis von Austauschbeziehungen erforderlich.

Konzentrieren wir uns z.b. im Rahmen der Austauschperspektive lediglich auf einzelne Tauschakte und nicht auf langfristige Austauschbeziehungen, so formt sich die Austauschrationalität mit einer gewissen Zwangsläufigkeit allein im Sinne einer **Tauschwertorientierung** aus, deren Problematik und vermeintliche Verankerung in einem kapitalistischen Wirtschaftssystem im Anschluß an Karl Marx bereits Haug (1961; vgl. ergänzend Lauer, 1977) ausführlich herausgearbeitet und mit der Notwendigkeit zu einer **Gebrauchswertorientierung** kontrastiert hat. Eine allein dyadische Austausch-perspektive hat demgegenüber etwa zur Folge, daß die Interessen von wie auch immer gearteten Drittparteien tendenziell übersehen werden und eine Verletzung ihrer Interessen als "**externe Effekte**" ein recht bläßliches Schattendasein fristen. Die genannten Fallen - in denen wir regelmäßig zahlreiche Marketingwissenschaftler gefangen finden - konsequent aus dem Weg zu räumen und weitere Schwachstellen einer zu engen Austauschperspektive zu überwinden, ist mit ein wesentliches Ziel des Plädoyers für eine gesellschaftsorientierte Marketing-Konzeption. Zentrale Dimensionen einer er-weiterten Austauschperspektive, die wir einem gesellschaftsorientierten Marketing zugrunde zu legen haben, lassen sich zunächst grob und - um späteren Ausführungen nicht zu weit vorzugreifen - noch recht abstrakt wie folgt umreißen:

1. Grundsätzlich dürfen Austauschbeziehungen - dies deutete sich eben schon an - nicht allein im Sinne einzelner Tauschakte begriffen werden, in denen zwischen zwei oder mehr Parteien irgendwelche Güter oder Werte getauscht werden. Vielmehr ist die Art und Weise einer Einbindung solcher einzelner Tauschakte in **längerfristige Beziehungsmuster** zu reflektieren und detaillierter zu erfassen.

2. Austauschbeziehungen dürfen - auch dies wurde eben schon gestreift - nicht allein als dyadische Beziehungen, also etwa als Beziehungen zwischen zwei Individuen oder Organisationen interpretiert werden. Solche dyadischen Beziehungen sind immer in **komplexere Aust..schbeziehungen** eingebunden, die einerseits die jeweils dyadischen Beziehungen beeinflussen, andererseits wiederum durch diese beeinflußt werden. Am vereinfachen Beispiel der Triade "Hersteller/Handel/Konsumenten" läßt

sich dies bereits unmittelbar nachvollziehen:

Liegen bspw. sehr enge und gute Beziehungen zwischen Hersteller und Konsumenten vor, hat der Handel u.U. geringere oder keine Möglichkeiten, eine Machtposition gegenüber dem Hersteller aufzubauen. Konnte jedoch der Handel bereits eine Machtposition gegenüber dem Hersteller aufbauen, fällt es dem Hersteller u.U. sehr schwer, entsprechende Beziehungen zu den Konsumenten auf- oder auszubauen.

Im Zusammenhang mit komplexen oder **multilateralen Austauschbeziehungen,** die freilich weit über die "Hersteller/Handel/Konsumenten-Triade" hinausgehen, müssen **ferner** sowohl **direkte als auch indirekte Austauschprozesse** zwischen den Parteien beachtet werden, die **teils simultan, teils sukzessive** ablaufen. Indirekte Austauschprozesse zwischen zwei Herstellern, die untereinander im Wettbewerb stehen, liegen bspw. über die Aktivitäten gegenüber Handel und Konsumenten vor, die auf den jeweils anderen zurückwirken. Dies wiederum **unmittelbar und/oder mittelbar.** Mittelbar etwa deshalb, weil entsprechende Konsequenzen für den fokussierten Hersteller erst später relevant werden. Erst durch diese direkten und indirekten, simultanen und sukzessiven, unmittelbaren und mittelbaren Beziehungen werden multilaterale Austauschbeziehungen zu wirklich **komplexen Austauschbeziehungen.**

3. Aus der Akzentuierung komplexer Austauschbeziehungen und -prozesse geht wiederum schon hervor, daß nicht nur der unmittelbare persönliche Kontakt (Face to Face-Kontakt) im Sinne einer Austauschbeziehung interpretiert werden darf. Neben dem Medium der persönlichen Kommunikation spielen bei Austauschbeziehungen **zahlreiche** weitere **Medien** eine entscheidende Rolle. So stehen wir bspw. als Bundesbürger mit den Bürgern anderer Staaten über das Medium "Fernsehen" in einer Austauschbeziehung. Die jeweiligen Medien sind dabei wiederum selbst jeweils in unterschiedlicher Form als Austauschpartner zu betrachten, die im Kontext ihrer Vermittlungsfunktion wesentlichen Einfluß auf die Austauschbeziehung zwischen den betrachteten Parteien nehmen. In unserem Beispiel nimmt das Fernsehen etwa durch Selektion, Filterung und Aufbereitung Einfluß auf den Informationsaustausch zwischen den Bürgern unterschiedlicher Staaten. - Aus diesen Überlegungen ergibt sich wiederum eine ganze Reihe weiterer Aspekte im Blick auf die Charakterisierung von Austauschprozessen.

4. An unserem Beispiel zur Illustration der medialen Vermittlung von Austauschprozessen zeigt sich zugleich, daß im Rahmen von Austauschprozessen nicht allein Güter im engeren Sinne getauscht bzw. ausgetauscht werden (z.B. wirtschaftliche Güter, die auf einem "Markt" getauscht werden). **Tausch-gegenstand** und mithin "Gut" ist vielmehr alles, was für eine der Parteien in

irgendeiner Form eine Bedeutung oder einen Wert hat. Generell können hier **tangible**, d.h. greifbare Güter (Sachgüter), **als auch intangible Güter** (Anerkennung, Selbstachtung, Zeit) in Betracht kommen. In unserem Beispiel ist es etwa der Austausch von Informationen über den jeweiligen Lebensstil, der z.b. neue Anregungen, ein gesteigertes Selbstbewußtsein oder umgekehrt das Gefühl sozialer Deprivation oder vielleicht auch ein "schlechtes Gewissen" vermittelt - ein schlechtes Gewissen etwa dann, wenn der eigene Lebensstil mit dem in unterentwickelten Ländern verglichen wird.

Im vorliegenden Zusammenhang wird zugleich erkennbar, daß es sich bei Austauschobjekten nicht immer um positiv bewertete Güter handeln muß. Wir haben es vielmehr grundsätzlich mit **positiven, negativen und wertneutralen Austauschobjekten** zu tun, was für den Marketingbereich insbesondere von Bagozzi (1974) heraus- und etwa von Kirsch, Kutschker und Lutschewitz (1980) sowie Fässler (1989) aufgearbeitet wurde und insofern hier nicht weiter vertieft zu werden braucht. Gerade im Blick auf negative Austauschobjekte bleibt noch zu ergänzen, daß Austauschbeziehungen keinesfalls immer **freiwillig und bewußt** eingegangen werden, sondern auch **erzwungen** (z.B. Austauschbeziehungen zwischen Unternehmen und Finanzämtern) oder **zufällig** sein können (etwa wenn ich - um noch einmal das Beispiel einer medial vermittelten Austauschbeziehung zwischen Bürgern unterschiedlicher Staaten aufzugreifen - zufällig mit einem Bericht über die Situation in der Dritten Welt konfrontiert werde).

5. Die Austauschperspektive ist in einem umfassenden Sinne **nicht nur** für **soziale Austauschbeziehungen** zu öffnen, sondern auch für solche zwischen sozialen Einheiten (Individuen, Organisationen) und Artefakten sowie speziell dem ökologischen Umfeld. Die Einbeziehung des "**Austauschs zwischen Mensch und Natur**" erscheint dabei allein schon im Blick auf die systematische Entfaltung einer erweiterten **Austauschrationalität** als Basis eines gesellschaftsorientierten Marketing-Konzepts dringend erforderlich. - Auch oder vielleicht sogar gerade mit Bezug auf die ökologische Umwelt erweist sich u.E. die konsequente Orientierung an dem schon kurz erläuterten Law of Exchange insofern als außerordentlich sinnvoll, als es sehr deutlich macht, daß es sich immer um ein Nehmen **und** Geben handeln muß, soll es gelingen, eine tragfähige Austauschbeziehung zu etablieren.

Einzubeziehen ist ferner etwa der "**Austausch zwischen Mensch und kulturellen Artefakten**" bis hin zum sog. Mensch/Maschine-Dialog. Eine in diesem Sinne erweiterte Austauschperspektive erscheint u.a. deshalb zweckmäßig, um an der **Forschungstradition des symbolischen Interaktionismus** anknüpfen und diese fruchtbar machen zu können, die insbesondere von Mead in die Soziologie eingebracht und u.E. etwa von Homans et al. bei der Entwicklung einer allgemeinen sozialwissenschaftlichen Austauschtheorie viel zu wenig reflektiert wurde (61). Kurz und grob vereinfacht gesagt geht es hier wesentlich darum, daß nicht nur Handlungen, sondern auch Gegenstände oder Artefakte jedweder Art eine im Rahmen von Sozialisations- und Enkulturationsprozessen erlernte symbolische Bedeutung haben, über die sich relevante Austauschprozesse vollziehen. So haben bspw. architektonische Stilmittel jeweils entsprechende symbolische Bedeutungen, die die Grundlage dafür bilden, daß etwa über die Architektur von Firmengebäuden die Werte der betreffenden Unternehmen kommuniziert werden können.

Um diesen Sachverhalt zu erfassen könnte man solche Symbole - etwa auch im Sinne der **Semiotik** - als Zeichen interpretieren, denen in Austauschbeziehungen in erster Linie ein medialer Charakter zuzuweisen ist. Unabhängig davon, in welcher Weise man Symbole oder Zeichen gedanklich in die Betrachtung von Austauschbeziehungen einbringt, spielen sie eine zentrale Rolle und verweisen zugleich auf einen weiteren Aspekt, nämlich:

6. In Austauschprozessen spielen immer **mehrere Tauschgegenstände gleichzeitig** eine Rolle, die wiederum für die jeweiligen Austauschpartner **zugleich mehrere Bedeutungen** haben (oder zumindest haben können). Ersteres bezieht sich bspw. darauf, daß in einem Tauschakt zwischen Produzenten und Konsumenten niemals allein nur Produkte gegen Geld ausgetauscht werden. Hinzu kommen jeweils nicht nur u.U. produktbegleitende Dienstleistungen, sondern vor allem auch Tauschgegenstände wie Aufmerksamkeit, Anerkennung, Erlebnis u.v.a.m., die einerseits auf das Ergebnis des Austausches (z.B. soziale Anerkennung als Konsequenz des Besitzes eines bestimmten Gutes), andererseits auf den Austauschprozeß zu beziehen sind. Ganz abgesehen davon, daß letzteres prinzipiell für den Sektor des Dienstleistungsmarketing gilt, kann etwa auch beim Kauf/Verkauf eines Produktes der Prozeß selbst, das hiermit verbundene Erlebnis zentrales Tauschobjekt sein. Zu denken wäre etwa - um einen etwas überspitzten, deshalb aber nicht unrealistischen Fall herauszugreifen - an den Kunden einer Bäckerei, der es allein genießt, von einer schönen Verkäuferin bedient zu werden, die gekauften Brötchen dann u.U. sogar nicht einmal verzehrt. Derartige Betrachtungen sind freilich nicht neu, sie sind vielmehr z.B. schon in der auf Vershofen zurückgehenden Unterscheidung zwischen Grund- und Zusatznutzen angelegt, müssen aber im Kontext einer erweiterten Austauschperspektive noch konsequenter Berücksichtigung finden.

Die verschiedenen Bedeutungen, die einzelne Tauschobjekte jeweils zugleich haben (können) und die u.U. in ihrer Gesamtheit einen Austausch motivieren oder als lohnend erscheinen lassen, können am Beispiel von produktbegleitenden Dienstleistungen angedeutet werden. Produktbegleitende Dienstleistungen zielen so etwa einerseits unmittelbar auf die Befriedigung konkreter Bedarfe ab, die im Zusammenhang mit der Produktverwendung stehen. Darüber hinaus stehen sie aber auch bspw. als Symbol für Wertschätzung, Verläßlichkeit o.ä..

Sowohl die **Vielfalt der Tauschgegenstände** als auch die **Vielfältigkeit der Interpretationsebenen** markieren weitere wichtige **Dimensionen der Komplexität von Austauschbeziehungen.**

7. Schließlich gilt es, im Kontext eines gesellschaftsorientierten Marketing natürlich in besonderer Weise zu reflektieren, wie sehr **Austauschbeziehungen in gesellschaftliche Zusammenhänge eingebunden** sind. Dies klang teilweise zuvor schon an, als wir bspw. abstrakt von der Einbindung dyadischer Prozesse in komplexere Austauschbeziehungen gesprochen oder auf die Relevanz kulturell geprägter Symbole vor dem Hintergrund des symbolischen Interaktionismus hingewiesen hatten, die letztlich als Elemente eines übergeordneten gesellschaftlichen Austauschkontextes zu interpretieren sind. Es erscheint wichtig, hier noch einige Überlegungen anzuschließen.

Bemerkenswert ist zunächst die Tatsache, daß nicht nur jene **Symbole**, denen im Rahmen von Austauschprozessen eine zentrale Bedeutung zukommt, und marketingrelevante **komplexere Austauschbeziehungen gesellschaftlich überformt** sind, sondern gerade und in besonderer Weise jene **Maßstäbe**, die in Austauschprozessen **zur Bewertung** von Tauschobjekten sowie den Austausch- beziehungen insgesamt herangezogen werden. Zwar sollte man hier nicht soweit gehen wie einige Vertreter einer kollektivistischen Schule der Austauschtheorie (Malewski, 1967; Macharzina, 1970; Ekeh, 1974), die folgende Annahmen besonders herausstellen (Ekeh, 1974, S. 46 f.; hier mit kleineren Ergänzungen übernommen nach der Verdichtung durch Grabatin, 1981, S. 131):

- Individuen in sozialen Austauschprozessen schaffen keine neuen Werte oder Normen, sie besitzen bereits internalisierte gesellschaftliche Werte und Normen.
- Die Gesellschaft reguliert die Verteilung knapper Ressourcen mit symbolischem Tauschwert über von ihr generierte Regeln (Werte und Normen). Es sind diese Regeln, die den Austausch steuern.
- Bezugspunkt für die Bewertung sind daraus folgernd also nicht die interagierenden Individuen, sondern die Gesellschaft außerhalb der Austauschsituation.

Im Gegensatz hierzu sind wir der Auffassung, daß ausgehend von individuellen Austauschprozessen durchaus neue gesellschaftliche Werte und Normen entstehen können und Bezugspunkt einer Bewertung nicht oder zumindest nicht allein die Gesellschaft außerhalb der Austauschsituation ist. Richtig und wichtig ist indessen aber, daß **gesellschaftliche Werte und Normen** einen ganz erheblichen Einfluß auf die Gestaltung von Austauschbeziehungen und die darin zur Anwendung gelangenden Maßstäbe haben.

Im Blick auf den Einfluß gesellschaftlicher Werte und Normen ist nicht zuletzt zu beachten, daß sich gesellschaftliche Werte und Normen u.a. gerade in verschiedenen **Institutionen** konkretisieren (62), mit denen relevante Austauschkontexte festgeschrieben und indirekt an gesellschaftliche Werte und Normen angebunden werden. Zentrale Institutionalisierungen des sozialen Austausches bilden etwa Märkte, Organisationen, Kooperative, Verhandlungsarenen, Arenen der öffentlichen Diskussion o.ä. (vgl. ergänzend Jehle, 1980, S. 93 ff., der von einer anderen Einteilung ausgeht) (63). Die Bedeutung unterschiedlicher Formen einer Institutionalisierung von Austauschbeziehungen hat schon Homans (1968) ansatzweise erkannt, indem er auf die "zunehmende Indirektheit des Austausches von Belohnungen" (S. 332) hinweist und feststellt: "... Elementares soziales Verhalten ... klammert sich an Institutionen wie an ein Rankengitter" (S. 337 f.) (vgl. ergänzend auch Schanz, 1977, S. 173).

Die verschiedenen Dimensionen eines weiten Austauschverständnisses werden später z.T. noch einmal aufgegriffen und weiter konkretisiert. Im vorliegenden Argumentationszusammenhang stellt sich nunmehr die Frage, ob und ggf. inwieweit die konstitutive Leitidee einer Konzentration auf Austauschbeziehungen geeignet ist, ein eigenständiges Forschungsprogramm zu etablieren.

3.2.2.3. Die Konzentration auf Austauschbeziehungen als konstitutive Leitidee des Marketingansatzes - Möglichkeiten und Probleme einer Identitätsbestimmung

3.2.2.3.1. Die Austauschperspektive als Element unterschiedlicher wirtschafts- und generell sozialwissenschaftlicher Forschungstraditionen - ein Identitätsproblem?

Daß die **Austauschperspektive nicht allein** für den **Marketingansatz** reklamiert werden kann, wurde bereits im Rahmen der Auseinandersetzung mit dem Entscheidungs- sowie Führungsansatz angedeutet. Und im Blick auf den zuvor eingeführten Begriff des Wirtschaftens sind die Parallelen zu einigen ökonomischen Forschungstraditionen unverkennbar. **Sehen wir vorläufig noch einmal von unserer** - später noch weiter zu konkretisierenden - **spezifischen Deutung der Austausch- perspektive im Sinne einer forschungsprogrammatischen Ausgangsidee ab**, unter deren Ägide u.a. die Idee des fokussierten Aktors überwunden und die Betriebs- wirtschaftslehre nicht allein als Managementlehre konzipiert werden soll, so läßt sich feststellen, daß die Austauschperspektive **in allen betriebswirtschaftlichen Ansätzen** irgendwie eine Rolle spielt. Letztlich spricht sogar vieles dafür, die **Austauschidee als gemeinsamen "harten" Kern aller ökonomischen bzw. wirtschaftstheoretischen Forschungstraditionen** zu begreifen.

Mit Bagozzi gelangt man darüber hinaus zur Feststellung: "Nearly every behavioral science studies exchange as an accepted domain of its respective discipline" (1979, S. 431). Von hier ist es dann nicht mehr weit, den **Austausch** als eine generelle menschliche Verhaltenskategorie bzw. als ein **Grundprinzip menschlichen Lebens** oder - noch weiter greifend - als **Grundmuster sozio-ökologischer Evolution** zu identifizieren: "ohne Austausch" - so könnte man etwas theatralisch formulieren - "kein (Über-)Leben".

Letzteres ist etwa daran festzumachen, daß zumindest jedes lebende System vom Austausch von Materie, Energie und/oder Information mit seiner Umwelt in irgend einer Form abhängig ist. Diese Formulierung läßt bereits darauf schließen, daß wir auf die Auslegung des Austausches als Grundmuster sozio-ökologischer Evolution bspw. in der Allgemeinen Systemtheorie stoßen. Sie begegnet uns z.B. auch in der Biologie und - unter verschiedenen Gesichtspunkten erweitert - in unterschiedlichen Spielarten einer Evolutionstheorie. Die Interpretation als Grundprinzip menschlichen Lebens und speziell Zusammenlebens ist demgegenüber bspw. charakteristisch für die Soziologie und speziell für sozialwissenschaftliche Austauschtheorien, wie sie von Homans, Blau u.a. begründet und von uns z.T. schon angesprochen wurden. Sie gewinnt schließlich etwa in der Psychologie immer dann an Bedeutung, wenn menschliches Verhalten bzw. einzelne zu dessen Erklärung herangezogene Konstrukte nicht unabhängig von prägenden Umfeldeinflüssen analysiert werden.

Selbstverständlich unterscheiden sich Austauschbegriff und -verständnis sowie der forschungsprogrammatische Status des Austauschkonstrukts je nach Forschungstradition mitunter erheblich: "each discipline has conceived of exchange in a narrow, specialized way" (Bagozzi, 1979, S. 432). Ausgehend von einem entsprechend **weiten Austauschbegriff** erscheint es jedoch möglich, innerhalb der unterschiedlichsten Forschungsprogramme verschiedenster Disziplinen einen gemeinsamen Nenner zu erkennen und damit die Basis für eine **integrative Perspektive** zu schaffen. Der Vorteil einer solchen integrativen Perspektive liegt u.a. darin, daß das jeweils lediglich aus einem bestimmten Blickwinkel heraus definierte Austauschverständnis aufgebrochen und für neue Problem(ein)sichten geöffnet und die zunächst von Wittgenstein (1971) konstatierte Inkommensurabilität wissenschaftlicher Sprachspiele (64) reduziert werden kann

Zu fragen ist im vorliegenden Zusammenhang allerdings, wie weit der Bogen der in die Betrachtung einzubeziehenden Forschungstraditionen gespannt werden soll. Sollen etwa für betriebswirtschaftliche Fragestellungen entsprechende Erkenntnisse aus dem Feld der Physik, Biologie, Biokybernetik etc. fruchtbar zu machen versucht werden, wie dies bspw. in dem auf Hans Ulrich zurückgehenden Systemansatz bzw. in dem inzwischen ausgehend davon entwickelten managementorientierten Evolutionsansatz St.Galler Prägung durchaus üblich ist? Zumindest unter dem Aspekt kreativer Nutzung von **Analogien** im wissenschaftlichen Entdeckungszusammenhang sollte man sich auch gegenüber einer solch weitgreifenden Öffnung nicht verschließen. Besonders wichtig erscheint die Suche nach einem gemeinsamen Nenner indessen aber im Blick auf **sozialwissenschaftliche Forschungstraditionen**, deren Einbeziehung in betriebswirtschaftliche Forschungsprogramme ja weithin gefordert und zu realisieren versucht wird. Ohne hier einen gemeinsamen Nenner zu identifizieren, ist das **Integrationspostulat** schwerlich einzulösen.

Schließlich ist der Rückbezug auf einen in Gestalt der Austauschperspektive vorliegenden gemeinsamen harten Kern jedoch vor allem mit Bezug auf **betriebswirtschaftliche und generell wirtschaftswissenschaftliche Forschungstraditionen** zu fordern, um das zwischen den einzelnen Ansätzen bestehende **"babylonische Sprachspielgewirr"** etwas zu **entflechten** und sich dann auf die "echten", inhaltlichen und/oder methodologischen und nicht allein sprachlichen Unterschiede konzentrieren zu können. Trotz aller Vorteilhaftigkeit einer pluralistisch angelegten Forschung ist es u.E. außerordentlich problematisch, wenn die letztlich allen Ansätzen zugrundeliegende Austauschidee noch weiter aus den Augen verloren wird. Erst die Kenntnis des Gemeinsamen schärft den Blick für die Unterschiede bzw. für deren Fertilisierung im Dienste wissenschaftlichen Erkenntnisfortschritts.

Wenn bspw. D. Schneider (1983) als Vertreter eines ökonomischen Basiskonzepts der Betriebswirtschaftslehre (65) im Kontext seiner Kritik an der sozialwissenschaftlich ausgerichteten Marketingwissenschaft feststellt:

"Einzelwirtschaftliche bzw. betriebswirtschaftliche Theorie heißt ... Lehre von den Anwendungs-
bedingungen des quantitativen Begriffs "Austauschverhältnis" (durch das Einkommen entsteht oder
verwendet wird) auf die Beziehungen zwischen Personen und den von ihnen errichteten Institutionen, einschließlich der Innenbeziehungen zwischen einer solchen Institution (einem Betrieb) und
den dafür Arbeit, Geld, Wissen bereitstellenden Personen" (S. 206),

so ist der in Gestalt der Austauschperspektive vorliegende gemeinsame forschungs-programmatische Ausgangspunkt eigentlich unübersehbar. Die Konfliktlinien verlaufen auf einer nachgelagerten Ebene und speziell entlang der Frage, ob man sich auf den quantitativen Einkommensaspekt konzentrieren oder sich gegenüber einem breiter angelegten Gratifikationsrepertoire öffnen sollte.

Daß die Austauschidee im ökonomischen Denken tief verwurzelt ist und etwa Homans seine allgemeine sozialwissenschaftliche Austauschtheorie ausgehend von ökonomischen Denktraditionen (Smith, Bentham) entwickelt hat, soll hier nicht im einzelnen nachvollzogen werden (66). Bemerkenswert erscheint demgegenüber vielmehr, daß im Kontext einiger neuerer Ansätze (z.B. Principal Agent-, Property Rights- sowie Transaktionskosten-Ansatz) (67) die Austauschperspektive gerade unter dem Gesichtspunkt einer **Rückbesinnung der Betriebswirtschaftslehre auf ein ökonomisches Basisaxiom** wieder verstärkt in die Diskussion gekommen ist. Letztlich wird dabei in der **Konzentration auf Austauschbeziehungen** gelegentlich sogar die Crux der geforderten Rückbesinnung auf ein ökonomisches Basiskonzept gesehen und *ökonomisch* schlicht definiert als: "menschliches Handeln unter Knappheitsbedingungen, das vor allem durch die Bestimmung und die Anwendung von Transaktionsverhältnissen gekennzeichnet ist" (Picot, 1987, Sp. 1584; in Anlehnung an Schneider, 1985, S. 12 - 20; zur Kennzeichnung der Austauschperspektive als charakteristische ökonomische Betrachtungsweise vgl. auch Wunderer, 1988a). Der Tatbestand der (Güter-)Knappheit ist hierbei konstitutiv für die herausragende Stellung des "Tauschprinzips": "Soweit interpersonelle Konflikte um knappe Ressourcen bestehen, ist das Problem rationalen Wirtschaftens in lebenspraktischer Perspektive nicht abzulösen von der Frage nach der rationalen Gestaltung der sozialen Beziehungen zwischen den Betroffenen" (Peter Ulrich, 1986, S. 174).

Diese Argumentation ist aus dem Sektor der Bemühungen um die Abgrenzung eines spezifisch ökonomischen Erkenntnisobjekts der Betriebswirtschaftslehre schon sattsam bekannt. Sie wurde u.a. etwa von Schanz (1979, S. 16 - 19) aufgearbeitet, der völlig zutreffend herausstellt, daß weder das Knappheitsargument noch das Tauschprinzip eine spezifisch ökonomische Erkenntnisperspektive zu begründen vermögen: Nicht nur Walkmans, Stereo-Anlagen, Waschmittel, Diamanten o.ä. sind knapp, sondern z.B. auch Liebe, Zuneigung, Verständnis - mitunter sind diese intangiblen Güter sogar noch knapper. Und darauf, daß Tausch bzw. Austausch sogar als Grundmuster sozio-ökologischer Evolution interpretiert werden kann, hatten wir schon zuvor hingewiesen. Überdies genügt schon ein flüchtiger Blick auf jene betriebswirtschaftlichen Ansätze, die sich einem sozialwissenschaftlichen Basisaxiom verpflichtet fühlen, um zu erkennen, daß auch dort die Austauschperspektive weithin dominiert:

Greifen wir exemplarisch den **Systemansatz** heraus, wie er von Hans Ulrich propagiert wurde und zunächst konstitutiv für das St. Galler Managementmodell war, so kann dieser problemlos im Sinne eines "Interaktionsansatzes" rekonstruiert werden: Entkleidet man den Systemansatz seines spezifischen Sprachspiels und übersieht vorläufig die in ihm kultivierte methodologische Grundposition, geht es hier im Kern um nichts anderes als um eine für die Gestaltung von Austauschbeziehungen geöffnete Perspektive. Abstrakt festzumachen ist dies bereits

1. an der inhaltlichen Leitidee einer Betrachtung von Betrieben als sozio-technische Systeme: Unter einem System versteht man im allgemeinen eine mehr oder weniger geordnete "Gesamtheit von Elementen, zwischen denen irgendwelche Beziehungen bestehen oder hergestellt werden können" (Hans Ulrich, 1970, S. 105),

2. an der Kennzeichnung von Management als "Gestalten, Lenken und Entwickeln komplexer Systeme" (Hans Ulrich, 1984), das - im Lichte des eben definierten Systembegriffs - auch als "Gestalten, Lenken und Entwickeln komplexer Austauschbeziehungen" formuliert werden kann (68).

Ein Rekurs auf die Austauschperspektive läßt sich ferner bei evolutionstheoretisch angelegten Managementkonzeptionen nachweisen, wie z.B. den beiden sich inzwischen in diese Richtung entwickelnden Konzepten des Münchner sowie des St. Galler Managementmodells: Die **Evolutions-perspektive** stellt u.E. eine **spezifisch ausgelegte Austauschperspektive** dar, in der u.a. der Zeitfaktor besondere Aufmerksamkeit findet. Nicht zu übersehen sind weiterhin etwa der **politik-wissenschaftliche oder interessenpluralistische Ansatz** (69) sowie zahlreiche, unter dem Aspekt betriebswirtschaftlicher Grundkonzeptionen im deutschsprachigen Raum allerdings noch kaum aufgearbeitete **Ansätze der anglo-amerikanischen Management- und Organisationslehre** (70). Hier stoßen wir z.T. sogar auf Ansätze, die nicht nur explizit unter einem, in irgendeiner Weise auf Austauschbeziehungen abstellenden Etikett rubrizieren, sondern in denen darüber hinaus - wenn auch nicht immer exakt in der von uns zuvor geforderten Form - die Idee des fokussierten Aktors überwunden wird. Beispielhaft hervorzuheben sind etwa die Ansätze interorganisationaler Beziehungen oder einer betriebswirtschaftlichen Netzwerktheorie (71).

Zweckmäßiger erscheint vor diesem Hintergrund die jüngst bei Peter Ulrich (1988) anklingende Vision einer Zusammenführung ökonomischer und sozialwissenschaftlicher Ansätze zu einem Konzept "**sozialökonomischer Betriebswirtschaftslehre**" bzw. **praktischer Sozialökonomie**. Ansatzpunkte hierzu finden sich bereits etwa in der Feststellung von Amonn (1911, S. 52), "daß soziale Verhältnisse und Beziehungen das eigentliche Objekt der Nationalökonomie sind" (vgl. Albert, 1967a, 1975a). Noch deutlicher werden indessen v. Hayek (1969, S. 224 ff.) und Buchanan (1975, 1983), die die Frage anschneiden, ob "Wirtschaftswissenschaften" und "Ökonomie" nicht begriffliche Fehlprägungen darstellen: Um die von ihnen teils rekonstruierte, teils geforderte inhaltliche Ausrichtung der Wirtschaftswissenschaften auf die Analyse des Gütertauschs innerhalb einer arbeitsteilig organisierten Gesellschaft besser zum Ausdruck zu bringen, plädieren sie für die Bezeichnung "**Katallaktik**". - "Diese Nachbildung zu einem altgriechischen Verb mit der Bezeichnung "tauschen" würde unmittelbar klarstellen, daß **Entstehungsbedingungen und Abwicklungsformen von Tauschbeziehungen** untersucht werden sollen" (Wenger, 1989, S. 158), die sowohl bei v. Hayek als auch insbesondere bei Buchanan bereits sehr weit im Sinne sozialer und nicht bloß rein ökonomischer Beziehungen interpretiert werden (72): Beim Versuch, die Auseinandersetzung mit rationalem wirtschaftlichen Handeln aus dem "sozialen Vakuum" (Albert, 1976, S. 120) der "reinen" oder "autonomen" Ökonomik herauszulösen und in reale soziale Interaktionsbeziehungen zu stellen, stehen generelle **gesellschaftliche Institutionen**, wie z.B. soziale Normen, Organisationsstrukturen, Kommunikationsvoraussetzungen und Rechtsbeziehungen, im Mittelpunkt, was zur Bezeichnung **New Institutional Economics** (Neue Institutionenökonomie) geführt hat und sich mit der Institutionalisierung von Austauschbeziehungen berührt.

Mit dieser "**institutionalistischen Revolution**" (Albert, 1977, S. 203), in deren Tradition die zuvor genannten und gegenwärtig mehr und mehr beachteten Ansätze stehen (Principal Agent-, Property Rights- sowie Transaktionskosten-Ansatz etc.) (73), findet nach Peter Ulrich (1988, S. 198) "... der Übergang zum Wissenschaftsprogramm einer (zunächst theoretischen) *Sozialökonomie* statt", die er über die Einbeziehung der regulativen Idee kommunikativer Rationalität zu einer **praktischen Sozialökonomie** weiterentwickelt wissen möchte (S. 199; vgl. auch z.B. 1989; ausführlich 1986):

Erst mit diesem Konzept "ist die ökonomische Fiktion einer wertfreien, reinen Wirtschaftstheorie wirklich überwunden und die Grundlage gelegt für die Chance, *mehr lebenspraktische Vernunft* in das ökonomische Rationalitätsverständnis hineinzubringen: Praktische Sozialökonomie zielt darauf, unsere Wirtschaftspraxis in einem umfassend verstandenen Sinn zu » rationalisieren «.
Die *sozialökonomische Rationalitätsidee* umfaßt somit die gesamten institutionellen und prozeduralen Voraussetzungen, unter denen die rationale Gestaltung der kollektiven Präferenz-ordnung wirtschaftlichen Handelns sowie die effektive und effiziente Verwirklichung dieser

Präferenzordnung möglich sind. Sie ist offen für kultur-, zeit- und situationsgerechte Wertorientierungen des Wirtschaftens. Und ... nicht etwa aus »außerökonomischen« Gründen ..., sondern im Interesse der ökonomischen Rationalität selbst: Bevor wir rational wirtschaften können, müssen wir, da es ein »rein ökonomisches« Rationalitätskriterium nicht gibt, immer schon wissen, welchen relativen Wert wir konfligierenden lebenspraktischen Bedürfnissen zuerkennen wollen." (Peter Ulrich, 1988, S. 200)

Die von Peter Ulrich formulierte und im Kern um eine kommunikative Ethik zentrierte **"sozialökonomische Rationalitätsidee"** ist zunächst als ernstzunehmender Kandidat einer weiteren Präzisierung der von uns zuvor lediglich im Kontext des Marketingansatzes angedachten Austauschrationalität zu betrachten. Allerdings wollen wir - wie sich im einzelnen noch zeigen wird - eine **lebenspraktisch angelegte Austauschrationalität** nicht per se in der Transformation des normativen Fundaments von der utilitaristischen zur kommunikativen Ethik und im Übergang von einer substantiellen zu einer prozeduralen Rationalitätskonzeption verankert wissen. Hinzu kommt noch, daß Peter Ulrich von einem deutlich engeren Austauschbegriff ausgeht als wir ihn zuvor eingeführt hatten.

Versucht man, wenigstens im Blick auf die "unternehmensbezogene Betriebswirtschaftslehre" die - von ihrer Unvollständigkeit einmal ganz abgesehen - bloß eklektische Aufzählung unterschiedlicher, irgendwie an der Austauschidee orientierter Ansätze zu überwinden, so können wir an folgender Überlegung ansetzen: Jedem betriebswirtschaftlichen Ansatz liegt irgendwie - sei es nun explizit oder implizit, voll ausgearbeitet oder rudimentär - eine **"Theorie der Unternehmung"** oder - weniger anspruchsvoll und damit präziser das Vorhandene charakterisierend - ein **Modell bzw. Bezugsrahmen** der Unternehmung zugrunde, in der (dem) Annahmen über folgende Aspekte enthalten sind:

- Annahmen über die generelle Einbindung des Systems Unternehmung in einen gesamtgesellschaftlichen Zusammenhang und hier insbesondere in den Prozeß menschlicher Bedürfnisbefriedigung sowie über die hieraus resultierende Bestimmung unternehmerischer Zwecksetzung (vgl. Albach, 1988),

- Annahmen über die spezifischen Austauschbeziehungen innerhalb eines Unternehmens (Organisations- oder Unternehmensperspektive) sowie zwischen einer Unternehmung und ihrer Umwelt (Umweltperspektive) im Lichte unternehmerischer Zielbildung und -realisation.

Sofern der zuerst genannte Aspekt besondere Aufmerksamkeit findet, sprechen wir von **Sinnmodellen** (vgl. Abschnitt 3.1.2.2.2.). Die Erfassung spezifischer (interner und externer) Austauschbeziehungen ist demgegenüber kennzeichnend für einfache

Beschreibungsmodelle, die freilich nicht unabhängig von dem im Weltbild der jeweiligen Forscher verankerten Sinnmodell gesehen werden dürfen.

Als Referenzpunkt unterschiedlichster "Theorien der Unternehmung" ist zunächst das **neoklassische, mikroökonomische Modell der Unternehmung** zu betrachten, in dem die Austauschperspektive in Gestalt eines in eine liberalistische Grundposition eingebundenen **neoklassischen Marktmodells** zwar eine zentrale Rolle spielt, aber analytisch verkürzt und zugunsten einer instrumentalistischen Analyse im "sozialen Vakuum" völlig verdrängt wird. Obwohl das neoklassische Modell als bekannt vorausgesetzt werden kann, seien wenigstens knapp einige zentrale Bausteine in Erinnerung gerufen, die den dort eingeschlagenen Weg isolierender Abstraktion zu verdeutlichen vermögen:

Die gedankliche Basis bildet beim neoklassischen Modell der Unternehmung zunächst das, auch in der Soziologie anzutreffende Bild einer ausdifferenzierten Gesellschaft, die sich aus einzelnen, weitestgehend autonomen funktionalen Subsystemen zusammensetzt. Die Wirtschaft wird dabei als jenes funktionale Subsystem oder "Gebiet menschlicher Tätigkeiten" verstanden, das - die Parallele zu dem zuvor eingeführten Begriff des Wirtschaftens ist auf dieser allgemeinen Ebene noch unverkennbar - "der Bedürfnisbefriedigung dient" (Wöhe, 1973, S. 1). Um aus dem vielgestaltigen Spektrum menschlicher Bedürfnisbefriedigung ein spezifisches Erkenntnisobjekt herauszuschneiden, führen die Vertreter des neoklassischen Modells das Knappheitsargument ein: Aufgabe der Wirtschaft ist demnach die Versorgung der Bevölkerung mit knappen Gütern (=Wirtschaftsgütern). Das **Knappheitsargument** ist zugleich konstitutiv für die zentrale Bedeutung der **Austauschidee** im neoklassischen Modell: Der Tatbestand der Knappheit veranlaßt die Individuen zum Tausch der in ihrem Besitz befindlichen Güter (hierzu sowie kritisch zum Knappheitsargument als Basis zur Begründung eines spezifischen Erkenntnisobjekts vgl. bspw. Schanz, 1979, S. 11 - 18).

Vor diesem Hintergrund wird dann die Unternehmung als "einzelwirtschaftliche Einheit in der Gesamtwirtschaft gesehen, die mit anderen Wirtschaftseinheiten über den Markt in Austauschbeziehungen tritt" (74). Anders pointiert: Die (Volks-)**Wirtschaft** wird als ein **System von durch marktliche Austauschprozesse verbundenen Wirtschaftssubjekten** analysiert (75) und die **Unternehmung** im Kontext eines klassischen **Marktmodells** interpretiert. Eingebunden in die wirtschaftsethische Position des klassischen **Liberalismus** (Smith, Mill u.a.) kommt dem Markt und speziell dem in ihm wirksamen Preismechanismus die Funktion einer "invisible hand" zu: Die regulierende Kraft dieser "**invisible hand**" sorgt dafür, daß dann eine optimale Bedürfnisbefriedigung (optimale Produktion und Verteilung von Wirtschaftsgütern als Kern eines auf materiellen **Wohlstand** reduzierten Wohlfahrtsbegriffes) erreicht wird, wenn der einzelne bzw. der Unternehmer seinen Eigeninteressen im Sinne der Nutzen- resp. Gewinnmaximierung nachgeht - eine wirtschaftsethische Position, die dem **Menschenbild des allein egoistisch handelnden Individuums** entspringt und zugleich durch dieses ihre Begründung erfährt. Die Kollektivinteressen werden in diesem Kontext lediglich als Gesamtsumme der durch den Preismechanismus regulierten Individualinteressen betrachtet. Als Voraussetzung einer solchen "**pareto-optimalen Produktions- und Allokationssituation**" gelten schließlich Bedingungen wie **ökonomisch rationales Verhalten** der Wirtschaftssubjekte (homo oeconomicus-Bedingungen), **vollständige Konkurrenz** und das **Ausbleiben externer Effekte** (76).

Da in der skizzierten Denkwelt einerseits der Preismechanismus des Marktes für eine optimale Bedürfnisbefriedigung Sorge trägt, andererseits das Verhalten der Marktpartner in erster Linie als Reaktionen auf Preisvariationen erfaßt wird, liegt es nahe, bei der Bestimmung des betriebswirtschaftlichen Erkenntnisobjekts die Unternehmung in erster Linie **als technische Einheit** zu interpretieren, **in der ökonomisch rational Güter produziert werden (sollen)**. Die im klassischen Marktmodell angelegte Austauschperspektive konnte also im Innenverhältnis zugunsten einer **Produktions- und Kostenperspektive** verdrängt werden. Im neoklassischen Modell der Unternehmung wird also **nicht nur vom realen Verhalten der Marktpartner** und bereits schon von den mit der Organisation der marktlichen Austauschprozesse einhergehenden Kosten (Transaktionskosten) **weitgehend abstrahiert** (vgl. z.B. Marr, 1989, S. 50 - 52; Richter, 1990), **sondern ebenso vom tatsächlichen Verhalten der Menschen im Betrieb** - auch hier wird jeweils optimales Verhalten vorausgesetzt. Ferner wird grundsätzlich von einem - wie oben erwähnt - **organisationslosen Modell** ausgegangen (Fiktion der transaktionskosten- und konfliktfreien Hierarchie) (77). Im Zentrum steht der Idealtypus des ausschließlich rational handelnden Unternehmers, dem der gesamte Apparat willenlos dient und dessen einziges Handlungsmotiv die Erzielung eines maximalen Geldgewinns für sich selbst darstellt (Idee der Einkommensorientierung) (78). Das organisationslose Modell der neoklassischen Mikroökonomie - eine bestimmte Spielart des dem methodologischen Individualismus verbundenen Denkens - bildet einen weiteren gedanklichen Hintergrund der Konzentration auf Produktionsfunktionen und der dann in diesem Sinne in einem "sozialen Vakuum" kultivierten Planungs- und Entscheidungslogik.

Alle betriebswirtschaftlichen Ansätze lassen sich - ob dies nun explizit herausgestellt wird oder nicht - als Versuch verstehen, über die Kritik und Erweiterung oder teilweise auch über eine weitergreifende Substitution der neoklassischen Theorie der Unternehmung zu einem, aus jeweils spezifischer Sicht tragfähigeren Modell zu gelangen. Dreh- und Angelpunkt bildet dabei jeweils das Bestreben, zu einer geeigneteren Sicht der unternehmensinternen und/oder externen Austauschbeziehungen vorzustoßen. Einige Ansätze konzentrieren sich in diesem Zusammenhang entweder stärker auf eine realistischere Sicht der unternehmensinternen Austauschbeziehungen (Organisations- bzw. Unternehmensperspektive) oder stärker auf die der externen Austauschbeziehungen (Umwelt-Perspektive), andere hingegen versuchen, ein Modell der Unternehmung zu entwickeln, in dem interne und externe Austauschbeziehungen gleichermaßen Beachtung finden (Unternehmens-/Umwelt-Perspektive), wobei diese Perspektiven z.T. nicht mehr explizit unterschieden werden.

Eine weitere Dimension, entlang derer hierbei dann z.T. Abweichungen zum neoklassischen Modell der Unternehmung beobachtet werden können, bezieht sich auf die wirtschaftssoziologische sowie -ethische Grundposition, die - wie zuvor angedeutet - beim neoklassischen Modell im Liberalismus verwurzelt war. In den meisten Fällen ist die in einem Ansatz verankerte und durch die genannten Dimensionen freilich nur begrenzt erfaßte "Theorie der Unternehmung" allerdings allein im Wege verstehender Rekonstruktion zu identifizieren, da diese oftmals nicht oder wenigstens nur teilweise und sehr bruchstückhaft herausgearbeitet wird (vgl. aber z.B. die vorangegangenen Ausführungen zum Ansatz einer praktischen Sozialökonomie von Peter Ulrich).

Es ist hier nicht der Ort, die in den verschiedenen betriebswirtschaftlichen Ansätzen im Vergleich zum neoklassischen Modell jeweils vorgenommenen Erweiterungen der Erfassung externer und interner Austauschbeziehungen sowie die dabei aufscheinenden wirtschaftssoziologischen und -ethischen Grundpositionen herauszuarbeiten und diese vergleichend zu analysieren. Lediglich einzelne Varianten des Marketingansatzes sollen hier in dem in Abbildung 16 aufgespannten "**Modellraum**" positioniert werden und kurz eine entsprechende Würdigung erfahren.

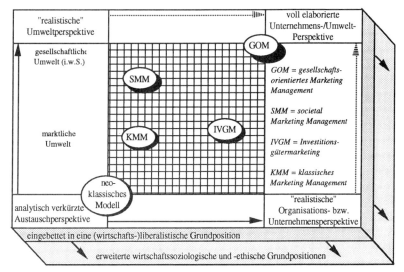

Abb. 16: "Modellraum" - Bezugsrahmen zur Positionierung unterschiedlicher Sinnmodelle

Einzelne Varianten oder Teilprogramme des Marketingansatzes lassen sich - dies wird später noch systematischer verhandelt - in sehr unterschiedlicher Weise erfassen. Gehen wir zunächst schlicht von den Varianten "klassisches Marketing-Management" (das sich vorwiegend auf die Probleme eines Konsumgütermarketing bezieht), "Investitions-gütermarketing", "Societal Marketing-Management" und "gesellschaftsorientiertes Marketing" aus, so ergibt sich folgende, in Abbildung 16 angedeutete Positionierung:

Angesichts der weitgehenden Vernachlässigung des Problemfeldes eines "internen Marketing" (vgl. 2.2.3.) wurde im Marketingansatz bislang hauptsächlich nur eine im Vergleich zum neoklassischen Modell realistischere Umweltperspektive zu entfalten versucht. Das Sinnmodell des klassischen oder traditionellen Marketing-Management ist dabei noch nicht allzu weit vom neoklassischen Modell entfernt (vgl. hierzu etwa Fischer-Winkelmann/Rock, 1976; Kroeber-Riel, 1976), überwindet aber doch zahlreiche wenig realitätsbezogene Annahmen dieses Modells. Beim Societal Marketing Management - wie wir es eingangs kurz angesprochen hatten - liegt bereits eine erheblich erweiterte Umweltperspektive vor, indem weitere Bereiche des gesamten gesellschaftlichen Umfeldes Beachtung finden und auf der in Richtung Sinnmodell weisenden Dimension das Postulat der sozialen Verantwortung eingeführt und mithin eine Erweiterung des liberalistischen Wirtschaftsmodells vorgenommen wird. Diese Erweiterungen liegen demgegenüber wiederum beim "Ansatz des Investitionsgütermarketing" (79) nicht vor. Dafür werden aber auf der Dimension der Unternehmensperspektive - zumindest bei einzelnen Varianten dieses Ansatzes - entsprechende Erweiterungen vorgenommen, indem etwa im Kontext der Buying und Selling Center-Diskussion jeweils innerorganisationale Gestaltungsaspekte realitätsbezogen ausgeleuchtet werden. Das Konzept des gesellschaftsorientierten Marketing soll schließlich - wie später wenigstens teil- und ansatzweise zu zeigen ist - bei allen Dimensionen ansetzen und von einer voll entfalteten Unternehmens-/ Umweltperspektive ausgehen, die zugleich erweiterte Vorstellungen hinsichtlich einer wirtschafts-soziologischen und -ethischen Grundposition enthält.

Zwar ist dieses Positionierungsbeispiel viel zu grob, um die im Rahmen des Marketingansatzes jeweils kultivierten Sinnmodelle bzw. basalen paradigmatischen Beschreibungsmodelle adäquat zu erfassen, es vermag jedoch die Grundidee des von uns vorgestellten "Modellraums" anschaulich zu illustrieren, und allein hierauf kam es uns an.

3.2.2.3.2. Zum (Selbst-)Verständnis der Marketingwissenschaft - Der Marketingansatz als Unterprogramm eines katallaktischen Grundkonzepts der Betriebswirtschaftslehre

Abschließend bleibt noch die Frage aufzuwerfen, ob und ggf. inwieweit die Leitidee einer **Konzentration auf Austauschbeziehungen** ein im Gesamtkonzert betriebs-wirtschaftlicher Ansätze **eigenständiges Forschungsprogramm** zu konstituieren vermag, wie es etwa in der sich als "science of transactions" (Hunt, 1976) verstehenden anglo-amerikanischen Marketinglehre und insbesondere z.B. bei Bagozzi (1979, S. 434) anklingt:

> "... it should be noted that no discipline in the behavioral sciences claims exchange as its fundamental subject matter. Given this fact and the fact that exchange performs a limited, varied, subordinated, and vaguely defined role in the behavioral sciences, the opportunity exists for marketers to develop a relatively unique, general, and fundamental phenomenon for study. ..."

Angesichts der vorstehenden Darlegungen erscheint der Schluß gerechtfertigt, daß diese Aussage von Bagozzi zentrale ökonomische und speziell betriebswirtschaftliche Forschungstraditionen schlicht ignoriert und einhergehend damit den Marketingansatz in unberechtigter und zudem unzweckmäßiger Weise isoliert. Überdies widerspricht ein solches (Selbst-)Verständnis des Marketingansatzes der von uns herausgearbeiteten Position eines methodologischen Pluralismus und der dabei eingeforderten integrativen Perspektive. Zwischen den beiden extremen und von uns als unzweckmäßig herauskristallisierten Polen der Kennzeichnung des Marketingansatzes als spezielle Variante des Entscheidungsansatzes auf der einen, als völlig eigenständiger Ansatz auf der anderen Seite sollte die Marketingwissenschaft versuchen, eine tragfähige Bestimmung ihrer Identität vorzunehmen.

Allerdings darf im vorliegenden Zusamenhang nicht übersehen werden, daß in der Foschungstradition des Marketingansatzes - insbesondere dann, wenn man hier an die anglo-amerikanische Marketinglehre denkt - die Austauschperspektive im Vergleich zu anderen betriebswirtschaftlichen Grundkonzeptionen bislang doch sehr viel deutlicher als forschungsprogrammatische Leitidee zu verorten ist. Immerhin liegen aus dem Marketingsektor jeweils zahlreiche Arbeiten vor, die im Kern eine Auseinandersetzung mit Austauschbeziehungen unter den unterschiedlichsten Perspektiven darstellen. Im Gegensatz dazu konzentrieren sich andere Forschungskonzeptionen innerhalb der Betriebswirtschaftslehre jeweils nur auf Teilaspekte und ordnen - wie z.b. im Systemansatz - die Austauschperspektive einer Führungsperspektive unter. Andere Ansätze, die Austauschbeziehungen aus einer übergeordneten Perspektive ausleuchten und auf die wir insbesondere in der Organisationslehre stoßen (Konzept inter-organisationaler Beziehungen, einige Varianten einer am Evolutionsansatz orientierten Organisationsforschung etc.), schaffen es wiederum nicht, die Führungs- bzw. Managementperspektive zu integrieren.

Zu hoch gegriffen erschiene uns im vorliegenden Zusammenhang der Anspruch, wenn Marketing als jenes Grundkonzept der Betriebswirtschaftslehre herausgestellt würde, das alle denkbaren Forschungstraditionen konsequent unter der Austauschperspektive integrieren soll. Dies weniger deshalb, weil im betriebswirtschaftlichen Lager mit Irritationen und Anmaßungsvorwürfen zu rechnen wäre. Es geht uns vielmehr darum, daß es aus der Sicht einer pluralistischen Position zu begrüßen wäre, wenn sich **Marketing lediglich** als **eine Alternative der Verwirklichung eines integrativen austauschzentrierten Forschungsprogramms** etablieren würde. Das übergeordnete Grundkonzept der Betriebswirtschaftslehre könnte man dann etwa als Interaktionsansatz oder - da vielleicht weniger abgegriffen - als **"katallaktischen Ansatz der Betriebswirtschaftslehre"** bezeichnen. Uns interessiert in dieser Arbeit natürlich nicht, wie nun im einzelnen ein solcher katallaktischer Ansatz insgesamt auszugestalten ist und welche Alternativen hierbei zum Marketingansatz denkbar wären. Immerhin sind wir nun in der Lage, Marketing auf der Ebene betriebswirtschaftlicher Grundkonzepte einigermaßen schlüssig einzuordnen und darüber hinaus auch festzustellen, daß Marketing keinesfalls eine "Tragödie" für die Betriebswirtschaftslehre darstellt.

Problematisch ist es u.E., wenn innerhalb der deutschsprachigen Marketinglehre in jüngerer Zeit ein sog. **Interaktionsparadigma als Basis eines eigenständigen Ansatzes des Investitionsgütermarketing** herausgestellt wird (vgl. etwa Backhaus, 1990, S. 5). Sicher gibt es Unterschiede zwischen dem Investitions- und dem

Konsumgütermarketing, und es steht ferner außer Frage, daß das Problemfeld des Investitionsgütermarketing im Rahmen eines Teilprogramms des Marketingansatzes einer besonderen Würdigung bedarf. Ein solches Teilprogramm sollte allerdings nicht als eigenständiger Ansatz begriffen werden, sondern als **Element eines vernetzten Forschungssystems**, von dem Anregungen für die Ausgestaltung anderer Teilprogramme ausgehen müssen. Gerade von einzelnen Forschungstraditionen im Feld des Investitionsgütermarketing, die das mikro-ökonomisch inspirierte Marktmodell z.T. überwunden und sehr viel stärker die Nicht-Anonymität, Wechselseitigkeit, Komplexität und Langfristigkeit von Austauschbeziehungen als Grundlage eines Sinn- oder wenigstens basalen Beschreibungsmodells gewählt haben, vermögen entscheidende **Impulse für die Neuorientierung** der Forschung im Konsumgütermarketing und darüber hinaus für die Weiterentwicklung des gesamten Marketing-Konzepts ausgehen.

Hier zeigt sich noch einmal die Relevanz des in Abschnitt 3.1.3. vorgeschlagenen **Modus zur Überprüfung des Strukturkerns** betriebswirtschaftlicher Forschungsprogramme: Ausgehend von "neuen" Erkenntnissen, Ideen, Sichtweisen etc., die sich in einzelnen Teilprogrammen registrieren lassen, sollte jeweils das gesamte Forschungsprogramm - und zwar angefangen beim Leitideensystem bzw. dessen aktueller Deutung - einem kritischen Rekonstruktionsversuch unterzogen werden. Daß wir uns bereits an diesen Modus zu halten versuchen, zeigt sich nicht zuletzt daran, daß bei unseren Überlegungen zum Entwurf eines umfassenden, zunächst allerdings hauptsächlich an den Problemen des Konsumgütermarketing orientierten Konzepts eines gesellschaftsorientierten Marketing Situationsdeutungen, Ideen und Modelle aus dem Investitionsgütermarketing eine nicht unerhebliche Rolle spielen. So gehört etwa - wie sich im einzelnen noch zeigen wird - die Forderung nach einem Denken in langfristigen Geschäftsbeziehungen, die als komplexer mehrphasiger Prozeß zu interpretieren sind, zu den zentralen Ideen eines gesellschaftsorientierten Marketing auch im Konsumgütermarketing.

Von der Orientierung an der **Leitidee eines interaktiven intrakonzeptionellen methodologischen Pluralismus**, wie sie zuvor postuliert wurde und hier letztlich im Hintergrund steht, ist die Marketingwissenschaft indessen noch sehr weit entfernt. Die unter dem Aspekt wechselseitigen Lernens konsequent betriebenene Vernetzung unterschiedlicher Teilprogramme wurde bislang nicht einmal als relevante Leitidee erkannt (vgl. z.T. Raffée/Wiedmann, 1983; Wiedmann, 1982) und kann als Teilaspekt unseres Rekonstruktionsversuches auch lediglich ansatzweise illustriert werden.

3.2.3. Zentrale meta-theoretische Leitideen des Marketingansatzes

3.2.3.1. Leitideen im Blick auf das Forschungsobjekt und die Forschungsziele

Durch die besondere Hervorhebung der meta-theoretischen Leitidee einer Konzentration auf **Austauschbeziehungen** und deren Auszeichnung als forschungsprogrammatische Ausgangsidee ist letztlich noch nichts oder wenigstens nicht viel Konkretes über den Objektbereich der Marketingwissenschaft sowie über die hierin zu behandelnden Probleme ausgesagt. Der Objektbereich und die jeweils relevanten Problemexplikationen müssen also noch näher bestimmt werden. Hierbei sind zwei unterschiedliche - wenn auch sehr eng miteinander verbundene - Aspekte zu beachten. Der Austauschperspektive kommt dabei in zweierlei Hinsicht eine Bedeutung zu.

• Zum einen - dies steht im Zentrum des Selbstverständnis einer "Science of Transactions" in der anglo-amerikanischen Marketinglehre - wird durch die Austauschperspektive der **Objektbereich** der Marketingwissenschaft bereits grob definiert (vgl. hierzu die Auslistung verschiedener Marketingdefinitionen in Abschnitt 3.2.2.1.). Vor diesem Hintergrund ist dann in weiteren Schritten festzulegen, welche Arten von Austauschbeziehungen analysiert werden sollen. Zur Illustration sei auf den noch nicht sehr elaborierten Systematisierungsversuch von Hunt (1983) in Abbildung 17 hingewiesen.

• Zum anderen geht es um eine spezifische **Perspektive**, unter der der zu erforschende Objektbereich ausgeleuchtet werden soll bzw. um deren Gewichtung im Verhältnis zu anderen ebenfalls in Betracht kommenden Perspektiven (vgl. hierzu etwa unsere Priorisierung der Austauschperspektive im Vergleich zur Entscheidungs- und Führungsperspektive in Abb. 15, Abschnitt 3.2.2.2.). Bleiben wir in dem Orientierungsrahmen von Hunt (Abb. 17), so müßten hier also entsprechende **Problemexplikationen** auf der Ebene der "Guiding Research Questions" in erster Linie unter Rekurs auf die Austauchperspektive vorgenommen und konkret z.B. das Verhalten der Käufer unter Rekurs auf austauschtheoretische Erkenntnisse erklärt werden.

Die hier hier getroffene Unterscheidung in **Austausch als Erkenntnisobjekt** und **Austausch als Erkenntnisperspektive** wird insbesondere dann relevant, wenn es darum geht, die Relevanz des von uns eingeführten weiten Austauschbegriffes zu bestimmen. Bevor wir hierauf zu sprechen kommen, soll kurz auf einen Einwand ein-gegangen werden, der gegenüber der Austauschperspektive mitunter vorgebracht wird.

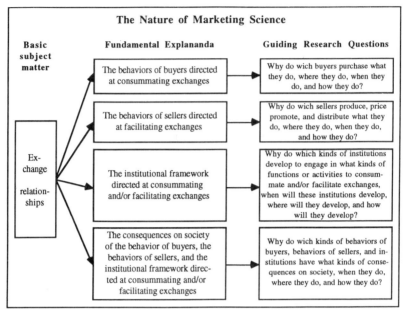

Abb. 17: Orientierungsrahmen zur Systematisierung des Forschungsgegenstandes der Marketing-wissenschaft nach Hunt (1983, S. 13)

• **Die Konzentration auf Austauschbeziehungen - eine geeignete Perspektive?**

In der Konzentration auf die Austauschperspektive schwingt bereits ein **spezifisches Weltbild** mit. Dieses Weltbild oder **Paradigma** stellt zum einen auf die Vernetzung zwischen unterschiedlichen Elementen der sozialen Realität, deren wechselseitige Abhängigkeit und Reziprozität ab. Zum anderen enthält es ein spezifisches **Menschen-bild**, das - insbesondere im Blick auf soziale Austauschprozesse - das menschliche Nutzenstreben besonders herausstellt (vgl. hierzu die Erläuterung im Leitideensystem von Schanz in Abb. 7; Abschnitt 3.1.2.1.).

Eben dieses "**utilitaristische Menschenbild**" war häufig Ausgangspunkt für heftige **Kritik** - weniger am Marketingansatz, als vielmehr an der allgemeinen sozial-wissenschaftlichen Austauschtheorie (80). Diese Kritik bezog sich in erster Linie auf die unzureichende Eignung dieses Paradigmas als Basis einer adäquaten Beschreibung und Erklärung menschlichen Verhaltens, "weil sich dieses Verhalten im wesentlichen an gesellschaftlichen Normen orientiere und auf altruistische Ziele ausgerichtet ist" (Abrahamsson, 1970, S. 273; zusammenfassend Jehle, 1980, S. 63). Indessen läßt sich nun aber zeigen, daß

-   die Berücksichtigung des verhaltensprägenden Einflusses von Normen keineswegs
    im Widerspruch zur Austauschperspektive steht, allerdings in der Tat eine im
    Vergleich etwa zu Homans erweiterte Sicht von Austauschbeziehungen voraussetzt,
    wie wir sie in 3.2.2.2.3. zu umreißen versucht hatten,

-   sich vermeintlich altruistisches Verhalten in der Regel - gerade unter Einbeziehung der
    ebenfalls schon in 3.2.2 angedeuteten Vielfalt von Tauschobjekten (z.B. Reduktion
    eines schlechten Gewissens, innere Befriedigung) - auf ein Nutzendenken
    zurückführen läßt. (So konnte u.a. im Kontext der Theorie des Hilfeverhaltens etwa
    empirisch nachgewiesen werden, daß menschliches Hilfsverhalten keinesfalls
    normengesteuert oder aus altruistischen Zielen abgeleitet ist, sondern im wesentlich
    aus Vergleichen von Belohnungen und Kosten resultiert.) (82).

Wir wollen aber dennoch **prinzipiell** einräumen, daß es u.U. auch echten - wenn man
so will - "austauschungebundenen" Altruismus geben mag (vgl. Raffée/Wiedmann/Abel,
1983, S. 702) und es - speziell auf die menschliche Bedürfnisbefriedigung bezogen, die
wir ja ins Zentrum des Begriffes "Wirtschaften" gerückt hatten - durchaus auch
"austauschlose" Situationen menschlicher Bedürfnisbefriedigung gibt. Allerdings dürfte
das Spektrum, der hier in Betracht kommenden Fälle angesichts unseres weiten
Austauschverständnisses zum einen sehr eng sein.

Zum anderen kann man in der Konzentration auf Austauschbeziehungen auch durchaus
bereits einen **ersten Schritt in Richtung Abgrenzung des Objektbereichs**
erblicken. Die Fruchtbarkeit dieser **aus einer spezifischen Erkenntnisperspektive resultierenden Abgrenzung** zeigt sich bspw. im Blick auf die Auseinandersetzung mit einzelnen Themenfeldern, wie sie jüngst in besonderer Weise in die
Diskussion gekommen sind. Exemplarisch herauszugreifen ist etwa der gesamte Problembereich eines "Technologie-Marketing", bei dem es Betriebswirten im allgemeinen,
Marketingvertretern im besonderen nicht darum gehen sollte, spezifisch technische
Aspekte konkret auszuleuchten, sondern sich vielmehr auf die Analyse und Gestaltung
der in diesem Zusammenhang relevanten Austauschprozesse zu konzentrieren.

Daß über die Konzentration auf Austauschbeziehungen der Objektbereich der
Marketingwissenschaft allerdings noch keine sehr konkrete Eingrenzung erfahren hat,
zeigt sich am Beispiel des von Kotler (1972, 1976) propagierten **Generic Concept of
Marketing**, das einerseits in der anglo-amerikanischen Marketinglehre wesentlich zur
Ausformung des Verständnisses als einer "Science of Transactions" geführt hat,

andererseits hingegen insbesondere im deutschsprachigen Raum erboste Aufschreie zahlreicher Fachverteter provoziert hat (vgl. z.B. Nieschlag/Dichtl/Hörschgen, 1987).

- **Jeglicher sozialer Austausch als Gegenstand wissenschaftlicher Marketingforschung?**

Nach dem Generic Concept of Marketing sind letztlich alle zielorientierten sozialen Austauschprozesse Gegenstand des Marketing und mithin wissenschaftlicher Marketingforschung, also z.b. auch die Predigt eines Pfarrers von der Kanzel, das im Dienste zwischenmenschlicher Kontaktanbahnung stehende Werben eines Mannes um eine Frau (oder vice versa). Derartige Situationen zielorientierter Austauschprozesse zum Gegenstand wissenschaftlicher Marketingforschung zu erheben, kommt - so wenigstens die Kritiker mit mehr oder weniger konkreten Argumenten - einer **Überdehnung des Marketing** gleich (vgl. z.b. Nieschlag/Dichtl/Hörschgen, 1987; Raffée, 1974).

Soweit hier die Betriebswirtschaftslehre aufgefordert werden sollte, sich _grundsätzlich_ auch mit solchen Fragen auseinanderzusetzen, liegt in der Tat eine Überdehnung vor. Anders zu beurteilen ist die Frage nach einer Überdehnung des Objektbereichs einer innerhalb der Betriebswirtschaftslehre angesiedelten Marketingwissenschaft allerdings schon **dann, wenn** man derartige Austauschprozesse in den **Kontext betrieblicher Austauschprozesse** stellt, also wenn etwa der zuvor erwähnte junge Mann Vertreter einer Firma und die im zwischenmenschlichen Sinne umworbene Frau Leiterin der Beschaffungsabteilung ist. Sicher sollte man den vor nicht allzu langer Zeit übrigens die Marketingwelt noch begeisternden Spruch: "Heart Selling, not Hard Selling" nicht zu wörtlich nehmen, aber man sollte mit der von einigen Marketingvertretern völlig zu Recht als **Leitidee** herausgestellten **Erfahrungsobjektorientierung** auch tatsächlich ernst machen und nicht erneut - wenn auch vielleicht weniger eng als die Vertreter eines rein ökonomischen Basiskonzepts der Betriebswirtschaftslehre - eine analytische Abgrenzung des Erfahrungsobjekts vornehmen.

Ganz abgesehen davon, daß wir die **Einbeziehung aller denkbaren Austauschbeziehungen im Kontext der Gestaltung betrieblicher Austauschprozesse** für besonders wichtig halten und später in diesem Sinne noch als eine der zentralen Leitideen eines gesellschaftsorientierten Marketing herausarbeiten werden, verträgt sich die erwähnte Erkenntnisobjektabgrenzung bereits schon in keiner Weise mit dem so ausgelobten Konzept eines erlebnisorientierten Marketing - sollen hier doch letztlich "alle Register gezogen werden", um dem Kunden echte Erlebnisse zu vermitteln (83). Zu fragen bleibt sicher, ob der oben erwähnte Weg der Erlebnisvermittlung im Rahmen eines unternehmerischen Marketing ein wichtiger und richtiger ist. - Dies ändert jedoch nichts an der Notwendigkeit seiner prinzipiellen Einbeziehung.

• **Dimensionen zur Bestimmung des Objektbereichs der Marketing-wissenschaft**

Über die Klärung solch allgemeiner Fragen und deren Repräsentation in Gestalt ausformulierter meta-theoretischen Leitideen hinaus muß freilich der **Objektbereich** der Marketingwissenschaft eine **weitere Kennzeichnung** erfahren. Hierbei sind **unterschiedliche Dimensionen** zu beachten, entlang derer sich teilweise heftige Kontroversen in der Grundlagendiskussion rank(t)en und die zu unterschiedlichen Teil-bzw. Unterprogrammen des Marketing-Konzepts geführt haben. Diese Teil- bzw. Unterprogramme oder häufig anders formuliert: "**Marketingansätze**" bzw. **Marketing-Approaches** werden in der Literatur in aller Regel kaum ausreichend stringent voneinander abgegrenzt: "Hier werden gerne Äpfel, Birnen u.ä. kräftig gemischt und als schwer verdaulicher Obstsalat aufgetischt".

Hunt, der als einer der ersten entsprechende **Systematisierung**en versucht hat, unterscheidet im vorliegenden Zusammenhang drei unterschiedliche Dimensionen bzw. "three categorical dichotomies": 1. profit sector / non profit sector, 2. micro / macro und 3. positive / normative. In dem hiermit aufgespannten Raum positioniert er dann die aus seiner Sicht zentralen **Forschungsfragen** der Marketingwissenschaft. Während uns seine aus unserer Sicht zwar viel zu kurz greifende, aber dennoch instruktive Aufzählung verschiedener Forschungsfragen hier nicht im einzelnen interessieren soll, ist auf die herangezogenen Dimensionen etwas näher einzugehen (vgl. Abb. 18; zu den verschiedenen Forschungsfragen Abb. 19/20).

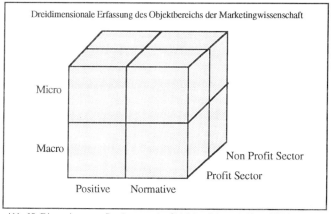

Abb. 18: Dimensionen zur Bestimmung des Objektbereichs nach Hunt (1976)

PROFIT SECTOR

	POSITIVE	NORMATIVE
MICRO	1. Problems, issues, theories, and research concerning: a. Individual customer behavior. b. How firms determine prices. c. How firms determine products. d. How firms determine promotion. e. How firms determine channels of distribution. f. Case studies of marketing practices.	2. Problems, issues, normative models, and research concerning how firms should: a. Determine the marketing mix. b. Make pricing decisions. c. Make product decisions. d. Make promotion decisions. e. Make packaging decisions. f. Make purchasing decisions. g. Make international marketing decisions. h. Organize their marketing departments. i. Control their marketing efforts. j. Plan their marketing strategy. k. Apply systems theory to marketing l. problems. Manage retail establishments. m. Manage wholesale establishments. n. Implement the marketing conccept.
MACRO	3. Problems, issues, theories, and research concerning: a. Aggregate consumption patterns. b. Institutional approach to marketing. c. Commodity approach to marketing. d. Legal aspects of marketing. e. Comparative marketing. f. The efficiency of marketing systems. g. Whether the poor pay more. h. Whether marketing spurs or retards economic development. i. Power and conflict relationships in channels of distribution. j. Whether marketing functions are universal. k. Whether marketing concept ist consistent with consumers´ interests.	4. Problems, issues, normative models, and research concerning: a. How marketing can be made more efficient. b. Whether distribution costs too much. c. Whether advertising is socially desirable. d. Whether consumer sovereignty is desirable. e. Whether stimulating demand is desirable. f. Whether the poor should pay more. g. What kinds of laws regulating marketing are optimal. h. Whether vertical marketing systems are socially desirable. i. Whether marketing should have special social responsibilities.

Abb. 19: Forschungsfragen im Sektor des kommerziellen Marketing nach Hunt (1976)

NONPROFIT SECTOR

	POSITIVE	NORMATIVE
MICRO	5. Problems, issues, theories, and research concerning: a. Consumers´ purchasing of public goods. b. How nonprofit organizations determine prices. c. How nonprofit organizations determine products. d. How nonprofit organizations determine promotion. e. How nonprofit organizations determine channels of distribution. f. Case studies of public goods marketing.	6. Problems, issues, normative models, and research concerning how nonprofit organizations should: a. Determine the marketing mix (social marketing). b. Make pricing decisions. c. Make product decisions. d. Make promotion decisions. e. Make packaging decisions. f. Make purchasing decisions. g. Make international marketing decisions (e.g., CARE) h. Organize their marketing efforts. i. Control their marketing efforts. j. Plan their marketing strategy. k. Apply systems theory to marketing problems.
MACRO	7. Problems, issues, theories, and research concerning: a. The institutional framework for public goods. b. Whether television advertising influences economics. c. Whether public service advertising influences behavior (e.g., "Smokey the Bear"). d. Whether existing distribution systems for public goods are efficient. e. How public goods are recycled.	8. Problems, issues, normative models, and research concerning: a. Whether society sholud allow politicians to be "sold" like toothpaste. b. Whether the demand for public goods should be stimulated. c. Whether "low informational content" political advertising is socially desirable (e.g., tensecond "spot" commercials). d. Whether the U.S. Army should be allowed to advertise for recruits.

Abb. 20: Forschungsfragen im Sektor des nicht-kommerziellen Marketing nach Hunt (1976)

Die verschiedenen Dichotomien bzw. Kategorien verweisen zugleich auf zentrale Aspekte im Feld der Forschungsziele und/oder in dem der Forschungsstrategie sowie Forschungsmethode und sind wie folgt zu interpretieren:

- Die Unterscheidung "positive / normative" bezieht sich einerseits auf die Beschreibung, Erklärung, Prognose und auf das Verstehen aktuell beobachtbarer Marketingaktivitäten, -prozesse und -phänomene (= positive marketing) (Hunt, 1976, S. 20); andererseits auf Vorschläge zur Gestaltung von Marketingaktivitäten, -prozessen und -phänomenen (= normative marketing (ebenda)). Hiermit sind zugleich etwa die im Blick auf die Forschungsziele, aber auch unter dem methodologischen Gesichtspunkt wichtigen Aspekte der Gewichtung und des Zusammenspiels wissenschaftlicher Aufklärung und Gestaltung oder konkret der Ausarbeitung einer Marketing-Theorie und -Technologie sowie Meta-Technologie angesprochen. Unabhängig davon, daß sich entlang dieser Fragen unterschiedliche Approaches formiert haben, sollte das Marketingkonzept freilich - nicht zuletzt im Lichte einer zweckmäßigen wissenschaftstheoretischen Grundposition, wie z.B. dem Kritischen Rationalismus - ein ausgewogenes Verhältnis sowie konsequentes Zusammenspiel wissenschaftlicher Aufklärung und Gestaltung realisieren (vgl. im einzelnen etwa Abel, 1977; Fritz, 1984).

- Die Unterscheidung "profit sector / non profit sector" stellt auf die eingangs schon kurz erwähnte Broadening-Diskussion und konkret auf die Frage ab, ob Marketingaktivitäten, -prozesse und -phänomene im Sektor kommerzieller Organisationen (profit sector) oder im Sektor nicht-kommerzieller Organisationen (non profit sector) untersucht werden.

- Die Unterscheidung "micro / macro" orientiert sich schließlich danach, auf welchem Aggregationsniveau Marketingaktivitäten, -prozesse und -phänomene untersucht werden: "Micro refers to the marketing activities of individual units, normally individual organizations (firms) and consumers or households. Macro suggests a higher level of aggregation, usually marketing systems (z.B. Distributionssysteme, A.d.V.) or groups of consumers" (ebenda). Hier klingt die im Zusammenhang mit der Erläuterung der Austauschperspektive angeschnittene Problematik einer Überwindung der Idee des fokussierten Aktors an, die wiederum relevant für ein gesellschaftsorientiertes Marketing-Forschungskonzept ist .

- **Zur Notwendigkeit einer Ausweitung des institutionellen Gegenstandsbereiches auf nicht-kommerzielle Organisationen**

Die Einbeziehung eines Marketing nicht-kommerzieller Organisationen gewinnt im Kontext der Entfaltung eines gesellschaftsorientierten Marketing-Konzepts unter mehreren Gesichtspunkten an Bedeutung. Zunächst schon allein unter dem Gesichtspunkt einer Überwindung einer einseitigen Interessenorientierung, insbesondere im Blick auf den Verwertungszusammenhang. Raffée und Specht (1974, 1976, 1981) plädieren hier für eine **interessenpluralistische Ausrichtung der Marketing-wissenschaft** und begründen diese inhaltliche Leitidee sowie die sich daraus zugleich ergebende **Leitidee einer gesellschaftsorientierten Rechtfertigung von Basiswerturteilen** ausführlich (vgl. auch Abel, 1977; Petri, 1977; Raffée, 1974, 1976, 1979, 1980). Wichtig ist hierbei nicht zuletzt auch die Tatsache, daß nicht-kommerzielle Organisationen innerhalb der Gesellschaft zentrale **Korrektur- und Ergänzungsfunktionen** wahrzunehmen haben (vgl. Raffée, 1979): Dies sowie gerade die in diesem Sektor vorliegenden Know-how-Defizite lassen die Ausklammerung eines nicht-kommerziellen Marketing aus dem Forschungsprogramm, aber auch eine unzureichende Bearbeitung dieses Forschungsfeldes als außerordentlich problematisch erscheinen (hierzu sowie zur Entkräftung verschiedener Einwände gegenüber einem solchen Broadening des Marketing vgl. Raffée/Wiedmann, 1983).

Unter dem Aspekt der Wahrnehmung einer Korrektur- und Ergänzungsfunktion gewinnt die Auseinandersetzung mit einem Marketing nicht-kommerzieller Organisationen ferner im Blick auf die Forschung auch im Feld des kommerziellen Marketing in vielfältiger Hinsicht an Bedeutung: z.b. ausgehend von kreativen Impulsen, die sich hieraus prinzipiell im Sinne unserer Leitidee eines interaktiven Programmpluralismus ergeben können, über die Analyse verschiedener Möglichkeiten einer gesellschaftsorientierten Steuerung kommerzieller Organisationen durch einen entsprechenden Einfluß seitens nicht-kommerzieller Organisationen bis hin zur Erarbeitung unterschiedlicher Kooperationskonzepte mit Bezug auf eine konzertierte Zielverwirklichung kommerzieller **und** nicht-kommerzieller Organisationen (vgl. Wiedmann, 1982).

• **Die Einführung unterschiedlicher Analyseperspektiven: Mikro-, Meso- und Makro-Perspektive**

Von den beiden zuletzt genannten Aspekten ergibt sich zugleich wiederum eine Verbindungslinie zurück zur **Micro-/Macro-Differenzierung** von Hunt. Tatsächlich handelt es sich hier um Forschungsfragen auf einem ganz anderen, höheren Aggregationsniveau. Allerdings geht es **nicht nur** um das **Aggregationsniveau**, sondern parallel dazu auch - nicht zuletzt mit Blick auf den bei der Entwicklung von Gestaltungsempfehlungen einzunehmenden Standpunkt - um die Perspektive, aus der Marketingaktivitäten, -prozesse und -phänomene **beurteilt** werden (sollen). Wir gehen deshalb von einem etwas anderen Konzept aus, bei dem drei Perspektiven unterschieden werden: die Mikro-, Meso- und Makro-Perspektive (vgl. Wiedmann, 1983a, 1989).

1. Bei der **Mikro-Perspektive** werden Marketingaktivitäten, -prozesse und -phäno-
mene aus dem Blickwinkel einzelner Marketingträger heraus analysiert, beurteilt und
im Anschluß daran konkrete Gestaltungsvorschläge erarbeitet.

2. Die **Meso-Perspektive** ist inhaltlich in gleicher Weise ausgerichtet, geht aber
entweder von übergeordneten Einheiten (z.b. Anbieterkoalitionen, Distributionssysteme) oder allgemeineren Problemen aus, die mit Hilfe des Einsatzes der
Marketingtechnologie einer Handhabung näher gebracht werden können.

3. Bei der **Makro-Perspektive** gilt es schließlich, die Brille der Gesamtgesellschaft
aufzusetzen. So ausgerüstet werden hier Marketingaktivitäten, -prozesse und
-phänomene aus gesamtgesellschaftlicher Sicht ausgeleuchtet und evaluiert. Vor
diesem Hintergrund sollen einerseits Vorschläge für Rahmenbedingungen
unterbreitet werden, nach deren Maßgabe das Marketinghandeln einzelner
Organisationen sowie übergeordneter Einheiten auszurichten ist (z.B. Vorschläge zur
Ausgestaltung einer öko-sozialen Marktwirtschaft); andererseits soll für die
Entwicklung von Gestaltungsvorschlägen auf der Meso- und Mikro-Ebene eine
Grundlage dafür geschaffen werden, eben nicht im herkömmlichen Sinne praktisch-
normativ, sondern in erster Linie gesellschaftspraktisch-normativ vorzugehen (zur
Illustration der auf der Makro-Ebene bislang kultivierten Forschungstraditionen vgl.
Abb. 21).

Zuletzt wurde bereits ersichtlich, daß Forschungsarbeiten, die unter dem Einfluß der
unterschiedlichen Perspektiven stehen, nicht unabhängig voneinander gesehen werden
sollten, sondern als Elemente eines interaktiven Forschungsprogramms. Auch hier ist die
Marketingwissenschaft zwar von der konsequenten Verwirklichung eines interaktiven
Programmpluralismus noch weit entfernt, dennoch läßt sich zeigen, daß zumindest
gelegentlich eine wechselseitige Befruchtung stattfindet. Exemplarisch hinzuweisen ist
etwa auf die Thematisierung verbraucherpolitischer Fragen sowohl auf der Meso- als
auch auf der Makro-Ebene, die bspw. zu Vorschlägen hinsichtlich der Berücksichtigung
verbraucherpolitisch orientierter Elemente im Rahmen der Ausgestaltung unternehmens-
bezogener Marketing-Managementkonzepte geführt haben (z.B. Installation von Verbraucherabteilungen, vgl. Hansen, 1982) oder auch eine zentrale Basis für die Ausarbeitung von Gestaltungsvorschlägen hinsichtlich eines Marketing verbraucherpolitischer Institutionen bildeten (84).

Unterschiedliche Forschungstraditionen auf der Makro-Ebene

1. Die volkswirtschaftliche bzw. wirtschaftspolitische Forschungstradition

Bei einer stark volkswirtschaftlich oder wirtschaftspolitisch orientierten Variante dieser Betrachtungsweise wird Marketing als gesellschaftlicher Prozeß verstanden, "wich exists to faciliate adjustment between aggregate production and aggregate desired consumption" (Rosenbloom, 1979, S. 641). Der Begriff Marketing kennzeichnet hier nichts anderes als die Prozeßdimension des wirtschaftlichen Strukturprinzips der Marktsteuerung (Marketing = Markttausch). Dieser in die 20er Jahre zurückreichende (vgl. Rosenbloom, 1979) und z.T. auch als Macromarketing bezeichnete Ansatz (vgl. die Übersicht bei Hunt/Burnett, 1982, S. 14) konzentriert sich im wesentlichen auf folgende Aspekte: Analyse des gesamten, sich über alle Wertschöpfungsstufen erstreckenden "Marketing-Systems", Analyse von Marketing-Funktionen und -Institutionen, Analyse der Effizienz und Effektivität der Erfüllung von Marketing-Funktionen durch einzelne Marketing-Institutionen sowie des Marketing-Systems insgesamt im Hinblick auf die Güterversorgung der Bevölkerung bzw. den Wohlstand einer Nation.

2. Die verbraucherpolitische Forschungstradition

Die zweite Variante knüpft im Kern unmittelbar an der ersten an, ist aber aufgrund ihrer spezifischen Ausrichtung eher als "verbraucherpolitische Variante" zu charakterisieren. Im Zentrum stehen folgende Aspekte: Analyse der Machtungleichgewichte zwischen Produzenten und Konsumenten, Identifikation der sich daraus ergebenden Negativwirkungen (Leib und Leben gefährdende Produkte, überzogene Preise, irreführende Werbung und Verpackung, Umweltverschmutzung als Konsequenz der Förderung problematischer Verhaltensmuster bei den Konsumenten etc.), Vorschläge hinsichtlich der Wahrnehmung einzelner Korrekturfunktionen (Verbraucherschutz, -bildung- und -information) durch verschiedene Institutionen (z.B. Verbraucherfremd- und -selbstorganisationen). Im Vergleich zu der zuvor skizzierten Variante einer Makro-Perspektive werden hier die Beziehungen zwischen Marketing und Gesellschaft insofern in einem umfassenderen Sinne ausgeleuchtet, als 1. Marketingwirkungen nicht allein aus einer gesamtwirtschaftlichen Sicht heraus beurteilt werden, sondern z.B. auch ökologische Gesichtspunkte Beachtung finden, 2. gesellschaftskritische Komponenten eine zentrale Rolle spielen, 3. das Spektrum relevanter "Marketing-Institutionen" durch die Einbeziehung politischer und sozio-kultureller Institutionen in Markttauschprozesse erheblich erweitert wird.

3. Die gesellschaftspolitische Forschungstradition

Den weitest möglichen Rahmen bietet schließlich die "gesellschaftspolitische Variante", die in verschiedenen Untervarianten vorliegt. Hinzuweisen ist zunächst auf einzelne Vorschläge zur Entwicklung einer Konzeption des Social Marketing und hier vor allem auf das Konzept von Levy/Zaltman (1975), die Marketing sowohl als Ursache als auch als Wirkung des sozialen Wandels und mithin als einen zentralen gesellschaftlichen Mechanismus bzw. als soziales Prinzip begreifen. Im Mittelpunkt stehen ausgehend davon die Analyse der engen prozessualen Zusammenhänge zwischen dem System der Wirtschaft und anderen gesellschaftlichen Teilsystemen sowie die Erfassung der dabei aufscheinenden Konfliktlinien.

Abb. 21: Forschungstraditionen auf der Makro-Ebene

Bevor die Leitidee einer gesellschaftspraktisch-normativen Marketinglehre noch etwas näher erläutert wird, ist darauf hinzuweisen, daß quer zu jenen Perspektiven, auf die wir in Abhängigkeit von unterschiedlichen Aggregations-, Interessens- sowie Evaluationsebenen gestoßen sind, weitere Perspektiven oder in diesem Zusammenhang u.E. treffender: Betrachtungsweisen oder Approaches zu unterscheiden sind, die in erster Linie darauf abheben, unter welchem inhaltlichen Gesichtspunkt die Marketingphänomene auf den verschiedenen Interessens- und Aggregationsebenen untersucht werden sollen. Wir haben dies in Abbildung 22 anzudeuten versucht.

	institutionenorientierte Betrachtungsweise	problemorientierte Betrachtungsweise	......
	Assessment- und Kontext-Approach aus gesamtgesellschaftlicher Sicht		
Makro-Ebene bzw. -Perspektive	Analysen, Evaluationen, Vorschläge mit Bezug auf Institutionen bzw. auf die institutionelle Umsetzung	Analysen, Evaluationen, Vorschläge mit Bezug auf die Lösung aktueller gesellschaftlicher Probleme (z.B. Handhabung der Öko-Krise)	
Meso-Ebene bzw. -Perspektive	Marketing Management Approach im Blick auf und aus dem Blickwinkel von übergeordneten Marketing-Systemen (Distributionssysteme, Anbietersysteme, Nicht-kommerzielle Marketing-Systeme)	Analysen, Evaluationen, Vorschläge mit Blick auf konzertiertes Marketing zur Bewältigung aktueller gesellschaftlicher Probleme (z.B. Kooperationsmuster eines Öko-Marketing)	- - - -
Mikro-Ebene bzw. -Perspektive	Marketing Management Approach aus dem Blickwinkel von einzelnen kommerziellen und nicht-kommerziellen Organisationen	Analysen, Evaluationen, Vorschläge mit Blick auf ein z.B. Öko-Marketing von kommerziellen oder nicht-kommerziellen Organisationen (aber etwa auch Technologie-Marketing)	- - - -

Abb. 23: Vereinfachter Orientierungsrahmen zur Einordnung verschiedener Marketing-Approaches
Anmerkung: Neben den genannten "Betrachtungsweisen" lassen sich weitere anführen (z.B. funktionenorientierte Betrachtungsweise).

Der in Abbildung 22 stark vereinfacht vorgestellte Orientierungsrahmen ermöglicht es nun einerseits, unterschiedliche Marketing-Approaches systematisch einzuordnen, die bislang noch eher "in der Luft hingen" - ein Aspekt, der uns hier allerdings zunächst weniger interessieren soll. Andererseits läßt sich zugleich - und dies ist für unsere Überlegungen von besonderer Bedeutung - die Grundstruktur eines gesellschaftsorientierten Marketing verdeutlichen, bei dem u.a. die **Idee des fokussierten Aktors konsequent zugunsten einer multi-perspektivischen Analyse überwunden wird** (**meta-theoretische Leitidee der interessenpluralistischen Mehrebenen-Betrachtung**).

Bemerkenswert ist, daß zumindest die **Idee einer "Mehrebenen-Betrachtung"** (Mikro-, Meso- und

Makroebene) unter Hinweis auf Ackoff (1972 u. 1981) und Drucker (1980 u. 1987) auch von Dyllick (1982) als Grundlage einer erweiterten, damals noch nicht als gesellschaftsorientiert bezeichneten Managementlehre bzw. Betriebswirtschaftslehre vorgeschlagen wird. Allerdings ist dort der interessenpluralistische **Evaluierungsaspekt** weniger elaboriert. Ferner werden insofern etwas andere Akzente gesetzt, als es sich zugleich um Betrachtungsebenen handelt, die im Rahmen des unternehmerischen Management Beachtung finden sollen, worauf erst beim Entwurf unseres gesellschaftsorientierten Führungskonzepts noch kurz einzugehen sein wird. Anzumerken bleibt noch, daß Dyllick leider die im anglo-amerikanischen Raum schon damals sehr intensiv geführte Diskussion zum Thema "Makro-Marketing" nicht entsprechend gewürdigt hat, die sich nicht nur, wie z.B. bei Hunt, allein auf ein hohes Aggregationsniveau der Analyse von Marketingaktivitäten, -prozessen und -phänomenen bezog, sondern gerade auch den Evaluierungsaspekt in besonderer Weise berücksichtigte und ihren Niederschlag auch in der Herausgabe eines Journal of Macro Marketing gefunden hatte.

• **Die Leitidee einer gesellschaftspraktischen Betriebswirtschaftslehre**

Die Idee einer interessenpluralistischen Mehrebenen-Betrachtung ist zugleich zentral für die Akzentuierung von **Forschungszielen** im Kontext eines gesellschaftsorientierten Forschungsprogramms. Anders als im Mainstream der Marketingwissenschaft üblich, sollte man sich nicht - wie schon verschiedentlich erwähnt - an der herkömmlichen Leitvorstellung einer praktisch-normativen Betriebswirtschaftslehre orientieren, sondern an der **Leitidee einer gesellschaftspraktischen Betriebswirtschaftslehre** oder präziser: gesellschaftspraktisch-normativen Betriebswirtschaftslehre. Konkret hat sich dies etwa darin niederzuschlagen, daß nicht allein die Interessen, Werte und Ziele der Unternehmenspraxis oder auch der Praxis nicht-kommerzieller Organisationen jeweils zum Ausgangspunkt entsprechender Gestaltungsvorschläge oder sog. technologischer Transformationen gemacht werden. Im Gegensatz dazu sollten Gestaltungsvorschläge in erster Linie aus Interessen, Werten und Zielen der Gesellschaft abgeleitet werden, die entweder auf dem Wege empirischer Analysen erhoben, oder im Rahmen realisierbarer Utopien, die auf die Erhöhung der aktuellen und künftigen Lebensqualität in toto abstellen, gewonnen wurden. Eine solche "strategische Stoßrichtung" **deutet** sich insbesondere in der anglo-amerikanischen "Marketing and Quality of Life"-Diskussion an, wurde aber bereits auch von Raffée et al. eingefordert - wenn auch mit etwas differierenden Akzenten zu unserer Leitvorstellung (85).

So unmittelbar einsichtig die Leitidee einer gesellschaftspraktischen Marketinglehre auch vielleicht sein mag, so schwierig ist ihre adäquate Umsetzung infolge eines immensen Interessenpluralismus. Weniger problematisch als die Entscheidung darüber, welchen Interessen, Werten und Zielen nun gerade im Konfliktfall der Vorzug gegeben wird, erscheint uns hierbei die Erfassung der unterschiedlichen Interessen, Werte und Ziele der verschiedensten Gesellschaftsmitglieder (incl. jener von morgen). Hier muß zunächst auf der Ebene der Forschungsphilosophie das aus der Tradition der Neoklassik und bestimmten Spielarten des Liberalismus übernommene, dann mitunter zwar kritisierte, letztlich aber doch nie konsequent genug überwundene **Paradigma der gesellschaftlichen Interessenharmonie** ("kommunistische Fiktion"; vgl. jüngst auch Späth, 1986, der die Fiktion einer **Versöhnungsgesellschaft** aufgestellt hat) durch ein anderes, realistischeres Paradigma ersetzt werden (86).

Freilich darf nun nicht ins krasse Gegenteil verfallen und auch überall dort ein Konflikt unterstellt werden, wo de facto ein sinnvoller Ausgleich der Interessen möglich ist. Zweckmäßig erscheint uns hier ein bereits an anderer Stelle angedeutetes **Bild einer "konfliktfähigen Versöhnungsgesellschaft"**, die zwar prinzipiell auf Interessen-ausgleich ausgerichtet ist, hierbei jedoch bestehende Konflikte nicht übersieht, herunterspielt oder sich vorschnell auf faule bzw. langfristig wenig zweckdienliche Kompromisse einläßt, sondern Konflikte konsequent austrägt (vgl. Raffée/Wiedmann, 1987b). Angesichts der gegenwärtigen Situation handelt es sich bei diesem normativen paradigmatischen Beschreibungsmodell, das wir später noch konkreten Gestaltungs-vorschlägen hinsichtlich eines gesellschaftsorientierten Marketing von Unternehmen zugrunde legen und damit etwas schärfer zeichnen werden, sicherlich um eine nicht ganz einfach zu verwirklichende Utopie. Dem Prinzip Hoffnung folgend erscheint eine "konfliktfähige Versöhnungsgesellschaft" jedoch grundsätzlich möglich und sollte gerade auch z.B. durch unternehmensbezogene Gestaltungsvorschläge seitens der Marketinglehre mit in ersten robusten Schritten zu realisieren versucht werden.

Erforderlich ist es hierzu u.a. aber auch, insbesondere jene Organisationen der nicht-kommerziellen Praxis aktiv zu unterstützen, die eine Korrekturfunktion gegenüber dem kommerziellen Sektor auszufüllen haben (z.B. umwelt- und verbraucherpolitische Institutionen). Dies in zweierlei Hinsicht: Zum einen, damit durch den konsequenten und unmittelbar problemorientierten Transfer von sozialtechnologischem Know-how Machtungleichgewichte ausgeglichen werden. Zum anderen aber bspw. im Sinne einer gesellschaftspraktischen Gestaltungslehre, bei der auch bei solchen nicht-kommerziellen Organisationen darauf hingewirkt wird, daß nicht einseitige Interessen "ohne Rücksicht auf Verluste" durchgesetzt werden und mithin eine gesamtgesellschaftliche Betrachtungsweise zu kurz kommt (im einzelnen dazu vgl. Wiedmann, 1988).

Im vorliegenden Zusammenhang spielt ein Teilprogramm des Marketing-Konzepts eine zentrale Rolle, das als **Sozio-Marketing Approach** bezeichnet werden kann und von uns anknüpfend, an zahlreiche Forschungstraditionen der Marketingwissenschaft als **integriertes Teilforschungsprogramm** konzipiert wurde, bei dem es um die

Auseinandersetzung mit einem Marketing für aktuelle soziale Ziele geht (87). Dies in einem ersten Schritt allein **problemorientiert**: welche Maßnahmen sind z.B. grundsätzlich erforderlich, um aktuelle Unterversorgungslagen wie Obdachlosigkeit, Hunger etc. oder gerade die Umweltproblematik einer Handhabung näher zu bringen. In einem zweiten Schritt ist dann näher zu analysieren, welche kommerziellen oder nicht-kommerziellen **Sozio-Marketingträger** in Betracht kommen, wie diese im Hinblick auf ihre Problemslösungsfähigkeit und -willigkeit zu beurteilen sind, welche Kooperationen zwischen unterschiedlichen kommerziellen und nicht-kommerziellen Organisationen in Betracht kommen und wie diese auszugestalten sind usw. (vgl. knapp Raffée/ Wiedmann, 1982, 1991; ausführlich Raffée/Wiedmann/Abel, 1983; Wiedmann, 1982).

Obwohl dieser **Sozio-Marketing-Approach** eines der zentralen Teilprogramme einer gesellschaftsorientierten Marketing-Konzeption darstellt, deckt er jedoch nicht deren gesamtes Forschungskonzept ab. Sozio-Marketing ist zunächst allein auf die Bewältigung **aktueller** gesellschaftlicher Probleme ausgerichtet und betrachtet den Einsatz der Marketing-Technologie durch einzelne Institutionen allein unter diesem Gesichtspunkt. Im Gegensatz dazu greift etwa ein gesellschaftsorientiertes **Marketing-Managementonzept** kommerzieller wie auch nicht-kommerzieller Unternehmen weiter, indem hier das gesamte Zielsystem der betreffenden Organisationen sowie nicht nur einzelne aktuelle gesellschaftliche Probleme, sondern die jeweils für die fokussierte Organisation insgesamt charakteristische Problemsituation im Zentrum der Betrachtung steht. Ferner werden etwa einzelne Sozio-Marketingfälle auf der Makroebene jeweils aus einer gesamtgesellschaftlichen Perspektive heraus evaluiert (z.B. Assessment einzelner Spielarten eines Öko-Marketing). Das Ergebnis einer solchen Evaluation fließt dann natürlich in gesellschaftspraktische Gestaltungsvorschläge zu einem Sozio-Marketing ein. Während der Sozio-Marketingapproach die Nutzung der Marketing-Technologie und Meta-Technologie pointiert, stellt das **gesellschaftsorientierte Marketing-Forschungskonzept** den umfassenden Forschungsrahmen und speziell ein gesellschaftsorientiertes Marketing-Managementkonzept einen spezifischen Ansatz zur Ausgestaltung einer umfassenden Führungskonzeption von kommerziellen und nicht-kommerziellen Organisationen dar.

Unsere Darlegungen zum Forschungsobjekt und zu den Forschungszielen sowie zu den in diesem Kontext zu thematisierenden Approaches decken selbstverständlich nur z.T. das für den Marketingansatz charakteristische Leitideensystem ab. Wir haben uns hier lediglich auf jene Aspekte konzentriert, die künftig wesentlich das Verständnis einer gesellschaftsorientierten Marketinglehre bestimmen sollten.

3.2.3.2. Methodologische Leitideen - Einige Bemerkungen aus der Sicht des gesellschaftsorientierten Marketing-Konzepts

Was verschiedene methodologische Leitideen anbelangt, die im Forschungsprogramm des Marketingansatzes die konkret verfolgten Forschungsstrategien und -methoden steuern, so wollen wir nicht versuchen, die jeweils eingeschlagenen Richtungen nachzuzeichnen. Es ist vielmehr unmittelbar der Frage nachzugehen, welche methodischen bzw. methodologischen Leitideen künftig die Marketingwissenschaft prägen sollten.

Unsere Position weicht hier allerdings nicht wesentlich von jener ab, die u.a. in zahlreichen Werken von Raffée sowie Abel, Fritz und Petri im Anschluß an den Kritischen Rationalismus bzw. einzelnen Erweiterungen dieser wissenschafts-theoretischen Grundkonzeption für die Marketingwissenschaft proklamiert (88) und von Fritz (1984) bspw. konkret im Rahmen eines empirisch angelegten Forschungsprojekts umgesetzt und hinsichtlich ihrer Leistungsfähigkeit beurteilt wurde. Einen Überblick über die verschiedenen methodologischen Leitideen vermittelt Abbildung 23. Zur Erläuterung einzelner Leitideen und deren Ableitung aus basalen wissenschafts-philosophischen Denkmodellen sei auf die genannte Literatur verwiesen.

Im Blick auf die verschiedenen methodologischen Leitideen erscheinen aus dem Blickwinkel eines gesellschaftsorientierten Marketing-Konzepts lediglich einige wenige flankierende Bemerkungen und teilweise Modifikationen erforderlich, die wir in geraffter Form hier anbringen wollen:

Propensitäts-Idee
Zulassung stochastischer und tendenzieller Gesetzeshypothesen bei
deduktiv-nomologischen Erklärungen (Propensitäts-Erklärung)

Prinzip des liberalen methodologischen Individualismus
prinzipiell sind soziale Phänomene durch das Verhalten der beteiligten Individuen erklärbar; aus forschungspragmatischer Sicht ist
eine Betrachtung von Organisationen o.ä. als Entscheidungsträger
dennoch zulässig (Quasi-Handeln)

Idee der problemabhängigen Erklärungstiefe
Beschränkung der Tiefe angestrebter Erklärungen auf das für die jeweilige
Fragestellung erforderliche Niveau (z.B. Erklärung eines sozialen Phänomens
durch kollektives Quasi-Handeln statt durch Handlungen von Individuen)

Idee des theoretischen Pluralismus
Verwendung konkurrierender Theorien zur Erklärung eines
sozialen Sachverhalts (Idee eines Theorienwettbewerbs)

Prinzip der Wertfreiheit
Verzicht auf die Abgabe von Werturteilen im empirischen
Aussagenzusammenhang

Prinzip des pragmatischen Pluralismus
Berücksichtigung verschiedener Interessenlagen bei der Formulierung technologischer Aussagen (Prinzip der Unparteilichkeit)

Abb. 23: Überblick über methodologische Leitideen

1. Zunächst erscheint es erforderlich, die **Idee des theoretischen Pluralismus** etwas weiter zu fassen und nicht allein auf den Rekurs auf unterschiedliche Theorien im Rahmen einzelner Erklärungsversuche zu beziehen. Nicht nur hier erweist sich die pluralistische Position als zweckmäßig, sondern auch mit Bezug auf alle anderen Felder und Ebenen des Forschungssystems der Marketingwissenschaft. Dies ging aus den vorstehenden Darlegungen bereits verschiedentlich - explizit oder implizit - hervor. So ist zunächst etwa für einen konsequenten "**intrakonzeptionellen Programmpluralismus**" zu plädieren, nach dessen Maßgabe innerhalb der Marketingwissenschaft im Dienste des Erkenntnisfortschritts

- mehrere Ziele gleichzeitig verfolgt werden (**Leitidee des Interessenpluralis-mus** bzw. des "pragmatischen Pluralismus" {89}), aber auch unterschiedliche Aufgaben im Feld der Aufklärung und Gestaltung wahrzunehmen sind, wie wir sie zuvor im Rahmen unserer Mehrebenenbetrachtung zu veranschaulichen versucht hatten (**Leitidee eines** - wenn man so will - "**Aufgabenpluralismus**"),

- **mehrere Methoden** gleichzeitig zum Einsatz gelangen (z.B. realtheoretische
  Modellanalysen im Sinne der von Abel (1979) propagierten Leitidee eines Denkens
  in theoretischen Modellen, axiomatisch-deduktive Modellanalysen, fallstudien-
  bezogene Modellanalysen, "laientheoretische Modellanalysen", verstehende bzw.
  konstruktive Modellanalysen bis hin zu Methoden der Aktionsforschung, Methoden
  der Mustererkennung u.ä.m., die in unterschiedlichen Zusammenhängen aus-
  getestet und - soweit jeweils prinzipiell tragfähig - weiterzuentwickeln versucht
  werden = **Leitidee des methodologischen Pluralismus**),

- der "paradigmatische Provinzialismus" (Anderson, 1985) konsequent überwunden
  wird, indem immer mehrere Paradigmen gleichzeitig zu berücksichtigen versucht
  werden, also konkret etwa im Marketingansatz: Austauschbeziehungen nach
  Maßgabe unterschiedlicher Paradigmen oder "Perspektiven" (Dachler, 1988)
  ausgeleuchtet werden (Austauschbeziehungen lassen sich so etwa - wie z.T. schon
  erwähnt - im Sinne der mikro-ökonomischen Weltsicht, der Weltsicht der Neuen
  Politischen Ökonomie oder etwa als Macht-/Konfliktaustragungsprozesse, als
  Lernprozesse etc. sehen) (= **Leitidee des paradigmatischen Pluralismus**).

Daß ein solcher sich jeweils aus den unterschiedlichen Aspekten rekrutierender
Programmpluralismus eine systematisch aufeinander abgestimmte **Kombination
aus dem Konkurrenz- und dem Kooperationsprinzip** und mithin eine etwas
andere Sicht der Pluralismusposition verlangt, um eine wechselseitige Befruchtung
durch unterschiedliche Teilprogramme auch tatsächlich sicherzustellen, hatten wir in
Abschnitt 3.1.3. schon näher erläutert und dann zwischenzeitlich immer wieder
angeschnitten. Als Basis der Entfaltung eines neuen Selbstverständnisses im
Spannungsfeld zwischen Konkurrenz und Kooperation bedarf es bereits - dies war
ebenfalls schon zu erkennen - mehr Klarheit darüber, wie die unterschiedlichen
Approaches untereinander zusammenhängen, auf welchen Dimensionen die
relevanten Unterschiede jeweils anzusiedeln sind und in welcher Weise aus einer
vergleichenden Analyse Nutzen für einen Erkenntnisfortschritt zu ziehen ist. Konkrete
Überlegungen in diese Richtung sind im Rahmen der methodologischen
Grundlagendiskussion im allgemeinen, in der im Marketing im besonderen noch nicht
zu erkennen.

2. Das im Kritischen Rationalismus angelegte und teilweise in der Marketinggrundlagenreflexion erweiterte **Wertfreiheitspostulat** im Blick auf Werturteile im
   Aussagenbereich muß ständig einer Überprüfung unterzogen werden (vgl. ergänzend
   unsere Ausführungen zur Notwendigkeit gesellschaftlich legitimierter bzw. legitimier-

barer Basiswerturteile). Hierbei gilt es u.a. zu prüfen, ob und ggf. inwieweit man sich doch stärker auf den etwa schon Nicklisch beschrittenen Pfad einer bekennenden Betriebswirtschaftslehre begeben sollte oder zumindest, welche anderen tragfähigeren Alternativen hier in Betracht kommen (Good reasons approach etc.).

Zwar **lehnen** wir aus unserer bisherigen Sicht **subjektive Werturteile** im Aussagenzusammenhang **ab**, sehen **aber** im **Konzept einer ethisch- und gesellschaftspraktisch-normativen** Betriebs- und speziell Marketinglehre einen geeigneten Weg, um dennoch zu präskriptiven Aussagen zu gelangen. Die Grundidee dieses Konzepts läßt sich wie folgt skizzieren:

- Identifikation relevanter ethischer Werte und Normen vor dem Hintergrund unterschiedlichster Ethiktheorien (theoretisch-deduktive Analyse) sowie Erfassung der Bedeutung unterschiedlicher Werte und Normen innerhalb der Gesellschaft im Wege empirischer Forschung (empirisch-induktive Analyse),

- Analyse der Beziehungen zwischen den theoretisch-deduktiv und empirisch-induktiv ermittelten Werte- und Normensystemen (Konfliktaritäts- und Kompatibilitätsanalysen), Identifikation unterschiedlicher Typen von Wert- und Normensystemen (insbesondere Konträrtypen),

- Entwicklung von Gestaltungsvorschlägen vor dem Hintergrund der identifizierten Wert- und Normensysteme, Analyse der Abweichungen in den jeweiligen Gestaltungsvorschlägen und Identifikation der "kritischen Gestaltungsvariablen",

- Prognose der mit einzelnen Gestaltungsvarianten verbundenen Wirkungen auf die Lebensqualität (Durchführung von Assessmentstudien auf der Basis von Sozialindikatorensystemen) und Identifikation der Abweichungen in den prognostozierten Auswirkungen,

- Initiierung öffentlicher Diskurse über die Akzeptanz unterschiedlicher Gestaltungsmaßnahmen vor dem Hintergrund der erfaßten Wirkungen.

3. Das etwa von Fritz (1984, S. 107 - 115) herausgestellte **Prinzip des liberalen methodologischen Individualismus** und die im Anschluß daran formulierte **Idee einer problemabhängigen Erklärungstiefe** deckt sich mit unserer Position. Gerade bei der Analyse gesellschaftlicher Zusammenhänge wird es in der Tat nicht immer nötig und zudem möglich sein, die sie prägenden Verkettungen individuellen Handelns im einzelnen nachzuvollziehen bzw.

historisch zu rekonstruieren.

Trotz aller Liberalität - der wir uns nicht nur im methodologischen Sinne verpflichtet fühlen - stellt sich aber vor allem im Blick auf managementbezogene Teilprogramme dennoch die Frage, ob und ggf. inwieweit nicht gerade hier Liberalität reduziert werden muß. Auch komplexe gesellschaftliche Sachverhalte, die es etwa im Wege eines gesellschaftsorientierten Marketing kommerzieller wie auch nicht-kommerzieller Organisationen zu gestalten gilt, lassen sich jeweils nur über den Einfluß auf Individuen verändern. Je nach dem, welchen Stellenwert technologische Aussagen im Gesamtkonzert der Forschungsprogramms einnehmen, wird es u.U. erforderlich sein, komplexe gesellschaftliche Sachverhalte - und sei es auch nur im Wege der Mustererkennung - auf Verkettungen individuellen Handelns zurückzuführen. Ansonsten erscheint die Nutzbarkeit theoretischer Modelle für die Generierung technologischer Aussagen gefährdet.

Das bislang Gesagte sollte keinesfalls dahingehend mißverstanden werden, daß die Marketinglehre nunmehr im Rahmen der verhaltenswissenschaftlichen Fundierung ihrer theoretischen Modelle allein auf Erkenntnisse der Psychologie oder Sozialpsychologie zurückgreifen soll. Im Gegenteil: Es ist - dies klang schon an - im Lichte eines gesellschaftorientierten Marketing-Konzepts sogar geradezu eine conditio sine qua non, sich stärker gegenüber soziologischen, politologischen und anderen, gesellschaftliche Zusammenhänge erforschenden Disziplinen zu öffnen. Zu verlangen ist aber, daß in einem managementorientierten Forschungsprogramm danach gestrebt wird, die auf dieser Basis ausgeleuchteten und in theoretischen Modellen repräsentierten gesellschaftlichen Zusammenhänge im Rahmen einer Mehrebenenanalyse auf individuelle Verhaltensmuster zurückzuführen (140), die in betrieblichen Kontexten letztlich Gegenstand eines Management interner und externer Austauschbeziehungen sind. Hier hört die Liberalität auf und muß in der Tat die Leitidee einer problemabhängigen Erklärungstiefe das Denken und Handeln prägen.

4. Stärker noch als dies bislang im Rahmen der Marketinggrundlagenreflexion a potiori üblich ist, betonen wir den zentralen Stellenwert der **Leitidee situativer Relativierung.** Zu denken ist hierbei nicht allein an die konkrete Ausformung dieser Leitidee im situativen Ansatz der Betriebswirtschaftslehre, sondern wesentlich gerade auch an die **Idee der Propensitäts-Erklärung,** die auf Popper zurückgeht und von Fritz (1984) für den Marketingansatz fruchtbar gemacht wurde. Bei einer weiteren Ausformulierung dieser Idee ist ferner auch an

das **feldtheoretische Konzept** von Lewin zu denken. Die Leitidee situativer Relativierung wird später und dann auch in konkreteren Argumentationszusammenhängen noch mehrfach anzusprechen sein und soll deshalb hier nicht weiter vertieft werden. Es sei lediglich global vorweggenommen, daß wir diese Idee gerade im Sinne einer praktischen Leitidee ausarbeiten werden (vgl. Kapitel 4).

Der zuletzt angesprochene Sachverhalt, daß die Idee der situativen Relativierung später im Sinne einer praktischen Leitidee noch ausgearbeitet werden soll, verdient im Kontext allgemeiner Erwägungen Aufmerksamkeit. Grundsätzlich ist u.E. nämlich zu betonen, daß methodologische Leitideen nicht allein als Orientierungseinrichtung für die Theorie, sondern - ggf. mutatis mutandis - als Aspiranten für die Position technologischer sowie meta-technologischer Leitideen in Betracht kommen und in diesem Sinne als mehr oder weniger unmittelbar praxisrelevante Leitideen zu begreifen sind, die sich als Basis für die Formulierung von Unternehmensphilosophien eignen (vgl. nochmals Abb. 10 und die dort zwischen den verschiedenen Aussagenfeldern angedeuteten Beziehungen). Vielleicht sind solche aus der Wissenschaftsphilosophie abgeleiteten Leitideen sogar wichtiger als solche, die etwa im Wege einer vorwiegend noch dataistisch angelegten empirischen Erfolgsfaktorenforschung gewonnen wurden. Dies bedeutet allerdings nicht, daß solche deduzierten Leitideen nicht auch einer kritischen Prüfung im Zuge der Konfrontation mit der Realität zu unterwerfen sind und hierbei dem Risiko des Scheiterns ausgesetzt sind. Anzumerken bleibt sicher auch, daß es durchaus theoretisch fundierte Studien der empirischen Erfolgsfaktorenforschung gibt bzw. künftig geben wird (vgl. z.B. Fritz, 1991).

Exemplarisch sei darauf hingewiesen, daß die Position des methodologischen Individualismus u.U. Ausstrahlungseffekte auf die anderen Felder des Aussagensystems der Marketinglehre haben kann. Zu fordern wäre demnach, daß nicht allein im Blick auf die Marketing-Theorie eine **individualistische Position** einzunehmen ist, sondern **auch mit Bezug auf die Marketing-Technologie sowie Meta-Technologie.** Im Sektor der Marketing-Technologie könnte man dann von einem **technologischen bzw. pragmatischen Individualismus** sprechen und konkret u.a. die Forderung erheben, daß bei allen Aktivitäten zunächst an das einzelne Individuum zu denken ist. Dies schließt als Leitprinzip keinesfalls eine Zielgruppenorientierung aus, die ihren konkreten Niederschlag im Strategiekonzept der Marktsegmentierung findet; wohl aber wird gefordert, daß entsprechende Gruppierungen erst nach eingehender Prüfung vorgenommen und bspw. die jeweiligen Gruppenmitglieder (bzw. besser: Mitglieder der gebildeten sozialen Kategorie) niemals nur in ihrer Rolle als Gruppenmitglieder, sondern nach wie vor als für sich besondere Menschen gesehen werden.

Dies klingt sicherlich banal. Daß es in praxi aber häufig solche Banalitäten sind, die in Vergessenheit geraten und deren mangelnde Beachtung letztlich zu erheblichen Problemen führt, ließe sich nun anhand zahlreicher Beispiele demonstrieren. Exemplarisch sei indessen lediglich kurz darauf hingewiesen, daß etwa Gassert (1984) als damaliger Vorstandsvorsitzender der BBC die "Vernachlässigung des psychologischen Faktors" im Zusammenhang mit der öffentlichen Diskussion um Kernkraftwerke frei eingestanden und als zentrales Versäumnis herausgestellt hat.

Im vorliegenden Zusammenhang läßt sich schließlich eine Brücke zu ethischen Grundpositionen schlagen, wonach der Mensch niemals nur als Objekt, sondern immer als eigenständiges Subjekt zu betrachten ist (90). In diesem Kontext betrachtet kann der Forderung nach einer individualistischen Perspektive der Charakter einer meta-technologischen Leitidee zugeschrieben werden, von der aus sich dann wiederum durchaus Verbindungslinien zu der von Schanz eingeführten konkreteren Idee der Freiheitssicherung bzw. Sicherung individueller Freiheit herstellen ließe.

Dem Zusammenspiel von Leitideen aus unterschiedlichen Aussagenfeldern des Marketingansatzes kommt ferner im Verhältnis von Marketing-Theorie und -Technologie eine zentrale Stellung zu und soll im folgenden bei der Skizze einiger zentraler theoretischer und technologischer Leitideen weiter verdeutlicht werden. Was insbesondere die verschiedenen theoretischen Leitideen anbelangt, so gilt - ähnlich wie für die methodologischen Leitideen, daß diese - einzeln besehen - keinesfalls als eigenständige Erfindung der Marketingwissenschaft zu begreifen, sondern auch in anderen Forschungstraditionen anzutreffen sind - teilweise dort entwickelt wurden. So korrespondieren die theoretischen Leitideen sehr eng mit jenen, die im betriebs-wirtschaftlichen Bereich etwa insbesondere Schanz als Grundlage seines verhaltens-theoretischen Programms akzentuiert hat. Entscheidend ist jeweils die Art und Weise der Einbindung solcher Leitideen in ein spezifisches Forschungsprogramm sowie deren u.U. spezifische Interpretation innerhalb dieses Programms.

3.2.4. Theoretische und technologische Leitideen

3.2.4.1. Das Gratifikations- und das Kapazitätsprinzip als Grundlage und Ansatzpunkte zur weiteren Präzisierung theoretischer Leitideen

3.2.4.1.1. Die individualistische Position und das Law of Exchange als Ausgangspunkte

Der wissenschaftliche Erkenntnisprozeß bzw. die Suche nach neuen Erkenntnissen und allgemeinen Gesetzmäßigkeiten findet nicht in einem Vakuum statt, sondern knüpft an überlieferten Problemen und Theorien an (Albert, 1965; Popper, 1972); "diese bilden einen Bezugsrahmen für Erwartungen und allgemeine Orientierungen" (Schanz, 1977, S. 66) und können entweder als mehr oder weniger schwer zugängliches Hintergrundwissen vorhanden oder explizit als **theoretische Leitideen** formuliert sein. Die explizite Formulierung theoretischer Leitideen, in denen wissenschaftliche Erkenntnisse und Erfahrungen in komprimierter Form niedergelegt sind, gewinnt umso mehr an Bedeutung, je vielfältiger und verschiedenartiger die Erfahrungen und Erkenntnisse sind. Die jeweiligen Leitideen sind dabei als vereinfachende Heuristiken oder Forschungsdirektiven zu begreifen, die die Suche nach Erkenntnissen erleichtern und anleiten sollen; sie durchziehen jeweils den gesamten Erkenntnisprozeß im Sinne allgemeiner "Orientierungshypothesen", d.h. allgemein gehaltener Postulate, "die auf Typen von Variablen hinweisen, die irgendwie zu berücksichtigen sind" (Merton, 1957, S. 88; zit. nach Opp, 1976, S. 294).

• **Verhaltenswissenschaftliche Öffnung im Kontext der Postion des methodologischen Individualismus als Hintergrund**

Orientiert man sich an der meta-theoretischen **Leitidee des methodologischen Individualismus**, so liegt es nahe, bei der Erklärung von Austauschbeziehungen und -prozessen innerhalb der Marketing-Theorie auf allgemeine verhaltenswissenschaftliche Erkenntnisse und Annahmen über menschliches Verhalten sowie über die dieses Verhalten hervorbringenden und beeinflussenden Faktoren zurückzugreifen. Obwohl die **verhaltenswissenschaftliche Öffnung** gerade auch der Marketinglehre immer wieder Gegenstand heftiger Kritik war (91), überrascht es insofern nicht, daß der Versuch, Marketing-Handeln durch grundlegende verhaltenstheoretische Annahmen zu fundieren, inzwischen schon auf eine gewisse Tradition zurückblicken kann (92).

• **Das "Law of Exchange" als Ausgangspunkt**

Den Grundstein zur verhaltenswissenschaftlichen Öffnung der Marketinglehre legte bereits sehr früh Alderson (1957, 1965), indem er das sog. **"Law of Exchange"** (Austauschgesetz, Interaktionsparadigma) als **Basis einer Theorie des Marketing** proklamierte. Damit konnte nicht nur an der ökonomischen Denktradition angeknüpft werden, in der die Austauschidee eigentlich seit dem Entstehen der Nationalökonomie eine zentrale Rolle spielt (93), sondern auch an allen anderen Forschungstraditionen, die in irgend einer Weise die Austauschidee aufgegriffen und im Rahmen ihrer Problemexplikationen sowie Problemlösungsbemühungen ausgearbeitet haben. Wir hatten zuvor bereits darauf hingewiesen, daß solche Forschungstraditionen weit über den Bereich der Verhaltens- bzw. Sozialwissenschaften hinausgreifen (3.2.2.3.1.). Dennoch war es vor allem die sozialwissenschaftliche Forschungstradition der Austauschtheorie, die ausgehend von Alderson für die Marketing-Theorie fruchtbar zu machen versucht wurde (94).

In seiner allgemeinen Form hebt das von Alderson formulierte **Law of Exchange** darauf ab, daß Austauschprozesse im allgemeinen, die des Marketing im besonderen sich im Kontext des Strebens nach Belohnungen und der Vermeidung von Bestrafungen vollziehen und mithin nur dann stattfinden, wenn ein Austausch für die involvierten Parteien wechselseitig von Vorteil ist (95). Dieses allgemeine Austauschgesetz wurde im anglo-amerikanischen Sprachraum von zahlreichen Marketingwissenschaftlern aufgegriffen und unter Rekurs auf die im sozialwissenschaftlichen Bereich etwa von Homans, Blau, Scott et al. entwickelten Hypothesensysteme ausdifferenziert, um zu einer elaborierten Basistheorie des Marketing zu gelangen (96). Zwar weisen diese Bemühungen in die richtige Richtung, allerdings vermag der Stand der Entwicklung einer Basistheorie des Marketing u.a. insofern noch nicht zu überzeugen, als die entwickelten Systeme an Grundhypothesen letztlich doch zu wenig ausgearbeitet und zumeist zu formal angelegt sind (97).

Bemerkenswert ist immerhin aber, daß etwa Kotler (1972) und vor allem Bagozzi (1974, 1975, 1979) in ihren Arbeiten das von Alderson formulierte Austauschgesetz bzw. die mit diesem verbundene Betrachtung von Austauschbeziehungen in einigen Punkten wesentlich erweitert haben. Wir sind hierauf bereits bei der Definition unserer weiten Austauschperspektive gestoßen, die zugleich eine wichtige Basis für die Bestimmung des Objektbereichs der Marketingwissenschaft bildete. Hinzuweisen ist insbesondere darauf, daß

1. **nicht immer** eine "**wechselseitige Reziprozität**" vorliegt, also ein Austausch wechselseitig von Vorteil sein und mithin eine "**quid pro quo-Mentalität**" vorliegen muß, sondern etwa unter Einbeziehung des Zeitfaktors sowie komplexer multilateraler Austauschbeziehungen auch andere Reziprozitätsmuster denkbar sind,

2. ein Austausch **keineswegs immer von Vorteil** für die involvierten Parteien sein muß, sondern u.U. auch von Nachteil sein kann und wir es generell mit positiven, negativen oder wertneutralen Tauschobjekten zu tun haben (98).

Um diese auch in der allgemeinen sozialwissenschaftlichen Austauschtheorie zu wenig beachteten Erweiterungen theoretisch ausfüttern zu können, bietet es sich an, an noch allgemeineren Annahmen zielorientierten menschlichen Tuns anzuknüpfen und ausgehend davon dann zentrale theoretische Leitideen zu formulieren. Ein Rekurs auf solche allgemeineren Annahmen erscheint ferner zweckmäßig, um bei der Entwicklung theoretischer Modelle systematisch über die von Austauschtheoretikern fertilisierten Theorietraditionen hinausgreifen und dann auf dieser Basis das Verhalten der jeweiligen Austauschpartner detaillierter modellieren zu können (99).

3.2.4.1.2. Das Gratifikationsprinzip und Ansätze zu seiner Präzisierung

• **Das Gratifikationsprinzip als zentrale theoretische Leitidee**

Von grundlegender Bedeutung ist hier zunächst etwa die Annahme, daß in (erwarteten oder auch vorweggenommenen) Belohnungen bzw. Bestrafungen - allgemein: in **Gratifikationen** - die maßgeblichen Antriebskräfte des Verhaltens von Individuen und Organisationen erblickt werden können (Schanz, 1977, S. 99). Es handelt sich hier um ein allgemeines motivationales Prinzip, das als Bezugsrahmen für die Erklärung jeglichen individuellen und - im Sinne eines "Quasi-Handelns" (100) - organisationalen Verhaltens herangezogen werden kann und vor diesem Hintergrund von Schanz (1977) sowie Silberer (1979) besonders akzentuiert und als "**Gratifikationsprinzip**" bezeichnet wurde (101). Dieses allgemeine theoretische Leitprinzip steht nicht nur in der Denktradition nutzentheoretischer Annahmen (Kosten-Nutzen-Überlegungen) oder weist z.B. enge Verbindungen zum sog. Verstärkergesetz der lerntheoretischen Forschung auf, sondern kann generell als **harter Kern** einer forschungsprogrammatischen Tradition aus den verschiedensten sozialwissenschaftlichen Theorieansätzen heraus-kristallisiert werden (102), was etwa von Schanz (1977) ausführlich und von Silberer (1979) knapp dokumentiert wird.

Abel (1983, S. 63 ff.) akzentuiert im Sinne einer alternativen Formulierung zur

Gratifikationsidee die "**Erwartungs-x-Wert-Idee**", die er aus den grundlegenden verhaltenstheoretischen Arbeiten von Tolman, Lewin, Atkinson und McClelland herauskristallisiert: Sie besagt, daß die Stärke der Tendenz, auf eine bestimmte Art und Weise zu handeln, abhängt von der Stärke der Erwartung, daß der - auf ein bestimmtes Ziel ausgerichteten - Handlung eine bestimmte Konsequenz folgt, und dem Wert dieser Konsequenz (Abel, 1983, S. 67, 1989, S. 71). Diese allgemeine Annahme wurde etwa im Rahmen verschiedener Motivationstheorien (der sog. Erwartungsvalenztheorien) aufgegriffen und weiter ausdifferenziert (103). Aus unserer Sicht handelt es sich bei der "Erwartungs-x-Wert-Idee" aber nicht um eine allgemeinere Annahme, sondern bereits um eine erste und zudem **spezifische Präzisierung oder Deutung des Gratifikationsprinzips**, die jedoch insofern außerordentlich wichtig ist, als sie zwei unterschiedliche Komponenten herausarbeitet, die bei der Betrachtung von Gratifikationen Beachtung finden müssen.

Im Blick auf die Deutung und weitere Präzisierung des Gratifikationsprinzips kommt einer anderen Grundannahme eine zentrale Bedeutung zu, die in den Arbeiten von Tolman, Lewin, Atkinson und McClelland propagiert und insbesondere in der Ausarbeitung als **sozialwissenschaftliche Feldtheorie** durch Lewin populär wurde (vgl. Abel, 1983, S. 63) - gemeint ist die Annahme, daß individuelles Verhalten als eine Funktion sowohl der Person als auch der Umwelt (V = f {P, U}) oder - später ergänzt (vgl. z.B. Wilpert, 1980, S. 565) - organisationales Verhalten als eine Funktion der Umwelt und der Organisation, incl. der Merkmale unterschiedlicher Gruppen und Individuen innerhalb dieser Organisation (V = f {U, O, G, I}) zu begreifen ist.

- **Deutungen und Präzisierungen des Gratifikationsprinzips im Lichte der feldtheoretischen Betrachtungsweise**

Bei der sozialwissenschaftlichen Feldtheorie handelt es sich zunächst um ein basales paradigmatisches Beschreibungsmodell und nicht schon - wie dies bei Fässler (1989) anklingt - um eine theoretische Leitidee. Allerdings lassen sich gerade aus der Lewin´schen Feldtheorie einige Leitprinzipien gewinnen, die bei der Erfassung und Erklärung gratifikationsorientierten Handelns Beachtung finden müssen. Bleiben wir zugunsten einer vereinfachten Darstellung allein auf der Ebene individuellen Verhaltens, so ergibt sich aus der feldtheoretischen Betrachtungsweise folgendes:

1. Gratifikations- und damit verhaltensrelevante Sachverhalte sind zunächst sowohl im Bereich der Umwelt als auch in dem der jeweiligen Person zu suchen. Seinen Niederschlag findet dies in der Motivationspsychologie etwa in der Unterscheidung in die beiden Bereiche der extrinsischen und instrinsischen Motivation. Gratifikationen

lassen sich dabei generell als Anreize und Beiträge, Nutzen und Kosten oder auch als Güter auffassen, wobei man unter einem Gut alles verstehen kann, was für Individuen einen Wert besitzt, so daß dessen Gewinnung Individuen zu belohnen und dessen Entzug sie zu bestrafen vermag. Die Gratifikationen (Güter, Anreize usw.), auf die sich individuelle Erwartungen richten, können - wie wir schon festgestellt hatten - sehr vielfältig sein und beschränken sich keineswegs nur allein auf die auf einem "Markt" angebotenen Güter. Generell können vielmehr sowohl tangible als auch intangible, materielle als auch immaterielle Güter in Betracht kommen. Mit Bezug auf Individuen im sozialen Austauschkontext "Organisation" gelangt schließlich Schanz (1977, S. 190) zu der Feststellung: "Unter Gratifikationen sollen alle jene Faktoren verstanden werden, die das Verhalten der Organisationsteilnehmer in irgend einer Weise tangieren", und verweist auf v. Rosenstiel, der von der "Organisation als Anreizsituation" spricht.

Besonderer Aufmerksamkeit bedarf nun allerdings, daß Gratifikationen aus der Umwelt nur dann verhaltenswirksam werden, wenn sie vom Individuum wahrgenommen und ihrerseits in eine psychische Dimension transformiert werden. Nicht das objektiv vielleicht gegebene Gratifikationspotential eines von der Umwelt offerierten Gutes ist entscheidend, sondern immer dessen Wahrnehmung und Beurteilung durch die betreffende Person. Angelegt ist diese Überlegung in der feldtheoretischen Betrachtungsweise insofern, als dort nicht auf objektive Eigenschaften der Umwelt oder der Disposition der Person abgestellt wird, sondern auf deren gesamthafte Repräsentation in einer individuellen **"Definition der Situation"** (104).

Konkret bedeutet dies für die Marketing-Theorie, daß u.a. der Gratifikationsgehalt bestimmter Güter nicht einfach per se unterstellt, sondern aus der individuellen Perspektive und speziell aus dem Blickwinkel der jeweils vorliegenden individuellen Lebenssituation heraus analysiert werden muß. Dies unterstreicht zum einen noch einmal die zuvor entfaltete individualistische Position; zum anderen erfahren aber auch stärker hermeneutisch ausgerichtete Methoden zur Erfassung individueller Bedürfnisse, Erwartungen, Wünsche und Forderungen eine Aufwertung.

Bezugnehmend auf das bislang Gesagte wollen als eine spezifische Präzisierung der Leitidee der situativen Relativierung die **Leitidee der persönlichen bzw. lebensweltlichen Relativierung** einführen.

2. Was als eine positive oder negative Gratifikation erlebt bzw. wahrgenommen wird, hängt wiederum von den in einer spezifischen Situation wirksamen Faktoren der

jeweiligen Person und deren Umwelt ab. Nach der feldtheoretischen Betrachtungsweise müssen hierbei folgende Aspekte Beachtung finden:

- Das Verhalten muß aus der interdependenten Gesamtheit der zugleich gegebenen Tatsachen abgeleitet werden. Diese zugleich gegebenen Tatsachen sind insofern als ein "dynamisches Feld" aufzufassen, als der Zustand jedes Teils dieses Feldes von jedem anderen Teil abhängt (Lewin, 1963, S. 69; Kroeber-Riel, 1990, S. 441). Hier klingt einerseits bereits die Maxime des ganzheitlichen Denkens an; andererseits wird die Notwendigkeit einer sachlichen Relativierung von Verhaltensdeterminanten (**"Idee der sachlichen Relativierung"**) erkennbar, bei der die verhaltensbeeinflussende Bedeutung einzelner Einflußgrößen immer im Lichte des aktuellen Gesamtkonzerts an Einflußgrößen beurteilt wird. Hier zeigt sich in aller Schärfe die Fragwürdigkeit theoretischer Modelle, "die von einfachen *funktionalen* Beziehungen zwischen *einzelnen* Verhaltensdeterminanten und dem Verhalten ausgehen" (Kroeber-Riel, 1990, S. 444). Ferner wird grundsätzlich deutlich, daß sich in einer spezifischen Situation positive und negative Gratifikationen ausgleichen können oder sogar einzelne Sachverhalte, die isoliert betrachtet vielleicht negativ eingestuft werden, im Gesamtkonzert der Bedingungskonstellation positiv ausgelegt werden.

- Lewin (1969, S. 44) unterscheidet bei der psychologischen Situation zwischen der jeweiligen **"Momentansituation"** und der gesamten **"Lebenssituation"**, die den Hintergrund der jeweiligen Momentansituation bildet, so daß beide Situationskonstellationen eng miteinander verknüpft sind (Silberer, 1979, S. 48). Entscheidend ist nun allerdings, in welcher Weise die Lebenssituation in der jeweiligen Momentansituation **aktualisiert** wird, inwieweit also "Vergangenes" und "Zukünftiges" auf das "Gegenwärtige" einwirken und mithin verhaltenswirksam werden. Lerntheoretiker begreifen hier bspw. Verhalten in erster Linie als Reaktion auf Erfahrungen der Vergangenheit, die kognitivistische Schule in der Psychologie betont demgegenüber die Zukunftsorientierung des Menschen und die in diesem Kontext relevanten Erwartungen. Während die Frage nach der Dominanz der Vergangenheits- oder Zukunftsorientierung letztlich empirisch geklärt werden muß und in die Unterscheidung verschiedener Persönlichkeitstypen münden wird, ist von prinzipieller Bedeutung, daß Erfahrungen wie auch Erwartungen oder Ziele eine im fraglichen Moment wirklich existierende psychologische Tatsache darstellen können.

- Abstellend auf die Verhaltensrelevanz der Momentansituation läßt sich erkennen, daß wir es immer mit einer zeitlich gebundenen Situation bzw. Definition der Situation zu tun haben und somit immer eine **zeitliche Relativierung** erforderlich wird. Ein Sachverhalt, der in einer bestimmten Situation positiv erlebt wird, kann zu einem anderen Zeitpunkt negativ eingestuft werden. - Wenn ich bspw. genügend Zeit habe, schätze ich vielleicht eine von Propagandistinnen in einem Warenhaus angebotene Weinprobe sehr positiv ein, bin ich dagegen in Eile und mit Einkaufstaschen voll behangen, erlebe ich ein solches Angebot eher als lästiges Ansinnen.

Die hier aus der sozialwissenschaftlichen Feldtheorie kurz abgeleiteten Leitideen haben bislang bei der Entwicklung eines Leitideensystems für die Marketingtheorie kaum Aufmerksamkeit gefunden. Dies obwohl häufig auf die sozialwissenschaftliche Feldtheorie abgehoben wird und sich die von uns angeführten Leitideen als sehr fruchtbar für die Ausrichtung der Marketing-Theorie im allgemeinen, für die Anwendung des Gratifikationsprinzips im besonderen erweisen könnten. Selbst Schanz (1977), der z.B. Wirtschaftsorganisationen, Märkte und den gesellschaftlichen Kontext (Bezugs-gruppen, Kultur und Subkulturen etc.) jeweils als **Gratifikationsreservoir** inter-pretiert, den pointierten Gratifikationsbezug eingehend diskutiert (S. 179 - 319) und damit einen gangbaren Weg aufzeigt, um die verhaltensprägende Bedeutung dieser gesellschaftlichen Zusammenhänge zu erfassen und im Sinne einer Analyse von Austauschbeziehungen zu interpretieren, beachtet u.E. die sich aus der feldtheoretischen Betrachtungsweise ergebenden Leitprinzipien zu wenig. Insbesondere den von uns herausgestellten **Leitideen der lebensweltlichen, sachlichen und zeitlichen Relativierung** wird nicht konsequent genug Aufmerksamkeit geschenkt.

- **Präzisierung und Deutung des Gratifikationsprinzips im Lichte der Knappheitsidee**

Im Gegensatz zur mangelnden Fertilisierung der feldtheoretischen Betrachtungsweise werden aber von Schanz und anderen, die das **Gratifikationsprinzip** als grundlegende theoretische Leitidee propagieren, **Präzisierungen und spezifische Deutungen vor dem Hintergrund der ökonomischen Denktradition** vor-genommen: Das Gratifikationsprinzip läßt sich nämlich in der Tat u.a. dadurch weiter präzisieren, daß man eine Verbindung zur "**Idee der Knappheit**" herstellt, wie es gerade in der ökonomischen Theorie getan wird (105). Ausgehend davon ist menschliches Handeln bzw. das Verhalten von Organisationen in aller Regel als ein Streben nach knappen Belohnungen zu verstehen (106). Güter - so kann mit Bezug auf Austauschprozesse weiter feststellen - werden im wesentlichen also nur dann zum Tauschgegenstand, wenn sie knapp sind (vgl. z.B. Schanz, 1979). Daß dies nicht nur für "ökonomische" Austauschprozesse gilt, läßt sich anhand intangibler Güter wie z.B. Zuneigung, Verständnis usw. relativ leicht nachvollziehen.

Im Lichte der Idee der lebensweltlichen Relativierung ist allerdings wiederum zu beachten, daß letztlich nicht objektiv gegebene Knappheitsverhältnisse entscheidend sind, sondern die subjektiv wahrgenommene Knappheit.

3.2.4.1.3. Das Kapazitätsprinzip und dessen Beziehungen zum Gratifikationsprinzip

• **Allgemeine Kennzeichnung des Kapazitätsprinzips**

Das Gratifikationsprinzip ist noch um ein weiteres Prinzip zu ergänzen und hierdurch gleichzeitig zu präzisieren. Beim Streben nach Gütern ist nämlich zu beachten, daß in der Regel nicht nur die mit dem Verhalten angestrebten Güter knapp sind, sondern auch das Verhalten selbst durch zahlreiche weitere Aspekte der Knappheit bestimmt ist, was Silberer (1979) treffend mit dem "**Kapazitätsprinzip**" zum Ausdruck bringt. Das Kapazitätsprinzip läßt sich kurz wie folgt formulieren:

> "Individuen und Organisationen sind aufgrund ihrer begrenzten Reaktionsmöglichkeiten nicht in der Lage, sämtliche potentiell relevanten Reaktionsmöglichkeiten zu *erkennen*, den verfolgten Zielen sowie den gegebenen Möglichkeiten entsprechend objektiv, umfassend und konsistent zu *bewerten* und die optimale Reaktionsalternative konsequent zu *realisieren*" (Silberer, 1979, S. 51 f.).

Das Verhalten der Austauschpartner hängt demnach also von den vorhandenen oder aktivierbaren Ressourcenpotentialen ab, seien dies Fähigkeiten, Fertigkeiten und Kenntnisse oder Ressourcen in Gestalt finanzieller Mittel, spezifischer Sachgüter oder immaterieller Potentiale (z.B. "connections" i.S. von Unterstützungspotentialen seitens anderer) (vgl. im einzelnen Silberer, 1979, S. 51 - 53; Fritz, 1984, S. 132 - 135; Raffée/ Wiedmann/Abel, 1983).

Auch mit Hilfe des Kapazitätsprinzips lassen sich wiederum zahlreiche Theorien erschließen, die bei der Entwicklung theoretischer Modelle im Marketing oder schlicht bei der Formulierung von Erklärungshypothesen zu berücksichtigen sind, will man nicht Gefahr laufen, die zahlreichen Begrenzungen individuellen und organisationalen Verhaltens zu vernachlässigen und mithin zu unrealistischen Modellen zu gelangen. In einem ersten und grundsätzlichen Zugriff ist hier etwa auf die Diskussion um die Begrenzung menschlicher Rationalität zu verweisen. Im Anschluß daran werden dann z.B. theoretische Erkenntnisse im Feld menschlicher Wahrnehmungs-, Informations-verarbeitungs- und Kommunikationsfähigkeiten relevant.

• **Zusammenhang zwischen Gratifikations- und Kapazitätsprinzip**

Zu erwähnen bleibt noch, daß es **zwischen dem Kapazitäts- und dem Gratifikationsprinzip** bzw. zwischen kapazitäts- und gratifikationsbezogenen Verhaltensdeterminanten zahlreiche **Interdependenzen** zu beachten gilt (dazu sowie im folgenden Silberer, 1978). So etwa beruhen vorhandene Ressourcenpotentiale zum großen Teil auf "Investitionsentscheidungen" (im weitesten Sinne; vgl. dazu auch Becker, 1965), in die (langfristige) Gratifikationserwartungen einfließen. Zu denken ist bspw. an die Entscheidung eines Unternehmers, entsprechende strukturelle und personelle Voraussetzungen zu schaffen, oder an Ausbildungs- und Berufsentscheidungen, die zur Herausbildung verschiedener Fähigkeiten und Fertigkeiten führen. Umgekehrt werden Gratifikationserwartungen durch die vorhandenen Ressourcen und Potentiale insofern beeinflußt, als es diese den Individuen oder Organisationen u.U. nur bedingt ermöglichen, die objektiv gegebenen Gratifikationschancen zu erkennen und/oder - faktisch oder lediglich perzipiert - bedürfnis- bzw. zielorientiert auszuschöpfen (Silberer, 1979, S. 13).

3.2.4.1.4. Deutung des allgemeinen Rationalitätsprinzips und weitere Leitideen

Vor dem Hintergrund des Zusammenspiels von Gratifikations- und Kapazitätsprinzip ergibt sich schließlich eine spezifische Deutung des allgemeinen Rationalitätsprinzips, das in der ökonomischen Denktradition eine zentrale Rolle spielt und auch im Blick auf die Ausarbeitung einer theoretischen Grundlage der Marketing-Forschungskonzeption Beachtung finden muß, um das Verhalten relevanter Austauschpartner (Unternehmen, Kunden etc.) analysieren zu können. So stellt Silberer (1979, S. 58) zunächst etwa fest: "Die bisherige Formulierung des Kapazitätsprinzips und des Gratifikationsprinzips könnte bei oberflächlicher Betrachtung den Eindruck erwecken, daß dabei zugleich **"rationales Verhalten"** (im objektiv-formalen Sinne, KPW) postuliert werde." Dieser Eindruck dürfte freilich kaum entstehen, wenn man - wie wir es getan haben - aus der feldtheoretischen Betrachtungsweise explizit entsprechende Leitideen ableitet (Idee der persönlichen bzw. **lebensweltlichen Relativierung**). Dennoch erscheinen die Ausführungen Silberers im Hinblick auf eine differenziertere Betrachtung des Rationalitätsprinzips wichtig und sollen deshalb kurz referiert werden (vgl. auch bereits Raffée, 1969):

"Eine nähere Betrachtung der Rationalitätskonzepts legt die Unterscheidung zwischen der **formalen bzw. Zweck-Mittel-Rationalität** und der **materiellen bzw. Zielrationalität** sowie die Differenzierung zwischen der **objektiv-formalen** und der **subjektiv-formalen Rationalität** nahe" (siehe Grunau, 1950, S. 260 - 264; Raffée, 1969, S. 44 - 47). Bei der subjektiv-formalen

Rationalität wird geprüft, inwieweit die subjektiv gegebenen Möglichkeiten den subjektiven Vorstellungen entsprechend adäquat genutzt werden, während bei der objektiv-formalen Rationalität die jeweils objektiv gegebenen Zielrealisierungschancen zu beurteilen sind (Raffée, 1969, S. 44 - 47).

Vor dem Hintergrund einer derart differenzierten Betrachtung läßt sich zum Kapazitäts- und Gratifikationsprinzip vor allem folgendes festhalten: Wenn ein Subjekt im Rahmen seiner begrenzten Fähigkeiten und Ressourcen Belohnungen anstrebt und Bestrafungen zu vermeiden versucht, ist sein Verhalten rational im **strengen, subjektiv-formalen** Sinne, wenn das Subjekt seine jeweils gegebenen Fähigkeiten und Ressourcen so einsetzt, daß eine bessere Erreichung seiner subjektiven Ziele in der jeweiligen Situation - subjektiv betrachtet - nicht besser erfolgen könnte. Das Gratifikationsstreben schließt aber jene Fälle keineswegs aus, in denen das subjektiv realisierbare Gratifikationspotential nicht voll ausgeschöpft wird. Dabei empfiehlt es sich allerdings, das jeweils anvisierte, subjektive **Anspruchsniveau** in die Analyse einzubeziehen (vgl. dazu Heinen, 1966, S. 239 - 249; Raffée, 1969, S. 57 - 66; Kirsch, 1970, S. 88 f.).

Wie das sog. **"Satisfizierungsprinzip"** besagt, streben Individuen oder Organisationen nur selten die Realisierung der maximal möglichen Zielerreichungsgrade an (Raffée, 1969, S. 59 und die dort angegebene Literatur). Sie begnügen sich dagegen in der Regel mit sogenannten "befriedigenden", d.h. tiefer angesetzten Anspruchsniveaus, auch wenn die gegebenen Möglichkeiten - objektiv gesehen - höhere Ansprüche zuließen (Raffée, 1969, S. 59)."

Mit Bezug auf das zuletzt erwähnte Satifiszierungsprinzip müßten freilich die Bedingungen genauer spezifiziert werden, unter denen dieses Prinzip verhaltensrelevant wird. So dürfte das Satifiszierungsprinzip insbesondere dann relevant werden, wenn es um komplexe, schlecht strukturierte Entscheidungen geht, bei denen z.B. Zahl und Art der Alternativen offen sind. Liegt demgegenüber ein gut strukturiertes und leicht bewertbares Set an Alternativen vor, wird in aller Regel dem Maximierungsprinzip gefolgt (107). Unabhängig davon stellt der Rekurs auf das **Satisfizierungsprinzip** (Simon, 1957) und auf subjektiv festgesetzte **Anspruchsniveaus** u.E. eine wichtige Präzisierung des Gratifikationsprinzips dar, die zugleich der lebensweltlich angelegten feldtheoretischen Betrachtungsweise entspricht und motivational gedeutet mit dem von Raffée immer wieder akzentuierten **Entlastungsprinzip** in Verbindung gebracht werden kann. Letzteres konkretisiert sich etwa darin, daß man bspw. zur Vorbereitung einer Kaufentscheidung zwar auf erheblich mehr Informationen zurückgreifen könnte und diese angesichts des finanziellen Budgets (z.B. als Grundlage des Kaufs einer Testzeitschrift), des Grades kognitiver Komplexität sowie auch der Informations- beschaffungs- und -verarbeitungsfertigkeiten problemlos verarbeiten könnte, man aber darauf verzichtet, weil z.B. alternative Verwendungsmöglichkeiten des Zeitbudgets wichtiger sind und man objektbezogen nach einer Entlastung strebt. Von hier läßt sich dann wiederum u.a. eine Brücke zum Problem eines jeweils differierenden **Involvement** schlagen, das erst in jüngerer Zeit im Rahmen der Marketingforschung ausreichend gewürdigt wird (108).

Rekurrierend auf die **feldtheoretische Betrachtungsweise** und speziell auf die **Leitidee der zeitlichen Relativierung** gilt es dann allerdings wiederum zu beachten, daß das Involvement oder ein objektzentriertes Entlastungsstreben je nach der Momentansituation variieren können. Damit erweist es sich etwa als außerordentlich problematisch, wenn unterschiedliche Involvementgrade fix einzelnen Kundensegmenten zugeschrieben werden, wie dies im Rahmen der aktuellen Involvementforschung im Marketing durchaus nicht unüblich ist.

Abstellend auf den **Zeitfaktor** ist ferner die Frage aufzuwerfen, welchen Stellenwert "Zukünftiges" und "Vergangenes" im Vergleich zum "Gegenwärtigen" in der jeweiligen Momentansituation hat (vgl. oben) und ob konkret nicht etwa von einem **Diskontierungsprinzip** ausgegangen werden muß, wonach unmittelbar realisierbare Gratifikationen höher eingestuft werden als solche, die erst in Zukunft wirksam werden. So ist zu vermuten, daß die Bedeutung zeitlich entfernter (zukünftiger und vergangener) Probleme oder Möglichkeiten im Vergleich zur Bedeutung anstehender Probleme und aktuell bestehender Möglichkeiten deutlich herabgesetzt wird (Wiedmann, 1984, S. 119). Eine weitere Interpretationsvariante dieses Diskontierungsprinzips, die nicht auf den Zeitfaktor, sondern auf den Faktor der räumlichen Nähe abstellt, ist darin zu sehen, daß die Bedeutung räumlich weit entfernter Phänomene sich im Vergleich zu Phänomenen in nächster Nähe reduziert.

Für beide Varianten des Diskontierungsprinzips ließen sich zahlreiche Beispiele finden. Im Hinblick auf eine **zeitliche Diskontierung** brauchen wir uns etwa nur unterschiedliche Fälle in Erinnerung zu rufen, in denen sich kurzfristiges und kurzsichtiges Unternehmensverhalten zeigt. Und mit bezug auf die **räumliche Diskontierung** sind bspw. jene Ergebnisse der Studie Dialoge 2 interessant, die darauf hinweisen, daß solche sozialen Ziele von den Bundesbürgern besonders hoch gewichtet werden, bei denen es um Verbesserungen der Situation von sozial Benachteiligten im unmittelbaren Umfeld geht (z.B. Arbeitslose und sozial Benachteiligte im eigenen Land im Vergleich zur Verbesserung der Lebenssituation in der Dritten Welt) (vgl. Raffée/Wiedmann, 1987, S. 114). Allerdings sind solche Begründungen kaum geeignet, die genannten Leitideen als allgemeingültig auszuzeichnen. Dies zeigt sich nicht zuletzt daran, daß zu den konstatierten Sachverhalten jeweils Gegenbeispiele gefunden werden können und wir letztlich nicht wissen, wie hoch die Wahrscheinlichkeit entsprechender Verhaltenstendenzen ist bzw. unter welchen Bedingungen solche Tendenzen besonders häufig auftreten. Der Grund hierfür ist nicht zuletzt mit darin zu suchen, daß dem Zeitfaktor in der verhaltenswissenschaftlichen Theoriebildung aufs Ganze gesehen zu wenig Raum gegeben wird.

Abgesehen von den bislang identifizierten Leitideen ließen sich weitere entwickeln, die für sich oder als Präzisierungen des Gratifikations- und/oder des Kapazitätsprinzips die Weiterentwicklung der Marketing-Theorie anleiten könnten. So kämen bspw. auch folgende von Mintzberg (1976, S. 253; 120) unter dem Stichwort **"Matching"** herausgestellten Sachverhalte in diesem Sinne in Betracht: Neue Probleme, für deren Lösung keine Erfahrungen in der Vergangenheit herangezogen werden können, werden tendenziell vernachlässigt oder zumindest hinten angestellt. Neuartige Ideen, deren Nutzen nicht offensichtlich ist, werden tendenziell vernachlässigt. Mit diesen beiden grundlegenden Verhaltensmustern des Matching werden wir allerdings zugleich auf mögliche Gründe dafür aufmerksam gemacht, warum der Entwurf und die ständige weitere Verfeinerung eines theoretischen Leitideensystems (z.B. im Sinne des in Abschnitt 3.1.3 geschilderten Modus) bis heute nicht mit Nachdruck erfolgen.

3.2.4.1.5. Würdigung der theoretischen Leitideen

Aus der vorstehenden Diskussion sollte eigentlich hervorgegangen sein, wie fruchtbar eine Orientierung an theoretischen Leitideen im Rahmen der Marketingforschung sein kann. Dennoch ist der **Unbestimmtheits-Charakter** (mitunter irrigerweise auch als Leerformel-Charakter bezeichnet) nicht zu übersehen, der diesen Leitideen letztlich doch anhaftet und vor allem gegenüber dem Gratifikationsprinzip oftmals artikuliert wurde (ausführlich dazu sowie zu einer entsprechenden Gegenargumentation vgl. Schanz, 1977). Es handelt sich - wie herausgestellt - um Heuristiken, die sich in ihrer konkreten Anwendung und Umsetzung zu beweisen haben, allerdings auch nur dort beweisen können. Letzteres hat etwa dazu zu führen, daß man ausgehend von allgemeinen theoretischen Leitideen mit Verve konkretere, möglichst bewährte nomologische Hypothesen identifiziert und diese problembezogen zu einer umfassenden Basistheorie verdichtet, in der der Unbestimmtheitscharakter der allgemeinen Leitideen überwunden und ein weiterer robuster Schritt unternommen wird, um einerseits die zahlreichen Theorien mittlerer oder noch geringer Reichweite konsequent in einen theoretischen Bezugsrahmen einzubinden, andererseits die Suche nach ihnen zu erleichtern.

Hiervon ist die Marketingforschung - trotz erster Ansätze im anglo-amerikanischen Sprachraum (vgl. den Überblick bei Houston/Gassenheimer, 1987), die jedoch lediglich am Hypothesensystem einiger grundlegender Austauschtheorien anknüpfen und in recht formaler, wenig ausgereifter Form als Moduln einer Basistheorie anpreisen - indessen noch weit entfernt. Insbesondere im deutschsprachigen Raum gibt es noch nicht einmal eine vernünftige Zusammenfassung austauschtheoretischer Hypothesen oder eine auf die Motivationsforschung zurückgreifende allgemeine **Bedürfnistheorie**, die als Elemente einer Basistheorie des Marketing etwa in grundlegenden Marketinglehrbüchern akzentuiert werden.

Stattdessen werden eklektisch Theorien der Psychologie und Sozialpsychologie angeführt und gelegentlich in die theoretische Forschung einbezogen. Sicherlich ist der Rekurs auf solche Theorien mittlerer Reichweite sehr hilfreich und vermag auch gerade hinsichtlich der Entwicklung von Gestaltungsempfehlungen für die Praxis wichtige Anhaltspunkte zu geben. Aufs Ganze gesehen kommt aber die bisherige Verwendung theoretischer Erkenntnisse aus den sozialwissenschaftlichen Nachbardisziplinen dem "Stochern mit einer Stange im Nebel" gleich. Allerdings ist der bisherige Modus einer Verwendung theoretischer Erkenntnisse aus den Nachbardisziplinen immer noch besser, als gänzlich auf eine verhaltenswissenschaftliche Fundierung zu verzichten - dann hätte man "nicht einmal mehr eine "Stange, mit der man sich im Nebel vorantasten könnte" und würde das Schicksal jener, einem rein ökonomischen Basiskonzept verpflichteten Betriebswirte teilen müssen, die "ohne eine solche Stange durch den Nebel segeln und an den Klippen analytischer Abstraktion immer wieder zu kentern drohen bzw. dort bereits gekentert sind, es nur nicht merken, weil sie aufgesessen sind und das vorbeifließende Wasser dahingehend fehlinterpretieren, ihr Schiff immer noch in Richtung Erkenntnisfortschritt zu steuern".

Da es sich beim Marketing-Konzept um ein noch relativ junges Forschungsprogramm handelt, darf man zwar die Meßlatte nicht zu hoch anlegen, es ist aber nachdrücklich zu stigmatisieren, daß die Forschung a potiori nicht einmal in die skizzierte Richtung weist, ja jene Stimmen resignierend verstummt sind, die ursprünglich einmal entsprechende Forderungen aufgestellt und konkret z.B. die Entwicklung einer allgemeinen Bedürfnistheorie als Basis des Marketing angemahnt haben (vgl. Raffée, 1975) - ein Gedanke, der angesichts der immer wieder pointierten Bedeutung einer Bedürfnis-orientierung des Marketing eigentlich faszinieren müßte und ganze Forschergenerationen nicht mehr hätte loslassen dürfen. Vielleicht vermag die verstärkte Akzentuierung allgemeiner theoretischer Leitideen einen Kurswechsel zu begünstigen, indem sie doch zur weiteren Präzisierung herausfordert.

Die in diesem Abschnitt vorgestellten theoretischen Leitideen werden später - zusammen mit den nachfolgend zu behandelnden technologischen Leitideen - noch einmal in Abbildung 26 aufgelistet.

3.2.4.2. Technologische Leitideen und deren Ableitung aus allgemeinen theoretischen Leitideen

Die verschiedenen theoretischen Leitideen bilden nicht nur eine geeignete Grundlage für die Entwicklung von Erklärungskonzepten im Kontext der Marketing-Theorie, sondern gleichzeitig für die Erarbeitung von Gestaltungskonzepten für die Marketingpraxis. Sie lassen sich daher mutatis mutandis - etwa nach entsprechender technologischer Transformation - auch als zentrale Elemente eines technologischen Leitideensystems herausstellen, die einerseits in das Forschungsprogramm der Marketingwissenschaft einfließen und dort die Bemühungen um die Entwicklung konkreter Gestaltungs-empfehlungen anleiten sollen, andererseits z.B. als Elemente einer marketingorientierten Unternehmensphilosophie unmittelbar in die der Praxis angebotenen Marketing-Techno-logie Eingang finden.

Im folgenden ist zunächst kurz in allgemeiner Form die Notwendigkeit einer Formulierung technologischer Leitideen vor dem Hintergrund theoretischer Leitideen zu begründen (3.2.4.2.1.). Im Anschluß daran sollen dann zentrale technologische Leitideen des Marketingansatzes vorgestellt werden (3.2.4.2.2.). In einem weiteren Abschnitt soll schließlich anhand konkreter Beispiele verdeutlicht werden, in welcher Weise die technologische Leitidee der Gratifikationsorientierung dazu beiträgt, praktische Gestaltungsprobleme durch einen Rekurs auf verhaltenswissenschaftliche Erkenntnisse effizient zu lösen (3.2.4.2.3.).

3.2.4.2.1. Zur Notwendigkeit einer Formulierung technologischer Leitideen vor dem Hintergrund theoretischer Leitideen

Der Zusammenhang zwischen theoretischen und technologischen Leitideen wurde bislang bei der - ohnehin notleidenden - Diskussion von Leitideen kaum beachtet; sieht man einmal davon ab, daß Kotler (1972) das Law of Exchange auch durchaus im praxeologischen Sinne als Schlüsselidee des Marketing bezeichnet hat und dann gelegentlich - insbesondere im anglo-amerikanischen Sprachraum - explizit eine Verbindungslinie zwischen dem Law of Exchange und der gegenüber der Praxis propagierten Idee der Bedürfnis- oder Kundenorientierung hergestellt wurde. Eine darüber hinausgehende Berücksichtigung der Zusammenhänge zwischen theoretischen und zu formulierenden technologischen Leitideen wurde lediglich schon einmal von Raffée et al. (vgl. Raffée/Wiedmann/Abel, 1983, S. 700; Wiedmann, 1982, S. 81 ff., 1988, S. 229 ff.) eingefordert.

Auf den ersten Blick stellt sich sicher die Frage, ob die Formulierung technologischer Leitideen neben jener theoretischer Leitideen überhaupt notwendig bzw. zweckmäßig ist. So mag man einwenden, daß die theoretische Arbeit innerhalb der Marketing-wissenschaft ohnehin in erster Linie am Ziel der Entwicklung praxisbezogener Gestaltungsvorschläge ausgerichtet ist, also einzelne Theorien mittlerer Reichweite unmittelbar vor dem Hintergrund ihrer technologischen Verwertbarkeit ausgewählt sowie genutzt werden und sich somit die explizite Transformation von theoretischen zu technologischen Leitideen weitestgehend erübrigt. Bei näherem Hinsehen ist indessen aber folgendes zu berücksichtigen:

1. Da es keine umfassende Theorie des Marketinghandelns gibt, aus der im Wege technologischer Transformation jeweils logisch stringent geeignete Gestaltungs-empfehlungen abgeleitet werden können, erfolgen Auswahl **und** Nutzung verhaltenswissenschaftlicher Theorien zur Fundierung einzelner Gestaltungs-

vorschläge im wesentlichen vor dem Hintergrund nicht theoretisch deduzierter, sondern praktischer Eingebung folgender "Gestaltungsvorstellungen". Dagegen ist grundsätzlich nichts einzuwenden. Nach unserer Auffassung ist es jedoch der zweckmäßigere Weg, wenn die Entfaltung solcher "Gestaltungsvorstellungen" bereits **durch technologische Leitideen angeleitet** wird, die aus theoretischen Überlegungen gewonnen wurden. Ähnlich wie theoretische Leitideen im Feld der Marketing-Theorie sollten technologische Leitideen als Forschungsheuristiken und Orientierungshypothesen, die auf zu berücksichtigende Variablen hindeuten, und den gesamten Prozeß der Entwicklung technologischer Modelle durchziehen (vgl. hierzu die nachfolgenden Abschnitte 3.2.4.2.2. und 3.2.4.2.3.).

2. Vor allem aber gewinnt die explizite Formulierung technologischer Leitideen deshalb herausragende Bedeutung, weil sie - wie schon erwähnt - mit ein Element der für die Praxis entwickelten bzw. zu entwickelnden Marketing-Technologie darzustellen haben. Dies nicht allein, um dort bei den betreffenden Organisationen irgendwie als Orientierungsgrundlage in die Formulierung einer Management-Philosophie einzugehen. Darüber hinaus gilt es vielmehr zugleich, der Praxis relevante Zusammenhänge zu verdeutlichen und so einen gedanklichen Schlüssel anzubieten, mit dem sich diese das weite Feld verhaltenswissenschaftlicher Erkenntnisse nutzbringend erschließen kann - sei es, indem sie einzelne verhaltenswissenschaftlich fundierte Gesaltungsvorschläge seitens der Marketingwissenschaft besser gedanklich nachvollziehen und entsprechend konsequent nutzen kann oder dazu befähigt wird, sich selbst für die Bewältigung jeweils spezifischer Aufgabenstellungen theoretische Erkenntnisse zu erschließen (vgl. hierzu die Beispiele in Abschnitt 3.2.4.2.3.).

3. Schließlich ist nicht zu übersehen, daß es die in der Praxis aufgrund von Erfahrung formierten Leitvorstellungen, Grundsätze etc. als wichtige Anregungen für die Forschung aufzugreifen und dann aber theoretisch zu rekonstruieren gilt, um diese beurteilen, fundieren und im Anschluß daran im Blick auf ihre impulsgebende Funktion weiter ausbauen und verfeinern zu können. Ferner besteht grundsätzlich die Chance, theoriengeleitet zu Leitideen für die Praxis zu gelangen, die den im Wege einfacher Korrelationsanalysen, bar jeglicher theoretischer Fundierung gewonnenen und dann in die Praxis transferierten Erfolgsrezepten überlegen sein dürften - ohne damit allerdings die Anregungsfunktion solcher Studien (vgl. z.B. Peters/Waterman, 1982) in Abrede stellen zu wollen. Hinzu kommt noch die Notwendigkeit von Generalisierungen vor dem Hintergrund einer zukunftsorientierten Sichtweise. Dies haben Houston und Gassenheimer mit Bezug auf die Entwicklung einer "General Theory" als Grundlage zukunftsgerichteter Managementausbildung pointiert. Ihre im folgenden zitierte Aussage läßt sich jedoch problemlos auch unmittelbar praxis-

bezogen auf die Entwicklung einer "General Technology" beziehen, und vielleicht trifft dies dann die Vorstellung der beiden Autoren sogar noch besser.

"Many of us are marketing educators and to train students for the future we need a general theory. If we train them about marketing today and do not give them a general perspective, we neglect to educate them to live their lives in the 1990s, 2000s, 2010s, and beyond. Developing a general theory that extends beyond today is an important responsibility for the discipline." (Houston/Gassenheimer, 1987, S. 3)

Technologische Leitideen sind - hierin konkretisiert sich u.a. ihre Zukunfts-perspektive - zunächst unabhängig von den konkreten Zielen zu sehen, die mit Hilfe der gesamten Marketing-Technologie jeweils realisiert werden sollen. Sie bilden die mehr oder weniger harten Elemente eines pulsierenden Kerns, um den herum zunächst eine allgemeine **Basis-Technologie** zu entwerfen ist, die dann situationsspezifisch in immer konkretere und differenziertere technologische Modelle umgesetzt werden muß (**Technologien mittlerer oder noch geringerer Reichweite**) - bis hin etwa zu **fallspezifischen Marketingkonzepten als Technologien geringster Reich-weite**. In praxi verläuft der Prozeß zumeist gerade umgekehrt hierzu, indem man ausgehend von einzelnen Fallbetrachtungen versucht, zu Verallgemeinerungen vorzu-stoßen. **Eingebunden in ein umfassendes Forschungskonzept** sind beide Entwicklungsrichtungen wichtig, sie bilden jeweils die beiden Pole, zwischen denen sich der Erkenntnisfortschritt dynamisch zu vollziehen hat. Wir bleiben indessen hier zunächst auf der globalen Ebene technologischer Leitideen und versuchen, auf dieser Ebene einige konkrete Leitideen vorzustellen.

3.2.4.2.2. Zentrale technologische Leitideen

- **Das Zusammenspiel von Innen- und Außenorientierung als Ausdruck einer adäquaten Umweltorientierung im Lichte der Austauschidee und des Kapazitätsprinzips**

Mit der **Austauschidee** läßt sich in einem ersten Schritt die Forderung nach einer **Umweltorientierung** begründen, was letztlich ja schon im Kontext der Einführung des sog. "open systems view" getan und dann in zahlreichen Ansätzen in sehr unterschiedlicher Weise ausdifferenziert wurde (z.B. Systems Approach, Resource Dependence Approach) (109) - also nicht als sonderlich innovativ eingestuft werden kann. Immerhin besteht hier aber ein deutlicher Unterschied zu jenen Management-ansätzen, die etwa in Gestalt der Produktionsorientierung eher einer reinen **Innen-orientierung** Vorschub leisten.

Allerdings wäre es nun völlig unzweckmäßig, im Lichte der Austauschidee der Innenorientierung lediglich eine "**Außenorientierung**" gegenüberstellen und hierin dann den Königsweg unternehmerischer Daseinsbewältigung sehen zu wollen. Genau diese Sichtweise dominiert jedoch noch weithin in der Interpretation der Marketingphilosophie, indem etwa in recht einseitiger Weise der Idee einer **Markt- oder Kundenorientierung** das Wort geredet und Marketing sehr eng im Sinne einer Steuerung der gesamten Organisation von den Märkten her interpretiert wird (vgl. jüngst Meffert, 1989). Nur gelegentlich finden sich Indizien dafür, daß sich eine voll entfaltete **Interaktionsperspektive** zu etablieren beginnt, bei der ein - jeweils situationsspezifisch zu bestimmendes - **Zusammenspiel** einer Gewichtung der **Innen- und Außenorientierung** Beachtung findet.

Als Indizien sind bspw. die stärkere Berücksichtigung der Human Ressourcen-Problematik, die Hinwendung zum Problemfeld der Unternehmenskultur (etwa als Basis eines effizienten Innovationsmanagement) o.ä. zu werten. Allerdings ist man hierbei noch in aller Regel weit davon entfernt, entsprechende Konsequenzen für die Auslegung der Marketingphilosophie zu ziehen. Selbst im Sektor des Investitionsgütermarketing, wo man - wie wir gesehen hatten - in jüngerer Zeit explizit ein "Interaktionsparadigma" akzentuiert und schon von Anbeginn an Organisationsaspekte auf der Anbieterseite und auf der Nachfragerseite berücksichtigt hat, fehlt das Abstellen auf ein Ineinandergreifen von Außen- und Innenorientierung oder weist zumindest bestenfalls nur embryonale Züge auf (110).

Von einem aufkommenden Trend hin zu einer voll entfalteten Interaktionsperspektive, wie ihn etwa Thorelli (1983) im Rahmen einer historischen Betrachtung der Entwicklung des Marketinggedankens identifizieren zu können glaubte (vgl. Abb. 24), kann insgesamt also nicht die Rede sein.

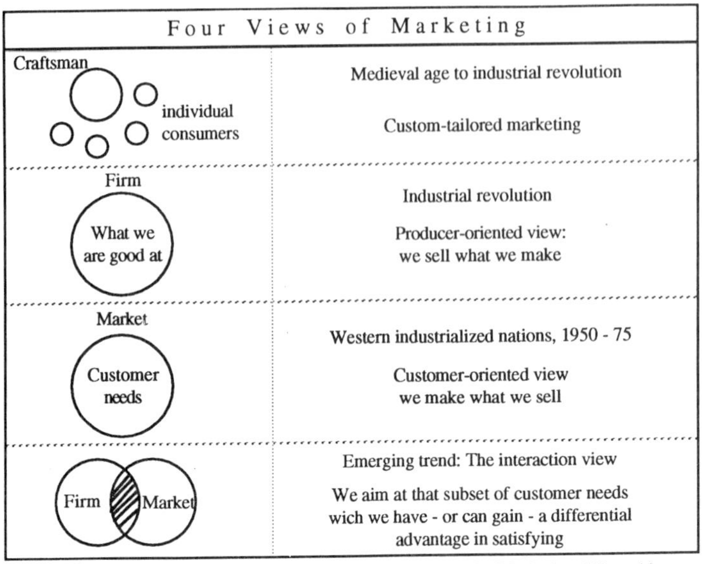

Abb. 24: Sichtweisen im Zusammenhang mit der Auslegung der Marketingphilosophie nach Thorelli (1983, S. 9)

Die Verknüpfung einer "customer-oriented" und "producer-oriented" Sichtweise, wie sie von Thorelli skizziert wurde und in Abbildung 24 verdeutlicht ist, gewinnt sowohl im Lichte der **Austauschidee** als auch in dem des **Kapazitätsprinzips** an Bedeutung. Nach Maßgabe des Kapazitätsprinzips muß so etwa dem Umstand sehr viel stärker und konsequenter Rechnung getragen werden, daß nicht nur die Ressourcen und Potentiale der jeweiligen Austauschpartner (Kunden, Lieferanten etc.) begrenzt sind, sondern auch jene der jeweils fokussierten Marketing-treibenden Organisation: Unternehmen müssen in der Lage sein, die erfaßten Bedürfnisse ihrer Zielgruppen auch tatsächlich adäquat zu befriedigen, ansonsten - hier scheint dann z.B. der Bezug zur Austauschidee auf - werden sie sich im Markt nicht durchsetzen können. Das isolierte Abstellen auf die Idee einer Markt- oder speziell Kundenorientierung steht in Gefahr, diesen zunächst freilich schlichten, praktisch aber sehr bedeutsamen Sachverhalt zu übersehen. Und insbesondere mit Blick auf die Marketingwissenschaft läßt sich feststellen, daß beim Entwurf verschiedener Elemente der Marketing-Technologie einer konsequenten Potentialbetrachtung kaum Aufmerksamkeit geschenkt wird.

Exemplarisch verdeutlichen läßt sich dies etwa am Beispiel des von Seiten der Marketingwissenschaft intensiv diskutierten und der Praxis besonders nachdrücklich empfohlenen Strategieprogramms der Marktsegmentierung. Zwar stoßen wir hier in Ansätzen insofern gelegentlich auf eine austausch- bzw. potentialbezogene Betrachtungsweise, als z.B. bei der Entwicklung unterschiedlicher Maßstäbe zur Beurteilung konkreter Segmentierungsansätze auf die Ökonomität (etwa vor dem Hintergund der jeweiligen Segmentgröße) hingewiesen und mithin ein Bezug zu den Unternehmenszielen hergestellt wird. Im Gegensatz zu dieser, sich auch in weiteren Aspekten konkretisierenden Zielbetrachtung fehlt eine Potentialbetrachtung in aller Regel jedoch völlig. Nur wenige Autoren weichen von dieser Regel ab (111). - So forderten Raffée und Segler (1984) die allein marktorientierte Marktsegmentierung um eine "unternehmensorientierte Marktsegmentierung" zu ergänzen und Marktsegmentierung mithin als einen "beidseitigen Prozeß" (Segler, 1986, S. 190) zu begreifen. Folgende Gründe wurden hierfür angeführt (gekürzt übernommen von Segler, 1986, S. 190):

"- Die Profitabilität der Marktbearbeitung ergibt sich nicht nur aus unterschiedlichem Abnehmerverhalten i.w.S., sondern auch aus den unterschiedlichen Kosten, die ein Angebot verursacht.

- Ausnutzung potentieller Unternehmensstärken, die erst durch ein spezifisches Marktsegmentierungskonzept realisiert werden können.

- Rücksichtnahme auf beschränkte Ressourcen; selbst in einem homogenen Markt, der sehr groß ist, muß eine Unternehmung u.U. "Kuchenstücke" auswählen, die sie zu bearbeiten gedenkt."

Damit wird wenigstens ein Teilaspekt einer Potentialbetrachtung abgedeckt. Was bei Segler (1986) sowie auch Raffée und Segler (1984) indessen aber fehlt, ist der Versuch, entsprechende Konsequenzen für die grundsätzliche Interpretation der Marketingphilosophie zu ziehen.

Grundsätzlich erscheint es uns zweckmäßig, insbesondere abstellend auf das Kapazitätsprinzip explizit die **Leitidee der** Ressourcen- bzw. **Potentialorientierung** zu formulieren, die sich mit Bezug auf den Unternehmenssektor wie folgt skizzieren läßt (Wiedmann, 1984, S. 156):

• **Die Leitidee der Potentialorientierung als Ausdruck einer konsequenten Umsetzung des Kapazitätsprinzips**

In Anbetracht der gestiegenen Anforderungen an Unternehmen ist dem Ausbau und der Nutzung unternehmensinterner sowie externer (Handlungs-)Potentiale und ferner der Abstimmung der Ziele, Strategien und Maßnahmen mit den vorhandenen oder aktivierbaren Potentialen erhöhte Aufmerksamkeit zu schenken. Als Potentiale sind dabei zu sehen:

- externe Potentiale: gute Beziehungen zu Kunden, Lieferanten, Medien, Behörden usw. oder auch ein Aspekt wie z.B. die Glaubwürdigkeit des Unternehmens,

- interne Potentiale: Finanzmittel, Informationsverarbeitungskapazitäten, Erfahrungen, qualifiziertes und hoch motiviertes Personal und last but not least geeignete Regelungen im Sektor der formalen Organisationsstruktur sowie eine situationsadäquate Unternehmenskultur.

Die Maxime der Potentialorientierung begegnet uns z.B. in der vielzitierten Formel: "Entwicklung der Stärken und Vermeidung bzw. Abbau von Schwächen" und konkretisiert sich etwa grundsätzlich in der Bedeutung von umfassend angelegten Potential- sowie Stärken-/Schwächen-Analysen. Die Leitidee der Potentialorientierung - die ihre theoretische Basis letztlich wesentlich im Kapazitätsprinzip hat - läßt sich ferner u.a. durch folgende Forderungen weiter präzisieren:

- realistische Selbsteinschätzung und generell realistische Einschätzung des Machbaren;

- Konzentration der Kräfte;

- Ausnutzung von Kooperations- und Koalitionsmöglichkeiten;

- Ausschöpfen von Synergiepotentialen in Gestalt von Absatz- und Beschaffungsverbünden, eines möglichen Goodwill-Transfers usw. (112), Orientierung der Unternehmensausweitung an angestammten Geschäftsbereichen (113);

- Ausnutzung von Standardisierungs- und Rationalisierungspotentialen (114);

- Schaffung geeigneter personeller, struktureller und generell unternehmenskultureller Voraussetzungen zur Entwicklung und Umsetzung von Strategie- und Maßnahmenprogrammen;

- Sicherung eines hohen Maßes an Flexibilität und Innovationsfähigkeit, um neuen Herausforderungen begegnen zu können;

- Aufbau und Pflege einer Corporate Identity und speziell eines Corporate Image als Grundlage einer effizienten Implementierung von Strategie- und Maßnahmenprogrammen unter Berücksichtigung der hierfür erforderlichen "Vorlaufzeit".

Am Beispiel dieser Forderungen zeigt sich, daß die Leitidee der Potentialorientierung eine heuristische Kraft zu entfalten vermag und geeignet ist, bereits vorhandene Forderungen in einen theoretischen Sinnzusammenhang zu stellen. Durch die genannten Präzisierungen wird ferner erkennbar, daß die eingeforderte Potentialorientierung auch aus dem Blickwinkel von Unternehmen, die vergleichsweise stärker als die Marketingwissenschaft immer schon auf Potentialbetrachtungen Wert gelegt haben, wichtig ist. Denn: Nicht alle dieser Forderungen werden von der Praxis konsequent erfüllt. Wir werden später noch sehen, daß es bspw. um die realistische Selbsteinschätzung oftmals nicht sehr gut bestellt ist. Dies bezieht sich nicht nur auf die aktuell vorhandenen, sondern gerade auch auf die künftig aufbaubaren Potentiale. Zu einer tragfähigen Potentialorientierung gehört allerdings auch, daß **künftig**

aufbaubare Potentiale nicht unterschätzt werden dürfen (zeitliche Relativierung), was in der Praxis etwa im Zusammenhang mit der Planung gesellschaftsorientierter Strategieprogramme (z.b. hinsichtlich einer besseren Aufklärung der Bürger über wirtschaftliche Zusammenhänge) nicht selten der Fall ist.

• **Die Notwendigkeit einer relativierten Potentialbetrachtung und Interpretationen zur Leitidee der Wettbewerbsorientierung**

Aus der Verbindung zwischen Potentialorientierung und der Austauschidee bzw. dem Gratifikationsprinzip sowie dem Prinzip der situativen Relativierung ergibt sich schließlich die Notwendigkeit, die eigenen Ressourcen und Potentiale immer im Vergleich zu anderen zu sehen, die in die jeweiligen Austauschbeziehungen direkt oder indirekt einbezogen sind. So hängt die Frage, ob und ggf. inwieweit sich ein Unternehmen am Markt durchsetzen kann, obwohl es nur bedingt in der Lage sind, vorhandene Verbraucherbedürfnisse adäquat zu befriedigen, letztlich immer auch davon ab, ob die vorhandenen Wettbewerber oder eine von den Abnehmern antizipierte Konkurrenz die Bedürfnisse besser zu befriedigen in der Lage ist. Dieser Sachverhalt hat in jüngerer Zeit dazu geführt, daß eine konsequente Wettbewerbsorientierung als zentrale Leitidee des Marketing herausgestellt und konkret etwa ein Denken in Angebotsvorteilen bzw. in der Kategorie einer relativen Angebotsqualität gefordert wurde (115) - eine Leitlinie, die übrigens schon in frühen Überlegungen zur Interpretation der Marketingphilosophie enthalten war (116) und sich im Lichte unserer feldtheoretisch inspirierten Präzisierungen des Gratifikationsprinzips noch verfeinern ließe.

Letzteres insofern, als sich bspw. aus der Idee der lebensweltlichen Relativierung die Notwendigkeit ergibt, bei einem Stärken-/Schwächen-Vergleich mit dem (den) wichtigsten Wettbewerber(n) weniger an objektiven bzw. aus eigener Sicht vorgenommenen Potentialvergleichen anzusetzen, sondern an den spezifischen Wahrnehmungen z.B. der Kunden und mithin etwa eine zielgruppenspezifische Stärken-/Schwächen-Betrachtung durchzuführen. Die Idee der zeitlichen Relativierung fordert dann etwa noch dazu auf, die Dynamik entsprechender Einschätzungen durch einzelne Zielgruppen zu reflektieren. - Auf beide Vorgehensweisen sind wir bislang in der Literatur noch nicht gestoßen.

• **Gratifikationsorientierung als zentrale Leitidee des Marketing**

Im Blick auf die systematisch zielorientierte Gestaltung der Austauschbeziehungen mit verschiedenen internen wie auch externen Austauschpartnern läßt sich aus dem Law of Exchange und speziell dem noch allgemeineren Gratifikationsprinzip unmittelbar die

Forderung nach einer konsequenten Orientierung an den Bedürfnissen, Erwartungen, Forderungen und Lebensbedingungen der Austauschpartner ableiten (= Leitdee der Gratifikationsorientierung). Demnach gilt es,

- zunächst die Bedürfnisse, Erwartungen, Forderungen und Lebensbedingungen der Austauschpartner (Kunden, Lieferanten, Mitarbeiter etc.) systematisch zu erforschen,

- um darauf aufbauend im Wege der Gestaltung eines Marketing-Mix gezielt wirksame Gratifikationskonzepte entwickeln zu können - und zwar je nach Konstellation eher in Gestalt von "Bedarfsdeckungskonzepten" oder "Beeinflussungskonzepten".

Die Gratifikationsorientierung hat also sowohl eine **Informations- als auch eine Aktionsseite**. Mit der Unterscheidung in Bedarfsdeckungs- und Beeinflussungskonzepte werden ferner **zwei Grundfunktionen des Marketing** angesprochen, auf die insbesondere Raffée (1979) immer wieder aufmerksam gemacht hat: die **Bedarfsdeckungsfunktion** des Marketing und die **Beeinflussungsfunktion** des Marketing.

Welche der beiden, als Extremvarianten auf einem Kontinuum der Ausrichtung einer Gratifikationsorientierung anzusiedelnden Grundfunktionen im konkreten Fall dominiert, hängt wesentlich davon ab, in welchen Ausmaß die Bedürfnisse, Erwartungen und Forderungen der Austauschpartner mit den Zielen der jeweils Marketing treibenden Organisation kompatibel sind. Je geringer diese Kompatibilität ist, umso mehr kommt die Beeinflussungsfunktion zum Tragen (et vice versa). Aber selbst dann, wenn in einer bestimmten Situation die Beeinflussungsfunktion dominiert, verliert dadurch die Gratifikationsorientierung als grundlegende Leitidee keinesfalls an Bedeutung; wir haben es lediglich mit **unterschiedlichen Ausrichtungen einer Gratifikationsorientierung** zu tun.

Auf der **Informationsseite** gilt es, bei Beeinflussungskonzepten zunächst genauso akribisch die bestehenden Bedürfnisse, Erwartungen und Forderungen zu erforschen, wie im Falle von Bedarfsdeckungskonzepten. Ein Unterschied besteht hier allerdings bereits darin, daß bei Beeinflussungskonzepten die Analyse noch breiter angelegt werden muß; es sind nämlich zusätzlich die Möglichkeiten und Rahmenbedingungen einer Beeinflussung sehr genau auszuleuchten und dabei speziell etwa jene Ansatzpunkte zu ventilieren, mit deren Hilfe negative Gratifikationen ausgeglichen und für einen Verzicht etwa geeignete "side payments" angeboten werden können. Letzteres signalisiert zugleich, daß bei Beeinflussungskonzepten gerade auch auf der **Aktionsseite** Gratifikationen eine zentrale Rolle spielen - sei es in Gestalt der erwähnten "side payments" oder auch in Gestalt des Versuchs, negative Gratifikationen zu minimieren und speziell einen Verzicht so leicht wie möglich zu machen oder ihn sogar als eine lohnende Sache erscheinen zu lassen.

Die vorstehenden Überlegungen lassen sich zunächst an einem Beispiel aus dem Bereich des Sozio-Marketing besonders gut illustrieren. Gilt es, bspw. Raucher von ihrem Laster abzubringen, so müssen zunächst die globale und spezifische Bedürfnissituation sowie die Hintergründe des realisierten Verhaltensmusters (z.B. Werte, Einstellungen, allgemeine Lebensbedingungen) genau erforscht werden. Hieraus ergeben sich Hinweise darauf, in welcher Weise einzelne Raucher beeinflußt werden können, welche Einstellungen und Werthaltungen, Lebensbedingungen u.U. verändert werden müssen und welche Ansatzpunkte hierzu im Sinne möglicher "side payments" oder einer Aufwertung alternativer Verhaltensmuster vorliegen. In einem bestimmten Rauchersegment vermag etwa die Aufwertung sportlicher Betätigung etwas zu bewirken; als "side payments" sind dann verbesserte Sportmöglichkeiten anzubieten, die leicht realisierbar sind und einen hohen Prestigewert aufweisen. In einem anderen Segment mag es an der selbst erlebten Unsicherheit und Nervosität oder an dem Glauben liegen, durch das Rauchen Prestigebedürfnisse befriedigen zu können; "side payments" bilden hier dann etwa Angebote an Ersatzbefriedigungen (Kaugummies oder Gerätschaften, mit denen die "nervösen Hände beschäftigt werden können") oder die soziale Aufwertung des Nicht-Rauchens. Einen Verzicht als besonders lohnend erscheinen zu lassen, stellt etwa im Feld des Spendenmarketing eine besondere Herausforderung dar - es gilt, u.a. dahingehend Überzeugungsprozesse einzuleiten, daß "Geben seliger macht als Nehmen". Obwohl realiter entsprechende Gestaltungsansätze freilich deutlich differenzierter anzulegen sind, dürfte das Grundprinzip dennoch nachvollziehbar geworden sein.

Obwohl Marketing prinzipiell nicht allein darauf angelegt ist, sich an bestehende Werte, Bedürfnisse, Bedarfe, Erwartungen anzupassen (= **adaptives Marketing**), sondern in in hohem Maße gerade auch die Möglichkeit bietet, bestehende Werte, Bedürfnisse, Bedarfe, Erwartungen zielorientiert zu verändern (= **strukturveränderndes Marketing**) (117), sollte die Marketingphilosophie die grundlegende Maxime beinhalten: "soviel Bedarfsdeckung wie möglich, soviel Beeinflussung wie nötig" bzw. "soviel Adaptation wie möglich, soviel Strukturveränderung wie nötig". Dies im Lichte der Potentialorientierung allein schon deshalb, weil Strukturveränderungen immer erheblich schwieriger zu realisieren sind als Adaptionen. Selbst dann, wenn bspw. im Rahmen eines nicht-kommerziellen Marketing Strukturveränderungsfunktionen wahrzunehmen und konkret Maßnahmen zur Veränderung problematischer Wert- und/oder Verhaltens- muster (Ausländerhaß, Drogensucht) zu ergreifen sind, sollte man sich an der aufgestellten Maxime orientieren - es muß bei einem bestimmten Anspruchsniveau hinsichtlich der Kosten-/Nutzen-Relation jeweils der Weg des geringsten Widerstandes gewählt werden.

Insgesamt ist die **Leitidee der Gratifikationsorientierung** mindestens **zwei-dimensional** zu **interpretieren**: Zum einen gibt sie **potentialorientiert** eine allgemeine Denkrichtung vor, wonach vorhandene Kräfte jeweils soweit wie möglich genutzt werden sollen, um die eigenen Ziele zu verwirklichen (diese Leitidee taucht übrigens auch bei Vester (1980, S. 82) auf: Er spricht dabei vom kybernetischen Prinzip des Jiu-Jitsu). Zum anderen werden **austauschzentriert** und bezogen auf unterschiedliche Situationskonstellationen (adaptives vs. strukturveränderndes Marketing) entsprechende Orientierungen für die Informations- und Aktionsseite eines effizienten Handelns vorgegeben.

• **Rekonstruktion der Idee der Kundenorientierung vor dem Hintergrund allgemeinerer Leitideen - Die Maxime der Engpaßorientierung**

Die in der Marketingliteratur immer wieder besonders akzentuierte Leitlinie der **Kundenorientierung** läßt sich im Lichte der bislang vorgestellten allgemeineren technologischen Leitideen einerseits als eine **Variante der Leitidee der Gratifikationsorientierung** deuten, die sich speziell auf die Gestaltung der Austauschbeziehungen zu den jeweiligen Kunden oder Klienten einer Organisation bezieht. Andererseits findet in der Leitlinie der Kundenorientierung gleichzeitig eine weitere technologische Leitidee ihren Ausdruck, die aus dem Kapazitätsprinzip abgeleitet werden kann und eine weitere Präzisierung der Maxime der Potentialorientierung darstellt. - Gemeint ist die Maxime der **Engpaßorientierung**.

Die Leitlinie der Engpaßorientierung findet allgemein ihren Niederschlag etwa in der Forderung nach einer "**Konzentration der Kräfte**" (118) oder bereits in dem auf Gutenberg zurückgehenden "**Ausgleichsgesetz der Planung**", wonach die Unternehmensplanung jeweils am schwächsten Teilbereich (Minimum- oder Engpaßsektor) anzusetzen hat (119). Bei der Proklamation der Idee der Kundenorientierung als eines zentralen oder häufig sogar einzigen Elements einer Marketingphilosophie wurde im Lichte von Marktsättigungserscheinungen und dem Wandel von Verkäufer- hin zu Käufermärkten davon ausgegangen, daß Absatzmärkte und speziell die Gestaltung der Kundenbeziehungen den Engpaß Nr. 1 jeglichen unternehmerischen Handelns bilden. Ausgehend davon verband sich dann mit der Forderung nach einer Kundenorientierung das - schon verschiedentlich erwähnte - Plädoyer für eine **absatzmarktzentrierte Steuerung des gesamten Unternehmens**: Das gesamte Unternehmen sollte also von den Absatzmärkten her und auf diese hin geführt werden, und in der Befriedigung von Kundenbedürfnissen sollte der eigentliche Schlüssel zum langfristigen Unternehmenserfolg gesehen werden (120).

Diese allein auf Kunden oder vielleicht noch insgesamt Absatzmärkte fixierte Auslegung wurde von Raffée et al. (121) in verschiedenen Entwicklungsstufen durch die **Idee einer situativ relativierten Engpaßorientierung** rekonstruiert und von Fritz (1991) in eindruckvoller Weise bestätigt. Nach dieser Leitidee soll immer in Betracht gezogen werden, daß auch andere Märkte, Umwelt- oder generell Austauschfelder den Charakter eines relevanten Minimumsektors einnehmen können. Daß hierbei selbst die Unterstützung durch die Gesellschaft bzw. durch gesellschaftliche Gruppen zu einem dominanten Engpaß werden kann, hat sich schon sehr früh etwa am Beispiel der Kernkraftwerksindustrie gezeigt, die mit den erheblichen Beeinflussungspotentialen von Bürgerinitiativen konfrontiert wurde (z.B. gerichtlich erzwungene Baustops). Darüber hinaus werden heute aber zunehmend auch spezifische Problemaspekte, wie z.B. Technologie, Wettbewerb, Innovation oder Human Ressourcen, als wichtige Engpaßfaktoren herausgestellt. Die Leitidee der situativ relativierten Engpaßorientierung soll vor diesem Hintergrund dazu beitragen, daß jeweils situationsspezifisch relevante Engpässe systematisch identifiziert und dann alle Unternehmensaktivitäten unter dem Blickwinkel einer Überwindung des jeweiligen Engpasses ausgestaltet werden.

Gleichzeitig wird jedoch postuliert, daß die Gestaltung der Austauschbeziehungen zu Kunden den Charakter eines dominanten Engpasses niemals völlig einbüßt. Dies in erster Linie deshalb, weil sich Unternehmen immer über ihre Leistungen für ihre Abnehmer zu legitimieren haben (122). In diesem Kontext ist dann ein "**Gleichgewichtsmarketing**" zu fordern, bei dem die verschiedenen Engpässe jeweils zielorientiert auszubalancieren sind (Postulat des Gleichgewichtsmarketing) (123).

Das Postulat des Gleichgewichtsmarketing hat verschiedentlich zu Irritationen geführt, weil angenommen wurde, daß hierbei von einem Gleichgewichtsideal ausgegangen wird, wie wir es etwa aus dem Bereich der Volkswirtschaftslehre kennen (124). Da von einem solchen Gleichgewichtsideal nicht ausgegangen werden soll (und auch bei Raffée niemals ausgegangen wurde), sondern es in erster Linie allein darum geht, daß sich Unternehmen u.U. gleichgewichtig auf die Gestaltung von Austauschbeziehungen innerhalb verschiedener Austauschfelder (Absatzmarkt, Beschaffungsmarkt etc.) einstellen müssen und dies bei der Ausgestaltung der gesamten Marketing-Technologie zu reflektieren haben, wollen wir einen anderen Begriff wählen und im vorliegenden Zusammenhang von der **Leitidee einer** situativ **balancierten Engpaßorientierung** sprechen.

Allerdings dürfte mit einer anderen Bezeichnung das von verschiedenen Kritikern anvisierte Problem nur zum Teil "vom Tisch gewischt" sein. Denn: Ein zentrales Problem einer balancierten Engpaßorientierung besteht in der Tat darin, differierende

Erwartungen, Ansprüche und Interessen seitens unterschiedlicher Austauschpartner bzw. Interessengruppen auszugleichen. Dies berührt dann zweifellos die Frage nach einem eventuell unrealistischen Gleichgewichtsdenken. So mögen sich bspw. die Interessen der Kapitalgeber, der Arbeitnehmer, der Kunden sowie verschiedener anderer Gruppen der Gesellschaft unvereinbar gegenüberstehen - hier von einem irgendwie gearteten natürlichen Gleichgewicht auszugehen, wäre freilich unsinnig. Dennoch führt in den meisten Fällen letztlich kein Weg daran vorbei, die verschiedenen Interessen auszugleichen oder wenigstens eine möglichst von allen Beteiligten tolerierte und gesellschaftlich akzeptable **Kompromißformel** zu finden, unter der die Unternehmung agieren kann.

Vor diesem Hintergrund führen wir die **Leitidee der Harmonisierung unterschiedlicher Interessen** (Idee des Interessensausgleich) ein, nach der sich Unternehmen zwar einerseits keinen Harmonie-Illusionen hingeben, andererseits aber auch konsequent versuchen sollten, bestehende Konflikte einer Handhabung näher zu bringen und zuvor jene **Zonen der Interessenkompatibilität** zu **identifizieren und voll auszuschöpfen**, die trotz aller Konflikte sicher auch bestehen.

• **Zusammenfassende Darstellung der theoretischen und technologischen Leitideen**

Mit den im vorliegenden Abschnitt vorgestellten Ideen, Maximen und Forderungen sind keinesfalls schon alle technologischen Leitideen erfaßt, die sich vor dem Hintergrund der zuvor angeführten theoretischen Leitideen entwickeln lassen. Es handelt sich u.E. aber um die wichtigsten. Abschließend sei auf Abbildung 25 verwiesen, in der die zentralen theoretischen und technologischen Leitideen noch einmal zusammenfassend herausgestellt werden. In Abbildung 25 sind zugleich noch einmal die beiden Felder der meta-theoretischen und meta-technologischen Leitdeen sowie die zwischen den verschiedenen Subsystemen des Leitideensystems bestehenden Beziehungen angedeutet. Bevor einige wichtige Leitideen und darüber hinaus Sinnmodelle im Sektor der Meta-Technologie angesprochen werden, soll die praktische Relevanz eines Rekurses auf verhaltenswissenschaftliche Erkenntnisse im Lichte der Gratifikationsidee anhand einiger Beispiele verdeutlicht werden.

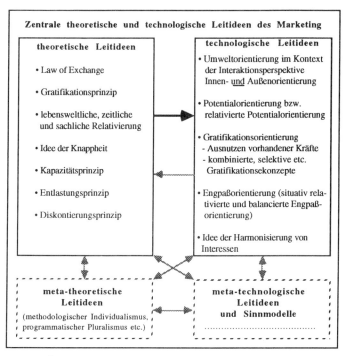

Zentrale theoretische und technologische Leitideen des Marketing

theoretische Leitideen	technologische Leitideen
• Law of Exchange	• Umweltorientierung im Kontext der Interaktionsperspektive Innen- und Außenorientierung
• Gratifikationsprinzip	
• lebensweltliche, zeitliche und sachliche Relativierung	• Potentialorientierung bzw. relativierte Potentialorientierung
• Idee der Knappheit	• Gratifikationsorientierung - Ausnutzen vorhandener Kräfte - kombinierte, selektive etc.
• Kapazitätsprinzip	Gratifikationsekonzepte
• Entlastungsprinzip	• Engpaßorientierung (situativ relativierte und balancierte Engpaß-
• Diskontierungsprinzip	orientierung)
	• Idee der Harmonisierung von Interessen

meta-theoretische Leitideen
(methodologischer Individualismus, programmatischer Pluralismus etc.)

meta-technologische Leitideen und Sinnmodelle
....

Abb. 25: Überblick über die zentralen theoretischen und technologischen Leitideen

3.2.4.2.3. Beispiele zur Nutzung verhaltenstheoretischer Erkenntnisse im Lichte der Gratifikationsorientierung

Das Spektrum der im Kontext einer Gratifikationsorientierung relevanten verhaltens-wissenschaftlichen Erkenntnisse ist außerordentlich breit und kann hier lediglich sehr plakativ und selektiv verdeutlicht werden. Als Problemhintergrund wählen wir den Bereich eines ökologischen Marketing aus.

• Die Bedeutung selektiver Anreize

Im Hinblick auf das Belohnungsproblem im Rahmen eines ökologischen Marketing ist zunächst vor allem auf die von Olson (1968) konstatierte Diskrepanz zwischen individueller und kollektiver Rationalität hinzuweisen: Zwar kann bei den Gesellschaftsmitgliedern durchaus ein gemeinsames Interesse an der Erreichung kollektiver Ziele wie der Schaffung einer sauberen Umwelt oder der Schonung natürlicher Ressourcen vorliegen. Der Anreiz der Verwirklichung eines kollektiven Ziels reicht als Motivationsgrundlage in aller Regel jedoch nicht aus, um unmittelbar ein Handeln im Sinne der Realisation dieses Ziels bei den einzelnen Gesellschaftsmitgliedern zu bewirken bzw. die Bereitschaft zu gewährleisten, auch die bei der Realisation des kollektiven Ziels entstehenden Kosten gemeinsam zu tragen. Zum einen besteht beim Individuum die Tendenz, die Rolle des Trittbrettfahrers einzunehmen, der zwar am Nutzen der Verwirklichung kollektiver Ziele partizipiert, selbst jedoch keinen Beitrag leistet - eine, vom Standpunkt des nutzenmaximierenden Individuums aus gesehen, durchaus rationale Strategie. Zum anderen ist es u.U. die Angst vor einer Übervorteilung durch vermeintliche Trittbrettfahrer, die den einzelnen vor der Entrichtung seines persönlichen Beitrages zurückschrecken läßt.

Nicht auszuschließen ist nun allerdings, daß eine stark individualistisch gefärbte Rationalität durch ein ausgeprägtes kollektives Bewußtsein überlagert wird und damit ihre Handlungsrelevanz verliert. Die verschiedenen Untersuchungsergebnisse zu neueren Tendenzen des Wertewandels ergeben hierzu jedoch keine klaren Anhaltspunkte: Obwohl gerade im Hinblick auf die Verwirklichung ökologischer Ziele in den letzten Jahren ein zunehmendes Problembewußtsein und auch eine gewisse Aufwertung des Gemeinsinns zu registrieren waren, spielen eine stark individualistische Denkhaltung und eine ich-bezogene Selbstverwirklichungsmentalität offensichtlich nach wie vor eine wesentliche Rolle (zu den Wertwandlungstendenzen innerhalb unserer Gesellschaft vgl. u.a. Raffée/Wiedmann, 1985 u. 1987). Insofern besitzen die von Olson (1968, S. 47) akzentuierten **"selektiven Anreize"** noch immer einen hohen Stellenwert, wenn es bspw. um die Bewirkung eines ökologiebewußten Handelns geht.

Die Variationsbreite selektiver Anreize ist durchaus weit aufzufassen. Sie können rechtlicher (z.b. gesetzlich festgelegte Strafen für ökologieschädigendes Verhalten), wirtschaftlicher (Steuervorteile, Einsparung teurer Energie), aber auch sozialer und psychischer Art sein (Olson, 1968, S. 59 - 64). Selektive soziale Anreize können im Zusammenhang mit einem ökologiefreundlichen Verhalten etwa neue soziale Kontakte (z.b. durch die Bildung von Fahrgemeinschaften, das Engagement in einer Bürgerinitiative) oder aber ein Statusgewinn durch die Nutzung ökologiefreundlicher Produkte darstellen (demonstrative Vernunft als neue Variante des Prestigekonsums; vgl. Heller, 1980). Selektive psychische Anreize sind demgegenüber u.a. in einem Gewinn an Selbstachtung, dem Gefühl, verantwortungsbewußt gehandelt zu haben, oder schlicht in der Reduktion kognitiver Dissonanzen bzw. eines schlechten Gewissens zu sehen.

Um zu entscheiden, welche Anreize in welcher Weise in ein grundsätzlich immer mehrdimensional anzulegendes Gratifikationskonzept einzubeziehen sind, kann wiederum auf verhaltenswissenschaftliche Erkenntnisse zurückgegriffen werden. Lediglich exemplarisch sei auf folgende Aspekte hingewiesen (vgl. dazu auch Raffée/Wiedmann/Abel, 1983):

- **Die Unzulänglichkeit finanzieller Sanktionen - Zur Notwendigkeit eines Einsatzes mehrdimensionaler Gratifikationskonzepte**

Wird bspw. ein umweltfreundliches Verbraucherverhalten durch die gezielte Verteuerung nicht umweltfreundlicher Produkte zu erreichen versucht (etwa im Wege von Steuererhöhungen), so ist zu beachten, daß sich hierdurch u.U. Verknappungseffekte ergeben, die - zumindest bei einigen Schichten - zu einer Steigerung der Attraktivität des betreffenden Gutes führen können (Prestigekonsum, Snobeffekt): Man will zeigen, daß man sich trotz Preiserhöhungen das betreffende Gut leisten kann. Wird ein solches Verhalten zunächst von den sog. gehobenen Schichten an den Tag gelegt, so kann es als Folge davon bei Unterschichtangehörigen zur Perzeption sozialer Deprivation kommen; dies wiederum kann Verlagerungen in der Einkommensverwendung zugunsten des verteuerten und prestigeträchtigen Gutes bewirken (analoges Vorkommen des sog. Giffenschen Falls). Selbst dann, wenn dieser Effekt nicht eintritt, stößt der Preis als Beeinflussungsinstrument vielfach auf Grenzen, weil Preiserhöhungen mit dem Ziel der sozialen Gerechtigkeit in Konflikt geraten können. Die Verteuerung nicht umweltfreundlicher Produkte ist u.U. allerdings dann eine effiziente Strategie, wenn sie in ein mehrdimensionales Gratifikationskonzept eingebunden ist, also wenn z.B. nicht umweltfreundliche Produkte gleichzeitig einer gezielten Strategie sozialer Stigmatisierung unterliegen bzw. die umweltfreundlichen Produktalternativen eine nachhaltige soziale Aufwertung durch entsprechende Werbekampagnen erfahren.

- **Die Zuschreibung von Verantwortlichkeiten und das Phänomen der gelernten Hilflosigkeit**

Im Hinblick auf den Einsatz selektiver psychischer Anreize sind etwa die Erkenntnisse der Attributionstheorie relevant; sie verweisen auf die Bedeutung einer Zuschreibung von Verantwortlichkeiten für die Entstehung ökologischer Probleme und/oder deren Lösung (allgemein zur Attributionstheorie vgl. Weiner, 1976; Frey, 1979). Für die Herausbildung eines ökologiefreundlichen Verbraucherverhaltens ist es vor diesem Hintergrund von zentraler Bedeutung, daß die Konsumenten mit den als unbefriedigend empfundenen ökologischen Erscheinungen internale Faktoren attribuieren - d.h., daß sie die eigene Verantwortlichkeit für diese Erscheinungen akzeptieren. Eine Ablehnung der eigenen Verantwortlichkeit kann dabei verschiedene Ausprägungen haben. So können vom Konsumenten andere gesellschaftliche Gruppen für die bestehenden Probleme verantwortlich gemacht werden, z.B. Unternehmen sowie die politischen Parteien; oder aber es kann so etwas wie eine kollektivistische Attribution erfolgen, indem dem "System" die Verantwortlichkeit für die Misere zugesprochen wird, so daß Scham bzw. Dissonanzen als Ansatzpunkte für selektive psychische Anreize bei den einzelnen Personen nicht bestehen oder durch Rekurs auf die kollektivistische Systemideologie leicht reduziert werden können.

Eine nicht unerhebliche Rolle spielt im vorliegenden Zusammenhang auch, wie hoch der einzelne die Effektivität seines Handelns einschätzt: Erwarten Konsumenten Erfolge bei der Bewältigung ökologischer Probleme eher infolge eigener Anstrengungen als aufgrund externer Faktoren, so werden sie auch eher bereit sein, sich ökologiefreundlich zu verhalten. Öko-Marketingkampagnen, die etwa eine Systemüberwindung propagieren oder sich in einer extremen Unternehmerschelte erschöpfen, sind vor diesem Hintergrund also als wenig zweckmäßig einzustufen, da sie in Gefahr stehen, das ökologische Engagement der Bürger zu dämpfen. Interessant sind hier etwa die Ergebnisse einer kleinen, nicht repräsentativen Umfrage, die der Verfasser nach der "Katastrophe am Rhein" (Sandoz-Unfall etc.) bei einigen Hausfrauen durchgeführt hat: Viele Hausfrauen sahen kaum noch einen Sinn darin, sich umweltfreundlich zu verhalten und die damit vermeintlich verbundenen Mühen auf sich zu nehmen, wenn Unternehmen dann doch innerhalb kürzester Zeit das Öko-System so nachhaltig zu zerstören vermögen.

- **Abrücken vom Bild des rationalen Bürgers - Öko-Marketing muß aktivieren**

Die Aktivierungsforschung hat gezeigt, wie wichtig stimulierende Reize im Rahmen der Werbung oder des Einsatzes anderer Marketinginstrumente sind (vgl. vor allem Kroeber-Riel, 1980). Werbebotschaften im Öko-Marketing dürfen demnach nicht nur sachlich-informativ aufgemacht sein, sondern müssen - etwa durch **emotionale Appelle** - aktivieren. Nicht selten dominiert demgegenüber jedoch gerade beim Öko-Marketing von umwelt- und verbraucherpolitischen Organisationen das **Bild des rationalen Bürgers**, dem lediglich objektive Informationen über die Zerstörung unserer natürlichen Umwelt oder über die ökologische Qualität von Konsumgütern zu vermitteln sind, um ein umweltbewußtes Verhalten zu bewirken (vgl. hierzu auch die von Kroeber-Riel, 1977, mit Blick auf das der Verbraucherpolitik zugrundeliegende Verbraucherbild vorgetragene Kritik, die m.E. noch immer von Bedeutung ist). Aktivierende Stimuli gewinnen im vorliegenden Zusammenhang vor allem auch angesichts der innerhalb unserer Gesellschaft zu registrierenden **Informations-überlastung** an Bedeutung. Um angesichts einer sich ständig verschärften **Informationskonkurrenz** Gehör zu finden, müssen hier jene Potentiale voll ausgeschöpft werden, die sich aus dem Einsatz verhaltenswissen- schaftlich fundierter Sozialtechniken ergeben.

- **Die Gefahr von Reaktanz- und Bumerang-Effekten**

Sowohl beim Einsatz emotionaler Appelle als auch generell bei der Planung von Öko-Marketingprogrammen müssen ferner z.B. die Erkenntnisse der **Dissonanz- und Reaktanztheorie** Beachtung finden. Die Reaktanztheorie (vgl. den Überblick bei Gniech/Grabitz, 1978, S. 48 ff.; Silberer, 1980, S. 387 ff.) gibt allgemein Hinweise darauf, daß der Beeinflussungserfolg eines Gratifikationskonzepts u. a. durch subjektiv empfundene Zwänge (z.B. Wahrnehmung einer Einschränkung der Entscheidungs-freiheit, Überdosierung moralischer oder angsterregender Appelle) reduziert werden bzw. ins Gegenteil umschlagen kann. In diesem Sinne ist bspw. zu diskutieren, ob sehr massive und massierte Maßnahmen für die Akzeptanz und Unterstützung einzelner Öko-Programme eben aufgrund ihrer Massivität und Massiertheit (tägliche Werbespots etc.) nicht mit einem hohen Scheiterrisiko behaftet sind und z.B. den Beeinflussungsversuchen gerade entgegengesetzte Einstellungs- und/oder Verhaltens-änderungen bewirken. Solche **"Bumerang-Effekte"** sind am ehesten zu erwarten, wenn die Kommunikation zu einseitig ist (der Kommunikator läßt nur seine Meinung gelten) und die Einstellungen, die verändert werden sollen, stark affektiv gefärbt, in Werthaltungen fest verankert sind und/oder eine hohe Ich-Beteiligung, bei gleichzeitig hoher Diskrepanz der Positionen des Kommunikators und des Kommunikanten, zeigen (vgl. Frey, 1978, 1979; Gniech/Grabitz, 1978, S. 53).

Aus der Dissonanztheorie läßt sich noch eine Reihe weiterer Hypothesen über die Bedingungen von Einstellungsänderungen ableiten und darauf aufbauend Anregungen für die Gestaltung eines Gratifikationskonzepts gewinnen. Interessant ist hier etwa das **"Foot-in-the-door"-Phänomen**, nach dem eine sukzessive Approximation zur Erreichung eines ökologiebewußten Verhaltens besser ist als eine sofortige hohe Forderung (vgl. Frey, 1978, S. 265). Weitere gestaltungsrelevante Hinweise ergeben sich etwa aus dem **"forbidden-toy"-Paradigma**: Verschiedene Experimente der Dissonanztheorie "zeigen konsistent, daß niedrigere Bestrafungen zur Durchsetzung von Verboten eine stärkere Einstellungsänderung erzeugen als hohe Strafandrohungen" (Frey, 1978, S. 38). Diese Erkenntnis könnte etwa gerade bei einem staatlichen Kontextmanagement fruchtbar verwertet werden.

Der Einfluß von Gratifikationen auf Einstellungs- und Verhaltensänderungen wird in neuerer Zeit auch verstärkt im Lichte der **Selbstwahrnehmungstheorie** von Bem zu erklären versucht. Aus der Selbstwahrnehmungstheorie kann z.B. die "overjustification"-Hypothese abgeleitet werden, nach der "die Einstellung gegenüber einer Verhaltensweise bei hoher (aber noch im Rahmen des Üblichen sich befindlichen) Belohnung für dieses Verhalten negativer ist als bei mäßiger oder geringerer Belohnung (Frey, 1979, S. 39). Hierbei müssen allerdings die jeweils vorherrschenden Rahmenbedingungen beachtet werden: Bei niedriger Entscheidungsfreiheit ist nämlich im Lichte der Incentivtheorie zu erwarten, daß mit steigender Belohnung die Attraktivität einer Handlung steigt (vgl. Frey, 1979, S. 38).

3.2.5 Meta-technologische Leitideen und die Ausgestaltung der Meta-Technologie vor dem Hintergrund der Forschungsphilosophie

3.2.5.1 Vorbemerkung: Differenziertere Erfassung des Aussagenfeldes der Meta-Technologie und Abgrenzung der zu behandelnden meta-technologischen Problembereiche

Bei der Darstellung unseres Bezugsrahmens zur Erfassung betriebswirtschaftlicher Forschungsprogramme wurde das Aussagenfeld der Meta-Technologie lediglich grob strukturiert (vgl. 3.1.2.2.2). Als Grundlage für die Herausarbeitung zentraler meta-technologischer Leitideen sowie Basismodelle und insbesondere für das Verständnis der nachfolgenden Teile reicht diese Skizze jedoch nicht aus. Gerade die Notwendigkeit, Grundlagen für das Verständnis der nachfolgenden Teile zu schaffen, führt mit dazu, daß wir in diesem Abschnitt die Ebene der Forschungsphilosophie sehr viel stärker in die Betrachtung einbeziehen, als dies bei der Skizze meta-theoretischer, theoretischer und technologischer Leitideen nötig war. Schließlich ist noch darauf hinzuweisen, daß wir im folgenden lediglich einzelne Felder einer Meta-Technologie auszuleuchten vermögen.

• Bezugspunkte und Problembereiche der Meta-Technologie

Als grundlegende Stoßrichtung der Meta-Technologie hatten wir zuvor bereits die **Steuerung praktischer Gestaltung** herausgestellt. Im Kern geht es demnach also um die Erarbeitung eines spezifischen **Orientierungswissens**, das sich auf recht unterschiedliche Sachverhalte beziehen kann. Relevante **Bezugspunkte** sind die wissenschaftliche Zielsetzung im Blick auf die Entwicklung und Verwertung von Sozialtechnologien sowie die Erarbeitung von Kontextmodellen und Bezugsrahmen-konzepten als Basis für den Einsatz der Marketing-Technologie. Kontextmodelle und Bezugsrahmenkonzepte können dabei jeweils als theoretische Modelle (i.w.S.), Evaluierungsmodelle oder normative Modelle ausgearbeitet sein. Was die Erarbeitung von theoretischen Modellen (i.w.S.) und größtenteils auch von Evaluierungsmodellen anbelangt, fungiert die Meta-Technologie gewissermaßen als Impulsgeber für relevante Problemexplikationen im Feld der Theorie, da hier die jeweiligen Modelle zu entwickeln sind. - Es kommt also zu Überschneidungen zwischen dem Feld der Meta-Technologie und dem der Theorie.

Der hier zunächst abstrakt vorgestellte und Abbildung 26 wiedergegebene Bezugsrahmen zur Strukturierung des Aussagenfeldes Meta-Technologie soll nachfolgend in einzelnen Schritten näher erläutert werden. Im Anschluß daran ist dann auf den prägenden Einfluß der auf der Ebene der Forschungsphilosophie formierten Paradigmen, Ideologien etc. einzugehen, der in Abbildung 10 bereits anzudeuten versucht wurde.

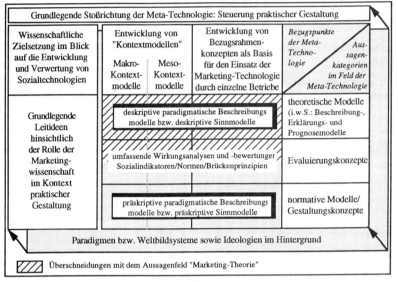

Abb. 26: Struktur des Aussagensystems der Meta-Technologie

1. In einem noch sehr grundlegenden Sinne hat die Meta-Technologie zunächst Aussagen darüber zu enthalten, unter welcher **wissenschaftlichen Zweck- bzw. Zielsetzung** die Entwicklung einer Sozialtechnologie im Marketingansatz vorangetrieben und deren Einsatz in der Praxis gefördert werden soll. Dies betrifft unmittelbar den Bereich der Forschungsziele, den wir zuvor schon im Kontext der Meta-Theorie angesprochen hatten. Festzustellen bleibt insofern lediglich, daß die in einem Forschungsprogramm wirksamen Ziele immer - wenigstens nach Maßgabe eines angewandten Wissenschaftsverständnisses - sowohl eine meta-theoretische als auch meta-technologische Funktion haben und dieses bei der Formulierung entsprechender Leitideen Beachtung finden muß. Auf die Formulierung solcher Leitideen aus meta-technologischer Sicht wird noch im einzelnen zurückzukommen sein.

2. Gegenstand meta-technologischer Erörterungen sind ferner unterschiedliche **Rahmenbedingungen,** die im Blick auf die Realisation von Führungskonzeptionen im Umfeld der jeweils fokussierten Praxis zu gewährleisten sind. Wir sprechen hierbei von **"Kontextmodellen",** die es jeweils zu beschreiben, zu erklären, in ihrer

Entwicklung zu prognostizieren und schließlich zu bewerten gilt. Solche Kontextmodelle bilden dann eine geeignete Grundlage, um Vorstellungen hinsichtlich einer zweckmäßigeren Gestaltung zu entwickeln, die

- einerseits in die Ausgestaltung der Marketing-Technologie oder generell von Führungskonzepten einfließen (Orientierungswissen),
- andererseits im Sinne übergeordneter Gestaltungsvorschläge kommuniziert werden (z.B. Vorschläge, die in der Arena öffentlicher Diskussion zur Debatte gestellt werden).

Entsprechende Aussagensysteme können sowohl auf der Meso- als auch auf der Makro-Ebene angesiedelt sein:

• Auf der **Meso-Ebene** geht es etwa darum, Modelle für folgende Gestaltungsprobleme zu entwickeln: Gestaltung von Distributionskanälen und speziell zur Zusammenarbeit von Herstellern, Absatzmittlern und -helfern, von übergreifenden Informationskonzepten oder -netzwerken, von Koalitionen zwischen wirtschaftlichen und politischen Institutionen im Kontext einer Sicherung der internationalen Wettbewerbsfähigkeit oder auch hinsichtlich der Ausgestaltung konzertierter Aktionen zur Bewältigung der ökologischen Herausforderung oder der Implementierung eines tragfähigen verbraucherpolitischen Systems ("**Meso-Kontextmodelle**").

- Auf der **Makro-Ebene** sind demgegenüber Modelle hinsichtlich der wirtschafts- sowie generell gesellschaftspolitischen Rahmenbedingungen zu entwickeln, in die Marketingkonzepte auf der Meso- sowie Mikro-Ebene eingebunden bzw. einzubinden sind. In allgemeinster Form betrifft dies etwa Fragen nach einer zukunftsgerichteten Gestaltung der Wirtschafts- und Gesellschaftsordnung, die u.a. in die Arena gesellschaftlicher Diskussion einzubringen sind. Die hier - freilich in Kooperation mit anderen Disziplinen - zu entwickelnden "**Makro-Kontextmodelle**" und die Erkenntnisse über das Management von Organisationen (Mikro-Ebene) sowie höher aggregierter sozialer Einheiten (z.B. Allianzen, Netzwerke = Meso-Ebene) bilden dann wiederum die Grundlage für konkrete Vorschläge zur wirksamen Ausgestaltung des Rechtssystems oder etwa der Verbraucherpolitik, der Innovationsförderungspolitik etc. Ferner handelt es sich bei solchen Makro-Kontextmodellen freilich mit um den zentralen gedanklichen Hintergrund, vor dem Gestaltungskonzepte auf der Mikro-Ebene (Führungskonzepte für Organisationen) sowie auf der Meso-Ebene (Managementkonzepte für Allianzen, Netzwerke etc. oder als Basis einer konzertierten Aktion zur Bewältigung aktueller gesellschaftlicher Probleme) entworfen werden.

3. Schließlich geht es bei der Meta-Technologie um **Bezugsrahmenkonzepte**, in denen im Sinne deskriptiver oder präskriptiver Modelle Vorstellungen zu geeigneten Strukturen und Prozessen der Unternehmensführung insgesamt, einer umfassenden Marketingplanung oder der Planung des systematisch kombinierten Einsatzes von Marketingaktionsinstrumenten - aufs Ganze gesehen: des Einsatzes der gesamten

Marketing-Technologie - enthalten sind (**meta-technologische Modelle i.e.S.**).
Konkrete Beispiele für solche meta-technologischen Modelle (i.e.S.) hatten wir in
Abschnitt 2.2.3. in Gestalt des von Krulis-Randa vogelegten Bezugsrahmens für ein
gesellschaftsorientiertes Marketing (vgl. Abb. 3) oder in Abschnitt in Gestalt des von
Ansoff entwickelten Bezugsrahmens strategischer Unternehmensführung (vgl. Abb.
5) vorgestellt.

Bei den beiden zuletzt genannten Bezugspunkten der Meta-Technologie müssen jeweils -
dies deutete sich eben schon an - unterschiedliche Aussagenkategorien beachtet werden:
Bei Kontextmodellen und meta-technologischen Modellen (i.e.S.) kann es sich nämlich
um theoretische Modelle im weiteren Sinne (Beschreibungs-, Erklärungs- oder
Prognosemodelle), Evaluierungsmodelle und Gestaltungsmodelle (präskriptive bzw.
normative Modelle) handeln. Stellt man auf theoretische Modelle (i.w.S.) ab, so wird
zugleich einerseits die - schon erwähnte - Impulsgeberfunktion der Meta-Technologie für
die Anlage und Ausgestaltung des Aussagenfeldes der Marketing-Theorie, andererseits
die "Zulieferfunktion" der Marketing-Theorie für die Entwicklung einer Meta-
Technologie deutlich:

Im Feld der Theorie gilt es nunmehr nämlich nicht nur, theoretische Modelle im Hinblick auf
technologisch relevante Sachverhalte (z.B. Modelle zur Erklärung des Verhaltens von Konsumenten) zu
entwerfen. Vielmehr müssen solche Modelle auch unter anderen Gesichtspunkten und darüber hinaus auch
Modelle zur Beschreibung, Erklärung und Prognose übergeordneter Sachverhalte auf der Meso- und
Makro-Ebene entwickelt werden, wie wir sie eben skizziert hatten (z.B. Modelle zur Erfassung von
Distributionssystemen oder von gesellschaftlichen Strukturen und Prozessen). Ersteres hat erhebliche
Konsequenzen für die Neuausrichtung z.B. der Konsumentenverhaltensforschung sowie der Erforschung
des Unternehmensverhaltens: Beide Forschungszweige sind bislang a potiori rein instrumentell auf die
Erarbeitung technologischen Wissens angelegt (speziell Theorien des Unternehmensverhaltens tauchen
etwa vorwiegend nur im Kontext einer Erklärung organisationalen Beschaffungsverhaltens als Basis der
Entwicklung von Absatzmarketingstrategien auf) (125). Letzteres hat demgegenüber zu einer Aufwertung
und weiterer Vertiefung jener Forschungszweige zu führen, die sich mit der Erklärung des
Anbieterverhaltens von Organisationen befassen. Im Rahmen einer gesellschaftsorientierten Marketing-
Konzeption ist künftig ferner vor allem jenen Modellen ein besonderes Gewicht beizumessen, die sich
mit der Erfassung gesellschaftlicher Zusammenhänge beschäftigen und speziell etwa versuchen, auf einer
hoch aggregierten Betrachtungsebene einerseits Marketingwirkungen auf gesellschaftliche Tatbestände
(z.B. Beeinflussung der Lebensqualität), andererseits die gesellschaftliche Bedingtheit einzelner
Marketingphänomene zu beschreiben, zu erklären und zu prognostizieren (126).

Umgekehrt bilden die verschiedenen theoretischen Modelle (i.w.S.) eine wichtige Grundlage, um im Feld
der Meta-Technologie entsprechende Gestaltungskonzepte entwickeln zu können. Je nach Forschungs-

verständnis können aber z.b. auch bereits einzelne Beschreibungsmodelle als meta-technologische Modelle im weiteren Sinne (Kontextmodelle und managementbezogene Bezugsrahmenkonzepte bzw. meta-technologische Modelle i.e.S.) gedeutet werden. Dies ist etwa dann der Fall, wenn Überlegungen zur Gestaltung von Managementstrukturen und -prozessen allein an deskriptiven Kontextmodellen anknüpfen (z.B. Ausgestaltung unternehmerischer Führungskonzeptionen vor dem Hintergrund einer bestehenden Wettbewerbsordnung) oder in der Praxis vorfindliche Managementstrukturen und -prozesse unmittelbar als gedanklicher Hintergrund Verwendung finden, um den Einsatz der Marketing-Technologie auszuarbeiten. Beide Varianten sind durchaus nicht unüblich, vertragen sich aber nur z.T. mit einem gesellschaftsorientierten Forschungsverständnis, wie wir es ein wenig später noch vorstellen werden.

Auch mit Bezug auf Evaluierungsmodelle oder -konzepte ergeben sich enge Beziehungen zwischen den beiden Feldern der Meta-Technologie und Theorie. Hier müßte im einzelnen darüber verhandelt werden, ob und ggf. inwieweit die Durchführung umfassender Wirkungsanalysen, die Ausarbeitung relevanter Wirkungsaspekte (z.B. Sozialindikatorensysteme) und Beurteilungsmaßstäbe (Normen) und schließlich die Beurteilung selbst jeweils dem Feld der Theorie oder dem der Meta-Technologie zuzuordnen sind. Diese formale Zuordnungsproblematik soll uns hier - zugunsten einer stärker inhaltlichen Auseinandersetzung - allerdings nicht weiter interessieren.

In dieser Arbeit ist es nun nicht möglich, alle skizzierten Felder (vgl. nochmals in Abb. 26) auszuleuchten und unter Berücksichtigung ihrer unterschiedlichen paradigmatischen und ideologischen Einfärbungen zu rekonstruieren. Es sollen vielmehr nur einige wenige Sektoren oder Problemfelder herausgegriffen werden.

• Zur Auswahl der zu behandelnden Sektoren der Meta-Technologie

Von grundlegender Bedeutung für die Hinwendung zu einem gesellschaftsorientierten Forschungsprogramm ist zunächst die Frage nach den Zielen, die im Blick auf die Entwicklung und Verwertung einer Sozialtechnologie zu verfolgen sind. Wir wollen deshalb in diesem Sektor einige zentrale meta-technologische Leitideen (präziser: programmatische meta-technologische Leitideen) herausstellen. In diesem Kontext befassen wir uns gleichzeitig mit grundlegenden Ansatzpunkten zur Entwicklung von Evaluierungskonzepten - ohne dabei allerdings auf einzelne, z.T. schon entwickelte Evaluierungsmodelle eingehen zu können (z.B. Modelle zur Evaluierung einzelner verbraucherpolitischer Konzepte, des Strategiekonzepts der geplanten Obsoleszenz oder der Versorgungszufriedenheit von Konsumenten) (127).

Ein zweiter Schwerpunkt wird bei managementbezogenen Bezugsrahmenkonzepten gesetzt. Hierbei sollen allerdings nicht voll elaborierte meta-technologische Modelle (i.e.S.) behandelt werden. Es geht vielmehr darum, die zentralen meta-technologischen Leitideen zu identifizieren, in deren Lichte Marketing bislang als Führungskonzept von Unternehmen ausgearbeitet wurde. Besondere Aufmerksamkeit wird hier zudem dem Einfluß unterschiedlicher Paradigmen und Ideologien geschenkt, die ihren Niederschlag in den zuvor schon verschiedentlich erwähnten "paradigmatischen (Beschreibungs-) Modellen" bzw. Sinnmodellen gefunden haben. Angesichts des erreichten Argumentationsstandes sind wir nunmehr auch in der Lage, die Begriffe "paradigmatisches (Beschreibungs-)Modell" und Sinnmodell etwas schärfer zu fassen und in Beziehung zu anderen Begriffen zu setzen, die teils gleiche, teils ähnliche Sachverhalte bezeichnen:

Es trägt sicherlich zur Verwirrung bei, daß die zur Verhandlung anstehenden Modelle in jeweils unterschiedlichen Argumentationszusammenhängen auftauchen, von uns als Sinnmodelle, paradigmatische (Beschreibungs-) Modelle sowie als Ideologien bezeichnet oder z.T. auch schon - der vorliegenden Literatur folgend - als Marketing-Ansätze bzw. -Approaches eingeordnet wurden und in der Literatur für gleiche oder ähnliche Sachverhalte zusätzlich auch noch die Begriffe Grundpositionen, Perspektiven, Orientierungen, Denkrichtungen, Paradigmen, Bilder, Metaphern, Theorien oder auch theoretische Beschreibungs- und Erklärungsansätze verwendet werden. Ohne den verschiedenen Begriffssystemen in der Literatur im einzelnen nachgehen zu können und zu wollen, läßt sich zumindest in dem von uns entwickelten Bezugsrahmen zur Erfassung betriebswirtschaftlicher Forschungsprogramme dadurch u.U. eine gewisse "Entwirrung" erreichen, daß wir auf unterschiedliche Ebenen, Felder, Konkretisierungsstufen etc. innerhalb eines Forschungssystems abstellen, auf bzw. in denen derselbe Sachverhalt unterschiedlich beleuchtet und daher mit anderen Termini versehen wird.

Grundsätzlich geht es zunächst jeweils um die Repräsentation betrieblicher Wirklichkeit und speziell der internen und externen Austauschbeziehungen eines Unternehmens in Modellen. Soweit die verschiedenen Austauschbeziehungen lediglich beschrieben werden, hat man ex definitione von Beschreibungsmodellen zu sprechen; soweit darüber hinaus bspw. erklärt wird, warum entsprechende Austauschbeziehungen bestehen und warum diese in spezifischer Weise ausgestaltet sind, handelt es sich um Erklärungsmodelle (Prognosemodelle - dieser Begriff taucht in der wissenschaftstheoretischen Diskussion interessanterweise nicht auf - wären es demgegenüber dann, wenn die künftige Entwicklung der Austauschbeziehungen zu erfassen versucht wird). Stellt man solche Modelle nun in den Kontext betriebswirtschaftlicher Theoriebildung, so ist von theoretischen Modellen oder präziser: von theoretischen Basismodellen zu sprechen, die in der Literatur u.E. etwas anspruchsvoll dem Begriff "Theorie der Unternehmung" subsumiert werden, so gewendet letztlich aber exakter als Basistheorien der Unternehmung bezeichnet werden müßten. Von Sinnmodellen ist dann die Rede, wenn - dies hatten wir aber schon gesagt (128) - die unternehmerische Zwecksetzung in besonderer Weise akzentuiert wird. Zu unterscheiden sind hier deskriptive und präskriptive Sinnmodelle, je nach dem, ob beabsichtigt ist, eine Aussage über die Realität zu machen oder darauf abgehoben wird, wie die Realität aussehen sollte (normative Modelle). Beschreibungs- und Erklärungsmodelle, aber gerade auch deskriptive und präskriptive Sinnmodelle sind -

dies wird noch ausführlicher demonstriert - jeweils in spezifische Weltbilder eingebunden. Um diesen Sachverhalt besonders hervorzuheben, lassen sie sich jeweils als paradigmatische Modelle kennzeichnen. Werden solche Modelle dann als Ideologien bezeichnet, so wird in der Regel darauf abgehoben, daß sie nicht nur durch Weltbilder, sondern auch jeweils spezifische Interessen, Werte etc. eingefärbt sind und teilweise als Instrumente der Rechtfertigung herangezogen werden.

Stellt man die jeweiligen Modelle in einen forschungsprogrammatischen Kontext und stellt darauf ab, daß sie wesentlich die Sichtweise bzw. Perspektive prägen, unter der die Forschung erfolgt, ist jeweils von Ansätzen, Approaches oder gelegentlich auch von Denkschulen die Rede. Etwas verwirrend ist dabei, daß auch dann von Ansätzen und Approaches geredet wird, wenn diese nicht in einer spezifischen Sicht der Realität ihren Ursprung finden, sondern in der Festlegung eines spezifischen Objektbereichs, einer bestimmten Forschungsstrategie u.ä. Wir haben diese Unterschiede - die in der Literatur kaum genügend scharf voneinander abgegrenzt werden - zuvor schon herauskristallisiert. Ein gewisses Problem innerhalb unseres Begriffssystems ergibt sich allerdings daraus, daß wir auf zwei Ebenen von "Sichtweisen" oder "Perspektiven" sprechen: Zum einen in einem übergeordneten Sinne und speziell im Blick auf die Kennzeichnung der gesamten Marketing-Konzeption unter Rekurs auf die Austauschperspektive; zum anderen in einem nachgeordneten Sinne, wenn es etwa darum geht, wie Austauschbeziehungen "gesehen" bzw. interpretiert werden sollen (z.B. als Beziehungen des wechselseitigen Lernens, als konfliktbeladene Verhandlungsbeziehungen etc.; vgl. ergänzend die mehrfach angeführten "Paradigmen", die Carson identifiziert hat). Dies läßt sich jedoch im jeweiligen Argumentationszusammenhang relativ einfach erkennen. Ebenfalls in den forschungsprogrammatischen Kontext einzuordnen ist schließlich noch der Begriff "Metapher"; er steht in der Literatur zumeist für ein Bild, daß zur Charakterisierung einer bestimmten Perspektive herangezogen wird, durch die eine Denkschule oder ein Approach geprägt sind (z.B. Kampfspiel-Metapher oder Metapher des "victimized consumers", des "political marketplace") (129).

Paradigmatischen (Beschreibungs-)Modellen oder Sinnmodellen kommt bei der Ausgestaltung der Meta-Technologie eine besonders wichtige Stellung zu. Dies vor allem deshalb, weil durch sie nicht nur spezifische meta-technologische Leitideen hinsichtlich ihres Stellenwertes begründet, sondern zugleich auch in spezifischer Weise interpretiert und aspiziert werden. Greifen wir exemplarisch, die Leitidee der Bedürfnisorientierung heraus, so wird diese sehr unterschiedlich gewichtet und ausgelegt je nach dem, ob von einem Markt-, Dialog-, Kampfspiel-, Treuhänder-, Ziel-, Institutionen- oder von einem Fortschrittsmodell ausgegangen wird, um nur eklektisch einige der in der Literatur vorfindlichen Sinnmodelle anzuführen (130). Die skizzierten Sachverhalte werden in Abbildung 27 noch einmal veranschaulicht. Dort wird gleichzeitig angedeutet, daß von Paradigmen selbstverständlich auch ein prägender Einfluß auf alle anderen Aussagenfelder ausgeht.

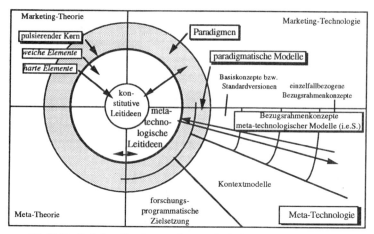

Abb. 27: Der Einfluß von Paradigmen auf meta-technologische Aussagensysteme

Angesichts des zentralen Einflusses, der von Paradigmen ausgeht, wollen wir im folgenden auch einen besonderen Schwerpunkt bei der Auseinandersetzung mit unterschiedlichen Paradigmen zu setzen. Weitgehend ausgespart bleiben Kontextmodelle. Allerdings fließen solche Kontextmodelle teilweise in paradigmatische Modelle ein und werden insofern dort teilweise thematisiert. Ferner ergeben sich mitunter einige Berührungspunkte, wenn - wie im folgenden beabsichtigt - paradigmatische Aspekte der Meta-Technologie behandelt werden.

3.2.5.2. Programmatische meta-technologische Leitideen und grundlegende Gestaltungsperspektiven für Evaluierungskonzepte

Die in einem Forschungsprogramm wirksamen Ziele weisen - wie wir zuvor festgestellt hatten - immer sowohl eine meta-theoretische als auch meta-technologische Komponente auf, was bei der Formulierung entsprechender Leitideen Beachtung finden muß. Im Blick auf die Ausformulierung der meta-technologischen Komponente gilt es, im Rahmen eines gesellschaftsorientierten Marketing-Konzepts noch einmal besonders zu betonen, daß das gesamte Forschungsprogramm und speziell die Ausgestaltung des Verwertungszusammenhangs nicht allein unter der Leitlinie stehen darf, der Unternehmenspraxis oder anderen "Klienten" der Marketingwissenschaft (etwa der nicht-kommerziellen Praxis) eine Sozialtechnologie zur besseren Verwirklichung allein **ihrer** Ziele an die Hand zu geben. Darüber hinaus muß vielmehr auf die Ziele der Praxis selbst **aktiv** eingewirkt werden und die Entwicklung technologischer Modelle so angelegt sein, daß der Praxis jeweils folgendes offengelegt und zur Umsetzung nachdrücklich ans Herz gelegt wird: zum einen die Chancen und konkreten Ansatzpunkte einer parallel zur Realisation ihrer eigenen Ziele möglichen Verwirklichung übergeordneter gesellschaftlicher Ziele; zum anderen die Risiken einer mangelnden Beachtung gesellschaftlicher Anforderungen sowie konkrete Ansatzpunkte dazu, wie solche Risiken begrenzt werden können. Letzteres verweist einerseits wiederum auf den erstgenannten Aspekt, enthält andererseits aber auch den Aspekt denkbarer Widerstandsstrategien gegenüber Anforderungen seitens unterschiedlicher gesellschaftlicher Gruppen.

Die Entwicklung von Widerstandsstrategien wirft erhebliche Evaluierungsprobleme auf, da sie sich freilich nur auf solche Interessen gesellschaftlicher Gruppen beziehen darf, denen aus übergeordneter Sicht eine **gesellschaftliche Legitimation** zugesprochen werden kann. Hier zeigt sich zugleich, wie wichtig es ist, jenen Forschungsarbeiten ein sehr viel höheres Gewicht beizumessen, die von einer Makro-Perspektive ausgehen.

Als **zentrale meta-technologische Leitidee** läßt sich vor dem Hintergrund des bislang Gesagten die **Forderung nach einer aufklärerisch-emanzipatorischen Marketinglehre** formulieren, die dabei sowohl indirekt über ein "selektives Technologieangebot" (nur solche Gestaltungsempfehlungen werden gegeben, die gesellschaftlich legitimierbar sind) als auch direkt im Sinne der Wahrnehmung einer "Wachrüttelfunktion" entsprechend **aktiv in die Praxis hineinwirkt**. Diese Forderung, die bereits von Raffée und Specht (1976, 1982), wenn auch mit etwas anderen Akzenten aufgestellt wurde, kontrastiert sehr deutlich mit der Wirklichkeit einer Ausrichtung wissenschaftlicher Marketingforschung und auch dem Bewußtsein vieler Marketingvertreter, die einer stark positivistisch verkürzten Philosophie der Praxisorientierung anhängen und wissenschaftliche Marketingforschung allein in den Dienst der Verwirklichung vorhandener Interessen der "unterstützten" Organisationen der Praxis stellen (Kapitalorientierung i.w.S.).

Das Abstellen auf "vorhandene" Interessen ist dabei bereits insofern von Bedeutung, als sich hiermit - auch schon allein aus dem Blickwinkel der beratenen Praxis betrachtet - eine extreme Kurzsichtigkeit verbindet, die paradoxerweise dem eingangs kritisierten Trend Vorschub leistet, daß die Marketingwissenschaft den Problemen der Praxis hinterherhinkt. - Tatsächlich wurde die Notwendigkeit, der Praxis **nicht nur technologisches Wissen, sondern** auch - dies steht ja mit im Zentrum der Meta-Technologie - **Orientierungswissen** bereitzustellen, erst dann im größeren Umfang erkannt, als die Praxis bereits selbst gesehen hatte, daß es nicht genügt, zu fragen: "do we the things right", sondern insbesondere im Kontext einer strategisch ausgerichteten Unternehmensführung zusätzlich die Frage aufgeworfen werden muß: "do we the right things". - Eine Marketingwissenschaft, die lediglich die Brille der

Unternehmenspraxis aufgesetzt hat, wird hier nicht in der Lage sein, zukunftsgerichtet Orientierungswissen anzusammeln, das der Unternehmenspraxis neue Perspektiven aufzuzeigen vermag: Dem "**GiGo-Effekt**" (Garbage in, Garbage out) einer einseitigen und positivistisch verkürzten Praxisorientierung muß durch die Orientierung an der **Leitidee einer interessenpluralistischen und multiperspektivischen Forschung** entgegengewirkt werden, die in die Vorstellung einer **gesellschaftspraktischen Marketinglehre** eingebunden ist, wie wir es in Abschnitt 3.2.3. schon zu skizzieren versucht hatten.

Eine gesellschaftspraktische Marketinglehre hat sich nicht allein von der in der Betriebswirtschaftslehre dominanten einseitigen Kapitalorientierung abzusetzen, sondern auch von allen anderen Formen der Einseitigkeit, sei es nun in Gestalt einer einseitigen "Arbeitsorientierung" oder einer einseitigen "Ökologieorientierung" - einzelne Gestaltungsvorschläge müssen jeweils **"praktisch" für die gesamte Gesellschaft sein, und zwar nicht nur für die Gesellschaft von heute, sondern auch für die Gesellschaft von morgen.** So einfach und schnell eine solche regulative Idee auf der einen Seite formuliert ist, so schwierig und langwierig wird es auf der anderen Seite sein, auf eine konsequente Orientierung an dieser Leitidee hinzuwirken, ja in Gestalt geeigneter **Evaluierungskonzepte** überhaupt erst einmal entsprechende Voraussetzungen für ihre Befolgung zu schaffen. - Es handelt sich hierbei um zentrale Herausforderungen an die Entwicklung einer tragfähigen Meta-Technologie, deren Bewältigung an den vielfältigen Erfahrungen und Erkenntnissen aus unterschiedlichsten Disziplinen anzuknüpfen hat.

Das Spektrum der zu berücksichtigenden Erfahrungen und Erkenntnisse ist außerordentlich breit und bunt: Es erstreckt sich von philosophischen Forschungstraditionen (Ethik, Ästhetik etc.) über ökonomische Forschungstraditionen, die sich etwa mit der Wohlfahrtsoptimierung auseinandergesetzt haben (200), bis hin zu politologischen, soziologischen, psychologischen, ökologischen und naturwissenschaftlich-technischen Forschungstraditionen. Darüber hinaus dürfen freilich die Erkenntnisse und Erfahrungen betrieblicher Effizienzforschung - sei es nun in ihrer klassisch-ökonomischen Variante oder in ihrer bereits gesellschaftliche Anforderungen einbeziehenden Variante (131) - nicht übersehen werden. Hier liegen durchaus auch einige Arbeiten im Sektor der Marketingwissenschaft vor, die eine Hervorhebung verdienen - angefangen bei der traditionellen Erfassung von Marketingwirkungen bis hin zu umfassenden Konzepten eines Marketing-Assessment (132) oder einer Lebensqualitäts-Forschung (133). Daß wir in dieser Arbeit nicht alle Forschungstraditionen aufarbeiten und für unsere Zwecke nutzbar machen können, liegt einerseits angesichts unserer Zielsetzung auf der Hand. Andererseits wäre ein solches Ziel wohl nur im Wege interdisziplinärer Forschungskooperation zu verwirklichen und selbst dann nur in ersten Schritten. Immerhin können wir am Rande die Forderung nach solchen interdisziplinären Forschungskooperationen als eine programmatische meta-technologische Leitidee deuten. Unterdessen konzentrieren wir uns hier auf den Versuch, einige zentrale Gestaltungsperspektiven eines umfassenden Evaluierungskonzepts wenigstens überblicksartig anzudeuten.

• Die Entwicklung von Evaluierungskonzepten als Herausforderung

In einem umfassenden Evaluierungskonzept müssen in einem ersten Schritt die unterschiedlichen Perspektiven bzw. Betrachtungsebenen berücksichtigt werden, unter bzw. auf denen Marketingphänomene analysiert werden (sollen). Wir hatten hierzu die Unterscheidung in **Mikro-, Meso- und Makroperspektive bzw. -ebene** eingeführt. Im Blick auf die hierdurch definierten Evaluierungsfelder sind jeweils diffenrenzierte Konzepte zu entwerfen. Sicher kann bei solchen Evaluierungskonzepten jeweils von einer sehr ähnlichen Grundstruktur ausgegangen werden. Dennoch bedarf es einer Ausdifferenzierung im Detail. Die hierbei relevanten Evaluierungsfelder werden in Abbildung 28 veranschaulicht und mit ausgewählten Beispielen ausgefüllt.

Evaluierungsfelder einer gesellschaftsorientierten Marketing-Konzeption			
1 ╲ 2	Mikro-Perspektive	Meso-Perspektive	Makro-Perspektive
Mikro-Ebene	Beurteilung unternehmerischer Marketingkonzepte aus dem Blickwinkel von Unternehmen sowie einzelnen Austauschpartnern	Beurteilung unternehmerischer Marketingkonzepte aus dem Blickwinkel von Distributionssystemen, der Verbraucherpolitik etc.	Beurteilung unternehmerischer Marketingkonzepte aus dem Blickwinkel der Gesamtgesellschaft ("heute" und "morgen")
Meso-Ebene	Beurteilung von Distributionssystemen aus dem Blickwinkel von Unternehmen sowie einzelnen Austauschpartnern	Beurteilung von Distributionssystemen aus dem Blickwinkel der Verbraucherpolitik, der Distributionssysteme selbst	Beurteilung von Distributionssystemen aus dem Blickwinkel der Gesamtgesellschaft
Makro-Ebene	Beurteilung allgemeiner gesellschaftlicher Rahmenbedingungen aus dem Blickwinkel von Unternehmen sowie einzelnen Austauschpartnern	Beurteilung allgemeiner gesellschaftlicher Rahmenbedingungen aus dem Blickwinkel von Distributionssystemen, der Verbraucherpolitik etc.	Beurteilung allgemeiner gesellschaftlicher Rahmenbedingungen aus dem Blickwinkel der Gesamtgesellschaft

1 = Betrachtungsebene; 2 = Beurteilungsperspektive
Anmerkung: Die einzelnen Evaluierungsfelder wurden lediglich mit einigen wenigen Beispielen ausgefüllt. Gestrichelt eingrahmt sind jene Felder, die bislang durch die Entwicklung entsprechender Evaluierungskonzepte auszufüllen versucht wurden.

Abb. 28: Strukturierung relevanter Evaluierungsfelder

Im Rahmen der bisherigen Diskussion wurden ausgehend von der Betrachtungseinheit "Unternehmung" (Mikro-Ebene) lediglich die Felder 1 und 3 mit Vorschlägen zur Entwicklung von Evaluierungskonzepten anzureichern versucht. Feld 1 entspricht der Evaluierungsforschung im traditionellen Marketingansatz, die insbesondere an Zielerreichungsgraden aus der Sicht von Unternehmen ansetzt und - was die

Einbeziehung unternehmerischer Zielsysteme anbelangt - zu mehr oder weniger elaborierten Effizienzmaßstäben geführt hat (Wirkungen einzelner Strategien oder Maßnahmenprogramme auf die Sicherung der Wettbewerbsposition, die Gewinnsteigerung etc.). Das dritte Feld wurde demgegenüber im Approach eines "Macro Marketing" oder mitunter auch in dem eines Societal Marketing Management durch Evaluierungskonzepte abzudecken versucht, die auf umfassende Sozialindikatorensysteme und speziell auf das Konzept der Lebensqualität zurückgreifen. Während solche Evaluierungskonzepte im deutschsprachigen Raum kaum eine Rolle spielen, zentriert sich um diese im anglo-amerikanischen Sprachraum immerhin eine nicht unbeträchtliche Forschungstradition (134).

Als Grundlage für Gestaltungsempfehlungen im Kontext eines gesellschaftsorientierten Marketing-Forschungsprogramms werden demgegenüber alle Felder mit entsprechenden Vorschlägen zur Entwicklung von Evaluierungskonzepten auszufüllen sein; die verschiedenen Teilkonzepte sind dabei dann nach dem Baukastenprinzip jeweils problembezogen in umfassende Evaluierungssysteme zu integrieren. Sollen bspw. Meso- oder Makro-Kontextmodelle entwickelt werden, müssen jeweils alle Felder auf der Meso- oder Makro-Ebene Beachtung finden. Bei näherer Betrachtung sind etwa als Grundlage der Entwicklung gesellschaftsorientierter Marketingkonzepte für Unternehmen letztlich sogar alle Felder einzubeziehen, da entsprechende Vorschläge ja jeweils vor dem Hintergrund entworfener und möglichst alternativer Meso- und Makro-Kontextmodelle auszuarbeiten sind. Im Blick auf jene Evaluierungssysteme, die der unternehmerischen Praxis als Beurteilungsgrundlage an die Hand gegeben werden, mag es demgegenüber wieder genügen, sich allein auf die Felder 1 - 3 zu beziehen.

Während wir uns im folgenden ausschließlich auf die konkrete Ausgestaltung solcher Evaluierungskonzepte beziehen, die zugleich in der Unternehmenspraxis als Beurteilungsgrundlage herangezogen werden sollten und hierzu wenigstens einige grundlegende Gestaltungsperspektiven andenken wollen, erschien es uns dennoch wichtig, wenigstens knapp die gesamte Evaluierungsproblematik abzugreifen, die kennzeichnend für ein gesellschaftsorientiertes Forschungsprogramm ist. Am Rande muß wohl noch einmal darauf hingewiesen werden, daß die einzelnen Felder konzeptionell nicht allein durch die Marketingwissenschaft ausgefüllt werden können. Hier hat vielmehr das zuvor erwähnte "Produktmanagement-Modell" zu greifen, wonach die Marketingwissenschaft aktiv auf andere Disziplinen einwirkt, um für ihre Probleme geeignete Evaluierungskonzepte zu erhalten. Im Blick auf Evaluierungskonzepte zur Diskussion von Makro-Kontextmodellen stellen etwa die Soziologie und Politologie wichtige Kooperationspartner dar.

Zu gelegentlichen Berührungen kam es hier bislang lediglich, als z.T. im Vorfeld einer Vorstellung von Marketingkonzepten noch Kontrastierungen zwischen dem kapitalistisch-marktwirtschaftlichen Modell und dem sozialistischen bzw. kommunistischen Modell vorgenommen wurden, um dann allein auf dem Boden einer marktwirtschaftlichen Ordnung eine bunte Marketingwelt entfalten zu können. Angesichts der gegenwärtigen weltgesellschaftspolitischen Situation besteht die Gefahr, daß es über kurz oder lang zu keinerlei Berührungen mehr kommen wird, da sich das kommunistische Modell offensichtlich als völlig unbrauchbar erwiesen hat und sich deshalb entsprechende Kontrastierungen gerade beim Entwurf realisierbarer Utopien erübrigen. Während wir diese Auffassung einerseits zwar grundsätzlich teilen, widersprechen wir ihr andererseits jedoch insofern vehement, als es ja nicht allein um die Auseinandersetzung mit Extremmodellen gehen sollte, sondern vielmehr um den Versuch, mögliche Weiterentwicklungen des gesellschaftlichen Ordnungsrahmens anzudenken und dies gerade auch in Gestaltungsvorschläge hinsichtlich künftig tragfähiger Konzepte der Unternehmensführung einzubeziehen. Ganz abgesehen davon scheinen in aktuell diskutierten Führungskonzepten jeweils doch sehr unterschiedliche Gesellschaftsmodelle auf. So wird etwa bereits im Modell einer "dialog-ethischen Unternehmensführung" der Boden der traditionellen marktwirtschaftlichen Ordnung verlassen (vgl. ergänzend Buß 1983), was jedoch zumeist nicht ausreichend reflektiert wird. Entsprechende Reflexionen - und insbesondere die Erarbeitung der hierzu erforderlichen Beurteilungsgrundlagen - sind aber wichtig, will man nicht allein "mit der Stange im Nebel denkbarer Zukünfte herumstochern".

Konzentrieren wir uns hier unterdessen aber zunächst allein auf die Evaluierung des unternehmerischen Marketing.

• Konzepte zur Evaluierung des unternehmerischen Marketing

Bei der Entwicklung von Evaluierungskonzepten müssen immer **mehrere Bausteine** berücksichtigt und differenziert ausgestaltet werden. Zunächst hat es etwa um die Identifikation von **Dimensionen zur Erfassung von Marketingwirkungen** zu gehen, die dann - jeweils situationsspezifisch operationalisiert - die Basis für breit angelegte **Wirkungsanalysen** zu bilden haben. Gerade hier bietet die Diskussion in der Literatur eine Fülle relevanter Wirkungsdimensionen und auch schon -indikatoren an, auf die wir insofern nicht näher einzugehen brauchen. Die einzelnen Ansätze greifen allerdings für sich betrachtet prinzipiell jeweils zu kurz, da entweder nur Evaluierungskonzepte aus dem Blickwinkel von Unternehmen, aus dem der Kunden oder aus dem der Gesellschaft in toto entwickelt bzw. nicht zusammengeführt und "austariert" werden. Was mit einem "Austarieren" im einzelnen gemeint ist, wollen wir kurz noch etwas im Dunkeln lassen. Vorläufig interessieren allein die Frage nach den Wirkungsdimensionen und speziell die Notwendigkeit, einen umfassenden Ansatz zu verfolgen, der u.E. überhaupt erst die Bezeichnung gesellschaftsorientiert verdient. Denn: Unternehmer, Kunden etc. sind ebenfalls Elemente der Gesellschaft, deren

"Glück" - um lediglich auf einen ethischen Aspekt abzustellen - aus gesamtgesellschaftlicher Sicht virulent wird.

Näher besehen ist selbst die von uns eingebrachte Einteilung in Mikro-, Meso- und
Makro-Ebene bzw. Perspektive viel zu undifferenziert. Es bietet sich nämlich an, in
einem ersten Schritt bereits an den unterschiedlichen Aggregationsstufen
gesellschaftlichen Daseins (v. Koester, 1975; Koestler, 1976; Miller, 1971, Dyllick,
1982, S. 240; Perrow, 1978, S. 230) oder wenigstens an den Stufen der Entfaltung
sozialen Lebens innerhalb der (Welt-)Gesellschaft anzuknüpfen (Individuum, Gruppe,
Organisation, Interorganisation, Organisations-Set, Population (z.B. Branche), regio-
nale, nationale und internationale Gesellschaft). Auf allen Stufen dieser "**Sozial-
Hierarchie**" können Marketingprogramme **direkt oder indirekt** Wirkungen
entfalten, die es zu evaluieren gilt.

Auf der untersten Ebene geht es etwa um die Befriedigung oder Nicht-Befriedigung individueller
Bedürfnisse, Erwartungen und Forderungen oder auch um die Adoption/Verletzung individueller
Werthaltungen, und zwar entweder objektiv oder subjektiv gesehen, entweder kurz- oder langfristig
besehen usw. Auf der Ebene von Gruppen ist etwa auf die Veränderung von Gruppenmerkmalen (Größe,
Kohäsion etc.) abzustellen, und - um nur noch ein weiteres Beispiel anzuführen - auf der Ebene der
Gesellschaft können es etwa gravierende politische Umwälzungen sein, die mit durch unternehmerisches
Handeln ausgelöst werden. Letzteres läßt sich etwa am Beispiel des Umsturzes in Chile verdeutlichen, an
dem das Verhalten von Unternehmen ursächlich beteiligt gewesen sein soll (135).

Auf jeder Stufe werden gewissermaßen in der Horizontalen einzelne Differenzierungen
erforderlich. Zunächst müssen im Marketingkontext unterschiedliche Austauschpartnersysteme in die Betrachtung einbezogen werden, und zwar nicht nur
Kundensysteme, Lieferantensysteme und das fokussierte Anbietersystem selbst, sondern
auch alle anderen Austauschpartnersysteme, die direkt oder indirekt in die jeweiligen
Marketingstrukturen und -prozesse eingebunden sind (allgemeine politische oder speziell
z.B. verbraucherpolitische Systeme, Mediensysteme u.v.a.m.). In jedem dieser Systeme
müssen freilich wiederum die verschiedenen Stufen der "Sozial-Hierarchie" Beachtung
finden. Hierzu nur ein Beispiel:

Greifen wir exemplarisch nur das Nachfragersystem heraus und denken etwa an den Problembereich eines
Investitionsgütermarketing, so müssen Wirkungsdimensionen im Blick auf die nachfragende
Organisation, das Buying Center, einzelne Arbeitsgruppen etc. sowie auf die einzelnen Individuen
berücksichtigt werden. Wie wirkt sich bspw. der Kauf/Verkauf einer EDV-Anlage auf die gesamte
Organisationsstruktur aus, welche Einflüsse ergeben sich auf die Wettbewerbsfähigkeit des
Unternehmens, wie verändert sich die Zusammenarbeit in einzelnen Arbeitsgruppen, in welcher Weise

werden die persönlichen Bedürfnisse einzelner Mitarbeiter besser oder schlechter befriedigt. Fassen wir diese Wirkungsstufen wieder vereinfachend unter dem Begriff Mikro-Kontext zusammen, so sind auf einem Meso-Kontext etwa die Auswirkungen auf die Branche der Nachfrager (z.B. Konzentrationsprozesse oder verschärfter Wettbewerb) und in einem Makro-Kontext etwa die Auswirkungen auf die internationale Wettbewerbsposition des gesamtes Landes zu berücksichtigen (präziser: der jeweilige Beitrag, der von einzelnen Maßnahmen ausgeht oder potentiell ausgehen kann). Darüber hinaus sind indirekte Einflüsse auszuleuchten: Die Stärkung der internationalen Wettbewerbsposition mag z.B. dazu beizutragen, daß das Marktwachstum innerhalb der Branche erheblich gesteigert wird, wodurch der "zu verteilende Kuchen" größer wird und damit wiederum manifeste Konflikte unter verschiedenen Unternehmen der Nachfragerbranche nicht aufkommen. Die Stärkung der internationalen Wettbewerbsposition mag aber auch dazu beitragen, daß das Selbstwertgefühl der Mitarbeiter der Nachfragerorganisationen gesteigert wird. Dies kann - um kurz eine Kausalkette anzudeuten, die in andere Kontexte hineinweist - wiederum dazu beitragen, daß nationalistische Gefühle aufkeimen und dann zu einer Veränderung der politischen Landschaft führen.

Mit der in unserem stark vereinfachten Beispiel angesprochenen "Kausalkette", die in andere Kontexte hineinragt, sollte schon angedeutet werden, daß mit Hilfe der erwähnten vertikalen und horizontalen Differenzierungen ein "morphologischer Kasten" erstellt werden kann, der es erlaubt, nicht nur einzelne Wirkungsdimensionen, sondern komplexe mehrstufige Wirkungsmuster kreativ zu identifizieren. Dieser **"morpho- logische Kasten" zur Erfassung von Marketingwirkungen** ist in Abbildung 29 skizziert. Aus dieser Darstellung geht gleichzeitig hervor, daß zum einen auf jeder Stufe der "Sozial-Hierarchie" jeweils unterschiedliche Wirkungsaspekte oder -komponenten (beim Individuum etwa unterschiedliche Bedürfnisbereiche, mit Bezug auf die Gesellschaft etwa ökonomische, politisch-rechtliche, sozio-kulturelle, technologische und last but not least ökologische Komponenten) und zum anderen jeweils einzelne Marketingstrategien oder -maßnahmen zu beachten sind, die dann allerdings hinsichtlich ihres Gesamteffekts evaluiert werden müssen.

Zwar kann unser morphologischer Kasten nun durch vorhandene Indikatorensysteme z.T. inhaltlich angereichert werden, er ist aber viel zu komplex, um in näherer Zeit vollständig in konkreten Evaluierungskonzepten repräsentiert zu werden. Dies ist zumindest an dieser Stelle auch nicht unser Problem. Es geht vielmehr darum, von welcher regulativen Leitvorstellung im Rahmen der Marketingforschung auszugehen ist, um einen Fortschritt zu erzielen. De facto wird man sich noch lange Zeit mit erheblich einfacheren Systemen von Wirkungsdimensionen zu bescheiden haben. Immerhin ist man aber im Lichte unserer regulativen Leitvorstellung bereits dafür sensibilisiert, daß man noch nicht den "Stein der Weisen" in Händen hält - entsprechend vorsichtig und bescheiden sollte man sich gegenüber seiner Klientel gebärden. Gleichzeitig bildet unser

morphologischer Kasten eine geeignete Basis, um Ideen hinsichtlich relevanter Indikatoren zur Erfassung von Marketingwirkungen zu generieren, diese in ihrer Relevanz zu beurteilen und sich so spielerisch experimentierend an eine mögliche Idealvorstellung heranzutasten.

Solange nicht alle denkbaren Wirkungsdimensionen in ein Evaluierungskonzept einbezogen werden können, muß bei ihrer Auswahl und Operationalisierung darauf geachtet werden, daß der Leitlinie des Interessenpluralismus Rechnung getragen wird. Gehen wir einmal von der Fiktion aus, auf der Basis des konzeptionell umrissenen Systems von Wirkungsdimensionen sei eine wertfreie Erfassung faktischer und/oder potentieller Marketingwirkungen möglich, so ist eine Bewertung und mithin ein Vorstoß in das Gebiet normativer Aussagen unvermeidbar. Hier stellt sich dann das **Problem der Normenfindung und -begründung**, zu dessen Handhabung sich ein **Rekurs auf unterschiedliche Ethik-Konzeptionen** anbietet. Hierbei sind prinzipiell zwei Wege vorstellbar, die ggf. auch miteinander vereint werden können. Zum einen wäre daran zu denken, Evaluierungskonzepte systematisch vor dem Hintergrund unterschied-licher Ethik-Traditionen auszuarbeiten, auf dieser Basis im konkreten Fall alternative Evaluierungen vorzunehmen, um dann im Wege einer Sensitivitätsanalyse mögliche Bewertungsunterschiede herauszukristallisieren. Zum anderen könnte versucht werden, die Sichtweisen der verschiedenen Ethiktraditionen - soweit möglich - miteinander zu kombinieren. Wir wollen an dieser Stelle indessen etwas anders vorgehen.

Als grundlegende Normen stellen wir zunächst den **Aufbau und die langfristige Sicherung einer hohen Lebensqualität** sowie die **Gewährleistung einer gerechten Verteilung der Chancen zur Realisierung von Lebensqualität** heraus. Indem wir auf das Konzept der Lebensqualität abstellen, unterscheiden wir uns etwa schon deutlich von Kirsch et al., die in ihrem Sinnmodell der fortschrittsfähigen Organisation allein auf die Erzielung eines Fortschritts in der Befriedigung der **Bedürfnisse** der Austauschpartner abheben. Dabei wird den Bedürfnissen der Menschen von morgen, der Problematik der Unterscheidung in echte und unechte Bedürfnisse, den Bedürfnissen der Ökologie und des Meso- und Makro-Kontextes (Aufbau einer Infrastuktur für morgen, die insoweit natürlich auch wiederum durch menschliche Bedürfnisse ihre Begründung erfährt, aber zu einem gegebenen Zeitpunkt vielleicht nicht explizit auf diese zurückgeführt werden kann) zu wenig Rechnung getragen.

Mit unseren beiden Normen wird zugleich **das Postulat der weitestmöglichen Interessenharmonisierung als eine zentrale meta-technologische Leitidee** herausgestellt. Konkret bedeutet dies, daß zunächst immer jene Kompatibilitätszonen

konsequent und vor allem **hartnäckig** auszuleuchten sind, die zwischen prima facie
konfliktären Feldern u.U. doch bestehen (z.b. zwischen Ökonomie und Ökologie,
zwischen Arbeitgeber- und -nehmerinteressen). Allerdings dürfte hier z.t. insofern eine
Doppelstrategie erforderlich werden, als ggf. zur Überbrückung - also bis Lösungen
gefunden sind, die unterschiedlichen, zunächst als konfliktär betrachteten Anforderungen
gleichermaßen gerecht werden - alternative Kompromißvorschläge zu unterbreiten sind,
die jeweils von differierenden Normen- bzw. Wertehierarchien ausgehen und wiederum
die Funktion einer Sensitivitätsanalyse erfüllen.

Die Marketingwissenschaft sollte sich allerdings nicht damit begnügen, der Praxis
(i.w.S.) differenzierte Evaluierungsstudien vorzulegen, sondern muß vielmehr
dahingehend aktiv auf die Praxis einwirken, daß bestehende Konflikte auch tatsächlich
ausdiskutiert, nicht unter den Tisch gekehrt, sondern tragfähige Kompromißformeln
erarbeitet werden. Allein mit der empirischen Erfassung von Normen- und
Wertsystemen, die dann in die wissenschaftliche Beurteilung einfließen, ist es also nicht
getan: Die Marketingwissenschaft muß in dem skizzierten Sinne politischer werden, muß
auf die Klärung drängender Fragen hinwirken und zwar möglichst schon bevor
Konflikte in der Praxis virulent und manifest werden. Daß die Marketingwissenschaft -
nicht zuletzt auch angesichts der Wertfreiheits-Maxime - hiervon weit entfernt ist und
darüber hinaus neue wissenschaftspsychologische, -soziologische und institutionelle
Rahmenbedingungen erforderlich werden, ist sicher nur am Rande zu vermerken.

Im Zusammenhang mit einem Einwirken auf die Praxis steht auch die Ausarbeitung von
Konzepten, wie im Konfliktfall divergente Interessen, Werte und Normen "vernünftig"
verhandelt sowie u.U. für alle Seiten tragfähige Lösungen gefunden werden können.
Hier kommen dann die unterschiedlichen Ansätze einer prozessualen Ethik bzw.
Verfahrensethik ins Spiel, die selbst allerdings wiederum einer kritischen Evaluierung zu
unterziehen sind. So scheint uns etwa das Konzept der Diskurs- oder Dialogethik
keinesfalls ein in jeglicher Hinsicht ausgereiftes und alle denkbaren Nachteile
ausklammerndes Konzept zu sein. Aufmerksamkeit verdienen hier u.a. auch neuere
Ansätze im Bereich der Konfliktforschung, die das **Dialogprinzip** als wenig
zweckmäßig ausweisen und stattdessen auf die Relevanz eines Entwurfs-Prinzips
hindeuten, wie es letztlich ja schon unserem vorgenannten Postulat zugrunde lag.
Allerdings weist das von de Bono (1987) propagierte **Entwurfs-Prinzip** auch
dieselben Schwächen auf wie unser Konzept und führt uns somit lediglich zurück in eine
Argumentationsschleife, die letztlich wieder bei der Suche nach einer geeigneten
Verfahrens-Ethik endet, inzwischen aber wenigstens um den Vorschlag angereichert ist,
entsprechende Institutionen zur Konfliktaustragung zu institutionalisieren.

Abgesehen von der Suche nach neuen Verfahren zur Handhabung von Evaluierungs-
konflikten und nach Möglichkeiten für ihre Institutionalisierung besteht eine weitere
wichtige Aufgabe darin, nach Regeln zu suchen, die bei einer kritischen Vermittlung
zwischen Sachaussagen (empirische Aussagen über Marketingwirkungen) und Normen
(grundlegende Beurteilungskriterien und Normengewichtungen) vermitteln helfen.
Fündig wird man hier u.a. in der Forschungstradition des Kritischen Rationalismus, in
der unterschiedliche **"Brückenprinzipien"** ausgearbeitet wurden (136). Diese
Brückenprinzipien zeigen auf, wann Normen inakzeptabel werden und welche Beiträge
Sachaussagen zur rationalen Diskussion von Normen leisten: Sie können als
Minimal-Ethik für Diskurse gedeutet werden. Die vier Brückenprinzipien, die von
Abel (1978, 1979) z.T. im Anschluß an Albert (1972, 1980) herausgearbeitet wurden,
werden in Abbildung 30 vorgestellt und anhand eines Beispiels in praktischer An-
wendung demonstriert.

Zur Anwendung von Brückenprinzipien:
Das Beispiel der geplanten Obsoleszenz

• **Praktikabilitätsprinzip:** Sollen impliziert können

Im Blick auf die Forderung, Güter mit erheblich längerer Lebensdauer herzustellen,
müßte nach Maßgabe des Praktikabilitätsprinzips zunächst nach den technischen
Möglichkeiten einer Verlängerung der Lebensdauer gefragt werden

• **Verknüpfungsprinzip:** Sollen impliziert die Inkaufnahme notwendiger
Bedingungen und Konsequenzen

Kann die aus einer Eindämmung der Obsoleszenz u. U. resultierende Erhöhung von
Arbeitslosigkeit bzw. die aus geplanter Obsoleszenz resultierende Umweltbelastung
usw. in Kauf genommen werden?

• **Prinzip der komparativen Beurteilung:** Sollen impliziert die relative Auszeichnung gegenüber Alternativen

Sollte geplante Obsoleszenz tatsächlich ein "notwendiges Übel" marktwirtschaftlicher Ordnungssysteme sein (z. B. um Arbeitsplätze zu garantieren, erforderliche
Wachstumsraten zu gewährleisten), so ist der Frage nachzugehen, ob und inwieweit andere (z.B. sozialistische) Ordnungssysteme bestehende Konflikte zwischen
gesellschaftlichen Zielen besser zu lösen vermögen.

• **Kongruenz-Postulat:** Sollen verbietet den Rekurs auf nicht einer Erkenntnis zu-
gängliche Sachverhalte oder auf falsche Erkenntnisse

Es wäre - im Hinblick auf den eben angeführten Fall - die Forderung nach Systemüberwindung angesichts offensichtlicher Fälle geplanter Obsoleszenz in sozialistischen Ländern nicht zu rechtfertigen. Ebenfalls nicht zu rechtfertigen wäre die Propa-
gierung der Systemüberwindung, wenn eine positive Auszeichnung anderer Ordnungssysteme lediglich auf Prophetien beruht, die Beurteilung des marktwirtschaftlichen Ordnungssystems demgegenüber aber an realen Schwachstellen ansetzt.

Abb. 30: Zur Anwendung von Brückenprinzipien (vgl. Raffée/Wiedmann, 1981)

Obwohl uns ein Rekurs auf Brückenprinzipien außerordentlich fruchtbar erscheint, so
muß dennoch festgestellt werden, daß die bislang vorliegenden Prinzipien einer

kritischen Prüfung zu unterwerfen sind. Gleich das erste und wohl auch bekannteste Brückenprinzip: "**Sollen impliziert Können**" (**Praktikabilitätsprinzip**), das die meta-technologische Bedeutung der von uns eingeforderten Potentialorientierung unterstreicht, erscheint in der vorliegenden Form und vor allem isoliert betrachtet wenig zweckdienlich. Es steht in Gefahr, in Widerspruch zu der zuvor schon implizit eingeführten **Idee der Hartnäckigkeit bei der Suche künftig denkbarer Problemlösungen** zu geraten, die eher zu jener Brücke führt, die unter dem Motto steht: "**Sollen impliziert zunächst Wollen, und wo ein Wille ist, ist auch ein Weg**". Sicher mag sich diese Brücke in einzelnen konkreten Konfliktsituationen - wie wir es ja schon herausgestellt hatten - als wenig tragfähig erweisen. Etwas tragfähiger wird sie indessen dann, wenn wir die ebenfalls schon implizit eingeführte Idee der Antizipation ins Spiel bringen und dann unsere Brücke durch folgende Formulierung etwas verstärken: "**Sollen impliziert, Herausforderungen zu antizipieren, Antizipation führt zu Können**".

Dennoch steht unser, am Prinzip Hoffnung orientiertes Brückenprinzip nach wie vor in Gefahr, uns in die "unfruchtbare Einöde blauäugiger Utopie" zu führen. - Es entfaltet erst in der Komplementarität zu dem klassischen Praktikabilitätsprinzip seine positive heuristische Kraft. Gefragt ist also ein **ständiger Flik-Flak zwischen beiden Polen**, wie er heute im Lichte in der Rationalitätsdiskussion mitunter gefordert wird (137) oder etwas populärer in der Forderung nach einem "Sowohl-als-auch-Denken" widerhallt.

Das von uns konzeptionell angedachte Evaluierungskonzept und die hier heraus-kristallisierten programmatisch-meta-technologischen Leitideen werden in Abbildung 31 noch einmal zusammenfassend dargestellt.

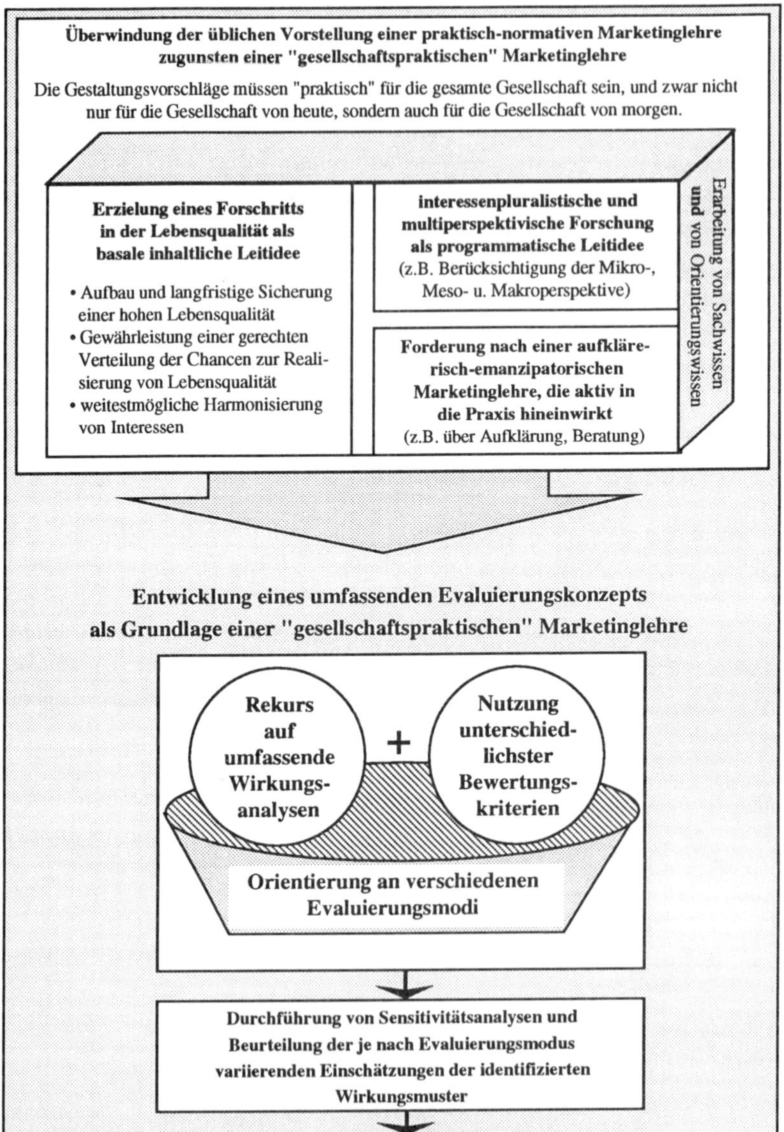

- 221 -

Überwindung der üblichen Vorstellung einer praktisch-normativen Marketinglehre zugunsten einer "gesellschaftspraktischen" Marketinglehre

Die Gestaltungsvorschläge müssen "praktisch" für die gesamte Gesellschaft sein, und zwar nicht nur für die Gesellschaft von heute, sondern auch für die Gesellschaft von morgen.

Erzielung eines Forschritts in der Lebensqualität als basale inhaltliche Leitidee

- Aufbau und langfristige Sicherung einer hohen Lebensqualität
- Gewährleistung einer gerechten Verteilung der Chancen zur Realisierung von Lebensqualität
- weitestmögliche Harmonisierung von Interessen

interessenpluralistische und multiperspektivische Forschung als programmatische Leitidee (z.B. Berücksichtigung der Mikro-, Meso- u. Makroperspektive)

Forderung nach einer aufklärerisch-emanzipatorischen Marketinglehre, die aktiv in die Praxis hineinwirkt (z.B. über Aufklärung, Beratung)

Erarbeitung von Sachwissen und von Orientierungswissen

Entwicklung eines umfassenden Evaluierungskonzepts als Grundlage einer "gesellschaftspraktischen" Marketinglehre

Rekurs auf umfassende Wirkungsanalysen + **Nutzung unterschiedlichster Bewertungskriterien**

Orientierung an verschiedenen Evaluierungsmodi

Durchführung von Sensitivitätsanalysen und Beurteilung der je nach Evaluierungsmodus variierenden Einschätzungen der identifizierten Wirkungsmuster

Entwicklung von Gestaltungsvorschlägen im Blick auf eine höchst mögliche Verbesserung der Lebensqualität bzw. im Blick auf den größt möglichen gemeinsamen Nenner einer Befriedigung der Interessen unterschiedlichster Gruppen

Abb. 31a: Grundzüge des entwickelten Evaluierugskonzepts

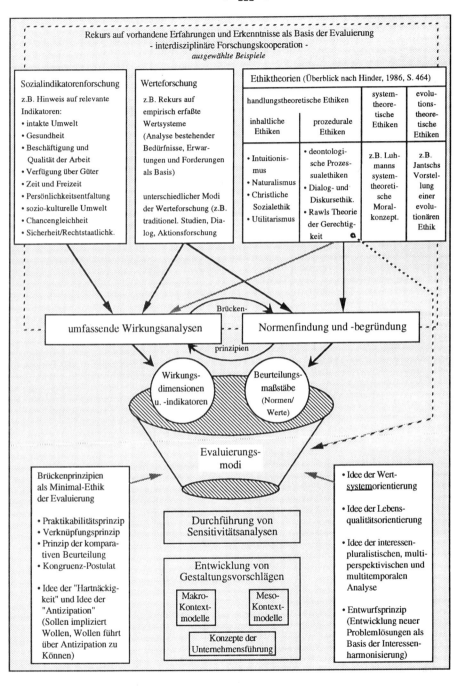

Rekurs auf vorhandene Erfahrungen und Erkenntnisse als Basis der Evaluierung
- interdisziplinäre Forschungskooperation -
ausgewählte Beispiele

Sozialindikatorenforschung	Werteforschung	Ethiktheorien (Überblick nach Hinder, 1986, S. 464)			
		handlungstheoretische Ethiken		systemtheoretische Ethiken	evolutionstheoretische Ethiken
z.B. Hinweis auf relevante Indikatoren:	z.B. Rekurs auf empirisch erfaßte Wertsysteme (Analyse bestehender Bedürfnisse, Erwartungen und Forderungen als Basis) unterschiedlicher Modi der Werteforschung (z.B. traditionel. Studien, Dialog, Aktionsforschung	inhaltliche Ethiken	prozedurale Ethiken		
• intakte Umwelt • Gesundheit • Beschäftigung und Qualität der Arbeit • Verfügung über Güter • Zeit und Freizeit • Persönlichkeitsentfaltung • sozio-kulturelle Umwelt • Chancengleichheit • Sicherheit/Rechtstaatlichk.		• Intuitionismus • Naturalismus • Christliche Sozialethik • Utilitarismus	• deontologische Prozessualethiken • Dialog- und Diskursethik. • Rawls Theorie der Gerechtigkeit	z.B. Luhmanns systemtheoretische Moralkonzept.	z.B. Jantschs Vorstellung einer evolutionären Ethik

umfassende Wirkungsanalysen — Brücken-prinzipien — **Normenfindung und -begründung**

Wirkungsdimensionen u. -indikatoren

Beurteilungsmaßstäbe
(Normen/ Werte)

Evaluierungsmodi

Brückenprinzipien als Minimal-Ethik der Evaluierung

• Praktikabilitätsprinzip
• Verknüpfungsprinzip
• Prinzip der komparativen Beurteilung
• Kongruenz-Postulat

• Idee der "Hartnäckigkeit" und Idee der "Antizipation"
(Sollen impliziert Wollen, Wollen führt über Antizipation zu Können)

Durchführung von Sensitivitätsanalysen

Entwicklung von Gestaltungsvorschlägen

Makro-Kontextmodelle	Meso-Kontextmodelle

Konzepte der Unternehmensführung

• Idee der Wertsystemorientierung

• Idee der Lebensqualitätsorientierung

• Idee der interessenpluralistischen, multiperspektivischen und multitemporalen Analyse

• Entwurfsprinzip
(Entwicklung neuer Problemlösungen als Basis der Interessenharmonisierung)

Die in Abbildung 31 aufgezeigten meta-technologischen Leitideen werden deshalb als programmatische Leitideen eingestuft, weil sie zunächst allein als Forschungsheuristiken zu deuten sind. Zumindest einige unter ihnen lassen sich aber auch insofern unmittelbar als praxeologische meta-technologische Leitideen begreifen, als sie gleichzeitig zentrale Orientierungen für die Entwicklung geeigneter Aufbau- und Ablaufstrukturen zur Ausgestaltung von Führungskonzepten vorgeben, und zwar sowohl für die Marketing-wissenschaft als auch für die Praxis selbst.

Uns kam es indessen allein darauf an, eine erweiterte Sicht meta-technologischer Leitideen aufzuzeigen, die sich deutlich von jenen absetzt, auf die man in anderen Forschungsprogrammen der Betriebswirtschafts- und speziell der Managementlehre stößt - wenn auch freilich jeweils unter sehr unterschiedlichen Bezeichnungen und auf unterschiedlichen Konkretisierungsstufen. In diesem Sinne hatten wir schon unsere Leitidee des Aufbaus und der langfristigen Sicherung einer hohen Lebensqualität mit der Idee der Bedürfnisorientierung kontrastiert, wie sie dem Sinnmodell von Kirsch zugrunde liegt. Ein entsprechender Vergleich ist aber auch mit jener Leitidee vorzunehmen, die Schanz in seinem verhaltenstheoretischen Programm als sozial-philosophisch bezeichnet hat, in unserer Terminologie jedoch nichts anderes als eine meta-technologische Leitidee darstellt und konkret als Idee der Freiheitssicherung formuliert hat (Spielräume für selbstbestimmtes Handeln) (vgl. nochmals Abb. 7 in Ab-schnitt 3.1.2.1.).

Schanz, der diese Leitidee insbesondere im Blick auf die Gestaltung unterneh-mensinterner Austauschbeziehungen unter den gegenwärtig gegebenen Umständen als besonders relevant einstuft (etwa im Feld der Organisationsgestaltung), ist freilich klug genug, um einschränkend darauf hinzuweisen, das es "selbstverständlich nicht um die totale Freiheit von jedweden institutionellen Zwängen gehen kann" (138). Zum einen arbeitet er aber die jeweils zu berücksichtigenden Einschränkungen und die sich dann dahinter verbergenden Wertvorstellungen nicht heraus, die parallel als Elemente eines meta-technologischen Leitideenssystem zu formulieren gewesen wären; zum anderen würde sich aber selbst dann das auf diese Weise angedachte meta-technologische Leitideensystem etwas bescheiden ausnehmen. Letzteres insofern, als noch immer nicht dem Umstand Rechnung getragen würde, daß komplexe Wertsysteme und -hierarchien als Ausgangspunkt und Hintergrund sozialtechnologischer Gestaltung gewählt werden müssen und zwar zunächst prinzipiell bezogen auf alle Stufen der "Sozial-Hierarchie" (also vom Individuum bis zur Weltgesellschaft).

In diesem weiten Sinne verstanden, könnten wir unsere Leitvorstellung auch als **Idee der Wert-**

systemorientierung bezeichnen. Bei dieser Formulierung besteht aber die Gefahr, daß dem Zukunfts-
aspekt und dem Stellenwert unterschiedlicher Wertkonkretisierungen zu wenig Aufmerksamkeit geschenkt wird. Hinzu kommt, daß jüngst Silberer (1991) in einem sehr viel engeren Sinne für eine
werteorientierte Betriebswirtschaftslehre plädiert hat (vgl. auch schon v.Kortzfleisch, 1978; Bamberger,
1983). Wir bleiben deshalb bei unserer Formulierung, die wir sprachlich jedoch dahingehend vereinfachen
wollen, daß nunmehr nur noch von der Idee der Lebensqualitätsorientierung die Rede sein wird. Auch
hierin liegt allerdings deshalb ein gewisses Problem, als wir - wie deutlich geworden sein sollte - von
einem erheblich weiteren Verständnis von Lebensqualität ausgehen, als dies in der Lebensqualitäts-
forschung üblich ist (Samly, 1988). Um auch hierzu eine Abgrenzung vorzunehmen, könnte man
vielleicht von der **Idee einer multi-perspektivischen und multi-temporalen Lebensqualitätsorientierung** sprechen.

Daß bereits grundlegende meta-technologische Leitideen nicht unabhängig von
bestimmten Paradigmen gesehen werden können, sondern sowohl deren Auswahl als
auch Auslegung und weitere Ausdifferenzierung wesentlich beeinflussen, läßt sich
gerade am Beispiel der Idee der Freiheitssicherung von Schanz unmittelbar
nachvollziehen. So liegt der Forderung, Spielräume für selbstbestimmtes Handeln zu
gewährleisten, ein spezifisches Menschenbild und darüber hinaus ein normatives
Sinnmodell der Gesellschaft zugrunde, in dem Individualismus, Liberalismus etc. ein
zentraler Stellenwert zukommt. Solche Paradigmen scheinen aber auch hinter
unterschiedlichen Ethik-Konzepten auf, wie wir sie zuvor in Abbildung 31 aufgelistet
hatten. Sie bilden ferner den zentralen Ausgangspunkt und Hintergrund, von dem aus im
Marketing Bezugsrahmenkonzepte entfaltet wurden, in denen im Sinne präskriptiver
Modelle Vorstellungen zu geeigneten Strukturen und Prozessen der Unternehmens-
führung insgesamt, einer umfassenden Marketingplanung oder der Planung des
Einsatzes einzelner Marketingaktioninstrumente bzw. eines systematisch kombinierten
Einsatzes dieser Instrumente (Marketing-Mix) enthalten sind.

Die Ausgestaltung meta-technologischer Leitideen und Bezugsrahmenkonzepte wird
jedoch kaum explizit und ausreichend konsequent vor dem Hintergrund aktueller
Herausforderungen reflektiert und auf wenig tragfähige, zumindest aber - angesichts
neuer Bedingungskonstellationen - überkommene Paradigmatisierungen oder Ideologi-
sierungen hin durchforstet. Dies gilt in besonderer Weise für die Forschungstradition im
Marketing.

3.2.5.3. Reflexion der hinter Sinnmodellen und Gestaltungsansätzen stehenden Ideologien und Paradigmen als zentrale Aufgabe im Feld der Meta-Technologie

Den paradigmatischen Hintergrund für einzelne zentrale meta-technologische Leitideen (z.b. Bedürfnisorientierung, absatzmarktzentrierte Unternehmenssteuerung) bildet im Marketingansatz zumeist eine Wirtschafts- und Gesellschaftsphilosophie, wie sie sich in einzelnen paradigmatisch-normativen Modellen einer marktwirtschaftlichen Wirtschafts- und Gesellschaftsordnung mehr oder weniger konkret ausgeformt hat. Die Ausrichtung an einzelnen Spielarten einer als liberalistisch ausgelegten Ideologie wird zwar in den einführenden Kapiteln allgemeiner Marketinglehrbücher mitunter noch thematisiert (139), im folgenden aber nicht weiter reflektiert, geschweige denn situationsbezogen problematisiert. Damit bleiben bereits die grundlegenden Zusammenhänge unklar, und eine umfassende Beurteilung der vorgelegten Bezugsrahmenkonzepte wird außerordentlich schwierig und damit - berücksichtigt man das zuvor erwähnte Phänomen des Matching (140) - immer weniger wahrscheinlich.

Daß ideologiebezogene Überprüfungen und ggf. Revisionen gerade grundlegender Bezugsrahmenkonzepte und der sich dahinter verbergenden meta-technologischen Leitideen einer marketingorientierten Unternehmensführung dringend erforderlich werden, zeigen verschiedene "auslösende Impulse" an, wie wir sie in Abschnitt 3.1.3. als Grundlage unseres modifizierten Modus einer Methodologie wissenschaftlicher Forschungsprogramme definiert hatten:

Auslösende Impulse hätten hier u.a. von dem in der Soziologie, Politologie und Nationalökonomie diskutierten und anhand verschiedener Indikatoren empirisch nachvollziehbaren Phänomen des **Marktversagens** oder auch vom **Aufkommen alternativer Managementkonzepte** ausgehen müssen, in denen etwa eine an der Diskurs-Ethik ausgerichtete Ausgestaltung der gesamten Unternehmensführung und speziell des Management von Umweltbeziehungen zur zentralen Leitidee erhoben wird. Das Phänomen des Marktversagens ist demgegenüber in einem umfassenden Sinne kaum ins Bewußtsein breiterer Kreise von Marketingwissenschaftlern vorgedrungen. Lediglich die kaum übersehbare und recht unliebsame Eigenschaft von Märkten, nämlich gelegentlich zu stagnieren oder gar zu schrumpfen, wurde im größeren Umfang registriert (141), nicht aber die Tatsache, daß dies u.a. mit dem übergeordneten Phänomen des Marktversagens etwas zu tun hat und vielleicht grundlegendere Revisionen des Marketingkonzepts erforderlich macht (ausführlich dazu etwa Hinder, 1986; knapp und sehr ideologiekritisch z.B. Freimann, 1984; knapp auch Dichtl, 1985).

Im Blick auf das **Aufkommen "dialogethisch-orientientierter Führungskonzeptionen"** ist demgegenüber festzustellen, daß diese vereinzelt zwar zur Kenntnis genommen und aus ihnen einzelne Ansatzpunkte entlehnt sowie in die Marketing-Technologie übernommen werden. Die Tatsache, daß solche Konzepte z.T. von einer anderen Wirtschafts- und Gesellschaftsphilosophie ausgehen und vor diesem Hintergrund eine tiefergehende Auseinandersetzung mit der eigenen Meta-Technologie erforderlich wird (vgl. 3.1.3.), findet demgegenüber keine Aufmerksamkeit.

Um es noch einmal zu betonen: Wir sehen in dem der Diskurs- oder Dialog-Ethik zugrundeliegenden paradigmatischen Modell keinesfalls eine den liberalistischen Sichtweisen in jedem Fall überlegene Alternative und glauben auch nicht, daß es sonst dem Marktmodell in jeglicher Hinsicht überlegene Alternativen gibt. Uns geht es lediglich darum, daß paradigmatisch-normative Modelle, Ideologien etc., deren Ausformung in Gestalt mehr oder weniger grundlegender Bezugsrahmenkonzepte der Unternehmensführung, einzelner technologischer Modelle usw. ständig einer kritischen Überprüfung unterzogen und im Lichte denkbarer Alternativen zu verfeinern versucht werden. Letzteres gerade auch im Sinne der schon erwähnten "realisierbaren Utopien".

• **Paradigmatischer bzw. ideologischer Pluralismus als basale meta-theoretische Hintergrundidee**

Im vorliegenden Zusammenhang zeigt sich zugleich noch einmal die heuristische Kraft, die meta-theoretische Leitideen auch im Feld der Meta-Technologie zu entfalten vermögen. Unsere Forderung, grundlegende Bezugsrahmenkonzepte der Unternehmensführung, einzelne technologische Modelle usw. immer wieder im Lichte denkbarer Alternativen einer kritischen Überprüfung zu unterziehen, lehnt sich etwa unmittelbar an Vorstellungen zu einem theoretischen Pluralismus an. Dies allerdings in dem von uns zuvor skizzierten erweiterten Sinne eines interaktiv kritischen intrakonzeptionellen Pluralismus (vgl. Abschnitt 3.1.3.) und hiernach dann nochmals erweitert zur **Leitidee eines paradigmatischen bzw. ideologischen Pluralismus.**

Die Leitidee eines paradigmatischen bzw. ideologischen Pluralismus ist hier insofern von besonderer Bedeutung, als es gerade **innerhalb** einzelner Forschungsprogramme den dort zumeist üblichen **"paradigmatischen Provinzialismus"** zu **überwinden** und einzelne Paradigmen, Ideologien konsequent im Rahmen einer **vergleichenden Analyse** hinsichtlich ihrer Konsequenz, Tragfähigkeit, Realisierbarkeit und schließlich insgesamt hinsichtlich ihrer Überlegenheit systematisch auszuleuchten gilt. Wir werten dies als **zentrales Kennzeichen einer gesellschaftsorientierten Marketing-Forschungskonzeption**, die sich damit von den verschiedenen traditionellen

Marketingansätzen abhebt, die jeweils durch eine enge paradigmatische Sichtweise geprägt sind, wie es etwa in der Analyse von Carman (1980) zum Ausdruck kam (vgl. Abschnitt 3.1.1.).

Voraussetzung einer vergleichenden Analyse unterschiedlicher meta-technologischer Basiskonzeptionen und der daran ausgerichteten Bezugsrahmenkonzepte mittlerer oder noch geringerer Reichweite bilden

1. die Erhellung grundlegender Zusammenhänge zwischen Paradigmen, Werten usw. auf der Ebene der Forschungsphilosophie und den Orientierungen, Modellen etc. im Aussagenfeld der Meta-Technologie,

2. der Versuch, die zentralen Dimensionen paradigmatischer Modelle systematisch herauszukristallisieren und als variable Leitideenmuster in einem globalen System meta-technologischer Leitideen zu repräsentieren, und ausgehend davon

3. die Erarbeitung der jeweiligen Bezugspunkte paradigmatischer Modelle (z.B. Menschenbild, Bild des Unternehmers, Sicht der Unternehmens-/Umwelt-Beziehungen) und die jeweilige Präzisierung einzelner meta-technologischer Leitideen zu erfassen.

Angesichts des gegenwärtigen Forschungsstandes, der im thematisierten Problemfeld zwar zahlreiche Fragmente bereithält, aber zu einer integrierten Betrachtung nicht einmal ein adäquates Begriffssystem anbietet, wird es im folgenden freilich nur möglich sein, einige relevante Zusammenhänge anzudeuten und mehr oder weniger eklektisch auf einzelne paradigmatische Modelle sowie meta-technologische Leitideen hinzuweisen, die im Kontext der Marketingkonzeption von Bedeutung sind. Zuvor jedoch noch einige Anmerkungen zum Stand meta-technologischer Reflexionen im Marketing-Konzept.

- **Einige Bemerkungen zum Stand der Ideologie-Diskussion in der Marketingwissenschaft**

Zunächst ist festzuhalten, daß jene ideologiekritischen Stimmen, die in den 70er Jahren etwa im deutschsprachigen Raum eine Revision grundlegender Bausteine der Meta-Technologie des Marketing anmahnten und z.T. entsprechende Wege hierzu aufzeigten (142), längst wieder verstummt sind und ihre teilweise sehr vernünftigen Anregungen bis heute nicht im größeren Umfang beherzigt wurden - interessanterweise nicht einmal von ihnen selbst:

Bemerkenswert ist im vorliegenden Zusammenhang etwa ein Beitrag von Kroeber-Riel (1974, 1976), in dem die ideologischen Komponenten der "entscheidungsorientierten Absatztheorie" sehr differenziert herausgearbeitet wurden. Ohne hier die gesamte Diskussion im einzelnen aufrollen zu können, kommt Kroeber-Riel (1976, S. 57) an einer Stelle zu einem sehr wichtigen Ergebnis: "Die Einbeziehung von Wertanalysen (gemeint ist die Erforschung gesellschaftlicher Wertsysteme, Anmerkung des Verfassers) in die Entscheidungstheorie könnte die entscheidungstheoretische Fundierung unternehmerischer Entscheidungen auch innerhalb ihrer zwangsläufigen Systembindungen gesellschaftsbezogener machen, ohne sie den spekulativen und subjektiven Wertungen einer ethisch-normativen Betriebswirtschaftslehre im Sinne von Schär und Nicklisch auszusetzen" (vgl. mutatis mutandis unsere Leitidee einer gesellschafts-praktischen Marketinglehre).

Die Erforschung gesellschaftlicher und individueller Wertsysteme ist in der Tat in mehrerer Hinsicht wichtig und sollte konkret u.a. dazu führen, daß entsprechende Analysekonzepte erarbeitet und nicht nur zur Entwicklung empirisch fundierter theoretischer Modelle herangezogen werden, sondern auch in den Entwurf geeigneter Bezugsrahmenkonzepte einer werteorientierten Unternehmensführung und darüber hinaus dann in den Entwurf konkreter technologischer Modelle eines werteorientierten Marketing (z.B. Gestaltungsmodelle einer werteorientierten Produktpolitik, Kommunikationspolitik etc.) einfließen. Bei näherer Betrachtung zeigt sich nun indessen, daß die Werteforschung bis heute im Marketing - Ausnahmen bestätigen auch hier freilich die Regel (143) - noch immer eine eher untergeordnete Rolle spielt und es selbst Kroeber-Riel bislang noch weitgehend versäumt hat, der Werteforschung in seinen Werken einen entsprechenden Rangplatz einzuräumen (144). Statt sich mit Verve einer im Sinne einer gesellschaftsorientierten Marketinglehre ausgerichteten Werteforschung zuzuwenden, befindet sich Kroeber-Riel sehr viel stärker auf den Pfaden eines erlebnisorientierten Marketing, bei dem der Konsument gelegentlich doch zu einem "Konsum-Äffchen" deformiert wird.

Während das Licht ideologiekritischer Reflexionen verblaßt ist (bestenfalls am Rande gelegentlich kurz aufflackert) (145), damit aber relevante Zusammenhänge kaum in zweckmäßiger Weise zu erhellen vermag), sind seit einiger Zeit verschiedene "Theorien der Unternehmung", Modelle der Unternehmens-/Umweltbeziehungen und teilweise auch grundlegende Sichtweisen der "marketingrelevanten" Welt in realtheoretischer Perspektive ins Blickfeld anglo-amerikanischer Marketingwissenschaftler gekommen. Zwar kann man keinesfalls von einer breiten Bewegung sprechen, immerhin liegen aber doch einige interessante Arbeiten vor, die teils an der Diskussion verschiedener Modelle und Sichtweisen in der allgemeinen Management- und Organisationslehre anknüpfen (146), teils aber auch eigenständige Wege gehen (147).

Im Gegensatz dazu sind im deutschsprachigen Raum von Marketingwissenschaftlern selbst die bekannteren Modelle und Sichtweisen (z.B. Koalitionsmodell, Resource Dependence-Modell) nicht systematisch aufgegriffen und im Blick auf eine Weiterentwicklung der Meta-Technologie des Marketing ausgewertet worden. Dort, wo wir bei deutschsprachigen Marketingvertretern mitunter doch wenigstens auf entsprechende Hinweise stoßen, greifen diese viel zu kurz. Dies weil etwa lediglich einige wenige Modelle und Sichtweisen Beachtung finden oder relevante Sachverhalte außerordentlich oberflächlich abgehandelt werden. Einige Versuche gehen sogar voll ins Leere, weil eine einigermaßen sinnvolle Beziehung zwischen diesen Modellen und Sichtweisen auf der einen und dem Marketing-Konzept auf der anderen Seite nicht hergestellt wird (so etwa bei Stauss, 1986, S. 73 f.).

Auf die verschiedenen Modelle und Sichtweisen, die bislang innerhalb der Marketing-diskussion aufgegriffen wurden, sind wir zuvor schon mehrfach in jeweils unter-schiedlichen Argumentationszusammenhängen gestoßen. Einige wichtige Modelle werden in Abbildung 32 und in Abbildung 33 veranschaulicht; sie sollen an dieser Stelle nicht näher erläutert werden (im einzelnen sei auf die Arbeit von Fässler {1989} verwiesen, in der die verschiedenen Modelle ausführlich dargestellt sind). Wichtiger erscheint es uns demgegenüber, zunächst eine **Begriffs- sowie konzeptionelle Klärung** einzublenden, die nunmehr vor dem Hintergrund des erreichten Standes unseres Rekonstruktionsversuchs möglich wird.

strukturelle und prozessuale Modellkomponenten / berücksichtigte Makro-/pluralist. Modelle	**Berücksichtigte Systemaktoren** (teilautonome soziale Subsysteme können einem bzw. mehreren der nachfolgend aufgeführten funktionalen sozialen Teilsysteme angehören):	**Berücksichtigte Systembeziehungen** (je nach Funktionswahrnehmung können teilautonome soziale Subsysteme durch folgende Beziehungsmuster in Verbindung stehen):
Modell der vollständigen Konkurrenz	• **Wirtschaftliches Teilsystem** (Funktion der gesellschaftlichen Bedürfnisbefriedigung)	• **Marktliche Austauschprozesse** (zur Wahrnehmung der Funktion der gesellschaftlichen Bedürfnisbefriedigung)
Modell der Wettbewerbs theorie	• **Wirtschaftliches Teilsystem** (Funktion der gesellschaftlichen Bedürfnisbefriedigung) • **Politisch-rechtliches Teilsystem** (Funktion der Festlegung von Bedingungen für gesellschaftliche Bedürfnisbefriedigungsprozesse)	• **Marktliche Austauschprozesse** (zur Wahrnehmung der Funktion der gesellschaftliche Bedürfnisbefriedigung) • **Komplementäre außermarktliche soziale Interaktionsprozesse** (zur Wahrnehmung der Funktion der Festlegung von Bedingungen für gesellschaftliche Bedürfnisbefriedigungsprozesse)
Modell der Neuen Politischen Ökonomie	• **Wirtschaftliches Teilsystem** (Funktion der gesellschaftlichen Bedürfnisbefriedigung, sowie der dezentralen Festlegung von Bedingungen für gesellschaftliche Bedürfnisbefriedigungsprozesse durch die daran Direktbeteiligten) • **Residual-soziales Teilsystem** (Funktion der dezentralen Festlegung von Bedingungen für gesellschaftliche Bedürfnisbefriedigungsprozesse durch davon betroffene Dritte) • **Politisch-rechtliches Teilsystem** (Funktion der zentralen Festlegung von Bedingungen für gesellschaftliche Bedürfnisbefriedigungsprozesse stellvertretend für daran Direktbeteiligte und davon betroffene Dritte)	• **Marktliche Austauschprozesse** (zur Wahrnehmung der Funktion der gesellschaftlichen Bedürfnisbefriedigung) • **Komplementäre außermarktliche soziale Interaktionsprozesse** (zur Wahrnehmung der Funktion der Festlegung von Bedingungen für gesellschaftliche Bedürfnisbefriedigungsprozesse)

Abb. 32: Vergleichende Darstellung unterschiedlicher Modellkonzeptionen A (Fässler, 1989, S. 212)

strukturelle und prozessuale Modellkomponenten / betrachtete Mikro-/partikularistische Modelle	Berücksichtigte Umsystem-aktoren (teilautonome soziale Subsysteme des Unternehmensumsystems können einem bzw. mehreren der nachfolgend aufgeführten funktionalen sozialen Teilsysteme angehören):	Berücksichtigte Unternehmungs-Umsystem-Beziehungen (je nach Funktionswahrnehmung kann die Unternehmung mit teilautonomen sozialen Subsystemen ihres Umsystems durch folgende Beziehungs-muster in Verbindung stehen):
Neo-klassisch-ökonomisches Modell	• **Wirtschaftliches Teilsystem** (Funktion der gesellschaftlichen Bedürfnisbefriedigung)	• **Marktliche Austauschprozesse** (zur Wahrnehmung der Funktion der gesellschaftlichen Bedürfnis-befriedigung)
Verhaltens-wissenschaft-liches Koalitions-modell	obwohl zusammenfassend keine Differenzierung ersichtlich: • **Sämtliche möglichen sozialen Umsystemaktoren:** (Funktion der gesellchaftlichen Bedürfnisbefriedigung und/oder der Festlegung der Bedingungen für gesellschaftliche Bedürfnis-befriedigungsprozesse)	obwohl umfassend keine Differenzierung ersichtlich: • **Soziale Interaktionsprozesse** (zur Wahrnehmung der Funktion der gesellschaftliche Bedürfnis-befriedigung und der Festlegung von Bedingungen für gesellschaftliche Be-dürfnisbefriedigungsprozesse)
Sich abzeich-nendes politisch-ökonomisches Modell	• **Wirtschaftliches Teilsystem** (Funktion der gesellschaftlichen Bedürfnisbefriedigung, sowie der dezentralen Festlegung von Be-dingungen für gesellschaftliche Bedürfnisbefriedigungsprozesse durch die daran Direktbeteiligten) • **Sozio-politisches Teil-system:** (Funktion der Festlegung von Bedingungen für gesellschaftliche Bedürfnisbefriedigungsprozesse durch Dritte)	• **Marktliche Austausch-prozesse** (zur Wahrnehmung der Funktion der gesellschaftlichen Bedürfnisbe-friedigung) • **Komplementäre außermarkt-liche soziale Interaktions-prozesse** (zur Wahrnehmung der Funktion der Festlegung von Bedingungen für gesellschaftliche Bedürfnis-befriedigungsprozesse)

Abb. 33: Vergleichende Darstellung unterschiedlicher Modellkonzeptionen B (Fässler, 1989, S. 242)

- **Bezugsrahmen zur Erfassung und Beurteilung paradigmatischer Modelle - Das Zusammenspiel von Paradigmen, Wissen, Werten und Ideologien als Hintergrund einer Auseinandersetzung mit der Realität**

Ausgangspunkt unserer Überlegungen hat zunächst der Umstand zu bilden, daß jegliche Auseinandersetzung mit der Realität - sei es nun im Rahmen wissenschaftlicher Forschung oder (unternehmens-)praktischer Gestaltung - durch verschiedene **Bilder, Sichtweisen etc. der Wirklichkeit** vermittelt wird, die

- von dem jeweiligen Betrachter im Zuge von Sozialisation- und Enkulturationsprozessen erlernt wurden und werden
- durch "**Wissen**" im weitesten Sinne (z.B. einschließlich emotionaler Erfahrungen) und hierdurch gestützte Reflexionen weiterentwickelt sowie neuen Situationskonstellationen u.U. angepaßt werden
- dem jeweiligen Betrachter mehr oder weniger bewußt sind.

Bereits in diesem Zusammenhang - wo es ja um **Paradigmen** geht - spielen als deren Elemente unterschiedliche Weltbilder eine zentrale Rolle, auf die wir gleich noch zurückkommen. Zunächst muß weiter festgestellt werden, daß Paradigmen und Wissen in enger Verbindung zu Bedürfnissen, Interessen, Werten und Normen stehen (= "**Werte i.w.S.**"). Zum einen beeinflussen diese Kategorien oder Werte (i.w.S.) die Ausprägung von Weltbildern und Wissen; zum anderen werden sie wiederum von Weltbildern und dem Wissensrepertoire beeinflußt und kanalisiert. Es besteht also ein Verhältnis wechselseitiger Abhängigkeit. Hierzu einige Erläuterungen:

Wissen unterliegt - wenn wir noch einmal an die in Abschnitt 3.2.4.1.3. skizzierten Überlegungen anknüpfen - im hohen Maße "Investitionsentscheidungen", die Gratifikationserwägungen folgen, also durch Bedürfnisse, Interessen, Werte und Normen geprägt sind. Umgekehrt werden Bedürfnisse, Interessen, Werte und Normen wesentlich durch Wissen beeinflußt, was z.T. unmittelbar aus dem Kapazitätsprinzip hervorgeht, jedoch im Blick auf Werte und Normen später noch ausführlicher demonstriert werden muß (vgl. Kapitel 4). Paradigmen beeinflussen Wissen insofern, als sie zentrale Wahrnehmungsfilter und Interpretationsmuster darstellen. Hierdurch ergibt sich u.a. zugleich ihr Einfluß auf Werte (i.w.S.). Umgekehrt werden Paradigmen deshalb wesentlich durch Wissen beeinflußt, weil durch Wissen unterschiedliche Weltzugänge möglich oder präjudiziert werden: Erst Erkenntnisse haben es bspw. ermöglicht, von der Sicht der Welt als Scheibe abzurücken und sie als Kugel zu begreifen. Und habe ich etwa im Rahmen eigener Prognoseversuche erfahren, daß die Zukunft nicht exakt vorhersehbar ist, präjudiziert dies eine spezielle Weltsicht, die später noch im einzelnen zu entfalten sein wird. Bei der Entfaltung einer neuen Weltsicht geht allerdings wiederum von Werten (i.w.S.) ein ganz erheblicher Einfluß aus, indem sie wesentlich darüber entscheiden, in welche Richtung die Suche nach einer neuen Weltsicht geht oder auch: ob überhaupt nach einer neuen Weltsicht gesucht wird oder im Konflikt zum

Weltbild stehende Erfahrungen im Zuge einer Bewältigung kognitiver Dissonanzen heruntergespielt werden.

Aus dem Zusammenspiel von Paradigmen, Wissen und Werten (i.w.S.) resultieren dann letztlich **Ideologien**, die als situationsbezogene, wissens- sowie vor allem als (i.w.S.) wertgesteuerte Interpretationsmuster der Realität begriffen werden können, die dann entweder als globale oder lokale Wahrheiten oder als anstrebenswerte Utopien bzw. als natürliche Fluchtpunkte der Weltentwicklung ausgegeben werden und das Fühlen, Denken und Handeln nachhaltig bestimmen. Nicht zu vernachlässigen ist, daß in diesem Konzert die **Wirklichkeit** selbst eine der ersten Geigen spielt und konkret z.B. bestehende **Machtverhältnisse** wesentlich mit darüber entscheiden, welche Bedürfnisse, Werte, Interessen, Wissenspotentiale und in deren Folge letztlich auch Paradigmen sich innerhalb einer Gesellschaft "durchsetzen" (etwa über die Regulierung der öffentlichen bzw. "veröffentlichten" Meinung).

Der von uns entworfene Bezugsrahmen zur Erfassung des Zusammenspiels zwischen Paradigmen, Ideologien, Wissen und Werten wird in Abbildung 34 noch einmal veranschaulicht. Durch diesen Bezugsrahmen wird zugleich ein spezifisches Ideologie-Konzept definiert, das sich von anderen Ideologie-Konzepten abhebt, indem es eine differenziertere Betrachtung nahelegt.

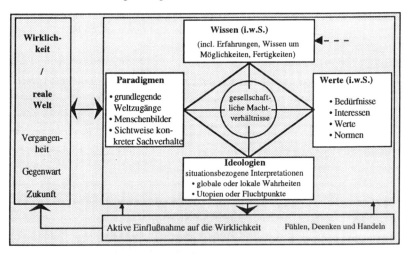

Abb. 34: Das Zusammenspiel von Paradigmen, Wissen, Werten und Ideologien als Basis einer Auseinandersetzung mit der Realität

Unser Ideologie-Konzept wurde zunächst wesentlich von dem von Lodge vorgelegten Entwurf inspiriert, in der Folge aber so weit verändert, daß nunmehr nur noch wenige

Gemeinsamkeiten in der Betrachtung von Ideologien vorliegen. wir seine Sichtweise von Ideologien lediglich im Anhang (vgl. Anhang A2) kurz vorstellen. Hierzu nur soviel:

Lodge beschränkt sich darauf, Ideologien als eine "Brücke" zu begreifen, die zwischen allgemeinen, in allen Gesellschaften irgendwie immer vorhandenen Werten (Grundwerte wie Gerechtigkeit, Selbstverwirklichung) und der Wirklichkeit eine Verbindung herstellt, indem solchen allgemeinen, zunächst quasi "inhaltlosen" Werten vor dem Hintergund bestehender wirtschaftlicher, kultureller und sonstiger gesellschaftlicher Verhältnisse jeweils spezifische Bedeutungen zugeordnet werden. Bei dieser Sichtweise finden zum einen individuelle Bedürfnisse unzureichend Aufmerksamkeit, zum anderen wird der Einfluß von Weltbildern zu wenig gewichtet. Schließlich werden von Lodge z.B. Machtverhältnisse unter den von ihm herausgestellten gesellschaftlichen Bedingungen nicht systematisch in die Betrachtung einbezogen, die wesentlich mit darüber bestimmen, welche Bedürfnisse, Interessen, Wissenspotentiale sowie Paradigmen sich innerhalb einer Gesellschaft - und sei es auch nur als Reflex auf kontrollierte Schweigespiralen (148) - ausformen können.

Neuberger (1990, S. 8) - und mit ihm viele andere, die das Ideologie-Phänomen im betriebswirtschaftlichen Kontext aufgreifen (149) - stellt wiederum recht einseitig auf den Aspekt parteilicher Rechtfertigungsideologien ab, indem er Ideologien wie folgt definiert:

"Unter Ideologie verstehe ich eine zusammenhängende gedankliche Konstruktion, die als eine umfassende Rechtfertigung einer bestehenden Realität angeboten wird; weil aber weder die erkenntnisleitenden Interessen, noch relativierende Einschränkungen offengelegt werden (sei es, daß sie nicht bedacht oder daß sie geheimgehalten werden), ist sie eine einseitige Parteinahme, die aber eben diese Einseitigkeit verleugnet und sich den Schein gesicherter verständiger Begründung gibt, Ideologien beschreiben nicht was ist, sondern rechtfertigen, warum es so ist (bzw. sein muß oder sein soll)."

Kritisch zu fragen ist hier u.a. allein schon, ob es sich nicht mehr um Ideologien handelt, wenn Einseitigkeit und relativierende Einschränkungen offengelegt werden? Kann es sich nicht um eine im Lichte der Inokulationstheorie sehr zweckmäßige Strategie der Kommunikation von Ideologien handeln, die schlicht herausdefiniert würde? - Unabhängig davon greift das Ideologieverständnis bei Neuberger deshalb zu kurz, weil z.B. die Weltbildproblematik nicht ausgeleuchtet wird und die verschiedenen Bezugspunkte von Ideologien nicht systematisch herausgestellt werden.

Abbildung 35 enthält einen ersten Vorschlag zur Erfassung solcher Bezugspunkte. Dabei wird erkennbar, daß es sich nicht immer allein um irgendwie interessengeleitete Rechtfertigungsideologien handelt, sondern z.B. auch um Zukunftsideologien, die sich auf Vorstellungen hinsichtlich der globalen Weltentwicklung auf einer gesellschaftlichen Ebene oder der lokalen Lebenswelt aus dem Blickwinkel eines Individuums stützen, bei denen ein irgendwie gearteter Rechtfertigungsaspekt kaum eine Rolle spielt. Allerdings können einzelne Ideologien auch alle der in Abbildung 35 angedeuteten Felder umfassen; wir würden dann von einer voll elaborierten (Welt-)Gesellschaftsideologie sprechen - eine Position, die in einzelnen raum-zeitlich begrenzten Kontexten am ehesten noch vielleicht einzelne Religionen eingenommen haben.

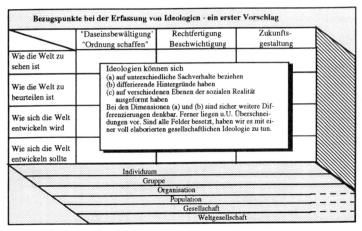

Bezugspunkte bei der Erfassung von Ideologien - ein erster Vorschlag

	"Daseinsbewältigung' "Ordnung schaffen"	Rechtfertigung Beschwichtigung	Zukunfts- gestaltung
Wie die Welt zu sehen ist			
Wie die Welt zu beurteilen ist	Ideologien können sich (a) auf unterschiedliche Sachverhalte beziehen (b) differierende Hintergründe haben (c) auf verschiedenen Ebenen der sozialen Realität ausgeformt haben Bei den Dimensionen (a) und (b) sind sicher weitere Differenzierungen denkbar. Ferner liegen u.U. Überschneidungen vor. Sind alle Felder besetzt, haben wir es mit einer voll elaborierten gesellschaftlichen Ideologie zu tun.		
Wie sich die Welt entwickeln wird			
Wie sich die Welt entwickeln sollte			

Individuum
Gruppe
Organisation
Population
Gesellschaft
Weltgesellschaft

Abb. 35: Bezugsrahmenskizze zur Erfassung von Ideologien

Ohne an dieser Stelle weiter auf andere Ideologie-Konzepte eingehen zu müssen (150), läßt sich in unserem Bezugsrahmen die Verbindung zwischen Paradigmen und Ideologien sehr leicht nachvollziehen. Zu beachten ist allerdings, daß wir es mit einer wechselseitigen Beziehung zu tun haben: Zum einen gehen Ideologien wesentlich **mit** auf Paradigmen zurück, zum anderen beeinflussen dann ausgereifte Ideologien wiederum die weitere Ausformung von Paradigmen im Zusammenspiel mit Wissen, Werten (i.w.S.) und auch z.B. Machtverhältnissen. Die angerissenen Sachverhalte wurden in Abbildung 34 visualisiert. Im folgenden werden wir uns vor allem einer etwas differenzierteren Betrachtung von Paradigmen zuwenden.

- **Konzeptionelle Erfassung komplexer Paradigmen bzw. umfassender Weltbildsysteme**

Im Kontext der Behauptung, daß eine Auseinandersetzung mit der Realität immer durch Paradigmen - seien sie nun ideologisiert oder nicht - vermittelt wird, spielen bereits unterschiedliche Weltbilder eine zentrale Rolle: Zu unterscheiden ist danach, in welchem Ausmaß jeweils davon ausgegangen wird, daß ein objektiver Zugang zur Wirklichkeit möglich ist (**objektivistisches Weltbild**) oder von einer bloß konstruierten Wirklichkeit (subjektivistisches bzw. **konstruktivistisches Weltbild**) ausgegangen wird. Ferner müssen wir nach dem **zeitlichen Bezug der Weltsicht** zwischen vergangenheitsorientierten, gegenwartsbezogenen, zukunftsgerichteten oder solchen Weltbildern unterscheiden, in denen Vergangenheit, Gegenwart und Zukunft gleichermaßen in einem entwicklungszentrierten Weltbild (z.B. taoistisches oder evolutionäres Weltbild) Berücksichtigung finden (151). Von hier ergibt sich wiederum eine Verbindung zur Unterscheidung in ein statisches vs. **dynamisches Weltbild**, wobei von einem **statischen Weltbild** immer dann zu sprechen ist, wenn lediglich in Strukturen und nicht in Prozessen gedacht wird (**Struktur- vs. Prozeßdenken**). Ein Strukturdenken kann indessen unterschiedliche Zeitbezüge aufweisen, also vergangenheits-, gegenwarts- oder zukunftsbezogen sein. Insgesamt haben wir also bereits drei Dimensionen identifiziert, auf denen ein Weltbild variieren kann.

Die genannten und in Abbildung 36 veranschaulichten Dimensionen beziehen sich allerdings nur auf einen bestimmten Teilaspekt eines komplexeren Paradigmas oder - wenn man so will - eines Weltbildsystems, den wir als "**Weltzugang**" bezeichnen wollen. Der Weltzugang oder - auf die unterschiedlichen Dimensionen eines Weltzugangs abstellend - die Weltzugänge stellt bzw. stellen jeweils darauf ab, in welcher Weise man (mehr oder weniger bewußt) annimmt, sich die Welt erschließen zu können oder erschließen zu müssen. Neben den schon erwähnten Dimensionen sind hierbei zahlreiche weitere zu beachten. Exemplarisch hinzuweisen ist etwa auf folgende Dimensionen des Weltzugangs: integrierendes ganzheitliches bzw. vernetztes vs. isolierend abstrahierendes Weltbild, kosmozentrisches Weltbild (der Mensch als Element des Kosmos und "Gefäß des Göttlichen"), hierarchisches Weltbild (Denken in mehreren Ebenen und als spezielle Variante etwa die Unterstellung identischer nomischer Strukturen auf allen Ebenen), individualistisch anthropozentrisches vs. holistisch sozio-ökologisches Weltbild. Die verschiedenen Dimensionen werden in Abbildung 36 visualisiert; sie werden z.T. im Verlauf der weiteren Darlegungen noch verschiedentlich aufgegriffen und weiter präzisiert.

Ebenfalls als Elemente des Weltzugangs könnten etwa die Paradigmen oder schon eher als Ideologien zu bezeichnenden **Vorstellungen hinsichtlich der Durchschaubarkeit, Beherrschbarkeit oder Vorhersehbarkeit der Welt** angeführt werden, die zentrale Dimensionen eines **rationalisitischen Weltbildes** der abendländischen Moderne darstellen (okzidentaler Rationalismus) und in jüngerer Zeit so vehement im Kontext evolutionärer Betrachtungsweisen oder in der Bewegung der sog. Postmoderne sowie in der New Age-Bewegung stigmatisiert wurden (152). Allerdings kommen in diesen Dimensionen bereits stärker **inhaltliche** Vorstellungen darüber zum Ausdruck, wie die Welt beschaffen ist und eine spezifische Sicht der Welt markieren (basale Weltsichten). Die Grenzen sind jedoch freilich fließend.

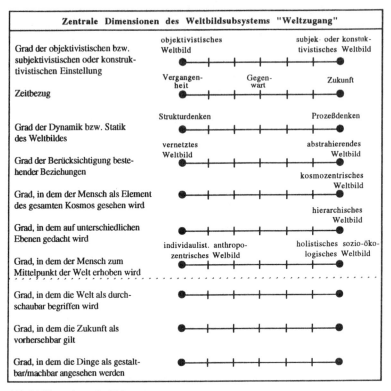

Abb. 36: Dimensionen des Weltzugangs

Unabhängig davon, ob nun als Weltzugänge oder Weltsichten klassifiziert, handelt es sich zweifellos um zentrale Dimensionen, anhand derer verschiedene Paradigmen rekonstruiert werden können. Im einzelnen geht es etwa um die gedankliche Erfassung grundlegender Unterschiede relevanter Paradigmen wie z.B. **mythisches vs. rationalistisches Weltbild** oder **organisches vs. mechanistisches** Weltbild, die jeweils auf den erwähnten Dimensionen deutlich variieren und darüber hinaus unterschiedliche Vorstellungen darüber enthalten, wodurch globales Weltgeschehen oder auch lokales Binnengeschehen in seiner Entwicklung gesteuert wird. In einzelnen Spielarten eines mechanistischen Weltbildes ist es bspw. der Mensch, der jegliches Geschehen steuert; in einzelnen Varianten eines organischen Weltbildes sind es u.a. die göttliche Vorsehung, die Gesetze der Natur o.ä.

Hier deutet sich zugleich an, daß bei der Beschreibung komplexer Weltbilder weitere Aspekte Beachtung finden müssen. Gerade aus der Frage, **durch wen oder was die Welt gesteuert wird oder gesteuert werden soll(te)**, ergeben sich wichtige

Unterschiede in den existierenden Weltbildern.

Bemerkenswert ist, daß wir auf die Vorstellung einer Steuerung durch irgendwelche Kräfte durchaus auch im betriebswirtschaftlichen Bereich stoßen. Lediglich exemplarisch sei auf folgende Aussage von Achleitner verwiesen: "... So erscheint die Forderung nach "pluralistischen Kontrollinstanzen" für Unternehmungen, welche auch externe gesellschaftliche Bezugsgruppen angehören, aus "ideologischer" Sicht durchaus geeignet, die Legitimationsbasis der Großunternehmung zu verbessern. Hier wird jedoch die Auffassung vertreten, daß eine derartige Änderung bestehender Praxis nicht etwa durch Gesetzgebung "eingeführt" werden kann, sondern sich allenfalls "entwickeln" kann ..." (Achleitner, 1985, S. 70). Ganz abgesehen davon, daß der als neue Ideologie unterstellte Charakter einer evolutionären Entwicklung von Achleitner nicht weiter erhellt wird, kontrastiert er sehr scharf zur Ideologie verschiedener interessen-pluralistischer Ansätze der Managementlehre, die allerdings nicht nur auf die gesetzliche Steuerung setzen, sondern neuerdings stärker auf die Steuerung durch eine dialogische Verständigung. Beide Varianten der jeweils als zweckmäßig ausgezeichneten Steuerung heben sich wiederum vom Steuerungs-ideal jener Managementansätze ab, die unter dem Einfluß einzelner Spielarten des Marktparadigmas stehen und dementsprechend eine Steuerung durch den Markt pointieren, was sich dann wiederum - zumindest aus unserer Sicht - von der Ideologie einer "evolutionären Steuerung" nur in Teilaspekten abhebt.

Als Reflex auf die Hervorhebung unterschiedlicher Mechanismen, mit deren Hilfe die Welt (oder einzelne Teile von ihr) gesteuert wird oder gesteuert werden soll(te), stellt sich die Frage, in welcher Weise sich insbesondere soziale Einheiten (Individuen, Gruppen, Organisationen etc.) in die Welt einfügen bzw. einfügen soll(t)en, etwa im Sinne einer Welteinpassung oder Weltanpassung (**deterministisches Weltbild**) auf der einen extremen Seite oder einer Weltbeherrschung (**voluntaristisches Weltbild**) auf der anderen extremen Seite bzw. im Sinne einer mittleren Ausprägung zwischen diesen beiden Polen (**Position des gemäßigten Voluntarismus**).

In einem weiteren Schritt der Konzeptualisierung von Paradigmen gilt es, unterschiedliche Menschenbilder zu würdigen. Es handelt sich vor allem dann um besonders zentrale Elemente eines Weltbildsystems, wenn einem individualistisch-anthropozentrischen Weltzugang gefolgt wird. Komplexere Paradigmen oder Ideologien weisen dann nämlich als Wurzel, aus der das gesamte "Gedankengestrüpp" wesentlich gespeist wird, ein spezifisches Menschenbild auf. Solche Menschenbilder üben aber auch in allen anderen Weltbildsystemen einen zentralen Einfluß aus.

Menschenbilder selbst sind wiederum komplexe Konstrukte, die entlang zahlreicher Dimensionen variieren. Dies zunächst schon angefangen bei so grundlegenden Differenzierungen wie z.B. der Mensch ist prinzipiell gut vs. der Mensch ist prinzipiell schlecht bzw. böse (homo homini lupus est), der Mensch strebt allein nach Eigennutz vs. der Mensch ist ein soziales Wesen und fühlt, denkt, und handelt altruistisch, der Mensch orientiert sich allein an ökonomischen Belohnungen vs. der Mensch reagiert auf ein sehr breites Gratifikationsreservoire, der Mensch ist primär innengeleitet vs. der Mensch ist primär außengeleitet, der Mensch ist prinzipiell faul und bedarf insofern extrinsischer Motivation vs. der Mensch ist prinzipiell fleißig und intrinsisch motiviert, der Mensch handelt rational vs. der Mensch handelt emotional.

Es hier sicherlich nicht der Ort, um nun am Beispiel einzelner Dimensionen nachzuweisen, daß gerade auch die großen Weltphilosophien, -ideologien und -religionen wesentlich aufgrund unterschiedlicher Menschenbilder differieren. Es leuchtet aber zumindest unmittelbar ein, daß insbesondere normativ angelegte Ideologien hinsichtlich des in ihnen kultivierten Steuerungsmechanismus deutlich variieren, je nachdem, ob der Mensch z.B. als prinzipiell gut oder böse eingestuft wird. Hierbei unterliegen auch Menschenbilder dem historisch spezifischen Zusammenspiel von Paradigmen, Wissen (i.w.S.) und Werten (i.w.S.). In Kulturen, in denen Machtbedürfnisse schwach ausgeprägt und/oder kaum Konfliktsituationen (z.B. Kampf um knappe Ressourcen) zu verzeichnen waren, hat sich selten die Vorstellung vom prinzipiell bösen Menschen ausgeformt und dann zu entsprechenden Ethiken geführt. - Paradigmen und Ethiken sind immer auch Instrumente der Daseinsbewältigung.

Ein **weiteres Subsystem** komplexerer Weltbildsysteme bilden schließlich unmittelbar **auf spezifische Sachverhalte bezogene Sichtweisen.** Um welche Sachverhalte es sich hierbei handelt, hängt nun natürlich vom jeweiligen Kontext ab, in dem Paradigmen oder Ideologien zu thematisieren sind. Beziehen wir uns ganz allgemein auf philosophische Traditionen, so spiegeln sich dort Paradigmen allgemein in der **Metaphysik** und der **Ontologie** wider, und spezifische Sachverhalte wären etwa die **Logik, Erkenntnistheorie, Ethik und Ästhetik.** In welcher Weise sich grundlegende Paradigmen innerhalb der Philosophie ausgeformt und über einzelne geschichtliche Phasen hinweg beeinflußt haben, kann an dieser Stelle ebenfalls nicht demonstriert werden. Lediglich einige Hinweise zu den beiden Bereichen Ethik und Logik scheinen als eklektische Illustrationen angebracht:

Im Feld der **Ethik** können wir z.B. auf die utilitaristische Ethik zurückgreifen, die sich durch ein - wie immer wieder herausgestellt wird - besonders realistisches Menschenbild auszeichnet, und zwar dem des nach persönlichem Nutzen strebenden Menschen. Im Konzept einer liberalistischen Wirtschaftsethik (Smith) läßt sich ferner in Gestalt der "invisible hand" ein spezifisches Steuerungsparadigma nachweisen, das auf den Mechanismus der Selbstorganisation setzt.

Im Feld der **Logik** können wir an der klassischen zweiwertigen Logik ansetzen, in der sich ein statisch objektivierendes und z.T. holistisch sozio-ökologisches Weltbild widerspiegelt bzw. die ein solches Weltbild in der Folge weiter zementiert hat. Ausgangspunkt bildet hier bekanntlich das Identitätspostulat (A = A), das Verbot des logischen Widerspruchs (principium contradictionis) und der Satz des ausgeschlossenen Dritten (tertium non datur) (153). Das Identitätspostulat schließt bspw. jegliche Entwicklung in der Zeit aus: "Jedes A muß als invariant gesetzt werden, und jedem A muß ein objektives Sein zugeordnet werden. Es kann von einem Beobachter nur entdeckt werden, es ist einfach vorhanden und wird nicht durch den Akt der Beobachtung erst konstituiert. Was nicht in diese Logik hineinpaßt, wird in das Nicht-Sein abgedrängt" (Blaseio, 1986, S. 36; Knyphausen, 1988, S. 17). Die klassische zweiwertige Logik ist dabei nicht nur eine zeit- sondern auch eine subjektlose Logik (vgl. Günter, 1967, S. 17 f.). - "Das Prinzip "tertium non datur" erlaubt es noch nicht einmal, daß der Beobachter von außen, - aus einer anderen Welt (bzw. einem anderen Kontext) auf die beobachtete Welt blickt - denn eine andere Welt kann es prinzipiell nicht geben" (Knyphausen, 1988, S. 18; vgl. auch Luhmann, 1987a, S. 37).

Die paradigmatischen Rückwirkungen dieser Logik ergeben sich freilich nicht daraus, daß sie in verschiedenen philosophischen Werken niedergelegt wurden, sondern indirekt in Gestalt ihrer Kultivierung in der Mathematik, in den formalen Sprachen der Computerwissenschaft etc. In welcher Weise sich dies dann wieder z.B. auf die Management- und Organisationswissenschaft ausgewirkt hat, wird ausführlich von Knyphausen (1988) dargestellt und soll deshalb nicht weiter untersucht werden. Nur soviel: Die klassische zweiwertige Logik ermöglicht es nicht, Paradoxien - die unsere gegenwärtige Zeit in besonderer Weise prägen (154) - gedanklich adäquat zu erfassen. Dies hat zur Entwicklung anderer Konzepte der Logik geführt (z.B. transklassische Logik, biokybernetische Logik), die - hierauf hat Knyphausen allerdings nicht hingewiesen - ihre Umsetzung in neuen mathematischen Konzepten, Computerprogrammen etc. gefunden haben und zwischenzeitlich auch schon in die Peripherie der Managementwissenschaften vorgedrungen sind (etwa neue Konzepte der Künstlichen Intelligenz und speziell in Experimente zur Entwicklung von neuronalen Netzwerken als Grundlage von Prognosesystemen).

Sowohl am Beispiel der Ethik als auch an dem der Logik deutete sich bereits an, daß die hier sehr grundlegend definierten Sachverhalte in einzelne Fachdisziplinen hineinwirken, dort das Fühlen, Denken und Handeln bestimmen und über die praktisch verwerteten Erkenntnisse aus einzelnen Fachdisziplinen in letzter Konsequenz wieder auf die Wirklichkeit zurückwirken. Versuchen wir, die jeweils konkreten Sachverhalte etwas zu strukturieren, innerhalb derer sich jeweils das in einer Gesellschaft wirksame Paradigmasystem ausformt, so sind z.B. folgende "paradigmatischen Bezugspunkte" anzuführen:

1. die fokussierte(n) soziale(n) Einheit(en) (Individuum, Gruppe, Organisation, Population, Gesellschaft, Weltgesellschaft),
2. Beziehungen zwischen den fokussierten sozialen Einheiten sowie zwischen diesen und anderen sozialen Einheiten (z.B. Individuum und Gruppe, Individuum und Organisation, Individuum und (Welt-)Gesellschaft oder Individuum-Gruppe-Organisation-Gesellschaft-Weltgesellschaft nach Maßgabe eines voll entfalteten hierarchischen Weltbildes),
3. grundlegende Verhaltenskontexte (ökonomische, sozio-kulturelle, politisch-rechtliche, technologische, ökologische oder mehrere davon bzw. alle nach Maßgabe eines vernetzten Weltbildes),
4. konkrete Verhaltensmuster wie Fühlen, Denken, Planen, Entscheiden, Handeln, Kontrollieren und nicht zuletzt das Sich-Austauschen mit anderen,
5. Problemaspekte einzelner Verhaltensmuster ("richtiges" Denken, Entscheiden, Handeln etc.; teilweise lassen sich hier auf der Basis einzelner Kategorien philosophischer Verhandlungen weitere Differenzierungen vornehmen: z.B. Entscheidungs- bzw. Austauschlogik, -ethik und -ästhetik).

Ausgehend von den globalen innerhalb einer Gesellschaft kultivierten Paradigmen stoßen wir hier in einzelnen Forschungsdisziplinen jeweils auf lokale, kontext- und situationsspezifische Paradigmen bzw. Ideologien (Wählerbild, Konsumentenbild, Bild der Beziehung zwischen Individuum und Gesellschaft, zwischen Wirtschaft und Gesellschaft etc., Bild des richtigen Entscheidens, Planens, Kontrollierens etc.), die jeweils mehr oder weniger konzise ineinandergreifen und mit den Paradigmen anderer Disziplinen korrespondieren.

Von den innerhalb einer Gesellschaft kultivierten Paradigmen gehen allerdings nicht nur Einflüsse auf die disziplinären Paradigmen aus, sondern auch umgekehrt: die Paradigmen einzelner Disziplinen beeinflussen - wie schon kurz erwähnt - die innerhalb einer Gesellschaft kultivierten Paradigmen mitunter sogar sehr nachhaltig - denken wir etwa nur an die Ideologie des Wirtschaftsliberalismus oder die kommunistische Ideologie. Hier wird zugleich deutlich, daß sich der von uns entwickelte und in Abbildung 37 nochmals dargestellte Bezugsrahmen nicht nur für die Rekonstruktion von Forschungsprogrammen eignet, sondern auch wesentliche Anhaltspunkte für die Erfassung von Ideologie- und Wertwandlungsprozessen im Dienste unternehmerischer Früherkennung gibt.

Obwohl wir in dieser Arbeit keine umfassende Rekonstruktion im Kontext des in Abbildung 37 vorgestellten Bezugsrahmens durchführen können, dürfte dennoch deutlich geworden sein, wie sehr die in der Management- oder speziell der Marketinglehre wirkenden Paradigmen in ein umfassendes gesellschaftliches Paradigmasystem eingebunden sind. Es ist u.E. als ein **zentrales Kennzeichen einer gesellschaftsorientierten Marketing-Konzeption** zu definieren, daß man sich dieser durch wissenschaftspsychologische, -soziologische und institutionelle Rahmenbedingungen wesentlich beeinflußten, auf der Ebene der Forschungsphilosophie internalisierten und zumeist nicht bewußten Zusammenhänge bewußt wird. Hierbei geht es insbesondere darum, die Einbindungen in und damit auch die Abhängigkeiten von allgemeinen Kulturgütern - und zwar tangiblen wie intangiblen - zu erkennen und eventuell bestehende, mehr oder weniger starke Tendenzen zum paradigmatischen Provinzialismus mit Verve zu überwinden. Dies nicht nur, um ein irgendwie geartetes Parteilichkeitsproblem zu vermeiden. Auslösendes Moment hat vielmehr die Frage nach der **Zukunftsbewältigung** zu sein, zu der im paradigmatischen Provinzialismus gefangene Wissenschaftler nur wenig oder mindestens mit deutlich geringerer Wahrscheinlichkeit etwas beizutragen vermögen.

Zukunftsbewältigung setzt nicht allein Offenheit gegenüber Neuem voraus. Hinzukommen muß - will man den Entwicklungen nicht hinterherhinken, wie es gelegentlich der Marketingwissenschaft nicht völlig zu Unrecht vorgeworfen wird - die Fähigkeit und Bereitschaft, Neues zu erahnen, zu denken und zu tun. Dies hängt freilich von zahlreichen Einflüssen auf der Ebene der Forschungsphilosophie sowie auf der Ebene wissenschaftspsychologischer, -soziologischer und institutioneller Rahmenbedingungen ab. Zudem aber auch von der konsequenten Arbeit am wissenschaftlichen Weltbild. Der Begriff "**Weltbild-Arbeit**" ist hierbei sehr wörtlich zu nehmen. Weltbild-Arbeit darf sich nicht im feinsinnigen Philosophieren erschöpfen, sondern muß Einzug ins wissenschaftliche Tagesgeschäft halten.

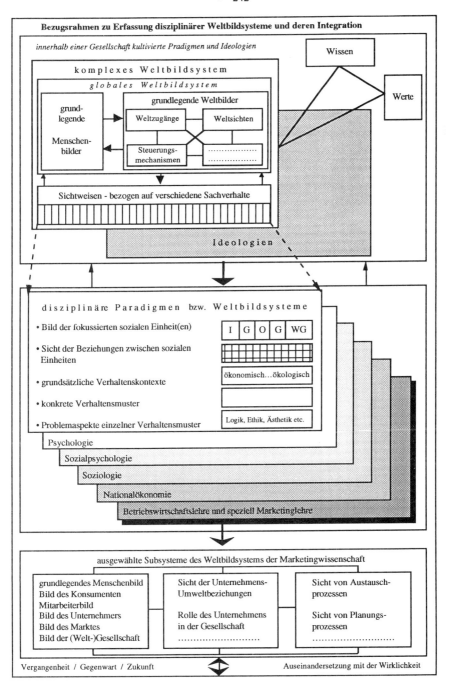

- **Entwicklung und Einsatz eines "Weltbild-Polaritätenprofils" und die Durchführung von Sensitivitätsanalysen als Grundlage einer zukunftsgerichteten gesellschaftsorientierten Marketing-Forschung**

Weltbild-Arbeit im wissenschaftlichen Tagesgeschäft hat sich u.a. darin zu manifestieren, daß bei einzelnen Versuchen, theoretische und technologische Modelle zu entwickeln, ebenso systematisch wie konsequent

- **unterschiedliche Paradigmen und** speziell - im Blick auf den Entwurf von Gestaltungsempfehlungen - vor deren Hintergrund formulierte **meta-technologische Leitideen** Beachtung finden,

- davon ausgehend **differierende paradigmatische Beschreibungsmodelle** (gerade auch **Utopien**) ausgearbeitet werden und

- diese dann schließlich - mutatis mutandis - im Sinne einer **Kombination von "What-if-Prognosen" und "Sensitivitätsanalysen"** spielerisch experimentierend zum Einsatz gebracht werden.

Unter forschungsökonomischen Gesichtspunkten wird man im vorliegenden Zusammenhang einwenden können, daß es effizientere Wege gibt, die es bspw. ermöglichen, auf umfassende Sensitivitätsanalysen zu verzichten. Zum Beispiel: Paradigmaklärung, Elaborierung des tragfähigsten Paradigmas und Orientierung an diesem Paradigma. Allerdings erscheint es u.E. in einem immer komplexer werdenden Umfeld kaum noch möglich, auf ein differenziertes Paradigma-Assessment zu verzichten. Sicher ist es nicht erwiesen, daß die in der Vergangenheit dominierenden Paradigmen und Ideologien (z.B. Maschinen-Modell der Welt, Machbarkeits- und Beherrschbarkeitsideologie) wesentlich die drängenden Probleme unserer Zeit verursacht haben. Aber allein die einigermaßen begründete Vermutung eines solchen Einflusses oder - positiv gewendet: die Chance, durch eine sehr sorgfältige "Weltbild-Arbeit" künftig weitere Krisen vermeiden helfen zu können, sollte Anlaß genug sein, sich einem differenzierten Paradigma-Assessment zuzuwenden - es zumindest zu versuchen.

Die Notwendigkeit einer Durchführung von Sensitivitätsanalysen ergibt sich also aus der Übernahme gesellschaftlicher Verantwortung, die nicht nur - wie es heute gerne getan wird - von der Unternehmenspraxis einzufordern ist, sondern selbst "gelebt" werden muß. Auch das "Glaubwürdigkeits-Konto" der Wissenschaft im allgemeinen, der Marketingwissenschaft im besonderen mag einmal durch einen paradigmatischen

Provinzialismus "heruntergewirtschaftet" sein, bei dem die eigene, vielleicht nicht einmal ausreichend reflektierte "Weltanschauung" explizit oder implizit zum Maßstab aller Dinge erklärt wird.

Um den paradigmatischen Provinzialismus zu durchbrechen und "welt-(bild-)offen", paradigmatische Beschreibungsmodelle zu konstruieren - und zuvor auch schon allein, um die unternehmerische Praxis differenziert und **mehrwertig** zu erfassen - bietet sich der von uns zumindest als Idee vorgezeichnete Weg an, umfassend relevante **Weltbilddimensionen** herauszukristallisieren und dann im Sinne eines "morphologischen Kastens" in Profilen niederzulegen, mit denen kreativ innovativ neue Weltbildmuster identifiziert werden können.

Daß ein solches Konzept anderer Voraussetzungen auf der Ebene wissenschaftspsychologischer, -soziologischer und institutioneller Rahmenbedingungen bedarf, liegt auf der Hand. Abgesehen von institutionellen Maßnahmen, die auf die Förderung interdisziplinärer Forschung hinauslaufen, würde sich im ersten Schritt bereits eine einfache Maßnahme anbieten, die unter den in der klinischen Praxis arbeitenden Psychologen fast schon eine Selbstverständlichkeit darstellt - gemeint ist das in unterschiedlichen Varianten praktizierte Konzept der Supervision: Warum sollten sich Professoren und anderes Wissenschaftspersonal nicht in alternierenden kollegialen Supervisionsgruppen zusammenfinden und ihre Forschungsvorhaben sowie -arbeiten besprechen? Bei manchen Fachvertretern böte sich u.U. auch das "Coach-Modell" an. - Einfache Konzepte, deren Nutzung im Kontext einer gesellschaftsorientierten Betriebswirtschaftslehre zur Selbstverständlichkeit avancieren sollten. Daß dies einige Änderungen speziell im Feld wissenschaftssoziologischer und -psychologischer Rahmenbedingungen voraussetzt, steht außer Frage - anders wird aber man jene zentrale Rolle kaum ausfüllen können, die Bell (1982) in seiner Zukunftsvision der Wissenschaft zugedacht hat.

4. Ausgewählte Grundorientierungen einer erweiterten Marketingkonzeption

4.1. Vorbemerkung

Im vorangegangenen Kapitel haben wir im Zusammenhang mit der Rekonstruktion des Marketing-Forschungskonzepts bereits immer wieder Hinweise zur Entwicklung einer gesellschaftsorientierten Marketingkonzeption eingeblendet. Dies soll in diesem Kapitel noch weitergeführt werden, indem wir zentrale **paradigmatische Leitideen** eines gesellschaftsorientierten Marketing **(GOM)** aufzeigen und einige davon ausführlicher diskutieren. Als paradigmatische Leitideen werden dabei solche Leitideen eingestuft, die in erster Linie ein spezifisches Denkmuster oder **Weltbild** konstituieren, vor dessen Hintergrund die **bisherigen Auslegungen** einzelner Marketing-Leitideen einer kritischen Überprüfung und ggf. Revision zu unterziehen sind. Durch die besondere Hervorhebung einiger grundlegender paradigmatischer Leitideen werden beim GOM-Konzept darüber hinaus sowohl bei der Ausgestaltung einzelner Elemente der Marketing-Technologie als auch generell hinsichtlich des Grundverständnisses effizienter Unternehmensführung, relevanter Ziel- und Aufgabenbereiche sowie adäquater Managementsysteme **neue Akzente** gesetzt. Neue Akzentsetzungen ergeben sich schließlich im Hinblick auf das gesamte Marketing-Forschungsprogramm

Den Hintergrund für die Formulierung paradigmatischer Leitideen bilden insbesondere zahlreiche Forschungsarbeiten, die die **Ursache der vielfältigen Krisensymptome gegenwärtiger Weltentwicklung** nicht in der Oberflächenstruktur menschlichen Verhaltens verorten, sondern vielmehr in der Tiefenstruktur des menschliches Verhalten hervorbringenden sowie kanalisierenden **Bewußtseins** und einhergehend damit ein **mehr oder weniger** radikales **Umdenken**, einen "Gestalt-Switch" (1) oder Paradigma-Wechsel als Antwort auf die Herausforderungen der Zukunft einfordern (2).

Die Bandbreite der Vorschläge hinsichtlich wünschbarer Ausformungen eines neuen Weltbildes bzw. neuer Wahrnehmungs- und Denkmuster ist außerordentlich breit. Relevante **Strömungen**, aus denen solche Vorschläge hervorgegangen sind, bilden u.a. die neuere **Rationalitätsdiskussion** innerhalb der Philosophie und Soziologie (3), die in den Kunst- und Geisteswissenschaften beheimatete **Postmoderne** (4), das naturwissenschaftlich und religiös angehauchte **New Age** (5), die u.a. in der Biologie und Physik fußende **Evolutionstheorie** (6) sowie die aus sehr unterschiedlichen Forschungstraditionen gespeiste **Chaosforschung** (7). Zwischen den einzelnen Strömungen bestehen teils enge inhaltliche Verbindungen, teils ist aber auch eine heftige wechselseitige Kritik zu verzeichnen. Abgesehen davon sind selbst innerhalb einzelner

Strömungen die Kerndimensionen eines neuen Denkens keinesfalls unumstritten. Insgesamt ergibt sich also sowohl hinsichtlich relevanter Strömungen als auch im Blick auf Art und Ausmaß eines Gestalt-Switch ein recht diffuses Bild, das noch weiter an Diffusität gewinnt, wenn wir die verschiedenen Versuche einer Fertilisierung unterschiedlicher Spielarten eines neuen Denkens innerhalb der Managementlehre in die Betrachtung mit einbeziehen (8).

Es ist hier sicher nicht der Ort, um den genannten Strömungen nachzuspüren, dabei die jeweiligen Kerndimensionen eines neuen Weltbildes zu identifizieren, diese sowie deren Konkretisierungen innerhalb der Managementlehre im Lichte unterschiedlicher Forschungstraditionen einer kritischen Überprüfung zu unterziehen und schließlich auf dieser Basis ein tragfähiges paradigmatisches Orientierungssystem vorzulegen. Ein solcher Versuch würde uns sehr rasch über die Grenzen der Machbarkeit hinausführen. Sehr viel zweckmäßiger erscheint es uns demgegenüber, in Kenntnis unterschiedlicher Vorschläge zur inhaltlichen Ausgestaltung eines neuen Weltbildes zunächst lediglich **versuchsweise** einige besonders wichtige Basisleitmaximen herauszustellen, um eine Grundlage für relevante Reorientierungen innerhalb der Marketingkonzeption zu schaffen. Hierbei wird zweistufig vorgegangen: In einem ersten Schritt soll zunächst ein Überblick über die verschiedenen aus unserer Sicht besonders wichtigen paradigmatischen Leitideen gegeben werden. In einem zweiten Schritt werden lediglich einzelne Leitideen herausgegriffen, um diese dann ausführlicher behandeln zu können.

Die zentralen paradigmatischen Leitideen des GOM-Konzepts und die ihnen zuzuschreibende Impulsgeberfunktion sind in Abbildung 38 veranschaulicht.

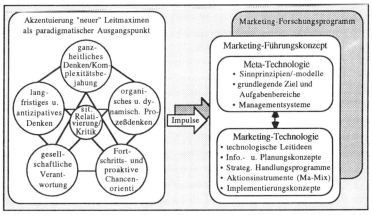

Abb. 38: Akzentuierung einiger grundlegender Leitmaximen als paradigmatischer Ausgangspunkt der Entwicklung eines Konzepts des gesellschaftsorientierten Marketing

4.2. Überblick über zentrale paradigmatische Leitideen einer gesellschaftsorientierten Marketingkonzeption

Als zentrale paradigmatische Leitideen, die teils wesentliche Unterschiede zwischen dem traditionellen Marketingverständnis und dem GOM-Konzept markieren, teils aber auch lediglich den Blick für die Relevanz einiger, bereits im klassischen Marketingkonzept angelegter Grundgedanken schärfen und mithin deren situationsgerechte Ausarbeitung zu forcieren vermögen, sind vor allem folgende anzuführen:

- **ganzheitliches Denken und Komplexitätsbejahung:** Erheblich erweiterte Umweltperspektive, Denken in vernetzten Systemen bzw. Analyse von Zusammenhängen und wechselseitigen Beeinflussungsbeziehungen zwischen gesellschaftlichen Rahmenbedingungen, Marktbedingungen sowie den Denk- und Verhaltensweisen der unterschiedlichsten faktisch oder potentiell relevanten Austauschpartner, ganzheitliche Sicht der Austauschpartner und des Unternehmens, harmonisches Gesamtkonzept der Unternehmenspolitik statt Teiloptimierung, Verzicht auf die Vergewaltigung komplexer Probleme im Wege isolierender Abstraktion, problemabhängiger Komplexitätsbejahung, von der Einförmigkeit und Einheitlichkeit zur Vielfalt, Schwelgen in Paradoxien,

- **langfristiges und antizipatives Denken:** Langfristig angelegte Planung der Unternehmensentwicklung, Berücksichtigung alternativer Zukunftskonstellationen, Überwindung des Extrapolationsdenkens, Sensibilisierung gegenüber schwachen Signalen, konsequentes Abschätzen der Wirkungen sowie Folgewirkungen der vom Unternehmen geplanten Strategien und Maßnahmen auf der Basis eines umfassendes Systems von Sozialindikatoren (Marketing-Assessment als Leitidee), Antizipation markt- und gesellschaftlicher Entwicklungen im Wege effizienter Frühaufklärung,

- **organisches Denken und dynamisches Prozeßdenken:** Relativierung einer mechanistischen und deterministischen zugunsten einer stärker organischen Sichtweise, Überwindung von Objektivitäts-, Machbarkeits- und Beherrschbarkeits-ideologien, Sensibilisierung für Prozesse der Selbstorganisation, Abkehr vom statischen Strukturdenken und Berücksichtigung diskontinuierlicher Entwicklungs-verläufe, Wandel als Normalfall begreifen,

- **Leitmaxime der gesellschaftlichen Verantwortung und die Idee der Fortschritts- sowie proaktiven Chancenorientierung:** Harmonisierung von gesellschaftlichen Interessen und Unternehmensinteressen im Dienste einer höheren Lebensqualität, ethische Rechfertigung des Handelns und seiner Konsequenzen,

Beteiligung an der Bewältigung allgemeiner gesellschaftlicher Probleme, aktive Einflußnahme auf markt- und gesellschaftliche Rahmenbedingungen, um einen gesellschaftsorientierten Unternehmenskurs verwirklichen zu können, prinzipielles Streben nach Verwirklichung eines Fortschritts in der Befriedigung der Bedürfnisse aller Austauschpartner.

Die lediglich stichwortartige Erläuterung mag hier zunächst insofern genügen, als die genannten Basisleitmaximen zum einen in der Managementliteratur bereits verschiedentlich diskutiert wurden (9) und mithin - zumindest hinsichtlich einiger weit verbreiteter Auslegungen - als bekannt vorausgesetzt werden können. Zum anderen werden einzelne dieser Leitideen in den nachfolgenden Abschnitten noch einmal aufgegriffen.

Wichtig erscheint im vorliegenden Zusammenhang, daß GOM nicht allein ein "Marketing in sozialer Verantwortung" meint, so wichtig dieser Aspekt angesichts der zunehmenden öffentlichen Exponiertheit von Unternehmen im Zeichen gesellschaftlicher Krisen und der Tendenz zur aktiven und kritischen Gesellschaft ist. Grundsätzlich ist vielmehr immer dann von einem GOM zu sprechen, wenn die enge Marktperspektive überwunden wird. Dies kann sich u.U. auch unabhängig von der Verantwortungsproblematik darin konkretisieren, daß allgemeine gesellschaftliche Entwicklungen frühzeitig in die strategische Marketingplanung einbezogen werden (in diesem Sinne wäre bspw. der international ausgerichtete Lifestyle-Ansatz der Firma Esprit als eine Spielart des GOM anzuführen). Aber auch dann, wenn etwa erkannt wird, daß strategisch relevante Austauschprozesse nicht nur auf Märkten stattfinden, sondern auch im sozialen und regulativen Umfeld (z.B. auf der politischen Ebene), ist eine wichtige Forderung des GOM-Konzepts erfüllt.

Überdies erschöpft sich die Leitmaxime sozialer Verantwortung - so wie sie hier in Verbindung mit den anderen Leitmaximen verstanden werden soll - nicht in einem Apell an die Unternehmensmoral: Sozial verantwortliche Unternehmen sind innerhalb eines marktwirtschaftlichen Ordnungssystems immer zugleich zu einem ökonomisch effizienten Handeln verpflichtet - sie müssen sich auch im Markt gegenüber den weniger verantwortlichen Unternehmen durchsetzen. Insofern gilt es, den aus einem langfristigen und ganzheitlichen Blickwinkel strategisch rationalen Charakter dieser Leitmaxime zu betonen, und zwar nicht nur unter dem Gesichtspunkt der Risikovermeidung (Gefahr öffentlichen Widerspruchs und staatlicher Eingriffe), sondern in erster Linie im Sinne einer Chancenorientierung (Erzielung von Imagevorteilen oder Erschließung gewinn-bringender Betätigungsfelder). Hierbei sollte allerdings nicht eine passiv-reaktive Chancenorientierung unternehmerisches Denken und Handeln prägen. Im Zentrum hat vielmehr eine aktiv antizipative bzw. proaktive Chancenorientierung zu stehen, bei der alle sich faktisch und/oder potentiell bietenden Chancen zur Durchsetzung eines sozial verantwortlichen Unternehmenskurses voll ausgeschöpft werden - etwa Schaffung von Märkten für Öko-Produkte anstatt eines Abwartens, bis vom Verbraucher entsprechende Pull-Effekte ausgehen.

Neben den genannten Basisleitmaximen, die vor allem inhaltliche Akzente im Hinblick auf ein zweckmäßiges Weltbild als Voraussetzung der Entwicklung tragfähiger Konzepte der Unternehmensführung setzen, sind einige **weitere Maximen** zu beachten, die einen stärker **formalen Charakter** aufweisen. Wir haben diese Maximen in Abbildung 38 deshalb ins Zentrum unseres Basisorientierungssystems gestellt, weil sich von ihnen nicht nur unmittelbar Impulse für die Ausgestaltung konkreter Managementkonzepte ergeben. Darüber hinaus bilden sie vielmehr auch eine wichtige Grundlage für die Interpretation und Gewichtung der vorgenannten Basisleitmaximen. Dies wird im folgenden unmittelbar deutlich, wenn wir uns mit den beiden Leitideen "**situative Relativierung**" und "**Relativierung der Situation**" ausführlicher auseinandersetzen.

4.3. Orientierungen im Spannungsfeld von situativer Relativierung und Relativierung der Situation als Beispiele eines neuen Rationalitäts-verständnisses im Marketing

4.3.1. Die Leitidee der situativen Relativierung als Ausgangspunkt

Zwar wurde die Leitidee der situativen Relativierung bereits im Rahmen der Rekonstruktion des klassischen Marketingansatzes thematisiert (vgl. z.b. die Idee der situativ relativierten Engpaßorientierung); es sollte u.e. jedoch im Kontext des GOM-Konzepts noch einmal eine besondere Hervorhebung erfahren und mit einigen weiteren Interpretationen versehen werden.

In einem ersten Schritt kann allerdings bereits an der klassischen Interpretation des Postulats situativer Relativierung angesetzt werden, wie wir sie aus einigen Spielarten eines situativen Ansatzes der Betriebswirtschaftslehre (10) kennen oder wie sie sich aus den grundlegenden Überlegungen Poppers zur Situationsanalyse bzw. Situationslogik (etwa gerade auch im Zusammenhang mit dem Propensitäts-Modell der Erklärung) (11) ergibt. Ohne den ins Feld methodologischer Überlegungen hineinragenden Wurzeln im einzelnen nachspüren zu müssen, läßt sich vor diesem Hintergrund ganz allgemein der spezifische Zuschnitt der gesamten Unternehmenspolitik auf die jeweiligen internen und externen Bedingungen eines Unternehmens als eine der zentralen **Basisleitmaximen erfolgreicher Unternehmensführung** begreifen. In diesem Sinne stellen bereits Ulrich/Fluri (1975, S. 19) fest: "Das einzig absolut gültige Prinzip eines Management-Konzepts lautet: **Richtiges Denken = situatives Denken**". Etwas weniger drastisch formuliert Staehle (1989, S. 122) die Leitidee des situativen Ansatzes, die unmittelbar als Führungsleitlinie verstanden werden kann: "**Es gibt nicht eine generell gültige, optimale Handlungsalternative, sondern mehrere, situationsbezogen angemessene**". In eine ähnliche Richtung zielt schließlich auch das Plädoyer von Kirsch/Roventa/Trux (1983) für **mehr "Individualität" bei der strategischen Unternehmensführung**: "Statt des uniformen Haarschnitts durch Haarschneideautomaten plädieren sie für Individualhaarschnitte bzw. für eine neue Facon von Vidal Sassoon".

Sicherlich klingt eine solche Forderung nach situativer Relativierung auf den ersten Blick eher banal. In praxi ist aber immer wieder festzustellen, daß z.B. unreflektiert bestimmten **Modewellen** im Sektor der Planung, Organisationsgestaltung etc. gefolgt wird. Exemplarisch hervorzuheben ist hier die unkritische Übernahme vorgefertigter Planungsmodelle und speziell einzelner Varianten der Portfolio-Analyse sowie der ihnen jeweils zugrundegelegten Hypothesen im Hinblick auf relevante Erfolgsfaktoren.

Besonders problematisch ist es in diesem Zusammenhang ferner, wenn im Rahmen "populärwissenschaftlicher Management-Kochbücher" (12) die "Erfolgsrezepte" anderer Unternehmen zur Nachahmung empfohlen werden, obwohl sie nur unter spezifischen situativen Bedingungen Gültigkeit besitzen: Während bspw. der Erfolg eines Unternehmens in einem ausgeprägten Qualitätsdenken oder - wie von Peters/Waterman (1982) eingefordert - einer "Qualitätsbesessenheit" begründet liegt, verstellt diese Philosopie bei einem anderen Unternehmen u.U. den Blick für relevante Marktgegebenheiten, die in erster Linie ein konsequentes Preis- und Kostenmanagement erfordern.

Die Forderung nach situativem Denken darf nun keinesfalls allein dahingehend ausgelegt werden, daß sich die Unternehmung **ihrer Eigenständigkeit sowie der Eigenständigkeit ihrer Problemlösungsaufgabe** oder - wenn man so will - **ihrer spezifischen Identität** bewußt werden muß und insofern jeweils detaillierte Situationsanalysen und Identitätsbestimmungen vorzunehmen sind. Das Postulat der situativen Relativierung verlangt darüber hinaus vor allem auch

1. ein **konsequentes Denken in Relationsdimensionen:**

Dies konkretisiert sich bspw. darin, daß die Stärken und Schwächen eines Unternehmens oder speziell die Qualität der angebotenen Produkte jeweils unter Rückgriff auf bestimmte Bezugsgrößen zu bestimmen sind (z.B. den Anforderungen seitens der Kunden und im Vergleich zu dem (den) stärksten Konkurrenten).

2. die **systematische Berücksichtigung der situativen Bedingungen, unter denen die verschiedenen Austauschpartner agieren:**

Ihren Ausdruck findet diese Forderung u.a. in der **Maxime der Zielgruppenorientierung,** durch die etwa der zentrale Stellenwert der Segmentierungsstrategie im Marketingansatz seine Begründung erfährt - ohne Zielgruppenorientierung keine adäquate Befriedigung der Kundenbedürfnisse und - z.B. abstellend auf das Konzept der strategischen Gruppen - keine wirkungsvollen Wettbewerbsstrategien. Aber auch die Forderung, z.B. bei der Gestaltung der Kommunikationspolitik die spezifischen situativen Bedingungen zu reflektieren, unter denen einzelne Kunden mit Werbestimuli konfrontiert werden, vermag die Konkretisierung dieser nur z.T. ausreichend konsequent beachteten Leitlinie zu illustrieren: Die Werbemittel- und -botschaftsgestaltung hat je nach dem unterschiedlich auszufallen, ob der Kunde bzw. die Kundin auf der Straße (gewissermaßen im Vorbeigehen), während der Hausarbeit oder der abendlichen Entspannung, im Kontext der Lektüre anspruchsvollerer oder eher "seichter" Zeitschriftenbeiträge angesprochen wird.

Ferner sollte das Postulat der situativen Relativierung **mit der Forderung nach ganzheitlichem bzw. vernetztem Denken in Verbindung gebracht** werden. Im Gegensatz zu einzelnen Ausformungen des situativen Ansatzes innerhalb der Betriebswirtschaftlehre fand dieser Aspekt vor allem in der sozialwissenschaftlichen Feldtheorie von Lewin schon sehr früh besondere Aufmerksamkeit: Verhalten wird dort jeweils als eine Funktion eines komplexen "Lebensraumes" bzw. "sozialen Kräftefeldes" aufgefaßt, der (das) durch das Zusammenwirken **aller** (sozialen) Kräfte der Umwelt und personaler Merkmale charakterisiert ist (vgl. Abschnitt 3.2.4.1.). Hieran knüpft dann folgende Überlegung an:

> "Da jede Kraft bzw. Verhaltensdeterminante in das Zusammenspiel *aller* situativen Kräfte einbezogen ist, vergrößert oder verringert sich ihr Einfluß auf das Verhalten in Abhängigkeit vom Einfluß der anderen Kräfte. Die Änderung auch nur *einer* Kraft im Feld hat Rückwirkungen auf das *gesamte System*, d.h. auf die Wirkung aller anderen Kräfte. Das kann man am Beispiel der Relativität moralischer Urteile veranschaulichen: Experimente haben gezeigt, daß die moralische Beurteilung eines Sachverhalts durch eine Person abhängt, welche anderen Sachverhalte gleichzeitig mitbeurteilt werden. Nimmt man in die zu beurteilenden Sachverhalte auch nur *einen* anderen Sachverhalt auf, so ändert sich der *gesamte* Kontext der Beurteilung und mit diesem die einzelne Beurteilung." (Kroeber-Riel, 1990, S. 443)

Natürlich macht das Postulat situativer Relativierung nicht vor einzelnen Maximen oder Prinzipien halt, die zur Gewährleistung eines rationalen Handelns aufgestellt wurden. Bereits im Blick auf die zuvor kurz erwähnte Maxime der Zielgruppenorientierung wird man einräumen müssen, daß es durchaus Bedingungskonstellationen geben mag, unter denen entweder eine Massenmarktstrategie als Ausdruck höchster instrumenteller Rationalität zu werten ist oder eine Zielgruppenorientierung deshalb viel zu kurz greift, weil direkt auf einzelne Austauschpartner abgestellt werden muß (vgl. hierzu z.B. die Diskussion um die Individualisierung des Konsums). Aber **auch mit Bezug auf die grundlegenden paradigmatischen Leitmaximen bzw. deren Auslegung** erscheint eine situative Relativierung dringend erfordelich.

Nicht selten werden einzelne **Basisleitmaximen** (z.B. dynamisches Prozeßdenken, ganzheitliches Denken) vor dem Hintergrund einer **Präferenz für fernöstliche Philosophien** interpretiert, was den spezifischen kulturellen Bedingungen in westlichen Industrie- nationen viel zu wenig Rechnung trägt und somit die Enfaltung der heurisitischen Kraft solcher Maximen be- oder sogar verhindert. Freilich wird man hier die Frage zu diskutieren haben, ob einzelne Maximen dem kulturellen Kontext oder der kulturelle Kontext einer Fertilisierung einzelner Maximen angepaßt werden sollen. Unabhängig davon ist jedoch grundsätzlich festzustellen, daß ohne Rekurs auf die spezifischen situativen Bedingungskonstellationen kein tragfähiges Orientierungssystem zu kultivieren ist (vgl. hierzu Jantsch, der in einer seiner späten Schriften, selbstkritisch zu einigen seiner asiatisch inspirierten Leitmaximen Stellung bezogen hat).

Eine situative Relativierung einzelner Basisleitmaximen ist ferner in einer **unmittelbar aufgabenbezogenen** Hinsicht zu verlangen. Nicht bei allen Aufgabenstellungen ist so etwa ein im üblichen Sinne verstandenes ganzheitliches Denken zweckdienlich: Zwar mag ganzheitliches Denken mit dazu beitragen, daß wir "trotz vieler Bäume den ganzen Wald wieder sehen", um jedoch - in dieser von einigen Protagonisten des ganzheitlichen Denkens gern gebrauchten Methapher verbleibend - relevante Schäden in diesem Wald frühzeitig erkennen zu können, bedarf es sicherlich des geschärften Blicks fürs Detail. Wie wichtig der Blick fürs Detail ist, geht gerade auch aus jener Überlegung hervor, die wir zuvor unter Rekurs auf die sozialwissenschaftliche Feldtheorie eingeblendet hatten. Die besondere Hervorhebung des ganzheitlichen Denkens im Rahmen unseres paradigmatischen Orientierungssystems rechtfertigt sich insofern allein aus der beabsichtigten Kontrastierung zu den noch weithin vorherrschenden Wahrnehmungs- und Denkmustern. Dies gilt selbstverständlich auch für alle anderen, von uns akzentuierten Basisleitmaximen: Zu gewährleisten ist etwa, daß trotz aller Notwendigkeit eines langfristigen Denkens das kurzfristig Erforderliche nicht aus dem Blickfeld gerät.

Im vorliegenden Zusammenhang deutet sich bereits an, daß es letztlich nicht nur auf eine sachliche bzw. aufgabenbezogene Relativierung verschiedener Basisleitmaximen ankommt. Darüber hinaus ist vielmehr ein **"Sowohl-Als-Auch-Denken"** zu fordern, durch das zum einen die Sensibilität gegenüber der "Komplementarität von Gegensätzlichkeiten" (13) erhöht und zum anderen speziell die Vereinseitigung des Rationalitätsverständnisses zugunsten einer prinzipiellen Vernunft und zulasten einer okkasionellen Vernunft et vice versa (vgl. Spinner, 1986) überwunden wird. Wir werden hierauf noch zurückkommen, nachdem wir einige weitere Interpretationen des Postulats situativer Relativierung andiskutiert haben.

4.3.2. Die Leitidee der zeitlichen Relativierung

4.3.2.1. Zur Notwendigkeit einer zeitlichen Relativierung

Das Postulat situativer Relativierung wurde bislang implizit noch vor allem im Sinne eines statischen Strukturdenkens ausgeleuchtet. Angesichts der zunehmenden, durch **Turbulenzen** und **Diskontinuitäten** geprägten **Umweltdynamik**, mit der sich Unternehmen aller Branchen heute konfrontiert sehen (z.B. politische Dynamik, Wertedynamik, Wettbewerbsdynamik und technologische Dynamik), ist es erforderlich, in einem zweiten Schritt den **Zeitfaktor** in die Betrachtung mit einzubeziehen. Eine solche dynamische Betrachtungsweise kommt in der "situativen Managementlehre" und insbesondere in der Marketinglehre (vgl. z.B. die Kritik bei Gerken, 1990) bis heute in aller Regel zu kurz. Einen geeigneteren theoretischen Zugang eröffnen demgegenüber verschiedene Varianten einer evolutionären Managementlehre (14) oder wiederum die Lewin´sche Feldtheorie, in der parallel zu einer sachlichen Relativierung die **Notwendigkeit einer zeitlichen Relativierung** begründet wird (vgl. Abschnitt 3.2.4.1.). Der **Grundgedanke** zeitlicher Relativierung besteht darin, daß der Tatsache oder zumindest der Möglichkeit eines ständigen, mehr oder weniger raschen Wandels situativer Bedingungskonstellationen konsequent Rechnung getragen werden muß. Wir wollen die Relevanz dieser Leitidee anhand zweier Beispiele veranschaulichen:

• Greifen wir noch einmal die von Peters/Waterman (1983) als Erfolgsfaktor propagierte "Qualitätsbessenheit" heraus, so ist es - wie erwähnt - mit Bezug auf ein einzelnes Unternehmen durchaus denkbar, daß eine solche "Qualitätsbessenheit" zu einem bestimmten Zeitpunkt zwar eine der herausragenden Stärken darstellt, zu einem anderen Zeitpunkt aber - angesichts **veränderter** Marktbedingungen - eine zentrale Schwäche bildet, weil hierdurch eine situationsadäquate Strategieanpassung be- oder sogar verhindert wird. Vor diesem Hintergrund ist es außerordentlich problematisch, wenn in einigen Erfolgsrezepturen postuliert wird: "Effiziente Unternehmungen haben eine eigene Kultur. Eine eigene Kultur zu haben bedeutet, auf ein eigenes Wertsystem eingeschworen zu sein, das ...**beharrlich** und zentral vertreten wird" (Hauschildt, 1985, S. 3). Dies führt in der Praxis nicht selten dazu, daß die Unternehmenskultur und -philosophie als unantastbare "heilige Kuh" aufgefaßt wird. Im Gegensatz dazu ist jedoch gerade hier eine ständige kritische Überprüfung und ggf. eine Anpassung an neue Verhältnisse dringend erforderlich.

• Zu problematisieren sind ferner z.B. starre Marktsegmentierungs- und darauf aufbauende Profilierungskonzepte, die dem Umstand keine Beachtung schenken, daß sich sowohl die Ausprägung als auch die Relevanz verhaltensbestimmender Merkmale im Zeitverlauf ändern können. Exemplarisch veranschaulichen läßt sich die im Zeitverlauf sich verändernde Relevanz einzelner Einflußfaktoren im Blick auf ökologische Werthaltungen der Konsumenten: Nimmt die Erfüllung ökologie-bezogener Erwartungen in einer ersten Phase - etwa allein schon unter dem Gesichtspunkt der Neuartigkeit bzw. Aktualität - den Charakter eines zentral kaufbeeinflussenden "Motivators" (im Sinne der Herzberg´schen Motivationstheorie) ein, so handelt es sich in einer anderen Phase lediglich noch um einen "Hygienefaktor", dessen Vorhandensein keinen unmittelbar kaufauslösenden Einfluß hat, dessen Entzug aber ggf. zu Abwanderung und/oder Widerspruch führt. Natürlich haben wir es nicht allein mit linearen, kontinuierlichen Entwicklungsverläufen zu tun: **"vom Motivator zum Hygienefaktor"**. Im Lichte veränderter situativer Bedingungen mag es durchaus zu einer (Re-)Aktualisierung einzelner Facetten des

Öko-Themas und damit zu einer Umkehrung des unterstellten Prozesses kommen - und sei es auch nur vorrübergehend. Zu fordern ist also ein dynamisches Prozeßdenken.

Ein weiterer wichtiger Aspekt ergibt sich im vorliegenden Zusammenhang etwa auch daraus, daß ein bestimmter Kunde beim Kauf eines speziellen Produktes aufgrund des Wandels seiner situativen Bedingungskonstellation (Idee der lebensweltlichen Relativierung) an einem Tag besonderen Wert auf vorzüglichen Service, eine luxuriöse Ladenatmosphäre legt, an einem anderen Tag hingegen genau dieses ablehnt und am nächsten Tag dann wiederum bevorzugt. Es handelt sich hier um eine Spielart jener Entwicklung, die gelegentlich unter dem Schlagwort von "der neuen Zappeligkeit der Konsumenten" angesprochen wird (15). Je mehr eine solche **"Zappeligkeit"** an Gestalt und Bedeutung gewinnt, desto mehr wird es zu einer Flexibilisierung von Marketingprogrammen kommen müssen, wie sie gegenwärtig bspw. im Kontext der Aufwertung des sog. Direktmarketing mitunter anklingt.

Damit der Leitidee der zeitlichen Relativierung in Unternehmen auch tatsächlich konsequent gefolgt wird, müssen verschiedene Voraussetzungen erfüllt sein. Mit der nachfolgenden etwas ausführlicheren Diskussion dieser Voraussetzungen wollen wir gleichzeitig zeigen, daß das isolierte Herausstellen einzelner Leitideen nicht genügt, um der Praxis eine adäquate Orientierung vorzugeben. - Einzelne Leitideen sind immer in ein differenziertes und **vernetztes** Orientierungssystem einzubinden.

4.3.2.2. Voraussetzungen und Problemstellungen einer zeitlichen Relativierung

Vorausetzung einer konsequenten Orientierung am Postulat zeitlicher Relativierung bildet zunächst eine **evolutionäre Weltsicht**, wie sie heute etwa im Kontext der Evolutionstheorie, aber auch in anderen Forschungstraditionen mehr und mehr eingefordert wird (16) und etwa in dem angemahnten Wandel "vom statischen Strukturdenken zum dynamischen Prozeßdenken" oder "**von der Logik des Seins zur Logik des Werdens**" ihren Ausdruck findet (17). Manager müssen demnach in sehr viel stärkerem Maße als bisher **akzeptieren und internalisieren, daß wir nicht in einer feststehenden Ordnung leben**, die sich bis ins letzte Detail in "eisernen Gesetzmäßigkeiten" einfangen läßt. Hierbei kommt es nicht nur darauf an,

- die Mechanismen und Spielregeln der Evolution von Gesamtsystemen (Gesellschaft) zu erforschen, um daraus Schlüsse für Maßnahmen in "koevolvierenden Systemen" (18) (Unternehmung, Nachfrager, Wettbewerber) ziehen zu können (als

Orientierungs- rahmen mag hier etwa das häufig diskutierte Grundmuster "Variation, Selektion, Stabilisierung" dienen) (19),

- zu erkennen, daß eventuell bestehende Invarianzen jederzeit durch "dritte Variable" *gebrochen* (Galtung, 1978, S. 96) werden und mithin mehr oder weniger tiefgreifende Strukturbrüche oder Diskontinuitäten auftreten können (20).

Darüber hinaus muß vielmehr in einem sehr grundlegenden Sinne der **Wandel als Normalfall** perzipiert und begriffen werden, daß die Welt von gestern nicht identisch mit der Welt von heute, die Welt von morgen nicht identisch mit der Welt von heute ist. Ohne eine solche, **tief im Weltbild verwurzelte Hintergrundüberzeugung** der Notwendigkeit eines dynamischen Prozeßdenkens bleibt die verschiedentlich als Leitlinie herausgestellte und auch von uns besonders akzentuierte Forderung nach einem hohen Maß an **Offenheit gegenüber neuen Entwicklungen und Paradigmen** (21) letztlich zumeist kraftlos oder vermag zumindest ihre heuristische Kraft nur partiell zu entfalten.

Umgekehrt mag allerdings die nachdrückliche Proklamation von Offenheit als Unternehmensleitlinie **mit** dazu beitragen, daß sich ein u.U. noch schwach entwickeltes Weltbild des permanenten Wandels weiter ausformen kann und mithin ein dynamisches Prozeßdenken mehr und mehr als paradigmatische Leitmaxime **internalisiert** wird. Die Basisleitmaxime des dynamischen Prozeßdenkens und die Leitlinie der Offenheit stehen also in einem interdependenten Verhältnis zueinander: Im positiven Fall verstärken sie sich gegenseitig, im negativen Fall schwächen sie sich hingegen wechselseitig ab.

Liegt bspw. - aus welchen Gründen auch immer - in einem Unternehmen ein geringes Maß an Offenheit gegenüber neuen Entwicklungen vor, dann dürften sich über kurz oder lang die bei den Unternehmensmitgliedern eventuell zart keimenden Tendenzen zu einer evolutionären Weltsicht etwa im Wege einer Dissonanzreduktion abschwächen, was wiederum zu einer weiteren Reduzierung der Bereitschaft und Fähigkeit zur Offenheit führt usw. - wir haben es also mit einem **circulus vitiosus** zu tun. Dieser circulus vitiosus wird durch das Ausscheiden jener Mitarbeiter, die sich durch eine evolutionäre Weltsicht auszeichnen und ihre kognitiven Dissonanzen nicht zuungunsten dieser Weltsicht bewältigen können oder wollen, natürlich nicht durchbrochen, sondern gerade verstärkt. Eine weitere Verstärkung resultiert ferner daraus, daß Unternehmen, die in der Öffentlichkeit das Image mangelnder Offenheit gegenüber neuen Entwicklungen haben, für jene potentiellen Mitarbeiter wenig attraktiv sind, die eine evolutionäre Weltsicht mitbringen könnten. Sollten sie sich dennoch bewerben, besteht schließlich die Gefahr, daß sie den bei der Personalrekrutierung zur Anwendung gelangenden Selektionskriterien zum Opfer fallen - und sei es auch nur, weil "die Chemestry nicht stimmt".

Daß gerade im Blick auf ein dynamisches Prozeßdenken und die Offenheit gegenüber neuen Entwicklungen und Weltbildern Defizite vorliegen, zeigt sich in der Praxis immer wieder - gleichgültig, ob wir uns die Art und Weise der Reaktion auf ökonomische und technologische Veränderungen vor Augen führen oder an die Reaktionen auf politische sowie sozio-kulturelle Prozesse denken. Erinnern wir uns etwa der Anfänge der Konsumerismus- bzw. Verbraucherbewegung oder der Öko- und Bio- Bewegung: Selbst deutliche Anzeichen für diese Entwicklungen wurden **zunächst** in aller Regel entweder **heruntergespielt** (z.b. über das Anzweifeln der Gültigkeit und Aussagekraft empirischer Untersuchungen zur Erfassung relevanter Prozesse eines entsprechenden Wertewandels) **oder als Ausdruck vorübergehender Modewellen gewertet**, nach deren Abflachung wieder zum "Business as usual" zurückgekehrt werden kann. Sehr deutlich zu beobachten waren (und sind z.T. noch immer) diese Reaktionsmuster etwa auch in der Pharmaindustrie im Blick auf den Trend zur "sanften Medizin" sowie das Aufkommen neuer Spielregeln im Wettbewerb (etwa die Herausforderung durch Generika-Anbieter) (vgl. im einzelnen z.b. Wolff, 1987).

Zwar sind derartige Reaktionsmuster - nicht zuletzt unter Rekurs auf die Theorie der kognitiven Dissonanz - durchaus erklärlich, im Lichte der Maximen einer am GOM-Konzept ausgerichteten strategischen Unternehmensführung erscheinen sie aber doch wenig verständlich. Zu wenig Beachtung fand und findet die Tatsache, daß sich hier jeweils neue Strukturen in Wirtschaft und Gesellschaft abgezeichnet haben bzw. abzeichnen, an deren Entwicklung es zudem frühzeitig und aktiv mitzuwirken gilt - nicht zuletzt auch, um sie in "vernünftige" Bahnen lenken zu können (antizipatives Denken und proaktive Chancenorientierung).

Damit sich dynamisches Prozeßdenken und Offenheit gegenüber neuen Entwicklungen sowie Paradigmen innerhalb eines Unternehmens voll entfalten können, bedarf es einiger **Voraussetzungen**, deren Erfüllung dann wiederum im Sinne **konkreter Leitlinien** anzumahnen ist. Derartige leitbildrelevante Voraussetzungen, wie z.B. **Responsiveness, Lernfähigkeit, Flexibilität und Handlungsfähigkeit**, werden in jüngerer Zeit in der praxisbezogenen Managementliteratur verstärkt diskutiert und als grundlegende Erfolgsleitlinien pointiert (vgl. z.B. Peters, 1987; Herp, 1990); sie werden aber auch schon seit langem als zentrale Voraussetzungen erfolgreicher Unternehmensführung in der Organisations- und Managementlehre thematisiert (22). Eine Schwachstelle dieser Diskussion besteht u.E. darin, daß die verschiedenen Aspekte häufig zu isoliert und/oder nicht differenziert genug ausgeleuchtet werden.

So genügt es es bspw. nicht, **Offenheit** allein mit Aufnahme**bereitschaft**, Vigilanz oder Empfänglichkeit (Responsiveness) zu assoziieren. Hinzu muß ein hohes Maß an

Aufnahme- bzw. Wahrnehmungs**fähigkeit** kommen, das etwa auf die Implementierung eines tragfähigen **Informationsmanagement** verweist und speziell die Kultivierung geeigneter **Mechanismen der Wert- und Interessenberücksichtigung** (z.B. Dialog oder Kultivierung von Intuition als Prinzip) und - mit Bezug auf die Maxime des antizipativen Denkens - die **Frühaufklärung** zu zentralen Leitlinien einer erfolgreichen Unternehmensführung werden läßt. Die **Differenzierung in Bereitschaft und Fähigkeit** oder Wollen und Können (vgl. hierzu H. Ulrich, 1984, S. 356) bietet sich aber gerade auch im Blick auf jene Aspekte an, die mit Offenheit gegenüber neuen Entwicklungen und Paradigmen in Verbindung zu bringen sind: **Lernen, Handeln und Erfinden.** - Geringe Lern**bereitschaft** hat bspw. einen negativen Einfluß auf die Entfaltung von Lern**fähigkeit**, etwa weil zu wenig in den Ausbau der Lernfähigkeit "investiert" wird (vgl. hierzu das in Abschnitt 3.2.4.1.3. erläuterte Zusammenspiel des Gratifikations- und Kapazitätsprinzips); umgekehrt wirkt sich wiederum eine geringe Lernfähigkeit - etwa über Mechanismen der Reduktion kognitiver Dissonanzen - negativ auf die Lernbereitschaft aus.

Ferner muß dem Umstand verstärkt Rechnung getragen werden, daß die verschiedenen Variablen (Offenheit, Lernen, Handeln und Erfinden) jeweils in einem interdependenten Verhältnis zueinander stehen und mithin - normativ gewendet - als **Elemente eines zu vernetzenden Orientierungssystems** herauszustellen sind. Im Idealfall liegen dabei Prozesse wechselseitiger Verstärkung vor, wie wir sie in Abbildung 39 anzudeuten versucht haben. Aus der unzureichenden Entwicklung einzelner Denkhaltungen oder Fähigkeiten können sich allerdings negative Rückkopplungen für das gesamte System ergeben: Eine schwach ausgeprägte Lernfähigkeit wirkt sich so etwa nicht nur negativ auf die Lernbereitschaft aus, sondern auch - rekurrierend auf die zuvor angesprochenen Mechanismen (Dissonanzreduktion, Abwertung, unzureichende "Investition") - auf die Veränderungsbereitschaft und -fähigkeit, die Offenheit und schließlich auf die Entfaltung eines dynamischen Prozeßdenkens. In gleicher Weise dürfte sich bspw. eine unzureichende Flexibilität negativ auf alle anderen Größen auswirken: Je mehr man zu Veränderungen nicht in der Lage ist oder dieses zumindest annimmt, umso geringer über kurz oder lang die Offenheit gegenüber neuen Entwicklungen.

Freilich handelt es sich im vorliegenden Zusammenhang lediglich um vereinfachte, verhaltenswissenschaftlich eher rudimentär gestützte Plausibilitätsüberlegungen, die zum einen im Blick auf organisationale Kontexte dringend einer weiteren Differenzierung sowie Konkretisierung und dann zum anderen einer empirischen Prüfung bedürfen. Dennoch ist wenigstens in groben Zügen bereits zu erkennen, wie wichtig gerade aus praxeologischer Sicht die sich über verschiedene Ebenen hinweg erstreckende und in einzelne Denk- und Handlungsbereiche hineinreichende **Vernetzung von Leitideen** ist. Von hier aus ergeben sich nicht nur entsprechende Konsequenzen für die Formulierung von Unternehmensphilosophien, sondern vor allem für die Planung und Realisierung eines geplanten Wandels von Unternehmenskulturen. Unternehmerische Kulturpolitik hat grundsätzlich auf die parallele Entfaltung unterschiedlicher motivationaler Voraussetzungen, Fähigkeiten, Denkhaltungen und Weltbilder abzuzielen. Dies schließt allerdings - hierauf werden wir später noch etwas näher einzugehen haben - nicht aus, daß in Kenntnis der zwischen diesen Größen bestehenden Beziehungen eine Strategie kleiner robuster Schritte genutzt wird (23), bei der bspw. - je nach Situation des Unternehmens - über die Verbesserung einzelner Fähigkeiten zunächst eine fruchtbare Basis für Entwicklung grundlegender Denkhaltungen und Weltbilder geschaffen wird.

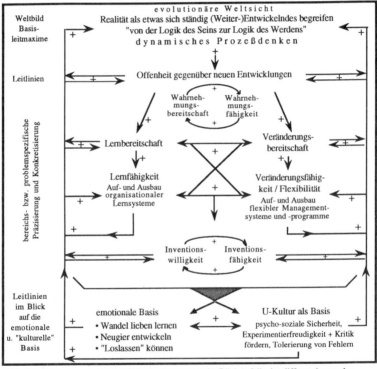

Abb. 39: Skizze eines vernetzten Orientierungssystems im Blick auf die Ausdifferenzierung des Postulats zeitlicher Relativierung und im Scheinwerfer des dynamischen Prozeßdenkens

Der vom Postulat zeitlicher Relativierung her in Grundzügen aufgespannte Orientierungsrahmen wäre in einem wichtigen Punkt unvollständig, würde nicht die

Schaffung einer entsprechenden emotionalen Basis reflektiert. Gerade die **emotionale Dimension** gerät im Zusammenhang mit der Formulierung von Leitmaximen bzw. Leitlinien - nicht zuletzt als Konsequenz eines verengten Rationalitätsverständnisses - allzu leicht aus dem Blickfeld (24). In diesem Sinne ist es positiv zu werten, wenn Peters (1987, S. 43) Manager u.a. dazu auffordert, **"den Wandel lieben zu lernen"**. Die hier anklingende **emotionale Verankerung eines dynamischen Prozeßdenkens** stellt u.E. in der Tat eine zentrale Voraussetzung dafür dar, daß wichtige Leitlinien wie Flexibilität, Offenheit gegenüber neuen Entwicklungen usw. auch tatsächlich befolgt und nicht lediglich als Lippenbekenntnisse gehandelt werden. Häufig finden die Starrheit, mit der an Althergebrachtem festgehalten wird, die manglende Fähigkeit, umzudenken bzw. vorliegende Gegebenheiten aus einem anderen Blickwinkel zu beleuchten ("Betriebsblindheit") ihren Ursprung in einer negativen, durch Ängste geprägten Grundhaltung gegenüber dem Wandel. Umgekehrt verstärken natürlich mangelne Lernfähigkeit, Flexibilität etc. wiederum die "Angst vor Neuem" (vgl. Abb. 39).

Neben der **Angst vor Neuem**, die aus den unterschiedlichsten affektiven und kognitiven Wurzeln gespeist wird, spielen freilich zahlreiche weitere Emotionen sowie stark affektiv eingefärbte Motive, Einstellungen und Werthaltungen eine zentrale Rolle. So kristallisieren sich im Lichte der **"Erfolge der Vergangenheit"** etwa eine **Abwehrhaltung** und vereinzelt sogar eine gewisse **Arroganz** heraus, die die Bereitschaft empfindlich beeinträchtigt, sich auf Neues einzustellen, andere Meinungen zu akzeptieren, neue Wege zu gehen und sich hierbei letztlich - zumindest in der eigenen Perzeption - selbst in Frage zu stellen. Hinzu kommen Aspekte wie Bequemlichkeit, Entlastungsstreben, Komplexitätsaversion etc., die das Festhalten an den Erfolgsrezepten der Vergangenheit begünstigen und generell Standardisierungsmechanismen emotional positiv besetzen, deren Einsatz sich dann wiederum negativ auf die Entfaltung von Offenheit, dynamischem Prozeßdenken etc. auswirkt. Letzteres stellt z.B. auch Hunsicker (1980, S.11) heraus:

> "...... Another great drawback of standardized strategic approaches is that they tend to elevate past planning assumptions to the status of eternal truths. They foster the dangerous notion that the key factors in a given industry don´t change, that basic environmental factors remain constant ......"

Selbstverständlich reicht es im vorliegenden Zusammenhang nicht aus, die verschiedenen "ungünstigen" Gefühls- und Denkstrukturen aufs Korn zu nehmen und ausgehend davon dann entsprechende Leitlinien zu formulieren - z.B.: "Bekämpfe Bequemlichkeit und Statussymbole" (Peters, 1987, S. 473). Parallel dazu gilt es, den "ungünstige" Gefühls- und Denkstrukturen hervorbringenden oder zumindest verstärkenden Ausprägungen der **Unternehmenskultur** auf die Spur zu kommen und deren Veränderung durch die Formulierung von hierauf ausgerichteten Leitlinien

Vorschub zu leisten. Lediglich exemplarisch und abstrakt sei hier etwa auf die Notwendigkeit der Schaffung psycho-sozialer Sicherheit, der Förderung von Experimentierfreudigkeit und der Tolerierung von Fehlern hingewiesen. Letzteres ist kurz zu erläutern, da sich von hier wiederum Verbindungslinien zu anderen Aspekten ziehen lassen, die im Kontext unseres Orientierungsrahmens wichtig sind.

Die Forderung, **Fehler** zu **tolerieren** oder vor allem **aus einer anderen Perspektive** als bisher zu **sehen**, wird seit einiger Zeit in der "avantgardistischen" Managementliteratur in sehr unterschiedlichen Spielarten aufgestellt. Nicht alle Varianten leuchten dabei auf den ersten Blick ein. So bedarf bspw. die von Peters (1987, S. 258) intonierte Maxime: "Belohne (nicht nur toleriere) Mißerfolge" sicher der Erläuterung und weiteren Differenzierung.

Diese Maxime vermag etwa erst dann eine positive heuristische Kraft zu entfalten, wenn sie - wie auch von Peters - im Blick auf die **Förderung konstruktiver Abweichungen** interpretiert wird. Dabei bietet sich der Rekurs auf die Maxime des organischen Denkens an, nach deren Maßgabe u.a. von übersteigerten Rationalitätsmythen sowie insbesondere der Illusion der mehr oder weniger totalen Vorhersehbarkeit, Machbarkeit und Beherrschbarkeit Abschied zu nehmen ist (25). Durch diesen gedanklichen oder - wenn man so will - paradigmatischen Hintergrund wird nämlich der Blick dafür geschärft, daß sich nicht ex ante bestimmen läßt, welche Abweichungen nun tatsächlich konstruktiv sind oder nicht, und daß insofern "unternehmerisches" Handeln als permanenter "**reality-testing process**" in Gestalt einer **trial-error-Schrittfolge** zu organisieren ist (vgl. Ansoff/Declerck/Hayes, 1976; Roventa, 1979, S. 24; grundlegend aber bereits schon das von Popper eingeforderte Konzept des **Piecemeal Engineerung**).

Die Bereitschaft, Fehler zu machen, wird also in der Tat zu einer basalen Voraussetzung für die Erzielung von (Erkenntnis-)Fortschritt bzw. einer adäquaten Anpassung an die Umwelt. Dies allerdings nur dann, wenn die Organisation über leistungsfähige **Lernsysteme** verfügt (26), mit deren Hilfe die jeweils gesammelten Erfahrungen systematisch ausgewertet und bei der Planung neuer trial-error- Schrittfolgen konsequent berücksichtigt werden. Einmal mehr zeigt sich hier, daß das isolierte Herausstellen einzelner Leitlinien wenig zweckdienlich ist, ja u.U. sogar gegenteilige Wirkungen zeitigt. Allein Fehler zu belohnen wäre etwa schon im Hinblick auf die Mitarbeitermotivation ebenso fatal, wie das ständige Belohnen neuer Ideen - ohne parallel dazu ein geeignetes Feed back-System zu implementieren und tragfähige Ideen konsequent umzusetzen: Als Folge würden sich zumindest mittel- und langfristig Sinnentleerung und Frustration einstellen - eine Beobachtung, die wir selbst in einigen Unternehmen machen konnten.

Ein weiterer gedanklicher Zugang zu einer "neuen" Sicht von Fehlern ergibt sich aus der Verbindung von organischem Denken, dynamischem Prozeßdenken und antizipativem Denken. In diesem Lichte betrachtet sind z.b. erforderliche Plankorrekturen nicht eo ipso als Ergebnis schlechter Planung zu werten, sondern als mögliche "**Wegweiser in eine neue empirische Wirklichkeit**" in Betracht zu ziehen (vgl. hierzu auch Müller, 1981, S. 38; Malik, 1984 u. 1985). Auch das Fragespiel - *"Are we doing things right; are we doing the right things?"* - mag zur Illustration des hier anvisierten Grundgedankens dienen: Fehler können demnach sowohl in der unzureichenden Ausführung von Plänen als auch darin begründet liegen, daß die Pläne angesichts veränderter Bedingungskonstellationen nicht mehr situationsadäquat sind. Fehler stellen insofern immer zugleich auch Signale dar, die - wenigstens potentiell - auf veränderte Bedingungen hindeuten.

Aus den vorstehenden Überlegungen ergibt sich die Notwendigkeit, **differenziertere Lernmodi** innerhalb eines Unternehmen zu kultivieren, wie sie z.T. in der Theorie organisationalen Lernens aufgezeigt werden und mitunter bereits in die Ausgestaltung komplexerer **Lern- bzw. Controllingsysteme** eingeflossen sind (vgl. z.B. das System "OST" von Texas Instruments) (27). Eines der zentralen Kennzeichen solcher Lern- und Controllingsysteme besteht darin, daß jeweils bis zur kritischen Überprüfung und ggf. Revision der Unternehmensphilosophie vorgestoßen wird. Damit erfolgt die "Lösung von Rätseln" (Kuhn) nicht nur im Lichte eines starren Bezugs- rahmens (single loop learning), parallel hierzu werden vielmehr dieser Bezugsrahmen bzw. die vorliegende Wissens- und - dies sollte man nicht vergessen - "Gefühlsbasis" konsequent einem ständigen Lernprozeß unterworfen (double loop learning) (zur Unterscheidung von **single und double loop learning** vgl. Argyris/Schön, 1978; Knyphausen, 1988, S. 7; Pautzke, 1989, S. 136).

Um einen fruchtbaren Boden für die Entwicklung und Entfaltung solcher Lern- und Controllingsysteme zu gewährleisten, darf es innerhalb eines Unternehmens **keinerlei Tabus hinsichtlich der Problematisierung eingefahrener Vorstellungen** geben: Die Unternehmensphilosophie oder einzelne ihrer Elemente dürfen also nicht zur "heiligen Kuh" avancieren, wie dies in der Praxis noch oftmals der Fall ist und von einigen der sich als Berater andienenden "neuen Managementphilosophen" gelegentlich explizit oder implizit verstärkt wird. Von hier ist es dann nicht mehr weit zu der von Feyerabend im Blick auf die Fähigkeit des Menschen zur freien Erkenntnis vertretenen **Position eines konsequenten Relativismus.**

Feyerabend (1980) fordert, "daß wir den durch unsere eigene Tradition und ihren Regeln eingeengten

Rationalismus zugunsten eines Relativismus aufgeben müssen; nur so kommen wir zu Maßstäben, die uns auch Wirklichkeiten außerhalb unserer gegebenen und gültigen Invarianzen als in Zukunft möglich erkennen lassen. Fortschritt können wir nur praktizieren, wenn wir auch den Mut und die Einsicht haben, daß eventuell bestehende Regeln und Maßstäbe zugunsten des Fortschritts de facto verletzt werden müssen" (Müller,1981, S. 34).

Diese Position kann u.a. als eine geeignete gedankliche Basis zur Begründung sog. New Game Strategien sowie der gelegentlich als Erfolgleitlinie herausgestellte Forderung nach einem "Entlernen" angesehen werden.

Insgesamt dürfte deutlich geworden sein, wie wichtig die Einbettung einzelner Leitmaximen in ein differenziertes und vernetztes Orientierungssystem ist. Allein schon ausgehend von der Frage nach den **Voraussetzungen einer konsequenten Orientierung am Postulat zeitlicher Relativierung** sind wir auf zahlreiche Aspekte gestoßen, die parallel zu gewährleisten und mithin als Leilinien zu pointieren sind.

4.3.3. **Relativierung der Situation als Leitidee**

4.3.3.1. Grundlegendes zu den Beziehungen zwischen der Forderung nach situativer Relativierung und der nach einer Relativierung der Situation

Nimmt man das **Postulat zeitlicher Relativierung** ernst, dann stellt sich bei näherem Hinsehen die Frage, ob die zuvor referierte Feststellung von Ulrich/Fluri: "Das einzig absolut gültige Managementprinzip lautet: Richtiges Denken = situatives Denken" nicht doch außerordentlich problematisch ist? (28) Muß nicht vielmehr - insbesondere nach Maßgabe der Maxime des langfristigen und antizipativen Denkens - **situatives Denken** gerade **überwunden** werden: **Statt Relativierung im Blick auf situative Bedingungen** Relativierung **der** situativen Bedingungen und mithin Orientierung an Leitlinien wie Transzendenz, Distanz gegenüber aktuellen Bedingungskonstellationen und situationsübergreifendes Denken (**Relativierung der Situation**)?

Selbstverständlich wäre es fatal, würde man die Zweckmäßigkeit und Notwendigkeit situativer Orientierung per se in Frage stellen: Selbst dann, wenn morgen in einer bestimmten Branche Qualität nicht mehr einen der zentralen Erfolgsfaktoren bilden sollte, wären die Unternehmen dieser Branche sicherlich nicht gut beraten, schon heute auf Qualität zu verzichten. Im Blick auf unseren paradigmatischen Orientierungsrahmen hat es also vielmehr darum zu gehen, dem Postulat situativer Relativierung die **Maxime der Relativierung der Situation zur Seite** zu **stellen**, um auf diese Weise jenes **Spannungsverhältnis** zu erzeugen, das Vereinseitigungen in die eine oder andere Richtung zu vermeiden hilft bzw. im konkreten Fall dazu zwingt, sehr genau zu prüfen, ob jeweils stärker situativ oder situationsübergreifend gefühlt, gedacht und gehandelt werden soll. Letzteres deutet bereits darauf hin, daß das **Austarieren zwischen situativem und situationsübergreifendem Fühlen, Denken und Handeln** selbst wiederum dem Postulat situativer Relativierung unterliegt. - So mag es u.U. sehr sinnvoll sein, auf eine hohe sozio-ökologische Produkt- und Prozeßqualität zu achten, obwohl sich entsprechende Erwartungen in der Öffentlichkeit noch nicht ausgeformt haben. Wir werden im folgenden versuchen, das Zusammenspiel zwischen situativer Relativierung und Relativierung der Situation in unterschiedlichen Problemkontexten zu verdeutlichen und dabei **Semantik und Stellenwert des Postulats der Relativierung der Situation** wenigstens exemplarisch herauszuarbeiten.

Im bislang zugrundegelegten und durch einzelne Beispiele illustrierten Problemkontext ging es vor allem um eine spezifische Problemvariante eines "Management des Wandels", bei der u.U. auch schlicht vom Konzept einer Stufenplanung ausgegangen werden könnte. Der **Widerspruch zwischen situativer Relativierung und Relativierung der Situation** ließe sich hier dann prima facie sehr einfach auflösen, wenn nicht von der "Situation zu gegebener Zeit" (Lewin), sondern von der **"Situation in der Zeit"** ausgegangen wird, also konkret: im Sinne eines langfristigen und dynamischen Prozeßdenkens relevante Entwicklungsverläufe im situativen Bedingungsrahmen prognostiziert und z.B. der Strategien- und Maßnahmenplanung zugrundegelegt werden. Nimmt man jedoch von der **Illusion prinzipieller Vorhersehbarkeit bzw.** Prognostizierbarkeit Abschied und orientiert sich vor diesem Hintergrund etwa am Grundgedanken der Szenario-Analyse, bei dem die Generierung alternativer Entwicklungsverläufe und "möglicher Zukünfte" im Zentrum steht, so wird recht schnell deutlich, daß gerade auch hier eine Relativierung der - nunmehr in ihrem Verlauf prognostizierten - Situation vorliegt und erstrebenswert ist.

Die über das **Abstellen auf mehrere mögliche Entwicklungsverläufe und Zukunftskonstellationen** erreichte Relativierung der prognostizierten Situation ("Situation in der Zeit") stellt jedoch lediglich _eine_ Spielart dessen dar, was wir unter dem Postulat **der Relativierung der Situation** erfassen wollen. Ein umfassenderer Zugang zu diesem neu in unseren paradigmatischen Orientierungsrahmen aufzunehmenden Postulat wird möglich, wenn man noch einmal auf den **gedanklichen Hintergrund** des **Management des Wandels** rekurriert und hierbei dann **zwei grundlegende Problemaspekte** pointiert (vgl. auch Abb. 40):

1. die **unmittelbar praktische Handhabung des Neuen** im Sinne von Neues erkennen, erfinden, tun und erlernen,

2. die **weitsichtig rationale Handhabung des Neuen** im Sinne von "Zeitloses" erkennen, erfinden, tun und erlernen.

Beide Aspekte verweisen auf die Notwendigkeit zur **"Distanz gegenüber der Welt des Seienden und des vermeintlich Werdenden"**, wenn auch - wie wir noch sehen werden - mit unterschiedlichen Akzenten.

4.3.3.2. Das Zusammenspiel von situativer Relativierung und Relativierung der Situation als Rationalitätsproblem

Im Blick auf den Aspekt einer weitsichtig rationalen Handhabung des Neuen bedarf es zunächst eines Brückenschlags zu dem von Max Weber herausgestellten **Rationalitätsgedanken** der abendländischen "Moderne", der dazu anleitet, Sachlagen und Problemsituationen nach "letzten Wertgesichtspunkten" zu systematisieren, ohne dabei dem verführerischen Gedanken einer (vorschnellen) "Anpassung" an konkrete Problemlagen im Sinne einer ausschließlichen Orientierung an prima facie nützlichen Lösungsoptionen anheimzufallen (Kirsch, 1990a, S. 399 f.).

"Rational ist, wer (als Person oder kollektiver Akteur) oder was (als Prozeß) in seiner Orientierung auf einen weiteren Bezugsrahmen als sich selber und die unmittelbare Umwelt ausgerichtet ist und daraufhin als das zu rationalisierende Material (Verhalten, Vorgang) durchsystematisiert wird. Rational denkt, fühlt, entscheidet, handelt folglich, wer im Streben nach verbessernder Veränderung des Gegebenen sein Sichverhalten gegenüber der Welt - einschließlich der sozialen Objekte: Individuen, Organisationen, Institutionen, Traditionen - nicht nur auf diese ausrichtet und daran anpaßt, sondern außerdem an einem Rahmen alternativer Positionen orientiert, welcher den eigentlichen Akt in der einen oder anderen Rationalisierungsrichtung transzendiert und im Hinblick darauf systematisiert." (Spinner, 1986, S. 34)

Stellt man die eben erläuterte Spielart des Rationalitätsgedankens in unseren Argumentationskontext der Handhabung des Neuen, so erscheint hier eine gewisse Distanz gegenüber der Welt deshalb dringend erforderlich, weil Neues im Lichte eines durch zahlreiche krisenhafte Erscheinungen erschütterten oder wenigstens gedämpften Fortschrittsglaubens **nicht per se** positiv zu bewerten ist: Die Begeisterung für das Neue hat in der Vergangenheit schon oft genug den Blick für die von ihm ausgehenden Risiken getrübt, was wir uns angesichts einer sich ständig weiter ausformenden **Risikogesellschaft** (Beck, 1986) immer weniger leisten können. - **Es gilt heute mehr denn je, zu erkennen, zu erfinden, zu tun und zu lernen, was auch unter anderen Gesichtspunkten als den gerade erfaßbaren und/oder prognostizierbaren Bestand hat und in diesem Sinne "zeitlos" oder "situationsinvariant" ist.**

Selbstverständlich handelt es sich hier insofern um eine **"regulative"** Leitidee, als der in dieser Forderung aufscheinende Anspruch bei nüchterner Betrachtung sich kaum wird **vollständig** erfüllen lassen. Immerhin mag aber die **Bereitschaft**, sich an dieser regulativen Leitidee zu orientieren, wesentlich **mit** dazu beitragen, daß die zur Verfügung stehenden Mechanismen zur Relativierung der Situation eine Verfeinerung erfahren und uns mithin mehr und mehr dazu **befähigen**, wenigstens im Ansatz "Zeitloses" zu erahnen, zu erkennen, zu erfinden, zu tun und zu erlernen - ohne freilich das Ideal jemals einlösen zu können.

In Abbildung 40 werden die gedanklichen Hintergründe der Leitidee einer Relativierung der Situation noch einmal veranschaulicht. Gleichzeitig werden verschiedene Mechanismen angeführt, mit deren Hilfe eine Relativierung der Situation u.U. ein Stück weit gelingen mag. Auf diese Mechanismen sei im folgenden kurz eingegangen.

- 267 -

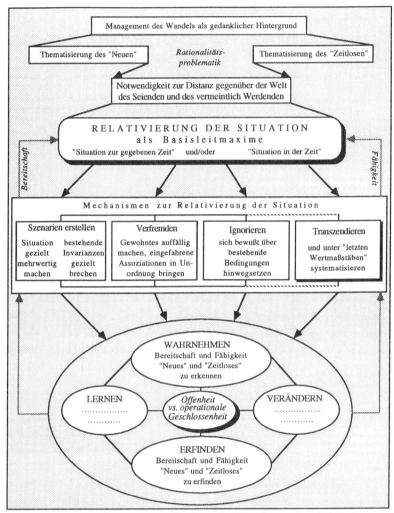

Abb. 40: Das Postulat der Relativierung der Situation - gedankliche Hintergründe und Mechanismen
　　　Anmerkung: Die Abbildung enthält lediglich einige ausgewählte Mechanismen zur Relativierung
　　　der Situation. Ferner wurde der je nach Problemkontext differierenden Auslegung der verschiedenen
　　　Mechanismen nur zum Teil (vgl. die Abhebung des "Transzendierens") Rechnung getragen.

Die **Mechanismen,** auf die wir im vorliegenden Zusammenhang zurückgreifen können,
sind weitgehend bekannt - sie werden häufig nur nicht konsequent genug genutzt und zu
verfeinern versucht. Zu denken ist bspw. an einzelne Spielarten des Technology- oder
Marketing-**Assessment,** die sich auf der Basis von **Szenario-, Verfremdungs-
und Überzeichnungstechniken** noch erheblich würden ausdifferenzieren lassen. Bei

den Überzeichnungstechniken geht es etwa darum, zunächst begrenzte Probleme bewußt und gezielt "bösartig" zu machen (vgl. z.B. Bretz, 1988, S. 284), um auf diese Weise mögliche Risiken freizulegen und "vorschnelle" Lösungen zu verhindern. Auch die von Luhmann (1987, S. 310) aufgestellte Forderung, "die Unwahrscheinlichkeit des Wahrscheinlichen" zu konstatieren, vermag hier eine geeignete Leitlinie zu bilden.

Erwähnenswert ist ferner z.b. Liddell Harts **Indirektheitsgedanke**, "der ursprünglich aus dem militärischen Bereich stammt, sich aber letztlich auf alle Situationen eines strategischen Handelns anwenden läßt. ..." Die Idee besteht darin, "... statt eines vorschnellen Vorgehens bewußt Umwege zu gehen, um auf diese Weise die notwendige Distanz zu schaffen und Zeit für eine wirkungsvollere Intervention zu gewinnen." (Kirsch, 1990a, S. 400; vgl. auch Spinner, 1982, S. 10 f.)

Die hier lediglich grob angerissenen **Mechanismen** einer Relativierung der Situation gewinnen mutatis mutandis auch dann an Bedeutung, wenn wir auf die unmittelbar **praktische Handhabung** des Neuen - im Sinne von **Neues erkennen, erfinden, tun und erlernen** - abstellen. Exemplarisch hervorzuheben ist etwa der Mechanismus der **Verfremdung**. Im Hinblick auf das **Erkennen** des Neuen (auch des Neuen im Alten) (29) mag man etwa - wie Kirsch (1990a) und Kolb (1988) in einem jeweils anderen Problemkontext - auf die Brechtsche Ausformung der Verfremdungsidee rekurrieren:

"Innerhalb seines (Brechts, KPW) "epischen Theaters" soll der Zuschauer zu einem distanzierten Nachdenken über gesellschaftliche Verhältnisse, ihre Veränderbarkeit und die Notwendigkeit ihrer Veränderung angeregt werden. Gleichzeitig will das epische Theater einen Erziehungsprozeß in Gang setzen. Das Mittel dazu sieht Brecht in der Verfremdung. Sie dient dazu, Gewohntes auffällig zu machen, eingefahrene Assoziationen in Unordnung zu bringen und beim Zuschauer ein Irritiertsein gegenüber selbstverständlichen, unangezweifelten Vorgängen hervorzurufen. Brechts episches Theater bietet keine Lösungen an, sondern zeigt mittels Verfremdung Probleme auf, die gelöst werden sollten. Dadurch wird es dem Zuschauer ermöglicht, vom gesellschaftlichen Standpunkt aus fruchtbare Kritik zu üben. Das Gewohnte ist zwar noch erkennbar, es erscheint jedoch zugleich fremd." (Kirsch, 1990a, S. 417 f.; im einzelnen zum Brechtschen Verfremdungsgedanken vgl. Kolb, 1988, und die dort angegebene Literatur)

Rückt demgegenüber der Innovationsaspekt stärker ins Zentrum des Interesses, bieten die **Kreativitätsforschung** und einzelne der dort entwickelten kreativen Techniken genügend Anhaltspunkte, um den **Verfremdungsgedanken** in seiner Relevanz begründen und entsprechend präzisieren zu können (vgl. z.B. das Grundprinzip der **Synektik**: "make the familiar strange, make the strange familiar" und die in diesem Kontext vorgestellten "operationalen Mechanismen" der Verfremdung) (30).

Erwähnung verdient schließlich noch das bewußte **Ignorieren vorliegender Bedingungen** und speziell bestehender Normen, Regeln etc., wie es in der zuvor erwähnten Position eines konsequenten Relativismus (Feyerabend) anklang, die in der Vorstellung des **"Anything Goes"** gipfelt und als eine mögliche gedankliche Basis der in der Managementliteratur gelegentlich eingeforderten **"New Game-Strategien"** dienen kann. Tatsächlich sind es oftmals gerade solche, sich über die bestehenden Spielregeln des Marktes bewußt hinwegsetzenden, anfangs mitunter mitleidig belächelten "New Games", die in der Praxis - wider vermeintlich besseres Wissen - spektakuläre Unternehmenserfolge ermöglichten. Allerdings führen "New Games" nicht immer und zwangsläufig zum Erfolg. Der Mechanismus des Ignorierens stellt also lediglich eine Heuristik dar. Während dies selbstverständlich auch für alle anderen Mechanismen der Relativierung der Situation gilt, kommen beim Ignorieren bestehender Bedingungen in besonderer Weise jene Risiken zum Tragen, die wir zuvor im Zusammenhang mit der Thematisierung des "Zeitlosen" durch den Rekurs auf "letzte Wertgesichtspunkte", prinzipiell relevante Normen o.ä. vermeiden wollten.

Spätestens an dieser Stelle wird zugleich deutlich, daß bei der **Relativierung der Situation** im Kontext einer Thematisierung des Neuen und in dem der Thematisierung des "Zeitlosen" jeweils **unterschiedliche**, ja mitunter diametral entgegengesetzte **Akzente** gesetzt werden. Geht es bei der Thematisierung des Neuen in erster Linie um das **"Erzeugen von Offenheit"**, steht bei der Thematisierung des "Zeitlosen" eher die im spezifischen Sinne interpretierte **"Erzeugung operationaler Geschlossenheit"** (31) im Zentrum, die - hierauf hatten wir hingewiesen - etwa ein vorschnelles Sich-Einlassen auf Neues verhindern helfen soll und hierzu u.a. gerade die Relevanz "letzter Wertgesichtspunkte", eines feststehenden Normengebäudes o.ä. unterstreicht, die zumindest beim Mechanismus des Ignorierens bezweifelt wird. Erneut stoßen wir also auf einen **Widerspruch**, der angesichts einer sich "verflüssigenden Welt" (32) an praktischer Bedeutung gewinnt und gehandhabt werden muß - sei es im Wege einer **Gratwanderung** oder eines ständigen **Hin-und-Her** (33) **zwischen Offenheit und operationaler Geschlossenheit**.

Die Gratwanderung oder das Hin-und-Her zwischen Offenheit und operationaler Geschlossenheit sowie weitere der noch relativ abstrakt gehaltenen Grundgedanken lassen sich am Beispiel des **Spannungsverhältnisses zwischen prinzipieller und okkasioneller Rationalität** eingehender illustrieren. Wir stoßen hierbei zugleich noch einmal auf die Unterscheidung in situatives und situationsübergreifendes Fühlen, Denken und Handeln und wollen unsere Argumentation zunächst entlang dieser Konfliktlinie aufzäumen und erst dann zur Frage der Offenheit/Geschlossenheit zurückkommen. Einen ersten Überblick über die nachfolgend zu skizzierenden Zusammenhänge bietet Abbildung 41. Vorab allerdings einige Erläuterungen zu der auf Spinner (1985, 1986) zurückgehenden Nomenklatur (vgl. aber bereits auch Schmitt,

1925 u. 1979).

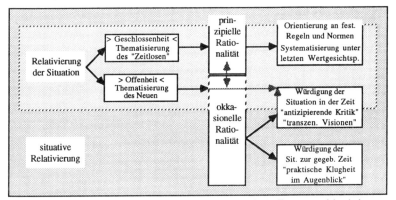

Abb. 41: Einordnung prinzipieller und okkasioneller Rationalität in das Zusammenspiel zwischen situativer Relativierung und Relativierung der Situation

- **Prinzipielle versus okkasionelle Rationalität als Problemfeld der Gratwanderung oder des Hin-und-Her zwischen situativer Relativierung und Relativierung der Situation sowie zwischen operationaler Geschlossenheit und Offenheit**

Das Thema "prinzipielle vs. okkasionelle Rationalität" hat seine gedankliche Heimat in der Diskussion um die **Krise der Vernunft** oder präziser: die Krise des okzidentalen Rationalismus, die angesichts der gravierenden Probleme unserer Zeit insofern einen neuen Auftrieb erhalten hat, als die Ursache der fortschreitenden Selbstzerstörung unserer Welt insbesondere in dem unzureichenden Rationalitätsverständnis der "Moderne" gesehen wird (vgl. z.B. Schnädelbach, 1984; Lay, 1989). Hierbei soll mit Hilfe der Konzeption okkasioneller Rationalität - teils anknüpfend an die Rationalismuskritik der Postmoderne sowie z.T. des New Age, teils aber auch quer zu den dort vertretenen Auffassungen - die **"Rationalitätslücke"** okzidentaler Kultur (Schnädelbach, 1984a, S. 12) geschlossen werden. In einer ersten Gegenüberstellung lassen sich die beiden Rationalitätsauffassungen wie folgt charakterisieren:

Die prinzipielle Vernunft kennzeichnet Spinner als die "Standardauffassung" einer "normgebundenen, regelgeleiteten Grundsatzvernunft, deren Vorstellung von feststehender Prinzipieller Rationalität sich in allgemeinen, abstrakten, antizipierten (d.h. im voraus aufgestellten), inhaltlich bestimmten, personen- und situationsunabhängigen, augenblicksüberdauernden Maßstäben für in diesem Sinne "rationales" Erkennen und Entscheiden, Wissen und Verhalten, Sehen und Fühlen niederschlägt. Daraus entstehen grundsatzrationale Erkenntnis- und Lebensstile, Gesellschaftsmodelle und Weltbildkonstruktionen, an denen wir uns im Denken und Handeln orientieren können.

Zum anderen gibt es daneben die Alternativauffassung der normungebundenen, nicht in fixierten Prinzipien vorgefaßten und von keinen allgemeinen Regeln geleiteten Gelegenheitsvernunft, deren wechselnde Okkasionelle Rationalität je nach "Logik der Lage" sich von Fall zu Fall erst bildet und als konkrete Maßnahme ohne generelle Maßstäbe zur "rationalen" - in anderem, aber eigenständigem Sinne - Lösung des gerade anstehenden Problems hic et nunc spontan "konstituiert", aus gegebenem Anlaß und nur für den vorliegenden Fall." (Spinner, 1985, S. 35; ähnlich Spinner, 1986, S. 925 f.; ergänzend z.B. Kirsch, 1990a, S. 464 f.; Bretz, 1988, S. 278 ff.)

Prinzipielle und okkasionelle Rationalität kontrastieren indessen nicht nur entlang der Situationsbezogenheit bzw. -gebundenheit. Spinner (1985, 1986) verweist darüber hinaus vielmehr auf zahlreiche **weitere Merkmale**, die sich im Sinne "kognitiver Derivate" auf unterschiedliche **Repräsentationsformen der Rationalität und Erkenntnisstile, Realitätsauffassungen und Begründungs- bzw. Legitimationsvarianten** beziehen (vgl. im einzelnen Abb. 42). Während prinzipielle Vernunft durch einen theoretisch-systematisierenden Erkenntnisstil gekennzeichnet ist, auf traditionalem Wissen sowie Erfahrung basiert und den Geltungsanspruch der Wahrheit (bzw. der Effektivität) und/oder der normativen Richtigkeit erhebt, stehen bei der okkasionellen Vernunft narratives Wissen, ein intuitiver Erkenntnisstil und der Geltungsanspruch der Authentizität bzw. Wahrhaftigkeit und/oder einer vagen "ästhetischen Stimmigkeit" im Zentrum. - Der Rekurs auf die Konfliktlinie "Moderne" vs. "Postmoderne" ist hier unverkennbar. Wir wollen dies sowie einige der eben eingeführten und später noch eine Rolle spielenden Begriffe kurz erläutern (34).

Der Erkenntnis- und Begründungsstil prinzipieller Rationalität entspricht letztlich dem Wissenschaftsideal der Moderne, dessen Bestimmungskriterien - im Kontrast zu den einstmals mythisch verklärten Strukturen bzw. als Ausdruck von deren "Entzauberung" (Max Weber) - in erster Linie Denkfiguren wie Analyse und Deduktion, Objektivität und Reproduzierbarkeit bilden (vgl. Feyerabend, 1986; Kuhn, 1974 u. 1976). Insofern könnte statt von prinzipieller Rationalität auch von einer "wissenschaftlichen Rationalität" (vgl. z.B. Bretz, 1988, S. 158) gesprochen werden, die im Rahmen der Ausdifferenzierung gesellschaftlicher Subsysteme zu einer Dominanz des wissenschaftlich-technischen Bereichs geführt hat, dessen Gesetzen und Logizismen sich Kunst, Ästhetik und Moral unterzuordnen haben oder zumindest hatten (Lyotard, 1986, S. 1 ff. und S. 23 ff.).

Letztlich haben wir es hier insofern mit einer Paradoxie zu tun, als das veräußerlichte, rein denotativ am Wahrheitsanspruch orientierte wissenschaftliche Wissen "... weder wissen noch wissen machen (kann), daß es das wahre Wissen ist, ohne auf das andere Wissen - die Erzählung - zurückzugreifen, das ihm das Nicht-Wissen ist" (Lyotard, 1986, S. 90). Das wissenschaftliche Wissen überträgt seine eigene Legitimation also an übergeordnete Utopien, wie sie für die Moderne typisch sind - die "großen Erzählungen" vom gesellschaftlichen Fortschritt und der Emanzipation des Menschen sowie vom Glauben an die wissenschaftliche Vernunft im Dienste der Menschheit (vgl. Habermas, 1980, 1981a, 1981b sowie 1986; Lyotard, 1986; Grimminger, 1986; Schäfer, 1987).

Der "modernen" Verleugnung des narrativen Wissens setzt die Postmoderne dessen "Rehabilitation" entgegen. - Andere: alte und neue Erfahrungssysteme sollen zumindest einen gleichberechtigten Platz neben den Wissenschaften einnehmen; Mythos wie Wissenschaft sind Erfahrungssysteme, die einen a priori vernünftigen Zugang zu Welt und Wirklichkeit bieten (vgl. Hübner, 1985, 1986a u. 1986b; Bohrer, 1983 u. 1987; T. Feyerabend, 1983; Blumenberg, 1979). Diese "Mythos-Renaissance" findet ihren Ausdruck in folgenden "postmodernen" Schlagworten: "Abschied vom Prinzipiellen" (Marquard, 1981), "Das Andere der Vernunft" (Böhme/Böhme, 1983), "Zur Soziologie der Imagination" (Kamper, 1986) und "Kopernikanische Aufrüstung vs. ptolemäische Abrüstung" (Sloterdijk, 1987) und führt zu

Rationalität	Prinzipielle	Okkasionelle
Form	Allgemeinheit generell universal abstrakt regelhaft	Besonderheit speziell partikulär konkret regelfremd
Inhalt	Bestimmtheit wertorientiert normgebunden ernst objektiv	Beliebigkeit erfolgsorientiert situationsgebunden ironisch subjektiv
Existenz	Vorgrifflichkeit antizipativ regulativ normativ prävalent	Gelegentlichkeit integrativ opportun permissiv postvalent
Ordnung	Vorrangigkeit hierarchisch heteronom perfektionistisch organisiert	Gleichrangigkeit anarchisch autonom extremistisch assoziiert
Verbindlichkeit	Maßgeblichkeit verabsolutiert transzendent unabhängig soll	Maßnehmlichkeit relativiert immanent abhängig ist
Verbindung	Zusammenhang konnex theoretisch systematisch perspektivisch	Zusammenfall konjunkt/disjunkt praktisch chaotisch aspektivisch
Zeit	Dauerhaftigkeit stetig wiederholbar zeitlos sukzessiv	Augenblicklichkeit plötzlich unwiederholbar zeitbezogen simultan
Raum	Universalität kosmisch weltorientiert	Lokalität lokal ortsorientiert
Bindung	Sachlichkeit unpersönlich uninteressiert	Sozialität persönlich interessiert

Abb. 42: Kriterienkatalog zur Doppelvernunft nach Spinner (1983, 1988)
(Zusammenstellung nach Bretz, 1988, S. 281)

einer immensen Pluralität an akzeptierten Weltdeutungs- und Erklärungsschemata (Koslowski, 1986, S. XI f.), die die Wahrheit zum Problem des "Passens" werden läßt: "Kurz gesagt, die Wahrheit von Aussagen und die Richtigkeit von Beschreibungen, Darstellungen, Exemplifikationen, Ausdrücken ... ist also vor allem eine Frage des Passens" (Goodman, 1984, S. 167).

Dieses "Passen" bestimmt sich dann vor allem nach einem ästhetischen Maßstab, der nicht mehr dem "modernen" Zwang zur Rationalisierung unterliegt, sondern auf die mobilisierende Kraft insbesondere des Imaginativen setzt (mobilisierende Ästhetiken: vgl. hierzu Sloterdijk, 1987, S. 69). Die Imagination wird hier also zum neuen Schlüsselbegriff, über den das Ästhetische als lebensveränderndes Potential in den Alltag einzieht (Bürger, 1987, S. 10). Es geht - hier die unmittelbare Parallele zu unserem Postulat der Relativierung der Situation - um das Auskundschaften der Grenzen des Vorstellbaren und Begründbaren (vgl. Bohrer, 1987, S. 641, Lyotard, 1986b, S. 76 f. sowie 1986c, S. 105 ff.; Koslowski, 1986, S. 14). Das Imaginative verweist uns wiederum zurück auf unterschiedliche Erzählformen des narrativen Wissens. Im Gegensatz zum lebensweltlich abgekoppelten, veräußerlichten wissenschaftlich-denotativen Wissen greift narratives Wissen auf eine lebensweltlich verankerte Ästhetik bzw. Mythologie zurück, aus der es die Fähigkeit zur Selbstimagination schöpft (vgl. im einzelnen Lyotard, 1986, S. 68; Hübner, 1986, S. 73 ff.).

Die lebensweltliche Ästhetik rückt den Geltungsanspruch der Authentizität in den Vordergrund der Erzählung: Man muß "das sein ... können, was das Wissen sagt, daß man sei" (Lyotard, 1986, S. 82). Narratives Wissen ist ein Wissen um das "... Machen-Können (savoir faire), Leben-Können (savoir vivre), Hören-Können (savoir écouter) usw. ..., (das) über die Bestimmung und Anwendung des einzigen Wahrheitskriteriums hinausgeht und sich auf jene der Kriterien von Effizienz (technische Qualifikation), Gerechtigkeit und/oder Glück (ethische Weisheit), klanglicher und chromatischer Schönheit (auditive und visuelle Sensibilität) usw. ausdehnt" (Lyotard, 1986, S. 64 f.). Die großen, alles vereinnahmenden Erzählungen treten zurück zugunsten einer Vielfalt von kleinen, jeweils lokal gültigen und legitimierten bzw. - hier sind wir dann wieder zur okkassionellen Rationalität zurückgekehrt - legitimierenden Erzählungen.

Im Blick auf die Begründungsbasis okkasioneller Vernunft spricht Kirsch, der diese Rationalitätsvariante aufgreift und für die Managementlehre fruchtbar zu machen versucht (35), von der Möglichkeit "transzendierender Visionen" als Ausdruck eines intuitiven Wissens über mögliche zukünftige Welten, "die mehr oder weniger unwirklich sein mögen, in gelungenen Fällen aber wie ein Kunstwerk eine spezifische "Energetik" entfalten, die die Akzeptanz als Begründung sicherstellt" (Kirsch, 1990b, S. 256) und die Kraft "ästhetischer Stimmigkeit" markiert. Die Idee transzendierender Visionen knüpft u.a. an die von Feyerabend eingeführte Denkfigur "antizipierender Kritik" an, die ebenso in besonderer Weise auf den Problemkontext des Entstehens des Neuen abhebt:

"Die Kritik beruht hier nicht mehr auf vorgegebenen Maßstäben, sondern auf Maßstäben, die im Akt des Kritisierens erst entstehen: Man baut Stück für Stück eine neue Tradition auf, um einen Bezugspunkt für die Kritik einer noch ohne Rivalen dastehenden Tradition zu erhalten. ... Man kritisiert ohne sichtbare Mittel der Kritik, rein intuitiv eine Lebensform vorausahnend, die diese Mittel bereitstellen wird. Man kann die Lebensform nicht beschreiben, denn sie ist noch nicht da, man drückt sie aber doch aus und schafft so eine Tradition, die dann Jahrzehnte später den Prozeß verständlich macht und mit Gründen versieht. Man argumentiert nicht, man behauptet, man beklagt sich, man widerspricht und schafft so die Prinzipien der Argumente, die der Klage und dem Widerspruch Sinn verleihen. ... Eine antizipierende Kritik hört sich immer etwas seltsam an, und Konservative haben es leicht, ihre Absurdität nachzuweisen. " (Feyerabend, 1979, S. 32 f.)

Sowohl die Idee der "transzendierenden Visionen" als auch die der "antizipierenden

Kritik" heben den engen, lediglich an der Gegenwart orientierten Situationsbezug okkasioneller Rationalität auf, indem sie auf eine mögliche künftige Welt ("Situation in der Zeit") reflektieren und somit wenigstens in schwacher Form den Gedanken einer Relativierung der Situation einführen. Allerdings schiene es uns zweckmäßiger, hierbei lediglich von "**intuitiven Visionen**" und einer "**sich vortastenden evolutionären Kritik**" zu sprechen. Daß beide Denkfiguren unabhängig von ihrer sprachlichen Fassung ein hohes Maß an praktischer Relevanz aufweisen, wird indessen unmittelbar evident, wenn wir an die erste Phase der Ökologiebewegung zurückdenken, uns noch einmal die Argumentationsschemata und -nöte der "frühen Mahner" vor Augen führen und diese mit der gegenwärtigen Situation kontrastieren, in der in Umkehrung der bisherigen Begründungspflicht nicht mehr die ökologische Bedenklichkeit, sondern die ökologische Unbedenklichkeit nachgewiesen werden muß.

Trotz der u.U. hohen ästhetischen Stimmigkeit der "Geschichte der Ökologiebewegung" darf es im Lichte des Postulats der Relativierung der Situation **nicht** vorschnell akzeptiert werden, wenn im Zuge der heute verschiedentlich geforderten Überwindung des zugunsten prinzipieller Vernunft verzerrten okzidentalen Rationalitätsverständnis das **Pendel zu stark in Richtung okkasioneller Vernunft** ausschlägt. Wir wollen dies wiederum an einem Beispiel demonstrieren :

Erinnern wir uns zurück an die Zeit, als Ayatollah Khomeini noch als Weltfeind Nr. 1, als Inkarnation des Bösen schlechthin galt und die Schreckens vision einer vom Iran ausgehenden islamischen Weltunterwerfung in den grellsten Farben ausgemalt wurde. In dieser Zeit erschien freilich die Unterstützung des irakischen Machthabers Saddam Hussein beim Auf- bzw. Ausbau seines militärischen Potentials aus dem **Blickwinkel okkasioneller Vernuft** als rational und ethisch begründbar. Entsprechend formten sich die "öffentliche Mehrheitsmeinung" sowie vor allem die stimmungsdemokratisch eingefärbte Haltung im politisch-administrativen Sektor aus, die **mit** einen fruchtbaren Boden für die unternehmerische Entscheidung pro Waffenlieferungen sowie sonstige militärisch relevante Unterstützungen des Irak schufen.

Daß zwischenzeitlich andere Schreckens**visionen** gerade solche Waffenlieferungen ex post als im hohen Maße problematisch haben erscheinen lassen, bedarf angesichts der jüngst durchlebten "Golf-Krise" im einzelnen sicher keiner weiteren Erläuterung. Ohne diesen Iran-/Irak-Beispielfall in all seinen Facetten ausleuchten zu müssen und dabei etwa auf die im Verhalten der Öffentlichkeit und der Politiker angelegte "Dolchstoß-Problematik", wird erkennbar, daß Unternehmen - zumindest ohne flankierende Maßnahmen der "wechselseitigen ethischen Verpflichtung" - nicht gut beraten sind, wenn sie sich (allein) dem Konzept okkasioneller Rationalität verpflichtet fühlen bzw. sich von der Energetik intuitiver Visionen einfangen lassen, deren ästhetische Stimmigkeit lediglich das Weltgefühl des Augenblicks repräsentiert.

Wenn die **Verzerrung zugunsten okkasioneller Rationalität** - auch nach einer Erweiterung um transzendierende Visionen - **wenig geeignet** ist, die zumeist äußerst komplexen Rationalitätsprobleme der Praxis einer Lösung näher zu bringen, sollte man sich dann nicht doch in erster Linie an der Standardauffassung der prinzipiellen Vernunft orientieren, bei der u.a. - wie erwähnt - eine gewisse **Distanz gegenüber der Welt** des Seienden **und des vermeintlich Werdenden** sowie die Systematisierung unter "letzten Wertgesichtspunkten" gefordert werden? - In unserem Fall also: "Waffen bzw. Waffen- lieferungen sind grundsätzlich "schlecht" und deshalb prinzipiell abzulehnen".

Der Rekurs auf "letzte Wertmaßstäbe" oder wenigstens ein feststehendes Normensystem erscheint zum einen umso verlockender, je dynamischer und komplexer die Umwelt ist - bietet er doch die Chance, sich gerade in "stürmischen Zeiten" an einem "verläßlichen Kompaß" zu orientieren, also Komplexität zu reduzieren. Zum anderen wird jedoch gerade in einer Situation zunehmender Dynamik und Komplexität das Bild des "verläßlichen Kompasses" immer fragwürdiger, weil u.U. bestehende Invarianzen aufgebrochen wurden und völlig neue Richtungen eingeschlagen werden müssen, die auf dem "bisherigen Kompaß" nicht berücksichtigt wurden. Schon das zuvor zur Erläuterung der Relevanz "antizipierender Kritik" angeführte Beispiel der Ökologiebewegung mag hier wiederum zur Illustration dienen (- und gleichzeitig dafür sensibilisieren, warum wir die Komplexitätsbejahung als eine Basisleitmaxime akzentuiert hatten).

Aber auch unabhängig von diesem Problemkontext wird man feststellen müssen, daß Rationalität ohne "praktische Klugheit" (Kant), also eine subjektive, nur auf einzelne Situationen bezogene okkasionelle Komponente nicht auskommt - "nur sie ermöglicht es, dem Rationalitätskonzept jene Sterilität und Rigidität zu nehmen, die der alltäglichen "Arbeit" an den Traditionen und an der Entstehung des Neuen keinen Raum mehr läßt" (Kirsch, 1990b, S. 255). Schließlich brauchen wir aber auch nur an verschiedene Fälle zu denken, in denen sich die Fragwürdigkeit einer allein prinzipiellen Vernunft unmittelbar aufdrängt.

Bleiben wir zunächst bei unserem Beispiel der Waffenlieferungen, so mögen diese prinzipiell "schlecht" bzw. "falsch" sein, die Lieferung von Patriot-Abwehrraketen an Israel wird man aber - zumindest nach heutigem Wissen - als "gut" bzw. "richtig" einstufen. Die Einschränkung "nach heutigem Wissen" fällt u.E. dann weg, wenn wir auf folgenden Fall zurückgreifen: Lügen mag prinzipiell "schlecht" sein, wurde jedoch eine Lüge gebraucht, um bspw. im sog. Dritten Reich einen jüdischen Mitbürger, den man im eigenen Hause versteckt hielt, vor dem Zugriff der Nazis zu schützen, so wird sich u.E. unschwer ein Konsens dahingehend finden lassen, daß es in dieser Situation "gut" war, entsprechende Fragen zu verneinen und mithin zu lügen.

Beziehen wir uns auf den Unternehmenskontext, so bleibt zu ergänzen, daß einzelne Unternehmen aufgrund der Steuerungsmechanismen, denen sie unterliegen, häufig gar nicht oder zumindest nur sehr bedingt in der Lage sind, ihr Handeln situationsübergreifend anzulegen. Allein schon der Marktmechanismus "zwingt" in aller Regel zu situativem und zumeist kurzfristigem Handeln. Daß darüber hinaus auch die anderen Steuerungsmechanismen (politisch-administrativer Druck und öffentlicher Druck) nicht eo ipso situationsübergreifend angelegte Maßnahmenprogramme zu fördern und unterstützen vermögen, zeigt das zuvor erwähnte Beispiel der Waffenlieferungen in den Irak.

Wenn nun **weder die okkasionelle noch die prinzipielle Vernunft**, weder Offenheit noch Geschlossenheit geeignet sind, eine tragfähige Basis für rationales Fühlen, Denken und Handeln zu schaffen, so mag vielleicht die **Verknüpfung** beider Rationalitätsformen einen Ausweg bieten. In diese Richtung weisen einerseits das von Spinner (1985, 1986) vorgelegte **Konzept der Doppelvernunft** und andererseits das hierauf zum Teil aufbauende **Konzept der evolutionären Rationalität** von Kirsch (1987, 1988, 1990a, 1990b). Während das Konzept der Doppelvernunft an der **Vorstellung eines Rationalitätskontinuums** anknüpft und die Möglichkeit von Mischformen unterstreicht, hebt das von Kirsch intonierte Konzept der evolutionären Rationalität u.a. auf das von Niels Bohr (1936; vgl. v. Weizsäcker, 1955) inaugurierte **Phänomen der Komplementarität von Gegensätzlichkeiten** ab, dem sowohl unter dem Dach des New Age als auch vor allem unter dem der Postmoderne wieder besondere Aufmerksamkeit zuteil wurde.

Die Akzentuierung einer Komplementarität von Gegensätzlichkeiten entspricht sehr viel mehr dem, was wir durch das **gleichberechtigte Nebeneinander** der beiden Leitmaximen **Relativierung der Situation und situative Relativierung** generell und speziell durch die Gegenüberstellung **prinzipieller und okkasioneller Rationalität** erreichen wollen: Mit Hilfe der jeweils paradoxen Pole soll ein **kreativer Raum** aufgespannt oder - wenn man so will - eine **kreativitätsfördernde Paradoxie** in das paradigmatische Orientierungssystem eingeführt werden, um ein innovatives Infragestellen bisheriger Strukturen und ein Identifizieren neuer Perspektiven zu erzwingen. Allerdings ist diese Überlegung auch im Konzept der Doppelvernunft angelegt. Der Unterschied zwischen den beiden Konzepten läßt sich u.E. wie folgt skizzieren (vgl. auch Abb. 43):

Die im Spinnerschen Konzept der Doppelvernunft anvisierte Mischung beider Rationalitäten entspricht mutatis mutandis dem von uns zuvor gebrauchten Bild der "Gratwanderung": Man versucht, jeweils situationsbezogen ein Zuviel an Prinzipialität oder Okkasionalität, Relativierung der Situation oder situativer Relativierung, Geschlossenheit oder Offenheit zu vermeiden bzw. die verschiedenen Modi des Erkenntnisstils, der Begründung etc. (vgl. Abb. 42) gleichsam **von vornherein** situationsadäquat auszubalancieren. Beim komplementären Denken wird demgegenüber zunächst davon ausgegangen, daß man das eine ohne das andere nicht denken kann (Kirsch, 1990b, S. 304) (36). Das Aufeinanderstoßen beider Pole führt dann hier nicht unmittelbar zu einer Gratwanderung, sondern zu dem Versuch, beide Rationalitätsformen auf einer höheren Ebene neu miteinander zu verknüpfen. Diese "innovative Verknüpfung auf höherer Ebene" läuft letztlich aber auch auf eine Art "Mischung" hinaus, wie sie im Konzept der Doppelvernunft angedacht ist. Der Unterschied besteht insofern - wenigstens nach unserem

Verständnis - im wesentlichen darin, daß beim komplementären Denken die erzeugte **Paradoxie** gleichsam **durch einen Zwischenschritt** sehr viel intensiver **kreativ genutzt** werden soll. Diese Sichtweise wird allerdings durch einige Vertreter einer evolutionären Rationalität à la Kirsch dann etwas verwässert, wenn - wie z.B. bei Bretz (1988, S. 266) - Paradoxien dadurch einer kreativen Nutzung zugeführt werden sollen, "daß sich der Beobachter in eine "<u>mittlere Position</u>" begibt, aus der sich ursprünglich nicht miteinander zu vereinbarende Pole "in einem spezifischen Sinne wechselseitig ergänzen" (Unterstreichung durch uns). Sofern nach Maßgabe eines komplementären Denkens überhaupt <u>eine</u> Position eingenommen werden sollte, dann vielleicht doch eher die von Spinner (1980, S. 78) akzentuierte "<u>Unposition ... entdoktrinierter schöpferischer Indifferenz</u>". Allerdings laufen letztlich beide "Positionen" auf eine Gratwanderung hinaus und nicht auf ein "**Hin-und-Her**" zwischen den beiden Rationalitätspolen, das u.E. sehr viel mehr einer Komplementarität von Gegensätzlichkeiten entspricht und dazu beitragen mag, daß die Chancen beider Extreme jeweils voll "ausgereizt" werden, um auf diese Weise dann in einem zweiten Schritt ein "Höchstmaß" an Rationalität zu erreichen (37).

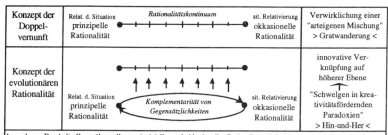

Abb. 43: Spinnersche Doppelvernunft und evolutionäre Rationalität à la Kirsch - ein Vergleich

Die beiden Rationalitätskonzepte sollen an dieser Stelle nicht tiefergehend behandelt und kontrastiert werden; die vorstehenden Darlegungen mögen genügen, um wenigstens grob die Richtung anzudeuten, in die hier jeweils eine Verknüpfung prinzipieller und okkasioneller Rationalität gehen soll. Zweckmäßiger erscheint es demgegenüber, die Verbindungen zwischen unseren beiden Basisleitmaximen Relativierung der Situation und situative Relativierung auf der einen Seite und den zur Illustration herangezogenen Rationalitätsvarianten auf der anderen Seite noch etwas schärfer herauszuarbeiten. Dies zumal die bislang mehr oder weniger implizit unterstellte direkte Assoziation zwischen den jeweiligen Polen zu grob ist und bei differenzierter Betrachtung durch eine Gegenüberstellung der beiden Gegensatzpaare zu ersetzen ist. Hieraus ergibt sich eine Vierfelder-Matrix, wie wir sie in Abbildung 44 skizziert haben. Lediglich die direkte Assoziation von prinzipieller Rationalität und Geschlossenheit, okkasioneller Rationalität und Offenheit soll vorläufig aufrecht erhalten werden.

Im Lichte der vorgestellten Vierfelder-Matrix scheint nunmehr sehr deutlich die Möglichkeit auf, prinzipielle Rationalität mit dem Gedanken der situativen Relativierung und okkasionelle Rationalität mit dem Gedanken der Relativierung der Situation in

Verbindung zu bringen. Diese Möglichkeit klingt auch bei Spinner und Kirsch gelegentlich an (bei Kirsch etwa, indem er im Blick auf die okkasionelle Rationalität - wie zuvor schon erwähnt - die Denkfigur transzendierender Visionen einführt und im Zusammenhang mit der prinzipiellen Vernunft mitunter auf das Prinzip einer situationsgerechten Anwendung von Prinzipien sowie auf das von Habermas (1983, S. 191) als Grundlage hierfür eingeforderte "Vermögen hermeneutischer Klugheit" hinweist) (zu letzterem vgl. z.B. Kirsch, 1984b, S. 1116). Die sich aus einer entsprechenden Verküpfung eregebenden Chancen werden u.E. aber nicht konsequent genug fruchtbar gemacht.

Vor diesem Hintergrund soll im folgenden wenigstens knapp ein erweitertes Konzept angedeutet werden, das zudem - über die Vierfelder-Differenzierung hinaus - noch etwas stärker auf die Leitmaxime des dynamischen Prozeßdenkens bzw. auf ein Evolutionsdenken abstellt. Wir wollen dieses Konzept unter der sprachlichen Formel "**evolutionäre Mehrfachvernunft**" rubrizieren.

• **Das Konzept evolutionärer Mehrfachvernunft als Ansatz zur Verknüpfung der beiden Basisleitmaximen Relativierung der Situation und situative Relativierung**

Bei der Entfaltung einer evolutionären Mehrfachvernunft kann zunächst sowohl vom Konzept okkasioneller Rationalität als auch von dem der prinzipiellen Rationalität ausgegangen werden. Gehen wir vom Konzept der okkasionellen Rationalität aus, so läßt sich die mittels "intuitiver Visionen" lediglich schwach angelegte Relativierung der Situation dadurch weiter ausbauen, daß wir gezielt auf die zuvor erwähnten Mechanismen (vgl. Abb. 40) zurückgreifen. Auf diese Weise mag es gelingen, über den "**intuitiven Zufall**" hinausgehende Visionen hinsichtlich der Situation in der Zeit zu gewährleisten. Damit wären wir aber bei einer spezifischen **Variante prinzipieller Rationalität** angelangt, die zwar nicht auf inhaltliche Leitmaximen abstellt, jedoch - etwa im Sinne einer prinzipiellen Verfahrensethik und -logik - geeignete Anhaltspunkte für eine **methodische bzw. prozedurale Rationalität** vorgibt.

Hätte man bspw. im Fall "Iran/Irak" alle zur Verfügung stehenden Mechanismen zur Relativierung der prognostizierten Situation konsequent genutzt, dann wären die Risiken, die potentiell oder faktisch vom irakischen Machthaber Saddam Hussein ausgehen können, sehr viel deutlicher erkannt und in die Waagschale weitsichtiger Beurteilung eingebracht worden. Unnötig zu erwähnen, daß es im vorliegenden Fall nicht einmal des Einsatzes sehr differenzierter Techniken bedurft hätte (z.B. Szenario-Analysen, die systematisch Analogie-, Verfremdungs- und Überzeichnungstechniken nutzen), um die weithin gehandelten und stark affektiv mobilisierenden Schreckensvisionen hinsichtlich einer vom Iran ausgehenden islamischen Weltunterwerfung zu relativieren.

Freilich ist man erstens im Nachhinein immer schlauer und zweitens liegt der Fall sicher nicht immer so einfach wie im vorliegenden Beispiel. Allein dies widerspricht jedoch nicht unserer Forderung, rationales

"Fühlen", Denken und Handeln nicht nur dem "intuitiven Zufall" zu überlassen. - Auch Intuition und Imagination mögen gelegentlich trügen; umso problematischer ist dann ihre mobilisierende Kraft.

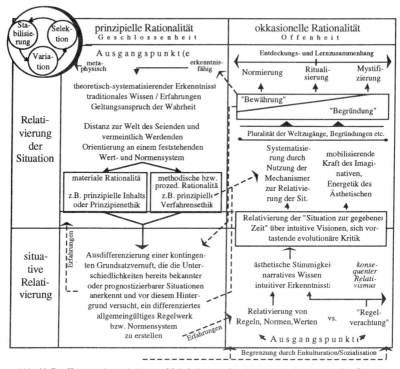

Abb. 44: Das Konzept der evolutionären Mehrfachvernunft - eine erste, noch unvollständige Skizze

Illusionär wäre es nun aber anzunehmen, in Gestalt einer analytisch angelegten methodischen Rationalität den Königsweg der Vernunft gefunden zu haben. - Dem intuitiven Zufall steht der "**analytische Zufall**" gegenüber, wie von den Vertretern der Postmoderne eindrucksvoll anhand zahlreicher Beispiele belegt wurde, im übrigen aber bereits durch das im Kritischen Rationalismus kultivierte "fallibilistische Weltbild" nahegelegt wird. Ganz abgesehen davon - dies hat, wenn auch in einem etwas anderen Problemkontext vor allem Kieser (1984) herausgearbeitet - unterliegen analytische Methoden immer einer ideologischen Prägung, die das Vertrauen in deren Objektivität und mithin in eine prinzipielle methodische Rationalität im hohen Maße als Blauäugigkeit ausweist. - Ein analytisch angelegtes Rechtfertigungsmodell gerät also bei näherer Betrachtung und unter konsequenter Berücksichtigung mangelnder Vorhersehbarkeit und Prognostizierbarkeit rasch in die unmittelbare Nachbarschaft von Mythen (vgl. hierzu im einzelnen Spinner, 1974).

Bleibt letztlich also nur die Chance, über die Kultivierung möglichst vieler und sehr unterschiedlicher Weltzugänge, Deutungs- und Begründungsmuster, Erkenntnisstile etc. die **Wahrscheinlichkeit** eines **rationalen Denkens und Handelns** zu erhöhen. Im Gegensatz zu einer allein permissiven Position des "Anything Goes" wird hierbei aus- und nachdrücklich ein **methodischer** bzw. methodologischer **Pluralismus** eingefordert, der nicht nur an bekannten Mustern ansetzt, sondern ständig auf der Suche nach neuen Weltzugängen, Erkenntnisstilen, Deutungs- und Begründungsmustern ist und diese kreativ zu nutzen versucht. Durch einen solchen "normativen" methodischen Pluralismus **erhöhen** wir dann zwar die **Wahrscheinlichkeit**, daß sich unter den vielfältigen Deutungen und Prophetien, Analysen und Prognosen die "Richtigen", "Wahren" oder "Authentischen" befinden, wir **wissen aber** - vor allem ex ante - **nicht, welche** von ihnen diese Ansprüche erheben können (zu den Geltungsansprüchen der Richtigkeit, Wahrheit und Authentizität vgl. Habermas, 1981a; Kirsch, 1990b, S. 258).

Aus dem Blickwinkel der Moderne mag nun u.U. der Gedanke faszinieren, über eine Art **"Mehrheitsregel"** bestehende Unsicherheiten und damit Komplexität zu reduzieren. Berücksichtigt man indessen, daß es nicht selten gerade die Minderheitspositionen waren, die sich ex post als richtig, wahr oder zumindest authentisch erwiesen haben (als Beleg mag nochmals das Beispiel der Ökologiebewegung dienen), so gewinnen prima vista - da die bloße Umkehrung zugunsten einer "Minderheitsregel" wohl kaum eine tragfähige prinzipielle Rationalität zu konstituieren vermag - das Paradigma der **Postmoderne** und die sich hierunter ausformende **Komplexitätshandhabungsstrategie** an Attraktivität. In enger, z.T. wörtlicher Anlehnung an Bretz (1988, S. 152 - 158) sollen kurz einige wichtige postmoderne Grundgedanken skizziert werden:

Als Telos der Evolution wird in der Postmoderne **nicht mehr** die **Konvergenz** unterstellt, bei der alle gesellschaftlichen Entwicklungen und Veränderungen auf einen zentralen Fluchtpunkt hin ausgerichtet sind und allumfassende Deutungsschemata die Vielzahl individueller Erscheinungen unter das allgemein Gültige subsumieren. Im Gegensatz dazu wird vielmehr die **Proliferation** als Telos der Evolution pointiert: "Die Bewegung verläuft von der einen und einzigen Wahrheit und einer fertig vorgefundenen Welt zum Erzeugungsprozeß einer Vielfalt von richtigen und sogar konfligierenden Versionen oder Welten" (Goodman, 1984, S. 10; vgl. auch Koslowski, 1986, S. 7; Kirsch, 1986, S. 81; Lyotard, 1986, S. 119 ff.). Nicht die moderne, an universalen Zielen orientierte Verkrampfung, sondern **das spielerische Erzeugen neuer Welten und damit neuer Fluchtpunkte ist postmodern** und trägt den allseits zu beobachtenden Instabilitäten der Weltentwicklung Rechnung: Globale Wahrheiten werden durch vergängliche, lokal und temporär zu spezifizierende "Verträge" abgelöst (Lyotard, 1986, S. 57 ff.); Diskontinuität und Konflikt werden zu "Eltern des Neuen": sie eröffnen den Zugang zu neuen, a priori unbekannten Welten. Umgekehrt mündet jede einfache Wahrheit heute "nach drei oder vier Schritten ins Ungewisse, Komplexe, Paradoxe. Faktisch ist jeder Sinn partial, steht mit anderen in Konflikt und wird des Ganzen nicht habhaft. Zu fordern ist nur, daß diese Partialität auch realisiert wird. Eine Perspektive, die den Punkt ihrer Divergenz nicht kennte oder verleugnete, wäre fatal" (Welsch, 1986, S. 253).

Vor diesem Hintergrund gewinnt eine Komplexitätshandhabungsstrategie an Gewicht, die sich in der

Metapher der **Paradoxie** entfaltet. Ziel dieser Strategie ist es, den schier unendlichen Informationsgehalt, die Vieldeutigkeit und Widersprüchlichkeit komplexer Problemsituationen in adäquater Weise in das Komplexitätshandhabungssystem einzuführen. Die Postmoderne versucht sich dabei nicht wie die Moderne ständig daran, ihre Paradoxien (auf-) zu lösen, sondern schaut ihnen bewußt ins Auge und findet ihr Wohlgefallen daran. Dichotomische Schemata einer "Entweder-Oder-Semantik" werden zu einer **Mehrwertigkeit** geführt, die neben "richtig" und "falsch" auch "unbestimmt", "paradox" u.ä. beinhaltet (vgl. Blau, 1985, S. 369 ff.). Die Postmoderne gefällt sich im **"Dahingestellt-Sein-Lassen"** von Geltungsansprüchen (Kirsch, 1987, S. 503 ff.), im unbestimmten **Spiel eines kreativen** "Sowohl-als-Auch". Die Denkfigur der Paradoxie vermag eine solche Totalität zum Ausdruck zu bringen, indem sie sich widersprechende Aussagen so aufeinander stoßen läßt, daß eine Entscheidung zugunsten einer der Pole unmöglich wird. Das spielerische **"Hin-und-Herspringen"** (**"Flik-Flak"**; Knyphausen, 1988) zwischen den verschiedenen Entscheidungswerten vermag die Komplexität des Problems adäquat aufzuspannen, ohne das Entscheidungssystem zu paralysieren.

Im vorliegenden Zusammenhang stellt sich freilich vor allem die Frage, ob und ggf. inwieweit tatsächlich die Proliferation, das "Dahingestellt-Sein-Lassen" von Geltungsansprüchen und das spielerische "Flik-Flak" einen geeigneten Weg weisen, um praktische Rationalitätsprobleme einer Handhabung näher zu bringen. Insbesondere in der Praxis wird irgendwann einmal zu entscheiden sein, und nicht alles kann lediglich als Spiel begriffen werden (vgl. auch Knyphausen, 1988). Im Spannungsfeld postmoderner Proliferation (Offenheit, Komplexitätsbejahung oder -erzeugung) und moderner Konvergenz (Geschlossenheit, Komplexitätsreduktion oder -"vergewaltigung") schwebt uns eine **prozessuale Verknüpfung** vor, die sich mit Blick auf die Entfaltung unternehmerischer Rationalität zunächst schemenhaft wie folgt skizzieren läßt:

1. In einem ersten Schritt gilt es, durch eine **gezielt geförderte Proliferation** divergenter Weltzugänge, Erkenntnisstile, Deutungs- und Begründungsmuster oder - wenn man so will - Sprach- und Lebenswelten innerhalb eines Unternehmens ein **hohes Maß an Pluralismus** zu gewährleisten. Zu denken ist hierbei etwa an die Einrichtung von Abteilungen, Stäben etc., die von einer anderen "Sicht der Dinge" ausgehen (Verbraucherabteilungen, Spinnerabteilungen o.ä.). Bei einer solchen **"proliferativen Subsystembildung"** ist prinzipiell sicherzustellen, daß die jeweiligen Subsysteme

    a) über Verfahrensregeln einen entsprechenden Zugang zu allen relevanten Ent- scheidungsarenen erhalten und

    b) über die kulturelle Ausformung inhaltlicher Leitmaximen (Offenheit, Lernwillig- keit und -fähigkeit usw.) auch tatsächlich Gehör finden und ernstgenommen werden.

2. Auf dieser "methodisch rationalen" Basis ist dann **zunächst dem kreativen Spiel** des "Flik-Flak" zwischen Verstehen, Intuition und Imagination, narrativem Wissen, Deutungen und Prophetien auf der einen Seite und Erklärung, Subsumption und Abstraktion, wissenschaftlich-denotativem Wissen, Analysen und Prognosen auf der

anderen Seite **freien Lauf** zu **lassen**. Die für dieses kreative Spiel zur Verfügung stehende **Zeit** läßt sich dabei etwa durch die konsequente Nutzung von Früherkennungssystemen erhöhen. Dies ermöglicht es, zumindest vorübergehend ein "Dahingestellt-Sein-Lassen" oder - um ein u.E. zweckmäßigeres Bild zu gebrauchen - **"Reifen-Lassen"** von **Geltungsansprüchen** zu praktizieren, das die Proliferation bzw. die subkulturelle Ausdifferenzierung von Werten, Normen, Riten, Mythen etc. wiederum begünstigt.

3. Die verschiedenen, voneinander abweichenden Geltungsansprüche, Analysen, Intuitionen, Prognosen, Prophetien, Ahnungen werden in einem weiteren Schritt in eine Art **"delphi-gestützte Sensitivitätsanalyse"** eingebracht. Hierbei ist u.a. folgendes zu beachten:

- Bei der Auswertung und Aufbereitung der registrierten **Abweichungen** in den Einschätzungen der Beteiligten ist nicht vorschnell auf eine "Mehrheitsregel" oder auf den Mechanismus der Mittelwertbildung zu rekurrieren. Die Abweichungen sind vielmehr einander gegenüber zu stellen und eingehend zu **thematisieren** (vgl. mutatis mutandis das Konzept der Unschärfepositionierung im Rahmen der Portfolio-Analyse) (Ansoff(Kirsch/Roventa, 1983). Den "Minderheitsmeinungen" oder "Ausreißern" ist hierbei etwa im Sinne einer "Diskontinuitätenbefragung" (Müller/Zeiser, 1983) systematisch nachzugehen, um über das **Offenlegen der Ursachen** für abweichende Einschätzungen ggf. auf schwache Signale zu stoßen, in denen sich das Brechen bestehender Invarianzen ankündigt. Umgekehrt ist es ebenfalls als schwaches Signal zu werten, wenn keine abweichenden Meinungen vorliegen. Dies kann etwa ein Indiz dafür sein, daß die proliferative Subsystembildung im Unternehmen zu kurz greift oder sich die Fähigkeit einzelner Subsystem-Mitglieder, die Dinge aus einem anderen Blickwinkel zu sehen, im Zuge von Enkulturations- und Sozialisationsprozessen "abgenutzt" hat.

- Die Sensitivitätsanalyse zielt zunächst nicht darauf ab, Komplexität zu reduzieren oder mögliche Paradoxien aufzulösen; es geht in erster Linie darum, **Komplexität sowie speziell Paradoxien erkennbar und hinsichtlich ihrer Struktur und Dynamik nachvoll-ziehbar zu machen**. Dies eröffnet dann allerdings die **Chance**, Paradoxien, die man nach postmodernem Verständnis vielleicht einfach so stehen lassen sollte, wenigstens **versuchsweise** doch **einer Auflösung zuzuführen**. Die uns bspw. von Knyphausen (1988, S. 91 - 96) vor Augen geführte Tatsache, daß sich einige der bereits in der "modernen" Wirtschaftswissenschaft "gehandelten" Paradoxien (vgl. z.B. das von Skinner, 1986, akzentuierte "Produktivitäts-Paradox") bei näherer Betrachtung "entparadoxieren" lassen und man insofern letztlich also zwischen echten und unechten Paradoxien unterscheiden kann, scheint hier Berechtigung und Aufforderung genug zu sein: Selbst ein "dogmatischer Postmodernist" wird einräumen müssen, daß sich die von ihm narrativ ins Spiel gebrachten Paradoxien bei einem höheren Erkenntnisstand als unecht und mithin sinnvoll auflösbar erweisen können.

Unser Konzept hebt sich von der einfachen Auflösung von Paradoxien lediglich dadurch ab, daß a) durch die proliferative Subsystembildung entsprechende Voraussetzungen für das Aufeinanderprallen von Paradoxien geschaffen werden und b) explizit mehrere Möglichkeiten einer "Verknüpfung auf höherer Ebene" zugelassen oder sogar forciert werden.

Zentrales Kennzeichen unserer evolutionären Mehrfachvernunft ist es vor diesem Hintergrund, daß man sich nicht mit dem omissiven Schwelgen in Paradoxien und einer sich selbst erzeugenden Komplexität zufrieden gibt. Wir müssen vielmehr versuchen, die **Rationalität** und speziell die okkasionelle Rationalität **"auf eine Erfahrungskurve zu setzen"**. Dies freilich nicht im Sinne einer vielleicht als "modern" einzustufenden Beherrsch- und Machbarkeitsideologie, sondern wohl wissend, daß alles mit einem hohen Irrtumsrisiko behaftet ist.

Letzteres ist nun wahrlich nicht neu oder gar "postmodern" - scheint hier doch das insbesondere von Popper inaugurierte **fallibilistische Weltbild** auf, das allerdings - hierin ist Spinner (1982) zu folgen - den kritischen Rationalisten und z.T. auch Popper selbst zuweilen aus dem Blickfeld geraten ist. Letztlich bietet aber das in dieser Tradition restaurierbare und als Ausfluß eines fallibilistischen Weltbildes zu begreifende **"Prinzip der Kritik"** (vgl. im einzelnen Spinner, 1982) eine tragfähige Basis für einen "Rationalitätsfortschritt".

4. Die von uns angedachte Sensitivitätsanalyse erbringt zunächst in aller Regel noch keine Komplexitätsvereinfachung; es geht vielmehr darum, Komplexität erkennbar und hinsichtlich ihrer Struktur und Dynamik nachvollziehbar zu machen. Allerdings bietet sie die Chance, daß die Spreu jener Paradoxien, die lediglich aus einer mangelnden gedanklichen Durchdringung der Materie resultieren, vom Weizen der "echten" Paradoxien getrennt wird.

5. Resümee

Ziel der Arbeit war es, einen Bezugsrahmen zur Rekonstruktion des Marketingansatzes zu entwerfen, auf der Grundlage dieses Bezugsrahmens den Marketingansatz in groben Zügen zu rekonstruieren und dabei insbesondere Grundlagen für ein erweitertes Marketingverständnis zu schaffen. Die Erweiterung des Marketingverständnisses sollte in die Richtung einer gesellschaftsorientierten Marketing-Forschungskonzeption weisen, die einerseits eine fruchtbare Basis für die Entwicklung konkreter Konzepte einer strategisch ausgerichteten Unternehmensführung bietet, andererseits aber zugleich andere wichtige Forschungsfelder umschließt, deren Bearbeitung die wissenschaftliche Marketingforschung "praktisch" für die gesamte Gesellschaft werden läßt.

Eine solche "gesellschaftspraktische Marketinglehre", die über eine reine Managementlehre weit hinausgeht und sich bspw. bis hin zu Beiträgen zur Entwicklung und Implementierung eines neuen gesellschaftlichen Ordnungsrahmens erstreckt, erscheint nicht nur aus dem Blickwinkel einer gesamtgesellschaftlichen Legitimation der Marketingwissenschaft von Bedeutung. Ein derart weitgreifendes Forschungsverständnis gewinnt demgegenüber vielmehr auch allein schon aus dem Blickwinkel der Unternehmenspraxis einen hohen Stellenwert. Denn: Man kann Unternehmen auf ihrem angesichts vielfältiger neuer Herausforderungen dringend einzuschlagenden Weg zur Kultivierung eines gesellschaftsorientierten Marketing nicht beratend begleiten, wenn einem selbst nur die Brille des klassischen Business-Marketing zur Verfügung steht.

Die Marketingwissenschaft folgt aufs Ganze gesehen noch immer einem sehr engen Verständnis "unternehmenspraktisch"-normativer Wissenschaft und geht bei ihren Gestaltungsempfehlungen für die Unternehmenspraxis von einer eng marktorientierten Sicht der Unternehmensführung aus. Zwar lassen sich durchaus einzelne Marketing-Forschungsansätze aufspüren, die die enge Business-Marketingperspektive überwinden oder zumindest zu überwinden versuchen. Derartige Ansätze werden jedoch bislang zu wenig beachtet, greifen zumeist noch viel zu kurz und/oder stehen weitgehend isoliert nebeneinander. Vor diesem Hintergrund sowie angesichts der Notwendigkeit einer Erweiterung des Marketingverständnisses erscheint eine Intensivierung der Grundlagendiskussion dringend erforderlich, um eine fruchtbare Basis für die künftige Forschung zu schaffen. Mit unserem Rekonstuktionsversuch ist freilich nur ein ersten Schritt in diese Richtung getan. Immerhin wurde dabei aber bereits deutlich, daß

- es sich beim Marketingansatz - entgegen der häufig vorgebrachten Kritik - um eine erweiterungsfähige und -würdige **Alternative** zu anderen Forschungskonzepten der Betriebswirtschaftslehre handelt, die sich zudem über die Herausstellung der

forschungsprogrammatischen Ausgangsidee einer Konzentration auf Austauschprozesse durch ein hohes Maß an Integrationsfähigkeit auszeichnet,

- die Entwicklung eines umfassenden Bezugsrahmens, in dem die Beziehungen
zwischen unterschiedlichen Aussagefeldern und -ebenen verdeutlicht werden, eine
heuristische Kraft hinsichtlich der Weiterentwicklung des Marketingansatzes zu
entfalten vermag,

- im Zusammenhang mit einer Erweiterung des Marketingansatzes vielfältige
Forschungstraditionen außerhalb der Betriebswirtschaftslehre relevant werden und
insofern eine Intensivierung interdisziplinärer Kooperation erforderlich wird, um die
vielfältigen Erkenntnisse aus anderen Disziplinen fruchtbar verwerten zu können.

In einigen Punkten weist der von uns vorgestellte Bezugsrahmen einer erweiterten
Marketing-Forschungskonzeption den Charakter einer Vision für das "Unternehmen
Marketingwissenschaft" auf, die sich durch sehr weitgreifende Forderungen auszeichnet.
Verschiedene Forderungen hinsichtlich der Verwirklichung eines gesellschaftsprakti-
schen Marketing-Forschungsprogramms werden sich kurz- und z.t. auch mittelfristig
kaum verwirklichen lassen. Zu denken ist etwa an die Durchführung umfassender
Evaluierungsstudien, die Entwicklung übergreifender Kontextmodelle u.ä.m. Hier wird
es sicher erforderlich werden, zunächst kleine Schritte zu unternehmen und unsere
Vorschläge in erster Linie im Sinne einer langfristig angelegten Rahmenplanung zu
interpretieren.

Anhang

Logical Positivism/ Empiricism (Peter and Olson 1983)	Modern Empiricism (Hunt 1984)	Sophisticated Methodological Falsification (Lakatos 1978)	Relativism/ Constructionism (Peter and Olson 1983)
Science discovers the true nature of reality.	There is a real world and, although science attempts to discover the nature of reality, the "true" nature of reality can never be known with certainty.	The direction of science is determined mainly by human creative imagination and not the universe of facts. Thus, the rational reconstruction of scientific progress occurs in the world of ideas.	Science creates many realities.
Only the logic of justification is needed to understand science.	It is useful to distinguish between the procedures that science uses to discover its knowledge-claims from those that science uses to accept or reject (justify) its knowledge-claims. The academic discipline of philosophy of science historically focused on issues in justification.	The process by which research programs are established, justified, and accepted throughout a scientific community are needed to appreciate science.	The process by which theories are created, justified, and diffused through a research communitiy are needed to understand science.
Science can be understood without considering cultural, social, political, and economic factors.	The procedures that science uses to justify its knowledge-claims should be independent of cultural, social, political, and economic factors.	Criticism of scientific theories is based on empirical evidence, but abandonment of a research program involves extra-experimental considerations.	Science is a social process and cannot be understood without considering cultural, social, political, and economic factors.
Science is objective.	Although complete objectivity is impossible, science is more objective in justifying its knowledge-claims than nonsciences, e.g. medical science is more objective than palmistry.	The demarcation of science from pseudo-science is objective in the world of ideas and propositions. Theoretical commitment is an issue of the world of mental states, beliefs, and consequences.	Science is subjective.
Scientific knowledge is absolute and cumulative.	Scientific knowledge is never absolute. Much of scientific knowledge is cumulative, i.e. we really do know more about the causes of infectious diseases today than we did 100 years ago.	Scientific knowledge is never absolute. Appraisal must involve a series of theories; any part of the body of science is replaceable but only in a "progressive" way , i.e., substitutes must successfully anticipate novel facts.	Scientific knowledge is relative to a particular context and period of time in history.
Science is capable of discovering universal laws that govern the external world.	Science attempts to discover regularities among the phenomena in the real world. Some of these regularities are stated in universal form and others are stated in probabilistic form.	Whether a proposition is a fact or a proposition in a test situation depends on a scientist's methodological decision within the context of a research program.	Science creates ideas that are context-dependent, i.e., relative to a frame of reference.

- wird fortgesetzt -

Logical Positivism/ Empiricism (Peter and Olson 1983)	Modern Empiricism (Hunt 1984)	Sophisticated Methodological Falsification (Lakatos 1978)	Relativism/ Constructionism (Peter and Olson 1983)
Science produces theories that come closer and closer to absolute truth.	Much of scientific knowledge is cumulative. Absolute truth is not knowable by science.	Absolute truth may not be achievable by science, but scientific research programs may yet in the long run lead to ever more true and fewer false con-sequences and, thus, have increasing verisimilitude.	Truth is a subjective evaluation that cannot be properly inferred outside of the context provided by the theory.
Science is rational since it follows formal rules of logic.	Science is rational since its purpose is to increase our understanding of the world. It does so through developing theories, models, lawlike generalizations, and hypotheses which purport to describe, explain, and predict phenomena.	If science aims at truth, it must aim at maintaining consistency as an important regulative principle. Inconsistency must be seen as a problem to be resolved.	Science is rational to the degree that it seeks to improve individual and societal well-being by following whatever means are useful for doing so.
There are scientific rules for doing science validly (e.g., falsification).	There are norms for doing good science. For example, theories should be testable, measures should exhibit reliability and validity, and data should not be fabricated or otherwise fraudulently collected.	There are norms for doing good science. In addition to Hunt´s criteria, research programs must be eva-luated by their heuristic power - how many new facts do they produce and how capable are they in explaining refutations during their development.	There are many ways of doing science validly that are appropriate in different situations.
Scientists subject their theories to potential falsification through rigorous empirical testing.	Theories are subjected to the empirical testing process.	A theory is "scientific" only if it has corroborated excess empirical content over its rival, i.e., only if it leads to the discovery of novel "facts".	Scientists seek supportive, confirmatory evidence in order to market their theories.
Measurement procedures do not influence what is measured.	Absolute perfection in measurement procedures is impossible.	While experience still re-mains an impartial arbiter in scientific (measure-ment) controversy, the importance of decisions in methodology should not be neglected.	Nothing can be measured without changing it.
Data provide objective, independent benchmarks for testing theories.	The empirical testing process provides good grounds for accepting some knowledge-claims and rejecting others.	The empirical testing process provides the ulti-mately necessary but never sufficient grounds for refutation. No experiment, observation state, or well-corroborated low-level falsifying hypothesis can lead to falsification with-out the emergence of better theories. A histori-cal emphasis is required.	Data are created and interpreted by scientists in terms of variety of theories, and thus are theory-laden.

Abb- A1: Major Differences between Logical Positivism, Modern Empiricism, Sophisticated Methodological Falsification, and Relativism (Leong, 1986, S. 17 - 18)

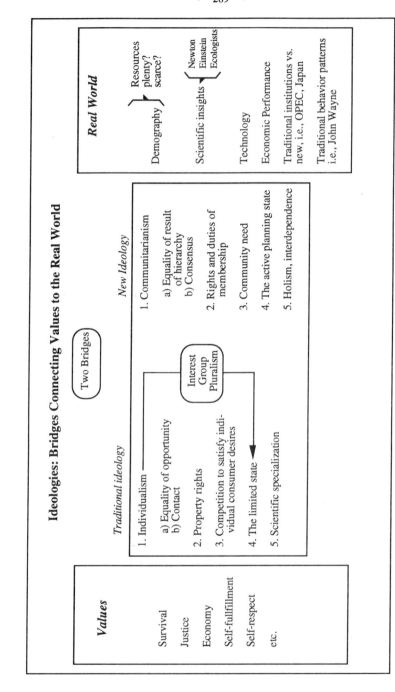

Ideologies: Bridges Connecting Values to the Real World

Values

Survival

Justice

Economy

Self-fullfillment

Self-respect

etc.

Two Bridges

Traditional ideology

1. Individualism

   a) Equality of opportunity
   b) Contact

2. Property rights

3. Competition to satisfy individual consumer desires

4. The limited state

5. Scientific specialization

Interest Group Pluralism

New Ideology

1. Communitarianism

   a) Equality of result of hierarchy
   b) Consensus

2. Rights and duties of membership

3. Community need

4. The active planning state

5. Holism, interdependence

Real World

Demography } Resources plenty? scarce?

Scientific insights { Newton Einstein Ecologists

Technology

Economic Performance

Traditional institutions vs. new, i.e., OPEC, Japan

Traditional behavior patterns i.e., John Wayne

Abb. A2: Ideologiekonzept nach Lodge (1980, S. 5) (hier übernommen nach der Darstellung von Achleitner, 1985, S. 67)

Anmerkungen

Anmerkungen zu Kapitel 1:

(1) Einen Überblick über die verschiedenen Dimensionen des "strategischen Problems" geben z.B. Ansoff, 1984; Schreyögg, 1984; Hinder, 1986; vgl. grundlegend bereits Ansoff/Hayes, 1976; Drucker, 1969 und 1980; Toffler, 1970; Walter-Busch, 1979.

(2) Zur Legitimationskrise von Unternehmen vgl. z.B. P. Ulrich, 1977 und 1986; Dyllick, 1989; aus Marketingsicht z.B. Hansen/Stauss/Riemer, 1983.

(3) Welchem Erwartungsspektrum Unternehmen gegenüberstehen, geht etwa aus der Studie Dialoge 2 hervor (vgl. Raffée/Wiedmann, 1987).

(4) Der enge Zusammenhang zwischen der Evolution des strategischen und der des gesellschaftlichen Problems fand so etwa in der Managementkonzeption von Ansoff besondere Aufmerksamkeit (vgl. u.a. Ansoff, 1965, 1979, 1981 und 1984).

(5) Zu ökologieorientierten Konzeptionen der Unternehmensführung vgl. Hopfenbeck, 1990, und die dort angegebene Literatur.

(6) Zur Kennzeichnung strategischer Unternehmensführung vg. z.B. Kirsch, 1990a, und die dort angegebene Literatur.

(7) Vgl. zu dieser in der (Wirtschafts-)Soziologie gängigen Kennzeichnung z.B. Buß, 1985, S. 71 ff.

(8) Zum "Effizienz-Anspruch" der Marketingkonzeption vgl. im einzelnen Fritz, 1991, und die dort angegebene Literatur.

(9) Die Kennzeichnung von Unternehmensführung als Gestalten, Lenken und Entwicklen spezifischer gesellschaftlicher Institutionen geht auf H. Ulrich zurück (vgl. z.B. H. Ulrich, 1984; Malik, 1985).

(10) Zu unterschiedlichen Definitionen des Begriffes Unternehmensführung vgl. zusammenfassend z.B. Fritz, 1991, und die dort angegebene Literatur.

(11) Den Begriff Gesamtarchitekturen der Unternehmensführung brachten Kirsch et al. in die Diskussion ein (vgl. z.B. Kirsch/Maaßen, 1989; Kirsch/Geiger/Grebenc/Maaßen, 1989).

(12) Zum Phänomen der Selbstorganisation vgl. z.B. zu Knyphausen, 1991, und die dort angegebene Literatur.

Anmerkungen zu Kapitel 2:

(1) Vgl. hierzu Raffée/Wiedmann, 1985a; allgemein zur Menscheitskrise z.B. Beck. 1986; Dyllick, 1982; Hinder, 1986 und die dort jeweils angegebene Literatur.

(2) Vgl. hierzu insbesondere Habermas, 191a und 1981b, 1986.

(3) Vgl. etwa den Überblick bei Dyllick, 1982; Capra, 1983; Beck, 1986.

(4) Vgl. z.B. die Ergebnisse der Studie Dialoge 2 bei Raffée/Wiedmann, 1987; sowie die Ergebnisse der Studie Dialoge 3 bei Wiedmann, 1990.

(5) Dies zeigt sehr deutlich in der Einstufung der Bedeutung gesellschaftlicher Ziele wie sie in den Studien Dialoge 2 und Dialoge 3 erfaßt wurden.

(6) Zum Davoser Manifest vgl. z.B. Steinmann, 1973; Weitzig, 1979.

(7) Vgl. hierzu etwa die Ergebnisse empirischer Untersuchungen bei Raffée/Förster/Krupp, 1988;

Fritz et al. 1987 und 1988.

(8)   Vgl. die Ergebnisse der in Fußnote 7 angeführten Studien.

(9)   Vgl. nochmals die Ergebnisse der in Fußnote 7 angeführten Studien.

(10)   Vgl. statt vieler z.b. Picot, 1977.

(11)   Vgl. den Überblick bei Ullmann, 1988; Aupperle/Carroll/Hatfield, 1985.

(12)   Daß Marketing als einer unternehmerischen Führungskonzeption zumindest in einer bestimmten Phase eine herausrragende Bedeutung zukam und insofern mit Blick auf diese Phase von einem "Siegeszug des Marketing" gesprochen werden kann, wird selbst von Nicht-Marketingwissenschaftlern konstatiert; vgl. z.B. Hinder, 1986, S. 262.

(13)   Vgl. hierzu etwa Meffert, 1986 und 1989; Nieschlag/Dichtl/Hörschgen, 1987; Raffée, 1974 und 1979.

(14)   Vgl. im einzelnen den Überblick bei Fritz, 1990 und 1991.

(15)   Marketing als Führungskonzept generell von Unternehmen herauszustellen ersscheint insofern von zentraler Bedeutung, als im Zuge der sog. Broadening-Diskussion explizit nicht-kommerzielle Organisationen in die Betrachtung einbezogen wurden; vgl. hierzu den Überblick bei Raffée/Wiedmann, 1983.

(16)   Auf die Verbreitung des Marketingsansatzes als betriebswirtschaftlicher Forschungskonzeption geht bspw. Naert, 1984 ein.

(17)   Vgl. im einzelnen Raffée, 1984b, S. 95 f.; ergänzend auch z.B. die von Hamel, 1982, unterbreiteten Vorschläge zur kundenorientierten Gestaltung des Rechnungswesens in der Kreditwirtschaft. Auch neuere Ansaätze des strategischen Management wurden zunächst in enger Anlehnung an das Konzept des Marketing entwickelt; vgl. z.B. Kirsch, 1980.

(18)   Vgl. Wiedmann, 1984, S. 1 und 1985, S. 4; gleichlautend Krulis-Randa, 1985; Fässler, 1989.

(19)   Auf relevante situative Bedingungen (z.B. den Wandel von Verkäufer zu Käufermärkten), vor deren Hintergrund sich der Marketingansatz entwickelt und unmittelbar praktische Bedeutung erhalten hat, wird in nahezu allen Marketinglehrbüchern hingewiesen; vgl. z.B. Meffert, 1986; Nieschlag/Dichtl/Hörschgen, 1987.

(20)   Vgl. zum sog. "Marketing-Imperialismus" zusammenfassend etwa Freinamm, 1984.

(21)   Vgl. z.B. die Kritik am Marketingansatz bei Simon, 1986.

(22)   Vgl. hierzu etwa bereits Kerby, 1972, S. 31; Tauber, 1974; ergänzend die Aufarbeitung neuerer Diskussionsbeiträge sowie einzelner empirischer Studien im Kontext der "Market pull/ Technology push"-Kontroverse bzw. der Frage nach der Vorteilhaftigkeit der Markt- gegenüber der Technologieorientierung einer innovationszentrierten Unternehmensführung bei Brockhoff, 1984, S. 344 - 346. Brockhoff zeigt hierbei u.a. auf, daß sich den verschiedenen empirischen Studien, die die Vorteilhaftigkeit von "technology push"-Innovationen unterstreichen, eine Vielzahl empirischer Studien gegenüberstellen läßt, die die Überlegenheit der "demand pull"- bzw. "market pull"-Innovationen belegen. Beide Gruppen von Studien weisen allerdings zumeist - so Brockhoff weiter - eklatante Mängel auf, so daß weder die eine noch die andere These empirisch gestützt werden könnte.

(23)   Vgl. Pfeifer et al., 1989, S. 100; Wheelwright/Hayes, 1985, S. 87 f.; Zahn, 1988, S. 517.

(24)   Brockhoff, 1984, S. 343.

(25) Zum "collective action view" vgl. Hinder, 1986, S. 263.

(26) Vgl. z.B. Kirsch, 1988, S. 242 ff. und die dort angegebene Literatur.

(27) Vgl. z.B. Fischer-Winkelmann/Rock, 1977 und 1982; Hansen/Stauss/Riemer, 1982; Raffée/Wiedmann, 1985.

(28) Vgl. Oppitz, 1983; Oppitz/v. Rosenstiel, 1983.

(29) Vgl. den Überblick bei Raffée/Wiedmann, 1985.

(30) Vgl. hierzu Fischer-Winkelmann/Rock, 1975.

(31) Vgl. hierzu etwa Petri, 1977.

(32) Zu dem hier implizit angesprochenen Konzept der Countervailing Power vgl. Galbraith, 1952 und 1954.

(33) Vgl. Freimann, 1984; Weitzig, 1979.

(34) Zum Konzept des "guerilla marketing" vgl. Davidoff, 1989.

(35) Vgl. die Diskussion zum Thema "the dialogue that never happens" in Levy/Zaltman, 1973.

(36) Vgl. schon Kerby, 1972, S. 31; Tauber, 1974; ergänzend den Überblick bei Brockhoff, 1984, S. 344 - 346.

(37) Fragwürdig erscheint die Feststellung Simons insbesondere deshalb, weil nach unserer Einschätzung der Marketingansatz seitens Peters/Waterman in völlig unzureichender Weise dargestellt wird. Zwar sind einige der von Peters/Waterman geprägten Erfolgsrezepte recht konstruktiv und vermögen auch einzelne Grundgedanken des Marketing zu illustrieren; allein zur Verdeutlichung des Marketingkonzepts reichen diese jedoch keinesfalls aus. Überdies vermögen wiederum andere der von Peters/Waterman akzentuierten Erfolgsrezepte Unternehmen in spezifischen Bedingungskonstellationen durchaus in die Irre zu leiten. Diese Auffassung teilen und begründen z.B. Albers/Eggert, 1988.

(38) Teilweise werden mit diesen Begriffen aber auch andere, zumindest über ein sozial verantwortliches Marketing von Unternehmen hinausgehende Aspekte gekennzeichnet. So stoßen wir bspw. auf den Begriff Social Marketing im Zusammenhang mit dem Marketing nicht-kommerzieller Institutionen, der Analyse allgemeiner Konsequenzen des kommerziellen und nicht-kommerziellen Marketing, der Nutzung der Marketingtechnologie für die Bewältigung allgemeiner oder aktueller gesellschaftlicher Probleme usw. (vgl. den Überblick bei Spratlen, 1976, Wiedmann, 1982). Der Begriff Macro Marketing wird gelegentlich allein zur Kennzeichnung der Konsequenzen und Rahmenbedingungen des kommerziellen Marketing verwendet, teils mit Social Marketing in seinen verschiedenen Begriffsbedeutungen gleichgesetzt oder eben als Ansatz eines sozial verantwortlichen Unternehmensmarketing eingestuft (vgl. Wiedmann, 1982).

(39) Vgl. hierzu etwa die verschiedenen Beiträge in Hansen/Stauss/Riemer, 1982.

(40) Vgl. z.B. Buß, 1983a, der zahlreiche Varianten des Social Marketing aufarbeitet, die bislang in der deutschsprachigen Marketingliteratur überhaupt keine Aufmerksamkeit gefunden haben.

(41) Vgl. Luck, 1974.

(42) Vgl. etwa Fischer-Winkelmann/Rock, 1982.

(43) Vgl. z.B. Hansen, 1990; Hansen/Stauss/Riemer, 1982.

(44)   Vgl. etwa die Beiträge in Meffert/Wagner, 1987.

(45)   Vgl. insbesondere den Überblick bei Brantl, 1985.

(46)   Vgl. z.B. den Überblick bei Hinder, 1986; Day/Wensley, 1983; Webster, 1988.

(47)   Einen Überblick über die vielfältigen Absichten bzw. als notwendig erkannten Erweiterungen des
       traditionellen Marketing vermitteln z.B. Day/Wensley, 1983; Wind/Robertson, 1983;
       Aaby/McGann, 1989.

(48)   Vgl. etwa Meffert/Hafner, 1987; Kreutzer/Jugel/Wiedmann, 1987.

(49)   Vgl. hierzu Engelhardt, 1985 und 1986; Simon, 1986.

(50)   Deutlich wird dies etwa im Beitrag von Simon, 1988.

(51)   Vgl. den Überblick bei Stauss/Schulze, 1990.

(52)   Vgl. etwa die Vorschläge zur Neuorientierung des Marketingansatzes bei Simon, 1988.

(53)   Vgl. hierzu Wiedmann, 1989.

(54)   Zur Darstellung eines solchen erweiterten Konzepts vgl. Wiedmann, 1989.

(55)   Vgl. z.B. Raffée/Wiedmann, 1987; Wiedmann, 1989.

(56)   Vgl. z.B. Levy/Zaltman, 1973; Kangun, 1972.

(57)   Zu dieser Auslegung des Sponsoringkonzepts vgl. z.B. Bruhn, 1989.

(58)   Vgl. etwa die verschiedenen Beiträge in Fischer-Winkelmann/Rock, 1976.

(59)   Letztlich läßt sich eine Auseinandersetzung mit dieser Problematik bis in die Frühzeit einer Lehre
       von der Ökonomie zurückverfolgen. Gehen wir einmal davon aus, daß Aristoteles im Anschluß
       an Platon die erste systematische Theorie der Ökonomie formuliert hat, so spielen bereits in
       diesem Ansatz die heute noch immer aktuellen Fragen nach den gesellschaftlichen Bezügen
       unternehmerischen Handelns eine zentrale Rolle. Vgl. hierzu den Überblick bei Rock/Rosenthal,
       1986.

(60)   Einen Überblick über verschiedene Managementkonzeptionen vermittelr etwa Hopfenbeck, 1989;
       die verschiedenen Unternehmens-Umweltmodelle werden ausführlich von Weitzig, 1979,
       behandelt.

(61)   Zum Ansatz der AOEWL vgl. den Überblick bei Raffée, 1984a.

(62)   Bei diesen Beispielen dürften selbst jene Ansätze, die auf einem ökonomischen Basiskonzept
       (vgl. Raffée, 1984) beruhen bzw. auf den "magischen Trichter des Homo oeconomicus" (Peter
       Ulrich, 1986) zurückgreifen, strenggenommen nicht ausgeklammert werden, da auch ihnen
       jeweils spezifische Vorstellungen hinsicht- lich der Beziehungen zwischen Unternehmung und
       Gesellschaft zugrundeliegen. Darüber hinaus vertritt bspw. Albach (1985, S. 174; 1988, S. 102),
       der sich selbst als Vertreter einer eng ökonomisch angelegten Betriebswirtschaftslehre ausgibt, die
       These, "daß Betriebswirtschaftslehre als Wissenschaft nicht betrieben werden kann, ohne die
       Einbettung des Systems "Betrieb" in das System "Gesamtwirtschaft" und "Gesamtgesellschaft"
       zu verstehen und zu erklären...".

(63)   Vgl. den Überblick bei Marr, 1984; grundsätzlich Heinen, 1969 und 1971.

(64)   Vgl. etwa Ulrich, 1984.

(65) Vgl. u.a. Pfriem, 1986; Freimann, 1987; Strebel, 1980; ergänzend den Überblick bei Hopfenbeck, 1989.

(66) Zentrale Modelle werden von Weitzig, 1979, aufgearbeitet und beurteilt.

(67) Die in Abbildung 5 exemplarisch aufgelisteten Modellvorstellungen zur Beziehung zwischen Unternehmung und Gesellschaft (U/G-Modelle) orientieren sich nur z.T. an dem Strukturierungsvorschlag von Weitzig (1979): Marktmodell, Treuhändermodell, Idee der sozialen Partnerschaft, Koalitionsmodell, Konzept der gesellschaftsbezogenen Rechnungslegung (Sozialbilanzkonzept), Arbeitsorientierte Einzelwirtschaftslehre (AOEWL). So handelt es sich u.E. beim Sozialbilanzkonzept nicht um eine eigenständige U/G-Modellvorstellung. Vielmehr wird im Kontext verschiedener Sozialbilanzkonzepte auf sehr unterschiedliche U/G-Modellvorstellungen rekurriert, vornehmlich auf einzelne Varianten des Marktmodells oder auf solche des Koalitionsmodells. Ähnliches gilt für das Konzept der AOEWL. Dieses Konzept kann zudem lediglich unter dem Aspekt der Interessensausrichtung in die Systematik betriebswirtschaftlicher Ansätze eingeordnet werden. Seine forschungsprogrammatische Grundkonzeption ist demgegenüber unbestimmt, obgleich eine gewisse Orientierung an der inhaltlichen Leitidee des Entscheidungsansatzes festgestellt werden kann (vgl. dementsprechend auch die Zuordnung in Abb. 5). Schließlich fehlen bei Weitzig einige neuere U/G-Modellvorstellungen, von denen wir in Abbildung 5 lediglich das Koevolutionsmodell aufgelistet haben, das heute bei verschiedenen Ansätzen der systemorientierten und evolutionären Managementlehre eine Rolle spielt (vgl. z.B. Dyllick, 1982; Malik, 1985; Kirsch, 1984, 1989, 1990). Als weitere Modellvorstellungen wären bspw. U/G-Modelle der Neuen Politischen Ökonomie bzw. politisch-ökonomische Modellansätze zu nennen (vgl. zusammenfassend und bewertend z.B. Fässler, 1989).

(68) Vgl. z.B. Kirsch, 1990a.

(69) Vgl. etwa Dierkes, 1974.

(70) Vgl. den Überblick bei Preston, 1983; Dyllick, 1986.

(71) Zum evolutionären Managementkonzept von Kirsch et al. vgl. u.a. Kirsch, 1990a und 1990b; Kirsch/Maaßen, 1989a.

(72) Vgl. etwa Ansoff, 1965, 1981 und 1984.

(73) Die verschiedenen Kritikpunkte können allerdings mutatis mutandis auch im Kontext der Beurteilung anderer Ansätze Gültigkeit beanspruchen.

(74) Kennzeichnend hierfür ist etwa, daß im Sektor der Diskussion konkreter Gestaltungsperspektiven der Unternehmensplanung klassische Planungskonzepte im Mittelpunkt stehen, bei denen gesellschaftliche Zusammenhänge nicht reflektiert werden; vgl. z.B. Kirsch/Maaßen, 1989; Ulrich 1984.

(75) Eine Ausnahme stellt hier etwa die Arbeit von Achleitner (1985) dar, die dem St. Galler Managementmodell zugerechnet werden kann. Hier werden in Anlehnung an die reichhaltige anglo-amerikanische Literatur zum Thema Business and Society bzw. zum sog. Social Responsivess Movement durchaus konkrete Probleme einer organisatorischen Implementierung eines gesellschaftsorientierten Management aufgezeigt. Nicht behandelt wird allerdings die umfassendere Frage nach einer gesellschaftsorientierten Unternehmenskultur.

(76) Vgl. Heath/Nelson, 1986; Heath, 1988.

(77) Vgl. Neske, 1979; Heath/Nelson, 1986.

(78) Vgl. hierzu den Überblick bei Preston, 1983; Dyllick, 1986; ergänzend Miles, 1986 und 1987.

(79) Vgl. Hoepfenbeck. 1989 und 1990; Steger, 1988; und die dort jeweils zitierte Literatur.

(80)   Vgl. etwa Schneider, 1983; Freimann, 1984.

(81)   Zur Konzeption des theoretischen Pluralismus vgl. Feyerabend, 1975, 1981 und 1986; Spinner, 1974; die Idee eines konzeptionellen Pluralismus wird später noch ausführlicher erläutert (vgl. Abschnitt 3.1.3.).

(82)   Vgl. hierzu die Literaturauswertung bei Preston, 1983; Dyllick, 1986.

Anmerkungen zu Kapitel 3.

(1)   Vgl. exemplarisch die kritische Auseinandersetzung mit der gegenwärtigen Diskussion im Themenfeld Unternehmenskultur bei Sandner, 1988.

(2)   Vgl. Kirsch, 1988b, der wissenschaftliche Forschungsprogramme in Analogie zur CI-Konzeption zu rekonstruieren versucht.

(3)   Daß es sich hierbei um "Paradigmen" handelt, wird bspw. von Stauss, 1986, S. 64, in Abrede gestellt; er plädiert stattdessen dafür, lediglich von "Ansätzen" des Marketing zu sprechen. Nach unserer Auffassung mischen sich in der Auflistung von Carman (1980) Paradigmen (z.b. Konfliktlösungsansatz) und Ansätze im üblichen Sinne (z.b. Systemansatz).

(4)   Vgl. hierzu die entsprechenden Stichworte im Handwörterbuch der Absatzwirtschaft; Tietz, 1984.

(5)   Vgl. dazu etwa Raffée, 1984a und 1984b; Specht, 1990.

(6)   Vgl. Raffée, 1974.

(7)   Vgl. hierzu etwa das "generic concept of marketing" nach Kotler, 1972.

(8)   Vgl. Anderson, 1983; Arndt, 1978, 1979, 1981a, 1981b, 1983 und 1985; Bagozzi, 1974, 1975, 1976 und 1978; Bartels, 1951, 1962 und 1968; Belk, 1984; Buzzel, 1963; Cunningham/Sheth, 1983; Ferrell/Brown/Lamb, 1979; Hunt, 1971; 1976a, 1976b, 1983a, und 1983b; Lamb/Dunne, 1980; Lamb, 1983; Leong, 1985; Thorelli, 1983; Varadarajan, 1983; Zaltman/LeMasters/ Heffring, 1982.

(9)   Vgl. Hunt, 1971; 1976a, 1976b, 1983a, und 1983b; Leong, 1985; Houston/Gassenheimer, 1987.

(10) Vgl. Hunt, 1971; 1976a, 1976b, 1983a, und 1983b; Hunt/Muncy/Ray, 1981.

(11) Vgl. Schanz, 1977, 1982, 1988a, 1988b und 1990.

(12) Schanz rekurriert insbesondere auf die Konzepte von Kuhn, 1962 und 1976, sowie Lakatos, 1974a, 1974b und 1978.

(13) Vgl. auch die Diskussion in Wunderer, 1988.

(14) Vgl. Raffée, 1974, 1979, 1984a und 1984b; Raffée/Specht, 1976, 1982a und 1982b; Raffée/Wiedmann, 1983 und 1987; Raffée/Wiedmann/Abel, 1983; Abel, 1977, 1978, 1979a, 1979b und 1983a; Fritz, 1984; Petri, 1976 und 1977; Silberer, 1978 und 1979, Wiedmann, 1982 und 1989.

(15) Die von Kuhn (1974) in dem gleichlautenden Beitrag aufgeworfene Frage "Logik der Forschung oder Psychologie des wissenschaftlichen Arbeitens" sieht Schanz (1988a, S. 21) als Anspielung auf Poppers erkenntnistheoretisches Hauptwerk bzw. dessen u.a. dort ausgearbeitete Verwerfung der Psychologie des Wissens.

(16) Die sehr fruchtbare, von uns später noch stärker aufzugreifende Verbindungslinie zu dem in der

Organisations- und Managementforschung gebräuchlichen Kulturbegriff stellt etwa Ebers, 1985, S. 15, her. Vgl. ergänzend Anderson, 1983.

(17) Vgl. knapp die zusammenfassende Darstellung bei Ebers, 1985.

(18) Vgl. Stegmüller, 1979a, 1979b, 1980 und 1981; zusammenfassend Fritz, 1984, S. 38 - 39.

(19) Vgl. knapp Fritz, 1984, S. 38 - 39; ausführlich Stegmüller, 1979a, 1979b, 1980 und 1981.

(20) Vgl. hierzu Petri, 1976; Fritz, 1984; Leong, 1985; sowie Schanz, 1982, der auch auf die Schutzbedürftigkeit älterer Forschungsprogramme hinweist.

(21) Vgl. Schanz, 1982, S. 40 f.; ergänzend hinsichtlich der Kritik an der Methodologie wissenschaftlicher Forschungsprogramme wie sie von Lakatos, aber auch von Stegmüller und anderen entwickelt wurde, um einem rigorosen Falsifikationismus entgegenzuwirken, vor allem Fritz, 1984, S. 44 - 46 und die dort angegebene Literatur.

(22) Schanz, 1982, S. 38; ausführlicher vgl. 1977, S. 15 ff.; ergänzend Fritz, 1984, S. 39, und die dort angegebene Literatur.

(23) Konkret geht es bei der Rekonstruktionsfunktion darum, das im Rahmen von Forschungsprozessen gewonnene Wissen zu kondensieren und auf einen Kern zu bringen, so daß die in einem bestimmten Bereich gesammelten theoretischen Erkenntnisse auch für andere Forschungsaufgaben fruchtbar gemacht werden können.

(24) Zu den unterschiedlichen Stufen subjektiven Wissens und speziell zum Phänomen des nicht formulierbaren Wissens vgl. Chmielewicz, 1979, S. 133.

(25) Vgl. hierzu zusammenfassend Anderson, 1983, S. 22.

(26) Zur Auslegung der Betriebswirtschaftslehre als Managementlehre vgl. die Beiträge in Wunderer, 1988.

(27) Vgl. zur nachfolgend verwendeten Einteilung auch Fässler, 1989, S. 45; Thommen, 1983, S. 29 - 48.

(28) Zum Problemfeld der Verwertungsinterssen vgl. Petri, 1977.

(29) Zur forschungsleitenden Bedeutung von Veröffentlichungsriten vgl. Arndt, 1985.

(30) Die Verwendung des Paradigmabegriffs bei Herrmann erscheint insofern unzweckmäßig, als gerade auch Festsetzungen hinsichtlich des Objektbereichs und spezifische Problemexplikationen einen paradigmatischen oder quasi-paradigmatischen Charakter aufweisen. Dies nicht nur im Sinne unserer Verwendung des Paradigmabegriffs, sondern auch dann, wenn man sich unmittelbar an Kuhn orientiert.

(31) Vgl. hierzu Raffée, 1984a.

(32) Dies gilt mutatis mutandis bspw. für den systemtheoretischen Ansatz, wie er von H.Ulrich geprägt wurde (vgl. u.a. Ulrich, 1984). Allerdings werden in diesem Ansatz theoretische Erkenntnisse aus den Naturwissenschaften, speziell der Allgemeinen Systemtheorie und der Kybernetik, und neuerdings der Evolutionstheorie für die Ausgestaltung technologischer Aussagensysteme (einzelne Techniken, Methoden oder umfassendere Modelle) fruchtbar zu machen versucht.

(33) Vgl. im einzelnen Raffée, 1974, S. 55.

(34) Zur Unterscheidung in theoretische und methodologische bzw. inhaltliche und formale Leitideen vgl. etwa Albert, 1968 und 1974; Bohnen, 1975, S. 4; Abel, 1979a; Fritz, 1984, S. 47.

Anzumerken ist im vorliegenden Zusammenhang ferner, daß theoretische Leitideen nicht nur z.B. Erklärungsversuche inhaltlich ausrichten bzw. steuern, sondern sich umgekehrt auch aus unternommenen Erklärungsversuchen gewissermaßen als ein zentrales Substrat ergeben. So wurde bspw. das von Schanz (1977) propagierte Gratifikationsprinzip, auf das wir später noch ausführlicher eingehen werden, im Anschluß an die Rekonstruktion unterschiedlichster sozialwissenschaftlicher Forschungstraditionen entwickelt bzw. als harter Kern aus diesen herauskristallisiert.

(35) Zur Verwendung des Begriffes Technologie im Sinne einer umfassenden "Sozialtechnologie", wie sie wesentlich auf Popper zurückgeht, vgl. die instruktiven Darlegungen bei Chmielewitz, 1979, S. 169 ff.

(36) Ausführlicher zu den verschiedenen Wissenschaftsfunktionen vgl. Raffée, 1984; und die dort angegebene Literatur.

(37) Zur Kritik der verhaltenswissenschaftlichen Öffnung der Betriebswirtschaftslehre vgl. z.B. Schneider, 1981.

(38) Der Begriff des Strukturkerns geht - wie zuvor schon dargestellt - auf Stegmüller zurück. Vgl. Stegmüller, 1979a, 1979b, 1980 und 1981; zusammenfassend Fritz, 1984, S. 38 - 39.

(39) Zur Idee des theoretischen Pluralismus vgl. etwa Popper, Albert, Spinner, und speziell Feyerabend, der diese Idee weiter ausgearbeitet hat. Einen knappen Überblick geben etwa Schanz, 1982; Fritz, 1984; sehr ausführlich Spinner, 1974. Hier finden sich auch Hinweise auf andere Kritikpunkte, auf die wir hier nicht näher eingehen wollen.

(40) Zur Idee der methodischen Rationalität vgl. z.B. Raffée/Abel, 1979.

(41) Vgl. Raffée, 1974, 1979, 1984a und 1984b; Raffée/Specht, 1976, 1982a und 1982b; Raffée/Wiedmann, 1983 und 1987; Raffée/Wiedmann/Abel, 1983; Abel, 1977, 1978, 1979a, 1979b und 1983a; Fritz, 1984; Petri, 1976 und 1977; Silberer, 1978 und 1979, Wiedmann, 1982 und 1989.

(42) Vgl. z.B. Alderson, 1957; Bagozzi, 1974, 1975, 1976 und 1978; Hunt, 1976; Kotler, 1972.

(43) Vgl. etwa Anderson, 1983; Leong, 1985.

(44) Vgl. etwa Homans, 1968, 1972a und 1972b; als Überblick Jehle, 1980.

(45) Ausnahmen bestätigen freilich die Regel; vgl. z.B. Abel, 1977.

(46) Vgl. hierzu z.B. Heinen, 1969, 1971, 1972, 1976; Schanz, 1982; Mayer, 1989; Rühli, 1989; Steinmann/Hasselberg, 1989.

(47) Vgl. Heinen, 1987.

(48) Unmittelbar mit Bezug auf das Heinen'sche Entscheidungsprogramm vgl. Wild, 1974a, S. 148 - 150; Kirsch, 1989, S. 129; P. Ulrich, 1989, S. 140; grundsätzlich zur Problematisierung der Wahlrationalität vgl.z.B. Schaffitzel, 1982. Wild, 1974a, S. 150, betrachtet in diesem Zusammenhang die Konzentration auf Entscheidungen als "Relikt eines bereits als überwunden geglaubten Selbstverständnisses unseres Faches aus jener Zeit, in der noch der homo oeconomicus und mehr oder weniger formalisierte Entscheidungsmodelle die Forschungsarbeit der Fachvertreter wesentlich bestimmten"; vgl. auch Mayer, 1989, S. 56.

(49) Gleiches gilt aber auch für die Perspektive der in ein soziales Umfeld eingebetteten Psycho-Logik sowie vor allem für die "Perspektive kollektiver Entscheidungsprozesse" im Rahmen der entscheidungstheoretischen Rationalitätsdiskussion; vgl. als Überblick Kirsch, 1990b, S. 42.

- 299 -

(50) Vgl. z.B. Schweitzer, 1982, S. 20 - 22; Wöhe, 1973, S. 2; generell zur Entscheidungslogik in
der ökonomischen Theorie statt vieler Albert, 1967a, 1975.

(51) Vgl. im einzelnen Schaffitzel, 1982; Mayer, 1986.

(52) Zumindest die ablehnende Haltung gegenüber der Entscheidungsperspektive teilt im übrigen auch
D.Schneider (1981, S. 8 - 16, 1983, S. 203 f.), wenn er die gängige Gleichsetzung von
"Wirtschaften" und "entscheidungslogischem, rationalem Disponieren" als eine Verfehlung mit
schwerwiegenden Konsequenzen stigmatisiert.

(53) Vgl. zu dem in der Entscheidungsperspektive verwurzelten "Zielansatz" der Effizienzforschung
den Überblick bei Grabatin, 1981, S.21 - 26.

(54) Hinder, 1986, S. 168; allgemein zum Koalitionskonzept vgl. Cyert/March 1963; zur
Unterscheidung in Individualziele, Ziele für die Organisation und Ziele der Organisation Kirsch,
1988).

(55) Vgl. indessen Staehle/Grabatin, 1979; Grabatin, 1981; die als "Nicht-Marketingwissenschaftler"
einen solchen Bezugsrahmen vorgelegt haben.

(56) Vgl. im einzelnen zu dieser gegenüber dem Marketingansatz häufig vorgebrachten Kritik bspw.
Hansen/Stauß, 1983; Stauss, 1986, Marr, 1989.

(57) Sehr deutlich zum Ausdruck kommt dies etwa im Beitrag von Picot, 1987.

(58) "Die organische Leitidee hält nichts von einer umfassenden "Durchkonstruktion" des Systems"
(der Führung bzw. des Management; A.d.V.). "Das System muß sich selbst entwickeln und in
die jeweiligen neuen Situationen "hineinwachsen" können. ... Vor allem im Bereich der
strategischen Managementsysteme ist man gut beraten, diese Systeme im Sinne einer
organischen Leitidee sich selbst entwickeln zu lassen. Viele Teile eines strategischen
Managementsystems besitzen den Charakter einer "Adhocracy" (Mintzberg, 1979). Nimmt man
die organische Leitidee ernst, so wird "offiziell", d.h. über ein "Planungshandbuch" und sonstigen
Regelungen, oft nur eine recht rudimentäre Systemkonzeption "implementiert" und der "Rest" der
zum Teil improvisierenden "Selbstorganisation" überlassen..." (Kirsch, 1989b, S. 59).

(59) Während sich im Blick auf das Münchner Managementmodell vielleicht nur bei oberflächlicher
Betrachtung der Verdacht einer Primatisierung der Planung erhärten läßt (vgl. jüngst etwa
Kirsch/Maaßen, 1989; Kirsch, 1990a), hat Kirsch (1989) immerhin ausdrücklich die
Entscheidungsorientierung seiner angewandten Führungslehre hervorgehoben (vgl. schon weniger
deutlich Kirsch, 1990b) und sich damit noch (?) nicht explizit der Austauschperspektive geöffnet,
obwohl u.E. alle tragenden Säulen seines Managementkonzepts aus dieser Perspektive
rekonstruiert und letztlich auch besser verstanden werden können. Allein schon der jeweils als
grundlegend herausgestellte Bezugsrahmen zur Kennzeichnung der Einbindung von Unternehmen
in ihre Umwelt stellt im Kern ein theoretisches Modell der Beschreibung von
Austauschbeziehungen dar (vgl. die Darstellungen in Kirsch/Maaßen, 1989).

(60) Sicherlich liegt im Verwertungszusammenhang eine prinzipielle Ambivalenz und darüber hinaus
sogar insofern eo ipso eine faktische Ambivalenz der unter dieser Prämisse entwickelten Theorien
und Technologien vor, als eine effiziente Unternehmensführung auch die Geführten nützt, indem
sie gewissermaßen sog. non use benefits konstituiert (vgl. vice versa die Erfahrungen, die die
"Geführten" in den Ostblockstaaten infolge unzureichender Betriebsführung sammeln durften).
Die sich aus non use benefits rekrutierende faktische Ambivalenz der gewonnenen Erkenntnisse
bezieht sich indessen aber nur auf jenen mehr oder weniger breiten Bereich, in dem eine
Kompatibilität zwischen den Interessen der Unternehmensführung und der Geführten gegeben ist.
Je geringer diese Kompatibilitätszone de facto ist, um so problematischer erscheint das Plädoyer
für eine Führungslehre unter dem Gesichtspunkt der Parteilichkeit (vgl. im einzelnen etwa die
Kritik von Hundt, 1981; insbesondere aber Stoll, 1983).

Das Problem der Parteilichkeit läßt sich u.E. dadurch entschärfen, daß erstens von einem weiten, nicht an Herrschaftsbeziehungen festgemachten Führungsbegriff ausgegangen und zweitens unter dem Aspekt sozial verantwortlicher Unternehmensführung explizit auf die Einbeziehung der Interessen der Geführten - nicht zuletzt durch das Herausstellen von Partizipationsmodellen - hingearbeitet wird. Das Ausmaß, in dem hiermit die Parteilichkeit reduziert werden kann, hängt dann aber wiederum von der Realistik und/oder Realisierbarkeit dieser Ansatzpunkte ab. Ohne dieser Frage im einzelnen nachgehen zu wollen, spricht vieles für die These einer Verbesserung der angemahnten Realistik und Realisierbarkeit durch eine Überwindung der einseitigen Interessensausrichtung im Entdeckungs- und Begründungszusammenhang. Umgekehrt - und im Sprachspiel von Kirsch - formuliert stellt sich also die Frage, ob nicht eine Lehre von der Führung allein schon als Grundlage einer Lehre für die Führung viel zu eng ist. Dies nicht nur aus dem Blickwinkel einer "kritischen Führungslehre" - wie sie auch von Kirsch eingefordert wird -, sondern auch aus dem einer zukunftsorientierten Führungspraxis.

(61) Zur Kritik an der allgemeinen sozialwissenschaftlichen Austauschtheorie vgl. Jehle, 1980.

(62) Vgl. dazu Raffée/Wiedmann, 1985; Wiedmann, 1984a und 1984b.

(63) Jehle, 1980, S. 97 ff., unterscheidet folgende elementare Ausprägungen von Interaktionsprozessen: Marktprozesse, hierarchisch strukturierte Organisationsprozesse, Verhandlungprozesse, mikropolitische Prozesse, makropolitische Prozesse und Sozialisationsprozesse.

(64) Im betriebswirtschaftlichen Bereich hat sich bislang vor allem Kirsch mit dem Problem der Inkommensurabilität wissenschaftlicher Sprachspiele auseinandergesetzt; vgl. z.B. Kirsch, 1984b und 1990b.

(65) Zur Unterscheidung in ökonomisches und sozialwissenschaftliches Basiskonzept vgl. Raffée, 1984a.

(66) Vgl. den Überblick bei Schanz, 1977; Jehle, 1980, S. 51.

(67) Vgl. z.B. Richter, 1990; speziell mit Bezug auf eine betriebswirtschaftliche Führungslehre Picot, 1987.

(68) Wenn trotz der besonderen Akzentuierung des sog. "open systems view" innerhalb der systemorientierten Managementlehre und speziell im St. Galler Managementmodell das Problemfeld eines Management von Umweltbeziehungen bislang - jedenfalls auf einer konkreten technologischen Ebene - nur unzureichend bearbeitet wurde (vgl. inzwischen allerdings Dyllick, 1989, 1990; Ulrich, 1989), dann mag dies mit darauf zurückzuführen sein, daß man sich auch hier noch nicht konsequent genug aus den Fesseln des Entscheidungsansatzes (i.w.S.) - und sei es auch nur (?) in Gestalt des Primats der Planung - lösen konnte. Vgl. auch Pondy/Mitroff, 1978, S. 91, die sich kritisch zum Stillstand des Open Systems Approach äußern; ergänzendKutschker, 1980, S. 91; Kirsch, 1990b.

(69) Vgl. Dlugos, 1984.

(70) Vgl. z.B. Van de Ven/Astley, 1981; Pfeffer, 1982; als Überblick Grabatin, 1981, S. 70, z.T. Staehle, 1989.

(71) Levine/White, 1961; Evan, 1966; Van de Ven, 1976; Schmidt/Kochan, 1977; Benson, 1975; Warren, 1967; Guetzkow, 1966; Yuchtman/Seashore, 1967; Hall et al., 1977; Litwak/Hylton, 1962, 80 - 82; als Überblick Kutschker, 1980, S. 110, 114 und 122.

(72) Vgl. Buchanan, 1964, 1969, 1975 und 1982; knapp auch Peter Ulrich, 1988.

(73) Vgl. den Überblick bei Richter 1990; Picot, 1987.

(74) Vgl. Fässler, 1989, S. 113; Gabisch, 1985; Siebke, 1985.

(75)   Vgl. hierzu im einzelnen Fässler, 1989, S. 182.

(76)   Vgl. detailliert Peter Ulrich, 1986.

(77)   Vgl. Albach, 1988, S. 103; Riekhoff, 1983; Richter, 1990.

(78)   Vgl. dazu im einzelnen Schneider, 1981.

(79)   Vgl. etwa Engelhardt/Günther, 1986; Backhaus, 1990.

(80)   Die Kritik am Austauschkonzept faßt etwa Jehle, 1980, zusammen.

(81)   Vgl. zusammenfassend Jehle, 1980, S. 63.

(82)   Vgl. z.B. Nieschlag/Dichtl/Hörschgen, 1987, S. 27; Raffée, 1974.

(83)   Zum Konzept des erlebnisorientierten Marketing vgl. z.B. Kroeber-Riel, 1986.

(84)   Vgl. z.B. die verschiedenen Beiträge in Hansen/Stauss/Riemer, 1982.

(85)   Raffée/Specht, 1976 und 1972; ergänzend Specht 1974 und 1981.

(86)   Vgl. hierzu die Beiträge in Fischer-Winkelmann/Rock, 1976.

(87)   Im einzelnen zum Konzept des Sozio-Marketing vgl. Raffée/Wiedmann, 1983, Raffée/Wiedmann/Abel, 1983; Wiedmann, 1982; mit anderen Akzenten Bruhn/Tilmes, 1989.

(88)   Vgl. Raffée, 1974; Abel, 1977, 1978, 1979a, 1979b und 1983a; Fritz, 1984; Petri, 1976.

(89)   Vgl. Fritz, 1984, S. 127 ff.

(90)   Vgl. Kant, 1976.

(91)   Vgl. Dieter Schneider, 1981 und 1983.

(92)   Einen knappen Überblick über materielle Leitideen zur Erfassung zielorientierten menschlichen Tuns vermittelt z.B. Abel, 1983, S. 63 ff.

(93)   Vgl. dazu Schneider, 1981; insbesondere aber Jehle, 1980.

(94)   Vgl. Houston/Gassenheimer, 1987, und die dort angeführte Literatur.

(95)   Vgl. hierzu im einzelnen Malewski, 1977, S. 10; Schanz, 1977, S. 12; Silberer, 1979; Jehle, 1980, S. 63; Fritz, 1984, S. 135; zunächst vor allem aber Malewski, 1967; Opp, 1972; Bohnen, 1975.

(96)   Vgl. z.B. Bagozzi, 1974, 1975, 1978 und 1979; ergänzend den Überblick bei Houston/Gassenheimer, 1987.

(97)   Hierauf weisen z.T. auch Houston/Gassenheimer, 1987, hin; vgl. aber insbesondere die Darstellung bei Bagozzi, 1974, 1975, 1978 und 1979.

(98)   Vgl. Fässler, 1989; und zuvor Fritz, 1984, Raffée/Wiedmann/Abel, 1983; Raffée/Wiedmann, 1983; Wiedmann, 1982.

(99)   Vgl. Abel, 1983, S. 63 ff.; ergänzend z.B. Neuberger, 1974, S. 84 ff.; Schanz, 1977, S. 128 ff. und 1978; ergänzend Malewski, 1967 und 1977, S. 10; Silberer, 1979; Jehle, 1980, S. 63; Fritz, 1984, S. 135; Opp, 1972; Bohnen, 1975.

(100) Zur hier zugrundegelegten Interpretation des Terminus "Quasi-Handeln" vgl. Schanz, 1977.

(101) Vgl. auch Fässler, 1989; und zuvor Fritz, 1984, Raffée/Wiedmann/Abel, 1983; Raffée/Wiedmann, 1983; Wiedmann, 1982.

(102) Vgl. hierzu im einzelnen Malewski, 1977, S. 10; Schanz, 1977, S. 12; Silberer, 1979; Jehle, 1980, S. 63; Fritz, 1984, S. 135; zunächst vor allem aber Malewski, 1967; Opp, 1972; Bohnen, 1975.

(103) Vgl. Abel, 1983; ergänzend z.B. Neuberger, 1974, S. 84 ff.; Schanz, 1977, S. 128 ff., 1978.

(104) Zur individuellen Definition der Situation vgl. Lewin, 1963; allgemein auch Kirsch 1988, S. 259.

(105) Vgl. dazu Abel, 1979, S. 55 f.; Albert, 1977, S. 202 ff.

(106) Vgl. Raffée/Wiedmann/Abel, 1983, S. 699.

(107) Vgl. dazu Raffée, 1969, S. 247.

(108) Vgl. Kroeber-Riel, 1990.

(109) Vgl. den Überblick bei Grabatin, 1981.

(110) Vgl. hierzu den Stand der Diskussion wie er von Backhaus, 1990, vorgestellt wird.

(111) Vgl. z.B. den Überblick bei Wiedmann, 1985.

(112) Vgl. etwa Simon, 1985.

(113) Vgl. z.B. Peters/Waterman, 1983.

(114) Vgl. insbesondere die Diskussion im Feld des Global Marketing und als Überblick hierzu etwa Kreutzer, 1989.

(115) Vgl. Simon, 1988.

(116) Hierauf weist etwa auch Fritz, 1989, hin.

(117) Zu dieser Unterscheidung vgl. Raffée, 1978.

(118) Vgl. z.B. Pümpin et al., 1981, S. 14.

(119) Vgl. etwa die knappe Darstellung bei Hettich, 1979.

(120) Vgl. dazu z.B. Meffert, 1986; Nieschlag/Dichtl/Hörschgen, 1987; Raffée, 1974.

(121) Vgl. Raffée, 1979; Raffée/Wiedmann/Abel, 1983; Wiedmann, 1982 und 1985.

(122) Hierauf weist insbesondere Raffée, 1984a und 1984b, hin.

(123) Zum Konzept des Gleichgewichts-Marketing vgl. Raffée, 1979, S. 3 ff.; kritisch dazu D. Schneider, 1983.

(124) Hierauf stellt insbesondere D. Schneider, 1983, bei seiner Kritik am Konzept des Gleichgewichts-Marketing ab.

(125) Vgl. etwa die verschiedenen Arbeiten im Bereich des Investitionsgütermarketing und als Überblick hierzu Backhaus, 1990.

(126) Vgl. dazu Raffée, 1979; Specht, 1974; Sirgy/Morris, 1987; Samli, 1987.

(127) Vgl. Dichtl/Niedetzky, 1981; Raffée/Wiedmann, 1981.

(128) Vgl. Abschnitt 3.2.2.3.1. dieser Arbeit.

(129) Vgl. mit Bezug auf die Marketingwissenschaft insbesondere Arndt, 1985, S. 16 ff.; allgemein etwa den Überblick bei Schreyögg, 1984.

(130) Vgl. Weitzig, 1979; Hinder, 1986; Kirsch/Trux, 1981, Kirsch, 1990a.

(131) Vgl. den Überblick bei Grabatin, 1981.

(132) Vgl. Utz, 1978; Wiedmann, 1985.

(133) Vgl. z.B. Glatzer/Zapf, 1984; Raffée, 1979; Specht, 1974; Sirgy/Morris, 1987; Samli, 1987.

(134) Vgl. den Überblick bei Samli, 1987.

(135) Vgl. hierzu Stitzel, 1978, S. 75.

(136) Zu den verschiedenen Brückenprinzipien vgl. Abel, 1979 und 1978.

(137) Zu dieser neueren Rationalitätsdiskussion vgl. insbesondere Kirsch, 1990b; zu Knyphausen, 1988.

(138) Schanz, 1990, S. 223.

(139) Vgl. z.B. Meffert, 1986; Nieschlag/Dichtl/Hörschgen, 1987.

(140) Vgl. Abschnitt 3.2.4.1.4. dieser Arbeit.

(141) Vgl. hierzu auch Freimann, 1984.

(142) Vgl. Fischer-Winkelmann, 1971, 1972 und 1974; Kroeber-Riel, 1976.

(143) Vgl. z.B. Raffée/Wiedmann, 1987; Silberer, 1991; und die dort zitierte Literatur.

(144) Vgl. dazu etwa Kroeber-Riel, 1990.

(145) Dies etwa im Zusammenhabng mit ökologieorientierten Konzepten der Unternehmensführung; vgl. z.B. den Überblick bei Hopfenbeck, 1989.

(146) Vgl. z.B. Anderson, 1983.

(147) Vgl. etwa Arndt, 1983 und 1985.

(148) Vgl. dazu etwa Noelle-Neumann, 1989; Deisenberg, 1986.

(149) Vgl. den Überblick bei Neuberger, 1990.

(150) Vgl. Neuberger, 1990; Weihe, 1977.

(151) Derartige Grundkonzepte haben bislang nur zaghaft Eingang in die Marketingdiskussion gefunden; vgl. z.B. Krulis-Randa, 1986c.

(152) Vgl. hierzu den Überblick bei Bretz, 1988.

(153)   Vgl. hierzu die Darstellung bei zu Knyphausen, 1988, S. 16 ff.

(154)   Die Bedeutung von Paradoxien wird von zu Knyphausen, 1988, detailliert herausgearbeitet.

Anmerkungen zu Kapitel 4:

(1)   Vgl. etwa Kuhn, 1976, S. 10 u. S. 15; Feyerabend, 1978, S. 192 f.; Bretz, 1988, S. 167.

(2)   Vgl. z.b. Sprüngli, 1981; Capra, 1983; insbesondere aber den Überblick bei Bretz, 1988.

(3)   Vgl. Dux, 1982; Schnädelbach, 1984; Habermas, 1981a, 1981b und 1985a; Luhmann, 1987a
       und 1987b.

(4)   Vgl. Bohrer, 1983 und 1987; Feyerabend, 1986, S. 21 ff. und 1981; Huysen, 1986; Koslowski,
       1986; Lyotard, 1986 und 1987; Sloterdijk, 1983 und 1987; Eco, 1986, S. 76 ff.

(5)   Vgl. z.b. Capra, 1983 und 1987.

(6)   Vgl. statt vieler Jantsch, 1979.

(7)   Vgl. z.b. Crilly/Earnshaw/Jones, 1991; Goodwin, 1990; Ebeling, 1989.

(8)   Vgl. z.b. Malik, 1984; Wüthrich, 1991

(9)   Vgl. etwa den Überblick bei Wüthrich, 1991; Wiedmann, 1985.

(10)   Zum Stellenwert sowie zu unterschiedlichen Ausformungen des Postulats der situativen
       Relativierung im Rahmen der Managementlehre vgl. den Überblick bei Staehle, 1989.

(11)   Vgl. hierzu Fritz, 1991.

(12)   Vgl. insbesondere Peters/Waterman, 1983.

(13)   Vgl. z.B. Sprüngli, 1981; und die dort angegebene Literatur.

(14)   Vgl. etwa Sprüngli, 1981; Malik, 1984.

(15)   Auf die "Zappeligkeit" der Konsumenten als zentrale Herausforderung an Unternehmen weist
       Gerken, 1990, hin.

(16)   Zur evolutionären Weltsicht in anderen Forschungstraditionen vgl. den Überblick bei Bretz,
       1988.

(17)   Zur Entwicklung von der Logik des Seins zur Logik des Werdens vgl. Knyphause, 1988.

(18)   Vgl. z.B. Dyllick, 1982; Sprüngli, 1981; Müller, 1981.

(19)   Vgl. hierzu sowie zur Abgrenzung zur sozialdarwinistischen Interpretation dieses Grundmusters
       Kieser, 1982.

(20)   Hierauf weisen insbesondere Trux/Müller/Kirsch, 1984a, hin.

(21)   Vgl. hierzu Wiedmann, 1988.

(22)   Vgl. hierzu insbesondere Kirsch, 1990, und die dort angeführte Literatur.

(23)   Vgl. hierzu das Konzept der geplanten Evolution nach Kirsch, 1985, 1990a.

(24) Nur langsam setzt hier in Gestalt der Diskussion um ein "mentales Management" gewisser Wandel ein; vgl. einführend Wüthrich, 1991, und die dort angegebene Literatur.

(25) Vgl. hierzu Wiedmann, 1985, und die dort angegebene Literatur.

(26) Zu organisationalen Lernsystemen vgl. z.B. Pautzke, 1989.

(27) Eine knappe Darstellung dieses Lernsystems findet sich bei Pautzke, 1989, S. 136.

(28) Der Absolutheitsanspruch der Aussage von Ulrich/Fluri (1975, S. 19):"Das einzig absolut gültige Managementprinzip lautet: Richtiges Denken = situatives Denken" wurde bereits - allerdings nicht auf den Aspekt zeitlicher Relativierung abstellend - von Staehle (1980, S. 84) zumindest implizit in Frage gestellt. In den neueren Auflagen ihres Werkes haben Ulrich und Fluri inzwischen auch auf diese Aussage verzichtet.

(29) Zum Verhältnis des Alten zum Neuen (et vice versa) sowie zum paradoxen Charakter des Neuen vgl. Knyphausen, 1988, S. 14 - 17.

(30) Vgl. hierzu etwa Schlicksupp, 1977.

(31) Zum Begriff und Verständnis operationaler Geschlossenheit vgl. mutatis mutandis die Theorie autopoietischer Systeme bei Varela, 1987, S. 121; Maturana/Varela, 1987.

(32) Zum Phänomen einer sich "verflüssigenden Welt" vgl. Lyotard, 1986, S. 119 ff.

(33) Vgl. dazu im einzelnen die Konzeption von Knyphausen, 1988.

(34) Wir orientieren uns im folgenden zum Teil wörtlich an der Darstellung bei Bretz 1988, S. 266 ff.

(35) Vgl. vor allem die Darstellung bei Kirsch, 1990b.

(36) Eine weitere Annahme besteht darin, daß "man einerseits rational nur handeln kann, wenn man gleichzeitig eine "praktische Klugheit" (Kant) an den Tag legt, die sich auf die Gegebenheiten der konkreten Situation einstellt (= okkassionelle Rationalität); und andererseits sich dieses Handeln nur als rational erweisen kann, wenn es wenigstens im Nachhinein gelingt, Regeln aufzustellen, die eben jene Rationalität begründen (= prinzipielle Rationalität)" (Knyphausen, 1988, S. 129 f.).

(37) Der Versuch, situationsadäquate Mischformen zu realisieren, birgt so etwa das Risiko in sich, daß man sich vorschnell auf einen "faulen Kompromiß" einläßt bzw. auf eine bestimmte Kombinationsvariante zwischen prinzipieller und okkasioneller Rationalität zusteuert, die sich u.U. ex post als nicht tragfähig erweist. Umgekehrt mag das "Hin-und Herspringen" zwischen den beiden Polen der prinzipiellen und okkasionellen Rationalität einerseits zu einem nie endenden zirkulären Prozeß führen, der die in praxi letztlich gefragte Entscheidungs- und Handlungsfähigkeit stark beeinträchtigt (hierauf weist auch Knyphausen, 1988, S. 57, hin). Andererseits geraten hier u.U. sinnvolle Kombinationen zwischen prinzipieller und okkasioneller Rationalität aus dem Blickfeld, die über Synergie-Effekte ein vergleichsweise höheres Maß an Rationalität gewährleisten könnten. Bereits die Erweiterung okkasioneller Rationalität um transzendierende Visionen stellt u.E. eine solche Kombination dar, obwohl freilich die "Fühler" nur sehr schwach in Richtung einer prinzipiellen Rationalität ausgestreckt werden.

Literaturverzeichnis

A

Aaby, N.-E./ Mc Gann, A. F. (1989): Corporate Strategy and the Role of Navigantional Marketing, in: European Journal of Marketing, Vol. 23 (1989), No. 10, S. 18 - 31

Aaker, D. A. (1989): Strategisches Markt-Management, Wiesbaden 1989

Aaker, D. A./ Day, G. S. (9182): Unternehmerische Reaktionen auf den Druck des Konsumerismus (Corporate responses to consumerism pressures), in: Hansen, U./Stauss, B./Riemer, M. (1982), S. 71-86

Abel, B. (1977): Plädoyer für eine aufklärungs- und gestaltungsorientierte Marketing-Wissenschaft, in: Fischer-Winkelmann, W. F./ Rock, R. (1977), S. 9 - 41

Abel, B. (1978): Betriebswirtschaftslehre und praktische Vernunft - Zwei Modelle -, in: Steinmann, H. (1978), S. 161 - 191

Abel, B. (1979a): Denken in theoretischen Modellen als Leitidee der Wirtschaftswissenschaften, in: Raffé, H./ Abel, B. (1979a), S. 138 - 160

Abel, B. (1979b): Kritischer Rationalismus und das Wertfreiheitsprinzip, in: Raffée, H./ Abel, B. (1979a), S. 215 - 234

Abel, B. (1979c): Machttheoretische Modelle und Individualismus als Ansatzpunkte der unternehmungsbezogenen Konfliktforschung, in: Dlugos, G. (1979), S. 45 - 67

Abel, B. (1983a): Grundlagen der Erklärung menschlichen Handelns – zur Kontroverse zwischen Konstruktivisten und kritischen Rationalisten, Tübingen 1983

Abel, B. (1983b): Ein eigenständiges kulturwissenschaftliches Fachverständnis in der Betriebswirtschaftslehre: Muß das sein?, in: Fischer-Winkelmann, W. F. (1983), S. 1 - 31

Abel, B. (1989): Ethik, Markt und Medien, in: Specht, G./ Silberer, G./ Engelhardt, W. H. (1989), S. 69 - 83

Abell, D. F./Hammond, J. S. (1979): Strategic Market Planning, Englewood Cliffs (N. J.) 1979

Abrahamsson, B. (1970): Homans on Exchange: Hedonism Revived, in: American Journal of Sociology, 76, 1970, S. 273 ff.

Achleitner, P. M. (1985): Sozio-politische Strategien multinationaler Unternehmen, Bern/Stuttgart 1985

Achleitner, P. M./ Ansoff, H. I. (1983): Die Bedeutung sozio-politischer Strategien, in: Harvard Manager, Heft 4/1983, S. 74 - 82

Ackoff, R. L. (1972): Unternehmensplanung - Ziele und Strategien rationeller Unternehmensführung, München/ Wien 1972

Ackoff, R. L. (1981): Creating the Corporate Future, New York et al. 1981

Ackerman, R. W. (1975a): The Social Challenge to Business, Cambridge (Mass.) 1975

Ackerman, R. W. (1975b): Managing Corporate Responsibility, Boston (Harvard University Press) 1975

Ács, J. (1983a): Zu einigen wissenschaftstheoretischen Problemen der Rekonstruktion der Betriebswirtschaftslehre als ökonomische Theorie, in: Kappler, E. (1983), S. 9 - 26

Ács, J. (1983b): Innovation und Konfliktbewältigung im Unternehmen aus Sicht der evolutionären Managementlehre, in: Fischer-Winkelmann, W. F. (1983), S. 32 - 53

Adams, J. D. (1986) (Hrsg.): Transforming Leadership. From Visions to Results, Alexandria 1986

Adizes, I./ Weston, J. F. (1973): Comparative Models of Social Responsibility, in: Academy of Management Journal, March 1973

Agassi, J. (1960): Methodological Individualism, in: British Journal of Sociology 11(1960), S. 244 - 270

Albach, H. (1976): Welche Aussagen lassen Führungsgrundsätze von Unternehmen über die Auswirkungen gesellschaftlicher Veränderungen auf die Willensbildung im Unternehmen zu?, in: Albach, H./Suchowski, D. (1976), S. 739 - 764

Albach, H. (1988): Betriebswirtschaftslehre als Wissenschaft vom Management, in: Wunderer, R. (1988), S. 99 - 107

Albach, H./Suchowski, D. (1976) (Hrsg.): Die Bedeutung gesellschaftlicher Veränderungen für die Willensbildung im Unternehmen, Berlin 1976

Albers, S. et al. (1989a) (Hrsg.): Elemente erfolgreicher Unternehmenspolitik in mittelständischen Unternehmen: Unternehmenskultur, Kundennähe und Quasi-Eigenkapital, Stuttgart 1989

Albers, S. (1989): Kundennähe als Erfolgsfaktor, in: Albers, S. et al. (1989a)

Albers, S./ Eggert, K. (1988): Kundennähe – Strategie oder Schlagwort, in: Marketing ZFP, 10. Jg., Nr. 1/1988, S. 5 - 16

Albert, H. (1967) (Hrsg.): Marktsoziologie und Entscheidungslogik, Neuwied/ Berlin 1967

Albert, H. (1967a): Marktsoziologie und Entscheidungslogik: Objektbereich und Problemstellung der theoretischen Nationalökonomie, in: Albert, 1967, S. 245 - 280

Albert, H. (1971a): Wertfreiheit als methodisches Prinzip, in: Topitsch, E. (1971), S. 181 - 210

Albert, H. (1971b) (Hrsg.): Sozialtheorie und soziale Praxis. Eduard Baumgarten zum 70. Geburtstag, Meisenheim am Glan 1971

Albert, H. (1972a): Ökonomische Ideologie und politische Theorie, 2. Aufl., Göttingen 1972

Albert, H. (1972b): Konstruktion und Kritik, Hamburg 1972

Albert, H. (1975a): Zur Problematik der ökonomischen Perspektive, in: Fischer-Winkelmann, W./ Rock, R. (1975), S. 35 - 70

Albert, H. (1975b): Souveränität und Entscheidung, in: Fischer-Winkelmann, W./ Rock, R. (1975), S. 113 - 128

Albert, H. (1975c): Ordnung ohne Dogma. Wissenschaftliche Erkenntnis und ordnungspolitische Entscheidung, in: Arndt, E./Michalski, W./Molitor, B. (1975), S. 123 - 159

Albert, H. (1975d): Zur Theorie der Konsumnachfrage, in: Fischer-Winkelmann, W./ Rock, R. (1975), S. 205 - 230

Albert, H. (1976a): Aufklärung und Steuerung, Hamburg 1976

Albert, H. (1976b): Macht und ökonomisches Gesetz. Der Gesetzesbegriff im ökonomischen Denken und die Machproblematik, in: Albert, H. (1976a), S. 123 - 159

Albert, H. (1976c): Wissenschaftstheorie, in: Grochla, E./Wittmann, W. (1976), Sp. 4674 - 4692

Albert, H. (1977a): Kritische Vernunft und menschliche Praxis, Hamburg 1977

Albert, H. (1977b): Individuelles Handeln und soziale Steuerung. Die ökonomische Tradition und ihr Erkenntnisprogramm, in: Lenk, H. (1977), S. 177 - 225

Albert, H. (1978): Nationalökonomie als sozialwissenschaftliches Erkenntnisprogramm, in: Albert, H./Kemp, M. C./, Krelle, W./Menges, G./Meyer, W. (1978), S. 49 - 71

Albert, H. (1979a): Ethik und Meta-Ethik, in: Albert, H./ Topitsch, K. (1979), S. 472 - 517

Albert, H. (1979b): Realität und Wahrheit. Zu Herbert Keuths Kritik am kritischen Rationalismus, in: Zeitschrift für philosophische Forschung, 33 (1979), S. 567 - 587

Albert, H. (1980a): Traktat über kritische Vernunft, 4. Aufl. Tübingen 1980

Albert, H. (1980b): Autobiographische Einleitung, in: Albert, H. (1980a), S. 5 - 33

Albert, H. (1982): Die Wissenschaft und die Fehlbarkeit der Vernunft. Tübingen 1982

Albert, H./Kemp, M. C./, Krelle, W./Menges, G./Meyer, W. (1978) (Hrsg.): Ökonometrische Modelle und sozialwissenschaftliche Erkenntnis-programme, Mannheim u.a. 1978

Albert, H./ Stapf, K.H. (1979) (Hrsg.): Theorie und Erfahrung, Stuttgart 1979

Albert, H./ Topitsch, E. (1979) (Hrsg.): Werturteilsstreit, Darmstadt 1979

Alderson, W./Cox, R. (1948): Towards a Theory of Marketing, in: Journal of Marketing, Jg. 13, Oct. 1948, S. 137 - 152

Alderson, W. (1957): Marketing Behavior and Executive Action, Homewood (Ill.) 1957

Alderson, W. (1965): Dynamic Marketing Behavior, Homewood (Ill.) 1965

Aldrich, H. E. (1979): Organizations and Environments, Englewood Cliffs, N. J., 1979

Amonn, A. (1911): Objekt und Grundbegriffe der theoretischen Nationalökonomie, Wien/Leipzig 1911

Anderson, P. F. (1982): Marketing Strategic Planning and the Theory of the Firm, in: Journal of Marketing, Jg. 46, Spring 1982, S. 15-26

Anderson, P. F. (1983): Marketing, Scientific Progress, and Scientific Method, in: Journal of Marketing Vol. 47, Fall 1983, S. 18 - 31

Anderson, P. F. (1988): Relativism Revidiuus: In Defense of Critical Relativism, in: Journal of Consumer Research, Vol. 15, Dec. 1988, S. 403 - 406

Anderson, P. F./Ryan, M. J. (1984) (Hrsg.): 1984 AMA Winter Educators' Conference: Scientific Method in Marketing, Chicago 1984

Angehrn, E. (1986): Krise der Vernunft? Neuere Beiträge zur Diagnose und Kritik der Moderne, in: PR, Heft 3/4, 1986, S. 161 - 209

Anker, R. (1982): Verhaltenskodex für das Schweizer Management, in: IO (Industrielle Organisation), 51/1982, S. 263 - 265

Anshen, M. (1970): Changing the Social Contract: A Role for Business, in: Columbia Journal of Business, Nov./Dec. 1970

Anshen, M. (1974): Managing the Socially Responsible Corporation, New York (Macmillan) 1974

Anshen, M. (1980): Corporate Strategies for Social Performance, New York (Macmillan) 1980

Ansoff, H. I. (1965): Corporate Strategy, New York 1965

Ansoff, H. I. (1979): Strategic Management, London 1979

Ansoff, H. I. (1981): Zum Entwicklungsstand betriebswirtschaftlicher Planungs-systeme, in: Steinmann, H. (1981), S. 59 - 83

Ansoff, H. I. (1984): Implanting Strategic Management, Englewood Cliffs (N. J.) et al. 1984

Ansoff, H. I./Declerck, R. P./Hayes, R. L. (1976) (Hrsg.): From Strategic Planning to Strategic Management, London u.a. 1976

Ansoff, H. I./ Hayes, R. H. (1976): Introduction, in: Ansoff, H. I. et al. (1976) (Hrsg.): , S. 1 - 12

Ansoff, H. I./Kirsch, W./Roventa, P. (1983): Unschärfepositionierung in der strategischen Portfolio-Analyse, in: Kirsch, W./Roventa, P. (1983), S. 237 - 264

Ansoff, I. W. (1983): Societal Strategy for the Firm, in: Lamb, R. (1983), S. 3 - 29

Antoni, M. (1983a): Individualistische vs. holistische Sozialwissenschaft. Versuch wider die Mißverständnisse über den methodologischen Individualismus, in: Kappler, E. (1983), S. 359 - 368

Antoni, M. (1983b): Vor einem Paradigmawechsel: Betriebswirtschaftslehre als Kulturwissenschaft, in: Fischer-Winkelmann, W. F. (1983), S. 54 - 79

Apel, K.-O. (1979): Die Erklären-Verstehen-Kontroverse, Frankfurt am Main 1979

Apitz, K. (1987): Konflikte, Krisen, Katastrophen: Präventivmaßnahmen gegen Imageverlust, Frankfurt a. M./Wiesbaden 1987

Arcelus, F./ Schaefer, N. V. (1982): Social Demands as Strategic Issues: Some Conceptual Problems, in: Strategic Management Journal, Vol. 3, 1982, S. 347 - 357

Argyris, C./Schön, D. A. (1978): Organizational Learning. A Theory of Action Perspective, Reading (Mass.), 1978

Arndt, E./Michalski, W./Molitor, B. (1975) (Hrsg.): Wirtschaft und Gesellschaft - Ordnung ohne Dogma, Tübingen 1975

Arndt, J. (1978): How Broad Should The Marketing Concept Be?, in: Journal of Marketing, January 1978, S. 101 - 103

Arndt, J. (1979): "The Market is Dying: Long Live Marketing!", in: MSU Business Topics, Jg. 27 (Winter), S. 5 - 13

Arndt, J. (1981a): The Political Economy of Marketing Systems: Reviving the Institutional Approach, in: Journal of Macromarketing, 1 (Fall) 1981, S. 36- 42

Arndt, J. (1981b): The Conceptual Domain of Marketing: Evaluation of Shelby Hunt's Three Dichotomies Model, in: European Journal of Marketing, 14 (Fall 1981), S. 106 - 121

Arndt, J. (1981c): Marketing and the Quality of Life, in: Journal of Economic Psychology, Vol. 1, 1981, S. 283 - 301

Arndt, J. (1982): Laborexperimente und das Paradigma vom Menschen im Labor: Bekenntnisse eines beunruhigten Verbraucherforschers (Laboratory Studies and the Laboratory Paradigm of Man: Confessions of an Uneasy Consumer Researcher), in: Hansen, U./Stauss, B./Riemer, M. (1982), S. 140-153

Arndt, J. (1983): The Political Economy Paradigm: Foundation for Theory Building in Marketing, in: Journal of Marketing Vol. 47, Fall 1983, S. 44 - 54

Arndt, J. (1985): On Making Marketing Science More Scientific: Role of Orientations, Paradigms, Metaphors, and Puzzle Solving, in: Journal of Marketing Vol. 49, Summer 1985, S. 11 - 23

Arnold, U. (1974): Einige Gedanken zum Begriff "Marketing", in: ZfB, 44. jg. (1974), Nr. 5, S. 367 - 374

Astley, W. G./ Van de Ven, A. H. (1983): Central Perspectives and Debates in Organization Theory, in: Administrative Science Quarterly, Vol. 28 (1983), S. 245 - 273

ASW (1989): Braucht das Marketing eine neue Identität?, in: Absatzwirtschaft, Heft 1/1989, S. 12 - 14

Aupperle, K. E./ Carroll, A. B./ Hatfield, J. D. (1985): Am Empirical Examination of the Relationship between Corporate Social Responsibility and Profitability, in: Academy of Manage- ment Journal, Vol. 28 (1985), No. 2, S. 446 - 463

B

Backhaus, K. (1990): Investitionsgütermarketing, 2., völlig neubearbeitete Aufl., München 1990

Bagozzi, R. P. (1974): Marketing as an Organized Behavioral System of Exchange, in: Journal of Marketing, Vol. 38, Oct. 1974, S. 77-81

Bagozzi, R. P. (1975): Marketing as Exchange, in: Journal of Marketing, Vol. 39 (Oct. 1975), S. 32-39

Bagozzi, R. P. (1976): Science, Politics, and the Social Construction of Marketing, in: Bernhardt, K. L. (1976), S. 586 - 592

Bagozzi, R. P. (1978): Marketing as Exchange: A Theory of Transaction in the Marketplace, in: American Behavioral Scientist, Vol. 21, March/April 1978, S. 535 - 556

Bagozzi, R. P. (1979): Toward a Formal Theory of Marketing Exchanges, in: Ferrell, O.C./ Brown, St.W./ Lamb, Ch.W.jr. (1979), S. 431 - 447

Bagozzi, (1984): A Prospectus for Theory Construction in Marketing, in: Journal of Marketing, Vol. 48, Winter 1984, S. 11 - 29

Barbour, I. G. (1980): Technology, Environment and Human Values, New York 1980

Barnes, B. (1977): Interests and the Growth of Knowledge, London 1977

Barnes, B. (1979): Vicissitudes of Belief, in: Social Studies Science, 9, S. 247 - 263

Barnes, B./Mac Kenzie, D. (1979): On the Role of Interests in Scientific Change, in: Wallis, R. (1979), S. 49 - 66

Bartels, R. (1951): Can Marketing Be a Science?, in: Journal of Marketing, Vol. 15, January 1951, S. 319 - 328

Bartels, R. (1976): Die Identitätskrise im Marketing, in: Fischer-Winkelmann/ Rock, S. 293 - 304

Bartels, R. (1962): The Development of Marketing Thought, Homewood (Ill.) 1962

Bartels, R. (1968): The General Theory of Marketing, in: Journal of Marketing, Vol. 32, January 1968, S. 29 - 33

Bartels, R. (1983): Is Marketing Defaulting Its Responsibilities?, in: Journal of Marketing, Vol 47. (Fall 1983), S. 32 - 35

Bartels, R./Jenkins, R. L. (1977): Macromarketing, in: Journal of Marketing, Vol. 41 (October 1977), S. 17 - 20

Bateson, G. (1985): Ökologie des Geistes. Anthropologische, psychologische, biologische und episte- mologische Perspektive, Frankfurt a. M. 1985

Baudrillard, J. (1982): Der symbolische Tausch und der Tod, München 1982

Bauer, E. (1980): Das Verhalten von Marketingmanagementsystemen in akuten exogenen Krisen, in: Die Unternehmung, 34 (1980), S. 263 ff.

Bauer, R. A./Fenn, D. (1972): The Corporate Social Audit, New York 1972

Bauer, W. N. (1985): Die hilflosen Manager - Thesen zur Führungskrise in den Unternehmen, Frankfurt a.M. 1985

Baumhart, R. C. (1961): How Ethical are Businessman?, in: Harvard Business Review, July/August 1961, S. 6 - 19 und S. 156 - 176

Baumhart, R. (1968): Ethics in Business, New York (Holt, Rinehart and Winston) 1968

Baumol, W. J. (1957): On the Role of Marketing Theory, in: Journal of Marketing, Vol. 21, April 1957, S. 413 - 418

Baumol, W. J./Likert, R./Wallich, H. C./McGowan, J. J. (1970): A New Rationale for Corporate Social Policy, New York (Committee for Economic Development) 1970

Bea, F. X./ Dichtl, E./ Schweitzer, M. et al. (1982) (Hrsg.): Allgemeine Betriebswirtschaftslehre, Bd. 1: Grundfragen, Stuttgart/ New York 1982

Beauchamp, T. L./ Bowie, N. E. (1979): Ethical Theory and Business, Englewood Cliffs, N. J. (Prentice-Hall) 1979

Bechmann, A./ Michelsen, G. (1981) (Hrsg.): GLOBAL FUTURE: Es ist Zeit zu handeln, Freiburg/Brsg. 1981

Beck, U. (1986): Risikogesellschaft – Auf dem Weg in eine andere Moderne, Frankfurt am Main 1986

Becker, G. (1965): A Theory of the Allocation of Time, in: Economic Journal, Vol. 75, September 1965, S. 493 - 517

Becker, G. (1974): A Theory of Social Interactions, in: Journal of Political Economy, Vol. 82, November/December 1974, S. 1063 - 1093

Becker, J. (1986): Steuerungsleistungen und Einsatzbedingungen von Marketingstrategien, in: Marketing ZFP, 8. Jg., Nr. 3/1986, 189 - 198

Becker, J. (1988): Marketing-Konzeption. 2. Aufl, München 1988

Behrends, G. (1983): Grenzen der empirischen, verhaltenswissenschaftlichen Betriebswirtschaftslehre, in: Fischer-Winkelmann, W. F. (1983), S. 80-101

Beisel, D. (1987); New Age - Drogen für den Geist, in: Natur, Heft 3/1987, S. 73 - 78

Bell, D. (1975): Die nachindustrielle Gesellschaft, Frankfurt/New York 1975

Bell, M.L./ Emory, C.W. (1971): "The Faltering Marketing Concept", in: Journal of Marketing, Heft 3/1971, S. 37 - 42

Belk, R.W. (1984) (Hrsg.): Proceedings of the 1984 Educators´ Conference of the American Marketing Association, Chicago 1984

Belz, Ch. (1986a) (Hrsg.): Realisierung des Marketing, Band 1, St. Gallen 1986

Belz, Ch. (1986b) (Hrsg.): Realisierung des Marketing, Band 2, St. Gallen 1986

Ben-David, J. (1971): The Scientist´s Role in Society, Englewood Cliffs (N. J.) 1971

Bennett, R. C./ Cooper, R. G. (1979): Beyond the Marketing Concept, in: Business Horizons, Jg. 22 (June 1979), S. 76 - 83

Bennett, R. C./ Cooper, R. G. (1981): The Misuse of Marketing: An American Tragedy, in: Business Horizons, Vol. 24 (November-December 1981), S. 51 - 61

Bennett, R. C./ Cooper, R. G. (1982): The Misuse of Marketing, in: The McKinsey Quaterly, Autumn 1982, S. 52 - 69

Bennett, R. C./ Cooper, R. G. (1979): Beyond the Marketing Concept, in: Business Horizons (June 1979), S. 76 ff.

Berenson, C./ Eilbirt, H. (1973): The Social Dynamics of Marketing, New York 1973

Berg, C. C./ Treffert, J. C. (1978): Die Unternehmenskrise - Organisatorische Probleme und Ansätze zu ihrer Bewältigung, in: ZfB, 48 (1978), S. 702 ff.

Bergen, H. v. (1988): New Marketing - Die Zukunft inszenieren, Freiburg i. Br. 1988

Berger, P. L./ Berger, B./ Kellner, H. (1987): Das Unbehagen in der Modernität, Frankfurt am Main 1987

Berger, P. L./ Luckmann, T. (1986): Die gesellschaftliche Konstruktion der Wirklichkeit. Eine Theorie der Wissenssoziologie, Frankfurt am Main 1986

Berkson, W. (1976): Lakatos One and Lakatos Two: An Appreciation, in: Feyerabend, C. P./Wartofsky, M. W. (1976), S. 39 - 54

Bernhardt, K. L (1976) (Hrsg.): Marketing: 1176-1976 and Beyond, Prodeedings of the 1976 Educator´s Conference, Chicago 1976

Bertalanffy, L. v. (1950): The Theory of Open Systems in Physics and Biology, in: Science 111 (1950), Heft 3, S. 23 - 28

Biervert, B. (1982): Grundzüge der Verbraucherpolitik in der Bundesrepublik Deutschland, in: Hansen, U./Stauss, B./Riemer, M. (1982), S. 43-53

Biervert, B./ Fischer-Winkelmann, W.F./ Rock, R. (1977): Grundlagen der Verbraucherpoltik, Reinbek bei Hamburg 1977

Biervert, B./Fischer-Winkelmann, W. F./Rock, R. (1978) (Hrsg.): Verbraucherpolitik in der Marktwirtschaft, Reinbek bei Hamburg 1978

Biervert, B./Fischer-Winkelmann, W. F./Haarland, H.-P./Köhler, G./Rock, R. (1978) (Hrsg): Plädoyer für eine neue Verbraucherpolitik, Wiesbaden 1978

Binswanger, H. Ch. et al. (1981) (Hrsg.): Wirtschaft und Umwelt: Möglichkeiten einer ökologie- verträglichen Wirtschaftspolitik, Stuttgart et al. 1981

Birkigt, K./ Stadler, M. (Hrsg.; 1985): Corporate Identity. Grundlagen, Funktionen, Fallbeispiele, 2. Auflage, Landsberg/Lech 1985

Blaseio, H. (1986): Das Kognos-Prinzip. Zur Dynamik sich-selbst-organisierender wirtschaftlicher und sozialer Systeme, Berlin 1986, Berlin 1986

Blau, P. M. (1964): Exchange and Power in Social Life, New York 1964

Blau, U. (1985): Die Logik der Unbestimmtheiten und Paradoxien, in: Erkenntnis, Jg. 22, 1985, S. 369 - 459

Bleicher, K. (1985): Betriebswirtschaftslehre als systemorientierte Wissenschaft vom Management, in: Probst, G. J. B./ Siegwart, H. (1985), S. 65-91

Bleicher, K. (1988): Betriebswirtschaftslehre - Diszplinäre Lehre vom Wirtschaften in und zwischen Betrieben oder interdisziplinäre Wissenschaft vom Management, in: Wunderer, R. (1988), S. 109 - 131

Bloor, D. (1976): Knowledge and Social Imagery, London 1976

Blumenberg, H. (1979): Arbeit am Mythos, Frankfurt a. M. 1979

Boddewyn, J. J. (1981): Comparative Marketing: The First 25 Years, in: Journal of International Business Studies, 12 (Spring/Summer) 1981, S. 61 - 79

Böhme, G./Böhme, H. (1983): Das Andere der Vernunft. Zur Entwicklung von Rationalitätsstrukturen am Beispiel Kants, Frankfurt a. M. 1983

Bohnen, A. (1971): Interessensharmonie und Konflikt in sozialen Austauschbeziehungen. Zur ökonomischen Perspektiven im soziologischen Denken, in: Albert, H. (1971b) (Hrsg.), S. 140 - 157

Bohnen, A. (1975): Individualismus und Gesellschaftstheorie, Tübingen 1975

Bohnen, A. (1984): Handlung, Lebenswelt und System in der soziologischen Theoriebildung: Zur Kritik der Theorie des kommunikativen Handelns von Jürgen Habermas, in: Zeitschrift für Soziologie, 13 (1984), S. 191 - 203

Bohr, K. et al. (1981) (Hrsg.): Unternehmensverfassung als Problem der Betriebswirtschaftslehre, Berlin 1981

Bohr, N. (1936): Kausalität und Komplementarität, in: Erkenntnis 6 (1936), S. 354 - 369

Bohrer, K.-H. (1983a) (Hrsg.): Mythos und Moderne. Begriff und Bild einer Rekonstruktion, Frankfurt am Main 1983

Bohrer, K.-H. (1983b): Friedrich Schlegels Rede über die Mythologie, in: Bohrer, K.-H. (1983a), S. 52 - 82

Bohrer, K.-H. (1987): Nach der Natur, in: Merkur, Nr. 8, 41. Jg, 1987, S. 631 - 645

Bonus, H. (1984): Marktwirtschaftliche Konzepte im Umweltschutz - Auswertung amerikanischer Erfahrungen im Auftrag des Landes Baden-Württemberg, Stuttgart 1984

Bonus, H. (1979): Ein ökologischer Rahmen für die soziale Marktwirtschaft, in: Wirtschaftsdienst, 59/1979, S. 141 - 145

Bonus, H. et al. (1983): Zur praktischen Anwendung marktwirtschaftlicher Konzepte im Umweltschutz - Auswertung amerikanischer Erfahrungen im Auftrag des Landes Baden-Württemberg, Ms. Konstanz/ St. Gallen 1983

Boulding, K. (1981a): Evolutionary Economics, Beverly Hills/London 1981

Boulding, K. (1981b): Ökonomie als eine Moralwissenschaft, in: Voigt, W. (Hrsg.) (1981): Seminar Politische Ökonomie. Zur Kritik der herrschenden Nationalökonomie, Frankurt am Main 1981, S. 103 - 125

Bourdieu, P. (1970): Zur Soziologie der symbolischen Formen, Frankfurt am Main, 1970

Bourdieu, P. (1975): The Specifity of the Scientific Field and the Social Conditions of the Progress of Reason, in: Social Science Information, 14, S. 19 - 47

Bowie, N. (1982): Business Ethics, Englewood Cliffs 1982

Bräuer, K. (1992): Konzepte der ökologisch orientierten Betriebswirtschaftslehre, in: WiSt, 21. Jg. (1992), Nr. 1, S. 39 - 42

Brandl, M. (1989): Funktionen der Führung. Ein klassisches Thema aus der Perspektive neuerer sozialwissenschaftlicher Ansätze, München 1989

Brandt, A./ Hansen, U./ Schoenheit, I./ Werner, K. (Hrsg.) (1988): Ökologisches Marketing, Frankfurt am Main/ New York 1988

Brantl, S. (1985): Management und Ethik, München 1985

Brauchlin, E. (1983): Krisenbewußtsein und Krisenbewältigung: Anforderungen an die Unternehmungen, in: Siegwart, H./ Probst, G. J. (1883), S. 49 - 69

Brauchlin, E. (1985): Die Rolle der Unternehmung in der Gesellschaft, in: Probst, G. J. B./ Siegwart, H. (1985), S. 419-444

Brauchlin, E. (1986): Grundsätze und Entwicklungen im strategischen Denken und Handeln, in: Belz, Ch. (1986a), S. 131 - 149

Braun, W. (1983a): Ethik, Ökonomie und Gesellschaft, in: Kappler, E. (1983), S. 223 - 246

Braun, W. (1983b): Über das historische Selbstverständnis der Betriebswirtschatfslehre, in: Fischer-Winkelmann, W. F. (1983), S. 124 - 149

Brenner, S. N./ Molander, E. A. (1977): Is the Ethics of Business Changing?, In: Harvard Business Review, Januar/Februar 1977, S. 57 - 71

Bretz, H. (1988): Unternehmertum und fortschrittsfähige Organisation – Wege zu einer Betriebswirt- schaftlichen Avantgarde, München 1988

Bretzke, W.-R. (1983): HOMO OECONOMICUS - Bemerkungen zur Rehabilitation einer Kunstfigur ökonomischen Denkens, in: Kappler, E. (1983), S. 27 - 64

Briefs, G. (1968a) (Hrsg.): Gewerkschaftsprobleme in unserer Zeit. Beiträge zu Standortbestimmung, Frankfurt 1968

Briefs, G. (1968b): Grenzmoral in der pluralistischen Gesellschaft, in: Briefs, G. (1968a) (Hrsg.), S. 197 - 207

Briskorn, G. v. (1987): Option und Potential - Gedanken an den Grenzen des Marketing, in: Innovatio, Heft 5,6/1987, S. 6 - 12

Briskorn, G. v. (1988): Thesen zur neuen Identität des Marketing, in: Absatzwirtschaft, Heft 5/1988, S.

Briskorn, G. v. (1989): Braucht das Marketing eine neue Identität?, in: Absatzwirtschaft 32. Jg., Heft 1/1989, S. 12 - 14

Brockhoff, K. (1984): Probleme marktorientierter Forschungs- und Entwicklungspolitik, in: Mazanec, J./Scheuch, F. (1984), S. 337 - 376

Brockhoff, K. (1985a): Beiträge der Marketing-Wissenschaft zur Strategiediskussion, in: Marketing ZPF, 7. Jg. (1985), S. 212 - 213

Brockhoff, K. (1985b): Abstimmungsprobleme von Marketing und Technologiepolitik, in: DBW, Heft 6/1985, S. 623 - 631

Brockhoff, K. (1986): Mit Marketing Erträge sichern, in: Marketing ZPF, 8. Jg. (1986), Nr. 2, S. 136 - 141

Bronfenbrenner, M. (1971): The Structure of Revolutions´ in Economic Thought, in: History of Political Economy, 3. Jg., Spring 1971, S. 136 - 151

Brown, G. H. (1951): What Economists should know about Marketing, in: Journal of Marketing, Vol. 16, July 1951, S. 60 - 66

Brown, H. I. (1977): Perception, Theory, and Commitment, Chicago 1977

Bruhn, M. (1982): Makromarketing, in: DBW, 42 (1982), S. 463 f.

Bruhn, M./Tilmes, J. (1989): Social Marketing, Stuttgart/Berlin/Köln 1989

Brunowsky, R. D./ Wicke, L. (1985): Durch Umweltschutz zum neuen Wirtschaftswunder, 2. Aufl., München 1985

Brunswick, E. (1955): "Ratiomorphic" Models of Perception and Thinking, in: Acta Psychologica, 11 (1955), S. 108 - 109

Buchanan, J. A. (1964): What Should Economists Do?, in: Southern Economic Journal, Jg. 30, S. 213 - 222

Buchanan, J. M. (1969): Cost and Choice, Chicago 1969

Buchanan, J. M. (1975): The Limits of Liberty - Between Anarchy and Leviathan, Chicago/London 1975

Buchanan, J. M. (1982): What should Economists Do: Reconsideration 1982; Vortrag anläßlich der Verleihung der Ehrendoktorwürde durch den Fachbereich Wirtschaftswissenschaften der Universität Gießen am 7.6.1982, abgedruckt in deutscher Übersetzung unter dem Titel "Die Aufgabenstellung des Ökonomen", in: Gießener Universitätsblätter, Heft 2/1983, S. 35-42

Buchholz, R. A. (1982): Business Environment and Public Policy: Implications for Management, New Jersey 1982

Bühl, W. L. (1987): Grenzen der Autopoesis, in: Kölner Zeitschrift für Soziologie und Sozial- psychologie, 39 (1987), S. 205 - 254

Buer, R./ Fenn, D. H. Jr. (1972): The Corporate Social Audit, New York (Russel Sage Foundation) 1972

Bürger, C./Bürger, P. (1987) (Hrsg.): Postmoderne: Alltag, Allegorie und Avantgarde, Frankfurt a. M. 1987

Bürger, J. (1986): Public Promotions, Essen 1986

Bürger, P. (1987a): Vorbemerkung, in: Bürger, C./Bürger, P. (1987), S. 7 - 12

Bürger, P. (1987b): Der Alltag, die Allegorie und die Avantgarde. Bemerkungen mit Rücksicht auf Joseph Beuys, in: Bürger, C./Bürger, P. (1987), S. 196 - 212

Bund, K. H. (1973): Auf Zahlen bauen statt auf Dialektik, in: Manager Magazin, Nr. 11, 1973, S. 64 - 71

Bundesverband der Deutschen Industrie e.V (1988): BDI-Bericht 1986-88

Bungard, W./ Schultz-Gambard, J. (1989): Qualitätszirkel und das psychologische Kontrollkonzept. Versuch einer theoretischen Analyse der Auswirkungen neuerer Gruppenarbeitsformen, in: WiSt, 18. Jg. (1989), Nr. 8, S. 378 - 384

Bunge, M. (1967): Scientific Research. 2 Bände, New York/Berlin 1967

Bunge, M. (1969): Models in Theoretical Science, in: Logik, Erkenntnis- und Wissenschaftstheorie, Sürachphilosophie, Ontologie und Metaphysik (Akten des XIV. Internationalen Kongresses für Philosophie, Bd. 3), Wien 1969, S. 208 ff.

Bunge, M. (1973): Method, Model and Matter, Dordrecht 1973

Burton, R. M./Haylor, Th. H. (1980): Economic Theory in Corporate Planning, in: Strategic Management Journal, Vol. 1, 1980, S. 249-263

Bush, R. F./Hunt, S. D. (1982) (Hrsg.): Marketing Theory: Philosophy of Science Perspectives, Chicago 1982

Buß, E. (1983a): Markt und Gesellschaft, Berlin 1983

Buß, E. (1983b): Der neue Konsument, in: Mayer, P. W. und das Lehr- und Forschungsteam Marketing an der Universität Augsburg (Hrsg.): Der neue Konsument – Herausforderungen an das Marketing von Industrie, Handel und Dienstleistungsanbietern, Arbeitspapiere zur Schriftenreihe "Schwerpunkt Marketing", Augsburg 1983, S. 3 - 23

Buß, E. (1985): Lehrbuch der Wirtschaftssoziologie, Berlin/ New York 1985

Buzzell, R. (1963): Is Marketing a Science?, in: Harvard Business Review, 41. Jg., Januar/Februar 1963, S. 32 - 170

C

Cadbury, G. A. H. (1968): The Company Environment and Social Responsibility, in: Bull, G. A. (Ed.): The Director´s Handbook, New York (McGraw-Hill) 1968

Capra, F. (1983): Wendezeit – Bausteine für ein neues Weltbild, München, Wien 1983

Capra, F. (1987): Das Neue Denken. Aufbruch zum neuen Bewußtsein,

- 318 -

Bern/München/Wien 1987

Carlisle, H. M. (1976): Management: Concepts and situations, Chigaco u. a. 1976

Carman, J. M. (1980): Paradigms in Marketing Theory, in: Sheth, J. N. (1980), S. 1 - 36

Carman, J. M./Harris, R. G. (1986): Public Regulation of Marketing Activity, Part III: A Typology of Regulatory Failures and Implications for Marketing and Public Policy, in: Journal of Macromarketing, Spring 1986, S. 51 - 64

Carrol, A. B. (1979): A Three-Dimensional Conceptual Model of Corporate Performance, in: Academy of Management Review 4(1979)4, S. 497 - 505

Carrol, A. B./ Beller, G. W. (1975). Landmarks in the Evolution of Social Audit, Academy of Management Journal, Sept. 1975

Carroll, D. T. (1983): A Disappointing Search for Excellence, in: Harvard Business Review, Nr. 6/1983, S. 78 - 88

Carson, D. (1978): Gotterdammering For Marketing?, in: Journal of Marketing, Vol. 42 (July 1978), No. 3, S. 11 - 19

Chalmers, A. F. (1976): What Is This Thing Called Science?, St. Lucia 1976

Checkland, P. (1981): Systems Thinking, System Practice, Chichester u.a. 1981

Checkland, P. (1985): Systemdenken im Management: Die Entwicklung der "weichen" Systemmethodik und ihre Bedeutung für die Sozialwissenschaften, in: Probst, G. J. B./ Siegwart, H. (1985), S. 217-234

Chmielewicz, K. (1978): Wissenschaftsziele und Forschungskonzeptionen der Wirtschaftswissenschaften, in: Schweitzer, M. (1978), S. 417 - 449

Chmielewicz, K. (1979): Forschungskonzeptionen der Wirtschaftswissenschaft, 2., überarb. und erw. Aufl., Stuttgart 1979

Christ, H. (1984): Die Umweltverantwortung in der Automobilindustrie, in: Zeitschrift für Umweltpolitik, 7/1984, S. 1 - 13

Churchman, C. W. (1978): The New Rationalism and its Implications for Unterstanding Corporations, in: Epstein/ Votaw, 1978, S. 36 - 59

Churchman, C. W. (1979): Der Systemansatz und seine Feinde, Bern 1979

Clasen, E. A. (1967): Marketing Ethics and the Consumer, in: Harvard Business Review, Januar/Februar 1967, S. 79 - 86

Clewett, R. L/Olson, J. C. (1974) (Hrsg.): Social Indicators and Marketing, Pennsylvania 1974

Colodny, R. (1972): Paradigms and Paradoxes, Pittsburgh 1972

Converse, P. D. (1945): The Develpoment of a Science of Marketing, in: Journal of Marketing, Vol. 10, July 1945, S. 14 - 23

Cox, R./Alderson, W./Shapiro, J. (1964): Theory in Marketing, Homewood (Ill.) 1964

Cracco, E./ Rostenne, J. (1971): The Socio-Ecological Product, in: MSU Business Topics, Heft 2/1971, S. 27 - 34; deutsche Übersetzung 1982: Das sozioökologische Produkt, in: Hansen, U./Stauss, B./Riemer, M. (1982), S. 229-239

Crawford, C.M. (1970); Attitudes of Marketing Executives Toward Ethics in Marketing Research, in: Journal of Marketing, Vol. 34, Oct. 1970

Crilly, A.J., Earnshaw, R.A., Jones, H. (1991) (Hrsg.): Fractals and Chaos, New York et al. 1991

Cummings, L. L./Staw, B. M. (1981) (Hrsg.): Research in organizational behavior, Vol. 3, Greenwich (Conn.) 1981

Cunningham, W. H./Sheth, J. N. (1983): From the Editor, in: Journal of Marketing, Fall 1983, S. 7 - 8

Cyert, R./March, J. G. (1963): A Behavioral Theory of the Firm, Englewood Cliffs (N. J.) 1963

Czerwonka, Ch./ Schöppe, G. (1983): Verbraucherberatung und -information: Einkaufshilfe, Rechtsberatung und sonst nichts?, in: Rock, R./Schaffartzig, K.-H. (Hrsg.): Verbraucherarbeit: Herausforderungen der Zukunft, Frankfurt/New York 1983, S. 77 - 95

D

Dachler, H.-P. (1988): Allgemeine Betriebswirtschafts- und Managementlehre im Kreuzfeuer verschiedener sozialwissenschaftlicher Perspektiven, in: Wunderer, R. (1988), S. 65-83

Dahrendorf, R. (1983): Die Chance der Krise, 2. Aufl., Stuttgart 1983

Daniel, C. (1981) (Hrsg.): Theorien der Subjektivität: Einführung in die Soziologie des Individuums, Frankfurt am Main/ New York 1981

Davis, K. (1975): Five Propositions for Social Responsibility, in: Business Horizons, June 1975, S. 9 - 25

Davis, K. (1976): Social Responsibility is Inevitable, in: California Management Review, Fall 1976, S. 8 - 26

Davis, K./Frederick, W. C./Blomstrom, R. L. (1980): Business and Society Concepts and Policy Issues, New York 1980

Dawsen, L.M. (1979): Resolving the crisis in the Marketing Thought, in: Management International Review, Heft 3/1979, S. 77 - 84

Dawsen, L.M. (1980): Marketing for Human Needs in a Human Future, in: Business Horizons, Heft 3/1980, S. 72 - 82

Dawson, C. M. (1969): The Human Concept: New Philosophy for Business, in: Business Horizons, Heft 12/1969, S. 29 - 37

Dawson, L. M. (1976a): Die Marketing-Wissenschaft im Zeitalter des Wassermanns, in: Fischer-Winkelmann, W./ Rock, R. (1976), S. 117 - 130

Dawson, L. M. (1976b): Das Human-Konzept: Eine neue Unternehmensphilosophie, in: Fischer-Winkelmann, W./ Rock, R. (1976), S. 135 - 154

Dawson, L. M. (1979): Resolving the Crisis in Marketing Thought, in: Management International Review, Nr. 3, S. 77 - 84

Dawson, L. M. (1980): Marketing for Human Needs in a Humane Future, in: Business Horizons, Vol. 23 (1980), Nr. 6, S. 72 - 82

Day, G. S./ Wensley, R. (1983): Marketing Theory with a Strategic Orientation, in: Journal of Marketing, Vol. 47 (Fall 1983), S. 79 - 89

Day, G. S./ Wind, J. (1980): Strategic Planning and Marketing: Time for a Constructive Partnership, in Journal of Marketing, Vol. 44 (Spring 1980), S. 7 - 8

De Bono, E. (1987): Konflikte: Neue Lösungsmodelle und Strategien, Düsseldorf/Wien, New York 1987

De George, R. T. (1982): Business Ethics, New York/ London 1982

Deal, T./Kennedy, A. (1987): Unternehmenserfolg durch Unternehmenskultur, Bonn 1987

Deisenberg, A. M. (1986): Die Schweigespirale - Die Rezeption des Modells im In- und Ausland, München 1986

Demuth, A. (1987): Image und Wirkung, GWP-Schriftenreihe, Bd. 2, Düsseldorf 1987

Denisoff, S./Callahan, O./Levine, M. (1974): Theories and Paradigms in Contemporary Sociology, Ithaca (Ill.) 1974

Deshpande, R. (1983): Paradigms Lost: On Theory and Method in Research in Marketing, Journal of Marketing, Vol. 47, F all 1983, S. 101 - 110

Dholakia, N./Firat, A. F./Bagozzi, R. P. (1980): The De-Americanization of Marketing Thought: In Search of a Universal Basis, in: Lamb, Ch. W. Jr./Dunne, P. M. (1980), S. 25 - 29

Dichtl, E. (1975a): Ansatzpunkte zur Messung der Bedürfnisbefriedigung - Ein Problemaufriß, in: Die Unternehmung, Heft 1/1975, S. 1 - 21

Dichtl, E. (1975b) (Hrsg.): Verbraucherschutz in der Marktwirtschaft, Berlin 1975

Dichtl, E. (1979): Grundzüge der Binnenhandelspolitik, Stuttgart 1979

Dichtl, E. (1983a): Marketing auf Abwegen, in: Zeitschrift für betriebswirtschaftliche Forschung zfbf, Jg. 35, Heft 11/12/1987, S. 1066-1077

Dichtl, E. (1983b): Leitlinien der Marketing-Forschung, in: Marketing ZFP, 5. Jg., Nr. 5/1983, S. 61 - 62

Dichtl, E. (1986): Innovationsfähigkeit, Auslandsorientierung und strategisches Profil als Determinanten der Wettbewerbsfähigkeit, in: Marketing ZFP, 8. Jg., Nr. 2/1986, S. 103 - 113

Dichtl, E. (1987): Der Weg zum Käufer: Das strategische Labyrinth, München 1987

Dichtl, E. (1991): Ökorationalität, in: WiSt, 20. Jg. (1991), Nr. 6, S. 269

Diemer, A./ Geldsetzer, L./ Rotter, F. (1971) (Hrsg.): Der Methoden- und Theorienpluralismus in den Wissenschaften, Meisenheim am Glan 1971

Dierkes, M. (1984): Gesellschaftsbezogene Berichterstattung. Was lehren uns die Experimente der letzten 10 Jahre?, in: ZfB, 54. Jg. 1984, S. 1210 - 1235

Diller, H./ Kusterer, M. (1988): Beziehungsmanagement, in: Marketing ZFP, 10. Jg., Nr. 3/1988, S. 211 - 220

Disch, W. K. A. (1990): Abschied vom Marketing? Leitartikel zum gleichnamigen Artikel von Gerd Gerken, in: Marketing Journal, Heft 1/90, S. 3

Dixon, D. (1978): The Poverty of Social Marketing, in: MSU Business Topics, Summer 1978, S. 50 - 56

Dlugos, G. (1977): Gesellschaftspolitische Implikationen unternehmensinterner Konflikthandhabung, in: Die Betriebswirtschaft, 37. Jg. (1977), S. 465 ff.

Dlugos, G. (1979) (Hrsg.): Unternehmensbezogene Konfliktforschung. Methodologische und forschungsprogrammatische Grundfragen, Stuttgart 1979

Dlugos, G. (1984): Die Lehre von der Unternehmungspolitik – eine vergleichende Analyse der Konzeptionen, in: Die Betriebswirtschaft, 44. Jg. (1984), Nr. 2, S. 287 - 305

Dlugos, G./Eberlein, G./Steinmann, H. (1972) (Hrsg.): Wissenschaftstheorie und Betriebswirtschafts- lehre, Düsseldorf 1972

Dodge, H. R. (1983): Innovation and the Marketing Concept: Match or Mismatch?, in: Varadarajan, P. (1983), S. 174 - 184

Döbert, R. (1977): Methodologische und forschungsstrategische Implikationen von evolutions- theoretischen Stadienmodellen, in: Jaeggi, U./Honneth, A. (1977), S. 524 - 560

Dorow, W. (1987) (Hrsg.): Die Unternehmung in der demokratischen Gesellschaft, Berlin 1987

Dröge, C./Calantone, R. (1984): Assumptions Underlying the Metatheoretical Debates ragarding Methods and Scientific Theory Construction, in: Anderson, P. F./Ryan, M. J. (1984), S. 5 - 9

Drucker, P. F. (1969): Die Zukunft bewältigen –Aufgaben und Chancen im Zeitalter der Ungewißheit, Düsseldorf/Wien 1969

Drucker, P. F. (1980): Management in turbulenter Zeit, Düsseldorf/Wien 1980

Drucker, P. F. (1987): Management: The Problems of Success, in: Academy of Management Executive 1(1987) February, S. 13 - 19

Dubin, R./ Champoux, J. E./ Porter, L. W. (1975): Central Life Interest and Organizational Commitment of Blue Collar and Clerical Workers, in: Administrative Science Quarterly, Vol. 20/1975,

Dubin, R./ Hedley, R. A./ Taveggia, Th. C. (1976): Attachment to Work, in: Dubin, R. (Ed.): Handbook of Work, Organization, and Society, Chicago 1976, S. 282

Dülfer, E. (1981): Zum Problem der Umweltberücksichtigung im Internationalen Management, in: Pausenberger, E. (1981), S. 1 - 44

Dülfer, E. (1988) (Hrsg.): Organisationskultur, Stuttgart 1988

Duerr, H.-P. (1980a) (Hrsg.): Versuchungen. Aufsätze zur Philosophie Paul Feyer-abends, 1. Band, Frankfurt a. M. 1980

Duerr, H.-P. (1980b) (Hrsg.): Versuchungen. Aufsätze zur Philosophie Paul Feyer-abends, 2. Band, Frankfurt a. M. 1980

Dunn, M.G./ Norburn, D./ Birley, S. (1985): Corporate Culture: A Positive Correlate with Marketing Effectiveness, in: International Journal of Adverstising, Heft 4/1985, S. 65 - 73

Dux, G. (1982): Die Logik der Weltbilder. Sinnstrukturen im Wandel der Geschichte, Frankfurt a. M. 1982

Dyllick, Th (1982): Gesellschaftliche Instabilität und Unternehmensführung – Ansätze einer gesellschaftsbezogenen Managementlehre, Veröffentlichung der Hochschule St. Gallen für Wirtschafts- und Sozialwissenschaften: Schriftenreihe Betriebswirtschaft; Bd. 11, Bern/ Stuttgart 1982

Dyllick, Th. (1983a): Erfassen der Umweltbeziehungen der Unternehmung, in: IO (Industrielle Organi- sation), 53/1983, S. 74 - 78

Dyllick, Th. (1983b): Management als Sinnvermittlung, in: GDI Impuls, Nr. 3/1893, S. 3 - 12

Dyllick, Th. (1984): Erfassen der Umweltbeziehungen in Organisationen, in: Management Zeitschrift industrielle Organisation, Heft 2/1984, S. 73 - 77

Dyllick, Th. (1985): Die Innenseite der Außenbeziehung, in: GDI Impuls, Nr. 1/1985, S. 36 - 46

Dyllick, Th. (1986): Die Beziehungen zwischen Unternehmung und Gesellschaft, in: Die Betriebswirtschaft, Heft 3/1986, S. 373 - 392

Dyllick, Th. (1988): Management der Umweltbeziehungen, in: Die Unternehmung, Heft 3/1988, S. 190 - 205

Dyllick, Th. (1989): Management der Umweltbeziehungen – Öffentliche Auseinandersetzungen als Herausforderung, Wiesbaden 1989

E

Easton, D. (1957): An Approach to the Analysis of Political Systems, in: World Politics, Vol. IX, No. 3/1957, S. 383 - 400

Easton, D. (1965): A Framework of Political Analysis, Englewood Cliffs (N. J.) 1965

Easton, D. (1965): A Systems Analysis of Political Life, New York/ London/ Sidney 1965

Ebeling, W. (1989): Chaos - Ordnung - Informatiom, Leipzig/Jena/Berlin 1989

Ebers, M. (1985): Organisationskultur: Ein neues Forschungsprogramm?, Wiesbaden 1985

Eder, K. (1988): Die Vergesellschaftung der Natur. Studien zur sozialen Evolution der praktischen Vernunft, Frankfurt a. M. 1988

Egner, H. (1984): Über "grenzüberschreitendes wissenschaftliches Arbeiten" und die Dilettantismus- gefahr, in: Zeitschrift für betriebswirtschaftliche Forschung 36 (1984), S. 421 - 431

Eichhorn, P. (1972): Umweltschutz aus Sicht der Unternehmenspolitik, in: Zeitschrift für betriebs- wirtschaftliche Forschung, 24/1972, S. 633 - 649

Ekeh, P. (1974): Social Exchange Theory, London 1974

El-Ansary, A. I. (1974): Societal Marketing: A Strategic View of the Marketing Mix in the 1970´s, in: Journal of the Academy of Marketing Science 2(1974) Fall, S. 553 - 566

El-Ansary, A. I. (1979): The General Theory of Marketing: Revisited, in: Ferrell, O.C./ Brown, St.W./ Lamb, Ch.W.jr. (1979), S. 399 - 407

Elschen, R. (1983): Führungslehre als betriebswirtschaftliche Konzeption?, in: Fischer-Winkelmann, W. F. (1983), S. 238 - 263

Emshoff, J. R./ Mitroff, I. I. (1979): On Strategic Assumption-Making: A Dialectical Approach to Policy Planning, in: Academy of Managemen Review, Jan. 1979, S.

Engelhardt, W. H. (1985): Versäumnisse der Marketing-Wissenschaft in der Strategiediskussion, in: Marketing ZFP, 7. Jg., Nr. 3/1985, S. 211 - 212

Engelhardt, W. H. (1986): Probleme der strategischen Marketingplanung, Vortrag auf der 1. Jahrestagung der Wissenschaftlichen Kommission Marketing im Verband der Hochschullehrer für Betriebswirtschaft e.V., Oberursel bei Frankfurt, Januar 1986

Engelhardt, W. W. (1976): Konsumentensouveränität und Unternehmensautonomie, in: WiSt, 5. Jg. (1976), S. 545 - 550

Engelmann, P. (1985) (Hrsg.): Philosophien, Graz/Wien 1985

Enis, B. M. (1973): Deepening the Concept of Marketing, in: Journal of Marketing, Jg. 37, Oct. 1973, S. 57 - 62

Enis, B. M. (1976): Vertiefung des Marketings-Konzeptes?, in: Fischer-Winkelmann, W./ Rock, R. (1976), S. 279 - 292

Enis, B.M./ Roering, K.J. (1981) (Hrsg.): Review of Marketing 1981, Chicago 1981

Enis, B. M./Mills, M. K. (1983): Deepening the Marketing Concept: A Ten-Year Retrospective and Some Future Prospects, in: Varadarajan, P. (1983), S. 38 - 54

Epstein, E./ Votaw, D. (1978) (Hrsg.): Rationality, Legitimacy, Responsibility, Santa Monica 1978

Etzioni, A. (1975): Die aktive Gesellschaft, Opladen 1975

Evans, W. A (1981): Management Ethics - An Intercultural Perspective, Boston et al. 1981

F

Fässler, E. (1989): Gesellschaftsorientiertes Marketing: Marktorientierte Unternehmungspolitik im Wandel, Bern/Stuttgart 1989

Falthauser, K. (1978): Unternehmen und Gesellschaft, Berlin 1978

Farmer, R. N. (1967): "Would You Really Want Your Daughter to Mary a Marketing Man?", in: Journal of Marketing, Vol. 31 (January 1967), S. 1 - 3 vgl. Kangun S.78

Feldman, L. P. (1971): Societal Adaption: A New Challenge for Marketing, in: Journal of Marketing, Jg. 35, July 1971, S. 54 - 60

Ferber, R. (1970): The Expanding Role of Marketing in the 1970's, in: Journal of Marketing, Vol. 34, Januaray 1970, S. 29 - 30

Ferrell, O.C./ Brown, St.W./ Lamb, Ch.W.jr. (1979) (Hrsg.): Conceptual and Theoretical Developments in Marketing, Chicago 1979

Ferrell, O. C./ Weaver, K. M. (1978): Ethical Beliefs of Marketing Managers, in: Journal of Marketing, July 1978, S. 69 - 73

Feyerabend, P. K. (1970): Consolations for the Specialist, in: Lakatos, I./Musgrave, A. (1970), S. 197 - 230

Feyerabend, P. K. (1974): Kuhns Struktur wissenschaftlicher Revolutionen - Ein Trostbüchlein für Spezialisten, in: Lakatos, I./Musgrave, A. (1974), S. 191 - 222

Feyerabend, P. K. (1975): Against Method, Thetford 1975

Feyerabend, P. K. (1976): Wider den Methodenzwang. Skizze einer anarchistischen Erkenntnistheorie, Frankfurt a. M. 1976

Feyerabend, P. K. (1978a): Der wissenschaftstheoretische Realismus und die Autorität der Wissenschaften, Braunschweig 1978

Feyerabend, P. K. (1978b): From Incompetent Professionalism to Professionalized Incompetence - The Rise of a New Breed of Intellectuals, in: Philosophy of the Social Science, 8, March 1978, S. 37 - 53

Feyerabend, P. K. (1980a): Erkenntnis für freie Menschen, veränderte Ausgabe, Frankfurt a. M. 1980

Feyerabend, P. K. (1975): Against Method, London 1980

Feyerabend, P. K. (1981): Erkenntnis für freie Menschen, Frankfurt a. M. 1981

Feyerabend, P. K. (1983): Wider den Methodenzwang, Frankfurt a. M. 1983

Feyerabend, P. K. (1986): Wider den Methodenzwang, Neuauflage, Frankfurt a. M. 1986

Feyerabend, P. K./Thomas, C. (1983) (Hrsg.): Wissenschaft und Tradition, Zürich 1983

Feyerabend, C. P./Wartofsky, M. W. (1976) (Hrsg.): Essays in Memory of Imre Lakatos: Boston Studies in the Philosophy of Science, Vol. 39, D.

Reidel, Dordrecht 1976

Fiedler-Winter, R. (1977); Die Moral der Manager - Dokumentation und Analyse, Stuttgart 1977

Fine, S. H. (1981): The Marketing of Ideas and Social Issues, New York 1981

Firat, A. F. (1978): Social Construction of Consumption Patterns, Dissertation Northwestern University, Evanston (Ill.) 1978

Fischer-Winkelmann, W. F. (1971): Methodologie der Betriebswirtschaftslehre, München 1971

Fischer-Winkelmann, W. F. (1972): Marketing. Ideologie oder operable Wissenschaft?, München 1972

Fischer-Winkelmann, W. F. (1974): Plädoyer gegen die Einbeziehung kryptonormativer Aussagen in die Betriebswirtschaftslehre, in: ZfbF 1974, S. 53 - 62

Fischer-Winkelmann, W. F. (1983) (Hrsg.): Paradigmawechsel in der Betriebswirtschaftslehre?, Spardorf 1983

Fischer-Winkelmann, W. F./ Rock, R. (1975) (Hrsg.): Markt und Konsument – Zur Kritik der Markt- und Marketingtheorie, Teilband I: Kritik der Markttheorie, München 1975

Fischer-Winkelmann, W. F./ Rock, R. (1976a) (Hrsg.): Markt und Konsument - Zur Kritik der Markt- und Marketingtheorie, Teilband II: Kritik der Marketingtheorie, München 1976

Fischer-Winkelmann, W.F./ Rock, R. (1976b) (Hrsg.): Vom Elend der Markt- und Marketing-Theorie, in: Fischer-Winkelmann/ Rock S. 11 - 38

Fischer-Winkelmann, W. F./ Rock, R. (1977) (Hrsg.): Marketing und Gesellschaft, Wiesbaden 1977

Fischer-Winkelmann, W. F./Rock,R. (1982): Konsumerismus, Verbraucherinteressen und Marketinglehre, in: Hansen, U./Stauss, B./Riemer, M. (1982), S. 530 - 551

Fisk, G. (1973): Criteria for a Theory of Responsible Consumption, in: Journal of Marketing, Jg. 37, April 1973, S. 24 - 31

Fisk, G. (1982): Ökologisch verantwortungsvolles Marketing, in: Hansen, U./ Stauss, B./ Riemer, M. (1982), S. 87 - 96

Fleischmann, G. (1981) (Hrsg.): Der kritische Verbraucher. Information - Organisation - Durchsetzung seiner Interessen, Frnakfurt a. M. 1981

Fox, K. F. A./Kotler, Ph. (1980): The Marketing of Social Causes: The first 10 Years, in: Journal of Marketing, Vol. 44, Fall 1980, S. 24 - 33

Francis, A./Turk, J./Willman, P. (1983) (Hrsg.): Power, Efficiency and Institutions. A Critical Appraisal of the "Markets and Hierarchies" Paradigm, London 1983

Frazier, G. L. (1983): Interorganizational Exchange Behavior in Marketing Channels: A Broadened Perspective, in: Journal of Marketing, Vol. 47, Fall 1983, S. 68 - 78

Freeman, R. E. (1983): Strategic Management: A Stakeholder Approach, in: Lamb, R. (1983), S. 31 - 60

Freeman, R. E. (1984): Strategic Management: A Stakeholder Approach, Marshfield (Mass.) 1984

Freimann, J. (1977): Ökonomische Rationalität und gesellschaftliches System, Diss. Frankfurt a. M. 1977

Freimann, J. (1984): An den Grenzen der Märkte: Marketing-Imperialismus in der Krise, in: Steahle/Stoll (1984), S. 161 - 178

Freimann, J. (1987): Ökologie und Betriebswirtschaft, Frankfurt/New York 1987

Frese, E. (1986): Unternehmensführung, Landberg am Lech 1986

Frey, D. (1978): Die Theorie der kognitiven Dissonanz, in: Frey, D. (1978), S. 243 - 292

Frey, D. (1978) (Hrsg.): Kognitive Theorien der Sozialpsychologie, Bern/Stuttgart/ Wien 1978

Frey, D. (1979): Einstellungsforschung: Neuere Ergebnisse der Forschung über Einstellungsänderungen, in: Marketing-ZFP, Heft 1/1979

Freter, H. (1986): Marktsegmentierung, Stuttgart et al. 1986

Friedman, M. (1970): The Social Responsibility of Business is to increase its profits, in: The New York Times Magazine 13. September 1970

Friedman, M. (1971): Die soziale Verantwortung der Geschäftswelt, in: Schmölders, G. (1971): Der Unternehmer im Ansehen der Welt, Bergisch Gladbach 1971, S. 198 - 206

Friedman, M. (1972): The Social Responsibility of Business is to Increase its Profits, in: Steiner, G. A. (Ed.): Issues in Business and Society, New York 1972, S. 141 - 148

Friedman, M./Friedman, R. (1982): Free to choose, New York 1982

Fritz, W. (1984): Warentest und Konsumgütermarketing, Wiesbaden 1984

Fritz, W. (1989): Marketingwissenschaft und Wettbewerbstheorie, in: Specht, G./ Silberer, G./ Engelhardt, W. H. (1989), S. 51 - 68

Fritz, W. (1990): Marketing - ein Schlüsselfaktor des Unternehmenserfolgs, in: Marketing ZFP, 12. Jg., Nr. 2/1990, S. 91 - 110

Fritz, W. (1991): Marktorientierte Unternehmensführung und Unternehmenserfolg – Grundlagen und Ergebnisse einer empirischen Untersuchung, Habilitationsschrift an der Fakultät für Betriebswirtschaftslehre der Universität Mannheim, Mannheim 1991

Fritz, W./ Förster, F./ Raffée, H./ Silberer, G. (1985): Unternehmensziele in Industrie und Handel, in: Die Betriebswirtschaft, 45. Jg. (1985), Nr. 4, S. 375 - 394

Fritz, W./ Förster, F./ Wiedmann, K.-P./ (1987): Neuere Resultate der empirischen

Zielforschung und ihre Bedeutung für strategisches Management und Managementlehre, Arbeitspapier Nr. 57 des Instituts für Marketing, Universität Mannheim, Mannheim 1987

Fritz, W./ Förster, F./ Wiedmann, K.-P./ Raffée, H. (1988): Unternehmensziele und strategische Unternehmensführung, in: Die Betriebswirtschaft, 48. Jg. (1988), Nr. 5, S. 567 - 586

Fromm, E. (1976): Haben oder Sein, Stuttgart 1976

G

Gabisch, G. (1985): Haushalte und Unternehmen, in: Vahlens Kompendium der Wirtschaftstheorie und Wirtschaftspolitik, Band 2, München 1985

Galbraith, J. K. (1952): American Capitalism. The Concept of Countervailing Power, Cambridge (Mass.) 1952

Galbraith, J. K. (1954): Countervailing Power, in: American Economic Review, Papers and Proceedings, Vol. 44 (1954), S. 1 - 6

Galbraith, J. K. (1968): Die moderne Industriegesellschaft, Müchen/Zürich 1968

Galbraith, J. K. (1974): Wirtschaft für Staat und Gesellschaft, München/Zürich 1974

Galbraith, J. K. (1975): Volkswirtschaftslehre als Glaubenssystem, in: Fischer-Winkelmann, W./ Rock, R. (1975), S.129 - 152

Galbraith, J. K. (1981): Leben in entscheidender Zeit. Memoiren, Müchen 1981

Galtung, J. (1967): Theory and Methods of Social Research, Oslo u. a. 1967

Galtung, J. (1978): Methodologie und Ideologie, Frankfurt a. M. 1978

Gaski, J. F. (1983): The Misrepresentation of Marketing: A Reply to Criticism of the Marketing Concept, in: Varadarajan, P. (1983), S. 118 - 127

Gaski, J. F. (1985): Dangerous Territory: The Societal Marketing Concept Revisited, in: Business Horizons, 28, July/August 1985, S. 42 - 47

Gaski, J. F. (1986): The Concept of Consumer Market Efficiency: Toward Evaluating the Social Efficiency of Consumer Marketing, in: Lutz, , R. J. (1986), S. 88 - 93

Gaski, J. F. (1987): Toward Measurement of Consumer Market Efficiency, in: Wallendorf, M./Anderson, P. (1987), S. 314 - 318

Gassert, H. (1984): Der Einfluß öffentlicher Sachzwänge auf die Unternehmensstrategie am Beispiel der Energiewirtschaft, in: Gaugler, E./ Jacobs, O. H./ Kieser, A. (1984), S. 133 - 144

Gatermann, M. (1990): Lust auf Kampf, in: Manager Magazin, Heft 4/1990, S. 34 - 53

Gaugler, E./ Jacobs, O. H./ Kieser, A. (Hrsg.) (1984): Strategische Unternehmensführung und Rechnungslegung, Stuttgart 1984

Gaugler, E./ Meissner, H. G./ Thom, N. (1986) (Hrsg.): Zukunftsaspekte der anwendungsorientierten Betriebswirtschaftslehre. Festschrift für Erwin Grochla, Stuttgart 1986

Geist, M. N./Köhler, R. (1981) (Hrsg.): Die Führung des Betriebes, Stuttgart 1981

Gemünden, H. G. (1980): Effiziente Interaktionsstrategien im Investitionsgüter-marketing, in: Marketing ZFP, 2. Jg., Nr. 1/1980, S. 21 - 32

Gergen, K. J. (1982): Toward transformation in social knowledge, New York 1982

Gerken, G. (1986): Der neue Manager, Freiburg i. Br. 1986

Gerken, G. (1990a): Abschied vom Marketing: Interfusion statt Marketing, Düsseldorf/ Wien/ New York 1990

Gerken, G. (1990b): Abschied vom Marketing, Folge 1, in: Marketing Journal, Heft 1/1990, S. 42 - 47

Gerken, G. (1990c): Abschied vom Marketing, Folge 2, in: Marketing Journal, Heft 2/1990, S. 152 - 160

Gerken, G. (1990d): Abschied vom Marketing, Folge 3, in: Marketing Journal, Heft 3/1990, S. 262 - 270

Gerum, E. (1983): Betriebswirtschaftslehre als Prozeßtheorie? Eine Problemskizze, in: Kappler, E. (1983), S. 369 - 378

Gidengil, B. Z. (1977): The Social Responsibilities of Business: What Marketing Executives Think, in: European Journal of Marketing 11(1977)1, S. 72 - 85

Gintis, H. (1975): Konsumentenverhalten und Konsumentensouveränität: Gründe für den gesellschaft- lichen Verfall, in: Fischer-Winkelmann, W./ Rock, R. (1976), S. 153 - 174

Glatzer, W./ Zapf, W. (Hrsg.) (1984): Lebensqualität in der Bundesrepublik. Objektive Lebensbedingungen und subjektives Wohlbefinden, Frankfurt/ New York 1984

Gniech, G./ Grabitz, H.-J. (1978): Freiheitseinengung und psychologische Reaktanz, in: Frey, D. (1978), S. 48 - 73

Gomez, P./Probst, G. J. B. (1985): Organisationelle Geschlossenheit im Management sozialer Institutionen - ein komplementäres Konzept zu den Kontingenz-Ansätzen, in: Delfin, Deutsche Zeitung für Konstruktion, Analyse und Kritik, Heft 4/1985, S. 22 - 29

Goodwin, R.M. (1990): Chaotic Economic Dynamics, Oxford 1990

Gouldner, A. W. (1974): Objectivity: The Realm of the "Sacred" in Social Science, in: Riley, G. (1974), S. 53 - 64

Grabatin, G. (1981): Effizienz von Organisationen, Berlin/New York 1981

Greenley, G. E. (1984): An Unterstanding of Marketing Strategy", in: European Journal of Marketing, Vol. 18 (1984), Nos. 6/7, S. 90 - 103

Greyser, S. A. (1964) (Hrsg.): Toward Scientific Marketing, Chicago 1964

Grimminger, R. (1986): Die Ordnung, das Chaos und die Kunst, Frankfurt a. M. 1986

Grochla, E./Wittmann, W. (1976) (Hrsg.): Handwörterbuch der Betriebswirtschaftslehre. 3. Teilband, 4.Aufl., Stuttgart 1976

Grochla, E. (1980) (Hrsg.): Handwörterbuch der Organisation, 2. Aufl., Stuttgart 1980

Groenewald, L. (1973): Is It Time To Revise The Marketing Concept?, in: Industrial
Marketing Management, Heft 2/1973, S. 217 - 224

Gross, B. M. (1968): Organizations and their managing, New York/London 1968

Gross, C. W./Verma, H. L. (1977): Marketing and Social Responsibility, in: Business
Horizons 19(1977), October, S. 75 - 82

Grundwald, W. (1983): Zur Krise der verhaltenswissenschaftlichen Betriebswirtschaftslehre - Eine Erwiderung auf G. Behrends, in: Fischer-Winkelmann, W.
F. (1983), S. 102-123

Gümbel, R. (1989): Marketing und ökonomische Theorie, in: Specht, G./ Silberer, G./
Engelhardt, W. H. (1989), S. 31 - 49

Günther, G. (1967): Logik, Zeit, Emanation und Evolution, Köln/Opladen 1967

Gumin, H./Mohler, A. (1985) (Hrsg.): Einführung in den Konstrutivismus, München
1985

Gutenberg, E. (1963): Zur Frage des Normativen in den Sozialwissenschaften, in:
Karrenberg, F./Albert, H. (1963), S. 121 - 129

H

Habermas, J. (1965): Strukturwandel der Öffentlichkeit, 2. Aufl., Neuwied 1965

Habermas, J. (1980): Die Moderne - ein unvollendetes Projekt, in: Die Zeit, Nr. 39,
1980, S. 47 - 48

Habermas, J. (1981a): Die Theorie des kommunikativen Handelns, Band 1: Handlungs-
rationalität und gesellschaftliche Rationalisierung, Frankfurt a. M. 1981

Habermas, J. (1981b): Die Theorie des kommunikativen Handelns, Band 2: Zur Kritik
der funktionalistischen Vernunft, Frankfurt a. M. 1981

Habermas, J. (1981c): Kleine politische Schriften (I bis IV), 4 Bände, Frankfurt a. M.
1981

Habermas, J. (1982): Zur Logik der Sozialwissenschaften, Frankfurt a. M. 1982

Habermas, J. (1983a) (Hrsg.): Moralbewußtsein und kommunikatives Handeln,
Frankfurt a. M. 1983

Habermas, J. (1983b): Diskursethik - Notizen zu einem Begründungsprogramm, in:
Habermas (1983a), S. 53 - 126

Habermas, J. (1984a): Vorstudien und Ergänzungen zur Theorie des kommunikativen
Handelns, Frankfurt a. M. 1984

Habermas, J. (1984b): Über Moralität und Sittlichkeit - Was macht eine Lebensform
"rational"?, in: Schnädelbach, H. (1984), S. 218 - 235

Habermas, J. (1985a): Der philosophische Diskurs der Moderne, Frankfurt a. M. 1985

Habermas, J. (1985b): Die neue Unübersichtlichkeit. Kleine politische Schriften V, Frankfurt a. M. 1985

Habermas, J. (1986): Der philosophische Diskurs der Moderne. Zwölf Vorlesungen. 3. Aufl., Frankfurt a. M. 1986

Haferkamp, H. (1984): Interaktionsaspekte, Handlungszusammenhänge und die Rolle des Wissenstransfers. Eine handlungstheoretische Kritik der Theorie des kommunikativen Handelns, in: Kölner Zeitschrift für Soziologie und Sozialpsychologie 36 (1984), S. 783 - 798

Haferkamp, H./Schmidt, M. (1987) (Hrsg.): Sinn, Kommunikation und soziale Differenzierung. Beiträge zu Luhmanns Theorie sozialer Systeme, Frankfurt a. M. 1987

Haken, H. (1981) (Hrsg): Chaos and Order in Nature, Berlin u. a. 1981

Hall, W. K. (1980): Survival Strategies in a Hostile Environment, in: Harvard Business Review, September 1980, S.

Hansen, U. (1987): Marketing und soziale Verantwortung, in: Meffert/ Wagner (1987), S. 40 - 66

Hansen, U. (1990): Absatz- und Beschaffungsmarketing des Einzelhandels – eine Aktionsanalyse, 2., neubearb. und erw. Aufl., Göttingen 1990

Hansen, U./Stauss, B. (1978): Verbraucherverein als Aktionsforschungskonzept - Eine Problemskizze, in: Biervert, B./Fischer-Winkelmann, W. F./Haarland, H.-P./Köhler, G./Rock, R. (1978), S. 255 - 277

Hansen, U./Stauss, B. (1982a): Marketing und Verbraucherpolitik - ein Überblick, in: Hansen, U./Stauss, B./Riemer, M. (1982), S. 2-20

Hansen, U./Stauss, B. (1982b): Verbraucherabteilungen in Unternehmen - ein kommunikationsorientierter Ansatz (Corporate Consumer Affairs Departments - A Communikations Perspective), in: Hansen, U./Stauss, B./Riemer, M. (1982), S. 488- 493

Hansen, U./ Stauss, B. (1983): Marketing als marktorientierte Unternehmenspolitik oder als deren inte- grativer Bestandteil?, in: Marketing ZFP, 5. Jg., Nr. 2/1983, S. 77 - 86

Hansen, U./Stauss, B./Riemer, M. (1982) (Hrsg.): Marketing und Verbraucherpolitik, Stuttgart 1982

Harman, W. W. (1974): Humanistic Capitalism: Another Alternative, in: Journal of Humanistic Psychology, Winter 1974

Harris, R. G./Carman, J. M. (1983): Public Regulation of Marketing Activity: Part I: Institutional Typologies of Market Failure, in: Journal of Macromarketing, Spring 1983, S. 49 - 58

Harris, R. G./Carman, J. M. (1984): Public Regulation of Marketing Activity: Part II: Regulatory, Responses to Market Failures, in: Journal of Macromarketing, Spring 1984, S. 41 - 52

Hartmann, H. (1967) (Hrsg.): Moderne amerikanische Soziologie, Stuttgart 1967

Hartmann, H. (1973) (Hrsg.): Moderne amerikanische Soziologie. 2. Aufl., Stuttgart 1972

Hayek, F. A. v. (1968): Der Wettbewerb als Entdeckungsverfahren, Kiel 1968

Hayek, F. A. v. (1969a): Freiburger Studien. Gesammelte Aufsätze, Tübingen 1969

Hayek, F. A. v. (1969b): Das Ergebnis menschlichen Handelns, aber nicht menschlichen Entwurfs, in: Hayek, F. A. v. (1969a), S. 1. ff.

Hayek, F. A. v. (1970): Die Irrtümer des Konstruktivismus, München/Salzburg 1970

Hayek, F. A. v. (1972): Die Theorie komplexer Phänomene, Tübingen 1972

Hayek, F. A. v. (1976a) (Hrsg.): Individualismus und wirtschaftliche Ordnung, 2. Aufl. Salzburg 1976

Hayek, F. A. v. (1976b): Wahrer und falscher Individualismus, in: Hayek, F. A. v. (1976a), S. 9 - 48

Hayes, M. H. (1988): Another Chance for the Marketing Concept?, in: Business, Heft 1/1988, S. 10-18

Hayes, R. H./ Abernathy, W. J. (1980): Managing Our Way to Economic Decline, in: Harvard Business Review, Juli/August 1980, S. 67 - 77

Heath, R. L./Nelson, R. A. (1986): Issues Management. Corporate Public Policymaking in an Information Society, Beverly Hills/London/New Dehli 1986

Heath, R. L. (1988) (Hrsg.): Strategic Issues Management, San Francisco/London 1988

Hedberg, B. (1981): How Organizations Learn and Unlearn, in: Nystrom, P./Starbuck, W. (1981), S. 3 - 27

Heinen, E. (1969): Zum Wissenschaftsprogramm der entscheidungsorientierten Betriebswirtschaftslehre, in: Zeitschrift für Betriebswirtschaftslehre, Heft ?/1969, S. 207 - 220

Heinen, E. (1971): Der entscheidungsorientierte Ansatz der Betriebswirtschaftslehre, in: v. Kortzfleisch, 1971, S. 21 - 37

Heinen, E. (1976): Wissenschaftsprogramm der entscheidungorientierten Betriebswirtschaftslehre, München 1976

Heinen, E. (1978) (Hrsg.): Betriebswirtschaftliche Führungslehre, Wiesbaden 1978

Heinen, E. (1987) (Hrsg.): Unternehmenskultur, München/Wien 1987

Hejl, P. M. (1982a): Sozialwissenschaft als Theorie selbstreferentieller Systeme, Frankfurt a. M./New York 1982

Hejl, P. M. (1982b): Die Theorie autopoietischer Systeme: Perspektiven für die soziologische Systemtheorie, in: Rechtstheorie, 13 (1982), S. 45 - 88

Hejl, P. M. (1983): Kybernetik 2. Ordnung, Selbstorganisation und Biologismusverdacht. Aus Anlaß der Kontroverse um das "Evolutionäre Management", in: Die Unternehmung 37 (1983), S. 41 - 62

Hejl, P. M. (1984): Toward a Theory of Social Systems: Self-Organization and Self-Maintenance, Self-Reference and Syn-Reference, in: Ulrich, P./Probst, G. J. B. (1984), S. 60 - 78

Hejl, P. M. (1985): Konstruktion der sozialen Konstruktion, in: Gumin, H./Mohler, A. (1985), S. 85 - 115

Heller, E.D. (1980): Demonstrative Vernunft - eine neue Konsumentenorientierung, in: Absatz- wirtschaft, Heft 10/ 1980, S. 108 - 114

Henzler, H.A. (1988) (Hrsg.): Handbuch Strategische Führung, Wiesbaden 1988

Herrmann, Th. (1971): Anmerkungen zum Theorienpluralismus in der Psychologie, in: Diemer et al. (1971), S. 192 - 197

Herrmann, Th. (1976): Die Psychologie und ihre Forschungsprogramme, Göttingen u.a. 1976

Herrmann, Th. (1979a): Zur Tauglichkeit psychologischer Theorien, in: Albert/Stapf (1979), S. 195 - 217

Herrmann, Th. (1979b): Psychologie als Problem. Herausforderungen der psychologischen Wissenschaft, Stuttgart 1979

Hettich, G. O. (1979): Aus Ausgleichsgesetz der Planung, in: Schanz (1979), S. 54 - 56

Hill, W. (1973a): Marketing I, 3. Aufl., Bern/Stuttgart 1973

Hill, W. (1973b): Marketing II, 3. Aufl., Bern/Stuttgart 1973

Hill, W. (1988): Betriebswirtschaftslehre als Managementlehre, in: Wunderer, R. (1988), S. 133 - 151

Hillmann, K. H. (1981a): Umweltwandel und Wertewandel – die Umwertung der Werte als Strategie des Überlebens, Frankfurt am Main 1981

Hillmann, K. H. (1981b): Umweltkrise und Wertwandel, Frankfurt/ Bern 1981

Hinder, W. (1986): Strategische Unternehmensführung in der Stagnation, München 1986

Hippel, E. v. (1976): Grundfragen des rechtlichen Verbraucherschutzes, in: WiSt, 5. Jg. (1976), S. 551 - 556

Hirschman, E. C. (1983): Aesthetics, Ideologies and the Limits of the Marketing Concept, in: Journal of Marketing Vol. 47, Heft 2/1983, S. 45 - 55

Hitt, M. A./Ireland, D. R. (1987): Peters and Waterman Revisited: The Unended Quest for Excellence, in: Academy of Management Executive, Jg. 1, Heft 2/1987, S. 91 - 98

Hochreutener, P. E. (1984): Die Entwicklung von Unternehmenskultur, Diss. St. Gallen 1984

Höffe, O. (1984): Sittlichkeit als Rationalität des Handelns?, in: Schnädelbach, H. (1984), S. 141 - 174

Hoffmann, F./Rebstock, W. (1989): Unternehmensethik, in: Zeitschrift für Betriebswirtschaft, 59. Jg., Heft 6/1989, S. 667 - 687

- 333 -

Homans, G. C. (1960): Theorie der sozialen Gruppe, Köln u. a. 1960

Homans, G. C. (1967): Soziales Verhalten als Austausch, in: Hartmann, H. (1967) (Hrsg.), S. 173 - 185

Homans, G. C. (1968): Elementarformen sozialen Verhaltens, Köln/Opladen 1968

Homans, G. C. (1972): Was ist Sozialwissenschaft?, Opladen 1972

Homans, G. C. (1973): Soziales Verhalten als Austausch, in: Hartmann, H. (1973), S. 245 - 263

Homans, G. C./Georg, H. (1972): Elementarformen sozialen Verhaltens, Köln 1968

Hondrich, K.O. (1979): Bedürfnisse und soziale Steuerung, in: Klages, H./ Kmieciak, P. (1979): S. 354 - 376

Hopfenbeck, W. (1989): Allgemeine Betriebswirtschaftslehre und Managementlehre – Das Unternehmen im Spannungsfeld zwischen ökonomischen, sozialen und ökologischen Interessen, Landsberg am Lech 1989

Hopfenbeck, W. (1990): Umweltorientiertes Management und Marketing, Landsberg am Lech 1990

Horsky, D./Sen, S. K. (1980): Interfaces between Marketing and Economics: An Overview, in: Journal of Business, 53 (no. 3, part 2), 1980, S. 5 - 12

Houston, F. S. (1986): The Marketing Concept: What It Is and What It Is Not, in: Journal of Marketing Vol. 50, April 1986, S. 81 - 87

Houston, F. S./Gassenheimer, J. B. (1987): Marketing and Exchange, in: Jounal of Marketing Vol. 51, Oct. 1987, S. 3 - 18

Hübner, K. (1978): Kritik der wissenschaftlichen Vernunft, Freiburg u. a. 1978

Hübner, K. (1985): Die Wahrheit des Mythos, München 1985

Hübner, K. (1986a): Wissenschaftliche Vernunft und Post-Moderne, in: Koslowski, P./Spaemann, R./Löw, R. (1986), S. 63 - 78

Hübner, K. (1986b): Zur Kritik der wissenschaftlichen Vernunft. 3., verb. Aufl., Freiburg 1986

Hummel, M. J./ Ziegler, R. (1977) (Hrsg.): Anwendung mathematischer Verfahren zur Analyse sozialer Netzwerke, Sozialwissenschaftliche Kooperative, Duisburg 1977

Hundt, S. (1975): Das Rationalprinzip in der Betriebswirtschaftslehre. Bemerkungen zur neueren Methodologie-Diskussion, in: Zeitschrift für Betriebswirtschaftslehre, 45. Jg (1975), S. 165 - 186

Hundt, S. (1977): Zur Theoriegeschichte der Betriebswirtschaftslehre, Köln 1977

Hundt, S. (1981): Beiträge zur Kritik der Betriebswirtschaftslehre, Bremen 1981

Hundt, S. (1983): Theorie und wirtschaftsgeschichtliche Überlegungen zum Paradigma der gemeinwirtschaftlichen Wirtschaftlichkeit in der älteren deutschen Betriebswirtschaftslehre, in: Fischer-Winkelmann, W. F. (1983), S. 150

Hundt, S./Liebau, E. (1972): Zum Verhältnis von Theorie und Praxis - gegen ein beschränktes Selbstverständnis der Betriebswirtschaftslehre als "Unternehmerwissenschaft", in: Dlugos, G. et al. (1972), S. 221 - 248

Hunt, S. D. (1971): The Morphology of Theory and the General Theory of Marketing, in: Journal of Marketing, Vol. 35, April 1971, S. 65 - 68

Hunt, S. D. (1976a): The Nature and Scope of Marketing, in: Journal of Marketing, 40. Jg., Juli 1976, S. 17 - 28

Hunt, S. D. (1976b): Marketing Theory: Conceptual Foundations of Research in Marketing, Columbus (Oh.) 1976

Hunt, S. D. (1979): Positive vs. Normative Theory in Marketing, in: Ferrell, O.C./ Brown, St.W./ Lamb, Ch.W.jr. (1979), S. 567 - 576

Hunt, S. D. (1983a): General Theories and the Fundamental Explananda of Marketing, in: Journal of Marketing, Vol. 47, Fall 1983, S. 9 - 17

Hunt, S. D. (1983b): Marketing Theory: The Philosophy of Marketing Science, Homewood (Ill.) 1983

Hunt, S. D. (1984): Should Marketing Adopt Relativism?, in: Anderson, P. F./Ryan, M. J. (1984), S. 30 - 34

Hunt, S. D. (1990): Truth in Marketing Theory and Research, in: Journal of Marketing Vol. 54, July 1990, S. 1-15

Hunt, S. D. (1991): Positivism and Paradigm Dominance in Consumer Research: Toward Critical Pluralism an Rapprochement, in: Journal of Consumer Research, Vol. 18. (1991), Nr. 6, S. 32 - 44

Hunt, S. D./ Burnett, J. J. (1982): The Macromarketing/Micromarketing Dichotomy: A Taxonomical Model, in: Journal of Marketing, Vol. 46 (Summer 1982), S. 11 - 26

Hunt, S. D./ Chonko, L. B. (1984): Marketing and Machiavellianism, in: Journal of Marketing, Vol. 48 (Summer 1984), S. 30 - 42

Hunt, S. D./ Muncy, J. A./ Ray, N. M. (1981): Alderson´s General Theory of Marketing: A Formalization, in: Enis, B. M./Roering, K. J. (1981), S. 43 - 56

Hunt, S. D./ Wood, V. R./ Chonko, L B. (1989): Corporate Ethical Values and Organizational Commitment in Marketing, in: Journal of Marketing, Vol. 53 (1989), S. 79 - 90

Hunsicker, J. Qu. (1980): The malaise of strategic planning, in: Management Review, Heft 3/1980, S. 9 - 14

Hunziker, R. (1980): Die soziale Verantwortung der Unternehmung. Auseinandersetzung mit einem Schlagwort, Bern/ Stuttgart 1980

Huyssen, A./Scherpüe, K. R. (1986) (Hrsg.): Postmoderne. Zeichen eines kulturellen Wandels, Reinbek 1986

I

Irle, M. (Hrsg.) (1983): Handbuch der Psychologie, Band 12, 2. Halbband: Methoden und Anwendungen in der Marktpsychologie, Göttingen/ Toronto/ Zürich 1983

Israel, J. (1972): Stipulations and Construction in the social Sciences, in: Israel, J./Tajfel, H. (1972), S. 123 ff.

Israel, J./Tajfel, H. (1972) (Hrsg.): The Context of Social Psychology - A Critical Assessment. Londen 1972

J

Jaeggi, U./Honneth, A. (1977) (Hrsg.): Theorien des Historischen Materialismus, Frankfurt a. M. 1977

Jantsch, E. (1979): Die Selbstorganisation des Universums, München 1979

Jehle, E. (1973): Über Fortschritt und Fortschrittskriterien in betriebswirtschaftlichen Theorien, Stuttgart 1973

Jehle, E. (1977): Menschliche Bedürfnisse und Marketing: Ein Forschungsprogramm für eine bedürfnisorientierte Marketingtheorie, in: Reber, G. (1977b), S. 164 - 190

Jehle, E. (1980): Unternehmung und gesellschaftliche Umwelt: Grundlagen einer ökonomischen Theorie der pluralistischen Unternehmung, Stuttgart 1980

Joerges, B. (1982) (Hrsg.): Verbraucherverhalten und Umweltbelastung, Frankfurt/ New York 1982

Jones, D. G. B./ Monieson, D. D. (1990): Early Development of the Philosophy of Marketing Thought, in: Journal of Marketing, Vol. 54 (January 1990), S. 102 - 113

Jones, W. T. /Sontag, F./Beckner, M. O./Fogelin, R. F. (1977): Approaches to Ethics. 3. Aufl., New York 1977

K

Kamper, D. (1986): Zur Soziologie der Imagination, München 1986

Kangun, N. (1972) (Hrsg.): Society and Marketing: An Unconventional View, New York/San Francisco/London 1972

Kangun, N. (1974): Environmental Problems and Marketing: Saint or Sinner?, in: Sheth, J. N./Wright, P. L. (1974), S. 250 - 270

Kappler, E. (1976): Zum Theorie-Praxis-Verhältnis einer noch zu entwickelnden kritischen Theorie der Betriebswirtschaftspolitik, in: Ulrich, H. (1976), S. 107 ff.

Kappler, E. (1980): Brauchen wir eine neue Betriebswirtschaftslehre?, in: Koubek/ Knüller/Schreibe-Lange (1980), S. 177 - 201

Kappler, E. (1983) (Hrsg.): Rekonstruktion der Betriebswirtschaftslehre als ökonomische Theorie, Spardorf 1983

Kappler, E. (1983b): Praktische Folgen einer Rekonstruktion der Betriebswirtschaftslehre, in: Kappler, E. (1983), S. 379 - 392

Karrenberg, F./Albert, H. (1963) (Hrsg.): Sozialwissenschaft und Gesellschaftsgestaltung. Festschrift für Gerhard Weisser, Berlin 1963

Kelley, E. J. (1971): Marketing´s Changing Social/Environmental Role, in: Journal of Marketing, Vol. 35, July 1971, S. 1 - 2

Kern, M. (1979): Klassische Erkenntnistheorien und moderne Wissenschaftslehre, in: Raffée, H./ Abel, B. (1979a), S. 11 - 27

Khandwalla, P. N. (1977): The design of organizations, New York u.a. 1977

Kieser, A. (1977): Organisationsstruktur und Individuum. Probleme der Analyse und empirische Ergebnisse, in: Reber, G. (1977a) (Hrsg.), S. 111 - 133

Kieser, A. (1980): Individuum und Organisation, in: Grochla, E. (1980), Sp. 862 - 872

Kieser, A. (1981) (Hrsg.): Organisationstheoretische Ansätze, München 1981

Kieser, A. (1982): Organisation und Umwelt, Arbeitspapier des Lehrstuhls für ABWL und Organisation, Universität Mannheim, Mannheim 1982

Kieser, A. (1984a): Wie rational kann man strategische Planung betreiben?, in: Gaugler, E./ Jacobs, O. H./ Kieser, A. (1984), S. 31 - 44

Kieser, A. (1984b): Innovation und Unternehmenskultur, in: gdi impuls, Heft 4/1987, S. 3 - 11

Kieser, A. (1987): Von der Morgenansprache zum "gemeinsamen HP-Frühstück". Zur Funktion von Werten, Mythen, Ritualen und Symbolen. "Organisationskulturen" in der Zunft und im modernen Unternehmen, Arbeitspapier des Lehrstuhls für ABWL und Organisation, Universität Mannheim, Mannheim 1987

Kieser, A./ Kubicek, H. (1978): Organisationstheorien, Bd. I: Wissenschaftstheoretische Anforderungen und kritische Analyse klassischer Ansätze, 1. Aufl., Stuttgart et al. 1978

Kieser, A./ Kubicek, H. (1983): Organisation, Berlin u. a. 1983

Kieser, A./Reber, G./Wunderer, R. (1987) (Hrsg.): Handwörterbuch Führung, Stuttgart 1987

Kießler, O. (1983): Wissenschaftstheoretische Implikationen der Handlungs- und Systemtheorie und ihre Bedeutung für die Wirtschaftswissenschaften, in: Fischer-Winkelmann, W. F. (1983), S. 180 - 203

King, S. (1985): Has Marketing Failed, or was it Never Really Tried?, in: Journal of Marketing Management, 1. Jg., Heft 1/1985, S. 1 - 19

Kirchgeorg, M. (1990): Ökologieorientiertes Unternehmensverhalten, Wiesbaden 1990

Kirsch, G. (1988): Zwang, Tausch und Geschenk, in: WISU, 17. Jg. (1988), Nr. 4, S.

221 - 226

Kirsch, W. (1972): Die entscheidungs- und systemorientierte Betriebswirtschaftslehre - Wissenschaftsprogramm, Grundkonzeption, Wertfreiheit und Parteilichkeit, in: Dlugos, G./Eberlein, G./Steinmann, H. (1972), S. 153 - 184

Kirsch, W. (1979): Die verhaltenwissenschaftliche Fundierung der Betriebswirtschaftslehre, in: Raffée, H./ Abel, B. (1979a), S. 105 - 120

Kirsch, W. (1983): Die Betriebswirtschaftslehre als Führungslehre - neu betrachtet, in: Fischer-Winkelmann, W. F. (1983), S. 204 - 237

Kirsch, W. (1989): Wissenschaftliche Unternehmensführung oder Freiheit vor der Wissenschaft? 1. Halbband, München 1984

Kirsch, W. (1986): Wissenschaftliche Unternehmensführung oder Freiheit vor der Wissenschaft? 2. Halbband, München 1984

Kirsch, W. (1985): Evolutionäres Management und okzidentaler Rationalismus, in: Probst, G. J. B./ Siegwart, H. (1985), S. 331-350

Kirsch, W. (1988a): Die Handhabung von Entscheidungsproblemen, 3. völlig überarb. und erw. Aufl., München 1988

Kirsch, W. (1988b): Zur Konzeption der Betriebswirtschaftslehre als Führungslehre, in: Wunderer, R. (1988), S. 153 - 172

Kirsch, W. (1989): Entscheidungsorientierte Betriebswirtschaftslehre und angewandte Führungslehre, in: Kirsch, W./ Picot, A. (1989), S. 119 - 135

Kirsch, W. (1990a): Unternehmenspolitik und strategische Unternehmensführung, München 1990

Kirsch, W. (1990b): Kommunikatives Handeln, Autopoiese, Rationalität, unveröffentlichtes Arbeitspapier, München 1990

Kirsch, W./ Esser, W.-M./ Gabele, E. (1978): Reorganisation, München 1978 (2. Auflage: Das Management des geplanten Wandels von Organisationen, Stuttgart 1979) Zitat Mabegriff S. 134

Kirsch, W./ Geiger, U./ Grebenc, H./ Maaßen, H. (1989): Ein Denkmodell der Gesamtarchitektur von Planungs- und Kontrollsystemen, in: Kirsch, W./ Maaßen, H. (1989a)

Kirsch, W./ Knyphausen, Dodo z. (1988): Unternehmen und Gesellschaft – Die "Standortbestimmung" des Unternehmens als Problem des Strategischen Managements, in: Die Betriebswirtschaft, 48. Jg. (1988), Nr. 4, S. 489 - 506

Kirsch, W./ Kutschker, M./ Lutschewitz, H. (1980): Ansätze und Entwicklungstendenzen im Investitionsgütermarketing: auf dem Wege zu einem Interaktionsansatz, 2. überarb. und erw. Aufl., Stuttgart 1980

Kirsch, W./ Maaßen, H. (1989a) (Hrsg.): Managementsysteme – Planung und Kontrolle, München 1989

Kirsch, W./ Maaßen, H. (1989b): Einleitung: Managementsysteme, in: Kirsch, W./ Maaßen, H. (1989) , S. 1 - 22

Kirsch, W./ Picot, A. (1989) (Hrsg.): Die Betriebswirtschaftslehre im Spannungsfeld zwischen Generalisierung und Spezialisierung, Festschrift zum 70. Geburtstag von Edmund Heinen, Wiesbaden 1989

Kirsch, W. /Roventa, P. (1983) (Hrsg.): Bausteine eines Strategischen Management, Berlin/New York 1983

Kirsch, W. /Roventa, P./Trux, W. (1983): Wider den Haarschneideautomaten, in: Kirsch, W. /Roventa, P. (1983), S. 17 - 42

Kirsch, W./ Trux, W. (1982/1983): Vom Marketing zum strategischen Management, in: Schöttle, M. (Hrsg.): Jahrbuch des Marketing 1982/1983, S. 58 - 77

Klages, H. (1984): Wertorientierungen im Wandel, 2. Aufl., Frankfurt am Main/ New York 1985

Klages, H./ Kmieciak, P. (1979) (Hrsg.): Wertewandel und gesellschaftlicher Wandel, Frankfuert/ New York 1979

Klaus, G. (1973): Semiotik und Erkenntnistheorie, 4. Aufl., München/Salzburg 1973

Kmieciak, P. (1977): Plädoyer für die Werteforschung als dringend erforderliche neue interdisziplinäre Forschungsrichtung, in: analysen und prognosen über die welt von morgen, 9. Jg., Nr. 3/ Juli 1977, S. 19 - 22

Kneschaurek, F. (1986): Der heilige Krieg gegen die Propheten, die keine sind ..., in: Belz, Ch. (1986a), S. 275 - 295

Knyphausen, Dodo z. (1988): Unternehmungen als evolutionsfähige Systeme. Überlegungen zu einem evolutionären Konzept für die Organisationstheorie, München 1988

Knyphausen, Dodo z. (1991): Selbstorganisation und Führung, in: Die Unternehmung 45. Jg. (1991) Nr. 1, S. 47 - 63

Köhler, R. (1977): Empirische und theoretische Forschungskonzeptionen in der Betriebswirtschaftslehre, Stuttgart 1977

Köhler, R. (1981): Grundprobleme der strategischen Marketingplanung, in: Geist, M. N./Köhler, R. (1981), S. 261 - 291

Köhler, R. (1985): Strategisches Marketing: Auf die Entwicklung eines umfassenden Informations-, Planungs- und Organisationssystems kommt es an, in: Marketing • ZPF, 7. Jg. (1985), S. 213 - 216

Köhler, R. (1986): Entwicklungsperspektiven der Marktforschung aus der Sicht des strategischen Managements, in: Gaugler, E./ Meissner, H. G./ Thom, N. (1986), S. 111 - 138

Kötter, R. (1983): Effizienz, Rationalität und Verteilungsgerechtigkeit - zum normativen Hintergrund der Betriebswirtschaftslehre, in: Kappler, E. (1983), S. 277 - 302

Kolb, D. (1988a): Kulturelle Transformation als Problem der Unternehmensberatung. Verfremdung und Erkenntniszugang als kritische Faktoren, Diss. München 1988

Kolb, D. (1988b): Die Veränderung von Unternehmenskulturen durch verfremdende Beratung, München 1988

Kortzfleisch, G. v. (1971) (Hrsg.): Wissenschaftsprogramme und Ausbildungsziele der Betriebswirt- schaftslehre, Berlin 1971

Koslowski, P. (1986a): Sein-lassen-können als Überwindung des Modernismus. Kommentar zu Claus Offe, in: Koslowski, P./Spaemann, R./Löw, R. (1986), S. 173 - 184

Koslowski, P. (1986b): Die Baustellen der Postmoderne - Wider den Vollendungszwang der Moderne. Statt einer Einleitung, in: Koslowski, P./Spaemann, R./Löw, R. (1986), S. 1 - 16

Koslowski, P./Spaemann, R./Löw, R. (1986) (Hrsg.): Moderne oder Post-Moderne? Zur Theorie des gegenwärtigen Zeitalters, Weinheim 1986

Kotler, Ph. (1972): A Generic Concept of Marketing, in: Journal of Marketing, Vol. 36, April 1972, S. 46 - 54

Kotler, Ph. (1976): Eine allgemeine Marketing-Konzeption, in: Fischer-Winkelmann, W. F. / Rock, R. (1976), S.227 - 250

Kotler, Ph. (1982): Die Bedeutung des Consumerism für das Marketing (What consumerism means for marketers), in: Hansen, U./Stauss, B./Riemer, M. (1982), S. 56-70

Kotler, Ph. (1986): Megamarketing, in: Harvard Manager, Heft 3/1986, S. 32 - 39

Kotler, Ph./ Levy, S. J. (1969a): Beyond Marketing: The Futhering Concept, in: California Management Review, Vol. 12/ Winter 1969, S. 67 - 73 Kangun S. 78

Kotler, Ph./ Levy, S. J. (1969b): Broadening the Concept of Marketing, in: Journal of Marketing, Jg. 33, Jan. 1969, S. 10 - 15

Kotler, Ph./ Levy, S. J. (1976): Die Ausweitung des Marketing-Konzeptes, in: Fischer-Winkelmann, W. F. / Rock, R. (1976), S. 173 - 190

Kotler, Ph./Mindak, W. (1978): Marketing and Public Realtions, in: Journal of Marketing, Jg. 42, Oct. 1978, S. 13 - 20

Kotler, Ph./Roberto, E. (1991): Social Marketing, Düsseldorf/Wien/New York 1991

Kotler, Ph./Zaltman, G. (1971): Social Marketing: An Approach to Planned Social Change, in: Journal of Marketing, Jg. 35, July 1971, S. 3 - 12

Kotler, Ph./ Zaltman, G. (1976): Gesellschaftsbezogenes Marketing: Ein Ansatz für geplanten sozialen Wandel, in: Fischer-Winkelmann, W. F. / Rock, R. (1976), S. 191 - 216

Koubek, N., Knüller, H.-D., Schreibe-Lange, I. (1980) (Hrsg.): Betriebswirtschaftliche Probleme der Mitbestimmung, 2. Aufl., Köln 1980

Kreutzer, R./ Jugel, S./Wiedmann, K.-P. (1986): Unternehmensphilosophie und Corporate Identity. Empirische Bestandsaufnahme und Leitfaden zur Implementierung einer Corporate Identity-Strategie, Arbeitspapier des Institut für Marketing, Universität Mannheim, Mannheim 1986

Kroeber-Riel, W. (1976a): Ideologische Komponenten der entscheidungsorientierten Absatztheorie, in: Fischer-Winkelmann, W. F. / Rock, R. (1976), S. 41 - 68

Kroeber-Riel, W. (1976b): Das verfehlte Leitbild der Verbraucherpolitik, in: Fischer-Winkelmann, W. F. / Rock, R. (1976), S. 109 - 116

Kroeber-Riel, W. (1977): Kritik und Neuformulierung der Verbraucherpolitik auf verhaltenswissenschaft- licher Grundlage, in: Die Betriebswirtschaft, Heft 1/1977, S. 89 - 101

Kroeber-Riel, W. (1982): Laborforschung und Menschenbild - eine Erwiderung auf den Beitrag von Arndt, in: Hansen, U./Stauss, B./Riemer, M. (1982), S. 154-160

Kroeber-Riel, W. (1986a): Die inneren Bilder der Konsumenten, in: Marketing ZFP, 8. Jg., Nr. 2/1986, S. 81 - 96

Kroeber-Riel, W. (1986b): Erlebnisbetontes Marketing, in: Belz, Ch. (1986), S. 1137 - 1152

Kroeber-Riel, W. (1989): Das Suchen nach Erlebniskonzepten für das Marketing – Grundlagen für den sozialtechnischen Forschungs- und Entwicklungsprozeß, in: Specht, G./ Silberer, G./ Engelhardt, W. H. (1989), S. 247 - 263

Kroeber-Riel, W. (1990): Konsumentenverhalten, 4. wesentlich erneuerte und erweiterte Auflage, München 1990

Krugman, D. M./ Ferell, O. C. (1981): The Organizational Ethics of Advertising, in: Journal of Advertising, 10/1981, S. 21 - 30

Krulius-Randa, J. S. (1981): Die Entstehung der Marketing-Idee. Ein Beitrag zur Dogmengeschichte der Betriebswirtschaftslehre, in: Krulius-Randa et al. (1981), S. 95 - 117

Krulius-Randa, J. S. (1983): Die menschliche Arbeit als Bestandteil der Unternehmungsstrategie, in: Die Unternehmung, Jg. 37, Heft 2/1983, S. 140 - 151

Krulius-Randa, J. S. (1984): Reflexionen über die Unternehmenskultur, in: Die Unternehmung, 38. Jg., Heft 4/1984, S. 358 - 372

Krulius-Randa, J. S. (1985): Das Marketingverständnis 1985 führt zur Metamorphose der Marketing-Wissenschaft, in: Thexis 2(1985)4, S. 45 - 46

Krulius-Randa, J. S. (1986a): Marketing, in: Die Unternehmung, Jg. 40, Heft 1/1986, S. 49 - 54

Krulius-Randa, J. S. (1986b): Societal Marketing, in: Dokumentation zur Betriebswirtschaft 5 (1986), S. 1 - 26

Krulius-Randa, J. S. (1986c): Das Tao des Marktes - ein Weg in die Marketing-Realisierung, in: Belz, Ch. (1986a), S. 421 - 434

Krulius-Randa, J. S. et al. (1981) (Hrsg.): Geschichte in der Gegenwart, Festgabe für Max Silberschmidt, Zürich 1981

Kühn, R. (1989): Das Marketingkonzept: Dominante Managementphilosophie oder Aspekt einer kulturbewußten Unternehmensführung?, in: Arbeitspapier Nr. 8 des Instituts für Marketing und Unternehmensführung, Bern 1989

- 341 -

Kühn, R. (1991): Kundenorientierung im Marketing-Management, in: Marketing ZFP, 13. Jg, Nr. 2/1991, S. 97 - 107

Küng, E. (1976): Verbraucherschutz in der Marktwirtschaft, in: WiSt, 5. Jg. (1976), S. 556 - 560

Küpper, H.-U. (1979): Rationalprinzip, in: Schanz, 1979, S. 139 - 142

Küttner, M. (1983): Kritik der Theorienkonzeption von Sneed und Stegmüller und ein alternativer Ansatz, in: Fischer-Winkelmann, W. F. (1983), S. 348 - 363

Kuhn, T. S. (1962): The Structure of Scientific Revolutions, Chicago 1962

Kuhn, T. S. (1967): Die Struktur wissenschaftlicher Revolutionen, Frankfurt a. M. 1967

Kuhn, T. S. (1970): The Structure of Scientific Revolutions. 2. Aufl., Chicago 1070

Kuhn, T. S. (1974): Bemerkungen zu meinen Kritikern, in: Lakatos, I./Musgrave, A. (1974), S. 258 ff.

Kuhn, T. S. (1976): Die Struktur wissenschaftlicher Revolutionen. 2. Aufl., Frankfurt a. M. 1976

Kuhn, T. S. (1977): Die Entstehung des Neuen. Studien zur Struktur der Wissenschaftsgeschichte, Frankfurt a. M. 1977

Kunin, L./Weaver, F. S. (1971): On the Structure of Scientific Revolutions in Economics, in: History of Political Economy, 3 (Fall 1971), S. 391 - 397

L

Laczniak, G. R. et al. (1979): Social Marketing and its Ethical Dimensions, in: Journal of Marketing, Spring 1979, S. 29 - 36

Lakatos, I. (1974a): Falsifikation und die Methodologie wissenschaftlicher Forschungsprogramme, in: Lakatos, I./Musgrave, A. (1974), S. 89 - 189

Lakatos, I. (1974b): Die Geschichte der Wissenschaft und ihre rationalen Rekonstruktionen, in: Lakatos, I./Musgrave, A. (1974), S. 271 - 312

Lakatos, I. (1978): Falsifiation and the Methodology of Scientific Research Programs, in: Worral, J./Currie, G. (1978), S. 8 - 101

Lakatos, I./Musgrave, A. (1970) (Hrsg.): Criticism and the Growth of Knowledge, Cambridge 1970

Lakatos, I./Musgrave, A. (1974) (Hrsg.): Kritik und Erkenntnisfortschritt, Braunschweig 1974

Lamb, Ch. W. Jr./Dunne, P. M. (1980) (Hrsg.), Theoretical Developments in Marketing, Chicago 1980

Lamb, R. (1983) (Hrsg.): Advances in Strategic Management, Band 1, Greenwich (Conn.) 1983

Latsis, S. J. (1976a) (Hrsg.): Method and Appraisal in Economics, Cambridge (Mass.) u. a. 1976

Latsis, S. J. (1976b): A Research Programme in Economics, in: Latsis, S. J. (1976a), S. 1 - 41

Laudan, L. (1977): Progress and Its Problems, Berkeley (Ca.) 1977

Laudan, L. (1980): Views of Progress: Separating the Pilgrims from the Rakes, in: Philosophy of the Social Sciences, 10 (1980), S. 273 - 286

Laudan, L. (1981): The Pseudo-Science of Science?, in: Philosophy of the Social Sciences, 11 (1981), S. 173 - 198

Laudan, L. (1984): Reconstructing Methodology, in: Anderson, P. F./Ryan, M. J. (1984), S. 1 - 4

Lay, R. (1989): Philosophie für Manager. 3. Aufl, Düsseldorf/Wien/New York 1989

Lazer, W. (1976): Marketing im gesellschaftlichen Kontext, in: Fischer-Winkelmann, W. F. / Rock, R. (1976), S.217 - 224

Lazer, W. (1987): Income and the Qualitiy-of-Life Interface, in: Samli, A. C. /Sirgy, M. J./Meadow, H. L. (1987), S. 175 - 187

Lazer, W./ Kelley, E. J. (1973): Social Marketing, Homewood 1973

Leahy, T. H. (1980): A History of Psychology, Englewood Cliffs (N. J.) 1980

Lenk, H. (1977) (Hrsg.): Handlungstheorien interdisziplinär IV. Sozialwissenschaftliche Handlungstheorien und spezielle systemwissenschaftliche Ansätze, München 1977

Lenk, H. (1982): Technik und Verantwortung, in: Deutsche Universitäts-Zeitung, 38, 2/1982, S. 16 f.

Leone, R. P./Schultz, R. L. (1980): A Study of Marketing Generalizations, in: Journal of Marketing, Vol. 44, Winter 1980, S. 10 - 18

Leong, S. M. (1985): Metatheory and Metamethodology in Marketing: A Lakatosian Reconstruction, in: Journal of Marketing Vol. 49, Fall 1985, S. 23 - 40

Levinson, J.C. (1984): Guerrilla Marketing, Boston 1984

Levitt, Th. (1960): Marketing Myopia, in: Harvard Business Review, No. 4/1960, S. 45 - 56

Levitt, Th. (1965): Marketing Myopia, in: Harvard Business Review, September/ October 1965, S. 26 - 44 und S. 173 - 181

Levitt, Th. (1967): Why Business Always Loses: A Marketing View of Government Relations Marketing for Tomorrow and Today (Chicaco: American Marketing Association, June 1967

Levitt, Th. (1977): Marketing when things change, in: Harvard Business Review, November/December 1977, S. 107 - 113

Levitt, Th. (1979): Marketing-Kurzsichtigkeit, in: Harvard Manager, Heft 2/1979, S. 92 - 110

Levy, S. J. (1964): Symbolism and Life Style, in: Greyser, S. A. (1964), S. 140 - 150

Levy, S. J. (1964): Marcology 101 or the Domain of Marketing, in: Bernhardt, K. L (1976), S. 577 - 581

Levy, S. J./Zaltman, G. (1975): Marketin, Society and Conflict, Englewood Cliffs (N. J.) 1975

Lewin, K. (1963): Feldtheorie in den Sozialwissenschaften. Ausgewählte theoretische Schriften, Bern 1963

Lewin, K. (1969): Grundzüge der topologischen Psychologie, Bern 1969

Lindberg, L. N. (1976); Strategies and Priorities of Comparative Research, in: Lindberg (1976a), S. 222 - 248

Lindberg, L. N. (1976a) (Hrsg.); Politics and the Future of Industrial Society, New York 1976

Lisson, A. (1987) (Hrsg.): Qualität - Die Herausforderung, Berlin etal. 1987

Lodge, G.C. (1975): The New American Ideology, New York 1975

Lodge, G.C. (1980): The Use of Ideology for Managers, Harvard Business School, Note 380 - 021, Boston 1980

Lodge, G.C. (1984): The American Disease, New York 1984

Luck, D. (1969): Broadening the Concept of Marketing - Too Far, in: Journal of Marketing, Vol. 33, July 1969, S. 53 - 55

Luck, D. (1974): Social Marketing: Confusion, Compounded, in: Journal of Marketing, Vol. 38, October 1974, S. 70 - 72

Luck, D.J. (1976): Ausweitung des Marketing-Konzepts ?, in: Fischer-Winkelmann, W. F. / Rock, R. (1976), S. 273 - 278

Luhmann, N. (1987a): Die Richtigkeit soziologischer Theorie, in: Merkur 41 (1987), S. 36 - 49

Luhmann, N. (1987b): Autopoiesis als soziologischer Begriff, in: Haferkamp, H./Schmidt, M. (1987), S. 307 - 324

Lusch, R. F./Laczniak, G. R. (1987): The Evolving Marketing Concept, Competitive Intensity and Organizational Performance, in: Academy of Marketing Science, 15. Jg, Fall 1987, S. 1- 11

Luthans, F. (1976): Introduction to management: A contingency approach, New York u. a. 1976

Lutz, R. J. (1986) (Hrsg.): Advances in Consumer Research, Vol 13, Provo (Ut) 1986

Lyotard, J.-F. (1982): Beantwortung der Frage: Was ist postmodern?, in: Tumult 4, 1982, S. 131 - 142

Lyotard, J.-F. (1984): Das Erhabene und die Avantgarde, in: Merkur 424, März 1984, S. 151 - 164

Lyotard, J.-F. (1985): Interview geführt von C. Descamps, in: Engelmann, P. (1985), S. 115 - 127

Lyotard, J.-F. (1986a): Das postmoderne Wissen. Ein Bericht. Herausgegeben von P. Engelmann, Graz/Wien 1986

Lyotard, J.-F. (1986b): Philosophie und Malerei im Zeitalter ihres Experimentierens, Berlin 1986

Lyotard, J.-F. (1986c): Philosophie und Malerei im Zeitalter ihres Experimentierens, in: Lyotard, J.-F. (1986b), S. 51 - 77

Lyotard, J.-F. (1986d): Regeln und Paradoxa, in: Lyotard, J.-F. (1986b), S. 97 - 107

Lyotard, J.-F. (1986e): Grundlagenkrise, in: Neue Hefte für Philosophie, Heft 26/1986, S. 1 - 33

Lyotard, J.-F. (1987): Der Widerstreit, München 1987

M

Macharzina, K. (1970): Interaktion und Organisation, Versuch einer Modellanalyse, Dissertation, München 1970

Malewski, A. (1967): Verhalten und Interaktion, Tübingen 1967

Malewski, A. (1977): Verhalten und Interaktion. DieTheorie des Verhaltens und als Problem der sozialwissenschaftlichen Integration. 2. Aufl, Tübingen 1977

Malik, F. F. (1984): Strategie des Managements komplexer Systeme, Bern/ Stuttgart 1984

Malik, F. F. (1985): Gestalten und Lenken von sozialen Systemen, in: Probst, G. J. B./ Siegwart, H. (1985), S. 205-216

Malik, F. F./Probst, G. J. B. (1981): Evolutionäres Management, in: Die Unternehmung, 35(1981), S. 121 - 140

Marquard, O. (1981). Abschied vom Prinzipiellen, Stuttgart 1981

Marquard, O. (1986): Apologie des Zufälligen, Stuttgart 1986

Marr, R. (1984): Betrieb und Umwelt, in: Vahlens Kompendium der Betriebswirtschaftslehre, Band 1, München 1984, S. 47-110

Martin, Ch. L. ( ): Delineating the Boundaries of Marketing, in: European Journal of Marketing 19,4, S. 5-12

Masterman, M. (1970): The Nature of Paradigm, in: Lakatos, I./Musgrave, A. (1970), S. 59 - 89

Masterman, M. (1974): Die Natur eines Paradigmas, in: Lakatos, I./Musgrave, A. (1974), S. 59 - 88

Matsusaki, H. (1979): Marketing, Culture, and Social Framework: The Need for Theory Development at the Macro Marketing Level – From an International Point of View with Canadian Persepctives, in: Ferrell, O. C./ Brown, St. W./ Lamb, Ch. W. Jr. (1979): Conceptual and Theoretical Developments in Marketing, S. 679 - 693

Mattessich, R. (1979): Konfliktresolution in der Wissenschaft - Zur Anwendung der

Methode von Thomas Kuhn, Sneed und Stegmüller in der Sozial- und Wirtschaftswissenschaft, in: Dlugos, G. (1979), S. 253 - 272

Maturana, H. (1982): Erkennen: Die Organisation und Verkörperung von Wirklichkeit, Braunschweig et al. 1982

Maturana, H., Varela, F. (1987): Der Baum der Erkenntnis: Die biologischen Wurzeln des menschlichen Erkennens, Bern et al. 1987

Mauser, F. F. (1980): The Marketing Fraternity´s Shortfall, in: Journal of Marketing, Heft 3/1980, S. 97 - 98

Mauser, G. (1982): Political Marketing, New York 1983

Mazanec, J./ Scheuch, F. (1984) (Hrsg.): Marktorientierte Unternehmensführung, Wien 1984

Mayer, B. (1989): Von der entscheidungsorientierten Betriebswirtschaftslehre zur evolutionären Manage- mentlehre, Hamburg 1989

Mc Gee, L. W./ Spiro, R. L. (1988): The Marketing Concept in Perspective, in: Business Horizons, 31. Jg., May/June 1988, S. 10 - 14   !!!!! in anderer Angabe: S. 40-45

Mc Guiness, T. (1983): Markets and Hierarchies: A Suitable Framework for an Evaluation of Organizational Change?, in: Francis, A./Turk, J./Willman, P. (1983), S. 180 ff.

Mc Guire, J. B./ Sundgren, A./ Schneeweis, Th. (1988): Corporate Social Responsibility and Firm Financial Performance, in: Academy of Management Journal, Vol. 31 (1988), No. 4, S. 854 - 872

Meffert, H. (1975): Marketing und Konsumerismus, in: Zeitschrift für Betriebswirtschaft, 45. Jg. (1975), Nr. 2, S. 71 - 90

Meffert, H. (1980) (Hrsg.): Marketing im Wandel. Anforderungen an das Marketing-Management der 80er Jahre, Wiesbaden 1980

Meffert, H. (1986): Planung und Durchsetzung ökologiegerechter Marketingkonzeptionen. Ein entscheidungsorientierter Ansatz, in: Belz, Ch. (1986a), S. 39 - 60

Meffert, H. (1986): Marketing, 7. Auflage, Wiesbaden 1986

Meffert, H. (1988a): Strategische Unternehmensführung und Marketing, Wiesbaden 1988

Meffert, H. (1988b): Strategisches Marketing und Corporate Future, in: Marketing ZFP, 10. Jg., Nr. 1/1988, S. 77 - 78

Meffert, H. (1989a): Marketing und allgemeine Betriebswirtschaftslehre - eine Standortbestimmung im Lichte neuerer Herausforderungen der Unternehmensführung, in: Kirsch, W./ Picot, A. (1989), S. 337 - 357

Meffert, H. (1989b): Meinungsspiegel zu betriebswirtschaftlichen Aspekten des Umweltschutzes, in: BFuP, 41. Jg. (1989), S. 82 - 102

Meffert, H./ Benkenstein, M./ Schubert, F. (1987): Umweltschutz und Unternehmensverhalten, in: Harvard Manager, o. Jg., (1987), Nr. 2, S.

32 - 39

Meffert, H./ Benkenstein, M./ Schubert, F./ Walter, Th. (1986): Unternehmensverhalten und Umweltschutz – Ergebnisse einer empirischen Untersuchung in der Bundesrepublik Deutschland, Arbeitspapier Nr. 31 der Wissenschaftlichen Gesellschaft für Marketing und Unternehmensführung, Münster 1986

Meffert, H./ Bruhn, M. (1978): Die Beurteilung von Konsum- und Umweltproblemen durch Konsumenten, in: DBW, Heft 3/1978, S. 371 - 382

Meffert, H./ Bruhn, M./ Schubert, F./ Walter, Th. (1986): Marketing und Ökologie – Chancen und Risiken umweltorientierter Absatzstrategien der Unternehmungen, in: Die Betriebswirt- schaft, 46. Jg. (1986), Nr. 2, S. 140 - 159

Meffert, H./ Hafner, K. (1987): Unternehmenskultur und marktorientierte Unternehmensführung – Bestandsaufnahme und Wirkungsanalyse, Arbeitspapier Nr. 35 der Wissenschaftliche Gesellschaft für Marketing und Unternehmensführung, Münster 1987

Meffert, H./ Kirchgeorg, M. (1989): Umweltschutz als Unternehmensziel, in: Specht, G./ Silberer, G./ Engelhardt, W. H. (1989), S. 179 - 176

Meffert, H./ Wagner, H. (1987) (Hrsg.): Verantwortung und Ethik in der Unternehmensführung - Dokumentation des 13. Münsteraner Führungsgesprächs, Dokumentationspapier Nr. 42 der Wissenschaftlichen Gesellschaft für Marketing und Unternehmensführung e.V., Münster 1987

Meissner, H. G. (1986): Humanisierung des Marketing. Konzepte und ihre Umsetzung im Unternehmen, in: Belz, Ch. (1986a), S. 19 - 29

Meleghy, T./ Zelger, J. (1983): Rekonstruktion der Betriebswirtschaftslehre Gutenbergs als Theorie potentieller Macht, in: Kappler, E. (1983), S. 303 - 318

Merten, R. K. (1957): Social Theory and Social Structure. 2. Aufl., Glencoe (Ill.) 1957

Meyer, C.W. (1959) (Hrsg.): Probleme der Betriebsführung, Berlin 1959

Miles R. H. (1986): Managing the Corporate Social Environment: A Framework for Executive Leaders, Englewood Cliffs (N. J.) 1986

Miles, R. H. (1987): Managing the Corporate Social Environment. A Grounded Theory, Englewood Cliffs (N. J.) 1987

Miles, R. H./Cameron, K. S. (1982): Coffin Nails and Corporate Strategies, Englewood Cliffs (N. J.) 1982

Mintzberg, H. (1973): The nature of managerial work, New York u. a. 1973

Mintzberg, H. (1979): The structuring of organizations, Englewood Cliffs (N. J.) 1979

Mitroff, I. I./Emshoff, J. R. (1979): On Strategic Assumption-Making: A Dialectical Approach to Policy and Planning, in: The Academy of Management Review, Vol. 4, Nr. 1/1979, S. 1 - 12

Mitroff, I. I. (1983): Stakeholders of the organizational mind, San Francisco 1983

Möller et al. (1982) (Hrsg.): Umweltökonomik - Beiträge zur Theorie und Politik, Königstein/Ts. 1982

Monieson, D. D. (1981): What Constitutes Usable Knowledge in Macromarketing?, in: Journal of Macromarketing, 1 (Spring), 1981, S. 14 - 22

Morgan, G. (1980): Paradigms, Metaphors, and Puzzle Solving in Organization Theory, in: Administrative Science Quarterly, 25 (December), S. 605 - 622

Müller, G. (1981): Strategische Frühaufklärung, München 1981

Müller, G./Zeiser, B. (1983): Zufallsbereiche zur Beurteilung frühaufklärender Signale, in: Kirsch, W./ Roventa, P. (1983), S. 265 - 282

Müller-Merbach, H. (1984): Marktorientierte Unternehmungsführung als Grundkonzept der Betriebswirtschaftslehre, in: Mazanec, J./Scheuch, F. (1984), S. 59 - 80

Müller-Stewens, G. (1989): Krisenmanagement, in: Die Betriebswirtschaft, 49. Jg., Heft 5/1989, S. 639 - 645

Murphy, P. E. (1978): An Evolution: Corporate Social Responsiveness, in: Imoversoty pf Michigan Review 30(1978)6, S. 19 - 25

Murray, E. A. (1982): The Public affairs Function: Report on a Large Scale Research Project, in: Preston, L. E. (1978-1983), S. 129 - 155

Murray, K.B./ Montanari, J.R. (1988): Strategic Management of the Socially Responsible Firm: Integrating Management and Marketing Theory, in: Academy of Management Review, Vol. 11 (1986), No. 4, S. 815 - 827

Myer, J.G./ Greyser, St.A./ Massy, W.F. (1979): The Effectiveness of Marketing´s "R&D" for Marketing Management: An Assessment, in: Journal of Marketing, Heft 1/1979, S. 17 - 29

N

Naert, Ph. (1984): Martorientiertung als Herausforderung an Betriebswirtschaftslehre und Management Science, in: Mazanec, J./Scheuch, F. (1984), S. 17 - 44

Nagaoka, K. (1983): Auf der Suche nach dem Ökonomischen in der Unternehmung und der Betriebswirtschaftslehre, in: Kappler, E. (1983), S. 113 - 131

Naisbitt, J. (1984): Megatrends, Bayreuth (1984)

Neghandi, A. R. (1975) (Hrsg.): Interorganization Theory, Kent 1975

Neisser, Z. (1976): Cognition and reality, San Francisco 1976

Neske, F. (1977): Pr-Management, Gernsbach 1977

Neuberger, O. (1989): Symbolische vs. Situative Führung, in: WiSt, 18. Jg. (1989), Nr. 10, S. 452 - 457

Neuberger, O. (1990): Führen und geführt werden, 4. Aufl., Suttgart 1990

Nieschlag, R./ Dichtl, E./ Hörschgen, H. (1985): Marketing, 14. Aufl., Berlin 1985

Niesslein, E. (1981): Humane Marktwirtschaft: Ökonomische Aspekte der Umweltpolitik, Freiburg/Brsg. 1981

Niestrath, U. (1982): Marketing und qualitatives Wachstum, in: Hansen, U./Stauss, B./Riemer, M. (1982), S. 97-115

Nicklisch, H. (1920): Der Weg aufwärts! Organisation, Versuch einer Grundlegung, Stuttgart 1920

Nicklisch, H. (1922):Wirtschaftliche Betriebslehre, Stuttgart 1922

Noelle-Neumann, E. (1989): Öffentliche Meinung: Die Entdeckung der Schweigespirale, Frankfurt a. M./Berlin 1989

Nystrom, P./Starbuck, W. (1981) (Hrsg.): Handbook of Organizational Design, London 1981

O

Olson, M. Jr. (1968): Die Logik kollektiven Handelns, Kollektivgüter und die Theorie der Gruppen, Tübingen 1968

Opp, K. D. (1976): Methodologie der Sozialwissenschaften. 2. Aufl., Reinbek 1976

Oppitz, G. (1983): Kind oder Konsum?, Wiesbaden 1983

Oppitz, G./ Rosenstiel, L. v. (1983): Wandel der Lebensstile? Die Bedeutung von Kindern und Konsum für junge Ehepaare, in: Marketing ZFP, 5. Jg., Nr. 4/1983, S. 263 - 270

O'Shaughnessy, J./Ryan, M. J. (1979): Marketing Science and Technology, in: Ferell, O. C./Brown, S. W./Lamb, C. W. Jr. (1979), S. 577 - 589

P

Parasuraman, A./ Deshpande, R. (1984): The Cultural Context of Marketing Management, in: Belk, R. W. (1984), S. 176 - 179

Parsons, T. (1973): Einige Grundzüge der allgemeinen Theorie des Handelns, in: Hartmann, H. (1973), S. 216 - 244

Pausenberger, E. (1981) (Hrsg.): Internationales Management, Stuttgart 1981

Pautzke, G. (1989): Die Evolution der organisatorischen Wissensbasis. Bausteine zu einer Theorie des organisatorischen Lernens, München 1989

Perry, D. L. (1976): Social Marketing Strategies: Conservation Issues and Analysis, Pacific Palisades 1976

Perry, N. (1977): A comparative analysis of "paradigm" proliferation, British Journal of Sociology, 28, 1977, S. 38 - 50

Peter, J. P. (1982): Current Issues in the Philosophy of Science: Implications for Marketing Theory - A Panel Discussion, in: Bush, R. F./Hunt, S. D. (1982), S. 11 - 16

Peter, J. P. (1983): Some Philosophical and Methodological Issues in Consumer Research, in: Hunt, S. D. (1983b), S. 382 - 394

Peter, J. P./Olson, J. C. (1983): Is Science Marketing?, in: Journal of Marketing, Vol. 47, Fall 1983, S. 111 - 125

Peters, T. J. (1987): Thriving on Chaos. Handbook of a Management Revolution, New York u.a. 1987

Peters, T. J. (1988): Kreatives Chaos, Hamburg 1988

Peters, T. J./Austin, N. (1985): A Passion for Excellence, The Leadership Difference, Glasgow 1985

Peters, T. J./Austin, N. (1986): Leistung aus Leidenschaft. Über Management und Führung, Hamburg 1986

Peters, Th. J./ Waterman, R. H. (1983): Auf der Suche nach Spitzenleistungen, Landsberg am Lech 1983

Petri, K. (1976): Kritische Betriebswirtschaftlehre. Eine Auseinandersetzung mit dem kritischen Rationalismus Karl R. Poppers vor dem Hintergrund der Probleme der betriebswirtschaftlichen Forschungspraxis, Frankfurt a. M./Zürich 1976

Petri, K. (1977): Verwertungsinteressen der Marketing-Wissenschaft, in: Fischer-Winkelmann, W. F./ Rock, R. (1977), S. 43 - 57

Pfeffer, J. (1981): Management of symbolic action: The creation and maintenance of organizational paradigms, in: Cummings, L. L./Staw, B. M. (1981), S. (keine Angabe)

Pfeffer, J./ Salancik, G. (1978): The external control of organizations. A Ressource Dependence Perspective, New York (Harper & Row) 1978

Pfeifer, W. / Dögl. R. / Schneider, W. (1989): Denkperspektiven und Grundhaltungen der strategischen Technologieplanung, in: Wirtschaftsstudium, Heft 2/1989, S. 99 - 104

Pfriem, R. (Hrsg.) (1986): Ökologische Unternehmenspolitik, Frankfurt am Main/ New York 1986

Picot, A. (1974): Ethik und Absatzwirtschaft aus marktwirtschaftlicher Sicht, in: Tietz, B. (1974,) Sp. 562 - 574

Picot, A (1976): Zur Vereinbarkeit von Markteting und marktwirtschaftlichen Wertvorstellungen, in: Fischer-Winkelmann/ Rock, S. 91 - 108

Picot, A. (1977): Betriebswirtschaftliche Umweltbeziehungen und Umweltinformationen, Berlin 1977

Picot, A. (1987): Ökonomische Theorien und Führung, in: Kieser/Reber/Wunderer (1987), Sp. 1583 - 1595

Picot, A. (1989): Zur Bedeutung allgemeiner Theorieansätze für die betriebswirtschaftliche Information und Kommunikation: Der Beitrag der Transaktionskosten- und Principal-Agent-Theorie, in: Kirsch, W./ Picot, A. (1989), S. 361 - 379

Picot, A./ Dietl, H. (1990): Transaktionskostentheorie, in: WiSt, 19. Jg. (1990), Nr. 4, S. 178 - 184

Popper, K. R. (1970a): Die offene Gesellschaft und ihre Feinde. Band I: Der Zauber Platons. 2. Aufl., Bern/München 1970

Popper, K. R. (1970b): Die offene Gesellschaft und ihre Feinde. Band II: Falsche Propheten. Hegel, Marx und die Folgen. 2. Aufl., Bern/München 1970

Popper, K. R. (1971a): Das Elend des Historizismus. 3. Aufl., Tübingen 1971

Popper, K. R. (1971b): Prognose und Prophetie in den Sozialwissenschaften, in: Topitsch, E. (1971), S. 113 - 125

Popper, K. R. (1973): Objektive Erkenntnis. Ein evolutionärer Entwurf, Hamburg 1973

Popper, K. R. (1979a): Das Elend des Historizismus, 5. Aufl., Tübingen 1979

Popper, K. R. (1979b): Ausgangspunkte. Meine intellektuelle Entwicklung, Hamburg 1979

Popper, K. R. (1984): Logik der Forschung, 8. Aufl., Tübingen 1984

Popper, K. R./Ecles, J. C. (1982): Das Ich und sein Gehirn, München/Zürich 1982

Poser, H. (1981) (Hrsg.): Wandel des Vernunftbegriffes, Freiburg/München 1981

Posner, B. Z./ Kouzes, J. M./ Schmidt, W.H. (1985): Shared Values Make a Difference: An Empirical Test of Corporate Culture, in: Human Resource Management, 24, 1985, 3, S. 293 - 309

Post, J. E. (1978): Corporate Behavior and Social Change, Reston (Virginia) 1978

Post, J. E./ Baer, E. (1978): Demarketing Infant Formula: Consumer Products in the Developing World, in: Journal of Contemporary Business, Fall 1978, S. 13 - 34

Preglau, M. (1983): Betriebswirtschaftslehre als Theorie und Ideologie "kapitalistischer" Rationalisierung, in: Kappler, E. (1983), S. 191 - 221

Preston, L. E. (1975): Corporation and Society: The Search for a Paradigm, in: Journal of Economic Literature XIII (1975), S. 434 ff.

Preston, L. E. (1978-1983) (Hrsg.): Research in Corporate Social Performance and Policy. 5 Bände, Grennwich (Conn.) 1978, 1980, 1981, 1982, 1983

Preston, L. E. (1983): Book Review: Teaching Materials in Business and Society, in: California Management Review, Jg. 25, 1983, S. 158 - 173

Priewe, J. (1986): Moral und Markt, in: Management Wissen, Heft 8/1986, S. 14 - 31

Prigogine, I. (1982): Vom Sein zum Werden. Zeit und Komplexität in der Naturwissenschaft, 3. Aufl., München/Zürich 1982

Probst, G. J. B. (1985): Regeln des systematischen Denkens, in: Probst, G. J. B./ Siegwart, H. (1985), S. 181-204

Probst, G. J. B. (1987a): Selbst-Organisation. Ordnungsprozesse in sozialen Systemen aus ganzheitlicher Sicht, Berlin/Hamburg 1987

Probst, G. J. B. (1987b): Selbstorganisation und Entwicklung, in: Die Unternehmung, 41(1987), S. 242 - 255

Probst, G. J. B./ Siegwart, H. (1985) (Hrsg.): Integriertes Management: Bausteine des systemorientierten Managements; Festschrift zum 65. Geburtstag von

Prof. Dr. Dr. h.c. Hans Ulrich, Stuttgart 1985

Prosi, G. (1973): Umwelt und wirtschaftliche Entwicklung, in: WiSt, Heft 2/1973, S. 70 -75

Pümpin, C./Koller, H. P. (1986): Organisches Marketing, in: Belz, Ch. (1986a), S. 477 - 489

Q

Quinn, J. B. (1980): Managing Strategic Change, in: Sloan Management Review, 1980, S. 3 - 20

R

Radnitzky, G./Andersson, G. (1981) (Hrsg.): Voraussetzungen und Grenzen der Wissenschaft, Tübingen 1981

Raffée, H. (1969): Konsumenteninformation und Beschaffungsentscheidung des privaten Haushalts, Stuttgart 1969

Raffée, H. (1974): Grundprobleme der Betriebswirtschaftslehre, Göttingen 1974

Raffée, H. (1979): Marketing und Umwelt, Stuttgart 1979

Raffée, H. (1984a): Gegenstand, Methoden und Konzepte der Betriebswirtschaftslehre, in: Vahlens Kompendium der Betriebswirtschaftslehre, Band 1, München 1984, S. 1 - 46

Raffée, H. (1984b): Marktorientierung der Betriebswirtschaftslehre zwischen Anspruch und Wirklichkeit, in: Mazanec, J./Scheuch, F. (1984), S. 81 - 110

Raffée, H./ Abel, B. (1979a) (Hrsg.): Wissenschaftstheoretische Grundfragen der Wirtschaftswissenschaf- ten, München 1979

Raffée, H./ Abel, B. (1979b): Aufgaben und aktuelle Tendenzen der Wissenschaftstheorie in den Wirt- schaftswissenschaften, in: Raffée, H./ Abel, B. (1979a), S. 1 - 10

Raffée, H./ Förster, F./ Krupp, W. (1988): Marketing und unternehmerische Ökologie- orientierung – Eine empirische Untersuchung unter besonderer Berück- sichtigung der Lärmminderung, Arbeitspapier Nr. 63 des Instituts für Marketing, Universität Mannheim, Mannheim 1988

Raffée, H./ Fritz, W. (1990): Unternehmensführung und Unternehmenserfolg, Arbeitpapier Nr. 85 des Instituts für Marketing, Universität Mannheim, Mannheim 1990

Raffée, H./ Kandler, C./ Silberer, G. (1976): Marketing nicht-kommerzieller Warentest- institute, in: WiSt, 5. Jg. (1976), Nr. 12, S. 561 - 567

Raffée, H./ Segler, K. (1984): Marketingstrategien im Export, in: Dichtl, E./ Issing, O. (Hrsg.) (1984): Exporte als Herausforderung für die deutsche Wirtschaft, S. 277 - 307

Raffée, H./ Specht, G. (1974): Basiswerturteile der Marketing-Wissenschaft, in: Zeitschrift für betriebs- wirtschaftliche Forschung, Heft 2/1974, S. 373 - 396

Raffée, H./ Specht, G. (1976): Basiswerturteile der Marketing-Wissenschaft, in: Fischer-Winkelmann, W. F. / Rock, R. (1976), S. 319 - 350

Raffée, H./ Specht, G. (1982a): Marketingwissenschaft und Verbraucherpolitik, in: Hansen, U./Stauss, B./ Riemer, M. (1982), S. 552 - 568

Raffée, H./ Wiedmann, K.-P. (1981): Obsoleszenz – eine deklaratorische Kategorie?, in: Journal of Consumer Policy, Heft 5/1981, S. 357 - 365

Raffée, H./ Wiedmann, K.-P. (1982): DBW-Stichwort "Sozio-Marketing", in: Die Betriebswirtschaft, 42. Jg. Heft 3/1982, S. 465- 466

Raffée, H./ Wiedmann, K.-P. (1983): Nicht-kommerzielles Marketing – ein Grenzbereich des Marketing, in: BFuP, Heft 3/1983, S. 185 - 208

Raffée, H./Wiedmann, K.-P. (1985) (Hrsg.): Strategisches Marketing, Stuttgart 1985

Raffée, H./ Wiedmann, K.-P. (1985a): Die Selbstzerstörung unserer Welt durch unternehmerische Marktpolitik, in: Marketing ZFP, 7. Jg., Nr. 4/1985, S. 229 - 238

Raffée, H./ Wiedmann, K.-P. (1987a): Dialoge 2 – Der Bürger im Spannungsfeld von Öffentlichkeit und Privatleben, Hamburg 1987

Raffée, H./Wiedmann, K.-P. (1987b): Marketingumwelt 2000 – Gesellschaftliche Mega-Trends als Basis einer Neuorientierung von Marketing-Praxis und Marketing-Wissenschaft, in: Schwarz, Ch./ Sturm, F./ Klose, W. (Hrsg.) (1987), S. 185 - 209

Raffée, H./ Wiedmann, K.-P. (1988): Wertewandel als Herausforderung, in: Marketing ZFP, 10. Jg., Nr. 3/1988, S. 198 - 210

Raffée, H./ Wiedmann, K.-P./ Abel, Bodo (1983): Sozio-Marketing, in: Irle, M. (1983), S. 675 - 768

Ravetz, J. R. (1971): Scientific Knowledge and its Social Problems, New York 1971

Reagan, C. E. (1969): Ethics for Scientific Researchers, Springfield (Ill.) 1969

Reber, G. (1977a) (Hrsg.): Personal- und Sozialorientierung der Betriebswirtschaftslehre. Band 1, Stuttgart 1977

Reber, G. (1977b) (Hrsg.): Personal- und Sozialorientierung der Betriebswirtschaftslehre. Band 3, Stuttgart 1977

Reber, G. (1979): Morgenstern-Paradoxon, in: Schanz, 1979, S. 143 - 147

Rehbinder, E. et al. (1972): Ein Betriebsbeauftragter für Umweltschutz?, Berlin 1972

Resnik, A./Solomon, P. J. (1983): A New Concept for the Eighties: The Marketing Ethic, in: Varadarajan, P. (1983), S. 55 - 66

Reuter, E. (1986): Vom Geist der Wirtschaft, Stuttgart 1986

Rich, A. (1987): Wirtschaftsethik: Grundlagen in theologischer Perspektive, 3., durchgesehene Aufl., Gütersloh 1984

Richter, R. (1990): Institutionenökonomische Aspekte der Theorie der Unternehmung. Working Paper Series Universität des Saarlandes, Saarbrücken 1990

Riekhof, H.C. (1983): Renaissance des homo oeconomicus? Zur Heuristik des verfügungsrechtlichen Paradigmas, in: Fischer-Winkelmann, W. F. (1983), S. 388 - 411

Riesenhuber, H. (1985): Eine große Chance würde vertan, in: manager magazin, Heft 11/1985, S. 40-45

Riley, G. (1974) (Hrsg.): Values, Objectivity and the Social Sciences, Reading (Ma.) 1974

Robbins, L. (1935): An Essay on the Nature and Significance of Economic Literature, 2. Aufl., London 1935

Roberts, W. A. Jr. (1984): A Kuhnian Perspective on Marketing Science and the Scientific Method, in: Anderson, P. F./Ryan, M. J. (1984), S. 14 - 17

Rock, R./ Rosenthal, K. (1986): Marketing=Philosophie, Frankfurt 1986

Rogers, D. L. (1974): Sociometric Analysis of Interorganizational Relationships: Application of Theory and Measurement, in: Rural Sociology, Nr. 39/1974, S. 487 - 503

Rogge, P. G./ Timmermann, M. (1981) (Hrsg.): Prognose - Planung - Entscheidung: Ein Spektrum angewandter Wirtschaftsforschung, Stuttgart 1981

Rose, A. M. (1973): Systematische Zusammenfassung der Theorie der symbolischen Interaktion, in: Hartmann, H. (1973), S. 264 - 282

Rosenbloom, B. (1979): A Theory of the Role of Marketing in Society as Derived from Marketing Thought of the First Quarter of the Twentieth Century, in: Ferrell, O. C./ Brown, St. W./ Lamb, Ch. W. jr. (1979), S. 641 - 651

Rühli, E. (1986): Konzeptionelle Überlegungen zur marktorientierten Unternehmensführung, in: Rühli, E./ Wehrli, H.-P. (1986), S. 9 - 23

Rühli, E. (1989): Entscheidungsorientierter Ansatz und Allgemeine Betriebswirtschaftslehre, in: Kirsch, W./ Picot, A. (1989), S. 99 - 117

Rühli, E./ Wehrli, H.-P. (1986) (Hrsg.): Strategisches Marketing und Management, Bern/Stuttgart 1986

S

Sachs, W. S./ Benson, G. (1978): Ist it Not Time to Discard the Marketing Concept?, in: Business Horizons, Vol. 21 (August 1978), S. 68 - 74

Samli, A. C./Palda, K./Barker, A. T. (1987): Toward a Mature Marketing Concept, in: Sloan Management Review, Winter 1987, S. 45 - 51

Samli, A. C./Sirgy, M. J./Meadow, H. L. (1987) (1987) (Hrsg.): Marketing and the Quality-of-Life Interface, New York et al. 1987

Sandig, C. (1953): Die Führung des Betriebes. Betriebswirtschaftspolitik, Stuttgart 1953

Sandig, C. (1966): Betriebswirtschaftspolitik, 2., völlig neu bearbeitete Auflage von: "Die Führung des Betriebes. Betriebswirtschaftspolitik", Stuttgart 1966

Sandner, K. (1982): Evolutionäres Management: Voraussetzungen und Konsequenzen eines Ansatzes der Steuerung sozialer Systeme, in: Die Unternehmung, 1982, S. 77 - 89

Sandner, K. (1982): Zur Reduktion von Management auf Kybernetik, in: Die Unternehmung, 1982, S. 113 - 122

Sandner, K. (1988): ... von Mythen und Märchen, Kulturpflege und Sinn-Management. Organisationskultur als Gegenstand der Organisationsforschung, in: Die Betriebswirtschaft, 1988, S. 651 - 670

Sauer, W. J./Nighswonger, N./Zaltman, G. (1982): Current Issues in Philosophy of Science: Implications for the Study of Marketing, in: Bush, R. F./Hunt, S. D. (1982), S. 17 - 21

Savitt, R. (1980): Historical Research in Marketing, in: Journal of Marketing, Vol. 44, Fall 1980, S. 52 - 58

Schäfer, W. (1987): Die Krankheit der Vernunft, in: Die Zeit, Nr. 15, 3. April 1987, S. 64 - 65

Schaffitzel, W. (1982): Das entscheidungstheoretische Rationalitätskonzept in der Betriebswirtschaftslehre - Anspruch und Wirklichkeit, München 1982

Schanz, G. (1975): Einführung in die Methodologie der Betriebswirtschaftslehre, Köln 1975

Schanz, G. (1977): Grundlagen der verhaltenstheoretischen Betriebswirtschaftslehre, 1. Aufl., Tübingen 1977

Schanz, G. (1978): Verhalten in Wirtschaftsorganisationen – personalwirtschaftliche und organisations- theoretische Probleme, München 1978

Schanz, G. (1979) (Hrsg.): Betriebswirtschaftliche Gesetze, Effekte und Prinzipien, München 1979

Schanz, G. (1979a): Betriebswirtschaftliche Prinzipien - Überblick, in: Schanz, G. (1979), S. 132 - 138

Schanz, G. (1979b): Die Betriebswirtschaftslehre und iher sozialwissenschaftlichen Nachbardisziplinen: Das Integrationsproblem, in: Raffée, H./ Abel, B. (1979a), S. 121-137

Schanz, G. (1982): Wissenschaftsprogramme der Betriebswirtschaftslehre, in: Bea/ Dichtl/Schweitzer, S.31 - 90

Schanz, G. (1988a): Erkennen und Gestalten – Betriebswirtschaftslehre in kritisch-rationaler Absicht, Stuttgart 1988

Schanz, G. (1988b): Methodologie für Betriebswirte, 2., überarb. und erw. Aufl., Stuttgart 1988

Schanz, G. (1988c): Von der Metaphysik zur Systemgestaltung - Der logische Aufbau einer verhaltenstheoretisch orientierten Managementwissenschaft, in: Wunderer, R. (1988), S. 217 - 227

Schanz, G. (1990): Der verhaltenstheoretische Ansatz der Betriebswirtschaftslehre, in: WiSt, 19. Jg. (1990), Nr. 5, 229 - 234

Schauenberg, B./Schmidt, R. H. (1983): Vorarbeiten zu einer Theorie der Unternehmung als Institution, in: Kappler, E. (1983), S. 247 - 276

Scherhorn, G. (1975): Verbraucherinteresse und Verbraucherpolitik, Göttingen 1975

Scheuch, E. K. (1973): Soziologie der Macht, in: Schneider, H. K./ Watrin, C. (Hrsg.): Macht und ökonomisches Gesetz, Berlin 1973, S. 989 ff.

Schleyer, H. M. (1974): Unternehmensführung und Politik, Wiesbaden 1974

Schläpfer, R. J. (1986): Zukunft aus Werten - Intuitives Marketing, in: Belz, Ch. (1986a), S. 463 - 475

Schmidt, S. J. (1986): Selbstorganisation - Wirklichkeit - Verantwortung. Der wissenschaftliche Konstruktivismus als Erkenntnistheorie und Lebensentwurf, Siegen 1986

Schmidt, S. J. (1987a) (Hrsg.): Der Diskurs des Radikalen Konstruktivismus, Frankfurt a. M. 1987

Schmidt, S. J. (1987b): Der Radikale Konstruktivismus: Ein neues Paradigma im interdisziplinären Diskurs, in: Schmidt, S. J. (1987a), S. 11 - 88

Schnädelbach, H. (1984) (Hrsg.): Rationalität. Philosophische Beiträge, Frankfurt a. M. 1984

Schnädelbach, H. (1984a): Einleitung zu "Rationalität", in: Schnädelbach, H. (1984), S. 8 - 14

Schneider, D. (1981): Die Geschichte betriebswirtschaftlicher Theorie, München/ Wien 1981

Schneider, D. (1982): Das Versagen der Paradigmavorstellung für die Betriebswirtschaftslehre, in: Zeitschrift für betriebswirtschaftliche Forschung, 34. jg. (1982), Nr. 10, S. 849 - 869

Schneider, D. (1983a): Marketing als Wirtschaftswissenschaft oder Geburt einer Marketingwissenschaft aus dem Geiste des Unternehmerversagens?, in: Zeitschrift für betriebswirtschaftliche Forschung, 35. Jg., Heft 3/1983, S. 197 - 223

Schneider, D. (1983b): Das Versagen der Paradigmavorstellung für die Betriebswirtschaftslehre, in: Fischer-Winkelmann, W. F. (1983), S. 502 - 515

Schneider, D. (1987): Allgemeine Betriebswirtschaftslehre, 3. Aufl., Bochum 1987

Schneider, K. R. (1968): Destiny of Change, New York 1968 Kangun S. 78 wichtig

Schreyögg, G. (1984a): Unternehmensstrategie, Berlin/ New York 1984

Schreyögg, G. (1984b): Mythen und Magie in der Unternehmensführung, in: Management Forum Band 4, 1984, S. 167- 179

Schultheiss, B. (1978): Umweltschutz und Rohstoffprobleme in der Unternehmensplanung, Berlin 1978

Schulz, H.-J. (1973): Grenzen des Wachstums - Konsequenzen für die Unternehmung, in: Die Unternehmung, 1973, S. 15 - 23

Schürmann, H.-J. (1978): Ökonomische Ansätze zu einer rationalen Umweltpolitik und wirtschaftspolitische Konsequenzen, 2. Aufl., München 1978

Schwarz, Ch./ Sturm, F./ Klose, W. (Hrsg.) (1987): Marketing 200 – Perspektiven zwischen Theorie und Praxis, Herausgegeben für Marketing zwischen Theorie und Praxis, Wiesbaden 1987

Schweitzer, M. (1978) (Hrsg.): Auffassungen und Wissenschaftsziele der Betriebswirtschaftslehre, Darmstadt 1978

Schweitzer, M. (1982): Der Gegenstand der Betriebswirtschaftslehre, in: Bea/Dichtl/ Schweitzer, S. 1 - 30

Segler, K. (1986). Basisstrategien im internationalen Marketing, Frankfurt am Main/ New York 1986

Seibt, C. P. (1986): Im Wandel der Wirklichkeit: Sinn in Management und Marketing - wider die Praxis des Unsinns, in: Belz, Ch. (1986b), S. 1153 - 1183

Seidel, E./Wagner, D. (1989) (Hrsg.): Organisation. Evolutionäre Interdependenzen von Kultur und Struktur der Unternehmung. Knut Bleicher zum 60. Geburtstag, Wiesbaden 1989

Seifert, E. K. (1986): Zum Problem der "Naturvergessenheit ökonomischer Theorien". Thesen eines Forschungsprogramms zur Zukunft der Erinnerung, in: Pfriem, R. (Hrsg.): Ökologische Unternehmenspolitik, Frankfurt am Main/ New York 1986, S. 15 - 51

Seiler, J. A. (1967): Systems analysis in organizational behavior, Homewood (Ill.) 1967

Seitz, T. (1984): Stagnation – Zum Phänomen und den Konsequenzen, in: Pack, L./ Börner, D. (Hrsg.): Betriebswirtschaftliche Entscheidungen bei Stagnation, Wiesbaden 1984, S. 1 - 20

Senn, J. F. (1982): Ökologische Prognosen und Unternehmensverhalten, in: DBW 1982, S. 642 f.

Shapere, D. (1964): The Structure of Scientific Revolutions, in: Philosophical Review, 73 (1964), S. 383 - 394

Sheth, J. N. (1980) (Hrsg.): Research in Marketing, Band 3, Greenwich 1980

Sheth, J. N./Wright, P. L. (1974) (Hrsg.): Marketing Analysis for Societal Problems, Urbana (Ill.) 1974

Shostack, G. L. (1977): Breaking free from Product Marketing, in: Journal of Marketing (April), 1987, S. 73 - 80

Shuptrine, F.K./ Osmanski, F.A. (1975): Marketing's Changing Role: Expanding or Contracting?, in: Journal of Marketing, Vol 39, April 1975, S. 58 - 66

Siebke, J. (1985): Preistheorie, in: Vahlens Kompendium der Wirtschaftstheorie und Wirtschaftspolitik, Band 2, München 1985, S. 1 - 117

Siegwart, H./ Probst, G. J. (1883) (Hrsg.): Mitarbeiterführung und gesellschaftlicher Wandel: Die kritische Gesellschaft und ihre Konsequenzen für die Mitarbeiterführung, Bern/ Stuttgart 1983

Silberer, G. (1978): Basiskonzepte und theoretische Leitprinzipien als Bezugsrahmen für die Erklärung des Konsumentenverhaltens. Bericht der Forschungsgruppe Konsumenteninformation, Universität Mannheim, Mannheim 1978

Silberer, G. (1979): Warentest - Informationsmarketing - Verbraucherverhalten. Die Verbreitung von Gütertestinformationen und deren Verwendung im Konsumentenbereich. Berlin 1979

Silberer, G. (1980): Reaktanz bei Konsumenten, in: C. Graf Hoyos/W. Kroeber-Riel/L.v. Rosenstiel/B. Strümpel (Hrsg.): Grundbegriffe der Wirtschaftspsychologie, München 1980, S. 344 - 351

Silberer, G. (1991): Wertewandel und Wertorientierung in der Unternehmensführung, in: Marketing ZFP, 13. Jg., Nr. 2/1991, S. 77 - 85

Simon, H. (1985): Goodwill und Marketingstrategie, Wiesbaden 1985

Simon, H. (1986): Herausforderungen an die Marketingwissenschaft, in: Marketing ZFP, 8. Jg., Nr. 4/1986, S. 205 - 213

Simonis, U. E. (1980) (Hrsg.): Ökonomie und Ökologie - Auswege aus einem Konflikt, Karlsruhe 1980

Sirgy, M. J./ Morris. (1987): The Gowth of the Marketing Discipline in Realtion to Quality-of-Life: A General Systems Perspective, in: Samli (1987), S. 313 - 333

Skinner, W. (1986): The Productivity Paradox, in: Harvard Business Review, July/August 1986, S. 55 - 59

Skipper, R./Hyman, M. R. (1990): Marketing and Logical Deducation, in: Journal of Marketing Vol. 54, April 1990, S. 89 - 92

Sloterdijk, P. (1983): Kritik der zynischen Vernunft, 2 Bände, Frankfurt a. M. 1983

Sloterdijk, P. (1987a): Kopernikanische Mobilmachung und ptolemäische Abrüstung, Frankfurt a. M. 1987

Sloterdijk, P. (1987b): Postmoderne. Das Zeitalter des Epilogs, in: FAZ-Magazin, 5/87, S. 23 - 32

Sloterdijk, P. (1989): Eurotaoismus. Zur Kritik der politischen Kybernetik, Frankfurt a. M. 1989

Smid, S. (1985): Soziale Evolution und Rationalität. Bemerkungen zu N. Luhmanns Grundlegung einer allgemeinen Theorie, in: Rechtstheorie 16 (1985), S. 429 - 457

Sönke, H. (1977): Zur Theoriengeschichte der Betriebswirtschaftslehre, Köln 1977

Solomon, P. (1979): Marketing Theory and Metatheory, in: Ferrell, O.C./ Brown, St.W./ Lamb, Ch.W.jr. (1979), S. 374 - 382

Sonnenfeld, J. A. (1981): Corporate Views of the Public Interest, Boston (Mass.) 1981

Späth, L. (1985): Wende in die Zukunft, Hamburg 1985

Specht, G. (1974): Marketing-Management und Qualität des Lebens, Stuttgart 1974

Specht, G. (1979): Die Macht aktiver Konsumenten, Stuttgart 1979

Specht, G. (1990): Einführung in die Betriebswirtschaftslehre, Stuttgart 1990

Specht, G./ Silberer, G./ Engelhardt, W. H. (1989) (Hrsg.): Marketing-Schnittstellen – Herausforderungen für das Management, Festschrift für Hans Raffée, Stuttgart 1989

Specht, R. (1984): Die Vernunft des Rationalismus, in: Schnädelbach, H. (1984), S. 70 - 93

Spinner, H. F. (1974): Pluralismus als Erkenntnismodell, Frankfurt am Main 1974

Spinner, H. F. (1977): Begründung, Kritik und Rationalität. Band 1: Die Entstehung des Erkenntnisproblems im griechischen Denken und seine klassische Rechtfertigungslösung aus dem Geiste des Rechts, Wiesbaden 1977

Spinner, H. F. (1978): Popper und die Politik: 1. Geschlossenheitsprobleme, Berlin/Bonn 1978

Spinner, H. F. (1980): Gegen Ohne Für Vernunft, Wissenschaft, Demokratie etc... Ein Versuch, Feyerabends Philosophie aus dem Geist der modernen Kunst zu verstehen, in: Duerr, H.-P. (1980), S. 35 - 109

Spinner, H. F. (1982): Ist der kritische Rationalismus am Ende?: Auf der Suche nach den verlorenen Maßstäben des kritischen Rationalismus für eine offene Sozialphilosophie und kritische Sozialwissenschaft, Weinheim/ Basel 1982

Spinner, H. F. (1985): Die Doppelvernunft, unveröffentlichtes Arbeitspapier anläßlich eines Seminars in Hersching 1985

Spinner, H. F. (1986a): Max Weber, Carl Schmidt, Bert Brecht als Wegweiser zum ganzen Rationalismus der Doppelvernunft, in: Merkur 1986, S. 923 ff.

Spinner, H. F. (1986b): Grundsatzvernunft und Gelegenheitsvernunft. Die prinzipielle Rationalität des "okzidentalen Rationalismus" und die okkasionelle Rationalität der "Modernen": Rationalismusvergleich als interdisziplinäres theoretisches und empirisches Forschungsprogramm. Preprint, Mannheim 1986

Spratlen, T. H. (1976): Die Herausforderung durch eine humanitäre Wertorientierung im Marking, in: Fischer-Winkelmann, W. F. / Rock, R. (1976), S. 155 - 170

Sprüngli, R. K. (1981): Evolution und Management, Bern/ Stuttgart 1981

Staehle, W. H. (1980): Management, München 1980

Staehle, W.H./Grabatin, G. (1979): Effizienz von Organisationen, in: Die Betriebswirtschaft, 39. Jg. Heft 1/1979, S. 89 - 102

Staehle, W. H./ Stoll, E. (Hrsg.) (1984): Betriebswirtschaftslehre und ökonomische Krise – Kontroverse Beiträge zur betriebswirtschaftlichen Krisenbewältigung, Wiesbaden 1984

Stähler, Ch. (1991): Strategisches Ökologiemanagement, München 1991

Staffelbach, B. (1987): Ethik und Management, in: Die Unternehmung, Jg. 41, Heft 6/1987, S. 458 - 479

Staffelbach, B. (1988): Werte im Management. Theorie und Praxis, in: Zeitschrift Führung und Organisation, Heft 1/1988, S. 25 - 30

Stauss, B. (1980): Verbraucherinteressen, Stuttgart 1980

Stauss, B. (1986): Grundlagen des Marketing öffentlicher Unternehmen, Düsseldorf 1986

Stauss, B./ Schulze, H. S. (1990): Internes Marketing, in: Marketing ZFP, 12. Jg., Nr. 3/1990, S. 149 - 158

Steger, U. (1988): Umweltmanagement, Wiesbaden 1988

Stegmüller, W. (1975): Hauptströmungen der Gegenwartsphilosophie. Band II, Stuttgart 1975

Stegmüller, W. (1979a): Rationale Rekonstruktion von Wissenschaft und ihrem Wandel, Stuttgart 1979

Stegmüller, W. (1979b): Normale Wissenschaft und wissenschaftliche Revolutionen. Kritische Betrachtungen zur Kontroverse zwischen Karl Popper und und Thomas S. Kuhn, in: Stegmüller, W. (1979a), S. 108 - 130

Stegmüller, W. (1980): Neue Wege der Wissenschaftsphilosophie, Berlin u. a. 1980

Stegmüller, W. (1981): Eine kombinierte Analyse der Theoriendynamik, in: Rednitzky, G./Andersson, G. (1981), S. 277 - 317

Steiner, G. A. (1975): Business and Society. 2. Aufl., New York 1975

Steiner, G. A. (1983): The New CEO, New York 1983

Steinmann, H. (1969): Das Großunternehmen im Interessenskonflikt, Stuttgart 1969

Steinmann, H. (1973): Zur Lehre von der "Gesellschaftlichen Verantwortung der Unternehmungsführung" - Zugleich eine Kritik des Davoser Manifests, in: WiSt, 2. Jg. (1973), S. 467 - 473

Steinmann, H. (1978) (Hrsg.): Die Betriebswirtschaftslehre als normative Handlungswissenschaft, Wiesbaden 1978

Steinmann, H. (1981) (Hrsg. unter Mitarbeit von R. Achenbach): Planung und Kontrolle – Probleme der strategischen Unternehmensführung, München 1981

Steinmann, H./ Hasselberg, F. (1988): Der strategische Managementprozeß - Vorüberlegungen für eine Neuorientierung, in: ZfB 58. Jg (1988) Heft 12, S. 1308 - 1322

Steinmann, H./ Hasselberg, F. (1989): Der strategische Managementprozeß und die entscheidungsorientierte Betriebswirtschaftslehre, in: Kirsch, W./ Picot, A. (1989), S. 199 - 212

Steinmann, H./ Löhr, A. (1989) (Hrsg.): Unternehmensethik, Stuttgart 1989

Steinmann, H./Schreyögg, G. (1991): Management. Grundlagen der Unternehmensführung. Konzepte, Funktionen, Praxisfälle. 2. durchg. Aufl., Wiesbaden 1991

Steinmann, H./ Walter, M. (1990): Managmentprozeß, in: WiSt, 19. Jg. (1990), Nr. 7, S. 340 - 345

Stern, P. C./ Gardner, G. T. (1981): The Place of Behavior Change in the Management of Environmental Problems, in: Zeitschrift für Umweltpolitik, 1981, 213 - 240

Sterret, S. M./ Smith, D. C. (1990): A Comment on "Evaluating and Improving Argument-Centered Works in Marketing, in: Journal of Marketing Vol. 54, April 1990, S. 83 - 88

Stidsen, B./Stutte, T. F. (1972): Marketing as a Communication System: The Marketing Concept Revisited, in: Journal of Marketing, Jg. 36, Oct. 1972, S. 22 - 27

Stinner, R. (1976): Konsumenten als Organisationsteilnehmer. Ein Beitrag zur organisationstheoreti- schen Interpretation der Beziehung zwischen der Unternehmung und dem Konsumenten, Frankfurt a. M. 1976

Stitzel, M. (1977): Unternehmensverhalten und Gesellschaftpolitik, Stuttgart 1977

Stoll, E. (1983a): Betriebswirtschaftslehre als Geführtenlehre?, in: Fischer-Winkelmann, W.F. (1983), S. 264 - 286

Stoll, E. (1983b): Paradigmalosigkeit als Paradigma der Betriebswirtschafstlehre. Zur Begründung des vorparadigmatischen Theoriestatus der Betriebswirtschaftslehre, in: Fischer-Winkelmann, W. F. (1983), S. 544 - 579

Stoll, E. (1983c): IndividuellerReduktionismus versus gesellschaftlicher Ökonomismus - Überlegungen zu Grundfragen ökonomischer Theoriebildung, in: Kappler, E. (1983), S. 319 - 358

Strasser, D. (1985): Abschied von den Wunderknaben - Die Krise der deutschen Manager und Unternehmer, München 1985

Strasser, G. (1991): Zur Evolution von Unternehmungen, München 1991

Strebel, H. (1980): Umwelt und Betriebswirtschaft, Berlin 1980

Suppe, F. (1977): The Structure of Scientific Theories. 2. Aufl., Urbana (Ill.) 1977

T

Takas, A. (1974): Societal Marketing: A Businessman´s Perspective, in: Journal of Marketing, Jg. 38, Oct. 1974, S. 2 - 7

Tauber, E.M. (1979): How Market Research Discourages Major Innovation, in: Business Horizons June 22 - 26

Thieme, U. (1987): Verbraucherinteresse und die Funktion der Nachfrageermittlung des Einzelhandels in der BRD, Frankfurt a. M. 1987

Thommen, J.-P. (1983): Die Lehre der Unternehmungsführung, Bern 1983

Thorelli, H. B. (1983): Concepts of Marketing: A Review, Preview and Paradigm, in: Varadarajan, P. (1983), S. 2 - 37

Thurow, L. C. (1981): The Zero-Sum Society, New York 1981

Tietz, B. (1974) (Hrsg.): Handwörterbuch der Absatzwirtschaft, Stuttgart 1974

Tietz, B. (1984): Wettbewerbspolitik und Marketing, in: Mazanec, J./Scheuch, F. (1984), S. 293 - 336

Timmermann, M. (1982): Unternehmenspolitik und Strukturkrisen, in: IBM-Nachrichten, 1982, S. 7 - 13

Toffler, A. (1970): Der Zukunftsschock, Bern et al. 1970

Topitsch, , E. (1971) (Hrsg.): Logik der Sozialwissenschaften, 7. Aufl., Köln/Berlin 1971

Trux, W./Müller, G./Kirsch, W. (1984a): Das Management strategischer Programme. 1. Halbband, München 1984

Trux, W./Müller, G./Kirsch, W. (1984b): Das Management strategischer Programme. 2. Halbband, München 1984

Tucker, W. T. (1974): Future Directions for Marketing Theory, in: Journal of Marketing, Vol. 36, April 1974, S. 30 - 35

Tucker, W. T. (1986): Zukünftige Richtungen in der Marketing-Theorie, in: Fischer-Winkelmann/ Rock, S. 305 - 318

Türk, K. (1988): Herstellung von Konsens durch Führung, in: Wunderer, R. (1988), S. 85 - 96

U

Uhlig, K.-H. (1979): Marketing-Strategie des manipulierten Marktes, Köln 1979

Uhr, E. B./ Jarvis, L.P. (1977): Social Responsibility in Marketing: A Selected and Annotated Bibliography, American Marketing Association, Chicago 1977

Ullmann, A. A. (1981): Der Betriebsbeauftragte für Umweltschutz aus betriebswirtschaftlicher Perspektive - Umweltpolitische Notwendigkeit oder gesetzgeberischer Perfektionismus?, in: Zeitschrift für betriebswirtschaftliche Forschung, 1981, S. 992 - 1013

Ullmann, A. A. (1982): Industrie und Umweltschutz, Frankfurt 1982

Ullmann, A. A. (1988): "Lohnt" sich soziale Verantwortung?, in: ZfB, 58. Jg. (1988), H. 9, S. 908 - 926

Ullmann, A. A./ Zimmermann, K. (1982) (Hrsg.): Umweltpolitik im Wandel, Frankfurt 1982

Ullrich, K. V. (1977): Gesellschaftsbezogene Unternehmens-Philosophie, Köln 1977

Ulrich, H. (1976) (Hrsg.): Zum Praxisbezug der Betriebswirtschaftslehre, Bern/ Stuttgart 1976

Ulrich, H. (1981): Die Betriebswirtschaftlehre als anwendungsorientierte Sozialwissenschaft, in: Geist, M. N./Köhler, R. (1981), S. 1 - 25

Ulrich, H. (1984): Management, Bern 1984

Ulrich, P. (1977): Die Großunternehmung als quasi-öffentliche Institution, Stuttgart 1977

Ulrich, P. (1986): Transformationen der ökonomischen Vernunft: Fortschrittsperspektiven der modernen Industriegesellschaft, Stuttgart 1986

Ulrich, P. (1988): Betriebswirtschaftslehre als Sozialökonomie - Programmatische Überlegungen, in: Wunderer, R. (1988); S. 191 - 215

Ulrich, P. (1989a): Der spezielle Blick der Allgemeinen Betriebswirtschaftslehre für die ökonomischen Dinge der Unternehmensführung - Ein sozialökonomischer Ansatz, in: Kirsch, W./ Picot, A. (1989), S. 137 - 154

Ulrich, P. (1989b): Integrative Unternehmungsführung, in: Kirsch, W./ Picot, A. (1989), S. 185 - 198

Ulrich, P. (1989c): Eine systemtheoretische Perspektive der Unternehmensorganisation, in: Seidel, E./Wagner, D. (1989), S. 13 - 26

Ulrich, P. (1991): Betriebswirtschaftliche Rationalisierungskonzepte im Umbruch – neue Chancen ethik- bewußter Organisationsgestaltung, in: Die Unternehmung, 45. Jahrgang (1991), Nr. 3, S. 146 - 166

Ulrich, P./ Fluri, E. (1975): Management, Bern/ Stuttgart 1975

Ulrich, P./ Hill, W. (1979): Wissenschaftstheoretische Grundlagen der Betriebswirtschaftslehre, in: Raffée, H./ Abel, B. (1979a), S. 161-190

Ulrich, P./Probst, G. J. B. (1984) (Hrsg.): Self-Organization and Management of Social Systems. Insights, Promises, Doubts, and Questions, Berlin/Heidelberg/ New York/Tokyo 1984

Umweltethik (1982): hrsg. vom Bund Naturschutz in Bayern e.V. München 1982

Utz, H. W. (1978): Umweltwandel und Unternehmungspolitik, München/ Florenz 1978

V

Vaile, R. S. (1949): Towards a Theory of Marketing - Comment, in: Journal of Marketing, Vol. 13, April 1949, S. 520 - 522

Vanberg, V. (1982): Markt und Organisation. Individualistische Sozialtheorie und das Problem korporativen Handelns, Tübingen 1982

Varadarajan, P. (1983) (Hrsg.): The Marketing Concept: Perspectives and Viewpoints, Proceedings of Workshop, February 11 - 12, 1983, Texas 1983

Varela, F. J. (1987): Autonomie und Autopoiese, in: Schmidt, S. J. (1987a), S. 119 - 132

Vester, F. (1980a): Ansätze zur Erfassung der Umwelt als System, in: Buchwald/ Engelhardt (1980c), S. 120 - 156

Vester, F. (1980b): Neuland des Denkens, Stuttgart 1980

Vester, F. (1982): Überlebenschance für Wirtschaft und Gesellschaft - Biokybernetisches Systems Management, in: IO (Industrielle Organisation), 1982, S. 87 - 93

Vester, H.-G. (1986): Modernismus und Postmodernismus - Intellektuelle Spielereien?, in: Sozial Welt, 36(1986), S. 3 - 26

Vogt, W. (1975): Zur Kritik der herrschenden Wirtschaftstheorie, in: Fischer-Winkelmann, W. F. / Rock, R. (1975), S. 71 - 102

Volk, H. (1990): New Marketing - damit die Kundennähe stimmt, in: Markenartikel, Heft 7/1990, S. 346 - 348

W

Wagner, B. (1983): Zu einer bedürfnisorientierten Unternehmens- und Management-konzeption: Bietet Bedürfnisorientierung eine Alternative zu Kapitalorien-tierung?, in: Fischer-Winkelmann, W. F. (1983), S. 580 - 609

Wallendorf, M./Anderson, P. (1987) (Hrsg.): Advances in Consumer Research, Vol. 14, Provo (Ut.) 1987

Wallis, R. (1979): On the Margins of Science: The Social Construction of Rejected Knowledge, University of Keele, Keele 1979

Walter-Busch, E. (1979): Aspekte der gegenwärtigen Sinn- und Orientierungskrise, in: IO (Industrielle Organisation), 2/1979, S. 65 - 76

Watkins, J. W. H. (1978): Freiheit und Entscheidung, Tübingen 1978

Weber, J. (1985): Unternehmensidentität und Unternehmenspolitische Rahmenplanung, München 1985

Webster, F. E. Jr. (1988): The Rediscovery of the Marketing Concept, in: Business Horizons, Vol. 31 (1988), No. 2, S. 29 - 39

Wegehenkel, L. (1981) (Hrsg.): Marktwirtschaft und Umwelt, Tübingen 1981

Weihe, H. J. (1977): Unternehmensplanung und Gesellschaft, Berlin/New York 1977

Weiner, B. (1976): Theorien der Motivation, Stuttgart 1976

Weinberg, P. (1986): Erlebnisorientierte Einkaufsstättengestaltung im Einzelhandel, in: Marketing • ZPF, 8. Jg. (1986), Nr. 2, S. 97 - 102

Weitzig, J. K. (1979): Gesellschaftsorientierte Unternehmenspolitik und Unternehmens-verfassung, Berlin/ New York 1979

Weizsäcker, C. F. (1955): Komplementarität und Logik, in: Die Naturwissenschaften 42 (1955), S. 520 - 555

Wellmer, A. (1985): Zur Dialektik von Moderne und Postmoderne: Vernunftkritik nach Adorno, Frankfurt a. M. 1985

Welsch, W. (1986): Nach welcher Moderne? Klärungsversuche im Feld von Architektur und Philosophie, in: Koslowski, P./Spaemann, R./Löw, R. (1986), S. 237 - 257

Wenger, E. (1989): Allgemeine Betriebswirtschaftslehre und ökonomische Theorie, in: Kirsch, W./ Picot, A. (1989), S. 155 - 181

Werhahn, P. H. (1980): Menschenbild, Gesellschaftsbild und Wissenschaftsbegriff in der neuen Betriebswirtschaftslehre, Stuttgart 1980

Wheelwright, St. / Hayes, R.H. (1985): Fertigung als Wettbewerbsfaktor, in: Harvard Manager, Heft 4/1985, S. 87 - 93

Wickström, B. (1986): Marketing und Moral, in: absatzwirtschaft, Heft 11/1986, S. 100 - 106

Wiedmann, K.-P. (1982); Ansatzpunkte einer theoretischen und empirischen Untersuchung des Problemfeldes Sozio-Marketing: Stand der Forschung und erste Skizze eines Forschungsprogramms, Arbeitspapier Nr. 18 des Instituts für Marketing, Universität Mannheim, Mannheim 1982

Wiedmann, K.-P. (1984a): Herausforderungen an eine marktorientierte Unternehmensführung im Zeichen des Wertewandels, Arbeitspapier Nr. 31 des Instituts für Marketing, Universität Mannheim, Mannheim 1984

Wiedmann, K.-P. (1984b): Werte und Wertewandel, Arbeitspapier Nr. 29 des Instituts für Marketing, Universität Mannheim, Mannheim 1984

Wiedmann, K.-P. (1984c): Ökologisches Bewußtsein und unternehmerisches Marketing, Arbeitspapier Nr. 28 des Instituts für Marketing, Universität Mannheim, Mannheim 1984

Wiedmann, K.-P. (1984d): Frühwarnung, Früherkennung, Frühaufklärung - Zum Stand der Verwirklichung eines alten Wunsches im Sektor der Unternehmernsführung, Arbeitspapier Nr. 25 des Instituts für Marketing, Universität Mannheim, Mannheim 1984

Wiedmann, K.-P. (1985a): Entwicklungsperspektiven der strategischen Unternehmensführung und des strategischen Marketing, in: Marketing ZFP, 7. Jg, Nr. 3/1985, S. 149 - 160

Wiedmann, K.-P. (1985b): Konzeptionelle und methodische Grundlagen der Früherkennung, in: Raffée/Wiedmann (1985), S. 301 - 348

Wiedmann, K.-P. (1986a): Public Marketing und Corporate Communications als Bausteine eines strategischen und gesellschaftsorientierten Marketing, Arbeitspapier Nr. 38 des Instituts für Marketing, Universität Mannheim, Mannheim 1986

Wiedmann, K.-P. (1986b): Aktuelle Tendenzen im Verbraucherverhalten: Zur Bedeutung der "Lust auf Genuß - Welle", Arbeitspapier Nr. 51 des Instituts für Marketing, Universität Mannheim, Mannheim 1986

Wiedmann, K.-P. (1987): Corporate Identity als strategisches Orientierungskonzept, Arbeitspapier Nr. 53 des Instituts für Marketing, Universität Mannheim, Mannheim 1987

Wiedmann, K.-P. (1988): Erweiterung des Marketingverständnisses als Grundlage einer effizienten Unternehmenspolitik in der Pharmaindustrie, Arbeitspapier Nr. 66 des Instituts für Marketing, Universität Mannheim, Mannheim 1988

Wiedmann, K.-P. (1989): Gesellschaft und Marketing – Zur Neuorientierung der Marketingkonzeption im Zeichen des gesellschaftlichen Wandels, in: Specht, G./ Silberer, G./ Engelhardt, W. H. (1989), S. 227 - 24

Wiedmann, K.-P./ Jugel, S. (1987): Corporate Identity-Strategie - Anforderungen an die Entwicklung und Implementierung, in: Die Unternehmung, Heft 3/1987,

S. 186 - 204

Wiedmann, K.-P./ Kreutzer, R. (1985); Strategische Marketingplanung, in: Raffée/ Wiedmann (1985), S. 61 - 141

Wiedmann, K.-P./ Raffée, H. (1986); Gesellschaftsbezogene Werte, persönliche Lebenswerte, Lebens- und Konsumstile der Bundesbürger, Untersuchungsergebnisse der Studie Dialoge 2 und Skizze von Marketingkonsequenzen, Arbeitspapier Nr. 49 des Instituts für Marketing, Universität Mannheim, Mannheim 1985

Wiedmann, K.-P./ Süss, C.H. (1985), Ansatzpunkte zur Erklärung von Wertwandlungsprozessen, Arbeitspapier Nr. 33 des Instituts für Marketing, Universität Mannheim, Mannheim 1985

Wierzynski, G. H. (1969): Our Most Wrenching Problem Is Finding a Place for Ourselves in Society, Fortune, Vol. 79/January 1969 Kangun S. 78

Wiesmann, D. (1989): Management und Ästhetik, München 1989

Wild, J. (1974) (Hrsg.): Unternehmensführung, Festschrift für Erich Kosiol zu seinem 75. Geburtstag, Berlin 1974

Wild, J. (1974): Betriebswirtschaftliche Führungslehre und Führugsmodelle, in: Wild, 1974, S. 141 - 163

Wilson, I. H. (1974a): Socio-Political Forecasting: A New Dimension to Strategic Planning, in: Michigan Business Review, July 1974

Wilson, I. H. (1974b): Toward a New American Paradigm: Its Significance for Business, in: Clewett, R. L/Olson, J. C. (1974), S. 169 - 180

Wind, Y./Thomas, R. J. (1980): Conceptual and Methodological Issues in Organizational Behavior, in: European Journal of Marketing, Vol. 14 (1980), S. 239 - 263

Wind, Y./ Robertson, Th. S. (1983): Marketing Strategy: New Directions for Theory and Research, in: Journal of Marketing, Vol. 47 (Spring 1983), S. 12 - 25

Witt, F.-J. (1985): Verknappungsmarketing, in: Markenartikel, Heft 5/1985, S. 213 - 218

Wolfsberger, W. (1987): Marketing - Herausforderung in einer veränderten Umwelt, in: Werbeforschung & Praxis, Folge 2/1987

Worral, J./Currie, G. (1978) (Hrsg.): The Methodology of Scientific Research Programs: Imre Lakatos Philosophical Papers, Vol. 1

Wüthrich, H. A. (1990): Neuland des strategischen Denkens – Wege zu einem postkompetitiven Strategieverständnis, in: Die Unternehmung, 44. Jg. (1990), Nr. 3, S. 178 - 201

Wüthrich, H. A. (1991): Die Vergänglichkeit paradigmatischer Prämissen in der Betriebswirtschaftslehre, in: Die Unternehmung, 45. Jg. (1991), Nr. 5, S. 319 - 333

Wunderer, R./Walser, F. (1986): Laterale Kooperation zwischen Marketing und F+E - ein strategisches Innovationspotential

Wunderer, Rolf (1988) (Hrsg.): Betriebswirtschaftslehre als Management- und Führungslehre, 2., erg. Aufl., Stuttgart 1988

Wyss, W. (1986): New Marketing - Konsequenzen aus dem Paradigmawechsel des Konsumenten, Adligenswil 1986

Z

Zahn, E. (1988): Produktionsstrategie, in: Henzler, H. (1988), S. 515 - 542

Zaltman, G./LeMasters, K./Heffring, M. (1982): Theory Construction in Marketing: Some Thoughts on Thinking, New York 1982

Zaltman, G./Pinson, C. R. A./Angelmar, R. (1973): Metatheory and Consumer Research, New York 1973

Zeithamel, C. P./ Zeithamel, V. A. (1984): Environmental Management: Revising the Marketing Perspective, in: Journal of Marketing, Vol. 48 (Spring 1984), S. 46- 53

Zelger, J. (1983): Über die Aufgaben einer Handlungswissenschaft, in: Fischer-Winkelmann, W. F. (1983), S. 638-664

Zenisek, T. J. (1979): Corporate Social Responsibility: A Conceptualization Based on Organizational Literature, in: Academy of Management Review, 1979, S. 359 - 371

Zif, Jehiel (1980): A Managerial Approach to Macromarketing, in: Journal of Marketing, Vol. 44 (Winter 1980), S. 36 - 45